Die Entstehung der Realität

Die Entstehung der Realität

Wie das Bewusstsein die Welt erschafft

Ein Vorschlag für ein zeitgemäßes Weltbild

Jörg Starkmuth

Die Deutsche Bibliothek – CIP-Einheitsaufnahme

Ein Titeldatensatz für diese Publikation ist bei der Deutschen Bibliothek erhältlich.

Jörg Starkmuth
Die Entstehung der Realität : Wie das Bewusstsein die Welt erschafft

Erschienen im Eigenverlag des Verfassers
7. Auflage, 2007
ISBN: 978-3-00-014593-3

Produktion: Warlich Druck Meckenheim GmbH (www.warlich.de)

Printed in Germany
Buchinnenteil gedruckt auf Recycling-Papier aus 100 % Altpapier

Die Website zum Buch (mit Bestellmöglichkeit):
www.schoepfungsprinzip.de

Titelfoto: *Eye in the Sky*
Fotografiert 2001 vom Autor in Patagonien, Chile

»Es sind die gleichen Gegebenheiten, aus denen mein Geist und die Welt gebildet sind. Die Lage ist für jeden Geist und seine Welt die gleiche, trotz der unermesslichen Fülle der 'Querverbindungen' zwischen ihnen. Die Welt gibt es für mich nur einmal, nicht eine existierende und eine wahrgenommene Welt. Subjekt und Objekt sind nur eines. Man kann nicht sagen, die Schranke zwischen ihnen sei unter dem Ansturm neuester physikalischer Erfahrungen gefallen, denn diese Schranke gibt es gar nicht.«

»Und nun halten wir dem gegenüber, dass BEWUSSTSEIN *dasjenige ist, wodurch diese Welt allererst manifest wird, ja wir dürfen ruhig sagen, allererst vorhanden ist, dass die Welt aus Bewusstseinselementen* BESTEHT.*«*

»Der Geist baut die reale Außenwelt der Naturphilosophie (wie auch die des Alltags) ausschließlich aus seinem eigenen, d. i. aus geistigem Stoffe auf.«

Erwin Schrödinger

»Es gibt eine Theorie, die besagt, wenn jemals irgendwer genau herausfindet, wozu das Universum da ist und warum es existiert, dann verschwindet es auf der Stelle und wird durch etwas noch Bizarreres und Unbegreiflicheres ersetzt. Es gibt eine andere Theorie, nach der das schon passiert ist.«

Douglas Adams

Inhalt

Einleitung

Dieses Buch sagt nicht die Wahrheit. Tatsächlich ist eine der zentralen Aussagen dieses Buches, dass eine absolute Wahrheit entweder nicht existiert oder sich zumindest mit unseren herkömmlichen Mitteln, insbesondere der Sprache, nicht ausdrücken lässt. Wahrheit ist etwas sehr Persönliches – auch darum geht es in diesem Buch. Meiner Ansicht nach – und ich habe lange gebraucht, um das zu akzeptieren – existieren so viele verschiedene Wahrheiten, wie es Wesen gibt, die über die Welt nachdenken.

Mit diesem Buch möchte ich Ihnen meine persönliche Wahrheit – soweit ich sie in Worte fassen kann – als Anregung zur Hinterfragung und möglichen Veränderung Ihrer persönlichen Wahrheit anbieten. Meine Annahme, dass dies in Ihrem Interesse sein könnte, beruht nicht darauf, dass meine Wahrheit »wahrer« wäre als Ihre (obwohl ein Teil von mir das natürlich glaubt, denn das liegt in der Natur persönlicher Wahrheiten). Sie hat aber die angenehme Eigenschaft, eine Vielzahl weithin anerkannter Wahrheiten – die natürlich ebenfalls nicht absolut sind – zwanglos in sich zu vereinigen, was ich als Vorteil gegenüber sich widersprechenden Wahrheits- und Wertesystemen betrachte. Zudem bietet die in diesem Buch vorgeschlagene Sichtweise der Welt Möglichkeiten, das eigene Leben wesentlich angenehmer zu erleben und zu gestalten.

Ich habe viele Jahre damit verbracht, mir ein in sich schlüssiges und einigermaßen widerspruchsfreies Weltbild zu schaffen, das alle Phänomene und Erkenntnisse, die ich für wahr hielt, in sich vereinigte. Der »Durchbruch«, bei dem sich die Puzzleteile endlich fast wie von selbst zusammenfügten, fand erst in jüngster Zeit statt. Hierzu bedurfte es einiger grundlegender Ideen, die den in unserer Gesellschaft vorherrschenden Wahrheitssystemen teilweise deutlich widersprechen. Die zentrale Aussage dabei ist, dass die Welt, die wir erleben, unsere eigene Schöpfung ist und jeder Einzelne einen *wesentlich* größeren Einfluss auf das hat, was ihm »widerfährt«, als wir gemeinhin glauben.

Diese Idee ist an sich nicht neu und findet sich in verschiedenen Ausprägungen in zahlreichen Büchern, wissenschaftlichen Theorien und spirituellen Traditionen wieder. Tatsächlich gibt es inzwischen auch in der westlichen Welt eine ganze Palette von Büchern und Seminarangeboten zum Thema der »persönlichen Realitätsgestaltung«. Ich habe allerdings festgestellt, dass es vielen Menschen – insbesondere solchen, die »nüchtern naturwissenschaftlich« denken – schwerfällt, diese Sichtweise der Welt zu akzeptieren. Da ich selbst ein sehr rationaler Mensch bin und diese Bedenken daher nachvollziehen kann, habe ich dieses Buch geschrieben, um denjenigen, die mit ähnlichen Schwierigkeiten zu kämpfen haben, wie ich sie erlebt habe (und immer noch erlebe), eine Brücke zu diesem neuen Weltbild zu bauen. Es scheint nämlich nur wenigen klar zu sein, wie stark die Naturwissenschaft die Idee des schöpferischen Bewusstseins untermauert.

Zum anderen kann dieses Buch denjenigen, die bereits mit der Idee vertraut sind, Schöpfer ihrer Realität zu sein, möglicherweise einige tiefere Zusammenhänge und auch einige Fallstricke aufzeigen, in denen man sich erfahrungsgemäß leicht verfängt, wenn man beginnt, sich mit diesen Gesetzmäßigkeiten zu beschäftigen und sie bewusst zu nutzen.

Zu Beginn des Buches nehme ich unsere herkömmliche Vorstellung von der Welt unter verschiedenen Gesichtspunkten unter die Lupe und zeige, dass diese Vorstellung in erster Linie ein Produkt unserer eigenen Wahrnehmung ist und die Welt schon auf der weithin anerkannten naturwissenschaftlichen Ebene völlig anders aussieht als das Modell, das nach wie vor in unseren Köpfen vorherrscht. Im zweiten Teil des Buches füge ich diese wissenschaftlichen Grundlagen mit einigen hochinteressanten Ergebnissen der jüngeren Realitätsforschung, persönlichen Erfahrungen verschiedener Menschen sowie spirituellen Überlieferungen zu einem Gesamtkonzept zusammen, das meines Erachtens kaum einen anderen Schluss zulässt, als dass wir tatsächlich Schöpfer unserer eigenen Realität sind. Im dritten Teil erläutere ich, warum es den meisten Menschen schwerfällt, dieses schöpferische Potential für eine positive Realitätsgestaltung zu nutzen, und zeige alternative Sichtweisen auf, die das Leben in dieser Hinsicht deutlich leichter machen können.

Da ich im Text dieses Buches aus praktischen Gründen nicht in jedem zweiten Satz ein »meiner Ansicht nach« einfügen möchte, betone ich vorab noch einmal, dass ich nicht an wirklich objektive (und dennoch formulierbare) Wahrheiten glaube und nicht behaupte, eine solche zu vertreten. Aber von allen mir bekannten Wahrheiten ist diese für mich die umfassendste, die schlüssigste und vor allem diejenige, die mir persönlich am besten gefällt. Und das allein wäre für mich schon Grund genug, sie mit Ihnen zu teilen.

Ein Hinweis:

Die Kapitel dieses Buches bauen aufeinander auf, daher empfiehlt es sich, sie in der vorgegebenen Reihenfolge zu lesen. Wenn ein Themenbereich Sie weniger interessiert, können Sie diesen jedoch auch überfliegen und sich an den Kernaussagen orientieren, die in grau hinterlegten Kästen wie diesem in den Text integriert sind. Sie dienen außerdem der schnellen Orientierung beim späteren Nachlesen.

Danksagung

Ich habe gezögert, eine Danksagung in dieses Buch aufzunehmen, denn letztlich hat jeder Mensch, der mein Leben berührt hat, auf seine Weise zum Entstehen dieses Buches beigetragen. Dennoch seien einige hier besonders erwähnt.

Zunächst sind hier die Autoren der Bücher zu nennen, die mir wesentliche Bausteine zu meinem Weltbild geliefert haben – insbesondere Bodo Deletz, Neale Donald Walsch, Bärbel Mohr, Fred Alan Wolf, Robert G. Jahn und Brenda J. Dunne.

Ein besonderer Dank geht an Dr. Anne Kleinert für die kritische Durchsicht des Manuskriptes und für zahllose ebenso fruchtbare wie kontroverse Diskussionen, die wesentlich zur Verbesserung der inhaltlichen Qualität beigetragen haben. Obwohl – oder gerade weil – wir niemals wirklich auf einen Nenner kamen, konnte ich mir keinen besseren Prüfstein für mein Werk wünschen. Für weitere wertvolle Anmerkungen zum Manuskript danke ich Ute Bendicks.

Für inspirirende Gespräche zum Thema dieses Buches danke ich Kurt Diedrich, Marcelo M. Marques, Annik Köhne und Charlotte Römer, der ich auch für die stets passgenauen Buchempfehlungen danke. Kaya Berg, die mir ebenfalls mehrmals das richtige Buch zur richtigen Zeit in die Hand drückte, danke ich außerdem für die jahrelange, nicht selten provokative Infragestellung meiner persönlichen Wahrheitssysteme, die ich erst durch sie als solche erkannte.

Meinen spirituellen Lehrern und Therapeuten Heide Sundari Schneider, Paul Shoju Schwerdt, Walter Oreschkowitsch, Amohi Raphael Bastan, Thomas Klüh und B. M. Tang danke ich für Ihre wichtigen Beiträge zur Erweiterung meines (Selbst-)Bewusstseins, ohne die diesem Buch eine wesentliche Grundlage gefehlt hätte. Und ich danke Vera Nemes, die mir vor Jahren auf ihre Weise half, dieses Tor erstmals aufzustoßen und mich auf den Weg zu mir selbst zu begeben.

Meiner Frau Mona danke ich nicht nur für das Finden zahlreicher Tippfehler, sondern vor allem für ihre grenzenlose Liebe und ihre beständige Ermutigung, ohne die ich die Arbeit an diesem Buch wohl gar nicht erst begonnen, geschweige denn zuende gebracht hätte. Sie half mir immer und immer wieder, meine Kraft und meine Mitte zu finden.

Schließlich danke ich meinen Eltern, nicht nur für das größte Geschenk, das einem Menschen überhaupt zuteil werden kann – das Leben selbst –, sondern auch für ein weit weniger selbstverständliches Geschenk, von dem ich weiß, dass es allzu vielen Menschen in ihren Familien vorenthalten bleibt: die bedingungslose Unterstützung auf dem Weg in meine eigene Wahrheit und die Freiheit, ungestraft über Grenzen hinauszudenken.

Teil 1

Die Welt ist anders

Die Grenzen des klassischen Weltbildes

1 Bauklötze für das Gehirn

Wie wir die Welt der Dinge erschaffen

1.1 Von den Sinnen in die Schublade

> *Hätte ich keine Namen für das, was ist, wäre ich umgeben von Wundern.*

Diese Worte notierte ich im Sommer 2001, inspiriert von einer Wanderung auf dem Odilienberg im Elsass, einem der bedeutendsten Heiligtümer der alten keltischen Kultur in Mitteleuropa. Das Bewusstsein, von den Relikten und Energien dieser uralten Vergangenheit umgeben zu sein, verstärkte noch den Eindruck des Magischen, der die Bilder von moosbewachsenen Felsen und üppigem Grün begleitete.

Als sich unsere kleine Gruppe durch ein Meer riesiger Farnpflanzen bewegte, beobachtete ich fast wie von außerhalb meiner selbst, wie mein Verstand die typischen Eigenarten der Pflanzen identifizierte und sie unter dem Begriff »Farn« in die Schublade des Bekannten einsortierte. Und im selben Moment spürte ich, wie dadurch ein großer Teil des Zaubers verloren ging, der die Szene umgab.

Was war geschehen? Durch die Einordnung des Wahrgenommenen in erlernte Begriffskategorien hatte ich den Gesamteindruck, den meine Sinne mir geliefert hatten, in Fragmente zerteilt, die Fragmente bekannten Begriffen zugeordnet und damit als »Dinge« identifiziert. Aus Sicht des Begriffskataloges war nichts von dem, was ich sah, neu oder unbekannt für mich. Ich kannte Bäume, Steine, Moos und Farn ... So war aus dem einzigartigen Gesamteindruck eine Ansammlung bekannter Dinge geworden – es hatte offenbar eine Reduzierung stattgefunden, durch die der ganzheitliche Aspekt und damit die Einzigartigkeit des Augenblicks weitgehend verloren gingen.

Die meisten Menschen nehmen die Welt, die sie umgibt, fast ständig auf diese Weise wahr. Das Entscheidende dabei ist, dass *wir* es sind, die aus dem kontinuierlichen Spektrum von Informationen, die durch die Sinne in unser Gehirn strömen, eine Ansammlung von »Dingen« machen. Wir erschaffen die Dinge selbst.

Nun werden Sie zu Recht darauf hinweisen, dass es doch tatsächlich in der Welt materielle Gegenstände gibt, die sich von ihrer Umgebung hinreichend unterscheiden, um als einzelne Dinge bezeichnet zu werden – beispielsweise ein Apfel am Baum oder ein Elefant in der Steppe. Tatsächlich ist die Trennung der Dinge voneinander jedoch viel weniger ausgeprägt, als unsere Sinne uns weismachen wollen. Hierauf werde ich später noch genauer eingehen. Hier soll es zunächst darum gehen, dass wir mittels unserer Sinne und unseres Gehirns ein extrem vereinfachtes Bild unserer Umwelt erzeugen, in dem die Dinge sauber voneinander getrennt und einzeln identifizierbar sind.

Warum tun wir das, wenn uns doch dadurch offenbar ein großer Teil der aufgenommenen Eindrücke verloren geht? Wir tun es, weil diese Reduzierung einen ganz bestimmten, lebenswichtigen Zweck erfüllt. Unser Gehirn – und das ist eine sehr wichtige Aussage, auf die ich gegen Ende dieses Buches noch einmal ausführlich zu sprechen kommen werde – tut aus seiner Sicht niemals etwas Sinnloses. Was sinnvoll und was sinnlos ist, beurteilt es in Bezug auf seine grundlegende Zielsetzung. Und die ist sehr einfach, auch wenn mancher dieser Aussage vielleicht spontan widersprechen würde: Der einzige ursprüngliche Zweck des Gehirns ist, das Überleben des Körpers und der Art (in unserem Fall *Homo sapiens*) zu sichern. Mehr zu diesem Thema in Kapitel 8.

Der einzige ursprüngliche Zweck des Gehirns ist, das Überleben des Körpers und der Art zu sichern. Im Hinblick auf dieses Ziel tut das Gehirn aus seiner Sicht niemals etwas Sinnloses.

Wie sichert nun die Einteilung der Welt in Dinge unser Überleben? Betrachten wir hierzu, was wir zum Überleben des Individuums und der gesamten Art *Homo sapiens* benötigen: Nahrung, Wasser, Licht, Wärme und die Anwesenheit wohlgesonnener Artgenossen. Was gefährdet auf der anderen Seite das Überleben? Raubtiere, giftige Pflanzen, Feuer, Frost, tiefe Abgründe ... Wer auf der körperlichen Ebene überleben will, muss diese Dinge identifizieren und voneinander unterscheiden können. Das ist Grund genug, das Kontinuum von Sinneseindrücken, das ständig auf uns einströmt, mit blitzartiger Geschwindigkeit zu filtern und in individuell identifizierbare Dinge einzuteilen.

Jedes Tier ist tagein, tagaus damit beschäftigt, den von ihm wahrgenommenen Teil der Welt im Rahmen seiner Intelligenz in »gute« (das heißt dem Überleben dienende) und »schlechte« (das heißt das Überleben gefährdende) Dinge einzuteilen und nach den einen zu streben und die anderen zu vermeiden. Und – auch wenn das wieder vielen nicht gefallen mag – auch unser Verstand tut den ganzen Tag nichts anderes. Er ist in unserem Fall allerdings so komplex, dass die zugrunde liegende Motivation oft nicht mehr auf den ersten Blick erkennbar ist. Das liegt unter anderem daran, dass unsere moderne Zivilisation aus entwicklungsgeschichtlicher Sicht noch extrem jung ist und unser Verstand immer noch darauf ausgelegt ist, das Überleben eines Rudels von Primaten in der freien Natur zu sichern – immerhin ist unser genetischer Code zu 99 % mit dem eines Schimpansen identisch. Diese kulturelle Kluft führt zu allerlei interessanten und oft völlig am Ziel vorbeigehenden Verhaltensweisen – diesen Aspekt werden wir am Ende dieses Buches noch genauer betrachten.

Es ist erstaunlich, welche Fähigkeiten unser Körper im Laufe der Evolution entwickelt hat, um uns die schnelle Erkennung von Dingen zu ermöglichen. Wir identifizieren Dinge vorrangig über die Augen, da die meisten für das Überleben relevanten Dinge gegenständlicher Art sind und unsere Augen von allen Sinnen die genaueste Ortsbestimmung ermöglichen. Schon in den Augen selbst – die biologisch übrigens als Ausstülpungen des Gehirns gelten – findet eine aufwendige Filterung und Vorverarbeitung des empfangenen Bildes statt. Dies führt beispielsweise dazu, dass wir beleuchtungsbedingte, sanfte Helligkeitsveränderungen auf Oberflächen nur sehr schwach wahrnehmen, die Kanten, die ein Objekt begrenzen, jedoch umso deutlicher. Wissenschaftler haben herausgefunden, dass das Auge hier ähnliche Prozeduren anwendet wie ein Computerprogramm, das darauf angesetzt wird, die Kanten innerhalb eines Bildes zu finden und hervorzuheben. Auf diese Weise können wir Objekte anhand ihrer scharfen Begrenzung gegenüber dem Hintergrund leicht von diesem unterscheiden.

Im Gehirn selbst finden dann weitere Vereinfachungen des Bildes statt, um die beobachteten Gegenstände mit gespeicherten Mustern zu vergleichen. Nur so können wir einen Apfel als Apfel erkennen, obwohl keine zwei Äpfel auf der Welt völlig gleich aussehen. Grundsätzlich ähnlich arbeitet auch die Einordnung von Hör- und anderen Sinneseindrücken. Würden wir alle Sinneseindrücke ungefiltert aufnehmen, würden wir eine totale Reizüberflutung erleben, die das Gehirn nicht lange verkraften würde. Bestimmte Drogen schalten die Filter im Gehirn weitgehend ab und verschaffen dem Konsumenten meist einen wahren Höllentrip.

Die Fähigkeit zur Wiedererkennung bekannter Muster geht sogar so weit, dass wir sie manchmal auch dort erkennen, wo sie eigentlich gar nicht sind. Das nebenstehende Bild ist ein bekanntes Beispiel. Kaum jemandem wird es gelingen, in diesem Bild *kein* Dreieck zu erkennen, obwohl es tatsächlich nur drei Kreise mit ausgeschnittenen Ecken zeigt. Auch hier kommt eine der in den optischen Wahrnehmungsapparat integrierten Hilfsfunktionen für die Gegenstandserkennung zum Einsatz – die automatische Fortsetzung von Linien zur Vervollständigung einer Form.

Das zweite, ebenfalls sehr bekannte Beispiel auf der nächsten Seite macht deutlich, wie sehr unsere Wahrnehmung auf das Erkennen von Dingen fixiert ist: Fast alle Betrachter sehen in diesem Bild entweder eine Vase oder zwei Gesichter, oder die Wahrnehmung »springt« zwischen beiden Interpretationen hin und her. Hat man einmal eine dieser bekannten Formen – oder beide – identifiziert, ist es so gut wie unmöglich, die Unterscheidung zwischen Figur und Hintergrund wieder abzuschalten – wir können höchstens noch von einer Interpretation auf die andere umschalten. Der Verstand rastet sozusagen auf die Erkennung eines Gegenstandes ein und ist nicht mehr in der Lage, das Gesamtbild als Einheit wahrzunehmen. Dies gilt natürlich für jedes Bild, das einen identifizierbaren Gegenstand zeigt (versuchen Sie einmal, beispielsweise das Foto eines Hauses einfach als Ansammlung verschiedenfarbiger Flächen zu sehen – es dürfte Ihnen kaum gelingen). Dieses Beispiel zeigt besonders deutlich, wie die Wahrnehmung geradezu zwanghaft zwischen »Objekt« und »Hintergrund« unterscheidet, selbst wenn gar nicht eindeutig feststeht, was Objekt und was Hintergrund ist.

Wie wir die Welt wahrnehmen, wird also weitestgehend von unserem Überlebensmechanismus bestimmt. Dieser greift dabei stets auf Erfahrungen der Vergangenheit zurück und interpretiert neue Eindrücke anhand dieses gesammelten Datenbestandes. Es existiert ein eigener Wissenschaftszweig – die Wahrnehmungspsychologie – der sich damit beschäftigt, wie unsere Wahrnehmung aus einem Strom von Sinneseindrücken eine Vorstellung von der Welt erzeugt. Eine der zentralen Aussagen der Wahrnehmungspsychologie lautet: *Es gibt keine Wahrnehmung vor der Erfahrung*. Das bedeutet, dass das Gehirn eines Neugeborenen noch kein fertiges Modell zur Interpretation von Sinneseindrücken beinhaltet. Die Vorstellung, dass »dort draußen« eine Welt existiert, die unsere Sinne lediglich mehr oder weniger genau abbilden, ist unzutreffend. Die Welt, die wir wahrnehmen, entsteht erst im Gehirn, und wie sie aussieht und wie bestimmte Erscheinungen in ihr bewertet werden, hängt hochgradig von den Lebenserfahrungen des Individuums ab.

Dass wir trotzdem alle eine ähnliche Grundvorstellung von der Welt haben – zumindest was so grundlegende Dinge wie beispielsweise räumliches Sehen betrifft – liegt daran, dass wir alle mit denselben Sinnesorganen und denselben Instinkten ausgestattet sind. Instinkte sind grundlegende Verhaltensmuster, die im genetischen Code enthalten und daher von Anfang an im Gehirn gespeichert sind, um das Überleben zu sichern, bevor der Mechanismus, sinnvolle Verhaltensweisen aus gesammelten Erfahrungen abzuleiten, in Gang gekommen ist – denn auf welche Erfahrungen sollte der Verstand zurückgreifen, wenn er noch keine gesammelt hat? Ein neugeborenes Kind weiß, dass es an der Mutterbrust saugen muss, ohne dies zuvor gelernt zu haben. Man kann es mit dem BIOS (Basic Input/Output

System) eines Computers vergleichen – das ist ein kleines Programm, das fest in den Computer eingebaut ist und nach dem Start als Erstes ausgeführt wird. Es sorgt dafür, dass der Computer die wichtigsten angeschlossene Geräte wie Festplatte, Tastatur und Monitor überhaupt erkennt und ansprechen kann. Erst danach kann man ihm komplexere Programme überhaupt zugänglich machen.

Wir werden im dritten Teil des Buches sehen, dass die Unterschiede in der persönlichen Wahrnehmung der Welt bei verschiedenen Menschen aufgrund unterschiedlicher Erfahrungen weit größer sind, als man zunächst vermuten würde. Wir werden jedoch auch sehen, dass sich *alle* diese unterschiedlichen Sichtweisen und daraus resultierenden Verhaltensmuster letztlich auf unsere Instinkte zurückführen lassen.

Unsere Wahrnehmung und damit unsere Vorstellung von der Welt entsteht durch die Struktur unserer Sinnesorgane, unsere Instinkte und unseren gesammelten Lebenserfahrungen. Eine »direkte« Wahrnehmung der Welt ist auf diesem Weg nicht möglich.

1.2 Zement für die Modellwelt – die Sprache

»Alle unsere normalen sprachlichen Ausdrücke tragen den Stempel unserer gewohnten Formen der Wahrnehmung.«

Niels Bohr

Der erste Schritt zur Sicherung des Überlebens besteht, wie wir gesehen haben, in der Identifikation und Bewertung von Dingen anhand bekannter Muster und Erfahrungen. Der zweite Schritt, den auf diesem Planeten (vermutlich) nur der Mensch in dieser Form realisiert hat, ist die Benennung von Dingen und Vorgängen mit *Namen*, die sich mittels der Sprache an andere Menschen weitergeben lassen. Der Vorteil im Hinblick auf das Überleben ist offenkundig: Wenn ich meinen Artgenossen mitteilen kann, dass es hinter dem Hügel Himbeeren gibt oder sich aus Richtung des Sonnenaufgangs ein Bär nähert, stehen die Chancen für ein Überleben der Gruppe weitaus besser als ohne dieses Kommunikationsmittel – dadurch können Menschen eine Situation erfassen, bevor sie ihr akut ausgesetzt sind. Zudem lassen sich erlernte Fähigkeiten und Erkenntnisse sehr viel effizienter und schneller an Artgenossen weitervermitteln, da nicht jedes Individuum alle Erfahrungen selbst machen muss.

So war der ursprüngliche Zweck der Sprache vermutlich das Übermitteln überlebensrelevanter Informationen. Eines der ältesten Wörter der Menschheit ist wahrscheinlich »Ma«. Es entsteht fast von selbst, wenn ein Baby beim Öffnen des Mundes ein Geräusch von sich gibt, und bezeichnet auch heute noch in vielen Sprachen – mit meist nur geringen Abwandlungen – das erste und für das Überleben entscheidendste »Ding«, das ein neugeborener Mensch mittels seiner Instinkte identifiziert: die Mutter. Sinnigerweise wurde die aus dem Urwort abgeleitete Variante »Mamma« im Lateinischen auch zur Bezeichnung der weiblichen Brust verwendet, die ja sozusagen das »Überlebenszentrum des Mutterdings« aus Sicht des Säuglings darstellt.

Die Sprache erwies sich als äußerst nützliche, wenn nicht als die nützlichste Erfindung aller Zeiten, um das Leben der Menschheit als Gesellschaft einfacher, produktiver und sicherer zu machen. Dieser große Erfolg hatte den Nebeneffekt, dass die künstliche Unterteilung der Welt in Dinge, die Begriffen zugeordnet werden konnten, im Bewusstsein der Menschen immer mehr Raum einnahm. Die Sprache bestimmte einen großen Teil des Alltags und des Zusammenlebens und war das Hauptmedium zur Beschreibung der Welt. Die schon durch unsere Sinnesorgane vorbereitete Einteilung alles Wahrgenommenen in einzelne Dinge wurde durch das Benennen der Dinge mit Begriffen endgültig festzementiert. Jedes Ding bekam einen Namen, ohne den es bald gar nicht mehr denkbar war.

Mich erinnert die vereinfachte Welt, die auf diese Weise in unseren Köpfen entstanden ist, an die Spielzeugwelt eines Kleinkindes, in der es auf einem glatten Boden eine Ansammlung klar definierter Gegenstände mit einfachen Formen gibt. Ein Ball ist ein Ball und ein Bauklotz ist ein Bauklotz. (Interessanterweise verwendet man ähnlich vereinfachte Szenarien, um Robotern das Erkennen von Gegenständen beizubringen.) In diesem Zusammenhang erinnere ich mich an die Modelleisenbahn, die ich als Kind besaß. Sie war auf einer völlig ebenen Holzplatte montiert, die mit der realen Welt wenig Ähnlichkeit hatte. Um der Landschaft etwas mehr Abwechslung zu verleihen, konnte man »Berge« aus Kunststoff (auf Wunsch natürlich mit Eisenbahntunnel ausgestattet) kaufen und auf die Platte stellen. Danach sah die Landschaft eher noch unrealistischer aus, weil es in der Natur fast nie einen abrupten Übergang zwischen Ebene und Berg gibt (Abbildung auf der nächsten Seite).

Dieses Beispiel macht deutlich, dass die Welt der Dinge eine künstliche Trennung – wie im oberen Teil der Abbildung übertrieben dargestellt – zwischen einzelnen Strukturen der realen Welt erfordert, um jede Erscheinung einem Begriff zuordnen zu können. Die reale Welt sieht anders aus. Bei einem Apfel, der am Baum hängt, ist noch relativ klar, wo der Apfel aufhört und wo der Ast anfängt. Aber wie sieht es aus, wenn der Apfel seit zwei Wochen auf der Erde liegt und bereits halb vermodert und zerfallen ist? Wo hört der Apfel auf und wo fängt die Erde an? Ist das überhaupt noch ein Apfel?

Unsere Gewohnheit, die Welt in »Dinge« einzuteilen, die sich Begriffen zuordnen lassen, erfordert eine künstliche Trennung zwischen realen Strukturen, die eigentlich miteinander verbunden sind.

Diese Überlegungen mögen zunächst reichlich akademisch oder sogar trivial anmuten. Im Laufe dieses Buches werden uns jedoch immer wieder Konsequenzen dieser künstlichen Trennung begegnen, die alles andere als unbedeutend für unser Verständnis der Realität sind.

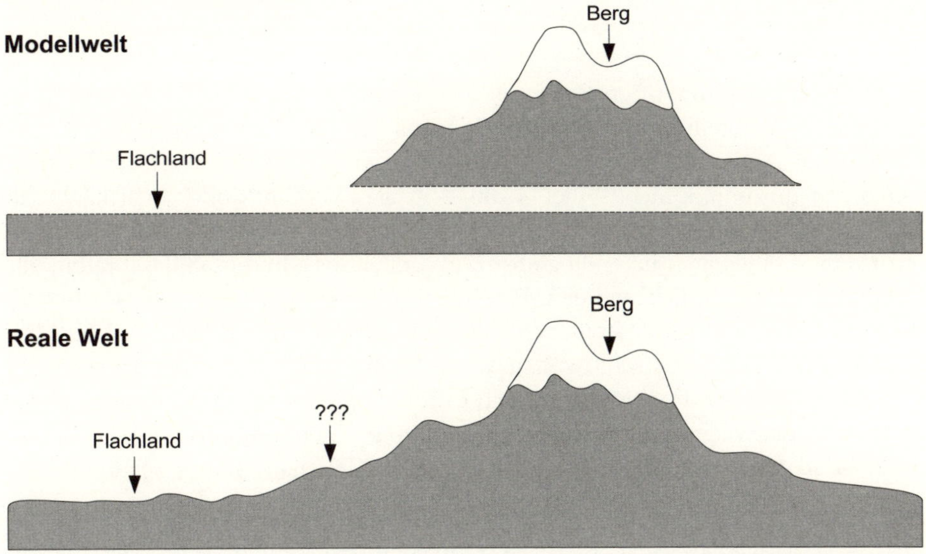

Interessanter wird es, wenn wir den Bereich der materiellen Gegenstände verlassen, auf deren Wahrnehmung und Beschreibung sich unsere Sinnesorgane und unsere Sprache vermutlich ursprünglich beschränkten. Mit dem Fortschreiten der Zivilisation und dem zunehmenden Erfolg im Überlebenskampf fanden die Menschen mehr und mehr Zeit, auch über Sachverhalte nachzudenken, die das Überleben nicht unmittelbar betrafen und nichtmaterieller Natur waren, beispielsweise Gefühle oder Fragen über Ursprung und Sinn der Welt. Natürlich wollte man sich auch über diese Dinge (man beachte die erweiterte Bedeutung des Wortes) mit seinen Mitmenschen austauschen und griff dazu auf das bewährte Kommunikationsmittel Sprache zurück. Die Gewohnheit, alles mit Begriffen und Namen zu belegen, wurde auch hier konsequent fortgesetzt, weil die Sprache ja genau darauf basierte und somit keine Alternativen bot. So kam es, dass auch Konzepte, die eigentlich keine klar definierten »Gegenstände« im klassischen Sinne waren, in das Begriffskonzept gezwängt wurden, und es entstanden Begriffe wie »Liebe«, »Wahrheit«, »Zeit« und »Gott«.

Der gigantische Erfolg der Sprache als Möglichkeit, wichtige Sachverhalte mitzuteilen, führte zu der Annahme, dass man mit Worten *alles* Wichtige beschreiben könne, und in einem weiteren Schritt zu dem Glauben, mit Worten ließen sich grundlegende Wahrheiten zum Ausdruck bringen. Man übersah dabei (und übersieht oft noch heute), dass die Sprache ursprünglich nie zur Beschreibung abstrakter Konzepte gedacht war. Tief in unserem Gehirn steckt nach wie vor die Annahme, dass Namen Gegenstände beschreiben, was dazu führt, dass wir auch bei der Beschreibung vollkommen immaterieller Phänomene oder Ideen nie ganz davon frei sind, in abgegrenzten, gegenständlichen Kategorien zu denken.

Wir verwenden die Sprache zur Beschreibung von Konzepten, für die sie ursprünglich nie gedacht war, und glauben irrtümlich, mit Worten ließen sich grundlegende Wahrheiten beschreiben.

Nehmen wir nur einmal den Begriff »Zeit«. Kaum jemand wird nicht zumindest ein wenig die Vorstellung in sich tragen, dass es sich dabei um ein »Ding« handelt, also so etwas Ähnliches wie Materie, nur flüchtiger, weniger konkret und nicht so greifbar. In unserer Sprache »fließt« die Zeit, sie »vergeht« oder »verfliegt«, sie »rinnt durch die Finger«, man kann viel oder wenig »Zeit haben« (oder gar überhaupt keine – eine eigentlich völlig absurde Vorstellung). In diesen Beschreibungen erscheint die Zeit ähnlich wie eine Flüssigkeit oder ein Gas, also etwas durchaus Materielles. Tatsächlich ist Zeit nicht im Entferntesten mit Materie vergleichbar. Wir haben uns jedoch entschlossen, gewisse Phänomene, die für das menschliche Leben bedeutsam sind – wie die Tatsache, dass die Sonne auf- und untergeht und die Jahreszeiten wechseln – mit einem Begriff zu belegen, um darüber sprechen zu können, und erst durch diesen Vorgang wurde die Zeit als »Ding« erschaffen.

»Begriffe, welche sich bei der Ordnung der Dinge als nützlich erwiesen haben, erlangen über uns leicht eine solche Autorität, dass wir ihres irdischen Ursprungs vergessen und sie als unabänderliche Gegebenheiten hinnehmen.«

Albert Einstein

Es ist sicherlich von Vorteil, über Zeit sprechen zu können – auf der anderen Seite zwängt der Begriff, wie viele andere auch, das Denken ein. Man merkt das daran, wie schwer es selbst wissenschaftlich interessierten Menschen fällt, sich von der klassischen Vorstellung von Zeit zu lösen und die physikalischen Zusammenhänge, die das Zeitphänomen hervorbringen, aus einer umfassenderen Perspektive zu sehen, in der Zeit und Raum nicht mehr getrennt sind. Ich werde später noch auf dieses Thema zurückkommen; an dieser Stelle sollte es nur als Beispiel dienen, wie die Einordnung von Phänomenen in Begriffskategorien zwar einerseits die Kommunikation erleichtert, es uns aber andererseits schwer macht, tieferen Zusammenhängen auf die Spur zu kommen, in die der ursprünglich gewählte Begriff einfach nicht mehr hineinpasst.

Als zweites Beispiel möchte ich den Begriff »Kraftfeld« anführen. Hiermit wird in der Physik eine räumliche Region bezeichnet, in der auf bestimmte Körper Kräfte wirken, in einem »elektrischen Feld« wirken zum Beispiel Kräfte auf elektrisch geladene Körper. Gewitter werden beispielsweise durch starke elektrische Felder in der Atmosphäre ausgelöst. Auch der Fluss des elektrischen Stroms in einem Kabel wird durch ein solches Feld verursacht. Analog dazu spricht man von »Magnetfeldern« und »Gravitationsfeldern«, je nachdem, welche Art von Kräften betrachtet wird. In Ermangelung eines genaueren Begriffs griff man auf das bekannte Wort »Feld« zurück, das urprünglich eine abgegrenzte Fläche, beispielsweise ein Fußballfeld oder ein Kartoffelfeld, bezeichnete, also wiederum etwas sehr Materielles.

Auch hier führt unsere gegenstandsorientierte Wahrnehmung der Welt dazu, dass wir zu der Vorstellung neigen, dass da »etwas« in der Luft ist, irgendein »Ding«, das die Materie beeinflusst. Und dieses »Ding« kann auch noch schwingen und erzeugt dann zum Beispiel elektromagnetische Wellen, so wie Wasseroberflächen in Schwingung geraten. Die Analogie zur klassischen, mechanischen Welt ist tatsächlich nicht ganz von der Hand zu weisen und funktioniert sogar recht gut zur mathematischen Beschreibung vieler elektromagnetischer Phänomene, aber man vergisst dabei leicht, dass es sich dennoch um eine Modellvorstellung handelt, die immer nur einen Teil der Wirklichkeit beschreiben kann. Tatsächlich ist da in der Luft kein »Ding«, sondern es findet lediglich ein Phänomen statt, das sich in verschiedenen physikalischen Deutungssystemen sehr unterschiedlich beschreiben lässt, und das »Feld« ist nur eine der möglichen Beschreibungen.

Zudem erfand man zur grafischen Darstellung der unsichtbaren Kräfte die sogenannten »Feldlinien«, die die Richtung der wirkenden Kraft anzeigen. In einem »humorwissenschaftlichen« Buch fand ich einmal die (nicht ernst gemeinte) Idee, die Linien eines Magnetfeldes miteinander zu verknoten und einen Metallkäfig an dem »Feldknoten« frei schwebend aufzuhängen – was physikalisch natürlich nicht möglich ist, weil die Linien als solche gar nicht existieren.

In diesem Fall weiß natürlich jeder Oberstufenschüler, dass es sich um eine Modellvorstellung handelt, deren Gültigkeitsgrenzen durch diese scherzhafte Idee schlicht überschritten wurden – dennoch fallen wir bei etwas weniger offensichtlichen Modellvorstellungen immer wieder auf solche Denkfallen herein. Denn *jede* sprachliche Beschreibung der Welt – sogar die fortschrittlichste physikalische Theorie – ist eine Abstraktion. Wir können mit Worten immer nur *Modelle* der Welt darstellen, die in gewissen Grenzen funktionieren, sprich: eine schlüssige Erklärung gewisser Phänomene liefern und die korrekte Vorhersage gewisser künftiger Phänomene ermöglichen.

> *»Man kann nicht vermeiden, Fehler zu machen bei dem Versuch, eine Sammlung von Worten oder mathematischen Formeln zur Beschreibung der Natur zu produzieren. Die Natur ist komplizierter als Sprache oder Mathematik. Dennoch muss man sein Bestes tun, um einen Satz von Symbolen zu produzieren, die den Fakten nicht allzu sehr widersprechen.«*
>
> *J. B. S. Haldane*

Die von unserer Wahrnehmung und unserer Sprache vorgegebene Abgrenzung zwischen den einzelnen Begriffen macht es uns dabei unmöglich, so etwas wie ein *Kontinuum* – also eine grenzenlose Struktur sich gegenseitig beeinflussender Phänomene – mit letzter Konsequenz zu beschreiben. Tatsächlich aber kristallisiert sich in der wissenschaftlichen wie auch in der spirituellen Entwicklung immer mehr die Erkenntnis heraus, dass die Welt ein komplexes Kontinuum ist und keine Ansammlung isolierter Phänomene, die sich in sich vollständig beschreiben lassen.

Wir können mit unseren herkömmlichen Mitteln nur in Ansätzen versuchen, diese »größere« Wirklichkeit zu erfassen.

In diesem Zusammenhang möchte ich noch einen Begriff anführen, der für mich die Krönung des Widerspruchs zwischen unserer Vorstellung einer Welt aus isolierten »Dingen« und der dahinter liegenden Realität ist: »Gott«. Allen fortschrittlichen theologischen und philosophischen Deutungen zum Trotz zwingt dieser Begriff wohl jeden, der ihn verwendet, zumindest ein Stück weit zu der Vorstellung, dass es hier um einen »Jemand« oder zumindest um ein abgegrenztes »Etwas« geht. Schon die Verwendung eines Namens zwingt unser Gehirn in eine Denkrichtung, in der Gott als eine vom Rest der Welt und insbesondere von den Menschen getrennte Instanz existiert – eine Vorstellung, die extrem verbreitet ist und seit Jahrtausenden schwerwiegende Konsequenzen für unser Weltbild und unser Leben hat. Auch hierauf werde ich später noch näher eingehen.

Der Begriff »Gott« ist zudem ein ausgezeichnetes Beispiel für ein weiteres Problem, das die Sprache mit sich bringt: Begriffe wurden erfunden, damit ein Mensch einen anderen dazu bringen konnte, an dasselbe Ding zu denken wie er selbst, weil beide dasselbe Wort als dessen Bezeichnung kannten. Das funktioniert bei klassischen Gegenständen wie Äpfeln und Elefanten noch ganz gut (sieht man einmal von der Problematik unterschiedlicher Sprachen ab). Bei abstrakteren Begriffen führt dies jedoch leicht zu der irrigen Vorstellung, dass zwei Menschen, die denselben Begriff verwenden, stets auch dasselbe meinen. Fragen Sie einmal einen Mitmenschen »Glaubst du an Gott?«. Wer diese Frage einfach nur mit »Ja« beantwortet, ist vermutlich in einer bestimmten religiösen Tradition zu Hause, in der eine relativ fest definierte Vorstellung von Gott vermittelt wird (die der Befragte im Zweifel auch für die einzig gültige hält). Für viele andere Menschen, die ebenfalls durchaus keine Atheisten sind – ich zähle auch mich selbst dazu – ist jedoch schon die Frage sinnlos, weil zu ihrer Beantwortung zunächst eine Definition gegeben werden müsste, was der Fragesteller unter »Gott« versteht.

Der Begriff ist lediglich eine Hülle für eine Vorstellung, und je weniger gegenständlich das bezeichnete »Ding« ist, umso stärker variieren die Vorstellungen. Bei »Gott« ist das heutzutage dank der inneren und äußeren Religionsfreiheit den meisten Menschen in unserer Gesellschaft klar. Aber fragen Sie doch einmal »Was ist Liebe?«. Sie werden viele interessante und sehr unterschiedliche Antworten bekommen. Dennoch gehen viele Menschen davon aus, jeder andere müsse wissen, was gemeint ist, wenn sie von »Liebe« sprechen. Auch auf diesen Begriff, der meines Erachtens für mehrere vollkommen unterschiedliche (und sich zum Teil sogar widersprechende) »Dinge« benutzt wird, werde ich später noch zurückkommen.

Tatsächlich gibt es wohl kein einziges Wort, das bei zwei Menschen genau dieselbe Vorstellung hervorruft. Auch hier wirkt sich wieder die Tatsache aus, dass unsere Vorstellung von der Welt weitgehend von der persönlichen Erfahrung geprägt ist. Schon deshalb kann mit Sprache niemals eine letztendliche Wahrheit vermittelt werden. Das wird oft übersehen und führt sowohl zu allerlei kleinen und großen

> *»Es ist gefährlich zu glauben, dass eine Ansammlung von Worten (und mehr sind Philosophien nicht) große Ähnlichkeit mit dem Universum haben könnte.«*
>
> *Jorge Luis Borges*

Missverständnissen im Alltag als auch zu Schwierigkeiten bei der Suche nach tieferer Wahrheit, sowohl in der Vorstellungswelt des Einzelnen als auch im Austausch der Menschen untereinander. Wir sind, solange wir auf dieser Ebene denken und kommunizieren, immer ein Stück weit Gefangene unseres Überlebensapparates, der uns den Segen und den Fluch der Dingwelt beschert hat.

Zum Abschluss dieses Kapitels noch ein paar Worte in eigener Sache: Ich liebe die Sprache. Ich beschäftige mich voller Begeisterung mit ihr und verdiene damit auch den größten Teil meines Lebensunterhaltes. Insofern sollte dieses Kapitel keinesfalls ein Plädoyer gegen die Sprache sein (zumal ich ohne sie ein echtes Problem hätte, den Inhalt dieses Buches zu Papier zu bringen). Tatsächlich bin ich immer wieder fasziniert, was sich alles mit der Sprache ausdrücken lässt, obwohl sie für manches davon ursprünglich gar nicht vorgesehen war. Gerade an ihrer Mehrdeutigkeit habe ich meine helle Freude und betrachte sie manchmal geradezu als Spielzeug.

Zugleich ist die Sprache ein überaus mächtiges Werkzeug zur Erschaffung von Emotionen, die wiederum starke Motivationen für unser Handeln sind. Wir sollten nicht vergessen, dass Sprache nicht nur aus Wörtern besteht, sondern aus Klängen, aus Schwingungen. Diese wirken auf ganz anderen Ebenen als der semantische Inhalt der Wörter, so dass sogar Worte, deren Bedeutung wir gar nicht kennen, durch ihre Schwingung eine starke Wirkung auf unsere Psyche haben können. Nicht ohne Grund bleiben in spirituellen Texten manche Wörter oder Sätze – sogenannte Mantren[1] – vorzugsweise unübersetzt, so zum Beispiel das Sanskrit-Wort »Om« oder die biblischen Worte »Hallelluja« und »Amen«. Und wer das »Vaterunser« einmal im aramäischen Originaltext gehört hat, mag sich fragen, ob man es jemals hätte übersetzen sollen, zumal die vielschichtigen Bedeutungsnuancen der aramäischen Sprache gar nicht direkt übersetzbar sind.[2]

> *»Alles, was ist, ist Metapher.«*
>
> *Norman O. Brown*

Betrachten wir unsere Wahrnehmung und unsere Sprache als das, was sie sind: Hilfsmittel zur Erschaffung einer sinnvollen Modellvorstellung von der Welt. Die »letzte Wirklichkeit« – sofern dieser Begriff überhaupt einen Sinn hat – lässt sich mit unserem normalen Den-

---

1 Das Sanskrit-Wort *Mantra* bedeutet »heiliges Wort«, aber auch »Befreiung/Bewegung des Geistes«.

2 Interessierten Lesern empfehle ich in diesem Zusammenhang das Buch *Das Vaterunser* von Neil Douglas-Klotz.

Informationen zu allen im Text erwähnten und weiteren empfohlenen Büchern finden Sie in den Literaturhinweisen (Seite 345 ff.).

ken nicht erfassen. Wir wollen uns ihr in diesem Buch jedoch so weit nähern, dass wir zu einem wesentlich umfassenderen Bild der Welt gelangen können, das sich letztlich auch auf unser praktisches Leben gravierend – und positiv – auswirken kann.

Ich habe dieses Kapitel deshalb an den Anfang des Buches gestellt, damit Sie bei der weiteren Lektüre stets im Hinterkopf behalten, dass unser Denken in Dingen und Begriffen unser eigenes Konstrukt ist und dass alle in diesem Buch mit den beschränkten Mitteln der Sprache dargestellten »Wahrheiten« entsprechend relativiert werden müssen. In Einzelfällen werde ich auch noch einmal gesondert darauf hinweisen.

Mit diesem Wissen gewappnet, werden wir in den folgenden Kapiteln zunächst einige Begriffe und Vorstellungen, die wir üblicherweise zur Beschreibung der Welt verwenden, genauer unter die Lupe nehmen. Beginnen werden wir mit den beiden grundlegenden »Dingen«, die in unserer Vorstellung von der Welt den Rahmen für alle anderen Dinge darstellen: Werfen wir nun einen genaueren Blick auf das Wesen von Raum und Zeit.

2 Die Bühne der Welt

Über Raum, Zeit und andere Dimensionen

2.1 Platz den Dingen – der Raum

Definieren Sie einmal, was Raum ist. Das wird Ihnen wahrscheinlich gar nicht so leicht fallen, da wir üblicherweise nicht darüber nachdenken, sondern den Raum einfach als gegeben annehmen. Was wir vielleicht spontan sagen würden, ist, dass der Raum offenbar den materiellen Dingen ermöglicht, zu existieren, indem er ihnen Platz bietet. »Platz« ist jedoch nur ein anderes Wort für Raum, also ist dies eine fragwürdige Definition, die sich letztlich mit sich selbst begründet. Raum scheint so etwas wie eine Grundannahme zu sein, die sich nicht weiter begründen lässt, ähnlich wie ein Axiom in der Mathematik.[3]

Wir können Raum auch gar nicht direkt wahrnehmen, sondern nur auf dem Umweg über die Tatsache, dass Gegenstände eine gewisse Größe und einen gewissen Abstand zueinander haben. Diese wiederum messen wir durch Vergleichen mit einer bekannten Größe, zum Beispiel einem Zollstock. Dass der Zollstock eine feste Länge hat, ist dabei wiederum einfach eine Grundannahme – niemand kann beweisen, dass nicht sämtliche Gegenstände im Universum ihre Größe täglich verdoppeln, denn wenn es *alle* Dinge (Planeten, Menschen und Zollstöcke eingeschlossen) täten, würde es niemand bemerken. Genauer betrachtet ist diese Vorstellung sogar recht sinnlos, denn im Vergleich *wozu* sollten die Dinge dann ihre Größe verdoppeln? *Alle* Größenangaben sind grundsätzlich als Vergleich zu Größen definiert, die man als gegeben und konstant annimmt. Der Raum selbst hat in diesem System keine eigenständige Bedeutung, insofern scheint es sich bei diesem Begriff – wieder einmal – eher um eine Hilfsvorstellung als um ein klassisches »Ding« zu handeln. Aber wir wissen ja bereits, dass dies letztlich für jeden Begriff gilt, mit dem wir die Welt zu beschreiben versuchen.

> *Raum definiert sich durch die Größe und den Abstand der in ihm enthaltenen Gegenstände. Der Raum selbst hat keine direkt wahrnehmbare Natur und ist in diesem Sinne mehr eine Hilfsvorstellung als ein »Ding«.*

---

3 Jedes logische System benötigt einerseits Regeln und andererseits einige Grundannahmen, (»Axiome« genannt) die einfach als gegeben betrachtet werden, weil man sonst kein Ausgangsmaterial hätte, aus dem man mit Hilfe der Regeln weitere Aussagen ableiten könnte. Ein Axiom der Mathematik ist beispielsweise die Existenz von Zahlen. Sie lässt sich nicht mit den Regeln der Mathematik begründen, bildet jedoch eine Grundlage für deren Anwendung.

Auf der mathematischen Ebene – die ja zunächst eine reine Gedankenwelt ist, sich aber häufig als sehr geeignet zur Beschreibung realer Verhältnisse erweist – können wir den Raum als solchen dennoch etwas genauer beschreiben, indem wir den Begriff der *Dimension* zur Hilfe nehmen. Dieser lässt sich für sich genommen nicht leichter definieren als der Raum selbst, jedoch können wir gewisse Eigenschaften des Raumes damit näher beschreiben. Am ehesten könnte man eine Dimension als »Ausdehnungsrichtung eines Raumes« definieren, dies ist jedoch insofern ungenau, als der Raum sich ja in beliebig viele Richtungen ausdehnen kann, beispielsweise nach oben, nach rechts, nach schräg rechts oben, nach noch etwas schräger rechts oben usw. Dennoch gibt es eine begrenzte Zahl an Grundrichtungen, aus denen man alle anderen Richtungen rechnerisch zusammensetzen kann.

In dem Raum, den wir kennen, sind dies genau drei. Das zeigt sich darin, dass man den Ort jedes beliebigen Punktes im Raum durch drei Zahlenangaben genau beschreiben kann. So könnte eine Ortsangabe etwa lauten: »Geh von hier aus 3 Kilometer nach Norden, dann 200 Meter nach Westen, und dann grabe 5 Meter tief, um den Schatz zu finden.«, oder auch: »Das Wrack liegt von der Schatzinsel aus in einem Winkel von 33 Grad zur Nordrichtung, 2 Seemeilen Entfernung und in 140 Fuß Tiefe.« Hier werden zwei unterschiedliche Bezugssysteme (sogenannte *Koordinatensysteme*) benutzt, beide haben jedoch gemeinsam, dass man drei Zahlenwerte benötigt.[4] Ein Bezugssystem besteht aus einem Ausgangspunkt (Nullpunkt), drei festgelegten Grundrichtungen, von denen aus die Entfernungen oder Winkel gemessen werden, sowie einer Vereinbarung, welche Längen- bzw. Winkeleinheiten verwendet werden sollen.

Ohne ein solches Koordinatensystem könnte man mit den Zahlen, die einen Ort angeben sollen, nichts anfangen. Für geographische Positionen werden beispielsweise meist die Grundrichtungen Nord-Süd, Ost-West und Oben-Unten benutzt, und der Nullpunkt liegt dort, wo der Meridian von Greenwich den Äquator schneidet, auf Höhe des Meeresspiegels (Position 0° Nord, 0° Ost, 0 m üNN). Die drei Zahlenangaben heißen auch *Koordinaten* des jeweiligen Punktes. Prinzipiell kann man das Koordinatensystem beliebig festlegen. Es ist nicht einmal vorgeschrieben, dass die gewählten Grundrichtungen rechtwinklig zueinander sein müssen (allerdings müssen sie einer mathematischen Bedingung, der »linearen Unabhängigkeit«, genügen). Nur die Zahl Drei wird man grundsätzlich nicht los. Daher bezeichnen wir den Raum als *dreidimensional*.

Nun gibt es allerdings Fälle, in denen uns von den drei Grundrichtungen eine nicht interessiert. So ist zum Beispiel für ein Schiff – solange es sich nicht um ein U-Boot handelt – dessen Höhe über dem Meeresspiegel meist relativ uninteressant (außer

4 Freilich kann man Glück haben und benötigt vielleicht in speziellen Fällen weniger Zahlenwerte, weil einige der Werte zufällig Null sind – z. B. wenn der Schatz genau in Nordrichtung liegt oder sich genau unter den eigenen Füßen befindet. Will man aber *beliebige* Orte innerhalb des gewählten Bezugssystems angeben, benötigt man im Allgemeinen wieder drei Werte.

vielleicht im Fall eines Lecks oder einer sehr niedrigen Brücke ...). In diesem Fall kann man zur Positionsangabe auf die dritte Dimension verzichten und die Meeresfläche näherungsweise als *zweidimensionalen Raum* betrachten, wo die Angabe der geographischen Länge und Breite ausreicht. Generell können wir eine Fläche als zweidimensionalen Raum betrachten, solange uns die Bereiche oberhalb und unterhalb der Fläche nicht interessieren. Genauso können wir eine Linie als *eindimensionalen Raum* ansehen, denn es genügt eine einzige Zahlenangabe, um eine Position auf der Linie anzugeben (sofern man einen Nullpunkt definiert hat).

Wir verwenden den Begriff »Raum« hier natürlich in einem allgemeineren Sinne als in der Alltagssprache. In der Wissenschaft ist es durchaus üblich, unabhängig von der Zahl der Dimensionen von einem »Raum« zu sprechen. Ein solcher »Raum« muss dabei auch nicht direkt eine reale Erscheinung bezeichnen. Man kann jegliches gedankliche Objekt, das sich durch eine bestimmte Anzahl an Zahlenwerten genau beschreiben lässt, in einem (hypothetischen) Raum mit der entsprechenden Anzahl an Dimensionen anordnen. Ein leicht verständliches Beispiel sind die Farben, die unsere Augen wahrnehmen können. Das Auge registriert hierbei drei Eigenschaften: Den Farbton (er hängt von der Frequenz der Lichtwellen ab), die Helligkeit und die Farbsättigung (von grau über blassfarbig bis kräftig). Jede Farbe lässt sich durch diese drei Angaben eindeutig beschreiben. Definieren wir nun ein dreidimensionales Koordinatensystem, in dem eine Grundrichtung dem Farbton, eine der Helligkeit und eine der Sättigung entspricht, so können wir jeder denkbaren Farbe genau einen Punkt in diesem Raum zuordnen. Die Abbildung auf der nächsten Seite zeigt einen solchen Farbraum mit einigen Beispielfarben.

Tatsächlich werden solche »Farbräume« (als Begriff wie auch als mathematisches Konstrukt) routinemäßig beispielsweise in der Drucktechnik und Computergrafik verwendet. Interessanterweise gibt es auch hier unterschiedliche Koordinatensysteme: So kann man jede Farbe statt durch Farbton, Helligkeit und Sättigung auch durch ihre Anteile der Grundfarben Rot, Grün und Blau beschreiben. Dies hängt damit zusammen, dass unsere Augen Rezeptoren für diese drei Farben beinhalten und daraus sämtliche anderen Farben »berechnen«.[5] In der Drucktechnik verwendet man dagegen meist einen Farbraum, der die Grundfarben Cyan (Blaugrün), Magenta (Violett) und Gelb als Grundfarben benutzt, aus denen sich drucktechnisch alle Farben zusammenmischen lassen.[6]

5 Wenn Sie eine weiße Fläche auf Ihrem Fernseher oder Computermonitor mit einer Lupe betrachten, werden Sie erkennen, dass sich der Bildschirm tatsächlich aus kleinen Punkten zusammensetzt, die jeweils rotes, grünes oder blaues Licht abgeben. Das Auge setzt daraus den endgültigen Farbton zusammen.

6 Bei reflektierenden Farben (z. B. auf Papier) subtrahieren sich die Farbanteile der einzelnen Druckfarben, während sie sich bei selbstleuchtenden Farben (wie beim Fernseher) addieren. Daher benötigt man für diese beiden Farberzeugungsverfahren entgegengesetzte (komplementäre) Sets von Grundfarben.

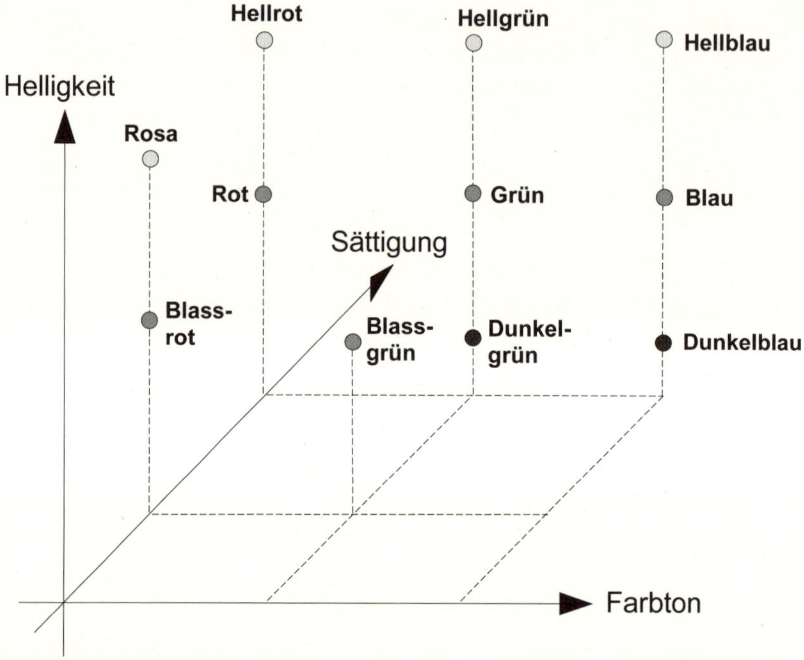

Dies war ein anschauliches Beispiel, weil der verwendete Raum zufällig drei Dimensionen hat und somit dem »realen« Raum um uns ähnelt. Beispiele für zweidimensionale Koordinatensysteme sind die zahlreichen mathematischen Kurven, die wir aus der Schule kennen und die irgendwelche wissenschaftlichen Zusammenhänge darstellen – beispielsweise könnte eine Grundrichtung die Zeit darstellen und die andere die Bevölkerungszahl auf der Erde, oder eine Richtung die Zahl x und die andere irgendeine mathematische Funktion $y = f(x)$. Auch diese »Räume« sind einigermaßen anschaulich, weil man sie problemlos grafisch darstellen kann.

Was aber passiert, wenn man für die Beschreibung eines gedanklichen Objektes mehr als drei Zahlenwerte benötigt? Auch diese kann man rechnerisch in einem »Raum« anordnen, allerdings benötigt dieser dann mehr als drei Dimensionen. Rein mathematisch ist das kein Problem, denn die Rechenregeln für Räume lassen sich auf beliebig viele Dimensionen ausdehnen. Beispielsweise werden bei der Entwicklung digitaler Codierungsverfahren die einzelnen Codewörter (die sich aus einer gewissen Anzahl an Bits, also kleinsten Informationseinheiten, zusammensetzen) in hypothetischen Räumen angeordnet, bei denen 40 Dimensionen keine Seltenheit sind! Man tut dies beispielsweise, um den »Abstand« der Codewörter voneinander in diesem exotischen Raum zu berechnen, um festzustellen, wie gut sie sich bei der Übertragung über eine durch Rauschen gestörte Leitung voneinander unterscheiden lassen. Das funktioniert rechnerisch ganz hervorragend, nur wirklich vorstellen kann sich einen solchen Raum niemand. Das ist für diesen

Zweck glücklicherweise auch nicht erforderlich, allerdings kommt unser neugieriger Verstand bei solchen Überlegungen fast zwangsläufig auf die Idee, sich zu fragen, ob solche höherdimensionalen Räume vielleicht auch »in Wirklichkeit« existieren könnten, genauer gesagt auf der Realitätsebene, auf der auch der uns umgebende dreidimensionale Raum existiert.

Und tatsächlich sind die Theorien der modernen Physik voll von Beschreibungen der Welt, die mehr als drei Dimensionen verwenden. Insofern ist es nützlich, sich die Vorstellung von höherdimensionalen Räumen zumindest so weit zu veranschaulichen, wie es unser auf dreidimensionale Wahrnehmung beschränkter Verstand zu erfassen in der Lage ist. Da wir uns nicht mehr als drei Dimensionen räumlich vorstellen können, müssen wir auf Analogien zurückgreifen, das heißt, wir müssen die Zusammenhänge zwischen Räumen unterschiedlicher Dimension dort beobachten, wo unser Vorstellungvermögen noch nicht versagt – also im Bereich der ersten drei Dimensionen. Diese Zusammenhänge können wir dann gedanklich zumindest ein Stück weit auf höhere Dimensionen übertragen.

Betrachten wir als einfaches Beispiel einen Würfel. Er ist definiert als dreidimensionales Objekt, dessen Kanten alle gleich lang sind und dessen Winkel alle 90° betragen.[7] Die nachfolgende Abbildung zeigt einen solchen Würfel aus zwei möglichen Perspektiven (durchsichtig, damit alle Kanten sichtbar sind).

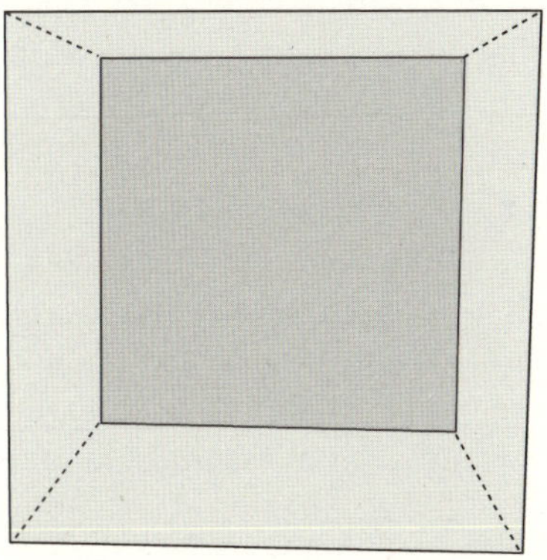

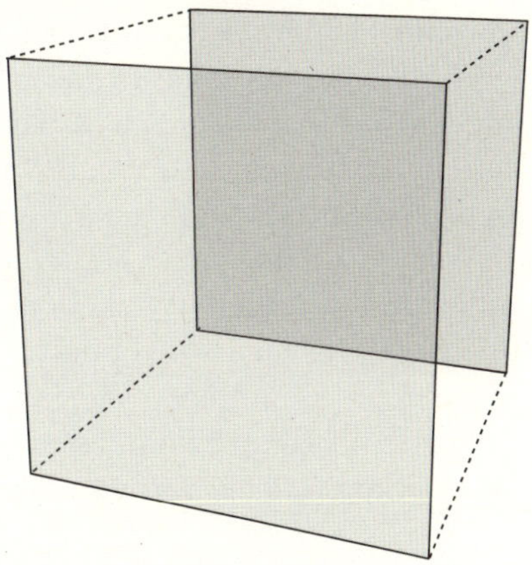

Vergleichen wir nun die Abbildung mit der oben angegebenen Definition des Würfels. Wir stellen fest, dass weder alle Kanten gleich lang sind, noch alle Winkel 90° betragen. Das liegt natürlich daran, dass wir versucht haben, den dreidimensionalen Würfel auf dem zweidimensionalen Papier abzubilden.[8] Einige der Winkel

7 Genau genommen muss außerdem die Bedingung erfüllt sein, dass alle Ecken nach außen zeigen, sonst würden auch andere Objekte diese Definition erfüllen. Der Einfachheit halber wird diese zusätzliche Bedingung im Folgenden nicht mehr explizit erwähnt.

8 Natürlich ist das Papier in Wirklichkeit auch dreidimensional, allerdings können wir seine äußerst geringe (und undurchsichtige) Dicke nicht zur Abbildung nutzen.

sind stark verzerrt worden, und auch die Längen der Kanten haben sich nach bestimmten perspektivischen Regeln verändert – insbesondere die gestrichelt dargestellten Kanten sind stark verkürzt, so dass die von ihnen begrenzten Seitenflächen kaum noch als Quadrate zu erkennen sind. Im linken Bild liegt das hintere Quadrat (dunkelgrau), das immerhin noch halbwegs quadratisch aussieht, innerhalb des vorderen (hellgrau), während es sich im rechten Bild mit diesem überschneidet. Dennoch erkennen wir beide Abbildungen als Darstellungen desselben Würfels, weil wir (ohne darüber nachdenken zu müssen) die Regeln kennen, nach denen ein räumliches Objekt bei einer solchen *Projektion* auf eine Fläche verzerrt wird. Wir kennen sie schon deshalb, weil unsere Augen beim Betrachten eines Objektes ebenfalls eine Projektion durchführen, denn das Bild auf unserer Netzhaut ist genauso zweidimensional wie das auf dem Papier. Nur durch den perspektivischen Unterschied zwischen beiden Augen (Stereoskopie) entsteht ein pseudoräumlicher Eindruck im Gehirn. Dieser Trick, zusammen mit unseren frühkindlichen Erfahrungen beim Spiel mit Gegenständen, ermöglicht uns eine räumliche Vorstellung von der Welt. Beim Betrachten unseres Würfelbildes benötigen wir aufgrund ausreichender Erfahrung nicht einmal mehr den stereoskopischen Trick, um den Würfel als solchen wiederzuerkennen.

Was wäre aber, wenn wir tatsächlich einen *zweidimensionalen* Würfel zeichnen wollten, der unserer Definition genügt? Hierzu müssen wir den Begriff »Würfel« ebenso verallgemeinern, wie wir es bereits mit dem Begriff »Raum« getan haben. Unsere Würfeldefinition habe ich absichtlich so formuliert, dass sie dimensionsunabhängig ist: Ich habe nämlich durchaus nicht vorgeschrieben, dass der Würfel sechs Flächen, acht Ecken und zwölf Kanten haben muss – im dreidimensionalen Fall ergeben sich diese Werte ganz automatisch, wenn wir die Definition erfüllen wollen. Wenn wir jedoch ein *zweidimensionales* Objekt zeichnen, das lauter gleich lange Kanten und nur rechte Winkel hat, kommt zwangsläufig ein Quadrat heraus, das nur eine Fläche, vier Ecken und vier Kanten hat. In der zweidimensionalen Welt ist eben alles etwas simpler, weil sie weniger Möglichkeiten (man könnte auch sagen: weniger Raum) bietet, komplexe Strukturen unterzubringen. Somit ist das Quadrat die zweidimensionale Variante des Würfels.

Sie ahnen, was jetzt kommt: Natürlich lässt sich die Definition des Würfels auch auf mehr als drei Dimensionen erweitern. Wie würde beispielsweise ein vierdimensionaler Würfel (auch »Hyperkubus« genannt) aussehen? Zunächst einmal würde er *gar nicht* »aussehen«, denn wir können bekanntlich höherdimensionale Objekte nicht direkt räumlich wahrnehmen. Allerdings kann man geometrisch berechnen, wie viele Flächen und Kanten er hätte. So wie der dreidimensionale Raum bei einem Würfel (im erweiterten Sinne des Wortes) mehr rechte Winkel und damit auch mehr Flächen und Kanten zulässt als der zweidimensionale, erlaubt der vierdimensionale Raum wiederum mehr rechte Winkel und damit ein noch komplexeres Objekt, das jedoch immer noch unsere verallgemeinerte Würfeldefinition (nur rechte Winkel und alle Kanten gleich lang) erfüllt. Genauer gesagt hat ein Hyperkubus 16 Ecken, 24 Flächen und 32 Kanten, die alle rechtwinklig zueinander sind! Wie können wir uns das vorstellen? Die einfache Antwort lautet wiederum »gar nicht« – aber es gibt einen Trick: Wir können den vierdimensionalen Würfel in den dreidimensionalen Raum projizieren, so wie wir in der letzten Abbildung den dreidimensionalen Würfel auf die zweidimensionale Fläche projiziert haben. Auch diesmal müssen wir dabei in Kauf nehmen, dass die Kantenlängen und die Winkel bei der Abbildung perspektivisch verzerrt werden, und auch hierbei sind – wie in unserer Würfelabbildung auf Seite 31 – je nach gewählter Perspektive unterschiedliche »Bilder« möglich. Nur handelt es sich bei den »Abbildungen« diesmal nicht um flache, sondern um dreidimensionale Objekte, daher fällt es uns spontan schwer, sie als »Abbildungen« zu interpretieren, aber die Analogie zur vertrauten zweidimensionalen Abbildung sollte dennoch nachvollziehbar sein. Der dreidimensionale Raum ist aus Sicht eines vierdimensionalen Betrachters das »Papier«, auf dem (oder sollte man sagen: *in* dem?) er etwas abbilden kann.

Nachfolgend sind zwei mögliche Perspektiven eines projizierten Hyperkubus abgebildet, wobei ich hier leider gezwungen bin, die dreidimensionalen Projektionen wiederum auf das zweidimensionale Papier zu projizieren, wodurch der Hyperkubus sogar um *zwei* Dimensionen reduziert und damit noch stärker verzerrt wird. Ich vertraue aber auf Ihr räumliches Vorstellungsvermögen, um sich die abgebildeten Objekte als »Drahtgittermodelle« vorzustellen, die Sie in die Hand nehmen, drehen und wenden können – obwohl es sich, aus der vierdimensionalen Perspektive betrachtet, um »Bilder« handelt.

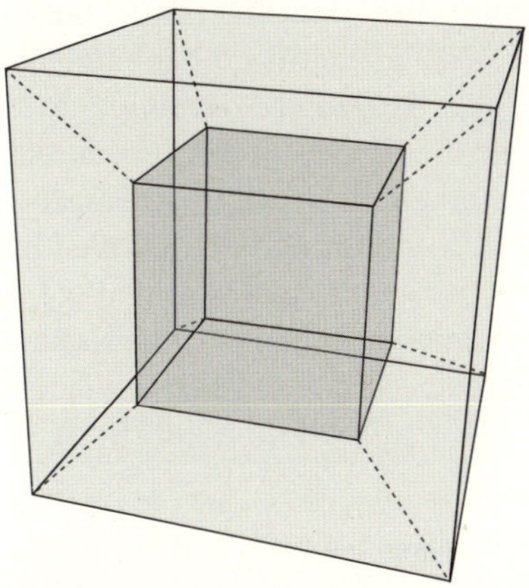

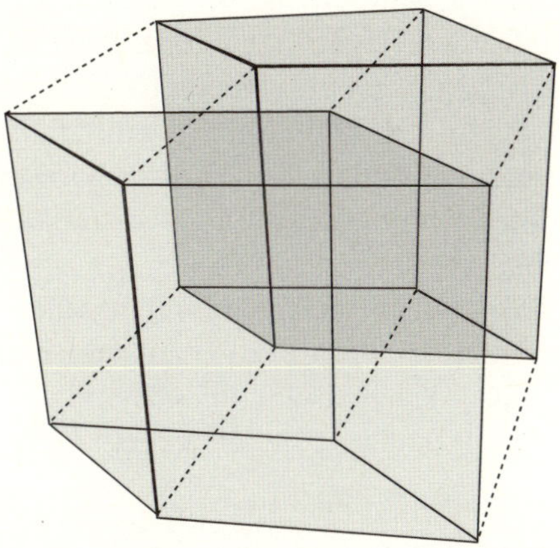

Auf den ersten Blick scheint es kaum vorstellbar, dass es sich hier um zwei Abbildungen desselben Objektes handelt – aber dasselbe würde jemand, der die Regeln der perspektivischen Verzerrung nicht kennt, auch über die beiden Bilder auf Seite 31 sagen. Auch in dieser Abbildung habe ich wieder diejenigen Kanten, die besonders stark verzerrt sind, gestrichelt dargestellt – im vierdimensionalen Raum sind jedoch *alle* Kanten des Objektes gleich lang, und *alle* Winkel betragen 90°! Das bedeutet, dass der kleinere (und dunklere) Würfel in Wirklichkeit gar nicht kleiner ist als der große, sondern nur durch die Perspektive (allerdings diesmal die vierdimensionale!) kleiner erscheint, genau wie das dunklere Quadrat auf Seite 31. Außerdem sehen wir, dass der »kleinere« Würfel im linken Bild innerhalb des »großen« liegt und sich im rechten Bild mit ihm überschneidet. Auch dies liegt – wiederum analog zu den Quadraten auf Seite 31 – lediglich an der geänderten Perspektive. Und schließlich bedeutet dies auch, dass die sechs von den gestrichelten Kanten begrenzten Objekte, die die beiden Würfel verbinden (und im linken Bild wie abgesägte Pyramiden aussehen) tatsächlich ebenfalls *Würfel* sind, die lediglich durch die »Vierspektive« stark verzerrt worden sind! Zusammen mit den beiden grau dargestellten, einigermaßen unverzerrten Würfeln ergibt das acht Würfel. Diese dreidimensionalen Würfel bilden die »Oberfläche« (oder sollte man besser »Oberraum« sagen?) des vierdimensionalen Hyperkubus, genau wie die zweidimensionalen Quadrate die Oberfläche des gewöhnlichen, dreidimensionalen Würfels bilden.

Wenn Ihnen diese Thematik neu ist, befindet sich Ihr Gehirn möglicherweise gerade zwischen Erkenntnis und Absturz. Machen Sie sich nichts draus – vermutlich kann sich niemand auf dieser Welt wirklich einen Hyperkubus vorstellen. Die Analogie zwischen den niedrigeren und höheren Dimensionen ist jedoch hoffentlich halbwegs deutlich geworden.

2.2 Da sind Sie platt – die Flachwelt

Um die im Folgenden beschriebenen Zusammenhänge möglichst anschaulich darzustellen, werden wir uns auch weiterhin vornehmlich in den untersten drei Dimensionen bewegen. Um damit dennoch höherdimensionale Zusammenhänge beschreiben zu können, bedienen wir uns eines Tricks: Wir reduzieren einfach die Welt um eine Dimension. Dadurch wird aus dem dreidimensionalen Raum eine zweidimensionale Fläche, und wir können die dritte Dimension zur Repräsentation einer aus Sicht dieses reduzierten Raumes »höheren« Dimension nutzen. Nun haben wir ja bereits gesehen, dass ein Raum mit wenigen Dimensionen nicht so komplexe Objekte beherbergen kann wie ein Raum mit vielen Dimensionen. Daher sehen auch die Bewohner unserer Flachwelt – nennen wir sie »Flabs« (engl.: **fla**t **b**eings = Flachwesen) – etwas anders aus als wir. In der Abbildung auf der nächsten Seite stelle ich Ihnen zwei dieser Bewohner vor.

Als Erstes fällt ins Auge, dass wir das *Innere* dieser Wesen beobachten können (der Einfachheit halber habe ich nur Gehirn, Sehnerven, Geschmacksnerv und Verdauungstrakt dargestellt). Dieses Privileg verdanken wir allerdings nur der Tatsache, dass wir aus Sicht der Flabs in einer höheren Dimension leben. Den Flabs selbst bleibt der unappetitliche Anblick ihres Mageninhalts erspart, denn sie leben in einer absolut flachen Welt, die hier der Papierebene entspricht – die Richtung aus dem Papier heraus (in die sie schauen müssten, um uns zu sehen) existiert für sie nicht, und in dieser Richtung haben sie auch keine Ausdehnung. Daher können sie auch sich selbst nicht so sehen, wir wir es tun – tatsächlich nehmen sie sich gegen-

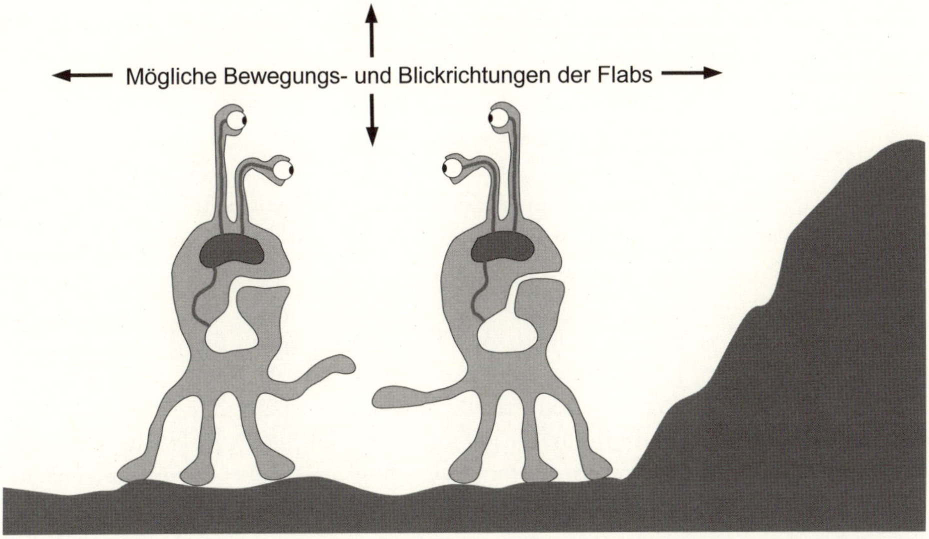

seitig nur als unendlich dünne (*ein*dimensionale) *Linien* wahr, weil sie sich nur »von der Seite« her betrachten können, ähnlich wie wir die dreidimensionale Welt auch nur als *zwei*dimensionales Bild auf der Netzhaut wahrnehmen, das wir lediglich durch den stereoskopischen Trick (siehe Seite 32) ein wenig »räumlicher« gestalten. Etwas Ähnliches tun übrigens auch die Flabs, nur müssen sie ihre Augen *übereinander* anordnen, da es in ihrer Welt kein »Nebeneinander« gibt! Aus demselben Grund können sich die Flabs nicht einmal umdrehen, da sie sich dafür aus der Ebene herausdrehen müssten (beachten Sie, dass bei beiden Flabs die Mundöffnung auf derselben Seite ist und dort auch ein Leben lang bleibt). Stattdessen können sie, ohne sich umzudrehen, nach rechts und links laufen, wobei sie diese Richtungen vermutlich eher als »vorne« und »hinten« bezeichnen würden. Die Augen müssen bei jedem Richtungswechsel ihre Position tauschen; zu diesem Zweck sind sie an flexiblen Antennen angebracht. Dabei werden für die Augen dummerweise auch Oben und Unten vertauscht, aber damit muss das Gehirn der Flabs eben zurechtkommen.

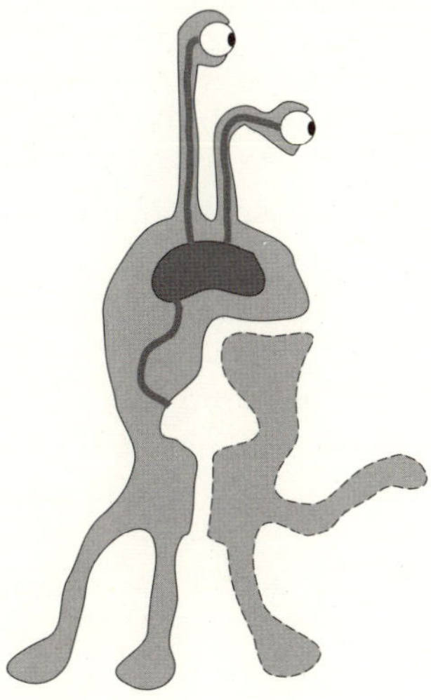

Ist Ihnen übrigens aufgefallen, dass die Flabs nur *eine* Körperöffnung haben, die demnach zugleich zur Nahrungsaufnahme und -ausscheidung dienen muss? Dies ist keine böswillige Geschmacklosigkeit von mir, vielmehr habe ich durch diese vereinfachte Anatomie die Flabs vor dem Zerfall bewahrt. Rechts sehen Sie, wie ein Flab mit *zwei* Körperöffnungen aussehen würde. Da das Flab jedoch in seiner Existenz auf die Papierebene beschränkt ist, würde es mit diesem Körperbau sofort in zwei Teile zerfallen und hätte danach überhaupt keine Körperöffnungen mehr, daher nimmt es lieber mit nur einer vorlieb.

Die Welt der Flabs ist im Vergleich zu unserer also in mancherlei Hinsicht eingeschränkt. Wenn ein Flab beispielsweise den im Bild auf Seite 35 gezeigten Hügel überwinden wollte, hätte es keine andere Wahl, als hinüberzuklettern (oder zu springen oder zu fliegen). Selbst an seinen eigenen Artgenossen kommt ein Flab nur vorbei, indem es sie überklettert oder überspringt. An dem Hindernis »seitlich vorbeigehen« kann es nicht – dieser Vorgang wäre für ein Flab nicht einmal vorstellbar! Würde ihm ein in der Theorie höherer Dimensionen bewanderter Artgenosse diese Möglichkeit beschreiben, würde er damit vermutlich bestenfalls die Vorstellung auslösen, man könne auf geheimisvolle Weise irgendwie durch das Hindernis »hindurchtauchen«, denn das »Daneben« – in unserer Abbildung also der Raum oberhalb und unterhalb der Papierebene – liegt außerhalb des Wahrnehmungsbereiches eines Flabs und damit außerhalb seines räumlichen (oder »flächigen«?) Vorstellungsvermögens. Für uns ist diese Vorstellung hingegen kein Problem.

Eine Dimension höher ergeht es uns jedoch ähnlich wie einem Flab: Nehmen wir einmal an, wir befänden uns in einem erloschenen Vulkankrater und wären auf allen Seiten von Felswänden umgeben. Können Sie sich vorstellen, dass es einen Weg aus dem Krater hinaus geben könnte, bei dem man weder *über* die Felswände noch *durch* sie hindurch, sondern »daran vorbei« gehen würde? Vermutlich nicht – und dennoch wäre ein solcher Vorgang für ein Wesen mit vierdimensionaler Wahrnehmung (das übrigens auch problemlos von außen in Ihren Magen schauen könnte) überhaupt kein Problem. Wären wir plötzlich in der Lage, unsere Bewegungsfreiheit auf eine vierte Dimension auszudehnen, dann könnten wir den normalen Raum vorübergehend verlassen und an einer anderen Stelle (zum Beispiel außerhalb des Kraters) wieder in ihn eintreten, was aus Sicht eines Menschen mit dreidimensionaler Wahrnehmung wie ein waschechtes Wunder aussehen würde.[9]

Wenn man sich die gängige Literatur über unerklärte Phänomene ansieht, findet man zahlreiche Berichte über Personen und Gegenstände, die anscheinend in der Lage sind, spontane Ortswechsel (Teleportation) zu vollführen, ohne die dazwischen liegende Strecke zurückgelegt zu haben. Ob (bzw. wie viele) dieser Berichte den Tatsachen entsprechen, soll hier nicht diskutiert werden. Mir geht es darum, ganz allgemein zu zeigen, dass die Einbeziehung höherer Dimensionen problemlos Phänomene ermöglicht, die für Wesen, deren Wahrnehmung auf weniger Dimensionen beschränkt ist, unerklärlich erscheinen.

9 Diese Idee ist unter dem Begriff »Hyperraum« ein beliebtes Hilfsmittel in der Science-Fiction. Indem der Hyperraum den hypothetischen Weltraumfahrern den direkten Sprung von einem Punkt im Raum zu einem anderen ermöglicht, umgehen die Autoren das Problem, dass kein Raumschiff schneller als das Licht fliegen kann.

Höhere Dimensionen ermöglichen die Existenz von Objekten und Phänomenen, die für ein Wesen, dessen Wahrnehmung auf weniger Dimensionen beschränkt ist, unerklärlich oder unvorstellbar sind.

Wie würde es zum Beispiel für ein Flab wirken, wenn eine ganz gewöhnliche Kugel auf ihrem Weg durch ein (mindestens) dreidimensionales Universum zufällig die zweidimensionale Flächenwelt der Flabs durchqueren würde, wie in der folgenden Abbildung dargestellt?

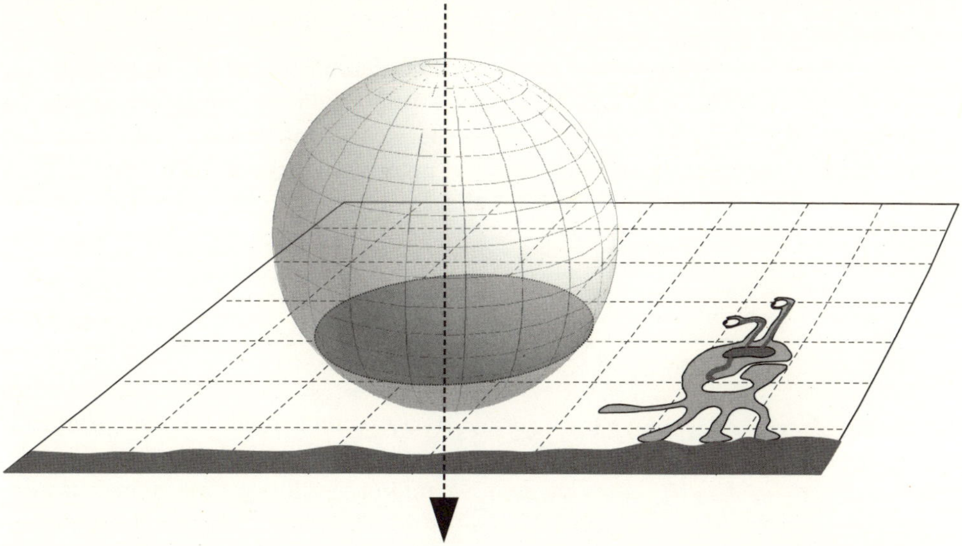

In der Flächenwelt wäre jeweils nur der kreisförmige *Querschnitt* der Kugel (in der Abbildung dunkler dargestellt) sichtbar, der gerade in der Ebene dieser Welt liegt. In dem Moment, in dem die Kugel die Ebene berührt, würde für ein Flab scheinbar aus dem Nichts ein Kreis in der Luft erscheinen (das Flab würde ihn freilich – wie alle Gegenstände – nur »von der Seite«, das heißt als Linie wahrnehmen, könnte aber dank seiner stereoskopischen Sicht die Krümmung des Kreisbogens erkennen). Dieser Kreis würde wachsen, bis die Kugel die Ebene zur Hälfte durchquert hat, und anschließend schrumpfen und verschwinden.

> *»Eine von einer Ebene geschnittene Kugel zeigt als Schnittfläche einen Kreis, das ursprüngliche Bild des erschaffenen Geistes, der den Körper zu lenken hat; und dieser Kreis verhält sich zur Kugel wie der menschliche Geist zum göttlichen Geist.«*
>
> *Johannes Kepler*

Für das Flab wäre dies vermutlich ein überaus erstaunliches Ereignis, für uns hingegen dank unserer »höheren« Perspektive ein ganz normaler Vorgang. Würde freilich vor unseren Augen plötzlich eine winzige Kugel in der Luft erscheinen, wachsen, dann schrumpfen und wieder verschwinden, wären wir vermutlich ebenso erstaunt wie das Flab, obwohl lediglich eine ganz normale vierdimensionale »Hyperkugel« unseren dreidimensionalen Raum durchquert hat, deren »Querschnitt« eine dreidimensionale Kugel wäre.

Tatsächlich wäre es durchaus möglich, dass einige – oder sogar alle – Objekte in unserem Universum nichts anderes als die dreidimensionalen »Querschnitte« höherdimensionaler Objekte darstellen, die in unseren Raum »hineinragen«. Wir werden später noch sehen, dass tatsächlich einiges dafür spricht.

2.3 Mehr Raum für die Zeit

> *»Sie wissen sicherlich, dass eine mathematische Linie, eine Linie von der Dicke null, in Wirklichkeit nicht existiert ... ebenso wenig eine mathematische Fläche. Das sind reine Abstraktionen.«*
>
> *»Da haben Sie recht«, sagte der Psychologe.*
>
> *»Und genauso wenig kann ein Würfel, der nur aus Länge, Breite und Höhe besteht, eine materielle Existenz haben.«*
>
> *»Da muss ich widersprechen«, erklärte Filby. »Natürlich kann ein fester Körper existieren. Alle realen Dinge ...«*
>
> *»Aber überlegen Sie mal einen Augenblick: Kann ein* MOMENTANER *Würfel existieren?«*
>
> *»Das ist mir zu hoch«, entgegnete Filby.*
>
> *»Kann ein Würfel, der keinerlei Zeitdauer besitzt, eine materielle Existenz haben?«*
>
> *Aus »Die Zeitmaschine« von H. G. Wells*

Definieren Sie einmal, was Zeit ist. Es dürfte Ihnen ähnlich schwerfallen wie bei der Definition des Begriffs »Raum« im vorigen Abschnitt. Schon der frühchristliche Kirchenlehrer Augustinus sagte: »*Was also ist Zeit? Wenn niemand danach fragt, weiß ich es. Will ich es aber einem Fragenden erklären, weiß ich es nicht.*«

Ähnlich wie der Raum ist auch die Zeit nicht direkt erfahrbar, sondern nur über die Messung von Abständen definierbar – allerdings in diesem Fall von *zeitlichen* Abständen zwischen einzelnen Ereignissen. Analog zur Längenmessung im Raum erfolgt auch hier die Messung durch Vergleich mit einem Bezugsmaß, das heißt, mit bestimmten Vorgängen, deren Zeitdauer wir als konstant annehmen, beispielsweise die Umlaufzeit eines Uhrzeigers oder, in der heutigen Zeit, die Schwingungsdauer bestimmter Atome, die als Zeitmaßstab in den genauesten Uhren der Welt dient.

Wir erkennen hier eine gewisse Analogie zwischen Raum und Zeit. Jeder Körper benötigt neben seiner räumlichen auch eine zeitliche Ausdehnung (nämlich seine Lebensdauer), um zu existieren. Die wesentlichen Unterschiede bestehen offenbar darin, dass erstens räumliche Phänomene von unseren Sinnen ganz anders wahrgenommen werden als zeitliche und dass wir zweitens das Verstreichen der Zeit nicht beeinflussen können – zumindest können wir es nicht komplett verhindern, das heißt, die Zeit anhalten oder gar zurückdrehen (allerdings ist es auffällig, wie unterschiedlich lang wir je nach Situation einen bestimmten Zeitabschnitt empfinden können).

Herbert George Wells, neben Jules Verne der wohl bedeutendste Pionier der modernen Science Fiction, präsentierte bereits 1895 in seinem Roman »Die Zeitmaschine« die Idee, dass es sich bei dem Phänomen, das wir als »Zeit« erleben, vielleicht einfach um eine weitere, *vierte Dimension* neben den drei bekannten Dimensionen des Raumes handeln könnte.

Wie können wir uns das vorstellen? Um das Ganze anschaulich zu halten, ziehen wir wieder unser auf zwei Dimensionen reduziertes Flab-Universum zu Rate. Dadurch bleibt die dritte Dimension »frei«, so dass wir diese (an Stelle der vierten Dimension, die unser geometrisches Vorstellungsvermögen überfordern würde) zur Darstellung der Zeit nutzen können. Nehmen wir an, wir machen über einen gewissen Zeitraum hinweg jede Sekunde eine »Momentaufnahme« der Flab-Welt. Diese Momentaufnahmen sind allesamt flach – nicht etwa, weil es sich um Fotos oder Ähnliches handeln würde, sondern weil das Flab-Universum von vornherein flach, das heißt zweidimensional ist. Nun ordnen wir diese Momentaufnahmen, die wir zur Verdeutlichung transparent darstellen, ähnlich wie bei einem Daumenkino[10], in der richtigen zeitlichen Reihenfolge in der dritten Dimension hintereinander an und erhalten so etwas wie die auf der nächsten Seite abgebildete Struktur.

In der Abbildung sehen wir ein Flab in der Landschaft stehen, das sich in dem hier dargestellten Zeitraum nicht vom Fleck bewegt (jedes Einzelbild zeigt es an derselben Position in der Ebene) – es bewegt lediglich seinen Arm von oben nach unten. Das vogelähnliche Flachtier über seinem Kopf bewegt sich hingegen im gleichen Zeitraum von der rechten auf die linke Seite des dargestellten Raumausschnitts.

Somit hat die dritte Dimension, die in unserem Flachwelt-Modell bisher bestenfalls als Wohnort für »höherdimensionale Götter« (nämlich uns) diente, jetzt eine echte Funktion erhalten und stellt nunmehr etwas dar, das für die Flabs selbst durchaus vertraut und wahrnehmbar ist – nämlich die Zeit, die in ihrer Welt verstreicht. Die Flabs erkennen den Dimensionscharakter der Zeit jedoch nicht unmittelbar, da ihre Sinnesorgane nach wie vor nicht in Richtung der dritten Dimension schauen können und ihre einzige Wahrnehmung der Zeit in Erinnerungen (und vielleicht Vorahnungen) besteht.

10 Ein Daumenkino ist ein kleines Buch, bei dem auf jeder Seite dieselbe Szene dargestellt ist, wobei jedoch jedes Bild gegenüber dem vorhergehenden etwas verändert ist, so dass sich, wenn man das Buch mit dem Daumen sehr schnell durchblättert, für das Auge wie bei einem Trickfilm eine scheinbare Bewegung der gezeichneten Figuren ergibt.

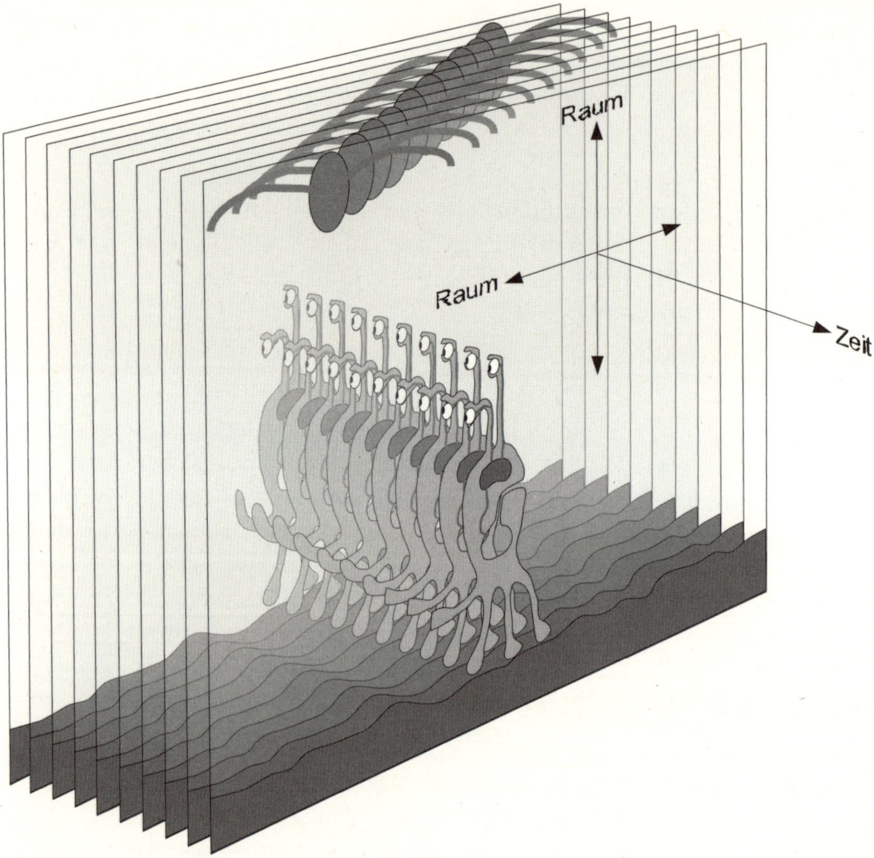

Das Ganze lässt sich nach dem bekannten Muster auch wieder auf unsere Welt übertragen, wobei die Zeit in diesem Fall natürlich eine vierte Dimension beansprucht, da der Raum bereits die ersten drei »verbraucht«.

Die Zeit lässt sich, genau wie die räumlichen Ausdehnungsrichtungen, als Dimension interpretieren. Lediglich die Beschränkung unserer Wahrnehmung bewirkt, dass wir sie nicht als Dimension wahrnehmen.

In der obigen Abbildung wird aus Gründen der Übersichtlichkeit nur eine begrenzte Anzahl von Momentaufnahmen gezeigt, zwischen denen es zeitliche Lücken gibt. Für eine vollständige Darstellung müssen wir uns diese Lücken mit unendlich vielen »Zwischenmomenten« gefüllt denken, so dass das ganze Gebilde in der zeitlichen Richtung genauso kontinuierlich und lückenlos wird wie in den beiden räumlichen Richtungen und zu einer dreidimensionalen Einheit verschmilzt. Wenn wir beispielsweise das Flab aus der obigen Abbildung herausgreifen, würde es uns etwa wie folgt erscheinen:

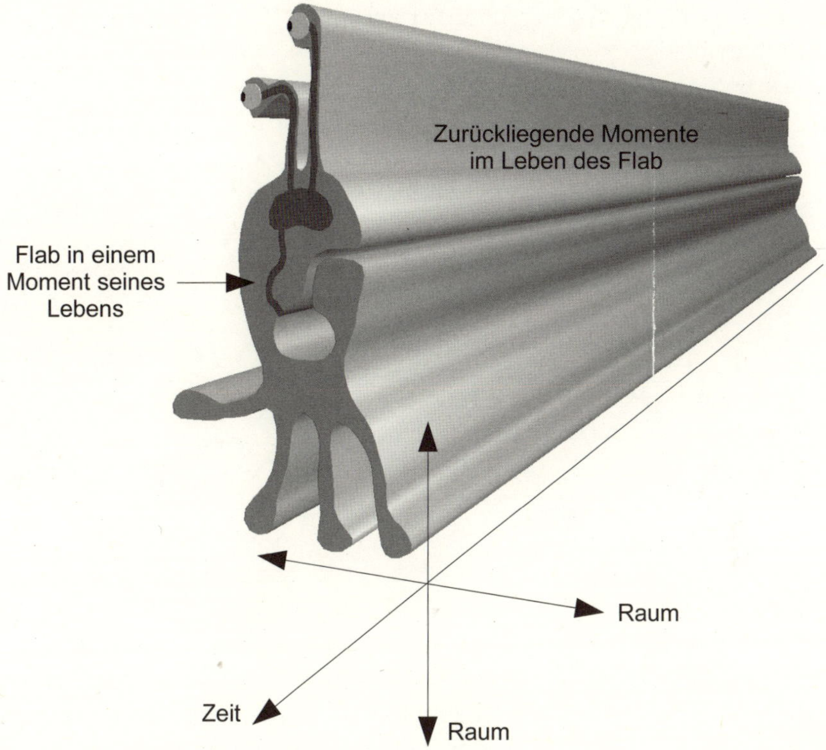

Statt des *zwei*dimensionalen Flabs sehen wir ein *drei*dimensionales Gebilde, das einen (in diesem Fall recht unspektakulären) Ausschnitt aus der Lebensgeschichte des Flabs darstellt. Hätte das Flab sich im abgebildeten Zeitraum merklich bewegt, würde das Gebilde nicht so schnurgerade aussehen, sondern Kurven und andere Verformungen aufweisen. Genauso kann man in unserer Welt die Lebensgeschichte eines *drei*dimensionalen Objektes als *vier*dimensionales, in der Zeitdimension lang gestrecktes »Hyperobjekt« betrachten.

Zur Verdeutlichung schauen wir uns in der nächsten Abbildung einmal das ganze Raum-Zeit-Gebilde aus wesentlich größerem Abstand an, so dass wir einen größeren Ausschnitt aus dem Leben der Flabs beobachten können. Außerdem betrachten wir die Flab-Welt diesmal genau von oben, so dass wir jede zweidimensionale Momentaufnahme des Flab-Universums nur noch als unendlich dünne, eindimensionale Linie sehen (wir blicken sozusagen genau auf die »Oberkanten« der auf Seite 40 dargestellten »Schichten«). Damit haben wir den Raum des Flab-Universums von zwei Dimensionen auf eine einzige reduziert, so dass sich nunmehr Raum und Zeit übersichtlich zusammen in einer zweidimensionalen Ebene abbilden lassen. Eine solche Darstellung, die nur *eine* Raumdimension und die Zeitdimension darstellt, nennt man auch *Raum-Zeit-Diagramm*. Bewegungen im Raum lassen sich zwar in einem solchen Diagramm nur noch eindimensional darstellen (in unserem Fall würde man es beispielsweise nicht erkennen können, wenn ein Flab auf der

Stelle auf und ab hüpfen würde), dafür ist der Raum-Zeit-Zusammenhang jedoch deutlicher erkennbar.

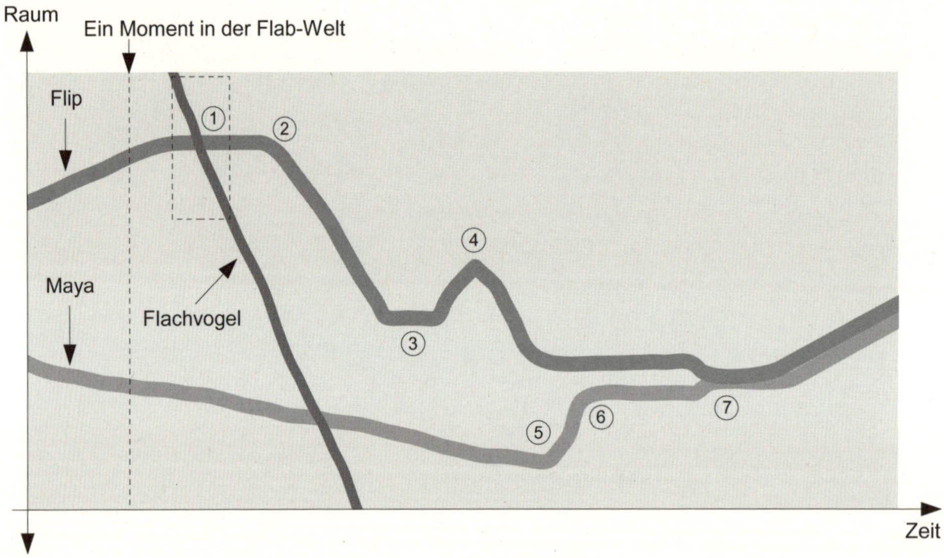

Man kann sich die Entstehung des Diagramms auch so vorstellen, dass die Flabs sich in ihrem beschränkten Raum hin- und herbewegen (in dieser Darstellung nach oben und unten), während ein breiter Papierstreifen von rechts nach links ihre strichförmige Welt durchwandert und die Flabs darauf Markierungen hinterlassen, die durch die Bewegung des Papiers zu Linien und Kurven werden, ähnlich wie das Funktionsprinzip eines Seismographen oder eines EKG-Schreibers. Es ist wichtig zu verstehen, dass sich die Flabs selbst nicht etwa »schräg« bewegen (denn das können sie nicht), sondern nur in senkrechter Richtung. Der kurvige Verlauf der Linien entsteht erst durch die Bewegung des Papierstreifens, der das Verstreichen der Zeit darstellt.

Da die Raumdimension in unserer Darstellung von unten nach oben und die Zeitdimension von links nach rechts verläuft, stellt jeder senkrechte Schnitt durch die Abbildung genau einen Zeitpunkt in der Flab-Welt dar. Links im Bild ist ein solcher Moment als gestrichelte Linie dargestellt. Die Akteure unserer Szene sind als breitere Linien erkennbar, die in der Zeit (in waagerechter Richtung) ausgedehnt sind und durch die Bewegungen der Akteure im Raum (in senkrechter Richtung) diverse Kurven aufweisen. Man bezeichnet eine solche Linie, die die Bewegung eines Objektes in Raum *und* Zeit darstellt, auch als *Weltlinie* des Objektes.[11] Die

11 Die Bezeichnung ist hier nicht ganz korrekt, denn eine Linie ist streng genommen eindimensional, während unsere in der Zeit lang gezogenen Flabs, wie die Abbildung auf Seite 41 zeigt, eigentlich dreidimensional sind. Da uns hier jedoch nur die Ausdehnung in der Zeitrichtung interessiert, bleiben wir bei dem Begriff »Weltlinie«.

Abbildung auf Seite 41 zeigt somit einen kurzen Ausschnitt aus der Weltlinie des Flabs.

Verfolgen wir nun die Handlung unserer Szene im Einzelnen: Zu Beginn (links) schlendert ein (männliches) Flab namens Flip gedankenverloren über eine Wiese (genauer gesagt über eine Reihe von Grashalmen, denn mehr gibt ein flacher Raum nicht her). Dass Flip sich bewegt, erkennen wir daran, dass seine Weltlinie schräg zur Zeitachse verläuft, es findet also eine Bewegung im Raum (in dieser Darstellung nach oben) statt. Ein zweites (weibliches) Flab namens Maya, deren Weltlinie weiter unten zu sehen ist, bewegt sich zu dieser Zeit ebenfalls, allerdings in die andere Richtung (Flabs können bekanntlich nur in zwei Richtungen laufen).

Zum Zeitpunkt ① wird Flip von einem Flachvogel überflogen. Hier erkennen wir – angedeutet durch das gestrichelte kleine Rechteck – genau die Szene von Seite 40 wieder (nur diesmal von oben gesehen statt schräg von vorne). Wir erkennen, dass der Vogel eine höhere Geschwindigkeit hat als Flip zu Beginn der Szene hatte, denn seine Weltlinie hat einen größeren Winkel zur Zeitachse, das heißt, er legt in derselben Zeit (waagerecht) eine größere Strecke im Raum (senkrecht) zurück als Flip. Dieser ist im Übrigen mittlerweile stehengeblieben (seine Weltlinie verläuft waagerecht, das heißt, er »bewegt« sich nur noch in der Zeit, aber nicht mehr im Raum) und blickt dem Vogel nach. Dabei fällt sein Blick auf Maya, und wie es sich für eine dramaturgisch gut ausgewählte Szene gehört, verliebt er sich natürlich augenblicklich in sie. Wie wir sehen, bleibt er noch eine Weile fasziniert stehen, bis er sich zum Zeitpunkt ② entschließt, seiner Traumfrau nachzulaufen. Dabei macht er schließlich sogar der Geschwindigkeit des Vogels Konkurrenz, wie wir am steilen Winkel seiner Weltlinie erkennen. Der Vogel hat derweil bereits Maya überflogen und verlässt die Szene.

Zum Zeitpunkt ③ hält Flip noch einmal an, steht eine Weile unsicher in der Landschaft und fragt sich, ob er es wagen kann, Maya anzusprechen. Zunächst siegt die Angst, und er macht sich resigniert von dannen. An Punkt ④ fasst er sich jedoch ein Herz und beschließt, dass er diese einmalige Chance nicht verschenken darf. Er kehrt um, nähert sich wieder mit vogelgleicher Geschwindigkeit der Angebeteten, bleibt dann stehen und ruft ihr etwas zu, worauf sie ihn bemerkt, umkehrt (Zeitpunkt ⑤) und auf ihn zugeht. Bei Punkt ⑥ bleibt sie in höflichem Abstand zu ihm stehen, und beide unterhalten sich eine Weile (beide Weltlinien verlaufen waagerecht und parallel). Dass es auch bei Maya mächtig gefunkt hat, sehen wir an Punkt ⑦, denn hier kommt es offenkundig zu einem intimen Moment, dessen Details uns leider aufgrund des großen Betrachtungsabstandes entgehen. Daraufhin machen sich beide zusammen auf den Weg (Weltlinien verlaufen parallel nach schräg oben) in eine glückliche Zukunft, die jenseits des rechten Bildrandes liegt.

Vielleicht ist Ihnen aufgefallen, dass ich im vorigen Abschnitt den Begriff »Bewegung in der Zeit« verwendet habe. Wenn wir die Zeit als Dimension, also als eine zusätzliche mögliche *Bewegungsrichtung* betrachten, müssen wir konsequenterweise auch den Begriff »Bewegung« um eine Dimension erweitern. Ganz offensichtlich

»bewegt« sich jedes Objekt ganz automatisch in der Zeitrichtung, und zwar stets von der Vergangenheit in Richtung Zukunft. Auch ein Objekt, das im Raum vollkommen stillsteht, »bewegt« sich immer noch in der Zeit (seine Weltlinie verläuft dann parallel zur Zeitachse).

Wenn es also eine »Bewegung in der Zeit« gibt, stellt sich natürlich die Frage, warum wir uns in dieser Dimension nicht nach *Belieben* bewegen können, so wie wir uns auch im Raum bewegen können. Stattdessen scheinen wir uns in der Zeit immer in dieselbe Richtung (nämlich von der Vergangenheit zur Zukunft) zu bewegen, und auch die »Geschwindigkeit« (auch dieser Begriff ist in erweitertem Sinne zu verstehen) dieser Bewegung scheint auf den ersten Blick für alle Objekte konstant zu sein.[12] Insbesondere können wir anscheinend nicht ohne weiteres in die Vergangenheit zurückreisen. Der Erfinder in H. G. Wells' Roman beseitigt durch seine Zeitmaschine diese Einschränkungen und reist munter mit hoher Geschwindigkeit in der Zeit hin und her. Beim konsequenten Durchdenken dieser Idee stößt man allerdings schnell auf logische Unstimmigkeiten wie das berühmte Zeitreise-Paradoxon, bei dem man sich vorstellt, man würde in die Vergangenheit reisen und seinen eigenen Großvater töten, bevor er Kinder zeugen kann – womit man sich die eigene Existenzgrundlage entziehen würde.

Man könnte aufgrund dieser Einschränkung annehmen, dass die Interpretation der Zeit als zusätzliche Dimension vielleicht doch etwas weit hergeholt ist. Die moderne Physik bestätigt jedoch die Idee einer vierdimensionalen Raum-Zeit-Struktur – allerdings mit gewissen Unterschieden zu dem einfachen Modell, das wir bisher betrachtet haben. Um diese zu verstehen, müssen wir uns ein wenig mit einer der grundlegendsten physikalischen Theorien befassen: der Relativitätstheorie von Albert Einstein (1879-1955). Zur Beruhigung vorab: Ich habe eine Darstellung gewählt, die auf mathematische Formeln verzichtet. Für das Verständnis der späteren Kapitel ist es im Übrigen nicht erforderlich, den folgenden Abschnitt bis ins Detail zu verstehen – ich behandle das Thema lediglich aus Gründen der Vollständigkeit etwas ausführlicher, zudem ist es ein schönes und interessantes Beispiel dafür, wie sehr unsere alltägliche Vorstellung von der Welt von der physikalischen Beschreibung der Realität abweicht.

2.4 Raum und Zeit sind relativ ähnlich

Ist Ihnen schon einmal aufgefallen, dass Sie in einem fahrenden Aufzug, aus dem man nicht nach draußen sehen kann, die Bewegung des Aufzugs nach oben oder unten überhaupt nicht wahrnehmen? Nur das Anfahren und Abbremsen des Aufzugs ist spürbar, nicht jedoch die Bewegung mit konstanter Geschwindigkeit. Tat-

12 Das bezieht sich auf die »objektive« d. h. mit Uhren messbare Zeit. Dem subjektiven Gefühl nach verstreicht die Zeit bekanntlich je nach Situation durchaus unterschiedlich schnell. Dass im Übrigen auch die objektive »Zeitgeschwindigkeit« nicht für alle Objekte konstant ist, werden wir im nächsten Abschnitt sehen.

sächlich könnten Sie in einem (vollkommen vibrationsfreien und genügend großen) Aufzug sogar Tischtennis oder Billard spielen und alle möglichen physikalischen Experimente machen – Sie würden dabei in keiner Weise feststellen können, dass sich der Aufzug bewegt. Diese Tatsache hat bereits Isaac Newton (1643-1727) in den von ihm entdeckten Grundlagen der Mechanik festgehalten, in denen Begriffe wie »Masse«, »Kraft« und »Beschleunigung« erstmals in einem Gesamtzusammenhang mathematisch exakt beschrieben wurden: Die Naturgesetze erscheinen einem mit konstanter Geschwindigkeit bewegten Beobachter exakt genauso wie einem ruhenden.

Wenn der Aufzug Glastüren hat, können Sie die Geschwindigkeit zwar immer noch nicht spüren, aber Sie *sehen* natürlich die Bewegung des Aufzugs anhand der vorbeiziehenden Etagen. Aber können Sie eigentlich sicher sein, dass sich der Aufzug bewegt und nicht die Etagen? Tatsächlich sind Sie nur deshalb sicher, weil Sie *wissen* (bzw. annehmen), dass sich das Haus selbstverständlich *nicht* bewegt. Vielleicht haben Sie auch schon einmal in einem Bahnhof aus dem Zugfenster heraus den Zug auf dem gegenüber liegenden Gleis beobachtet, eine Bewegung gesehen und plötzlich nicht mehr gewusst, ob sich Ihr eigener Zug oder der andere bewegt, oder sogar beide. Erst ein Blick auf den Bahnsteig bringt Gewissheit, denn dieser bewegt sich natürlich nicht – oder doch?

Tatsächlich bewegen sich sowohl das Haus als auch der Bahnsteig mit der nicht gerade geringen Geschwindigkeit von etwa 1000 Stundenkilometern um die Erdachse,[13] da die Erde in 24 Stunden einmal um sich selbst rotiert. Diese Bewegung spüren wir genauso wenig wie die des Aufzugs; erst ein Blick auf die Sonne oder den Sternenhimmel zeigt uns, dass eine Bewegung stattfindet – aber selbst dann lässt sich nicht zwingend feststellen, ob sich die Erde unter dem Himmel dreht oder die Himmelskörper um die Erde. Bekanntlich konnte man zu Zeiten von Galileo Galilei noch leicht auf dem Scheiterhaufen landen, wenn man sich für die »falsche« Interpretation entschied.

Als wäre das noch nicht genug, kreist die gesamte Erde zudem mit etwa 100 000 Stundenkilometern um die Sonne, die sie einmal pro Jahr umrundet. Die Sonne wiederum bewegt sich mit etwa 70 000 Stundenkilometern auf das Sternbild Herkules zu und rast zugleich (zusammen mit ihren Nachbarsternen) mit fast 800 000 Stundenkilometern (220 Kilometern pro Sekunde) um das Zentrum der Milchstraße, unserer Heimat-Galaxis. Die gesamte Milchstraße wiederum bewegt sich auf unsere Nachbar-Galaxis, den Andromedanebel, zu. Die »Lokale Gruppe«, zu der beide Galaxien gehören, bewegt sich auf das Zentrum des Virgo-Galaxienhaufens zu. Der gesamte Virgo-Haufen bewegt sich zusammen mit anderen Galaxienhaufen in Richtung des »Großen Attraktors«, einer sehr massereichen Region im »nahe gelegenen« Universum, die durch ihre starke Gravitation alle umliegenden Gala-

13 Hierbei habe ich angenommen, dass sich die betrachteten Objekte auf etwa 50 Grad nördlicher oder südlicher Breite befinden.

xien zu sich zieht. Die noch weiter entfernten Galaxien bewegen sich hingegen von uns weg, da sich das gesamte Universum ausdehnt. Haben Sie noch den Überblick?

Wir erkennen, dass die Angabe einer Geschwindigkeit nur Sinn hat, wenn man ein passendes *Bezugssystem* wählt, das man als in Ruhe befindlich *definiert*. Alle Bewegungen werden dann *relativ* (das heißt so viel wie »im Verhältnis«) zu diesem Bezugssystem betrachtet. Unser häufigstes Bezugssystem im Alltag ist die Erdoberfläche, die für uns die »ruhende Umgebung« (einschließlich Häusern und Bahnsteigen) darstellt. Sobald wir jedoch den festen Boden verlassen, wird es schon schwieriger festzustellen, was sich relativ zu diesem Bezugssystem wie bewegt: Auf einem Schiff, das sich weit genug entfernt vom Festland befindet, hat man keinen festen Bezugspunkt mehr und kann ohne Hilfsmittel nicht mehr genau feststellen, wie schnell und in welche Richtung das Schiff sich (relativ zum Land) bewegt, denn Schiff, Wasser und Luft sind alle in relativer Bewegung zueinander, und es ist nicht ohne weiteres feststellbar, welchen Anteil Wasserströmungen und Wind an dieser Relativbewegung haben. Beispielsweise lassen sich Fahrtwind und natürlicher Wind ohne Bezugssystem nicht auseinanderhalten (bei einer Autofahrt ist das hingegen kein Problem, weil man die – als ruhendes Bezugssystem definierte – Umgebung beobachten kann).

Seefahrer müssen daher zur Navigation ein Bezugssystem wählen, das von Wind- und Wasserbewegung unabhängig ist und dessen Bewegung relativ zum Festland bekannt und berechenbar ist, nämlich den Sternenhimmel – oder in neuerer Zeit ein Netz von Navigationssatelliten, die die Erde umkreisen und über die ein geeigneter Empfänger jederzeit seine Position und Geschwindigkeit relativ zum Festland ermitteln kann. Auch in einem Flugzeug wird wohlweislich zwischen »air speed« (Geschwindigkeit relativ zur Luft) und »ground speed« (Geschwindigkeit über dem Boden) unterschieden, denn erstere ist entscheidend für die Aerodynamik des Flugzeugs und letztere für das Erreichen des Ziels. Bei Wind (das heißt einer Bewegung der Luft relativ zum Boden) können beide Geschwindigkeiten erheblich voneinander abweichen.

Jede Geschwindigkeitsangabe muss relativ zu einem Bezugssystem erfolgen. Ohne ein solches System kann man nicht unterscheiden, ob sich ein Objekt in Ruhe befindet oder mit konstanter Geschwindigkeit bewegt. Genauer gesagt verlieren die Begriffe »Ruhe« und »Geschwindigkeit« ohne Bezugssystem sogar vollkommen ihre Bedeutung, da es physikalisch *keinen* Unterschied zwischen beiden Zuständen gibt.[14]

---

14 Genau genommen gilt dies nur für gleichförmige *geradlinige* Bewegungen. Auf die meisten der zuvor genannten Beispiele, etwa unsere Bewegung um die Erdachse oder um die Sonne, trifft dies nicht exakt zu, da es sich hier um gekrümmte Bewegungsbahnen handelt – die Abweichung von einer geradlinigen Bewegung ist jedoch aufgrund des extrem großen Kurvenradius sehr gering.

Eine Bewegung mit konstanter Geschwindigkeit ist physikalisch nicht vom Ruhezustand zu unterscheiden. Ob und mit welcher Geschwindigkeit sich ein Objekt bewegt, hängt dabei ausschließlich von der Wahl des Bezugssystems ab.

Diese Aussagen gelten beispielsweise auch für die Ausbreitungsgeschwindigkeit von *Wellen*. Als Wellen bezeichnet man physikalisch alle Phänomene, bei denen eine messbare Größe periodisch um einen Mittelwert schwankt und sich diese Schwankung im Raum ausbreitet. Ein bekanntes Beispiel sind Schallwellen – periodische Schwankungen des Luftdrucks, die sich mit einer bestimmten Geschwindigkeit in der Luft ausbreiten und über das Ohr (wo die Schwingungen in elektrische Nervensignale umgewandelt werden) als Töne wahrnehmbar sind.

Nehmen wir nun einmal an, wir möchten die Schallgeschwindigkeit in einem ruhenden und in einem bewegten Bezugssystem messen. Zu diesem Zweck besorgen wir uns einen Reisebus und verwandeln ihn in ein mobiles Messlabor. Hierzu bringen wir ganz hinten im Bus einen Lautsprecher und ganz vorne ein Mikrofon an und messen mit Hilfe einer sehr genauen Uhr, wie lange ein Geräusch aus dem Lautsprecher benötigt, um die Strecke bis zum Mikrofon zurückzulegen. Die Schallgeschwindigkeit ergibt sich aus der zurückgelegten Entfernung (also der Länge des Busses) geteilt durch die benötigte Zeit. Wir führen die Messung zunächst bei stehendem Bus durch. Das Ergebnis lautet etwa 340 Meter pro Sekunde. Nun setzen wir unseren Bus in Bewegung und fahren mit konstanter Geschwindigkeit. Wir wiederholen unsere Messung – und erhalten exakt dasselbe Ergebnis, das heißt der Schall benötigt dieselbe Zeit wie vorher, um den Bus zu durchqueren.

Nun hat allerdings der Bus in der Zeit, in der der Schall ihn durchquerte (etwa einer Dreißigstelsekunde), selbst ungefähr einen Meter auf der Straße zurückgelegt. Vom *Straßenrand* aus betrachtet hat der Schall also insgesamt die Länge des Busses *und* einen zusätzlichen Meter zurückgelegt! Warum hat sich diese Tatsache in unserer Messung nicht bemerkbar gemacht? Die Antwort liegt darin begründet, dass sich Schallwellen in der Luft durch Stöße der Luftmoleküle untereinander fortpflanzen, und aus den elastischen Eigenschaften der Luft ergibt sich eine bestimmte Ausbreitungsgeschwindigkeit für die Wellen. Die konstante Schallgeschwindigkeit von 340 Metern pro Sekunde, die wir messen, ist daher immer *relativ zur Luft* zu verstehen, in der sich der Schall ausbreitet. Da wir die Luft in unserem Bus mitgenommen haben, hat sie sich relativ zum Bus nicht bewegt. Daher »merken« die Luftmoleküle (und damit die Schallwellen) von der Bewegung des Busses ebenso wenig wie Sie von der Bewegung eines Aufzugs. Der Bus ist das ruhende Bezugssystem für unsere Messung, unabhängig von seiner Geschwindigkeit relativ zur Straße (oder zur Sonne oder zum Andromeda-Nebel ...).

Ganz anders sieht es aus, wenn wir die Messanlage auf dem Dach des Busses statt in seinem Inneren anbringen, denn dort ist sie der Außenluft um den Bus ausgesetzt, und diese bewegt sich natürlich relativ zum Bus (bzw. der Bus relativ zur

Luft, was aber bekanntlich physikalisch keinen Unterschied macht). Zur Vereinfachung wollen wir annehmen, dass Windstille herrscht, so dass wir nur den Fahrtwind berücksichtigen müssen. Eine Schallwelle, die sich vom Lautsprecher aus auf den Weg macht, breitet sich daher nun *relativ zur Umgebungsluft* (und nicht mehr relativ zum Bus) mit 340 Metern pro Sekunde aus. Wenn sie die Länge des Busses zurückgelegt hat, hat sich dieser mitsamt der Messvorrichtung bereits einen Meter weiterbewegt, und die Schallwelle braucht noch etwas länger, um das Mikrofon zu erreichen. Damit messen wir – vom Bezugssystem des Busses aus gesehen – eine etwas geringere Schallgeschwindigkeit als zuvor. Der Bus versucht sozusagen, den Schallwellen »davonzufahren« – was ihm freilich nicht ganz gelingt, da sie immer noch schneller sind als er (einen Überschall-Bus hat bis heute niemand entwickelt). Die folgende Abbildung zeigt die Schallwellenausbreitung beim stehenden und beim fahrenden Bus.

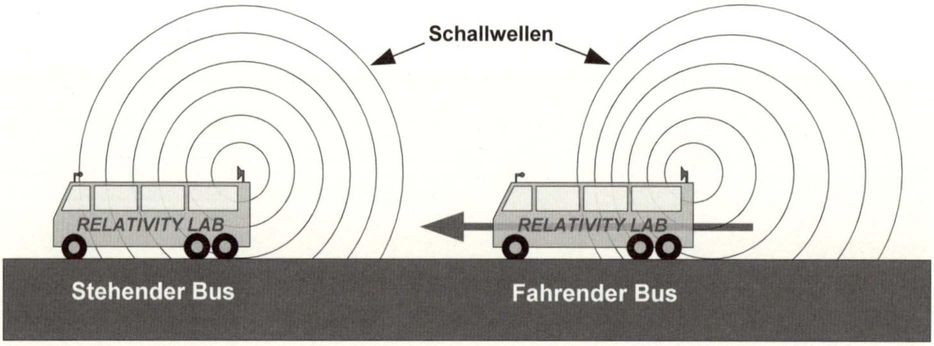

Wir erkennen, dass im rechten Bild genauso viele Wellenfronten vom Lautsprecher abgestrahlt worden sind wie im linken, dass die erste Wellenfront jedoch im linken Bild das Mikrofon schon erreicht hat, im rechten jedoch noch nicht, weil der Bus ihr ein Stück »davongefahren« ist.

Drehen wir hingegen die Messvorrichtung um, indem wir Mikrofon und Lautsprecher vertauschen, und messen damit die Ausbreitungsgeschwindigkeit des Schalls *entgegen* der Fahrtrichtung, so ermitteln wir eine *höhere* Schallgeschwindigkeit als beim Stillstand, denn in diesem Fall kommt das Mikrofon den nach hinten abgestrahlten Schallwellen ein Stück entgegen, so dass sie weniger Zeit zum Durchqueren der Messvorrichtung benötigen als beim stehenden Bus.

In der Abbildung erkennen wir auch, dass die in Fahrtrichtung abgestrahlten Schallwellen *zusammengedrängt* werden. Das liegt daran, dass sich der Bus in dem kurzen Zeitraum zwischen dem Abstrahlen zweier Wellenfronten bereits wieder ein kleines Stück vorwärts bewegt hat, so dass die vorherige Wellenfront sich nicht so weit von der nachfolgenden entfernen konnte wie bei stehendem Bus.[15] Umge-

15 Diese Komprimierung der Schallwellen wird umso stärker, je mehr sich die Geschwindigkeit der Schallquelle der Schallgeschwindigkeit nähert. Wenn ein Flugzeug die Schallgeschwindigkeit erreicht, stauen sich die Schallwellen vor seiner Nase und

kehrt werden die nach hinten abgestrahlten Schallwellen *auseinander gezogen*, weil der Bus sich zu dem Zeitpunkt, zu dem eine Wellenfront abgestrahlt wird, bereits ein Stück von der vorherigen Wellenfront entfernt hat. Dieser Effekt führt dazu, dass ein Beobachter am Straßenrand (der also relativ zur Luft stillsteht) ein interessantes Phänomen wahrnimmt: Da sich die zusammengedrängten Wellenfronten vor dem Bus ja nach wie vor mit 340 Metern pro Sekunde relativ zur Luft – und damit auch relativ zum Beobachter – bewegen, müssen sie aufgrund ihres geringeren *räumlichen* Abstandes zwangsläufig auch in kürzerem *zeitlichen* Abstand dessen Ohr erreichen. Ein kürzerer zeitlicher Abstand bei Wellen ist jedoch gleichbedeutend mit einer höheren *Frequenz* (Anzahl der Schwingungen pro Sekunde), von der bei Schallwellen die Tonhöhe abhängt. Daher hört der Beobachter, wenn der Bus auf ihn zufährt, einen *höheren* Ton als der Lautsprecher eigentlich erzeugt. Umgekehrt hört er einen *tieferen* Ton, wenn sich der Bus von ihm entfernt, da die Wellenfronten dann einen vergrößerten Abstand aufweisen. Diesen sogenannten *Doppler-Effekt* haben Sie sicher schon beim Motorengeräusch eines vorbeifahrenden Autos oder der Sirene eines Krankenwagens wahrgenommen. Das Mikrofon auf unserem Bus hingegen nimmt *keine* Tonhöhenänderung wahr, weil der Abstand zwischen Lautsprecher und Mikrofon ja konstant bleibt, so dass jede Wellenfront gleich lange (wenn auch etwas länger als bei stehendem Bus) braucht, um die Strecke zurückzulegen und die Wellenfronten daher im gleichen Takt am Mikrofon eintreffen müssen, in dem sie auch vom Lautsprecher abgestrahlt wurden.

Ein Beobachter am Straßenrand (der sich relativ zum Bus, aber nicht relativ zur Luft bewegt) nimmt also die Geschwindigkeit des Busses in Gestalt einer Tonhöhenänderung wahr, würde aber, da er relativ zur Luft stillsteht, die übliche Schallgeschwindigkeit von 340 Metern pro Sekunde messen. Ein im Bus mitreisender Beobachter (der sich relativ zur Luft, aber nicht relativ zum Bus bewegt) würde hingegen keine Tonhöhenänderung, aber dafür eine abweichende Schallgeschwindigkeit feststellen.

Etwas allgemeiner ausgedrückt: Wenn sich mindestens eine der drei an der Messung beteiligten Komponenten (Schallquelle, Luft und Schallempfänger) relativ zu den anderen Komponenten bewegt, messen zwei Beobachter, die sich in unterschiedlichen Bezugssystemen aufhalten, unterschiedliche Werte. Befinden sich hingegen alle an der Messung beteiligten Komponenten zueinander in Ruhe, so wird immer derselbe Wert gemessen, egal ob und wie schnell sich die gesamte Anordnung (relativ zu irgendeinem anderen Bezugssystem) bewegt.

---

können nicht mehr nach vorne entweichen – dies nennt man »Schallmauer«. Wenn das Flugzeug diese durch Überschreitung der Schallgeschwindigkeit durchbricht, entspannt sich die Stauzone mit einem lauten Knall. Anschließend fliegt das Flugzeug seinem eigenen Lärm buchstäblich davon – die Schallwellen bleiben hinter ihm zurück und können es nicht mehr einholen. Im Cockpit herrscht dann plötzlich eine seltsame Ruhe.

Bis hierher haben wir uns noch in den Gefilden der klassischen Physik Isaac Newtons bewegt. Interessant wird es nun, wenn wir statt Schallwellen *Lichtwellen* betrachten. Licht entsteht durch periodische Schwankungen in der Stärke eines elektromagnetischen Feldes, die sich im Raum ausbreiten, ist also ein Wellenphänomen ähnlich wie die Schallwellen. Allerdings liegen die Frequenzen des sichtbaren Lichtes sehr viel höher als die von hörbarem Schall,[16] und die Lichtgeschwindigkeit liegt wesentlich höher als die Schallgeschwindigkeit, nämlich bei knapp 300 000 Kilometern pro Sekunde.[17] Abgesehen von diesen Unterschieden würde man vielleicht zunächst vermuten, dass sich bei der Messung der Wellengeschwindigkeit dieselben Phänomene zeigen müssten wie bei Schallwellen.

Nun erinnern wir uns aber daran, dass bei Schallwellen die gemessene Geschwindigkeit davon abhängt, ob sich die Messvorrichtung relativ zum Ausbreitungsmedium (in diesem Fall der Luft) bewegt oder nicht. Dasselbe gilt für Wasserwellen und alle anderen Wellenarten, die für ihre Ausbreitung ein materielles Medium benötigen. Lichtwellen hingegen benötigen offensichtlich *kein* materielles Medium zur Ausbreitung – sie bewegen sich schließlich auch durch das luftleere Weltall, sonst würde das Sonnen- und Sternenlicht uns nie erreichen. Es stellt sich allerdings die Frage, ob es nicht dennoch ein (nichtmaterielles) Medium gibt, in dem sich Lichtwellen ausbreiten, so dass man die Geschwindigkeit der Messvorrichtung relativ zu diesem Medium bei der Messung berücksichtigen müsste.

Noch im 19. Jahrhundert wurde tatsächlich allgemein angenommen, Lichtwellen würden sich in einem das ganze Universum ausfüllenden, unsichtbaren Medium, dem sogenannten »Äther«, ausbreiten, ähnlich wie Schallwellen in der Luft. Demnach hätte man, wenn man sich relativ zu diesem Äther bewegen würde, unterschiedliche Werte für die Lichtgeschwindigkeit messen müssen, je nachdem, ob man sich in dieselbe Richtung bewegen würde wie der Äther (»Rückenwind«) oder in die entgegengesetzte Richtung (»Gegenwind«). Diesen Effekt wollte der Physiker Albert Michelson im Jahr 1881 nutzen, um die Existenz des Äthers zu beweisen. Da er wusste, dass die Erde mit hoher Geschwindigkeit die Sonne umkreist, ging er auch davon aus, dass sie sich durch den Äther bewegen müsse wie ein Fisch durchs Wasser.[18] Die Lichtgeschwindigkeit ließ sich bereits im 19. Jahr-

---

16 Hörbarer Schall hat Frequenzen zwischen etwa 10 Hertz (Hz) und 20 Kilohertz (kHz), d. h. 10 bis 20 000 Schwingungen pro Sekunde, Licht hingegen schwingt im Gigahertz-Bereich (GHz), d. h. einige Milliarden Schwingungen pro Sekunde.

17 Genauer gesagt ist dies die Lichtgeschwindigkeit im *Vakuum* – der exakte Wert liegt bei 299 792 458 Metern pro Sekunde. In Materie, beispielsweise Wasser, Glas oder Luft, hat das Licht eine etwas niedrigere (und materialabhängige) Geschwindigkeit als im luftleeren Raum.

18 Selbst wenn die Erde zufällig zu einem bestimmten Zeitpunkt dieselbe Geschwindigkeit wie der Äther gehabt hätte (»Windstille«), hätte sie sich ein halbes Jahr später aufgrund ihrer Kreisbahn um die Sonne genau in die entgegengesetzte Richtung bewegt und damit wieder »Gegenwind« gehabt.

hundert mit erstaunlich kompakten Messvorrichtungen (*Interferometern*) sehr genau bestimmen. Michelson maß die Lichtgeschwindigkeit in verschiedene Richtungen und erwartete aufgrund der Richtungsänderung gegenüber dem »Ätherwind« unterschiedliche Ergebnisse. Zu seinem Erstaunen kam jedoch immer exakt derselbe Wert heraus. Dies wurde im 20. Jahrhundert durch noch wesentlich genauere Messungen bestätigt – die Lichtgeschwindigkeit (im Vakuum) ist in jede Richtung, zu jeder Zeit und bei jeder Geschwindigkeit des Beobachters *exakt* gleich. Demnach existiert der Äther nicht[19] – Licht benötigt für seine Ausbreitung also tatsächlich kein Trägermedium.

Diese Erkenntnis war eine ziemliche Sensation und führte einige Physiker, allen voran Albert Einstein, zu einer Reihe revolutionärer Überlegungen, die wir nachfolgend in den Grundzügen nachvollziehen wollen.

Aufgrund der hohen Geschwindigkeit des Lichtes verlagern wir unsere Messungen nun von unserem Reisebus in ein Raumschiff, das dank eines fortschrittlichen Antriebs (den es leider in Wirklichkeit noch nicht gibt) in kurzer Zeit gigantische Geschwindigkeiten erreichen kann. An diesem Raumschiff haben wir eine Messvorrichtung angebracht, bei der ein Lichtstrahl auf einen 5 Meter entfernten Spiegel trifft, von dem er zum Raumschiff zurückgeworfen wird, so dass das Licht insgesamt 10 Meter zurücklegt. Ein Sensor empfängt das Lichtsignal und bestimmt die Zeit, die seit dem Aussenden des Lichtstrahls vergangen ist. Aus Entfernung und Zeit lässt sich die Lichtgeschwindigkeit ermitteln. Die Anordnung sieht wie folgt aus (noch befindet sich das Schiff im sicheren Raumhafen):

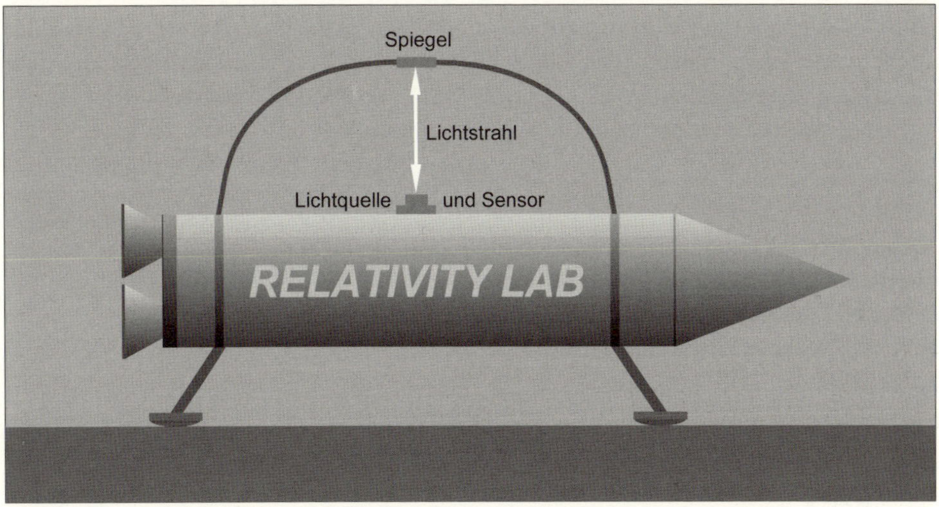

19 Einzig im Zusammenhang mit Radiosignalen, die »über den Äther gehen«, hat sich der Begriff bis heute gehalten.

Wir führen vor dem Start des Raumschiffs eine Probemessung durch und stellen erwartungsgemäß fest, dass das Licht etwa 33 Milliardstelsekunden benötigt, um diese Strecke zurückzulegen, denn 10 Meter geteilt durch diese Zeit ergibt die bekannte Lichtgeschwindigkeit von ungefähr 300 000 Kilometern pro Sekunde.

Nun beschleunigen wir das Raumschiff beispielsweise auf halbe Lichtgeschwindigkeit (ein Vorgang, der in Wirklichkeit Monate dauern würde, wenn wir die Beschleunigungskräfte überleben wollten). Nach Ende der Beschleunigungsphase schalten wir das Triebwerk ab und treiben durchs All, ohne von unserer Geschwindigkeit irgendetwas zu spüren. Das überrascht uns natürlich nicht, denn wir wissen ja, dass alle Geschwindigkeiten relativ sind – wir bewegen uns nur *relativ zur Erde* mit halber Lichtgeschwindigkeit; relativ zu irgendeinem anderen Himmelskörper haben wir eine ganz andere Geschwindigkeit. Physikalisch gesehen befinden wir uns also quasi im Stillstand, soweit dieser Begriff in einem Universum, in dem sich fast alles relativ zueinander bewegt, überhaupt noch sinnvoll ist.

Nun starten wir erneut eine Messung – und messen dasselbe Ergebnis wie zuvor: Das Licht benötigt wieder 33 Milliardstelsekunden, um die Messanlage zu durchqueren. Wir können unsere Geschwindigkeit (relativ zur Erde) verändern, wir können die Messvorrichtung auch drehen und wenden – wir messen immer dasselbe. Michelson hatte also tatsächlich Recht: Die gemessene Lichtgeschwindigkeit hängt nicht von der Geschwindigkeit des Beobachters ab.

Nun geraten wir allerdings ins Grübeln: Angenommen, wir würden im Moment unserer Messung an der Erde vorbeifliegen. In der Zeit, in der unser Lichtstrahl die Messstrecke zurückgelegt hat, hat sich ja – von der Erde aus gesehen – das Raumschiff auch selbst ein Stück vorwärtsbewegt. Wenn man die sich ändernde Position des Raumschiffs und den Weg eines Lichtteilchens[20] durch die Messvorrichtung darstellt, würde das Ganze also von der Erde aus so aussehen wie in der Abbildung auf der nächsten Seite.

Ganz offensichtlich hat das Licht aus dieser Perspektive einen *längeren* Weg zurückgelegt als vom Raumschiff selbst aus gesehen, da die von ihm zurückgelegte schräg liegende Strecke naturgemäß länger ist als die senkrechte. Nun muss aber die Lichtgeschwindigkeit für einen Beobachter auf der Erde dieselbe sein wie für einen im Raumschiff – wie kann das Licht dann (von der Erde aus gesehen) eine längere Strecke zurücklegen?

Die Auflösung, die Albert Einstein für diesen Widerspruch fand, ist ebenso einfach wie erschütternd: Von der Erde aus gesehen vergeht in unserem Raumschiff während desselben Vorgangs *weniger Zeit* als auf der Erde, und zwar genau so viel

---

20 Licht lässt sich physikalisch nicht nur als Welle, sondern auch als Strom von »Teilchen« beschreiben, die zwar im Gegensatz zu Materieteilchen keine Masse haben, aber eine bestimmte, nicht weiter unterteilbare Energiemenge tragen. Diese kleinsten Energiepakete werden auch als *Photonen* (von griech. *photos* = Licht) bezeichnet. In Kapitel 3 werden wir diese Doppelnatur des Lichtes genauer betrachten.

weniger, dass der Quotient aus der (von der Erde aus gesehen) längeren Lichtstrecke und der (auf der Erde) längeren Zeitspanne wieder die bekannte Lichtgeschwindigkeit ergibt. Dieser Effekt nennt sich *relativistische Zeitdehnung* oder *Zeitdilatation.*

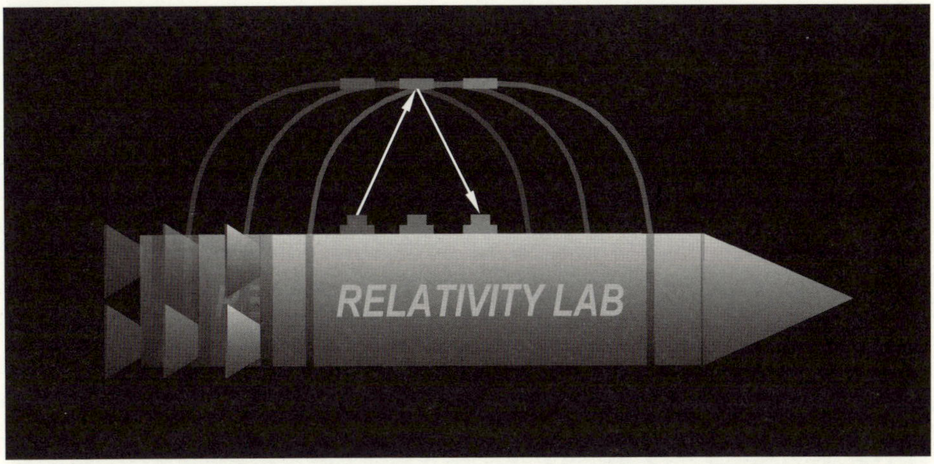

Gemeint ist hier wohlgemerkt nicht eine *scheinbare* Dehnung der Zeit, die sich nur auf bestimmte Phänomene (wie etwa das Zeitempfinden der Raumfahrer) auswirken würde – der Effekt bezieht sich auf die *komplette* Physik, das heißt, alle Uhren im Raumschiff gehen langsamer, und auch alle anderen Vorgänge laufen entsprechend langsamer ab. Die Raumfahrer bemerken nichts davon, da auch ihre biologischen Vorgänge langsamer laufen. Beachten Sie, dass sich »langsamer« natürlich nur auf den Vergleich zur Erde bezieht. Ohne diesen Bezug hat der Begriff gar keinen Sinn, denn Zeit *definiert* sich, wie wir gesehen haben, durch den Vergleich von Vorgängen mit einem Zeitmaßstab, und wenn sich *alles* (inklusive des Zeitmaßstabs) verlangsamt, kann man eigentlich nicht mehr von einer Verlangsamung sprechen, sondern eher davon, dass das Raumschiff einfach »seine eigene Zeit« mit sich führt. Tatsächlich hat jedes bewegte Bezugssystem im Universum seine eigene Zeit »an Bord«.

Diese Erkenntnis war ziemlich revolutionär, denn dadurch war die Zeit keine universelle Größe mehr, die für das gesamte Universum gelten würde. Dies war jedoch eine Grundannahme der klassischen Physik vor Einstein gewesen (und ist auch heute noch eine Grundannahme unseres »gesunden Menschenverstandes« – aber auch »gesund« ist ein sehr relativer Begriff ...).

Es kommt allerdings noch schlimmer: Die Zeit ist nicht das Einzige, was durch die Relativität seinen allgemein gültigen Charakter verliert. Angenommen, wir machen mit unserem Raumschiff einen Ausflug nach Alpha Centauri, das von uns aus nächstgelegene Sternsystem. Es ist (von der Erde aus gesehen) etwa vier Lichtjahre entfernt – das bedeutet, dass das Licht (von der Erde aus gesehen) vier Jahre benötigt, um die Entfernung zurückzulegen. Wenn wir den Flug mit annähernd Lichtgeschwindigkeit absolvieren, benötigen wir (von der Erde aus gesehen) also etwa vier Jahre für den Flug.[21] In unserem Raumschiff hingegen würde aufgrund der Zeitdilatation *weniger* Zeit vergehen, bis wir am Ziel ankommen. Wie können wir aber (vom Raumschiff aus gesehen) in weniger als vier Jahren vier Lichtjahre zurückgelegt haben, ohne die Lichtgeschwindigkeit zu überschreiten?

Die Antwort ist wiederum verblüffend einfach: Im Bezugssystem des Raumschiffs haben wir tatsächlich *weniger* als vier Lichtjahre zurückgelegt – die Entfernung zwischen Erde und Alpha Centauri hat sich aus unserer Sicht *verkürzt*, und zwar um genau denselben Faktor, um den sich die Flugzeit durch die Zeitdilatation verkürzt hat. Damit ist der Widerspruch zwischen unserer Geschwindigkeit und der zurückgelegten Entfernung aufgelöst. Der Effekt heißt *relativistische Längenkontraktion*. Die folgende Abbildung zeigt den Vorgang in beiden Bezugssystemen:

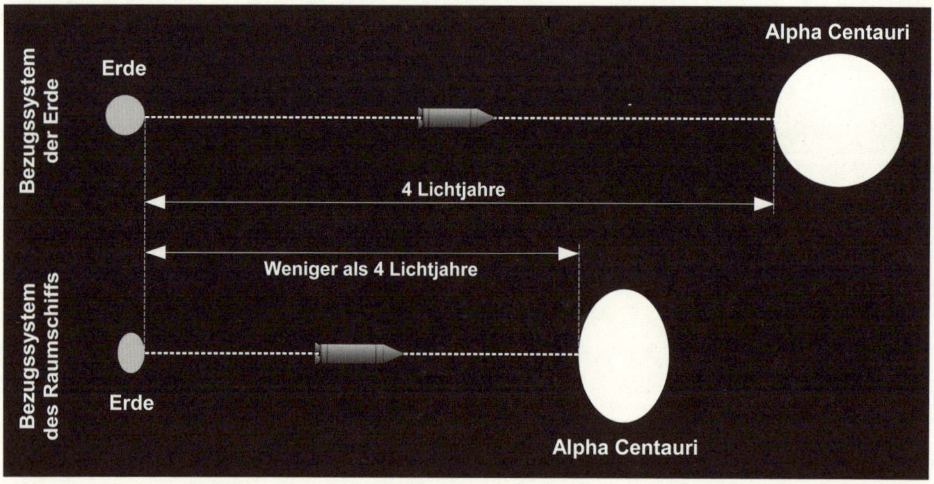

Nicht nur die Zeit verändert sich also durch unsere Geschwindigkeit, sondern auch der Raum! Er verkürzt sich übrigens nur in Flugrichtung – das heißt, die Entfernung zu einem Zielobjekt, auf das wir uns zubewegen, ist für uns kürzer als für einen Beobachter, der relativ zu unserem Zielobjekt stillsteht, nicht jedoch die Entfernung zu einem Gegenstand seitlich von uns. Auch das entgegenkommende Zielobjekt selbst wird natürlich verzerrt – seine Länge in Flugrichtung wird im Verhältnis zur Breite kleiner (ein Stern wie Alpha Centauri wird also von einer Kugel zu einer Art plattgedrückter Linse, wie in der Abbildung gezeigt).

Dasselbe gilt auch für das Raumschiff in unserem ursprünglichen Beispiel, das an der Erde vorbeifliegt – denn da alle Bewegungen relativ sind, fliegt ja zugleich auch die Erde am Raumschiff vorbei, so dass dieses von der Erde aus gesehen

21 Zur Überprüfung könnten wir bei der Ankunft einen Funkspruch oder ein Lichtsignal nach Hause senden. Das Signal, das sich mit Lichtgeschwindigkeit ausbreitet, würde selbst noch einmal vier Jahre für den Weg zurück zur Erde benötigen, würde also die Erde acht Jahre nach unserem Start erreichen. Daraus könnten die Empfänger schließen, dass wir tatsächlich vier Jahre für den Flug benötigt haben.

ebenfalls verkürzt erscheint. Diesen Effekt habe ich in der Abbildung auf Seite 53 übrigens bereits berücksichtigt. Messen Sie nach: Das Raumschiff ist kürzer als auf Seite 51. Die Darstellung zeigt den Effekt bei halber Lichtgeschwindigkeit. Richtig deutlich wird er allerdings erst bei noch höheren Geschwindigkeiten. Bei 90 % der Lichtgeschwindigkeit (und gleichem Darstellungsmaßstab wie bisher) sieht das Szenario wie folgt aus:

Auch wenn wir die Zeitdilatation und die Längenkontraktion hier aus Gründen der Übersicht nacheinander betrachtet haben, hängen beide Effekte untrennbar zusammen. Ihre Kombination ist notwendig, um die Konstanz der Lichtgeschwindigkeit für alle Beobachter widerspruchsfrei erklären zu können.

In einem bewegten Bezugssystem vergeht relativ zu einem ruhenden die Zeit langsamer, und der Raum verkürzt sich in der Bewegungsrichtung. Raum und Zeit sind keine allgemein gültigen Gegebenheiten – jedes bewegte Bezugssystem hat seinen eigenen Raum- und Zeitmaßstab.

Die Erkenntnis, dass Raum und Zeit, die man bisher für die große, unveränderliche Bühne der Welt gehalten hatte, plötzlich nicht mehr absolut, sondern veränderlich waren, wollte zu Einsteins Zeit selbst vielen Physikern zunächst nicht so recht in den Kopf.[22] Erst die in späteren Jahrzehnten durchgeführten Präzisionsmessungen, die Einsteins Vorhersagen bestätigten, nahmen den meisten Zweiflern den Ätherwind aus den Segeln.

Hat Einstein damit die Weltbühne abgeschafft und die Anarchie ausgerufen? Das wäre eher untypisch für einen Physiker und ist auch tatsächlich nicht der Fall – die Bühne der Welt wurde durch die Relativitätstheorie lediglich auf einer umfassen-

22 Machen Sie sich daher keine Sorgen, wenn auch Ihr Verstand bei diesem Thema revoltiert oder komplett aussteigt. Auch ich musste beim Schreiben meine Gehirnwindungen immer wieder entknoten ... Für die späteren Inhalte dieses Buches ist es nicht entscheidend, ob Sie diese Zusammenhänge wirklich genau verstehen.

deren Ebene neu definiert. Um zu verdeutlichen, wie das zu verstehen ist, betrachten wir jetzt einmal ein Raum-Zeit-Diagramm, wie wir es schon auf Seite 42 für die Flab-Welt gezeichnet haben. Zur Erinnerung: Wir hatten den Raum der Übersicht halber auf nur noch *eine* Dimension reduziert, so dass sich Objekte in diesem stark vereinfachten Universum nur noch auf einer Linie (die den gesamten Raum darstellt), hin- und herbewegen können. In unserer Darstellung verläuft diese Linie in senkrechter Richtung. Nach rechts ist die Zeit dargestellt. Diesmal wählen wir die Maßstäbe der Raum- und der Zeitachse so, dass eine Stunde in der Zeit durch denselben Abstand dargestellt wird wie eine Entfernung von einer Lichtstunde[23] im Raum. Dargestellt sind die Weltlinien der Erde, eines Raumschiffs, das sich von der Erde nach oben entfernt, sowie zweier Lichtteilchen (Photonen), die sich nach oben und unten (die beiden einzig möglichen Richtungen in unserem eindimensionalen Raum) von der Erde entfernen.

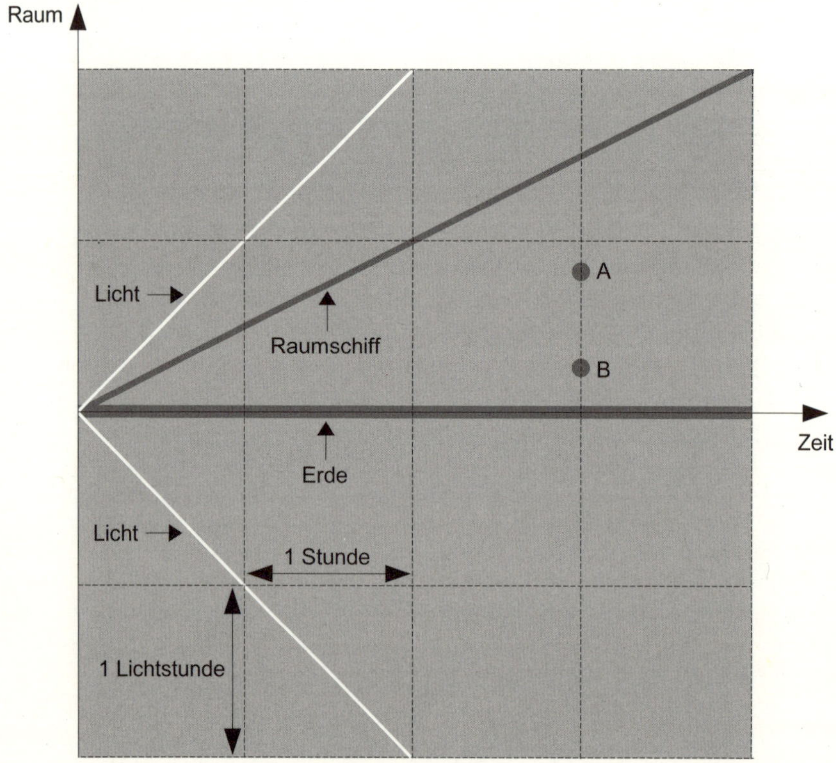

Wir erkennen, dass das Licht pro Stunde (Abstand nach rechts) naturgemäß genau eine Lichtstunde (Abstand nach oben) zurücklegt und seine Weltlinie daher genau in diagonaler Richtung im Koordinatengitter liegen muss. Das Raumschiff hin-

23 Genau wie ein Lichtjahr ist auch eine Lichtstunde keine Zeit- sondern eine Längeneinheit, nämlich die Strecke, die das Licht in einer Stunde zurücklegt. Genauso kann man auch Lichttage, Lichtminuten und Lichtsekunden als Entfernungsangaben benutzen.

gegen legt in derselben Zeit »nur« eine halbe Lichtstunde zurück, fliegt also mit halber Lichtgeschwindigkeit (seine Weltlinie verläuft nur halb so steil wie die des Lichtes). Die Weltlinie der Erde verläuft parallel zur Zeitachse, das bedeutet, die Erde bewegt sich nicht. Die senkrechten gestrichelten Linien markieren, wie schon in der Abbildung auf Seite 42, jeweils einen bestimmten Zeitpunkt, sozusagen ein »Jetzt«. Man bezeichnet sie auch als *Gleichzeitigkeitslinien*, da alle auf einer solchen Linie liegenden Ereignisse gleichzeitig stattfinden. Zwei gleichzeitige Ereignisse (*A* und *B*) habe ich als Beispiel eingezeichnet.

Hier wurde das Ganze so dargestellt, dass die Erde sich nicht bewegt und sich das Raumschiff nach oben entfernt. Da Bewegungen aber relativ sind, ist es genauso legitim, das Raumschiff als ruhend zu betrachten, von dem aus gesehen sich die Erde nach unten entfernt! Dazu benötigen wir ein neues Raum-Zeit-Koordinatensystem, da nun nicht mehr die Weltlinie der Erde, sondern die des Raumschiffs parallel zur Zeitachse liegen muss. Das *Licht* allerdings ist bekanntlich in jedem Bezugssystem gleich schnell, also müssen seine Weltlinien nach wie vor parallel zur Diagonalen liegen. Damit sieht das Ganze wie folgt aus:

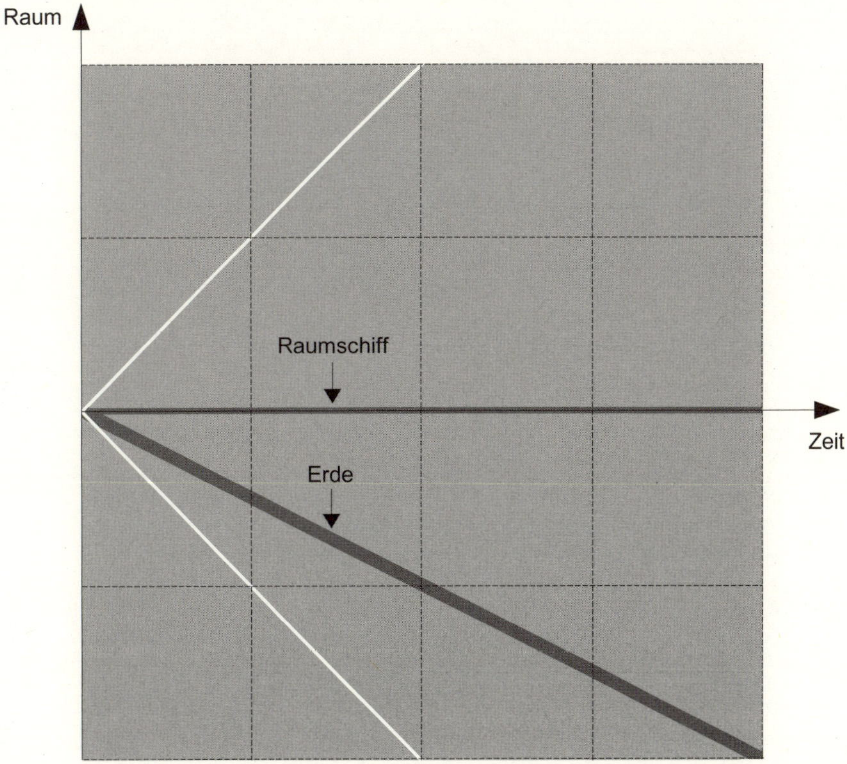

Auf den ersten Blick sehen die beiden Darstellungen genauso unvereinbar aus wie die beiden Hyperkubus-Abbildungen auf Seite 33. Sie können sie drehen und verschieben wie Sie wollen, werden die Weltlinien der einen Abbildung aber nie mit denen der anderen vollständig zur Deckung bringen – entweder passen nur die Weltlinien des Lichtes übereinander oder nur die von Erde und Raumschiff. Wie können dann beide Darstellungen dennoch dieselbe Realität beschreiben?

Es gibt tatsächlich eine Möglichkeit, beide Bezugssysteme unter einen Hut zu bringen. Stellen Sie sich vor, die zweite Abbildung sei auf ein dehnbares Gummituch gedruckt. Nun ziehen wir im richtigen Winkel an zwei gegenüberliegenden Ecken dieses Tuches und verzerren damit das Bild so, dass die Weltlinien sich mit denen aus der ersten Abbildung zur Deckung bringen lassen. Dies ist tatsächlich möglich und sieht wie folgt aus:

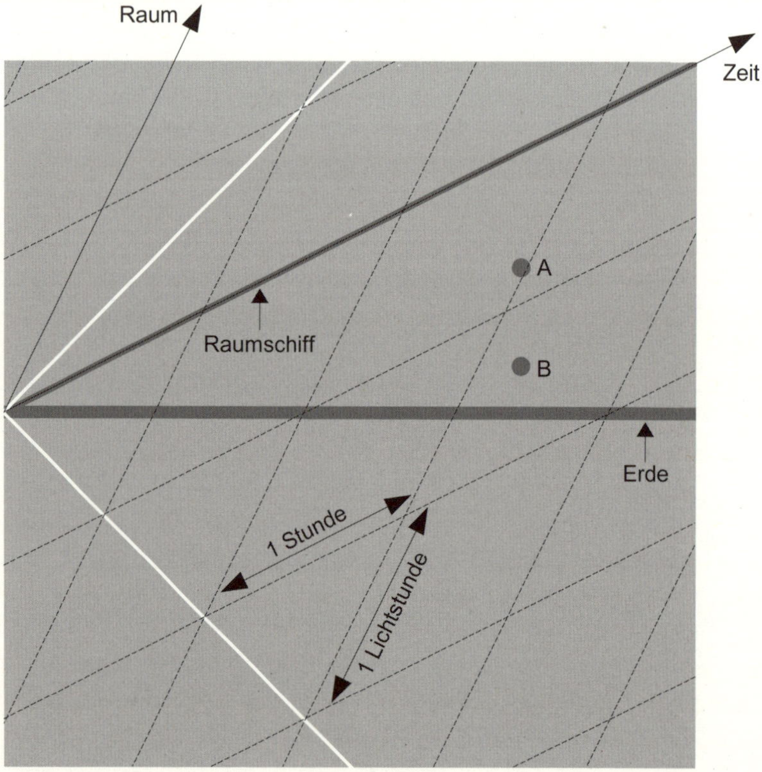

Wie wir sehen, entsprechen die Winkel zwischen den Weltlinien tatsächlich genau der ersten Abbildung, während der Verlauf der Weltlinien im Koordinatengitter genau der zweiten Abbildung entspricht – nur ist das Gitter jetzt so verzerrt, dass die Raum-Zeit-Einheiten hier keine Quadrate mehr sind, sondern Rauten. Dennoch legt das Licht auch in diesem verzerrten Gitter nach wie vor brav eine Lichtstunde pro Stunde zurück, das heißt, seine Weltlinien verlaufen nach wie vor parallel zu den Raum-Zeit-Diagonalen.

Wir haben hier nichts anderes getan als das Koordinatensystem des bewegten Beobachters (im Raumschiff) aus der Perspektive eines ruhenden Beobachters (auf der Erde) darzustellen. Wie wir sehen, lässt sich das nur bewerkstelligen, indem wir den *Winkel der Raum- und Zeitachse* zueinander verändern! Das ist durchaus legitim, denn wie bereits zu Beginn dieses Kapitels erwähnt, müssen Koordinatenachsen nicht zwingend senkrecht aufeinander stehen.

Fatalerweise hat sich dadurch auch der Winkel der Gleichzeitigkeitslinien (Parallelen zur Raumachse) verändert – wir stellen fest, dass die Ereignisse *A* und *B*, die ich hier nochmals an derselben Position wie in der ersten Abbildung eingezeichnet habe, dadurch nun nicht mehr auf einer gemeinsamen »Jetzt«-Linie liegen und somit für den Beobachter im Raumschiff auch nicht gleichzeitig stattfinden! Auch das ist eine der fundamentalen Konsequenzen der Relativitätstheorie: Was gleichzeitig ist und was nicht, hängt vom Bezugssystem ab. Man nennt dies die *Relativität der Gleichzeitigkeit*.

Aufgrund der Relativität der Bewegung hätten wir übrigens genauso gut das Koordinatensystem aus der ersten Abbildung in das Raum-Zeit-Diagramm der zweiten Abbildung zwängen können statt umgekehrt – in diesem Fall hätten wir den Winkel zwischen Raum- und Zeitachse allerdings vergrößern statt verkleinern müssen. Beachten Sie, dass keine dieser Darstellungen mehr Gültigkeit hat als die andere – Sie könnten auch eine Landkarte so verzerren, dass die Längen- und Breitengrade nicht mehr senkrecht aufeinander stehen, und dennoch die Koordinaten eines Ortes korrekt ablesen, und Sie können auch beliebige andere Koordinatensysteme verwenden, um die Position eines Punktes zu bestimmen, solange Sie die richtige Zahl an Dimensionen berücksichtigen (vgl. Seite 28).

Wir erkennen: Obwohl jeder Beobachter sein eigenes Raum-Zeit-Koordinatensystem hat, gibt es eine gemeinsame Basis, sozusagen eine »Landkarte« des Universums – nämlich das bereits erwähnte »Gummituch«, auf dem die Weltlinien »aufgedruckt« sind. Jeder Beobachter nimmt dieses Gummituch (einschließlich der Weltlinien) je nach seiner Geschwindigkeit in unterschiedlichen Verzerrungen wahr und legt auf dieses verzerrte Bild dann sein persönliches Koordinatengitter. Diese »Landkarte« hat in Wirklichkeit natürlich nicht zwei, sondern vier Dimensionen, und die »Verzerrungen« sind letztlich nichts weiter als ein höherdimensionaler perspektivischer Effekt wie bei unseren Würfelabbildungen.

Das Entscheidende dabei ist, dass es in diesem vierdimensionalen Kontinuum keinen grundsätzlichen Unterschied zwischen Raum- und Zeitkoordinaten gibt! Daher trennt man auch bei der Bezeichnung dieses universellen Raumes auch nicht mehr zwischen Raum und Zeit, sondern bezeichnet ihn als *Raumzeit-Kontinuum* oder kurz als *Raumzeit*. Die Raumzeit ist die neue Bühne der Welt in der Relativitätstheorie. Jedes Ereignis im Universum hat darin einen genau definierten Platz, und zwei Ereignisse haben unabhängig vom Bezugssystem immer denselben »raumzeitlichen Abstand« voneinander. Wie sich dieser Raumzeit-Abstand allerdings auf räumliche und zeitliche Distanzen »verteilt«, hängt vom jeweils betrachteten Bezugssystem ab.

Raum und Zeit sind Erscheinungsformen eines übergeordneten, vierdimensionalen Raumzeit-Kontinuums, in das alle Ereignisse des Universums eingebettet sind und in dem es keinen prinzipiellen Unterschied zwischen Raum und Zeit gibt. Die Anordnung der Ereignisse in Raum und Zeit ist je nach Bezugssystem verschieden.

Was würde eigentlich passieren, wenn wir versuchen würden, mit unserem Raumschiff die Lichtgeschwindigkeit zu erreichen? Es würde nicht funktionieren, da die Lichtgeschwindigkeit uns immer gleich groß erscheinen würde. Das heißt, selbst wenn wir uns mit 99,999999999 % der Lichtgeschwindigkeit von der Erde entfernen würden, flöge uns das Licht immer noch (von *uns* aus gesehen) mit 300 000 Kilometern pro Sekunde davon. Raum und Zeit außerhalb unseres Raumschiffs würden sich allerdings immer mehr verzerren. Im Bezugssystem der Erde äußert sich das dadurch, dass der Winkel zwischen der Raum- und Zeitachse unseres Raumschiffs und damit auch ihr Winkel zur Diagonalen (die ja die Lichtgeschwindigkeit darstellt) immer kleiner wird:

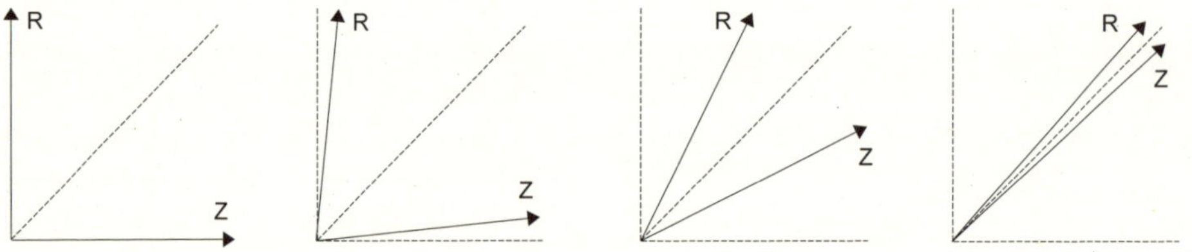

Geschwindigkeit = 0 | 10 % Lichtgeschwindigkeit | 50 % Lichtgeschwindigkeit | 90 % Lichtgeschwindigkeit

Würden wir uns der Lichtgeschwindigkeit immer weiter annähern, würden unsere persönliche Raum- und Zeitachse schließlich fast auf der Diagonalen zusammentreffen! Raum und Zeit würden außerhalb unseres Raumschiffs komplett »zusammenbrechen«. Was bedeutet das praktisch? Auf der Erde würden (vom Raumschiff aus gesehen) Jahrhunderte, Jahrtausende und schließlich sogar Jahrmillionen vergehen, während im Raumschiff nur Sekunden verstreichen. Durch die Längenkontraktion würde gleichzeitig der Raum, den das Schiff durchfliegt, in Flugrichtung immer mehr schrumpfen, so dass das Raumschiff schließlich in wenigen Sekunden (Bordzeit) das *ganze Universum* durchqueren könnte! Nebenbei würde übrigens auch noch die *Masse* des Raumschiffs extrem groß werden, denn aus der Relativitätstheorie ergeben sich auch neue Formeln für die Berechnung von Energien – hierbei stellte sich heraus, dass es eine *Äquivalenz zwischen Energie und Masse* gibt, das bedeutet, je schneller sich ein Objekt bewegt, desto größer wird mit seiner Bewegungsenergie auch seine Masse (auch diese Zusammenhänge wurden experimentell bestätigt). Beim Erreichen der Lichtgeschwindigkeit würde die Masse theoretisch unendlich groß werden.

All diese Effekte sorgen dafür, dass unser Raumschiff, wie auch alle anderen materiellen Objekte, niemals ganz die Lichtgeschwindigkeit erreichen kann. Auf der Erde würde sonst (theoretisch) *unendlich* viel Zeit vergehen und im Raumschiff überhaupt keine mehr. Zugleich würde der ehemals dreidimensionale Raum vom Raumschiff aus gesehen zu einer unendlich dünnen Fläche werden (die Flabs lassen grüßen), weil seine »Tiefe« unendlich klein wird. Außerdem würde die Masse des Raumschiffs schon vorher so groß, dass sie sich mit keiner Energie der Welt mehr nennenswert beschleunigen lassen würde. Ganz abgesehen davon würde das Raumschiff, wenn es in Sekundenbruchteilen ganze Galaxien durchfliegt, ziemlich schnell mit irgendetwas kollidieren und zerstört werden.

Lichtteilchen (Photonen) hingegen bewegen sich routinemäßig mit Lichtgeschwindigkeit (sie haben ja überhaupt keine Masse, die sich erhöhen könnte). Wie würde die Welt wohl aus der Sicht eines Photons aussehen? Am ehesten könnte man es so beschreiben, dass sich das Photon (aus seiner eigenen Sicht) in einem einzigen Augenblick an *allen* Orten seiner Lebensgeschichte zugleich befindet. Seien Sie also froh, dass Sie sich nicht mit Lichtgeschwindigkeit bewegen können: Die Lebensdauer des gesamten Universums wäre in einem einzigen Augenblick vorbei – Sie hätten daher ziemlich wenig Zeit, Ihr Leben zu genießen.

Wenn Sie genau mitgedacht haben, brennt Ihnen möglicherweise schon seit einiger Zeit eine Frage auf den Nägeln: Wir haben festgestellt, dass von einem ruhenden Bezugssystem aus die Zeit in einem relativ dazu bewegten Bezugssystem langsamer läuft. Andererseits habe ich auch immer wieder betont, dass man bei einer Bewegung zweier Bezugssysteme relativ zueinander nicht eindeutig sagen kann, welches System sich bewegt und welches in Ruhe ist, sondern dies im Prinzip beliebig definieren kann. Also müsste eigentlich von *jedem* der beiden Bezugssysteme aus gesehen die Zeit im jeweils anderen System langsamer laufen! Von der Erde aus gesehen vergeht im Raumschiff weniger Zeit und vom Raumschiff aus gesehen vergeht auf der Erde weniger Zeit! Dasselbe müsste natürlich auch für die Längenkontraktion gelten: Von der Erde aus verkürzt sich das Raumschiff, und vom Raumschiff aus verkürzt sich die Erde! Ist das nicht ein Widerspruch?

Die Auflösung liegt darin, dass wir bisher nur (näherungsweise) *gleichförmige* Bewegungen betrachtet haben – das sind Bewegungen mit konstanter Geschwindigkeit und ohne Richtungsänderung, denn das ist genau die Art von Bewegung, die innerhalb des bewegten Bezugssystems physikalisch nicht vom Stillstand zu unterscheiden ist. Wir sind stillschweigend davon ausgegangen, dass unser Raumschiff sich von Anfang an in einem solchen Bewegungszustand relativ zur Erde befindet und ihn auch beibehält. Das bedeutet aber nichts anderes, als dass das Raumschiff die ganze Zeit geradeaus durchs All fliegt und daher niemals *direkten* Kontakt mit der Erde hat (denn das würde eine Landung oder Kollision und damit eine Änderung der Geschwindigkeit bedeuten). Kontakt zwischen den beiden Bezugssystemen ist nur über Funksignale oder Ähnliches möglich, die sich maximal mit Lichtgeschwindigkeit bewegen, und die von diesen Signalen durchlaufenen Raum- und

Zeitdistanzen werden wiederum von beiden Beobachtern unterschiedlich wahrgenommen, da jeder sein eigenes Koordinatensystem hat.

So kommt es, dass tatsächlich *beide* Beobachter aus den Laufzeiten der Signale schließen, dass im jeweils anderen Bezugssystem die Uhren langsamer gehen. Auch wenn dies zunächst widersprüchlich klingt, ist es kein logisches Problem, denn – und das ist das Entscheidende – würde der Raumfahrer seine Geschwindigkeit und Richtung beibehalten, könnte er nie wieder zur Erde zurückkehren – die beiden Beobachter würden auf ewig in getrennten Bezugssystemen leben und würden ihre Uhren daher niemals *direkt* vergleichen können! Sie leben sozusagen in verschiedenen Welten.

Für einen *direkten* Vergleich einer verstrichenenen Zeitspanne müssen sich beide Uhren vor und nach dem fraglichen Zeitraum im *selben* Bezugssystem befinden. Das wäre der Fall, wenn das Raumschiff von der Erde starten, also *beschleunigen* würde, später dann irgendwann wieder abbremsen und in der umgekehrten Richtung wieder beschleunigen (im dreidimensionalen Raum könnte es natürlich auch eine Kurve fliegen), zur Erde zurückfliegen und dort wieder abbremsen würde. Bei jedem dieser Beschleunigungsvorgänge[24] *wechselt* das Raumschiff das Bezugssystem. Im Raum-Zeit-Diagramm der Erde würde dieser Vorgang, vereinfacht dargestellt, wie folgt aussehen:

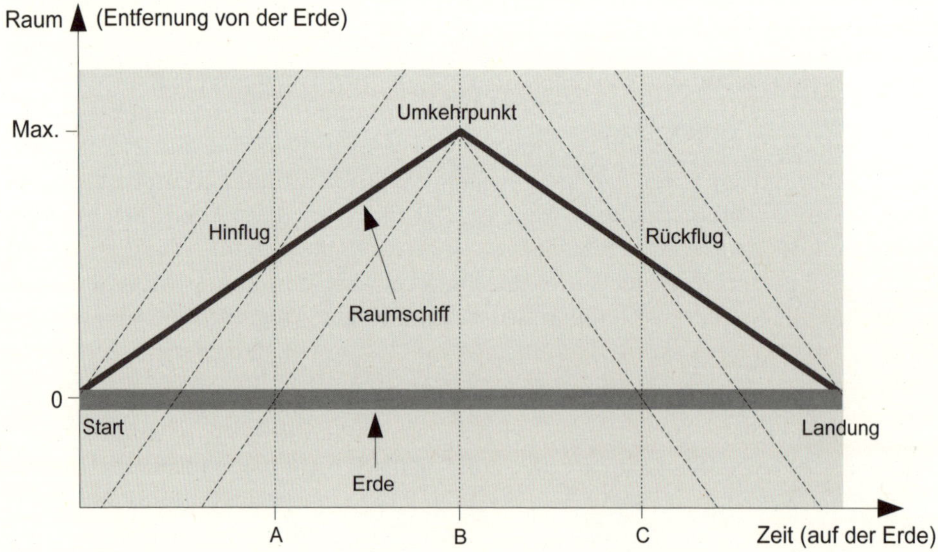

24 In der Sprache der Physik ist *jede* Geschwindigkeitsänderung eine »Beschleunigung«. Eine Abbremsung (Verlangsamung) ist eine »negative Beschleunigung«. Ein Kurvenflug ist ebenfalls eine Beschleunigung, weil man die Bewegung in der bisherigen Richtung (geradeaus) abbremsen und dafür eine Bewegung in seitliche Richtung hinzufügen (beschleunigen) muss.

Die dargestellten Raum- und Zeitachsen gehören zum Bezugssystem der Erde. Die Gleichzeitigkeitslinien des Beobachters auf der Erde verlaufen also senkrecht; aus Gründen der Übersicht habe ich nur drei eingezeichnet: die Zeitpunkte A, B und C. Zusätzlich habe ich einige Gleichzeitigkeitslinien des Raumschiffs dargestellt, die – wie auf Seite 58 gezeigt – im Bezugssystem der Erde *schräg* verlaufen. Entscheidend ist, dass sich in dem Moment, in dem das Raumschiff umkehrt, auch sein Koordinatensystem umdreht – denn die (hier nicht eingezeichnete) persönliche Zeitachse des Raumschiffs muss ja immer parallel zu seiner Weltlinie verlaufen –, so dass auf dem Rückflug die schrägen Gleichzeitigkeitslinien in die *andere* Richtung laufen.

Betrachten wir die einzelnen Phasen des Fluges: Von der *Erde* aus gesehen (senkrechte Gleichzeitigkeitslinien) hat das Raumschiff zum Zeitpunkt A etwa ein Viertel seiner Reise hinter sich, erst zum Zeitpunkt B erreicht es den Umkehrpunkt. Vom *Raumschiff* aus gesehen sieht es jedoch ganz anders aus: Wenn wir seine (schräge) Gleichzeitigkeitslinie vom Umkehrpunkt zurückverfolgen, stellen wir fest, dass vom Raumschiff aus gesehen auf der Erde erst der Zeitraum vom Start bis zum Zeitpunkt A verstrichen ist, denn dieser findet im Bezugssystem des Raumschiffs gleichzeitig mit dem Umkehrzeitpunkt statt! Und *dieser* Zeitraum ist vom Raumschiff aus gesehen tatsächlich kürzer als die an Bord vergangene Zeit. Sobald das Raumschiff aber umgekehrt ist, gilt die schräg nach *rechts* laufende Gleichzeitigkeitslinie, und die besagt, dass nun der Zeitpunkt C auf der Erde »gleichzeitig stattfindet«, so dass während des Rückfluges (vom Raumschiff aus gesehen) auf der Erde nur der Zeitraum von C bis zur Landung vergeht (der dem Raumfahrer wiederum kürzer erscheint als seine Bordzeit).

Der (durchaus beträchtliche) Zeitraum, der auf der Erde *zwischen* A und C vergeht, bleibt also unberücksichtigt! Genauer gesagt wird diese irdische Zeitspanne aus Sicht des Raumfahrers *extrem schnell* durchlaufen, nämlich komplett während seines Umkehrvorgangs, der in unserer vereinfachten Darstellung sehr ruckartig stattfindet. In Wirklichkeit muss das Raumschiff natürlich langsam abbremsen und wieder beschleunigen, so dass seine Weltlinie hier eine Kurve und keinen scharfen Knick aufweisen würde und auch die Gleichzeitigkeitslinien des Raumschiffs nicht »umklappen«, sondern »umschwenken« würden (auch die Beschleunigung bei Start und Landung müsste man eigentlich entsprechend berücksichtigen). Am Prinzip ändert das jedoch nichts: In den Phasen mit konstanter Geschwindigkeit vergeht für *beide* Beobachter die Zeit im anderen Bezugssystem langsamer, aber da der Raumfahrer dabei einen Teil der irdischen Zeit »ausklammert« (indem er ihn bei seinem Beschleunigungsvorgang sehr schnell durchläuft), vergeht in der *Gesamtbilanz* für den Raumfahrer weniger Zeit als auf der Erde – dank seines Beschleunigungsvorgangs nimmt er seine Zeitdilatation sozusagen mit nach Hause und ist bei der Heimkehr weniger gealtert als seine daheim gebliebenen Freunde!

Warum bemerken wir im Alltag nichts von diesem Effekt? Offenbar geht auch nach einer längeren Autofahrt unsere Armbanduhr immer noch genauso wie die

Küchenuhr zuhause, obwohl im Auto doch weniger Zeit hätte vergehen müssen. Tatsächlich *ist* weniger Zeit vergangen – der Effekt ist allerdings zu klein, um mit normalen Uhren messbar zu sein. Verfrachtet man allerdings eine sehr genaue Atomuhr in ein schnelles Flugzeug, kann man den Effekt durchaus messen. Auf diese Weise wurde Einsteins Formel für die Zeitdilatation experimentell bestätigt. Die Formel beschreibt einen exponentiellen Verlauf, das heißt, dass der Effekt bei geringen Geschwindigkeiten äußerst schwach ist, aber bei Geschwindigkeiten, die sich der Lichtgeschwindigkeit nähern, sehr stark zunimmt. Für kleine Geschwindigkeiten ergeben Einsteins Formeln annähernd dieselben Ergebnisse wie Newtons Gesetze der klassischen Mechanik (die deshalb nach wie vor benutzt werden, solange es nur um alltägliche Geschwindigkeiten geht). Bei sehr hohen Geschwindigkeiten ist der Effekt jedoch schon recht deutlich: Unternimmt ein Raumfahrer einen Weltraumflug von 100 Tagen mit halber Lichtgeschwindigkeit, wären auf der Erde bei seiner Rückkehr bereits 115 Tage vergangen. Flöge er mit 99 % der Lichtgeschwindigkeit, wären auf der Erde fast zwei Jahre vergangen, und bei 99,9999 % wären es 194 Jahre! Auf diese Weise kann man als Astronaut seine ganze ungeliebte Verwandtschaft überleben.

In der Raumzeit-Geometrie äußert sich der Unterschied zwischen dem (beschleunigten) Raumfahrer und den (unbeschleunigten) Daheimgebliebenen darin, dass die Weltlinie des irdischen Beobachters eine Gerade ist; die Weltlinie des Raumfahrers hingegen ist – egal wie er fliegt – immer eine Art Kurve und daher (von jedem beliebigen Bezugssystem aus betrachtet) *länger* als die Gerade. Man kann mit Einsteins Formeln zeigen, dass auf der *kürzesten* Weltlinie zwischen zwei Ereignissen (also Punkten in der Raumzeit) immer die *meiste* Zeit vergeht – zum Ausgleich hat der Beobachter dort am wenigsten Raum zurückgelegt (er blieb ja an Ort und Stelle). Der Raumfahrer fliegt hingegen eine längere Strecke durch den Raum, dafür braucht er weniger Zeit. In der übergeordneten Raumzeit hingegen haben beide Beobachter *gleich viel* »Strecke« zurückgelegt, nämlich genau die (vierdimensionale) Distanz zwischen den Ereignissen »Start« und »Landung«.

2.5 Das Gummiversum – Raum und Zeit sind biegsam

Im letzten Abschnitt haben wir einen Raumflug betrachtet, in dem neben gleichförmigen Bewegung auch *Beschleunigungen* vorkommen. Jedoch haben wir die Beschleunigungsphasen als sehr kurz angenommen und nicht im Detail betrachtet. Das hat seinen Grund: Die bisher behandelten Gesetze der Relativität, die Einstein 1905 in seiner *Speziellen Relativitätstheorie* veröffentlichte, gelten nur für gleichförmig bewegte Bezugssysteme. Man nennt solche Bezugssysteme auch *Inertialsysteme* (von lat. *inertia* = Trägheit).

Bei unserem Raumflug befindet sich das Raumschiff sowohl auf dem Hinflug als auch beim Rückflug jeweils in einem Intertialsystem. In beiden Phasen bewegt sich das Raumschiff gleichförmig und damit *kräftefrei*, das heißt, es wirken keine äußeren Kräfte auf das Raumschiff ein. Eine grundlegende Aussage der Mechanik, die sich schon bei Newton findet, lautet: Jedes Objekt behält seinen Zustand der Ruhe oder gleichförmigen Bewegung bei, solange es nicht durch äußere Kräfte daran gehindert wird. Ein Raumschiff fliegt auch ohne Antrieb beliebig lange geradeaus durchs All, solange es durch nichts abgebremst oder vom Kurs abgebracht wird. Auch ein Auto ohne Antrieb könnte theoretisch ewig weiterrollen, wenn es nicht durch Reibungskräfte abgebremst würde.

Bei *beschleunigten* Bewegungen (wie sie unser Raumschiff am Umkehrpunkt durchführen muss, um von einem Inertialsystem ins andere zu wechseln) treten hingegen physikalische Kräfte auf, die man bei gleichförmigen Bewegungen nicht findet. Für eine Beschleunigung oder Abbremsung muss Energie aufgewendet werden, und das betroffene Objekt »wehrt sich« gegen die Geschwindigkeitsänderung in Gestalt von Trägheitskraft, die das Objekt in seinem ursprünglichen Bewegungszustand halten will. Sie kennen das: Wenn man ein Auto kräftig abbremst, fliegt alles, was nicht fest mit dem Auto verbunden ist, einfach weiter nach vorne. Beim Start eines Flugzeugs werden Sie rückwärts in den Sitz gepresst, weil Ihr Körper dank seiner Trägheit lieber zuhause bleiben möchte. Wenn ein Fahrstuhl im 10. Stock unsanft abbremst, würde Ihr Magen am liebsten noch bis in den 11. Stock steigen. Wenn ein Auto rasant in die Kurve geht, würden sich die Insassen lieber weiter geradeaus bewegen, was sich als Fliehkraft bemerkbar macht (dies ist eine Trägheitskraft, die rechtwinklig zur Bewegungsrichtung zur Außenseite der Kurve hin wirkt). Die Größe der Trägheitskraft hängt dabei nicht nur von der Beschleunigung ab, sondern auch von der *Masse* des beschleunigten Körpers – ein Auto braucht mehr Benzin zur Beschleunigung als ein Motorrad, weil es eine größere Trägheitskraft überwinden muss.

Diese Trägheitskräfte haben nun eine interessante Eigenschaft: Vielleicht haben Sie in einem Aufzug im Moment des Abbremsens schon einmal das Gefühl gehabt, je nach Fahrtrichtung entweder leichter oder schwerer als gewöhnlich zu sein. Tatsächlich verändert sich Ihr Gewicht in diesem Moment kurzfristig – eine Waage würde es beweisen. Die durch die Beschleunigung verursachte Trägheitskraft hat exakt dieselbe Wirkung, als würde sich kurzfristig die *Schwerkraft* (Gravitation) der Erde ändern! Man nennt die Erdgravitation übrigens auch *Erdbeschleunigung*, weil sie fallende Körper beschleunigt.

In einem senkrecht herunterstürzenden – und dadurch genau mit der Erdbeschleunigung beschleunigenden – Flugzeug verlieren die Insassen ihr Gewicht komplett, weil ihre Trägheitskraft die Schwerkraft genau aufhebt. Astronauten können daher das Verhalten in Schwerelosigkeit bei gezielten Sturzflügen üben.[25] Astronauten in einem startenden Space Shuttle hingegen erreichen durch die gigantische Be-

25 Das entsprechende Trainingsflugzeug der NASA trägt den klangvollen Spitznamen »Vomit Comet« (»Kotz-Komet«), weil der menschliche Magen auf einen Betrieb bei normaler Schwerkraft ausgelegt ist und bei plötzlicher Schwerelosigkeit seine ganz eigene Art von Trägheit offenbart ...

schleunigung sogar kurzfristig ihr dreifaches Körpergewicht und werden entsprechend in die Sitze gepresst. In einer Raumstation, die die Erde umkreist, herrscht Schwerelosigkeit, weil die durch die kreisförmige Umlaufbahn verursachte Fliehkraft die Schwerkraft der Erde genau aufhebt.[26] Umgekehrt gibt es in Zukunftsszenarien die Idee, große Raumstationen und Raumschiffe in Rotation zu versetzen, um durch die so erzeugte Fliehkraft eine künstliche Schwerkraft zu erzeugen (sehr schön dargestellt beispielsweise in den Filmen *2001 – Odyssee im Weltall* und *Mission to Mars*).

Tatsächlich gibt es von der Wirkung her *keinen* Unterschied zwischen Trägheitskraft und Gravitation. Wenn Sie in einem geschlossenen Raum aufwachen würden, ohne zu wissen, wo Sie sind, könnten Sie nicht unterscheiden, ob Sie sich auf der Erde befinden oder in einem Raumschiff, das permanent beschleunigt, sofern die dadurch erzeugte Trägheitskraft genau der Erdbeschleunigung entspräche. Die Physik in einem gleichmäßig beschleunigten Bezugssystem ist absolut identisch mit der Physik in einem entsprechend starken Gravitationsfeld.

So wie die Nichtunterscheidbarkeit von ruhenden und gleichförmig bewegten Bezugssystemen eine der Grundlagen der Speziellen Relativitätstheorie war, war die Nichtunterscheidbarkeit von Beschleunigung und Gravitation eine der Grundlagen der 1916 von Einstein veröffentlichten *Allgemeinen Relativitätstheorie*. Diese Theorie ist eine Verallgemeinerung von Einsteins vorheriger Veröffentlichung, die auch Gravitation und Trägheit berücksichtigt, und ist bis heute eine der elementaren Grundlagen der Physik. Die Spezielle Relativitätstheorie allein, die die Gravitation unberücksichtigt lässt, liefert niemals ganz exakte Ergebnisse, da Gravitationsfelder unendlich ausgedehnt sind und damit im ganzen Universum *kein* Ort existiert, an dem die Schwerkraft exakt Null ist. Bei unseren bisherigen Beispielen haben wir ihren Einfluss schlicht vernachlässigt (was in vielen Fällen auch durchaus praktikabel ist, da ihr Einfluss bei relativ schwachen Gravitationsfeldern – wie dem der Erde – sehr klein ist).

Wie sieht der Einfluss der Schwerkraft bzw. Trägheitskraft nun aus? Bemühen wir noch einmal unser Raumschiff mit der Lichtmessanlage und beobachten es während einer Geschwindigkeitserhöhung (Abbildung auf der nächsten Seite).

Aus Übersichtsgründen habe ich diesmal nur die erste Hälfte des Lichtmessvorgangs dargestellt. Die vier Momentaufnahmen haben jeweils den gleichen zeitlichen Abstand. Aufgrund der Beschleunigung legt das Raumschiff mit jedem Zeitabschnitt eine größere Distanz nach rechts zurück als im vorherigen Abschnitt. Für einen im Raumschiff mitbewegten Beobachter durchquert das Licht die Mess-

---

26 Genauer gesagt befindet sich die Raumstation im ständigen freien Fall im Schwerkraftfeld der Erde, aber da sie zusätzlich eine schnelle seitliche Bewegungskomponente hat, ist ihre Fallkurve so breit, dass sie niemals den Boden erreicht – stattdessen fällt die Raumstation »an der Erde vorbei«, und durch die Erdkrümmung verformt sich die Fallkurve zu einem geschlossenen Kreis.

strecke wie gewohnt in senkrechter Richtung mit der üblichen Lichtgeschwindigkeit. Wie wir anhand der eingezeichneten Skala sehen, legt das Licht in vertikaler Richtung mit jedem Zeitabschnitt ein Drittel der Messstrecke zurück. Vom außenstehenden Beobachter aus gesehen führt jedoch der mit jedem Schitt zunehmende Abstand dazu, dass das Licht aus dieser Perspektive einer *gekrümmten* Bahn folgt. Das ist für Licht ein ungewohntes Verhalten, da es sich normalerweise immer geradeaus bewegt, solange es nicht durch Materie (etwa eine Glaslinse oder einen Spiegel) umgelenkt wird.

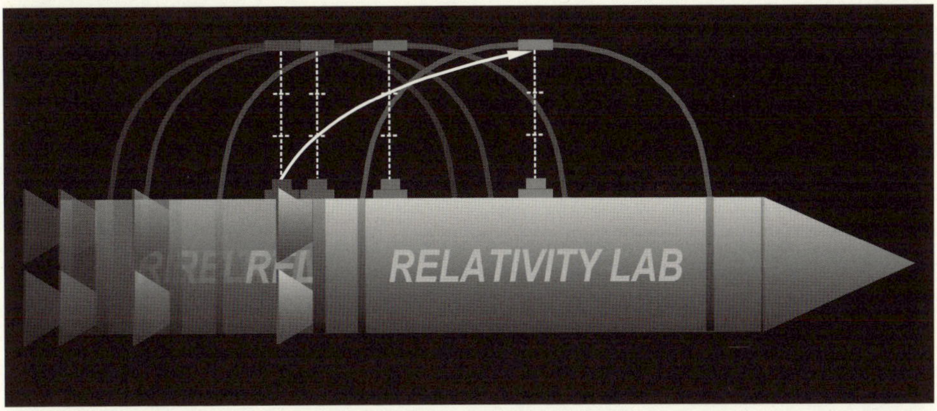

Da die von den Raumfahrern durch die Beschleunigung verspürte Trägheitskraft physikalisch nicht von der Wirkung eines Gravitationsfeldes unterscheidbar ist, schloss Einstein nun, dass auch in einem »echten« Gravitationsfeld das Licht einer gekrümmten Bahn folgen muss, wobei der Effekt allerdings so schwach ist, dass er sich im Alltag nicht bemerkbar macht. Tatsächlich wurde Einsteins Behauptung schon kurz nach Veröffentlichung seiner Theorie bewiesen: Bei einer totalen Sonnenfinsternis im Jahr 1919 stellte man fest, dass man am Rand der verdunkelten Sonne bestimmte Sterne sehen konnte, die laut Himmelskarte eigentlich knapp *hinter* der Sonnenscheibe hätten liegen müssen. Das von den Sternen kommende Licht war durch die starke Gravitation der Sonne so umgelenkt worden, dass es die Erde dennoch erreichte (Abbildung auf der nächsten Seite).

Die Ablenkung des Lichtes erfolgt im Prinzip wie bei einer optischen Linse – und tatsächlich gibt es in einigen Millionen Lichtjahren Entfernung Galaxienhaufen, deren Gravitation so stark ist, dass sie das Licht von dahinter liegenden, *Milliarden* Lichtjahren entfernten Objekten so bündeln wie die Linse eines Teleskops, so dass man diese Objekte von der Erde aus in einer Vergrößerung beobachten kann, die ohne derartige »Gravitationslinsen« nicht annähernd möglich wäre. Leider muss man dabei gewisse Verzerrungen in Kauf nehmen, da das Universum bei der Formgebung der Gravitationslinsen keine Rücksicht auf die Qualitätsansprüche vergleichsweise unbedeutender irdischer Astronomen genommen hat.

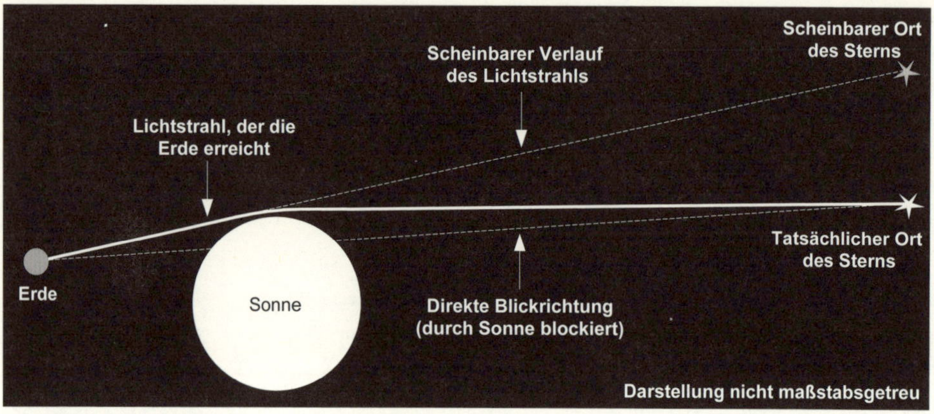

Einstein entwickelte in seiner neuen Theorie eine erweiterte mathematische Beschreibung der Raumzeit-Geometrie, die das Verhalten des Lichtes in Gravitationsfeldern und beschleunigten Bezugssystemen auf verblüffende und elegante Weise begründete: Demnach ist in Wirklichkeit gar nicht die Bahn des Lichtes als solche gekrümmt, sondern der *Raum*, durch den es sich bewegt! Das Licht bewegt sich aus seiner eigenen Sicht wie gewohnt »geradeaus« und folgt dabei automatisch der Raumkrümmung, ähnlich wie ein Schiff automatisch der Erdkrümmung folgt, wenn es geradeaus über den Ozean fährt. Gravitationsfelder sind in der Relativitätstheorie Regionen, in denen der Raum gekrümmt ist, und zwar umso mehr, je stärker die Gravitation ist.

Die Veränderung des Raumes stellt aber auch hier wieder nur die Hälfte des Geschehens dar. Im vorhergehenden Abschnitt haben wir gesehen, dass Raum und Zeit eng miteinander verknüpft sind und ein gemeinsames Kontinuum bilden. Daher wird es Sie nicht sonderlich überraschen, dass die Gravitation sich auch auf die Zeit auswirkt. Tatsächlich wird nicht nur der Raum gekrümmt, sondern die gesamte Raumzeit, daher wird die Zeit ebenfalls verzerrt. Sie vergeht umso langsamer, je stärker die Gravitation ist. Dieser Effekt ist in der Praxis nachweisbar: Eine Atomuhr geht beispielsweise im Hochgebirge minimal (aber messbar) schneller als auf Meereshöhe, weil die Gravitation (das heißt die Raumzeit-Krümmung) mit zunehmendem Abstand von der Erde schwächer wird. Aufgrund der Äquivalenz zwischen Schwerkraft und Beschleunigung vergeht auch die Zeit in einem beschleunigenden Raumschiff langsamer als in einem gleichförmig bewegten.

Wie kann man sich einen gekrümmten Raum (oder gar eine gekrümmte Raumzeit) vorstellen? Wieder einmal lautet die Antwort: eigentlich gar nicht. Aber wir wissen ja bereits, wie wir in solchen Fällen verfahren müssen: Wir ziehen wieder einmal unser dimensionsreduziertes Flab-Universum zu Rate. Die Abbildung auf der nächsten Seite zeigt einen geraden und einen gekrümmten Raumausschnitt.

Beide Darstellungen müssen wir uns natürlich als perspektivisch im dreidimensionalen Raum liegende Flächen vorstellen. Wir verwenden die dritte Dimension diesmal nicht zur Darstellung der Zeit, sondern als Richtung, in die wir den zweidimensionalen Raum der Flabs »verbiegen« können. Die Flab-Welt in sich bleibt dabei flach (wie ein Blatt Papier, das Sie biegen); die Flabs bemerken ohne weiteres gar nicht, dass sie nun in einer gekrümmten statt in einer glatten Fläche leben. Bei ihren Bewegungen folgen sie automatisch der Krümmung; ebenso das Licht, das ihre Augen erreicht. Wenn die Flabs allerdings sehr genaue Messungen anstellen würden, würden sie gewisse Abweichungen von den erwarteten Ergebnissen feststellen, denn in einem gekrümmten Raum gelten andere geometrische Gesetze als in einem glatten.[27]

So haben wir zum Beispiel in der Schule gelernt, dass die Summe der Winkel eines Dreiecks 180° beträgt – das gilt allerdings nur in einer glatten Ebene. Wenn Sie hingegen auf einem Globus (dessen Oberfläche uns als Beispiel für einen gekrümmten zweidimensionalen Raum dienen kann) ein Dreieck konstruieren, dessen Grundlinie auf dem Äquator und dessen Spitze am Nordpol liegt, erhalten Sie am Äquator *zwei* rechte Winkel, die also allein schon 180° ergeben (linke Abbildung auf der nächsten Seite). Wenn Sie die Grundlinie breit genug wählen, kann sogar der dritte

27 In einem glatten Raum gilt die *euklidische Geometrie*, die man in der Schule lernt. In einem gekrümmten Raum gilt die komplexere *riemannsche Geometrie*.

Winkel am Nordpol 90° oder mehr betragen. In einem gekrümmten Raum gilt der Winkelsummensatz nicht mehr.

Auch die Regeln zur Berechnung des Kreisumfangs ändern sich: In der Ebene ist der Umfang gleich dem Durchmesser (doppelter Radius) mal Pi (π = 3,14...). In unserem gekrümmten Raum ist der Umfang im Verhältnis zum Radius kleiner, da der Radius durch die Krümmung nicht so weit nach außen reicht wie in einer Ebene, wie die rechte Abbildung zeigt.

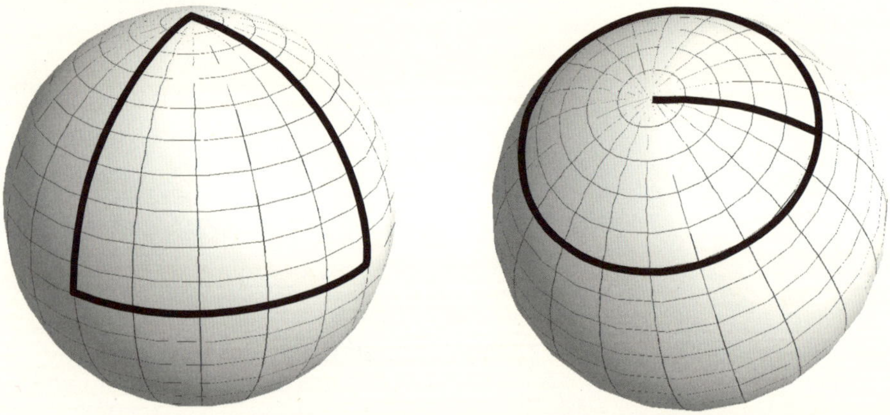

Was zunächst nach theoretischer Mathematik klingt, hat durchaus reale Auswirkungen: Die Umlaufbahn eines Planeten um die Sonne ist aufgrund von deren Gravitation tatsächlich etwas kürzer als sein Abstand von der Sonne multipliziert mit 2π. Beim Planeten Merkur, der unserer Sonne am nächsten und daher der stärksten Gravitation ausgesetzt ist, ist diese Abweichung deutlich messbar.

Das vierdimensionale »Gummituch« namens Raumzeit kann also nicht nur in der Ebene verzerrt werden wie im letzten Abschnitt dargestellt, sondern auch in Richtungen außerhalb der »Ebene« verbogen werden. Im zweidimensionalen Modell kann man sich das Gravitationsfeld eines Himmelskörpers wie eine Vertiefung vorstellen, die in die Raumzeit »gedrückt« wird, wie auf der nächsten Seite dargestellt.[28]

Ein Lichtteilchen oder ein materielles Objekt auf seinem Weg durch Raum und Zeit (in der Abbildung als gestrichelte Linie dargestellt) bewegt sich innerhalb der gekrümmten Fläche »so geradeaus wie möglich« – das heißt, es nimmt den *kürzesten Weg*, der ihm möglich ist, ohne die Raumzeit (hier also die Ebene) zu verlassen. In

28 In vielen Publikationen findet man Darstellungen, in denen Himmelskörper als (dreidimensionale) Kugeln auf einem als zweidimensionale Fläche dargestellten Raum liegen und ihn eindrücken wie ein Gummituch. Da diese Vermischung von zwei- und dreidimensionaler Darstellung meines Erachtens etwas verwirrend ist, habe ich sie hier nicht verwendet. Im zweidimensionalen Raum wären Himmelskörper natürlich keine Kugeln, sondern Kreise, die in der Raumebene liegen.

einem glatten Raum wäre das einfach eine Gerade – in einem gekrümmten Raum nennt man die kürzeste Verbindung zweier Punkte hingegen eine *Geodäte*, und diese ist durchaus nicht mehr gerade, sondern legt sich als kürzester möglicher Pfad durch die Krümmung, wie ein Gummiband, das Sie zwischen zwei Punkten auf einem Globus spannen und das sich automatisch auf dem kürzesten Weg zwischen den beiden Punkten positioniert.

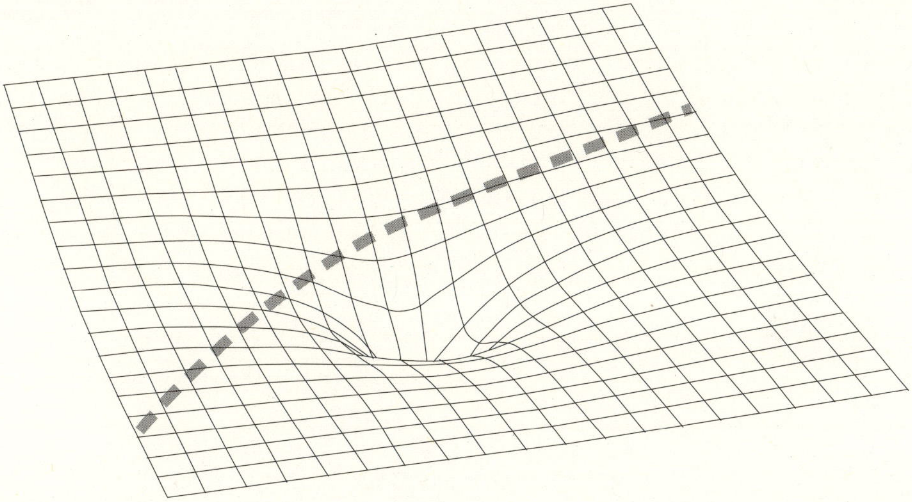

Beachten Sie, dass mit »Punkten« hier jedoch nicht einfach Orte im Raum, sondern Punkte in der *Raumzeit* (also »Ereignisse«) gemeint sind, deren »Abstand« sich aufgrund der vierdimensionalen Raumzeit-Geometrie aus räumlichem *und* zeitlichem Abstand zusammensetzt. Das ist nicht ganz leicht zu verstehen – wichtig ist, dass es eine in sich schlüssige geometrische Beschreibung hierzu gibt, durch die sich das reale Geschehen exakt beschreiben und erklären lässt.

Wenn eine Raumzeit-Geodäte durch einen Gravitationstrichter führt wie in unserer Abbildung, führt dies zu einer Änderung der Bewegungsrichtung des Objektes. Wenn es schnell genug ist (wie das Licht), findet lediglich eine kleine Richtungsänderung statt. Ist das Objekt hingegen langsam oder die Gravitation sehr stark, kann das Objekt im Gravitationstrichter eingefangen werden und wie eine Murmel in einer Salatschüssel auf eine Kreis- oder Ellipsenbahn um das Gravitationszentrum geraten – so kreisen die Planeten im Gravitationstrichter der Sonne und die Monde und künstlichen Satelliten in den Gravitationstrichtern der Planeten. Selbst diese Kreisbewegungen laufen aus vierdimensionaler Sicht vollkommen »geradeaus«. Bei zu steilem Anflugwinkel oder zu geringer Geschwindigkeit kann das Objekt auch mit dem Himmelskörper kollidieren. Das passiert zum Beispiel, wenn Sie ihre Kaffeetasse fallen lassen (Sie müssten sie mit *ziemlich* hoher Geschwindigkeit zur Seite oder schräg nach oben werfen, um sie in eine stabile Umlaufbahn um die Erde zu befördern ...).

Die Krümmung kann im Extremfall sogar so stark werden, dass nicht einmal mehr das Licht dem Gravitationstrichter entkommt. Wenn ein massereicher Stern am Ende seines Lebens seinen atomaren Brennstoff komplett verbraucht hat und durch den Wegfall seines eigenen Strahlungsdrucks in sich zusammenfällt, entsteht ein relativ kleiner, aber extrem dichter Himmelskörper (die Dichte beträgt etwa 2 Milliarden Tonnen pro Kubikzentimeter!), in dessen Nähe die Gravitation so stark ist, dass ein tiefer Trichter in der Raumzeit entsteht, dem nichts mehr entkommt, das ihm zu nahe kommt. Da auch kein Licht mehr daraus entweichen kann, nennt man ein solches Objekt *Schwarzes Loch*. Am Rand eines solchen kosmischen Staubsaugers herrschen extreme Raum-Zeit-Verhältnisse. Ein Raumschiff, das in ein Schwarzes Loch fällt, würde aufgrund der gravitationsbedingten Zeitdilatation von außen betrachtet immer *langsamer* werden und schließlich zum Stillstand kommen, da die Zeit am Rand des Schwarzen Loches immer stärker gedehnt wird. Für die Raumfahrer hingegen würde der Vorgang mit normaler Geschwindigkeit ablaufen, allerdings würden aus ihrer Sicht derweil in den »normaleren« Regionen des Universums Milliarden Jahre vergehen – sie könnten theoretisch die *gesamte Lebensdauer des Universums* erleben, ehe sie in das Loch eintreten (in der Realität würden sie allerdings die extremen Gravitationsverhältnisse nicht lange überleben).

Was wir als Schwerkraft oder Trägheitskraft erleben, ist die Reaktion materieller Objekte auf eine Krümmung der Raumzeit. Objekte bewegen sich in der gekrümmten Raumzeit auf den geradlinigsten Bahnen, die ihnen möglich sind. Sogar das Licht folgt der Krümmung.

Interessant ist, dass Einstein den Begriff der »Schwerkraft« damit eigentlich überflüssig gemacht hat. Da die Objekte einfach der gekrümmten Raumzeit-Geometrie folgen, ist der Begriff einer Kraft, die sie »anzieht« und von ihrem Geradeausflug durchs All abbringt, und damit auch der Begriff des »Kraftfeldes« überflüssig geworden. Hier haben wir wieder ein Beispiel dafür, dass die Begriffe, die wir zur Beschreibung der Welt benutzen, eben nur Begriffe in einer (mehr oder weniger gut funktionierenden) Modellvorstellung sind und keine »realen Dinge«. Dasselbe gilt freilich auch für den »gekrümmten Raum« und andere Begriffe der neuesten Theorien – auch sie werden vermutlich irgendwann in einer noch umfassenderen Theorie überflüssig werden.

Bis heute gibt es übrigens zahlreiche Wissenschaftler (und Pseudo-Wissenschaftler), die sich damit beschäftigen, die Relativitätstheorie komplett zu widerlegen. Ich kann als Nicht-Physiker die Seriosität dieser Ansätze nicht beurteilen, möchte aber an dieser Stelle erwähnen, dass es sie gibt und dass ich nicht ausschließen kann, dass Einsteins Lebenswerk, wie einige seiner Kritiker behaupten, tatsächlich gravierende Fehler enthält. Bis auf weiteres gehe ich aber davon aus, dass seine Theorie im Rahmen dessen, was sie erklären kann, korrekt ist.

Zum Abschluss möchte ich noch kurz auf die Struktur des Universums als Ganzes eingehen. Da Gravitationsfelder unendlich ausgedehnt sind, wirkt auch die Raumkrümmung beliebig weit in den Raum hinein (wenn auch mit zunehmendem Abstand vom Gravitationszentrum immer schwächer). Durch Überlagerung der Gravitation aller materiellen Objekte im Universum entsteht dadurch neben den lokalen Gravitationstrichtern in der Raumzeit auch eine Krümmung des *gesamten* Universums. Sofern die Gesamtmasse aller Objekte im Universum ausreicht, kann das Universum sich dabei so stark krümmen, dass es in sich selbst zurückläuft. Das bedeutet, dass ein Raumschiff, das immer geradeaus fliegt (das heißt, so »geradeaus«, wie es der gekrümmte Raum zulässt), nach vielen Milliarden Jahren wieder an seinem Ausgangspunkt ankommen würde! In der zweidimensionalen Flab-Welt würde das so aussehen, dass die Flabs die Oberfläche einer gigantischen Kugel bewohnen. Die Kugeloberfläche hat zwar einen endlichen Flächeninhalt, ist aber dennoch »unendlich« in dem Sinne, dass sie (innerhalb ihrer zwei Dimensionen) kein Ende hat und ein Flab darauf beliebig lange geradeaus laufen könnte. Genauso hätte ein in sich geschlossenes dreidimensionales Universum einen endlichen Rauminhalt, wäre aber dennoch grenzenlos. Das löst ganz elegant die Frage, was eigentlich »außerhalb« des Universums ist, denn in diesem Modell gibt es schlicht kein Außerhalb – es sei denn in einer höheren Dimension.

Die meisten mir bekannten Theorien über die Gestalt unseres Universums gehen von einer solchen geschlossenen Struktur aus. Das Universum hat demnach eine endliche Größe. Diese nimmt übrigens ständig zu, denn das Universum dehnt sich aus – was man daran feststellen kann, dass sich fast alle Galaxien von uns wegbewegen, und zwar umso schneller, je weiter sie entfernt sind.[29] Man misst die Relativgeschwindigkeit anhand des auf Seite 49 erläuterten Doppler-Effekts, der nicht nur bei Schallwellen, sondern auch bei Lichtwellen auftritt. Je höher die Geschwindigkeit, desto stärker werden bestimmte, durch chemische Elemente in Sternen verursachte Linienmuster im Lichtspektrum ferner Galaxien in ihrer Frequenz verschoben. Man spricht auch von *Rotverschiebung*, weil die Spektrallinien mit zunehmender Geschwindigkeit immer mehr in Richtung des roten Lichtes verschoben werden (rotes Licht liegt am unteren Ende des sichtbaren Frequenzbereiches).

Aus der Ausdehnung des Universums schloss man, dass es vor langer Zeit (nach den neuesten Messungen vor 13,7 Milliarden Jahren) in einer gigantischen Explosion, dem sogenannten *Urknall*, aus einem winzigen Punkt heraus entstanden sein muss. Der »Nachhall« dieser Explosion ist heute noch messbar, und zwar in Gestalt der sogenannten *kosmischen Hintergrundstrahlung*, einer sehr schwachen Strahlung

29 Das mag auf den ersten Blick den Eindruck erwecken, dass wir der Mittelpunkt des Universums seien – dasselbe würde man aber auch von jeder anderen Galaxie aus beobachten können. Stellen Sie sich einen Luftballon vor, auf dem Punkte aufgemalt sind – wenn Sie ihn aufblasen, bewegen sich alle Punkte gleichförmig voneinander weg. Von jedem einzelnen Punkt aus betrachtet aber bewegen sich jeweils die weiter entfernt liegenden Punkte schneller weg als die benachbarten.

im Mikrowellenbereich, die im Weltall (fast) gleichmäßig verteilt ist. Es mag unglaublich klingen, aber unser Universum war zu Beginn kleiner als der Punkt am Ende dieses Satzes.

Man mag sich spontan die Frage stellen: Was war denn dann *vor* dem Urknall? Aber dann erinnern wir uns, dass Raum und Zeit ja nur unsere Wahrnehmung eines vierdimensionalen Kontinuums sind, das mit dem Urknall erst entstanden ist. Somit gab es vorher keine Zeit, genauer gesagt gab es nicht einmal ein »Vorher« – zumindest nicht im Sinne unseres gewohnten Zeitbegriffs.[30] Dies hat übrigens bereits der in diesem Kapitel schon einmal erwähnte Kirchenlehrer Augustinus erkannt: *»So gab es denn keine Zeit, wo du noch nichts geschaffen hattest, da du die Zeit selbst geschaffen hast.«*

Nicht auszuschließen ist freilich, dass ein höherdimensionaler Raum existiert, eine Art »Überversum«, in dem unser Universum herumschwebt wie ein von Flabs bevölkerter Luftballon im Wohnzimmer eines Gottes (mit der Frage, wer eigentlich unseren kosmischen Luftballon aufbläst, werden wir uns später noch beschäftigen). Dieser Überraum könnte dann durchaus schon »vor« der Entstehung unseres Universums existiert haben,[31] und es ist durchaus denkbar, dass in diesem im wahrsten Sinne des Wortes überdimensionalen Wohnzimmer noch weitere Luftballons herumschweben, die völlig unabhängig von unserem Universum entstehen und vergehen wie Seifenblasen. Das bleibt im Rahmen dieses Buches jedoch Spekulation.

Allerdings gibt es deutliche Anzeichen dafür, dass auch andere Universen existieren könnten, die unserer eigenen Welt viel näher sind und sie sogar direkt beeinflussen – bevor wir diese Idee weiter verfolgen können, müssen wir jedoch zunächst die kosmischen Dimensionen verlassen und einen Blick in die exotische Welt des Allerkleinsten werfen.

30 Sie merken vielleicht schon an der etwas surrealen Formulierung (»Es gab vorher keine Zeit«), dass es unserem Verstand einfach nicht möglich ist, sich einen Zustand ohne Zeit vorzustellen – die Zeit, wie wir sie erleben, ist eine elementare Grundlage unseres Denkens.

31 Diese Formulierung impliziert, dass es in diesem Überraum auch eine »Überzeit« geben würde – das ist möglicherweise aber nur eine Krücke meines Verstandes (siehe vorherige Fußnote).

3 Auf der Suche nach der Substanz

Vom Wesen der Materie

3.1 Der Knoten im Nichts

Unsere Wahrnehmung der Welt ist ganz wesentlich von der Erfahrung geprägt, dass wir von »fester« Materie umgeben sind. Drücken Sie einmal Ihren Daumen gegen die Wand – sie ist eindeutig »da« und setzt Ihnen einen gehörigen Widerstand entgegen.

Durch das »Be-Greifen« solcher Widerstände lernt ein Mensch von Geburt an, sich in der materiellen Welt zurechtzufinden, Nahrung und Geborgenheit zu finden und sich vor Verletzungen zu schützen. Insofern sind die Wahrnehmung und die Vorstellung von »solider« Materie nützlich für das Überleben. Aber wie »wirklich« ist diese Vorstellung tatsächlich?

Jeder Mensch mit Schulbildung weiß, dass die Materie zumindest nicht so massiv ist, wie sie auf den ersten Blick erscheint, sondern dass sie sich aus vielen winzigen Teilchen, den Atomen, zusammensetzt, von denen man bis zur Entdeckung der Radioaktivität und der Kernspaltung annahm, sie seien die kleinstmögliche Einheit der Materie (*atomos* ist griechisch und bedeutet »unteilbar«). Um also einen genaueren Blick auf die Struktur der Dinge zu werfen, müssen wir in die Welt des Allerkleinsten vordringen. Zu diesem Zweck setzen wir uns einmal in ein »Gedankenraumschiff«, das wir beliebig verkleinern können. Mit diesem praktischen Gefährt steuern wir nun die Wand an, die sich für unseren Daumen als so undurchdringlich erwiesen hat.

Schon bei einem mäßigen Verkleinerungsfaktor erkennen wir, dass die Wand durchaus nicht ganz massiv ist, sondern je nach Material eine poröse oder faserige Struktur hat. Es ist jedoch immer noch mehr als genug Material sichtbar, um den Widerstand zu erklären, den unser Daumen verspürt hat. Interessanter wird es, wenn wir tatsächlich in atomare Größenordnungen vordringen. Hier wird unsere virtuelle Reise allerdings sehr hypothetisch, denn »Sehen« ist etwas, das auf dieser Ebene nicht mehr funktioniert. Der Grund ist, dass wir zum Sehen einen »Signalträger« in Form von Licht benötigen, das von Gegenständen in unsere Augen reflektiert wird. Nun hat Licht jedoch wellenartige Eigenschaften (siehe Seite 50) – und so wie uns die Wasserwellen, die von einem Felsen am Ufer eines Sees zurückgeworfen werden, zwar etwas über die grobe Form des Felsens verraten können, aber nichts über seine feine Oberflächenstruktur, sind die Lichtwellen zu »grob«, um die winzigen Dimensionen atomarer Strukturen abbilden zu können. Etwas physikalischer ausgedrückt: Mit Hilfe wellenartiger Signale lassen sich nur solche

Strukturen beobachten, die deutlich größer als die Wellenlänge des Signals (der Abstand zwischen zwei Wellenbergen oder -tälern[32]) sind.

Nichtsdestotrotz stellen wir uns einmal vor, wir könnten im atomaren Maßstab etwas wahrnehmen, verkleinern unser Raumschiff auf stolze 10 Milliardstel Millimeter und steuern ein einzelnes Atom an. Wären wir in der Lage, die elektrische Feldstärke unserer Umgebung zu messen, würden wir zunächst in den Außenbereichen des Atoms eine negative Ladung feststellen. Aus dem Physikunterricht wissen wir, dass dies von den Elektronen herrührt – winzigen, elektrisch negativ geladenen Elementarteilchen, die den Kern des Atoms umschwirren. Da die Elektronen extrem klein und schnell sind, haben wir kaum eine Chance, eines davon tatsächlich zu entdecken. Deshalb und weil wir ja auf der Suche nach der »Substanz« der Materie sind, nehmen wir uns lieber den (bekanntlich wesentlich größeren) Atomkern vor.

Also steuern wir unser Raumschiff mutig in das Innere des Atoms hinein, und finden – nichts! Ungehindert durchfliegen wir das Innere des Atoms, dessen Durchmesser für uns jetzt etwa der Höhe des Eiffelturms entspricht. Aber wo ist der Kern? Dank seiner positiven Ladung spüren unsere Feldstärkesensoren ihn dann schließlich im Zentrum des Atoms auf, allerdings erst nach einigem Suchen: Im Verhältnis zum Eiffelturm hat er gerade einmal die Größe eines Pfefferkorns! Und die Elektronen, von denen es nur wenige pro Atom gibt, sind im Vergleich dazu noch viel kleiner.[33]

Somit besteht das Atom und damit alle Materie zu 99,9999999999999 % aus *leerem Raum*! So viel zu unserer klassischen Vorstellung von »massiver Substanz«.

Es stellt sich spontan die Frage, was dann eigentlich unseren Daumen daran gehindert hat, die Wand ungebremst zu durchdringen, denn dass sich dabei irgendwelche Atomkerne, die ja in fester Materie jeweils mindestens einen Atomdurchmesser voneinander entfernt sind, auch nur annähernd begegnen würden, ist extrem unwahrscheinlich. Woher kam der Widerstand, den wir gespürt haben?

---

32 Auch diese Begriffe, wie schon der Begriff »Welle« selbst, sind wiederum ein gedankliches Hilfsmittel. Die verallgemeinerte Definition von »Welle« besagt lediglich, dass sich irgendeine bezifferbare Größe in Raum und Zeit periodisch ändert. Mit »Wellenberg« ist der Maximalwert der Größe – in diesem Fall der elektromagnetischen Feldstärke – gemeint, mit »Wellental« der Minimalwert. Nur bei tatsächlich materiellen Wellen – z. B. Wasserwellen – existiert wirklich so etwas wie »Berge« und »Täler«; bei anderen Wellenarten finden sie sich lediglich in der grafischen Darstellung der schwankenden Größe als mathematische Kurve wieder.

33 Alle Größenangaben und -vergleiche in diesem Abschnitt sind ungenau – tatsächlich existieren verschiedene Arten von Atomen (auch chemische Elemente genannt) mit unterschiedlicher Größe. Uns interessiert hier jedoch nur die grobe Größenordnung, die für alle Atome in etwa dieselbe ist.

Die Antwort (genauer gesagt: *eine* Antwort – es gibt in diesem Bereich mehrere Beschreibungssysteme, wie wir noch sehen werden) liegt in der elektrischen Ladung der Atome. Wenn sich zwei Atome einander nähern, begegnen sich zuerst ihre negativ geladenen »Elektronenhüllen« (auch dies ist natürlich wieder ein »Hilfsbegriff«), und gleichartige Ladungen stoßen sich bekanntlich ab. Nur aus diesem Grund können sich die Atome nicht ungehindert durchdringen (allerdings können sie sich unter bestimmten Umständen miteinander verbinden, indem sie einige Elektronen »miteinander teilen«. Dadurch werden chemische Verbindungen und damit die Entstehung größerer Strukturen, Mineralien und Lebewesen möglich).

Teilchen, die elektrisch *ungeladen* sind, können hingegen ungehindert durch die Elektronenhüllen hindurchfliegen. Tatsächlich gibt es eine Sorte derartiger Teilchen, die *Neutrinos,* die ständig zu Milliarden die *gesamte Erde* durchfliegen, als wenn sie gar nicht da wäre (was sie ja letztlich auch beinahe nicht ist, wie wir gesehen haben). Um Neutrinos einzufangen, bauen Forscher Messanlagen tief unter ganzen Gebirgsmassiven, durch die fast sämtliche kosmische Störstrahlung abgeschirmt wird – bis auf die Neutrinos, die munter den Berg durchfliegen. Nur so können die Forscher einige der extrem seltenen Kollisionen eines Neutrinos mit einem Atomkern messen.

Wir erkennen also, dass der Widerstand, den wir beim Druck gegen die Wand fühlen, nicht »materieller« ist als die Kraft, mit der sich zwei Magnete abstoßen oder anziehen. Die »Substanz«, die wir wahrnehmen, existiert nur in unserer Vorstellung.

Materie besteht zu 99,9999999999999 % aus leerem Raum und macht sich nur durch unsichtbare Kräfte bemerkbar. Unsere klassische Vorstellung von »fester Substanz« ist lediglich ein Produkt unserer Wahrnehmung.

Aber wir geben natürlich nicht so schnell auf und versuchen, wenigstens *irgendetwas* wie Substanz in der Materie zu finden. Daher schauen wir uns das einzig nennenswerte Gebilde an, das wir bisher gefunden haben: den Atomkern. Er setzt sich wiederum aus einzelnen Elementarteilchen, nämlich positiv geladenen Protonen und ungeladenen Neutronen zusammen. Doch auch dies ist noch nicht die »Ursubstanz«.

Atomphysiker haben herausgefunden, dass sich die Protonen und Neutronen aus noch kleineren Bestandteilen zusammensetzen, die man »Quarks« getauft hat (je weiter sich die Physik von der alltäglichen Erfahrungswelt entfernt, umso phantasievoller werden die Namen). Die Quarks, die Elektronen, die Neutrinos und diverse andere Teilchensorten bilden die kleinsten heute bekannten Bestandteile der Materie. Wir wissen also nicht, ob sich diese Teilchen aus noch kleineren isolierbaren Elementen zusammensetzen oder woraus sie sonst bestehen.

Hier stoßen wir allerdings nicht nur an eine physikalische, sondern auch – wieder einmal – an eine begriffliche Grenze. Es stellt sich nämlich die Frage, ob der Ausdruck »aus etwas bestehen« hier überhaupt noch Sinn hat, denn er basiert ja gerade auf unserer klassischen Vorstellung von zerteilbarer Materie – und diese Vorstellung trifft in subatomaren Größenordnungen mit jedem Zerteilungsschritt weniger zu. Tatsächlich ist schon die Aussage, dass sich beispielsweise Protonen aus Quarks »zusammensetzen«, gewagt – denn man beobachtet die Quarks erst *nach* dem Zerfall der Protonen, und nur im klassischen »Baukasten-Modell« der Materie würde dies zwangsläufig bedeuten, dass sie auch vorher in den Protonen als »Bausteine« enthalten waren, das heißt, dass ein Proton »aus Quarks besteht«. Tatsächlich aber weiß man nur, dass die Quarks in dem Moment auftauchen, in dem das Proton als solches verschwindet. Umso mehr stellt sich die Frage, ob es noch Sinn hat, zu fragen, woraus dann wohl die Quarks »bestehen« könnten.

> *»Inwiefern ist das Quark eher real als symbolisch? Stammt nicht die Bezeichnung 'Quark' aus jenem metaphorischsten und schöpferischsten aller Werke – 'Finnegans Wake'? Und wenn Physiker den Quarks ironisch Eigenschaften wie 'Farbe' oder 'Charme' zuschreiben, können wir dann davon ausgehen, dass sie sich ihrer eigenen kreativen Handlungen gar nicht bewusst sind?«*
>
> *Roger Jones*

Betrachten wir als anschauliches Beispiel einmal einen Eiswürfel: Es handelt sich um einen Würfel aus Eis, also gefrorenem Wasser. Zertrümmern wir nun den Eiswürfel, entstehen kleinere Teile, die man eindeutig nicht mehr als Eiswürfel bezeichnen kann, denn die Würfelform – die ja nur einer von vielen möglichen *Zuständen* und keine elementare Eigenschaft des Eises ist – ist verschwunden. Dennoch handelt es sich nach wie vor um Eis, denn auch in den Bruchstücken sind die Wassermoleküle immer noch in der für Eiskristalle typischen Gitterstruktur angeordnet. Zerteilen wir diese Fragmente jedoch in einzelne Moleküle, haben wir kein Eis mehr, denn Eis ist definitionsgemäß der feste Aggregatzustand des Wassers, und ein einzelnes Molekül hat keinen Aggregatzustand mehr, da dieser den Ordnungszustand zwischen *mehreren* Molekülen beschreibt. »Eis« ist also wiederum nur ein möglicher *Zustand* und keine elementare Eigenschaft des Wassers. Der Ausdruck »besteht aus Eis« wird an diesem Punkt sinnlos. Dennoch können wir immer noch von »Wasser« sprechen. Zerlegen wir jedoch auch noch das Wassermolekül ... Sie ahnen es bereits: Der Begriff »Wasser« verliert danach ebenfalls seinen Sinn, denn es ist nur ein möglicher *Zustand* von Materie. Dennoch kann man immer noch von Materie (genauer gesagt: Atomen) sprechen.

Lässt sich dieses Spiel vielleicht auch auf der subatomaren Ebene fortsetzen? Könnte es nicht sein, dass analog zu diesem Beispiel auch die Materie als solche nur so etwas wie ein *Zustand* ist, also keine Substanz an sich? Das würde bedeuten, dass ab einem bestimmten Grad der Zerlegung auch der Begriff »Materie« keinen Sinn mehr haben würde, sondern die »darunter liegende« Ebene zum Vorschein kommen würde.

Tatsächlich lässt sich Materie noch weiter »zerlegen«[34], und zwar auf recht spektakuläre Weise. Hierzu müssen wir ein wenig ausholen.

Aus den Formeln der Quantentheorie (einer sehr grundlegenden, in erster Linie mathematischen Beschreibung der subatomaren Vorgänge, die ich im nächsten Abschnitt genauer behandeln werde) haben Physiker schon vor einigen Jahrzehnten abgeleitet, dass es – sofern die Theorie stimmt – zu jeder Sorte von Elementarteilchen eine zweite Sorte von Teilchen geben muss, die dieselbe Masse und Größe wie ihre jeweiligen Geschwister haben, aber die entgegengesetzte elektrische Ladung (und einige andere entgegengesetzte Eigenschaften, die wir hier nicht im Detail betrachten können) aufweisen. So muss es also beispielsweise neben den wohlbekannten negativ geladenen Elektronen auch positiv geladene Teilchen derselben Größe und Masse geben. Diese Teilchen wurden *Positronen* getauft. Ebenso gibt es neben den positiven Protonen auch negative *Antiprotonen* usw. – allgemein sagt man, dass es zu jeder Teilchenart ein entsprechendes *Antiteilchen* gibt.

Tatsächlich konnten einige Zeit nach dieser theoretischen Vorhersage derartige Antiteilchen bei Experimenten in Teilchenbeschleunigern (das sind gigantische Anlagen, in denen Physiker einzelne Teilchen mit extrem hohen Geschwindigkeiten kollidieren lassen und die Zerfallsprodukte untersuchen) erzeugt und beobachtet werden. Mittlerweile ist es sogar gelungen, aus Antiprotonen und Positronen einzelne Anti-Wasserstoff-Atome zu erzeugen.

Außerhalb solcher Experimente konnte diese sogenannte *Antimaterie* allerdings bisher nicht entdeckt werden – was zunächst verwundert, denn die gängigen Theorien zur Entstehung des Universums besagen, dass beim Urknall – der Explosion, aus der das Universum vermutlich entstanden ist – Materie *und* Antimaterie in großen Mengen entstanden sein müssten. Wie man aber sowohl theoretisch als auch im Teilchenbeschleuniger nachweisen kann, ist es kein Wunder, dass wir nur von einer dieser beiden Materiearten umgeben sind – denn sobald ein Teilchen auf ein entsprechendes Antiteilchen trifft, *verschwinden* beide und verwandeln sich in reine Energie, die in Form von elektromagnetischer Strahlung abgegeben wird.[35]

34 Ist Ihnen aufgefallen, wie oft ich Anführungszeichen verwende? Ich kennzeichne damit oft Begriffe, die außerhalb ihres klassischen Bedeutungsbereiches verwendet werden und daher noch mehr als andere Begriffe als Hilfskonstrukt unseres Verstandes zu betrachten sind (vgl. Kapitel 1).

35 Eine gängige Erklärungsmöglichkeit für die Abwesenheit von Antimaterie im bekannten Universum ist, dass beim Urknall eventuell ein geringfügiges Mengen-Ungleichgewicht zugunsten der »normalen« Materie (physikalisch gesehen ist die Antimaterie gar nicht weniger »normal«) entstand, so dass sich die entstandene Materie und Antimaterie zwar größtenteils direkt wieder gegenseitig vernichtet hat, aber ein »kleiner« Überschuss von Materie übrigblieb, aus dem sich dann das gesamte uns bekannte Universum bildete.

Materie und Antimaterie löschen sich gegenseitig *vollständig* aus – vollständig insofern, als von der *Masse* der beteiligten Teilchen absolut nichts übrigbleibt. Masse ist diejenige Eigenschaft, die der Materie Gewicht (in einem Gravitationsfeld) und Trägheit (bei Beschleunigung) verleiht, und damit das zentrale Charakteristikum, das Materie auszeichnet bzw. definiert.

Hier wird also tatsächlich *Materie vollständig in Energie* umgewandelt! Wie bereits im vorigen Kapitel erwähnt, hat Albert Einstein im Rahmen der Relativitätstheorie entdeckt, dass Masse sich in Energie umrechnen lässt. Die in der Masse eines (in Ruhe befindlichen) Teilchens »versteckte« Energie errechnet sich mittels Einsteins berühmtester Formel: $\mathbf{E = mc^2}$. Demnach ist die Energie gleich der Masse des Teilchens mal dem Quadrat der Lichtgeschwindigkeit.

Rechnen wir interessehalber einmal aus, wie groß die Energie eines Stücks Würfelzucker ist, das 3 Gramm wiegt: Die Lichtgeschwindigkeit (etwa 300 000 Kilometer pro Sekunde) zum Quadrat, multipliziert mit 3 Gramm, ergibt eine Energie von 270 Milliarden Kilojoule! (Wir wussten zwar schon immer, dass Zucker jede Menge Kalorien hat, aber *so* viele ...?) Wenn nun ein wahnsinniger Professor in seinem Labor ein Stück »Anti-Würfelzucker« erzeugen würde, würde es sofort mit 3 Gramm »normaler« Materie reagieren, und die kompletten 6 Gramm würden sich auf einen Schlag in 540 Milliarden Kilojoule Energie verwandeln. Das entspricht der Sprengkraft von 8,5 Hiroshima-Bomben – das heißt, die Explosion würde den wahnsinnigen Professor samt seinem Labor und seiner gesamten Heimatstadt von der Landkarte fegen! Glücklicherweise ist aber schon die Erzeugung einzelner Antimaterie-Teilchen *extrem* energieaufwendig, so dass dieses Szenario in absehbarer Zeit nicht Wirklichkeit werden kann.

Auch bei Prozessen, in denen nicht die gesamte beteiligte Masse in Energie umgewandelt wird, gilt Einsteins Formel – das heißt, auch die wenigen Kalorien an Energie, die Sie bei der Verdauung eines Zuckerstücks in Ihren Körper übernehmen, lassen einen winzigen Bruchteil der Masse des Zuckers verschwinden. Bei einer atomaren Kernspaltung ist der Massenanteil, der sich in Energie umwandelt, schon durchaus messbar – in unserem Beispiel haben wir ja gesehen, dass Atombomben Energien freisetzen, die mehreren Gramm Masse entsprechen.

Umgekehrt erhöht sich die Masse eines Körpers, wenn ihm Energie zugeführt wird. Wird ein Körper zum Beispiel auf eine höhere Geschwindigkeit beschleunigt, erhöht sich mit der Bewegungsenergie auch seine Masse. Dies habe ich bereits im Abschnitt über die Relativitätstheorie als einen der Gründe dafür angeführt, dass Materie niemals die Lichtgeschwindigkeit erreichen kann (Seite 60 f.).

Man kann sich Elementarteilchen also im übertragenen Sinne wie kleine Pakete eingefrorener Energie vorstellen – so wie Eiswürfel aus gefrorenem Wasser bestehen. Schmilzt der Eiswürfel, bleibt zwar das Wasser übrig, aber der Würfel (genauer gesagt die Würfel*form*) ist verschwunden. Materie ist also tatsächlich mehr ein *Zustand* als eine Substanz. Die Masse, die der Materie Gewicht und Präsenz in der

Welt verleiht, ist nur eine Erscheinungsform von Energie und nichts eigenständig Existierendes (was bleibt von einem Eiswürfel, wenn man das Eis wegnimmt?).

Materie ist eine Form stark gebündelter Energie. Wird diese Energie freigesetzt, bleibt von der Materie nichts weiter übrig. Materie ist damit mehr ein Zustand als eine Substanz.

Eine noch deutlichere Analogie ist ein Knoten, den man in ein Seil macht. Man kann nicht direkt sagen, der Knoten »bestehe aus Seil« – vielmehr ist er nur eine mögliche Erscheinungsform des Seils. Daher bezeichne ich die Materieteilchen auch gerne als »Knoten im Nichts«.

Die Analogie des Seils gefällt mir jedoch noch aus einem weiteren Grund, denn ein Seil kann nicht nur einen Knoten tragen, sondern auch *Wellen* schlagen ... und damit kommen wir zu einer weiteren, noch viel erstaunlicheren Erscheinungsform der Materie.

3.2 Winzige Wellenreiter

»Die Natur ist nicht nur seltsamer, als wir annehmen, sie ist auch seltsamer, als wir annehmen können.«

J. B. S. Haldane

Die Vorstellung, dass sich die Materie aus »Teilchen« zusammensetzt, stammt, wie wir gesehen haben, in erster Linie aus der alltäglichen Erfahrung der »festen Substanz«. Aus diesem Grund stellte man sich naturgemäß auch die Atome als Teilchen vor, obwohl es zunächst noch keinerlei Methoden gab, sie tatsächlich als einzelne Teilchen sichtbar zu machen. Mit Hilfe verschiedener Experimente und Messapparaturen wurde jedoch später bestätigt, dass sich die Atome und auch die subatomaren Partikel tatsächlich so verhielten, wie man es von klassischen Teilchen erwartete – man kann sie sich in diesem Zusammenhang etwa wie winzige Billardkugeln vorstellen, die den Gesetzen der klassischen Physik ebenso folgen wie ihre großen Geschwister.

So kann man beispielsweise durch Hitze Elektronen aus Atomen herauslösen (die zusätzliche thermische Energie ermöglicht ihnen die Flucht aus dem Anziehungsfeld des Atomkerns) und mit Hilfe elektrischer Felder in bestimmte Richtungen lenken. Treffen die Elektronen dann auf bestimmte Materialien, können sie dort ihre Aufprallenergie an andere Elektronen abgeben, die jedoch kurz darauf in ihren Ausgangszustand »zurückfallen« und den Energieüberschuss in Form von Licht abgeben.[36] Wenn man auf diese Weise einzelne Elektronen »verschießt«, kann man somit den Aufprallort auf einem Schirm aus geeignetem Material als Lichtblitz sichtbar machen und stellt fest, dass tatsächlich jedes Elektron einen solchen defi-

36 Auf diesem Prinzip basiert eine klassische Fernsehröhre: Ein sehr schnell bewegter, variierender Elektronenstrahl »zeichnet« das Bild zeilenweise auf den Bildschirm.

nierten Aufprallort besitzt, sich also wie ein klassisches »Geschoss« verhält. Daraus könnte man schließen, dass es sich tatsächlich um Teilchen handelt.

Dummerweise wurden später jedoch diverse Phänomene entdeckt, die sich mit dem klassischen Billardkugel-Modell nicht mehr erklären ließen. Ich möchte hier nur ein (sehr bekanntes) Experiment herausgreifen:

Wenn wir mit der oben beschriebenen Methode einen gebündelten Elektronenstrahl erzeugen und auf einen Leuchtschirm lenken, entsteht auf dem Schirm erwartungsgemäß ein Fleck, dessen Größe dem Strahldurchmesser entspricht. So weit ist noch alles in Ordnung.

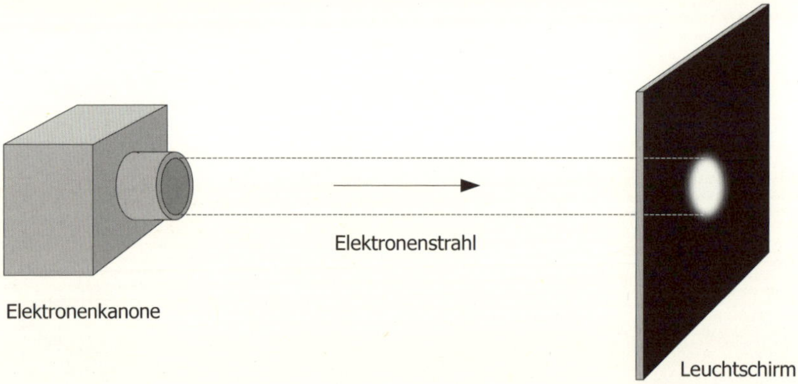

Stellen wir nun in den Strahl eine für die Elektronen undurchlässige Platte, in der sich lediglich ein *sehr* schmaler Spalt befindet, würden wir erwarten, dass diejenigen Elektronen, die diesen Spalt treffen und passieren, auf dem Schirm ein Abbild des Spaltes erzeugen würden, wie im linken Teil der folgenden Abbildung dargestellt. Tatsächlich zeigt sich jedoch, wie rechts abgebildet, ein verwaschener Balken.

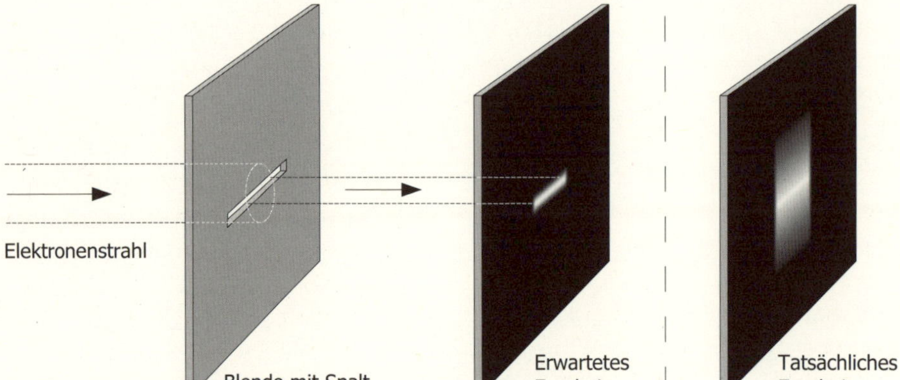

Offenbar sind demnach am Spalt einige Elektronen nach oben bzw. unten abgelenkt worden, so dass der Strahl, der durch den Spalt eigentlich eine flache Form erhalten haben sollte, in vertikaler Richtung »aufgefächert« wurde. Als Erklärung könnte man sich hier vielleicht noch eine irgendwie geartete Ablenkung derjenigen Elektronen, die sehr nahe am Rand des Spaltes vorbeifliegen, durch das Material der Blendenplatte vorstellen. Derartige Erklärungsmodelle versagen aber spätestens, wenn wir den Spalt durch *zwei* Spalte in sehr kleinem Abstand ersetzen. Wenn wir die bei *einem* Spalt beobachtete Auffächerung des Strahls als gegeben akzeptieren, würden wir beim Doppelspalt nun ein ähnliches Ergebnis erwarten, bei dem der verwaschene Balken lediglich noch etwas höher ist, da sich die von den beiden Einzelspalten erzeugten Bilder auf dem Schirm überlagern müssten (linker Teil der Abbildung). Jedoch passiert auch hier nicht das, was wir erwarten – vielmehr zeigt sich das rechts abgebildete *Streifenmuster*!

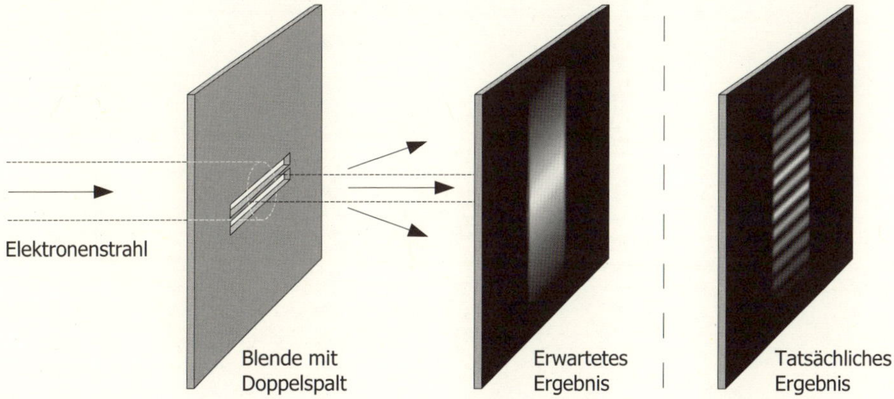

Die Entstehung dieses Musters lässt sich nun endgültig nicht mehr mit der Vorstellung winziger Billardkugeln erklären, die die Spalte durchfliegen. Dennoch war das Streifenmuster für die Physiker, die es entdeckten, keine fremdartige Erscheinung, denn ähnliche Muster waren aus anderen Zusammenhängen bekannt. Ein genauso geartetes Bild entsteht beispielsweise auch, wenn man statt des Elektronenstrahls einen *Lichtstrahl* – genauer: einen Laserstrahl – durch einen engen Doppelspalt auf eine Wand fallen lässt. Genauso entsteht auch ein verwaschener Balken, wenn Licht durch einen einzelnen Spalt fällt.

Beide Phänomene lassen sich in diesem Fall mit der *Wellennatur* des Lichtes begründen. Wie bereits im vorigen Kapitel erwähnt, kann man Licht als periodische Schwankung der Feldstärke eines elektromagnetischen Feldes beschreiben, die sich wellenartig im Raum ausbreitet, ähnlich wie Wasserwellen, wenn man einen Stein in einen ruhigen Teich wirft. Bleiben wir einen Augenblick bei diesem Beispiel, da es anschaulicher als die für uns unsichtbaren Lichtwellen ist. Der Stein regt die Wasseroberfläche (die durch die zwischen den Wassermolekülen herrschenden lockeren Bindungskräfte »elastisch« ist) am Ort seines Eintauchens zu Schwingungen an, und von diesem Punkt aus breiten sich die Wellen kreisförmig aus, da die Wassermoleküle die Bewegungsenergie an ihre Nachbarn weitergeben. Die Wassermoleküle selbst bleiben dabei übrigens mehr oder weniger an ihrem Ort und schwingen hauptsächlich nach oben und unten – was sich nach außen ausbreitet, ist lediglich der Schwingungsvorgang als solcher (genauer gesagt: die Schwingungsenergie).

Die folgende Abbildung zeigt eine solche *Kreiswelle*, wobei die schwankende Höhe der Wasseroberfläche hier durch die variierende Helligkeit dargestellt wird. Wie das Bild ebenfalls zeigt, werden die Wellen mit zunehmendem Abstand schwächer, da die Energie sich auf einen immer größer werdenden Kreis verteilen muss (im Fall des Wassers geht zusätzlich auch Energie durch Umwandlung in Reibungswärme verloren).

Kreiswelle

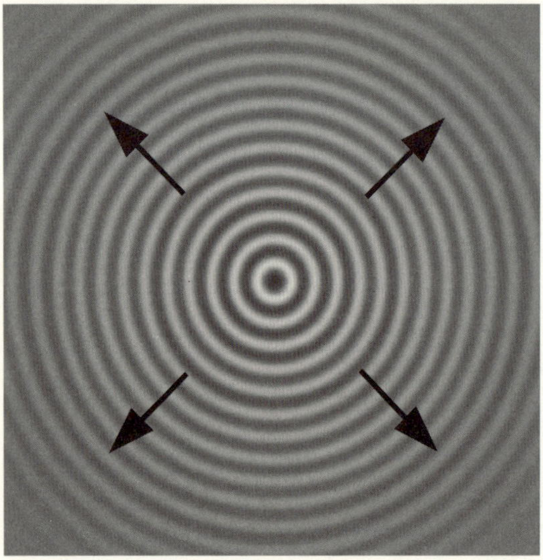

Ebenso könnte das Bild auch eine Lichtwelle darstellen, wobei die Helligkeit in der Abbildung in diesem Fall die Stärke des elektromagnetischen Feldes symbolisiert. Hierbei müssen wir uns die Abbildung allerdings als Querschnitt einer dreidimensionalen *Kugelwelle* denken, denn Licht breitet sich (sofern es nicht gebündelt wird) im Gegensatz zu Wasserwellen nicht nur in einer Fläche, sondern in alle Richtungen des Raumes aus, wie wir an jeder Glühbirne sehen können.

Lassen Sie sich nicht dadurch verwirren, dass wir die Helligkeit in der Abbildung symbolisch zur Darstellung der Feldstärke benutzen – sie hat nicht direkt mit der tatsächlichen Helligkeit des Lichtes zu tun, das heißt, die dunklen Stellen in der Darstellung bedeuten *nicht*, dass dort kein Licht wäre. Das Bild stellt lediglich eine *Momentaufnahme* der Welle dar. Die Lichtwellen wandern mit Lichtgeschwindigkeit von innen nach außen, und an jeder Stelle der Abbildung schwankt die Feldstärke damit mehrere Milliarden mal pro Sekunde zwischen dem Maximalwert (im Bild hellgrau) und dem Minimalwert (im Bild dunkelgrau). Die tatsächliche Helligkeit des Lichtes hängt von der *Differenz* zwischen beiden Werten, also dem maximalen Ausschlag der Welle (auch *Amplitude* genannt) ab. Im Fall der Kugelwelle nimmt die Amplitude und damit die Helligkeit nach außen hin ab, wo die Schwankungen geringer werden (im Bild gleichmäßiges Mittelgrau).

Kurz gesagt: Hell ist es dort, wo das Feld stark schwankt. Die *Frequenz* (die Anzahl der Schwingungen pro Sekunde) ist ebenfalls von Bedeutung: Sie legt die Farbe des Lichtes fest. Dabei stellt das sichtbare Licht nur einen kleinen Ausschnitt des elektromagnetischen Schwingungsspektrums dar – niedrigere Frequenzen erzeugen Infrarot-Strahlung, Mikrowellen und Radiowellen, höhere Frequenzen erzeugen Ultraviolett-Strahlung, Röntgen- und Gammastrahlung.

Wir sehen in diesem Zusammenhang, dass auch Licht mehr ein *Zustand* – nämlich des elektromagnetischen Feldes – als ein eigenständiges »Ding« ist.

Kehren wir aber noch einmal zum anschaulicheren Wasserbeispiel zurück. Werfen wir statt des Steins einen langen Balken ins Wasser, entsteht eine andere Form von Wellen, da die Längsseite des Balkens einen längeren Wasserbereich parallel und zeitgleich zum Schwingen anregt. Die Wellen breiten sich von der Längsseite her als *ebene Wellen* aus, die im Idealfall wie in der folgenden Abbildung aussehen. In der Realität existieren auch sämtliche denkbaren Zwischenformen beider Wellentypen.

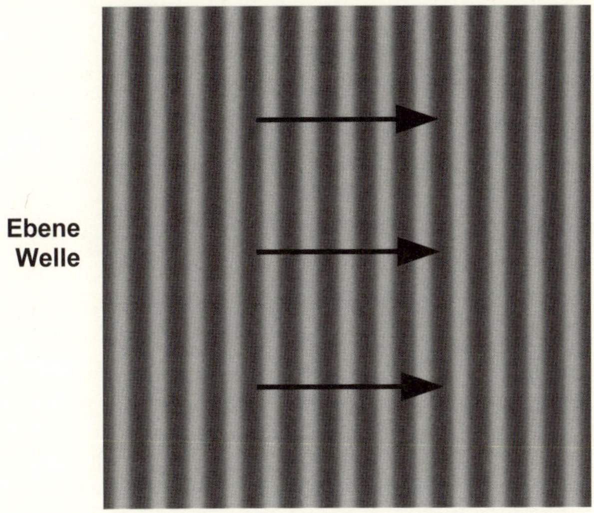

Auch ein Laserstrahl, der sich im freien Raum bewegt, ist eine ebene Welle, denn durch die spezielle Konstruktion des Lasers werden die Lichtwellen gezwungen, sich parallel und im Gleichtakt auszubreiten (deshalb hat der Laserstrahl eine hohe Reichweite, da er im Gegensatz zu einer Kreis- oder Kugelwelle nicht auseinander läuft).

Was passiert nun, wenn so eine ebene Welle auf einen schmalen Spalt wie in unserem Experiment trifft? Anhand einer Wasserwelle in einer entsprechenden Versuchsanordnung kann man den Vorgang direkt sichtbar machen – bei unserem Laserstrahl (Lichtwelle) passiert jedoch prinzipiell dasselbe:

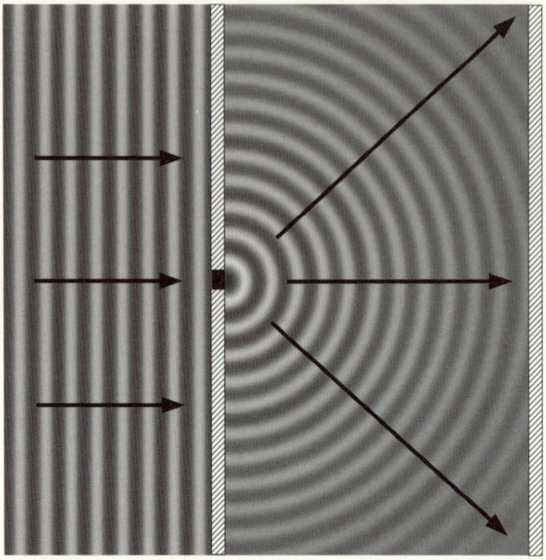

Wie die Abbildung zeigt, stellen wir fest, dass – obwohl die von links kommende Welle eine ebene Welle ist – von dem Spalt eine Kreiswelle ausgeht, weil das Wasser in der rechten Hälfte der Anordnung nur an *einer* Stelle, nämlich der Durchlassöffnung, zum Schwingen angeregt wird, ähnlich wie beim Auftreffen des Steins auf der Teichoberfläche. Diese Anregung pflanzt sich wie üblich kreisförmig fort. Betrachten wir nun die rechte Begrenzung der Anordnung als »Schirm« (bei einer Wasserwelle wäre es in Wirklichkeit nicht so einfach, da die Wellen von der Wand zurückgeworfen würden und das Muster stören würden), so stellen wir fest, dass die in der Mitte des Schirms auftreffenden Wellen einen kürzeren Weg zurückgelegt haben als diejenigen, die weiter außen auftreffen. Da die Stärke der Wellen mit zunehmender Entfernung nachlässt, trifft in der Mitte also mehr Energie auf als in den Randbereichen.

Im Fall des Laserstrahls müssen wir uns das Ganze wieder dreidimensional vorstellen, das heißt, wir betrachten die Abbildung als senkrechten, von der Seite betrachteten Schnitt durch unsere Versuchsanordnung mit der Spaltblende. Aus den Kreiswellen werden in diesem Fall halbzylinderförmige Wellen in der Breite des Spaltes. Treffen diese nun auf den Schirm, trifft das meiste Licht in der Mitte auf, aber auch die Randbereiche oben und unten werden mit abnehmender Stärke beleuchtet. Das erklärt den verwaschenen Balken, den man statt eines scharfen Abbildes des Spaltes beobachtet.

Dieses Phänomen wird als *Beugung* bezeichnet und tritt bei allen Wellen auf. Wichtig dabei ist, dass es nur funktioniert, wenn die Größe der Öffnung, auf die die Welle trifft, nicht viel größer ist als die Wellenlänge, das heißt, der räumliche Abstand zwischen zwei Maximalwerten der Welle. Wäre die Öffnung in der Abbildung wesentlich größer gewesen, hätten die ebenen Wellen größtenteils unverändert hindurchgelangen können und wären nur in den Randbereichen etwas »verbogen« worden.[37] Darum findet die Auffächerung des Laserstrahls auch nur in vertikaler Richtung statt – in horizontaler Richtung ist der Spalt breit genug, um das Licht ungehindert hindurchzulassen. Würde man statt des Spaltes jedoch ein kleines Loch verwenden, würde die Beugung in alle Richtungen stattfinden, statt der Zylinderwellen würden Halbkugelwellen (angeordnet etwa wie die Schichten einer halbierten Zwiebel) entstehen, und statt des verwaschenen Balkens würde ein verwaschener Kreis auf dem Schirm erscheinen.[38]

Richtig interessant wird es nun, wenn die ebene Welle (also z. B. der Laserstrahl) statt auf einen einzelnen Spalt auf einen Doppelspalt trifft. Das Ergebnis zeigt die folgende Abbildung:

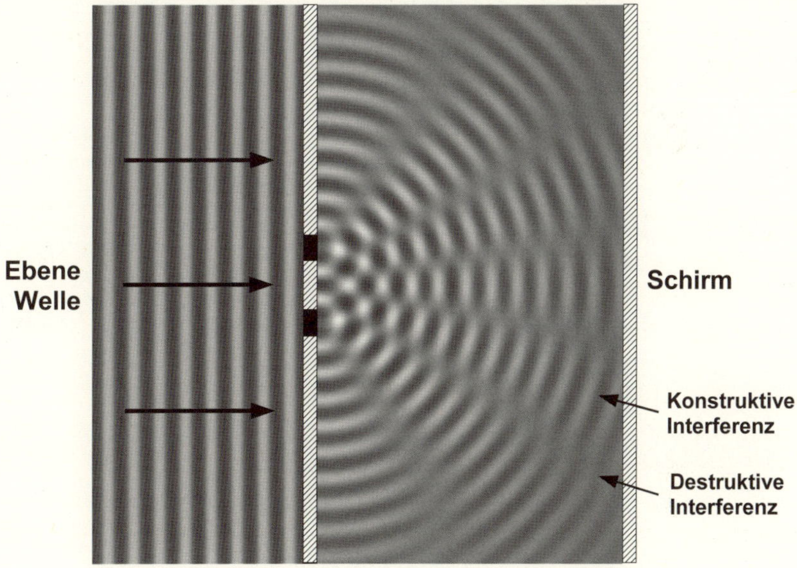

37 Das ist übrigens der Grund, warum Sie den Bass-Subwoofer Ihrer Hi-Fi-Anlage bedenkenlos hinter dem Sofa verstecken können, Ihre Stereoboxen jedoch nicht: Schallwellen haben im Bassbereich eine Wellenlänge, die durch die Zwischenräume zwischen Ihren Möbeln »um die Ecke« gebeugt werden und sich dadurch gleichmäßig überall im Raum verteilen. Höhere Töne haben dagegen kleinere Wellenlängen, die nicht durch Beugung um die Ecke gelangen können, daher müssen die Lautsprecher für diese Frequenzen frei im Raum aufgestellt werden und erlauben im Gegensatz zu den tiefen Tönen auch eine klare Richtungsunterscheidung (Stereo).

38 Die Beugung von Lichtwellen ist auch der Grund für das bereits auf Seite 75 angedeutete Problem, dass sich mit Licht keine beliebig kleinen Strukturen abbilden lassen, denn Strukturen in der Größenordnung der Lichtwellenlänge führen zu Beugungseffekten und verhindern damit eine »saubere« Reflexion, die man für eine Abbildung benötigen würde.

In diesem Fall geht von jeder der beiden Spaltöffnungen eine Kreiswelle aus, und es findet eine *Überlagerung* beider Wellen statt. Dabei entsteht ein interessantes Muster, das sich aus Bereichen zusammensetzt, in denen sich die Wellen wie gewohnt ausbreiten, und anderen Bereichen, in denen die Schwingungen *verschwinden* (die vom Doppelspalt strahlenförmig ausgehenden, gleichmäßig grauen Streifen in der Abbildung). Dies kommt dadurch zustande, dass an manchen Stellen zwei Wellenberge aufeinandertreffen, so dass sich an diesen Stellen die Ausschläge beider Wellen zu einem noch höheren Berg addieren, während an anderen Stellen ein Wellenberg (positiver Ausschlag) genau auf ein Wellental (negativer Ausschlag) der anderen Welle trifft, was dazu führt, dass sich die beiden Ausschläge gegenseitig aufheben und die Schwingung verschwindet. Dieser Vorgang der Überlagerung von Wellen wird auch als *Interferenz* bezeichnet. Die Addition zweier Wellenberge nennt man *konstruktive Interferenz*, die gegenseitige Auslöschung entgegengesetzter Ausschläge heißt *destruktive Interferenz*. Beide Fälle sind nachfolgend schematisch dargestellt. Natürlich existieren auch sämtliche Zwischenstufen, bei denen nur ein Teil der gesamten Schwingung verschwindet.

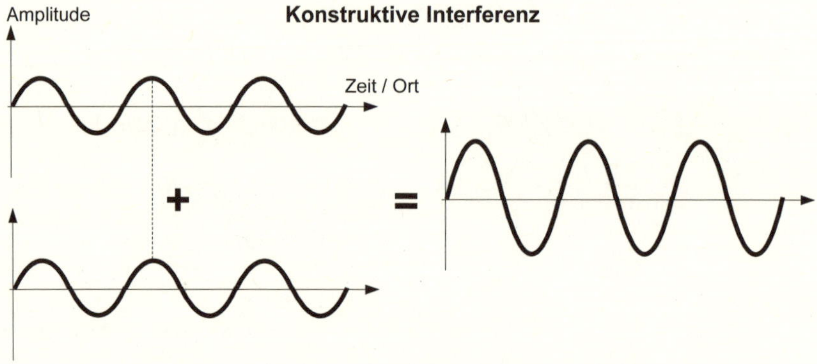

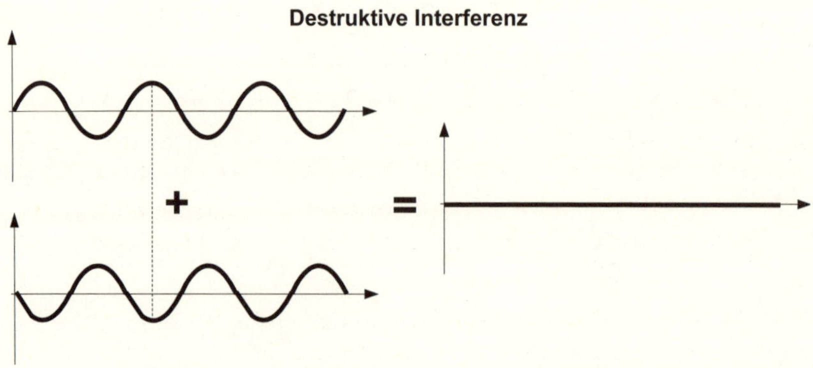

Könnten wir das Bild auf Seite 87 in Bewegung sehen, würden wir feststellen, dass, obwohl die Kreiswellen nach wie vor von innen nach außen wandern, das Interferenzmuster selbst – in unserem Fall die strahlenförmig angeordneten Bereiche maximalen und minimalem Ausschlags – seine Lage nicht verändert. Betrachten wir wieder die rechte Begrenzung der Abbildung als »Schirm«, so erklärt sich sehr einfach, warum der Laserstrahl ein Streifenmuster auf dem Schirm erzeugt: Dort, wo die Bereiche destruktiver Interferenz auf den Schirm treffen, bleibt dieser dunkel, weil dort das elektromagnetische Feld keinen Ausschlag mehr hat und damit auch kein Licht ankommt. Somit lassen sich die Ergebnisse unseres Spalt-Experimentes im Wellenmodell problemlos erklären.

Erinnern wir uns nun wieder an unser eigentliches Thema: Wir hatten das Experiment ursprünglich nicht mit einem Lichtstrahl, sondern mit einem Elektronenstrahl durchgeführt und dennoch im Prinzip das gleiche Ergebnis erhalten. Offenbar verhält sich also der Elektronenstrahl in diesem Fall wie eine *Welle* und nicht wie eine Ansammlung von klassischen Teilchen!

Hier sind wir auf ein sehr grundlegendes Phänomen gestoßen, das interessanterweise sowohl für Materie als auch für Licht (bzw. allgemein für elektromagnetische Wellen) gilt – denn so wie sich Materie manchmal wellenartig verhält, verhält sich Licht zuweilen wie eine Ansammlung separater Teilchen, die beispielsweise in der Lage sind, Elektronen aus Atomen herauszuschlagen. Diese schon im vorigen Kapitel erwähnten »Lichtteilchen« (Photonen) besitzen eine fest definierte Energie, die nur von der Frequenz des Lichtes abhängt.[39] Die Energie eines Lichtstrahls ist also sozusagen in kleine Pakete unterteilt, die sich nicht weiter teilen lassen – man sagt auch, die Energie ist *gequantelt*. Daher bezeichnet man die Photonen auch als *Lichtquanten*, und die gesamte physikalische Theorie, die sich mit dem Welle-Teilchen-Dualismus beschäftigt, nennt sich *Quantentheorie* oder *Quantenmechanik*. Sie entstand kurz nach der Relativitätstheorie und ist neben dieser eine der elementaren Grundlagen der modernen Physik. Tatsächlich besteht in dieser Theorie der einzige wesentliche Unterschied zwischen Materie und Licht darin, dass die »Teilchen« in einem Fall Masse besitzen und in dem anderen nicht.[40] Ansonsten lässt sich beides im Prinzip mit denselben Formeln beschreiben.

Sowohl Materie als auch Licht verhalten sich manchmal wie eine Ansammlung von Teilchen und manchmal wie eine Welle. Im Prinzip lassen sich Materie und Licht mit denselben Formeln beschreiben.

Wie kann es nun sein, dass sich Materie wie eine Welle verhält? Zunächst könnte man vermuten, die Teilchen, aus denen sich unser Elektronenstrahl zusammensetzt, würden auf irgendeine spezielle Weise miteinander wechselwirken und sich dadurch wellenartig verhalten, so wie eine Wasserwelle letztlich durch die Wech-

39 Diese Deutung des *photoelektrischen Effektes* wurde übrigens von Albert Einstein entwickelt. Hierfür (und nicht etwa für die Relativitätstheorie) erhielt er 1921 den Nobelpreis.

40 Erwähnenswert ist auch, dass Photonen im Gegensatz zu Materie keine Antiteilchen besitzen bzw. – exakter ausgedrückt – ihre eigenen Antiteilchen sind.

selwirkung zwischen den Wassermolekülen entsteht. Diese Vermutung lässt sich jedoch auf verblüffende Weise widerlegen: Wenn wir statt des Elektronenstrahls *einzelne* Elektronen durch den Doppelspalt schießen und einen Schirm verwenden, der den Aufprall jedes einzelnen Teilchens als dauerhafte Verfärbung speichert (vergleichbar einem fotografischen Film), so stellen wir fest, dass nach einiger Zeit, wenn genügend Elektronen den Schirm erreicht haben, wieder dasselbe Interferenzmuster entsteht wie beim gleichzeitigen Eintreffen vieler Elektronen – obwohl in diesem Fall jedes Elektron einzeln den Spalt durchflogen hat und keine Chance hatte, mit anderen Elektronen zu interagieren! Dasselbe Phänomen kann man statt mit Elektronen auch mit einzelnen Photonen (Lichtteilchen) erreichen.

Wie geheimnisvoll dies tatsächlich ist, wird erst richtig deutlich, wenn wir uns klar machen, dass wir das Interferenzmuster ja mit *zwei* Wellen erklärt hatten, die aus den beiden Spalten austreten und sich dann überlagern. Stellen wir uns das Elektron als Teilchen vor, kann es ja nur *einen* der beiden Spalte durchflogen haben. Würden wir den Schirm *direkt* hinter die Spaltblende stellen, so dass den Wellen kein Raum mehr für eine Überlagerung bleibt, würden wir auch tatsächlich feststellen, dass jedes Elektron brav in nur einem der beiden Spalte registriert wird, wie es sich für ein Teilchen gehört. Erhöhen wir jedoch den Abstand, erscheint wieder das Interferenzmuster zweier Wellen, so als würde jedes einzelne Elektron irgendwie *beide* Spalte zugleich durchfliegen und sich wie zwei Wellen verhalten. Offenbar »weiß« jedes einzelne Elektron, an welchen Stellen des Schirms es auftreffen »darf« und an welchen nicht.

Die geheimnisvolle Welle, die wir hier (indirekt) beobachten, scheint demnach nicht etwas zu sein, das aus Elektronen »besteht« (die Anwendbarkeit dieses Begriffs hatten wir ja im subatomaren Bereich ohnehin schon weitgehend in Frage gestellt), sondern sie scheint eher so etwas wie eine »Regel« darzustellen, nach der sich die einzelnen Teilchen richten. Dabei ist die Regel nicht so streng, dass wir für ein einzelnes Teilchen genau vorhersagen könnten, wo es den Schirm treffen wird – wir wissen nur, in welchen Bereichen es mit hoher Wahrscheinlichkeit auftreffen könnte und in welchen nicht. Die Welle beschreibt letztlich eine *Wahrscheinlichkeitsverteilung*. In der Quantentheorie existiert eine mathematische Beschreibung dieser Wellenfunktion, die in der Tat die Wahrscheinlichkeit angibt, mit der ein bestimmtes Teilchen an einem bestimmten Ort anzutreffen ist.[41]

Mit solchen Wellenfunktionen lassen sich sämtliche Elementarteilchen einschließlich der Lichtquanten beschreiben. Dies wirft nebenbei auch ein interessantes Licht auf die Natur der elektromagnetischen Wellen. Bisher hatten wir diese als eine

---

41 Mathematisch exakt: Das *Betragsquadrat* der (im Allgemeinen komplexen) Wellenfunktion gibt die Aufenthaltswahrscheinlichkeit des Teilchens an. Die Welle selbst kann positive und negative Werte annehmen, andernfalls wäre keine destruktive Interferenz möglich. Die Wahrscheinlichkeit, das Teilchen anzutreffen, kann jedoch naturgemäß nicht kleiner als Null sein. Durch das Quadrieren der Ergebniswelle nach der Interferenz ergeben sich stets positive Wahrscheinlichkeitswerte.

Schwingung des elektromagnetischen Feldes interpretiert. In unserer neuen, umfassenderen Sichtweise ist die elektromagnetische Welle nun nichts weiter als eine Wahrscheinlichkeitsverteilung für Photonen, wodurch der Begriff des elektromagnetischen Feldes in diesem Beschreibungssystem ziemlich überflüssig wird. Jedoch sind natürlich Begriffe wie »Welle« und »Lichtquant« (wie *alle* sprachlichen Beschreibungen) genauso Hilfskonstrukte wie der Begriff »Feld«, insofern betrachten wir hier lediglich zwei unterschiedliche Beschreibungssysteme für dasselbe Phänomen, die sich durch geeignete begriffliche und mathematische »Übersetzungsregeln« ineinander überführen lassen. In der modernen Physik lässt sich jede Art von Teilchen mathematisch auch als Welle oder als Feld beschreiben – und umgekehrt: Sogar Schallwellen (periodische Schwankungen des Luftdrucks) lassen sich unter bestimmten Umständen wie Teilchen (sogenannte *Phononen*) interpretieren.

Ob eine dieser Interpretationen »realer« ist als die anderen, können wir nicht wirklich sagen – jede von ihnen funktioniert einfach unter gewissen Umständen. Allgemein ist es Ziel jeder wissenschaftlichen Theoriebildung, Beschreibungen zu finden, die auf möglichst einfache und schlüssige Weise einen möglichst großen Teil der beobachteten Phänomene erklären und (bei bekannten Randbedingungen) auch korrekt vorhersagen können. Die quantenphysikalische Sichtweise ist in dieser Hinsicht gegenüber der klassischen Feldtheorie in den meisten Fällen vorzuziehen, da sie einen größeren Teil der beobachteten Phänomene beschreibt und insofern universelleren Charakter hat.

3.3 Die Welt ist unscharf

Das mathematische Funktionieren der Wellentheorie liefert uns nicht automatisch ein umfassendes Verständnis, um was es sich bei so einer Wahrscheinlichkeitswelle tatsächlich handelt. Sie merken es vielleicht: Unser Verstand ist wieder auf der Suche nach einem »Ding«. Er will wissen, »woraus die Welle besteht«, ob diese Fragestellung nun sinnvoll ist oder nicht. Ist die Welle tatsächlich nur eine »Regel«, nach der sich Teilchen richten, die aber unabhängig von den Teilchen als geheimnisvolle »Leitinstanz« im Raum existiert? Wenn dem so wäre, müsste das Universum an jedem denkbaren Ort voll von solchen Regeln sein, die zudem noch für jede Art von Teilchen unterschiedlich sein müssten – denn *sämtliche* Materie richtet sich nach den Regeln der Quantenphysik, auch wenn wir das in unserer Alltagsumgebung, deren Strukturen wesentlich größer sind als die Wellenlängen unserer Wahrscheinlichkeitswellen, normalerweise nicht bemerken. Die gängigen Interpretationen der Quantentheorie widersprechen auch dieser Idee. Es scheint eher so zu sein, dass Teilchen und Welle eng miteinander verbunden sind, man könnte auch sagen, das Teilchen selbst »ist« die Welle und umgekehrt. Genauer gesagt handelt es sich um zwei Erscheinungsformen desselben »Dings«, von denen je nach Art der angestellten Beobachtung die eine oder die andere in Erscheinung tritt.

Der Akt der *Beobachtung* ist hier ein ganz entscheidender Faktor. Machen wir uns klar, was eine Beobachtung ist: Wir empfangen Informationen von einem Objekt. Diese Informationen benötigen einen *Träger* – ohne Licht können wir nichts sehen, ohne Luft können wir nichts hören, und dasselbe gilt im Prinzip für *jede* Messvorrichtung, die uns etwas über ein Messobjekt verrät. Das bedeutet aber auch, dass jede Messung das gemessene Objekt beeinflusst!

Im Alltag macht sich das meist nicht bemerkbar: Wenn wir einen Apfel beobachten, macht es uns beispielsweise herzlich wenig aus, dass das Licht, das von dem Apfel in unsere Augen reflektiert wird, minimale Veränderungen in der Energiestruktur der Atome auf der Apfeloberfläche bewirkt, weil die Veränderung im Rahmen unserer Beobachtungsgenauigkeit gar nicht bemerkbar sind. Bei einer Röntgenaufnahme machen wir uns da schon mehr Gedanken, allerdings mehr aus gesundheitlichen Gründen als aus Bedenken bezüglich der Qualität der Beobachtung.

Je kleiner jedoch die beobachteten Strukturen werden, desto spürbarer wird der Einfluss der Messvorrichtung bzw. des Messsignals auf das gemessene Objekt. Wir haben bereits erörtert, dass wir für die Beobachtung einer Struktur zur Vermeidung von Beugungsunschärfe nur solche Wellen verwenden können, deren Wellenlänge klein im Vergleich zum Beobachtungsobjekt ist.[42] Je kleiner jedoch die Wellenlänge, desto größer wird die Energie des Signals und desto größer auch seine Wechselwirkung mit dem beobachteten Objekt. Versuchen wir, einzelne Elementarteilchen mittels elektromagnetischer Wellen zu beobachten (man könnte auch sagen, sie mit relativ energiereichen Photonen zu bombardieren), wirken sich diese recht massiv auf die beobachteten Teilchen aus und verändern beispielsweise deren Geschwindigkeit oder Flugrichtung.

Wir sind somit grundsätzlich nicht in der Lage, in dieser Größenordnung irgendetwas zu beobachten, ohne es zu verändern. Der Versuch, ein Elementarteilchen »in seinem natürlichen Zustand« zu beobachten, gleicht etwa dem Versuch, ein Liebespaar im nächtlichen Park mit Flutlichtscheinwerfern und laut surrenden Filmkameras aus nächster Nähe zu »belauschen« und dabei die Hoffnung zu hegen, die Opfer dieses voyeuristischen Großangriffs würden nichts bemerken und sich ganz natürlich verhalten.

Es ist prinzipiell unmöglich, etwas zu beobachten, ohne es dadurch zu verändern. Im subatomaren Bereich wirken sich diese Veränderungen spürbar auf das Beobachtungsergebnis aus.

42 Das war der Grund für die Entwicklung des Elektronenmikroskops. Interpretiert man die Elektronen als Wellen, so haben diese eine kürzere Wellenlänge als Licht und können daher wesentlich kleinere Strukturen scharf abbilden als Lichtmikroskope. Dabei werden die Elektronen mittels elektrischer Felder auf ähnliche Weise gelenkt wie Licht durch die Linsen eines herkömmlichen Mikroskops.

Diese Unmöglichkeit einer exakten Beobachtung ist innerhalb der Quantentheorie auch mathematisch formuliert worden: Die berühmte, von Werner Heisenberg aufgestellte *Unschärferelation* besagt, dass es beispielsweise prinzipiell unmöglich ist, sowohl den Ort als auch die Geschwindigkeit eines Elementarteilchens exakt zu bestimmen. Je exakter man die Position des Teilchens misst, umso weniger genau kann man die Geschwindigkeit angeben und umgekehrt. Nun könnte man annehmen, dass in Wirklichkeit schon beide Größen genau definiert seien und wir nur in unseren Methoden zu beschränkt wären, um beide exakt zu bestimmen. Man hat versucht, durch Einführung von »verborgenen Variablen« eine solche Theorie aufzustellen, bei der das Teilchen einen exakten Ort *und* eine exakte Geschwindigkeit hat, jedoch ergab diese Theorie bestimmte Voraussagen, die tatsächlichen Beobachtungen widersprachen, und wurde damit widerlegt.

Die Unschärfe ist also offenbar eine grundlegende Eigenschaft, die der Materie innewohnt! Das bedeutet, ein Teilchen *hat* keine definierte Geschwindigkeit, wenn sein Ort genau bekannt ist, und umgekehrt. Ort und Geschwindigkeit sind damit zwei komplementäre Erscheinungsformen der Materie, ähnlich wie Welle und Teilchen.[43] Tatsächlich hängt beides zusammen, denn betrachtet man den Akt der Beobachtung im Wellenmodell, so verändert sich die Welle, die das beobachtete Teilchen darstellt, durch den Einfluss der Welle, die wir zur Beobachtung benutzen. Verwenden wir eine relativ langwellige Beobachtungswelle mit niedriger Energie, wird die Teilchenwelle nur wenig beeinflusst und behält weitgehend ihren Charakter als im Raum ausgedehnte Welle – mit anderen Worten, der Ort des Teilchens ist nur ungenau definiert, weil es überall sein könnte, wo die Wahrscheinlichkeitswelle ungleich Null ist (im oberen Teil der Abbildung auf der nächsten Seite dargestellt). Verwenden wir dagegen eine kurzwellige Beobachtungswelle mit hoher Energie, verändert sich dadurch die Teilchenwelle ziemlich stark – es bleibt nur ein sehr kleiner Bereich übrig, in dem die Welle einen von Null verschiedenen Wert hat, was bedeutet, dass in diesem Bereich die Wahrscheinlichkeit, das Teilchen anzutreffen, hoch ist, während sie außerhalb des Bereiches verschwindet (in der Abbildung unten).

Im letzteren Fall verhält sich das Teilchen also deutlich »teilchenhafter«, was seinen Ort angeht – allerdings führt das automatisch zu einer großen Unsicherheit in Bezug auf seine Geschwindigkeit. Dies lässt sich im Übrigen auch ganz klassisch erklären, denn das kurzwellige Licht ermöglicht einerseits eine »schärfere Abbildung« als das langwellige, beeinflusst andererseits aber durch seine höhere Ener-

43 Der Korrektheit halber sei angemerkt, dass die zum Ort eines Teilchens komplementäre quantenphysikalische Grundeigenschaft nicht die Geschwindigkeit, sondern der *Impuls* des Teilchens ist – das ist das Produkt aus Masse und Geschwindigkeit, umgangssprachlich könnte man sagen, die »Wucht« des Teilchens. Da die Geschwindigkeit mit dem Impuls zusammenhängt, ist sie ebenfalls unscharf, wenn durch eine scharfe Ortsbestimmung der Impuls unscharf wird. Es gibt in der Quantenphysik noch weitere Paare komplementärer Eigenschaften, von denen jeweils eine unscharf ist, wenn man die andere genau bestimmt.

gie die Geschwindigkeit des beobachteten Teilchens wesentlich stärker und »verfälscht« sie damit.

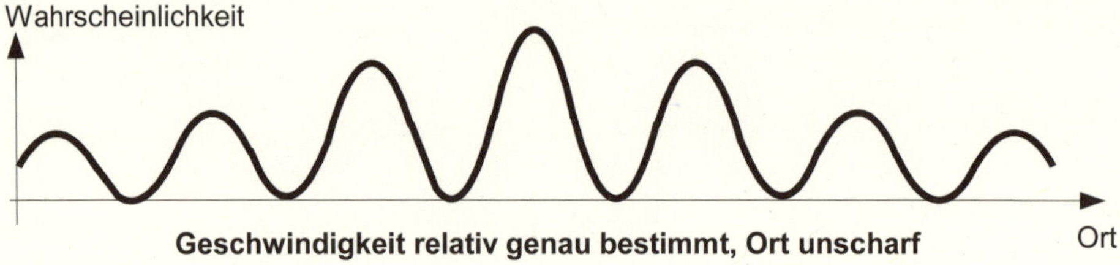

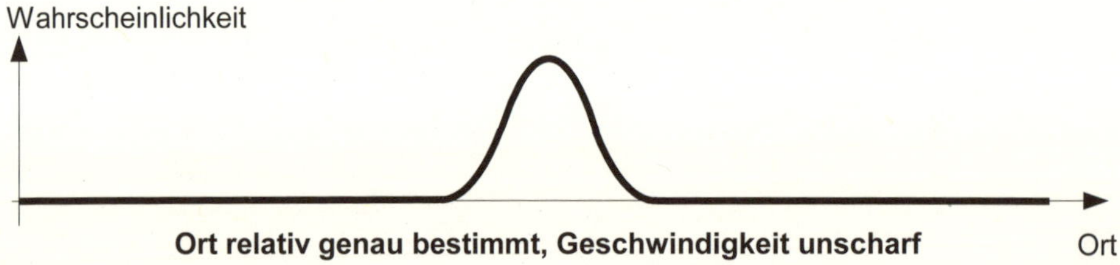

Ob sich die Teilchenwelle mehr wie ein Teilchen oder mehr wie eine Welle verhält, hängt also stark davon ab, womit sie interagiert, und dies schließt naturgemäß jegliche Messvorrichtung mit ein. So haben wir in unserem Spalt-Experiment beispielsweise mit Hilfe des Schirms die einzelnen Elektronen gezwungen, beim Auftreffen auf dem Schirm einen festen Ort einzunehmen, wodurch die Welle als räumlich ausgedehntes Gebilde völlig »zusammenbrach« und sich das Elektron als klassisches Teilchen präsentierte. Die Blende mit dem Spalt hingegen hatte einen weniger massiven Einfluss auf die Welle, denn diese wurde zwar gebeugt und teilte sich (im Fall des Doppelspaltes) sogar in zwei Wellen auf, die miteinander interferierten, jedoch blieb der Wellencharakter weitgehend erhalten.

Ich möchte noch etwas genauer auf die nun schon mehrfach verwendete Formulierung der »Wahrscheinlichkeit, ein Teilchen an einem bestimmten Ort anzutreffen« eingehen. Dies könnte man dahingehend missverstehen, dass das Teilchen (im Sinne des klassischen »Billardkugel«-Teilchens) tatsächlich immer irgendwo innerhalb der Welle vorhanden sei und wir lediglich den genauen Ort nicht kennen und daher nur Wahrscheinlichkeiten für seinen möglichen Aufenthaltsort angeben können. Aber wie wir bereits gesehen haben, ist die Unschärfe eine elementare Eigenschaft der Materie, das heißt, dass das klassische Teilchen tatsächlich *nirgendwo* ist, solange es nicht durch Wechselwirkung mit einer geeigneten (Mess-)Vorrichtung dazu gezwungen wird, an einem bestimmten Ort zu erscheinen – wobei damit im selben Moment die ursprüngliche Wellenfunktion zerstört wird, denn wenn das Teilchen an einem bestimmten Ort registriert wurde, beträgt die Wahrscheinlichkeit seines Aufenthaltes dort natürlich 100 %, so dass sie an allen anderen Orten Null sein muss.

Die Wahrscheinlichkeitsverteilung, die durch die Welle dargestellt wird, gibt also letztlich die Wahrscheinlichkeit an, mit der ein Teilchen an einer bestimmten Stelle auftauchen könnte, *falls man dort nach ihm sucht*. Solange das nicht geschieht, ist das Teilchen über einen bestimmten Raumbereich »verschmiert« – nur so konnte das Elektron quasi beide Spalte unseres Experimentes zugleich »durchfliegen« (wobei dieser Ausdruck natürlich nicht ganz passt, denn »fliegen« bezieht sich ja mehr auf klassische Teilchen und nicht auf Wellen), konnte dadurch mit sich selbst interferieren und sich so eine Regel schaffen, wo auf dem Schirm es dann – als klassisches Teilchen – erscheinen durfte und wo nicht.

Welche Eigenschaften eines Elementarteilchens »Wirklichkeit werden«, hängt davon ab, auf welche Weise wir das Teilchen beobachten – ohne die entsprechende Beobachtung bleibt die betreffende Eigenschaft »virtuell« und unterliegt einer natürlichen Unschärfe.

Tatsächlich ist es sogar von entscheidender Bedeutung, dass ein Teilchen zumeist keinen bestimmten Ort einnimmt: Ohne diese Möglichkeit könnten Atome – und somit die Materie, aus der wir und unsere Welt bestehen – gar nicht existieren! Wäre nämlich der Aufenthaltsort eines Elektrons, das zu einem Atom gehört, *genau* definiert, wäre damit aufgrund der Unschärferelation seine Geschwindigkeit und damit auch seine Energie vollkommen undefiniert und könnte dadurch beliebig große Werte annehmen. Das wiederum würde zum baldigen Zerfall des Atoms führen, da die Elektronen mit genügend großer Energie der Anziehungskraft des Atomkerns entfliehen würden. Die klassische, von dem Atomphysiker Niels Bohr vor dem Aufkommen der Quantentheorie entwickelte Vorstellung, dass die Elektronen den Atomkern wie winzige Planeten auf wohldefinierten Bahnen umkreisen (und je nach Energiezustand die Umlaufbahn wechseln), ist mit der Quantentheorie nicht vereinbar und längst widerlegt.

Tatsächlich ist der Ort eines Elektrons in einem Atom nicht genau definiert – wohl aber seine Energie. Es stehen dabei verschiedene mögliche Energiezustände zur Verfügung, von denen jeder zu einer anderen Form der Elektronenwelle innerhalb des Atoms führt. Wenn man die Bereiche um den Atomkern, in denen sich das Elektron aufgrund seiner Wahrscheinlichkeitswelle aufhalten kann, graphisch darstellt, erhält man »wolkenartige« Gebilde wie in der folgenden Abbildung, die mit den klassischen Umlaufbahnen des Bohrschen Atommodells wenig gemeinsam haben. Die »Dichte« (hier: Dunkelheit) der Wolke steht dabei für die Aufenthaltswahrscheinlichkeit des Elektrons an der jeweiligen Stelle. Erinnern wir uns jedoch, dass hiermit lediglich gemeint ist, dass man das Elektron dort finden könnte, wenn man mit einer geeigneten Vorrichtung, die das Teilchen zum Erscheinen zwingt, dort suchen würde. Damit würde man jedoch zugleich die Struktur des Atoms zerstören.

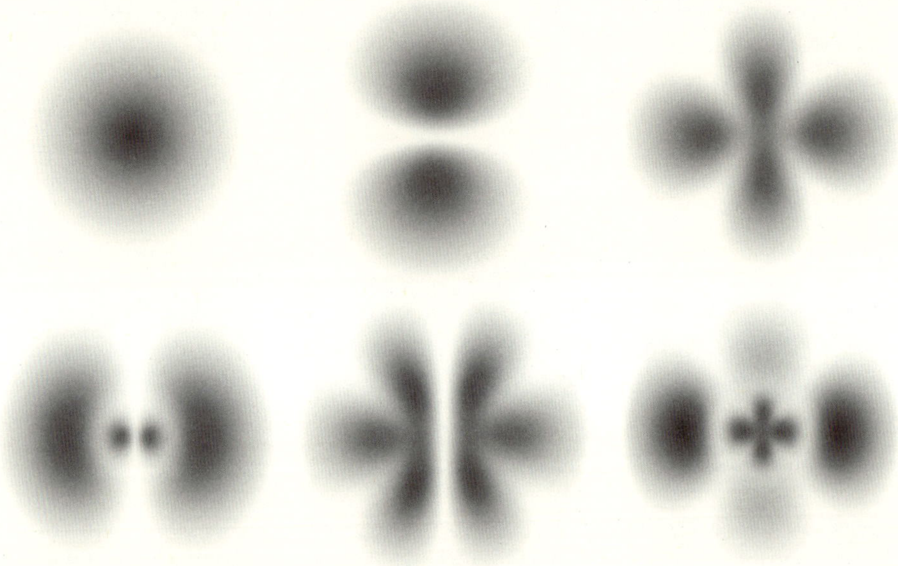

Gezeigt sind hier unterschiedliche »Elektronenwolken« des Wasserstoff-Atoms, das nur ein einziges Elektron besitzt. Oben links ist der einfachste Fall, nämlich der niedrigste mögliche Energiezustand des Elektrons dargestellt. Hier ist die Wahrscheinlichkeitswolke kugelförmig, und die Aufenthaltswahrscheinlichkeit nimmt nach außen ab (das deckt sich mit der klassischen Vorstellung, dass das Elektron sich aufgrund der Anziehungskraft des Atomkerns eher in dessen Nähe aufhält als weiter draußen). Die höheren Energiezustände des Elektrons, denen im Bohrschen Atommodell die weiter außen liegenden »Umlaufbahnen« entsprechen, zeigen jedoch – selbst bei diesem einfachsten aller Atome – deutlich komplexere Formen (die zudem auch noch in Abhängigkeit verschiedener Quanteneigenschaften variieren). Auch der Atomkern hat eine derartige Wolkenstruktur, diese ist allerdings auf einen sehr viel kleineren Raumbereich beschränkt und hier nicht dargestellt.

Elementarteilchen nehmen in den meisten Situationen keinen fest definierten Ort ein. Diese Tatsache ist für die Stabilität der Materie von entscheidender Bedeutung.

Die Tatsache, dass die Elektronen im Atom nur bestimmte Energiewerte annehmen können, lässt sich ebenfalls im Wellenmodell elegant erklären. Betrachten wir ein anschauliches Beispiel: Stellen Sie sich eine an beiden Enden fest eingespannte Gitarrensaite vor. Wenn man diese durch Zupfen zum Schwingen bringt, entstehen zunächst Schwingungen aller möglichen Frequenzen (das ist das etwas schnalzende Zupfgeräusch, das man im ersten Moment hört), die dann als Wellen auf der Saite entlangwandern, an den Enden reflektiert werden und zurückwandern (zugleich regen sie die umgebende Luft zum Schwingen an und sind daher als Ton hörbar). Auf dem Rückweg treffen sie natürlich auf die Schwingungen, die sich gerade in die andere Richtung bewegen, und überlagern sich mit diesen – es kommt zu einer Interferenz. Durch diesen Vorgang löschen sich durch destruktive Interferenz die meisten Frequenzen schon nach wenigen Reflexionen (innerhalb von Sekundenbruchteilen) gegenseitig fast vollständig aus. Übrig bleiben genau diejenigen Frequenzen, bei denen die Wellenberge der zurücklaufenden Welle genau auf die Wellenberge der hinlaufenden Welle treffen, so dass eine konstruktive Interferenz auftritt und die Schwingung damit erhalten bleibt (so lange, bis ihre gesamte Energie als Schall und Wärme abgestrahlt wurde).

Solche Wellen nennt man »stehende Wellen«, weil sich die hin- und rücklaufenden Wellen genau so ergänzen, dass die Wellenberge und -täler der resultierenden Welle sich nicht mehr entlang der Saite bewegen, sondern an einer Stelle stehen bleiben. Die tiefste Frequenz ist dabei diejenige, bei der genau eine halbe Wellenlänge zwischen die Enden der Saite passt, wie die Abbildung auf der nächsten Seite zeigt. Diese Schwingung ist die stärkste und erzeugt den lautesten Ton, den Grundton der Saite. Alle höheren »überlebenden« Frequenzen sind ganzzahlige Vielfache dieser Frequenz, die sogenannten *Obertöne* oder *Harmonischen*, die zur Klangfarbe der Gitarre beitragen. Wenn Sie die Saite genau in der Mitte kurz mit dem Finger antippen, bringen Sie den Grundton und einen Teil der Obertöne zum Verstummen, indem sie deren Schwingung abdämpfen. Es bleiben jedoch diejenigen Obertöne hörbar, die genau in der Saitenmitte keinen Ausschlag (man sagt auch: einen *Schwingungsknoten*) haben – allen voran der erste Oberton, der genau eine Oktave über dem Grundton liegt (eine Oktave entspricht einer Verdopplung der Frequenz) und ebenfalls in der Abbildung auf der nächsten Seite dargestellt ist.[44] Die durchgezogene Linie stellt dabei jeweils den stärksten Ausschlag der Saite in die eine Richtung, die gestrichelte Linie das andere Extrem dar (jeweils zur Verdeutlichung stark übertrieben).

Das Phänomen der stehenden Wellen wird auch als *Resonanz* bezeichnet und taucht sehr oft auf, wenn Wellen beliebiger Art im Spiel sind. Ist Ihnen schon einmal aufgefallen, dass beim Singen in einer Duschkabine ein bestimmter (meist recht tiefer) Ton viel lauter klingt als andere? Das ist ein Ton, dessen Schallwellenlänge genau zwischen die Wände der Kabine passt und daher eine konstruktive Interferenz mit sich selbst (das heißt eine stehende Welle oder Resonanz) erzeugt. Aus demselben Grund fängt das Armaturenbrett vieler Autos bei einer bestimmten Motordrehzahl an, stärker zu vibrieren als sonst, und aus demselben Grund kann Ihr Radioempfänger aus der Vielzahl von Radiowellen, die von der Antenne aufge-

44 Interessehalber können Sie die schwingende Saite auch einmal auf einem Drittel, einem Viertel usw. ihrer Länge antippen und erhalten damit den jeweils nächsten Ton der Obertonreihe, von denen allerdings jeder schwächer zu hören ist als der vorherige. Fortgeschrittene Gitarristen setzen diese Art der Tonerzeugung als Stilmittel ein (*Flageolet*-Technik).

fangen werden, diejenige Frequenz herausfiltern, auf der Ihre Lieblingssendung übertragen wird.

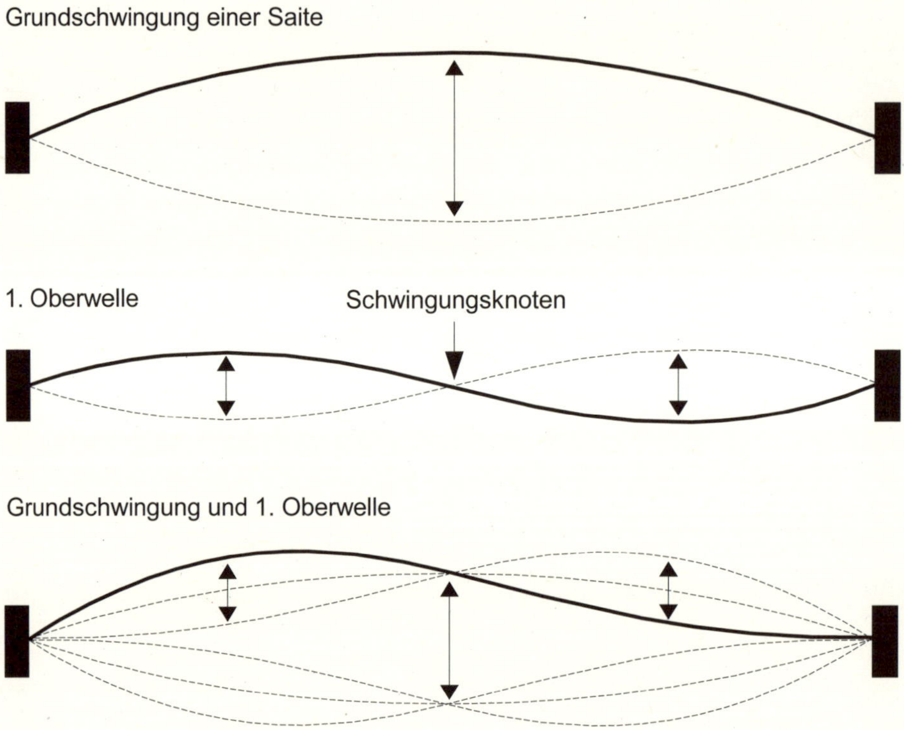

Was hat dies nun mit dem Atom zu tun? Durch die elektrische Anziehungskraft des Atomkerns sind die Elektronen sozusagen »eingesperrt«, ähnlich wie die Gitarrensaite zwischen ihren eingespannten Enden. Und genau wie die Saite können die Elektronenwellen in diesem Gefängnis nur solche Schwingungen ausführen, die exakt zwischen die »Wände« dieser elektrischen Gefängniszelle passen. Die Analogie erschließt sich vielleicht nicht unmittelbar, sie lässt sich aber mathematisch exakt herleiten (was ich Ihnen und mir hier erspare). Der »Grundton« des Elektrons entspricht dabei der auf Seite 96 als erste Variante dargestellten Kugelwolke, der erste »Oberton« ist rechts daneben dargestellt. Jede dieser Frequenzen der Elektronenwelle entspricht dabei einer ganz bestimmten Energie, denn die Energie eines Teilchens (Sie merken schon, dass dieser Begriff eigentlich gar nicht mehr passt) ist direkt zur Frequenz seiner Wahrscheinlichkeitswelle proportional.

> *»Schläft ein Lied in allen Dingen,*
> *die da träumen fort und fort.*
> *Und die Welt hebt an zu singen,*
> *triffst du nur das Zauberwort.«*
>
> *Josef von Eichendorff*

Wir sehen: Materie ist musikalischer, als wir dachten! Das Phänomen der Schwingung scheint dem Wesen der Welt näher zu sein als unsere klassische Vorstellung von fester Substanz. Die Quantenphysik liefert heute ein fast vollständiges Erklärungsmodell für die Vorgänge im mikroskopischen Bereich (beachten Sie das Wort »fast« – ich komme noch darauf zurück).

Die Tatsache, dass Elementarteilchen als Wellen über einen gewissen Raumbereich »verschmiert« sind, hat einige interessante Folgen. Die vielleicht bemerkenswerteste ist der sogenannte *Tunneleffekt*. Es gibt zahlreiche Situationen, in denen Elementarteilchen in einer energetischen Struktur (beispielsweise einem atomaren Kristallgitter oder einem Kraftfeld) »gefangen« sind und nach den Regeln der klassischen Physik dieses Gefängnis nicht verlassen können, weil ihre Energie dazu nicht ausreicht. Beschreibt man die Teilchen dagegen als Quantenwellen, so kann deren räumliche Ausdehnung über die Grenzen des Gefängnisses hinausreichen, das heißt, die Aufenthaltswahrscheinlichkeit des Teilchens außerhalb der Energiebarriere ist zwar gering, aber größer als Null! Daher kann es durchaus passieren, dass vereinzelte Teilchen plötzlich außerhalb der Barriere auftauchen. Man sagt in so einem Fall, das Teilchen habe die Barriere »durchtunnelt«, was aber missverständlich ist, da es die Barriere nicht wirklich durchquert hat, denn das kann es ja gar nicht. Teilchen können in der Quantentheorie an einem Ort verschwinden und an einem anderen wieder auftauchen, ohne die Strecke dazwischen zurückgelegt zu haben. Der Tunneleffekt wird in bestimmten elektronischen Bauelementen technisch genutzt, zum Beispiel in *Tunneldioden*.

Die Tatsache, dass die Welle, als die wir ein Elementarteilchen betrachten können, lediglich *Wahrscheinlichkeiten* angibt, mit denen man das Teilchen an einem bestimmten Ort messen könnte (wenn man danach sucht), hat einen entscheidenden Einfluss auf die *Vorhersagbarkeit* von Ereignissen. Eine genaue Aussage, ob bzw. wann ein *einzelnes* Teilchen an einem bestimmten Ort auftaucht, ist mit den Mitteln der Quantentheorie nicht möglich. Genauere Aussagen lassen sich nur für eine sehr große Anzahl von Teilchen machen. Schicken wir ein einzelnes Elektron durch unseren Doppelspalt, wissen wir nicht, wo es auf dem Schirm erscheinen wird. Wir wissen lediglich, wie sich eine große Zahl von Elektronen auf dem Schirm verteilen wird. Ein weiteres Beispiel ist der Zerfall radioaktiver Atome. Der Zerfallsvorgang hängt direkt von den quantenphysikalischen Aufenthaltswahrscheinlichkeiten innerhalb des Atoms ab, daher kann man nur für eine *große* Zahl von Teilchen genaue (statistische) Aussagen über ihr Verhalten machen: Man kann für jedes radioaktive Material eine sogenannte *Halbwertszeit* angeben – das ist die Zeit, nach der die Hälfte aller betrachteten Atome zerfallen ist. Die Genauigkeit dieser Zeitangabe wird jedoch immer geringer, je weniger Teilchen beteiligt sind, und wenn nur ein einzelnes Atom betrachtet wird, kann man keinerlei Aussage darüber machen, ob es in der nächsten Sekunde oder erst in fünftausend Jahren zerfallen wird.

Das ist ein entscheidender Unterschied zur klassischen Physik: Dort sind die Bewegungen eines Körpers (zum Beispiel einer Billardkugel) im Prinzip genau vorhersagbar, wenn man die Anfangsbedingungen genau kennt. Bei Körpern, die keiner nennenswerten Reibung unterliegen, funktioniert das sogar so gut, dass man den

Kurs einer Weltraumsonde so genau vorherbestimmen kann, dass man sie mit nur wenigen Kilometern Kursabweichung zu Planeten schicken kann, die viele hundert Millionen Kilometer entfernt sind. Tatsächlich unterliegen aber natürlich auch solche Körper den Gesetzen der Quantenphysik, da sie sich ja aus subatomaren Teilchen zusammensetzen. Entscheidend ist aber, dass es so viele Teilchen sind, dass der *statistische Mittelwert* ihres Verhaltens sehr genau vorhersagbar ist, auch wenn das genaue Verhalten jedes einzelnen Teilchens unberechenbar ist. Die Gesetze der klassischen Physik sind also quasi der statistische Mittelwert der Quantengesetze für genügend große Objekte. Eine gewisse Ungenauigkeit bleibt immer, jedoch wird diese bei einer ausreichenden Anzahl von Teilchen normalerweise verschwindend gering.

Die Gesetze der klassischen Physik sind – vereinfacht gesprochen – der statistische Mittelwert der Quantengesetze für genügend große Objekte. Sie funktionieren nur deshalb mit hoher Genauigkeit, weil die Unberechenbarkeiten im Verhalten der vielen beteiligten Teilchen sich im Mittel gegenseitig aufheben. Für einzelne Teilchen sind keine genauen Vorhersagen möglich.

Trotz aller bisher gewonnenen Erkenntnisse haben wir nun immer noch keine allzu genaue Vorstellung gewonnen, um was es sich bei der Wahrscheinlichkeitswelle nun wirklich handelt. Offenbar ist sie nicht nur ein rein mathematisches Hilfskonstrukt – immerhin findet zum Beispiel bei unserem Doppelspaltversuch offenbar eine echte Interferenz zwischen *irgendetwas* statt – aber zwischen was?

Hier stoßen wir in einen Bereich möglicher Interpretationen der Quantentheorie vor, der auch heute noch heiß diskutiert wird. Diese Interpretationsversuche haben einerseits zum Ziel, die Quantenphysik nicht mehr nur auf einer mathematischen, sondern auch auf einer intellektuellen und sogar philosophischen Ebene begreifbar zu machen – andererseits geht es darum, die Quantentheorie in einen größeren physikalischen Zusammenhang zu integrieren, um letztlich zu einer vollständigen Beschreibung der Welt (dem Endziel aller Physik) zu gelangen. Ob dies im Rahmen unseres Denkens und unserer Sprache jemals erreicht werden kann, sei dahingestellt – es gibt jedoch zahlreiche Ansätze, die in diese Richtung gehen und zu recht erstaunlichen Ideen und Erkenntnissen führen. Den meines Erachtens (und nach Ansicht vieler Physiker) vielversprechendsten Ansatz möchte ich im nächsten Kapitel behandeln.

4 Das Multiversum

Der Raum der unbegrenzten Möglichkeiten

4.1 Ein Loch in der Physik

> *»Das physikalische Weltbild hat nicht Unrecht mit dem, was es behauptet, sondern nur mit dem, was es verschweigt.«*
>
> *C. F. von Weizsäcker*

In den letzten beiden Kapiteln haben wir die beiden grundlegenden physikalischen Theorien des 20. Jahrhunderts kennengelernt – die Relativitätstheorie und die Quantentheorie. Diese beiden Theorien bilden die Basis der modernen Physik. Frühere Theorien sind durch sie entweder komplett widerlegt worden oder – der häufigere Fall – als Spezialfälle identifiziert worden, die in den neueren Theorien enthalten sind. So ist die klassische Mechanik von Isaac Newton nichts anderes als ein Sonderfall innerhalb der Relativitätstheorie, der für den Fall gilt, dass nur Geschwindigkeiten betrachtet werden, die weit unterhalb der Lichtgeschwindigkeit liegen. In diesem Fall liefern die klassischen Formeln hinreichend genaue Resultate, genau genommen sind es aber dennoch nur Näherungen und keine exakten Ergebnisse wie zu Newtons Zeiten angenommen.

Wenn sich eine etablierte Theorie so elegant und widerspruchsfrei in eine neuere, umfassendere Theorie einfügt wie in diesem Fall, ist das für Physiker ein Glücksfall. Leider ist es nicht immer so einfach. Dummerweise lassen sich nämlich gerade die beiden grundlegenden Theorien der modernen Physik, also die Quantentheorie und die Relativitätstheorie selbst, nicht ohne weiteres unter einen Hut bringen. Jede von ihnen beschreibt nur einen Teilbereich der Natur, diesen allerdings so exakt, dass ihre Gültigkeit bisher nicht ernsthaft bestritten werden kann.

Es gibt einen prinzipiellen Unterschied zwischen den beiden Theorien: Im Gegensatz zur Quantentheorie ist die Relativitätstheorie in der Sprache der Physik eine »klassische« Theorie und damit die legitime Nachfolgerin der Newtonschen Mechanik. »Klassisch« bedeutet hier, dass eine Theorie das Verhalten von Objekten *exakt* beschreiben und vorhersagen kann (oder dies zumindest behauptet). Das bedeutet: Wenn der Anfangszustand eines mechanischen Systems – das heißt, die Orte, Geschwindigkeiten und Massen aller beteiligten Objekte – genau bekannt sind, lässt sich auch jeder *zukünftige* Zustand des Systems auf beliebig lange Zeit exakt vorausberechnen. Genauso lässt sich auch jeder *vergangene* Zustand des Systems exakt rekonstruieren.

Wenn sich das Universum tatsächlich mit diesen Formeln vollständig beschreiben ließe, würde es sich wie ein ideales Uhrwerk verhalten, und alles wäre exakt berechenbar. Lediglich die Komplexität und Größe des Universums und unsere Unkenntnis der Anfangsbedingungen würden uns dann daran hindern, den Zustand des Universums zu jedem beliebigen Zeitpunkt berechnen zu können. Es handelt sich hierbei um ein *deterministisches* Weltbild, das bedeutet, alles wäre letztlich vorherbestimmt (determiniert). Diese schon von den Stoikern im alten Griechenland vertretene und mit René Descartes und der Aufklärung in Europa populär gewordene Sichtweise war unter den Physikern des 19. Jahrhundert sehr beliebt. Die Frage, wo in einem solchen Universum noch Platz für einen freien Willen sein sollte, überließ man vorzugsweise den Philosophen. Interessanterweise wurde die Existenz Gottes dennoch nicht grundsätzlich ausgeschlossen – Atheismus war damals weniger populär als heute. Allerdings stellte man sich Gott in diesem Weltbild außerhalb des Universums vor und wies ihm die Rolle des »Uhrmachers« zu, der das kosmische Uhrwerk geschaffen und in Gang gebracht hatte, worauf er es dann sich selbst überließ. Man nannte Gott auch den »unbewegten Beweger« (ein ursprünglich von Aristoteles geprägter Ausdruck).

Erst mit der Quantentheorie wurde die *Unschärfe* in der Physik salonfähig – hier sind keine exakten Voraussagen mehr über das Verhalten einzelner Teilchen möglich, sondern nur statistische Aussagen, also Wahrscheinlichkeitsangaben. Die Quantentheorie beschreibt das Geschehen im atomaren und subatomaren Bereich, in dem vor allem die innerhalb von Atomen auftretenden Kernkräfte und die elektromagnetischen Kräfte eine Rolle spielen. Im Rahmen der Quantenphysik ist es gelungen, eine Beschreibung zu finden, die diese elementaren Naturkräfte auf eine gemeinsame Grundlage zurückführt. Eine der elementaren Kräfte in der Natur ist hierbei jedoch leider ausgeschlossen: die Gravitation. Sie ist in der Quantentheorie nicht enthalten. Das ist im Normalfall nicht weiter schlimm, da im subatomaren Bereich die Gravitation einen extrem geringen Einfluss auf das Verhalten von Elementarteilchen hat – die anderen genannten Kräfte wirken auf solch kurze Distanzen wesentlich stärker. Nichtsdestotrotz ist die Quantentheorie in diesem Punkt unvollständig.

In der Relativitätstheorie hingegen ist die Gravitation, wie wir gesehen haben, ein zentrales Element. Dummerweise beschreibt diese Theorie jedoch nur das Verhalten *großer* Objekte (im Vergleich zum atomaren Maßstab) mit hinreichender Genauigkeit, da in diesem Fall die mikroskopische Unschärfe der Quanteneffekte durch die statistische Mittelwertbildung über unzählige Teilchen nicht ins Gewicht fällt.

Solange man die Quantentheorie nur für mikroskopische Vorgänge bei schwacher Gravitation und die Relativitätstheorie nur für große Objekte anwendet, tauchen keine Probleme auf. Anders sieht es aus, wenn man Phänomene beschreiben möchte, bei denen eine starke Gravitation (also Raumzeit-Krümmung) auf kleinstem Raum auftritt. So etwas kommt in der Alltagsphysik nicht vor, wohl aber in der

Kosmologie (dem Versuch, die Struktur und Entwicklung des gesamten Universums zu beschreiben). Ein Beispiel sind die bereits beschriebenen Schwarzen Löcher (Seite 72), ein anderes ist der Anfangszustand des Universums kurz nach dem Urknall, als die gesamte Raumzeit noch in einem winzigen Volumen komprimiert war. Versucht man, diese Situationen, in denen eine extreme Raumzeit-Krümmung auf engstem Raum stattfindet, mit den klassischen (das heißt deterministischen) Formeln der Relativitätstheorie zu beschreiben, stößt man auf ein unangenehmes Phänomen, das sich *Singularität* nennt. Eine Singularität ist ein unendlich kleiner Punkt in einem Koordinatensystem, bei dem eine oder mehrere Größen unendlich groß werden. So etwas mögen Physiker nicht, weil damit zumeist auch ihre Formeln »entarten« und keine interpretierbaren Ergebnisse mehr liefern. Eine Theorie, die durch Anwendung ihrer eigenen Formeln zu Situationen führt, in denen genau diese Formeln nicht mehr anwendbar sind, ist offensichtlich unvollständig.[45]

Die mit der Quantenphysik eingeführte Unschärfe der Welt könnte helfen, dieses Problem zu lösen – sie macht, vereinfacht gesprochen, aus einer Singularität einen verwaschenen Fleck, bei dem keine mathematischen Unendlichkeiten mehr auftreten. Auch aus anderen Gründen, die ich hier nicht im Detail behandeln möchte, erfordert eine funktionierende Beschreibung der Frühgeschichte des Universums kurz nach dem Urknall offenbar zwangsläufig die Berücksichtigung der Quantentheorie. Da die Gravitation jedoch in den Formeln der Quantentheorie nicht berücksichtigt ist, kann man diese nicht ohne weiteres auf Situationen anwenden, in denen die Raumzeit-Krümmung nicht vernachlässigbar ist. Das große Ziel der aktuellen theoretischen Physik besteht daher darin, eine übergreifende Theorie zu finden, die Quantenphysik und Relativität vereinigt – man verwendet hierfür Begriffe wie *Quantengravitation, vereinheitlichte Feldtheorie* oder schlicht *Weltformel*.

In den letzten Jahrzehnten sind auf diesem Gebiet große Fortschritte gemacht und zahlreiche Ansätze entwickelt worden, die in eine vielversprechende Richtung weisen. Eine vollständige und widerspruchsfreie Theorie ist dabei jedoch nach meinem Kenntnisstand bisher nicht entstanden. Zudem muss sich eine Theorie ja auch experimentell bestätigen lassen, und dies wird naturgemäß umso schwieriger, je exotischer die betrachteten physikalischen Situationen sind. Ein Schwarzes Loch oder ein Urknall ist nichts, was man ohne weiteres in einem Labor erzeugen kann (und wenn man es täte, würde das Labor wohl nicht lange existieren). Man kann nur anhand der von Teleskopen empfangenen Daten Rückschlüsse auf die Verhältnisse in den »extremen Ecken« des Alls ziehen.

---

45 Dies scheint allerdings eine grundlegende Eigenschaft *aller* komplexeren Theorien zu sein, wie u. a. in dem Buch *Gödel, Escher, Bach* von Douglas R. Hofstadter unterhaltsam dargestellt wird. Es ist auch leicht einzusehen, dass eine Theorie, die ja letztlich nur eine *Modellvorstellung* der Wirklichkeit ist, die Wirklichkeit niemals vollständig beschreiben kann. Nichtsdestotrotz ist es sicherlich sinnvoll, nach möglichst umfassend anwendbaren Theorien Ausschau zu halten.

Die meisten Ansätze auf dem Weg zur Weltformel haben interessanterweise gemeinsam, dass man deutlich mehr als vier Dimensionen benötigt, um die Welt zu beschreiben.[46] Höhere Dimensionen sind für theoretische Physiker also alltägliches Handwerkszeug. Was uns hier besonders interessieren soll, ist die Tatsache, dass höhere Dimensionen auch helfen können, eine überzeugende Interpretation der Quantentheorie aufzustellen – denn obwohl man mittels der Quantentheorie das statistische Verhalten von Teilchen sehr genau beschreiben und berechnen kann, liefert die Theorie aus sich selbst heraus keine allgemein verständliche und anerkannte Erklärung mit, was da im subatomaren Bereich nun eigentlich genau passiert. Wir wissen lediglich, dass Elementarteilchen sich unter bestimmten Umständen als Wahrscheinlichkeitswellen präsentieren und unter anderen Umständen als klassische Teilchen. Die Theorie kann insbesondere nicht überzeugend erklären, wie aus der unscharfen Wahrscheinlichkeitsverteilung in dem Moment, in dem eine entsprechende Messung durchgeführt wird, ein gewöhnliches Teilchen wird.

> *»Ein Mensch, der von der Quantentheorie nicht schockiert ist, hat sie nicht verstanden.«*
>
> *Niels Bohr*

Die am weitesten verbreitete Interpretation der Quantentheorie – die von Niels Bohr (dem Hauptbegründer der Quantentheorie) und seinem Team aufgestellte *Kopenhagener Deutung* – macht es sich relativ einfach: Sie behauptet, dass in dem Moment, in dem eine Beobachtung stattfindet, die Wellenfunktion »zusammenbricht« und das Teilchen zum Erscheinen gezwungen wird. Über den Zustand eines unbeobachteten Teilchens wird keine Aussage gemacht. Es wird lediglich festgestellt, dass die Elementarteilchen einer natürlichen Unschärfe unterliegen und man durch die Messung einer bestimmten Teilcheneigenschaft (etwa des Ortes) automatisch die dazu komplementäre Eigenschaft (in diesem Fall den Impuls) »verschmiert«, also unbestimmbar macht. Solange jedoch keine Beobachtung stattfindet, hat das Teilchen in dieser Interpretation *überhaupt keinen* definierten Zustand, nach dem Motto: Was man nicht beobachten kann, muss (und kann) auch nicht interpretiert werden. Die Kopenhagener Deutung ist seit über 70 Jahren die Standard-Interpretation der Quantentheorie, die von vielen Wissenschaftlern, die sich nur am Rande mit ihr beschäftigen, unhinterfragt übernommen wird (in ihrer Gesamtheit ist sie im Übrigen so komplex, dass sie ihrerseits einiges an Interpretationsarbeit erfordert und durchaus nicht von allen Physikern in gleicher Weise verstanden wird).

Die Kopenhagener Deutung hat jedoch einige Schwachpunkte: Ihre Kernaussage, die der Physiker Fred Alan Wolf (ein Kritiker der Kopenhagener Deutung), etwas salopp mit »Was man nicht beobachten kann, darüber soll man schweigen« formu-

---

46 Relativ bekannt ist beispielsweise die *Superstring*-Theorie, die je nach Variante von zehn oder elf Dimensionen ausgeht, von denen die »höheren« allerdings durch extreme Raumkrümmung so eng »zusammengewickelt« sind, dass sie sich in der makroskopischen Welt nicht bemerkbar machen.

liert, ist mit den Aussagen der Quantentheorie selbst nicht begründbar. Zudem unterscheidet die Kopenhagener Deutung willkürlich zwischen »Beobachter« und »Beobachtetem«. Der Beobachter ist ein Mensch oder ein Gerät, das im Vergleich zu den beobachteten Teilchen »groß« ist, so dass es nach Ansicht der Vertreter dieser Deutung durch die Quanten-Unschärfe nicht nennenswert beeinflusst wird. Das ist jedoch nach Ansicht vieler Physiker zu einfach gedacht. Wo soll die Grenze zwischen »groß« und »klein« sein?

Zudem kann man leicht Szenarien erfinden, in denen auch der Zustand »großer« Dinge direkt von Quanteneffekten abhängt. Das wohl bekannteste Beispiel ist »Schrödingers Katze«.[47] Dieses bedauernswerte (aber zum Glück erfundene) Tier ist in eine Kiste eingesperrt, in der ein Sensor angebracht ist, der beim Zerfall eines eingebauten radioaktiven Atoms einen Mechanismus aktiviert, der durch Freisetzung von Giftgas die Katze tötet. Wann das Atom zerfällt, hängt von einer quantenmechanischen Wahrscheinlichkeitsverteilung ab – da es sich aber um nur ein einziges Teilchen handelt, ist keinerlei Vorhersage möglich, wann es zerfällt. Nach der Kopenhagener Deutung hat das Atom keinen definierten Zustand, solange dieser nicht beobachtet (gemessen) wird. So wie beim Doppelspaltversuch jedes Elektron quasi »beide Spalte durchflog«, existiert auch das radioaktive Atom als Überlagerung seiner möglichen Zustände (zerfallen oder nicht zerfallen). Nun hängt aber der Zustand der Katze (tot oder lebendig) ausschließlich von diesem Atom ab. Solange niemand in die Kiste schaut (also keine Beobachtung stattfindet), hätte also zwangsläufig auch die Katze einen undefinierten Zustand – sie wäre sozusagen tot und lebendig zugleich. Erst wenn jemand die Kiste öffnet (also eine Beobachtung macht), würde einer der beiden Zustände zur Realität werden (wobei dann immer noch offen ist, welcher). Die Katze ist aber sicherlich »groß« im Sinne der Kopenhagener Deutung.

Noch vertrackter wird es, wenn man den Gedanken weiterspinnt: Wenn jemand die Kiste öffnet und den Zustand der Katze feststellt (bzw. durch die Beobachtung erst festlegt), kann ja auch wiederum der Zustand dieses Beobachters (beispielsweise glücklich oder traurig) vom Zustand der Katze abhängen. Wenn er nun vor diesem Vorgang die Tür schließt, würde sein im Vorzimmer zurückgebliebener Freund ihn nicht beobachten können, und damit würde auch der Katzenbeobachter in einen undefinierten Zustand geraten (glücklich und traurig zugleich[48]), bis sein Freund die Tür öffnet. Man kann natürlich auch noch einen dritten Beobachter einführen, der den Beobachter des Beobachters beobachtet ...

Dieses Szenario zeigt, dass eine strikte Trennung zwischen Beobachter und Beobachtetem nicht möglich ist – Beobachter sind immer Teil des Quantensystems, ob

---

47 Benannt nach Erwin Schrödinger, der die mathematische Beschreibung der quantenmechanischen Wellenfunktion entwickelte.

48 Hiermit sind wohlgemerkt keine »gemischten Gefühle« gemeint, sondern die quantenmechanische Überlagerung (Interferenz) zweier sich widersprechender Zustände.

sie wollen oder nicht. Dadurch entstehen jedoch logische Widersprüche, denn einerseits ist in unserem Beispiel der Katzenbeobachter für seinen Freund (der ihn gerade nicht beobachtet) in einem undefinierten Seinszustand, andererseits beobachtet er sich jedoch *selbst*, so dass er aus seiner eigenen Sicht einen durchaus definierten Zustand hat – zwei sich widersprechende Wirklichkeiten.

Im Rahmen der Kopenhagener Deutung lässt sich dieser Widerspruch nicht lösen. Damit die beiden Wirklichkeiten nebeneinander existieren könnten, müsste sozusagen jeder Beobachter in einer *eigenen Welt* leben – und genau dies ist der Ansatz einer alternativen Deutung der Quantentheorie, die von vielen Physikern als die bislang überzeugendste angesehen wird.

4.2 Wie viele Welten hat die Welt?

Erinnern wir uns noch einmal an den Doppelspalt-Versuch: Das Experiment funktionierte auch mit einzelnen Teilchen, dabei verhielten sich diese jedoch so, als würde es sich um viele Teilchen handeln, die miteinander wechselwirken. So entstand der Eindruck, als habe das Elektron irgendwie »beide Spalte zugleich durchflogen« und irgendwie »mit sich selbst wechselgewirkt«. Die Wahrscheinlichkeitswelle stellt also letztlich so etwas dar wie eine *Überlagerung aller möglichen Verhaltensweisen eines Teilchens*. Dies brachte den Physiker Hugh Everett 1957 auf eine Idee, die als *Viele-Welten-Deutung* der Quantentheorie bekannt wurde und von vielen Physikern übernommen oder als Grundlage für andere Deutungen verwendet worden ist.

Die Idee lautet wie folgt: Könnte das Teilchen vielleicht tatsächlich *alle* möglichen Bahnen zugleich nehmen, von denen aber jede in einer *eigenen Realität* stattfindet, und alle diese möglichen Realitäten des Teilchens würden sich dann zu der resultierenden Wahrscheinlichkeitswelle überlagern, die wir (indirekt) beobachten? In unserem Versuch würden dann beispielsweise zwei Realitäten existieren – in der einen durchfliegt das Teilchen den oberen Spalt, in der anderen den unteren. Solange man keine Messung anstellt, die das Teilchen zwingt, an nur *einem* der beiden Spalte zu erscheinen (etwa indem man zwei Sensoren direkt hinter den beiden Spalten anbringt), überlagern sich diese beiden Realitäten und erzeugen das Interferenzmuster.

Dieser Denkansatz hat den Vorteil, dass sich das Teilchen in jeder einzelnen der sich überlagernden Realitäten wie ein klassisches Teilchen (mit klar definierter Flugbahn) verhält, was dem in »Dingen« denkenden Verstand der meisten Menschen spontan sympathischer ist als die Vorstellung, das Teilchen sei mal vorhanden und mal nicht. Insofern besteht natürlich der deutliche Verdacht, die Idee der sich überlagernden Realitäten sei nur ein Trick des Verstandes, um sein Weltbild zu retten. In der Tat ist sie das auch – aber dasselbe gilt für *jede* andere Beschreibung der Welt genauso, wie wir bereits im ersten Kapitel betrachtet haben. Allzu glücklich dürfte unser Verstand im Übrigen mit diesem gedanklichen Trick nicht sein, obgleich er die Existenz der klassischen Teilchen »rettet« – denn wir erkaufen diesen Gewinn mit dem Verlust einer anderen Grundannahme, die wir normalerweise niemals in Frage stellen würden, nämlich dass nur *eine* Realität existiert. Das neue Modell setzt jedoch zwingend die Existenz mehrerer – genauer gesagt sogar unendlich vieler – Realitäten voraus, die zudem noch in Wechselwirkung miteinander treten.

Beachten Sie, dass natürlich auch »Realität« zunächst nur ein *Begriff* ist, der erst durch Interpretation einen Inhalt erhält. Im hier betrachteten Denkmodell bezeichnet »Realität« nicht, wie sonst üblich, alles was existiert, sondern jeweils nur eine mögliche Variante davon. Von diesen Varianten wiederum existiert eine sehr große Anzahl. Man spricht auch von »parallelen Universen«, wobei jedoch auch dieser Begriff nicht viel passender ist als »Realität« – denn auch »Universum« bezeichnet ursprünglich die gesamte Existenz. Da wir diese aber in unserem Gedankenmodell sozusagen vervielfältigt haben, fehlen uns im althergebrachten Wortschatz einfach die Begriffe dafür. Bleiben wir also bei unserer Wortwahl und behalten dies im Hinterkopf.

Der große Vorteil dieser Sichtweise gegenüber der Kopenhagener Deutung besteht darin, dass der Beobachter hier auf natürliche Weise in das Geschehen eingebunden ist. Es stellt sich nicht mehr die Frage, wie der Akt der Beobachtung dafür sorgt, dass sich das Teilchen für eine seiner möglichen Verhaltensweisen »entscheiden« muss – vielmehr existieren *alle* möglichen Verhaltensweisen des Teilchens zugleich (in verschiedenen Realitäten), und sofern ein Beobachter eine bestimmte Eigenschaft beobachtet, existiert auch *der Beobachter selbst* in mehreren Varianten, die jeweils in einer eigenen Realität leben!

Beim Doppelspalt-Versuch bedeutet das: Es existiert eine Realität, in der das Teilchen den oberen Spalt durchfliegt, und eine zweite, in der es den unteren Spalt durchfliegt. Der Beobachter, der das Interferenzmuster auf dem Schirm wahrnimmt, beobachtet eine *Überlagerung* dieser beiden Realitäten, er befindet sich sozusagen in beiden zugleich. Bringt er allerdings Sensoren direkt hinter den Spalten an, so dass er das Teilchen entweder am unteren oder am oberen Spalt misst (womit er zwangsweise *eine* der möglichen Realitäten auswählt), entsteht ein neues Szenario, bei dem der Beobachter selbst ebenfalls in zwei Varianten existiert: In der einen Realität durchfliegt das Teilchen den oberen Spalt und der Beobachter misst es am oberen Sensor. In der anderen Realität durchfliegt es den unteren Spalt und der Beobachter misst es am unteren Sensor. Jede der beiden Varianten des Beobachters hält sich natürlich für die einzig wahre und nimmt von der anderen nichts wahr.

Allgemeiner: Solange ein Beobachter eine bestimmte Eigenschaft eines Quantensystems *nicht* misst, beobachtet er (wenn er überhaupt etwas beobachtet) eine Überlagerung aller möglichen Werte dieser Eigenschaft (also aller möglichen Realitäten) – beispielsweise ein Atom, dessen Elektronenwolke nichts anderes ist als eine Überlagerung aller möglichen Orte, die das Elektron einnehmen kann. Beobachtet er jedoch eine bestimmte Eigenschaft, *spaltet sich seine Wirklichkeit auf*, es entstehen also mehrere Varianten des Beobachters, die voneinander nichts wissen und von denen jeder in einer eigenen Realität einen anderen Wert der gemessenen Eigenschaft beobachtet. Jede dieser vielen parallelen Welten ist in sich vollkommen schlüssig und widerspruchsfrei. Es existieren also immer alle Möglichkeiten parallel – es hängt nur von der Art der Beobachtung ab, ob wir alle Varianten zugleich (als Überlagerung) oder alle Varianten einzeln (in getrennten Realitäten) beobachten.[49]

Wahrscheinlich kommt Ihnen diese Idee zunächst ziemlich abgehoben vor, zudem ist vielen Menschen (mich eingeschlossen) die Vorstellung, sie würden in mehreren Varianten in getrennten Universen existieren, spontan unsympathisch. Die Viele-Welten-Deutung wird allerdings von einem Großteil der Physiker ernst genommen und gründlich diskutiert. Sie dürfte neben der Kopenhagener Deutung die populärste Interpretation der Quantentheorie sein.

Für die Idee der parallelen Realitäten spricht außerdem, dass unabhängig von der Quantenphysik auch die Relativitätstheorie die Existenz paralleler Universen vorhersagt. Schon 1935 entdeckten Albert Einstein und sein Mitarbeiter Nathan Rosen bei ihren theoretischen Untersuchungen der Raumzeit-Struktur Schwarzer Löcher (die damals noch eine unbewiesene Voraussage der Relativitätstheorie waren und erst Jahrzehnte später tatsächlich im All entdeckt wurden), dass ein Schwarzes Loch eigentlich kein einseitiger »Trichter« in der Raumzeit ist, sondern ein symmetrischer Tunnel, an dessen anderem Ende sich aus Symmetriegründen ein zweites Universum befinden müsste. Diese Idee wurde unter anderem 1961 von dem Physiker Martin Kruskal durch die Entwicklung eines neuartigen Koordinatensystems für Schwarze Löcher bestätigt. Man bezeichnet eine solche Verbindung zweier paralleler Universen auch als *Einstein-Rosen-Brücke*. Stellen wir die Raumzeit in der inzwischen gewohnten Weise vereinfacht als zweidimensionale Fläche dar, würde das Ganze etwa aussehen wie in der Abbildung auf der nächsten Seite.

Hier sehen wir auch, wie mehrere Universen problemlos nebeneinander existieren können: Wenn man eine zusätzliche Dimension annimmt, kann man die Universen einfach parallel zueinander anordnen wie die beiden Ebenen in der Abbildung. In unserer vereinfachten Darstellung ist die Raumzeit eine zweidimensionale Fläche, und die dritte Dimension erlaubt es, mehrere dieser Flächen nebeneinander oder übereinander anzuordnen. Tatsächlich ist die Raumzeit vierdimensional – um mehrere Varianten davon »nebeneinander« anzuordnen, brauchen wir also minde-

---

49 Genau genommen beobachten wir aufgrund der Unschärferelation sogar *immer* eine Überlagerung mehrerer Realitäten: Wenn man eine bestimmte Quanteneigenschaft, z. B. den Ort eines Teilchens, misst, beobachtet man damit zugleich eine Überlagerung aller möglichen Impulswerte dieses Teilchens (der Impuls, die komplementäre Eigenschaft des Ortes, ist unscharf). Umgekehrt beobachtet man eine unscharfe Überlagerung aller möglichen Orte eines Teilchens, wenn man seinen Impuls genau bestimmt.

stens eine fünfte Dimension (wir werden allerdings später noch sehen, dass wir für ein vollständiges Weltbild noch wesentlich mehr Dimensionen benötigen).

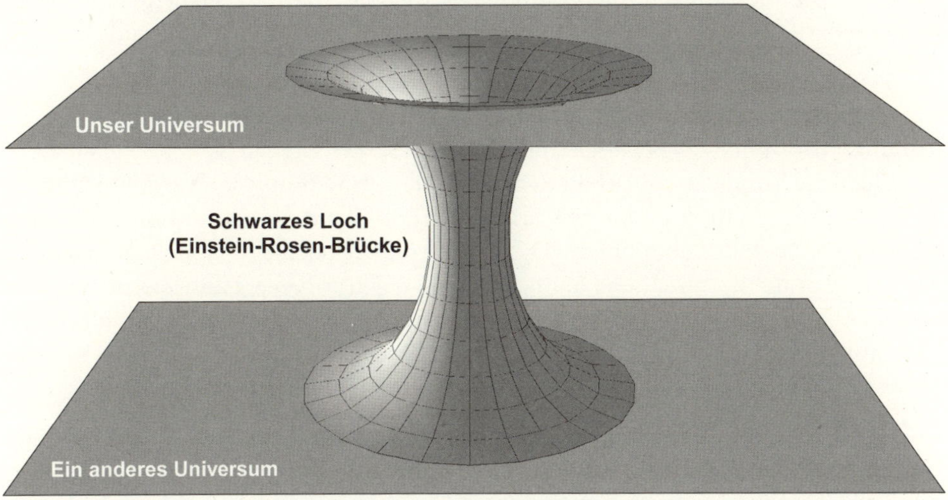

Natürlich kann man auf diese Weise nicht nur zwei, sondern beliebig viele Universen nebeneinander anordnen. Das würde dann etwa wie in der Abbildung auf Seite 40 aussehen, nur dass jede »Schicht« diesmal nicht einen Zeitpunkt, sondern ein komplettes vierdimensionales Universum darstellen würde. Und tatsächlich liefert auch die Relativitätstheorie Hinweise auf die Existenz beliebig vieler paralleler Universen: Der Physiker Roy P. Kerr entdeckte 1963 eine mathematische Beschreibung für ein *rotierendes* Schwarzes Loch (was den Normalfall darstellt) und stellte fest, dass seine Raumzeit-Struktur anders aussieht als die von Kruskal beschriebene, nicht rotierende Variante – das rotierende Schwarze Loch stellt eine Brücke zu nicht nur einem, sondern beliebig vielen parallelen Universen dar!

Sowohl die Quantentheorie als auch die Relativitätstheorie legen nahe, dass unser Universum nur ein Ausschnitt aus einer unendlichen Zahl paralleler Realitäten ist. Je nach Art einer Beobachtung nimmt ein Beobachter entweder eine Überlagerung vieler Realitäten oder nur eine einzige Realitätsvariante wahr.

Ob die von der Relativitätstheorie vorhergesagten parallelen Universen identisch mit den in der Viele-Welten-Deutung der Quantentheorie angenommenen parallelen Realitäten sind, ist bis heute nicht abschließend geklärt, wird aber von einigen Physikern angenommen. Für die Thematik dieses Buches ist diese Frage aber auch nicht von entscheidender Bedeutung. Wichtig ist, dass die Welt offenbar eine höherdimensionale Struktur hat und dass zumindest einige dieser parallelen Welten sich überlagern können und dadurch die quantenmechanischen Wahrscheinlichkeitsverteilungen hervorbringen. Auf ein paar Dimensionen mehr oder weniger, die man bräuchte, um noch andere Arten von parallelen Universen unterzubringen (eventuell auch solche, die vollkommen unabhängig von unserer Welt existieren und gar nicht mit ihr in Verbindung stehen), kommt es dabei nicht an. Wir wollen uns im Folgenden mit den »unmittelbar benachbarten« parallelen Realitäten beschäftigen, die sich im Sinne der Quantentheorie überlagern können und dadurch die Grundlage unserer erlebten Realität darstellen.

Der Begriff »parallele Realitäten« ist in diesem Zusammenhang vielleicht etwas irreführend. Ähnlich wie bei der Darstellung der »Zeitschichten« auf Seite 40 dient auch hier die Trennung zwischen den einzelnen Ebenen nur der Verdeutlichung – sie ist sozusagen ein Zugeständnis an unseren Verstand, der bekanntlich vorzugsweise in voneinander getrennten »Dingen« denkt. Tatsächlich handelt es sich auch bei den »Parallelwelten« der Quantentheorie eigentlich nicht um eine Ansammlung einzelner, getrennter Welten, sondern um ein *Kontinuum*, also eine lückenlos zusammenhängende, höherdimensionale Struktur. Die höheren Dimensionen in diesem Superraum könnte man als »Möglichkeitsdimensionen« bezeichnen.

Wie kann man sich das vorstellen? Betrachten wir ein ganz alltägliches Beispiel: Nehmen wir an, vor Ihnen auf dem Tisch steht eine Kaffeetasse. Sie enthält eine bestimmte Menge Kaffee. Nun könnte freilich – in einer anderen Realität – auch etwas mehr oder etwas weniger Kaffee in der Tasse sein. Alle diese unterschiedlichen Zustände der Kaffeetasse lassen sich nebeneinander darstellen, wenn man neben den üblichen Raum- und Zeit-Dimensionen eine zusätzliche Kaffeemengen-Dimension einführt. Um das anschaulich darstellen zu können, müssen wir unseren altbekannten »Flab-Trick« bemühen und den gewöhnlichen Raum um eine Dimension reduzieren. Eine zweidimensionale Kaffeetasse im Flab-Universum würde etwa so aussehen wie rechts dargestellt (beachten Sie, dass der Griff der Tasse nicht, wie bei uns üblich, ringförmig ist – ein Flab hätte nämlich keine Chance, in das Innere des Rings hineinzugreifen; es könnte noch nicht einmal hineinsehen).

Wenn wir nun die dritte Dimension zur Darstellung der Kaffeemenge verwenden, wird aus der zweidimensionalen Tasse ein dreidimensionales Gebilde, das in Bezug auf die Kaffeemenge sämtliche möglichen Zustände der Tasse von »leer« bis »voll« beinhaltet, wie oben auf der nächsten Seite abgebildet.

Dieses Gebilde kommt also in ähnlicher Weise zustande wie das lang gezogene Flab auf Seite 41, nur dient die dritte Dimension hier nicht zur Darstellung verschiedener Zeitpunkte, sondern verschiedener Kaffeemengen.

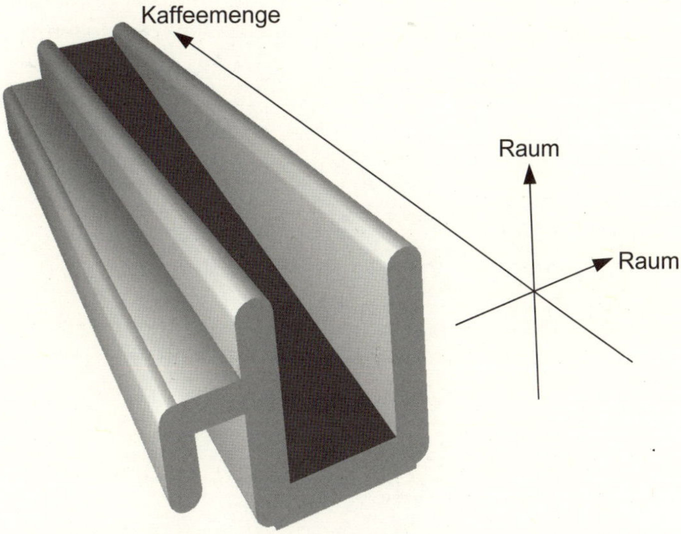

Natürlich ist die Kaffeemenge nicht die einzige variable Eigenschaft einer Kaffeetasse. Es könnte zum Beispiel mehr oder weniger Milch im Kaffee sein. Auch diese Eigenschaft lässt sich als Dimension darstellen. In diesem Fall sieht das Gebilde wie folgt aus:

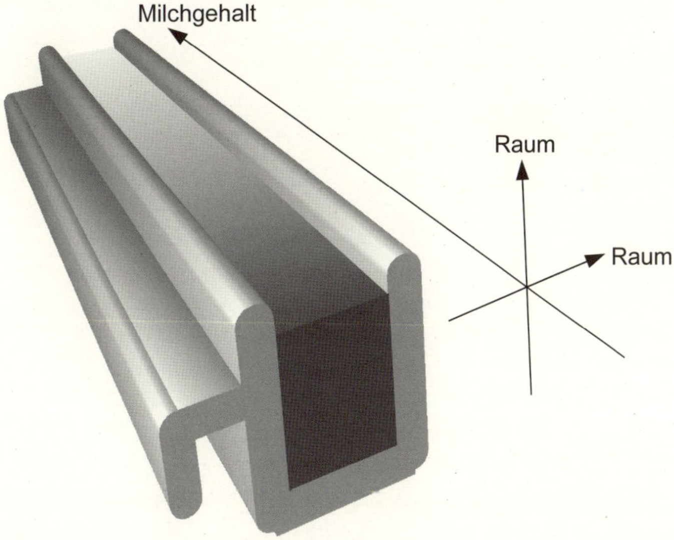

In der ersten Abbildung variieren wir nur die Kaffeemenge bei konstantem Milchgehalt, in der zweiten nur den Milchgehalt bei konstanter Kaffeemenge. In der Praxis können natürlich beide Eigenschaften in beliebiger Kombination auftreten. Um alle möglichen Kombinationen in einer einzigen Darstellung unterzubringen, würden wir schon vier Dimensionen (zwei Raumdimensionen, Kaffeemenge und Milchgehalt) benötigen, was sich grafisch nicht mehr darstellen ließe. Wir behelfen uns daher noch einmal mit dem bewährten Trick und reduzieren die Tasse auf nur noch *eine* Dimension. Dadurch wird sie zu einem sehr simplen, strichförmigen Gebilde, das nur noch aus einigen Millimetern Porzellan und einigen Zentimetern Kaffee besteht (ein Flab würde Kaffee hingegen nach *Quadrat*zentimetern bestellen, so wie wir die Menge in *Kubik*zentimetern = Millilitern angeben würden). Dadurch bleiben zwei Dimensionen für die Kaffeemenge und den Milchgehalt übrig, die wir nunmehr in einer gemeinsamen Darstellung unterbringen können, die sämtliche möglichen Kombinationen beider Eigenschaften enthält:

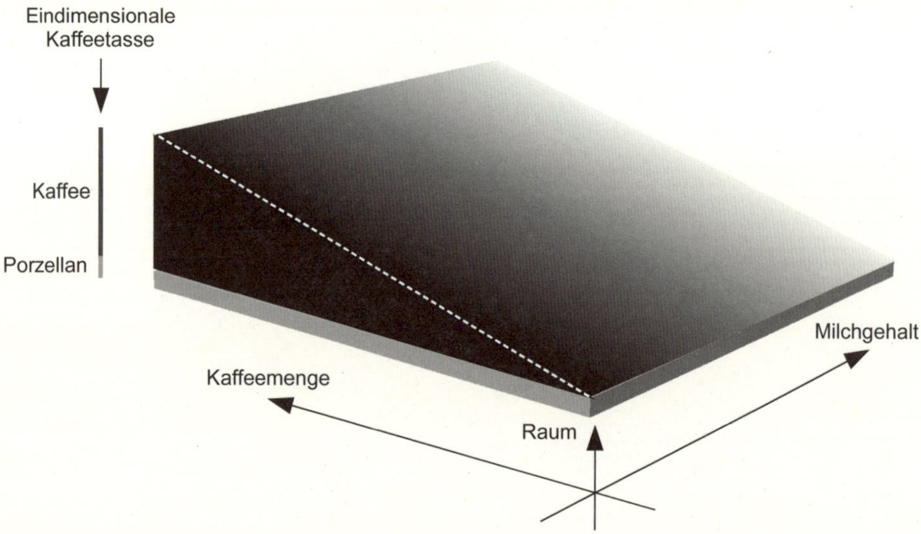

Würde man aus diesem dreidimensionalen Gebilde einen Querschnitt in der Kaffeemengen-Richtung machen, also eine unendlich dünne Schicht heraussägen, bekäme man eine zweidimensionale Darstellung aller möglichen Kaffeemengen bei einem bestimmten Milchgehalt. Umgekehrt könnte man einen Querschnitt in der Milchgehalt-Richtung machen und erhielte eine Darstellung aller möglichen Milchgehalte bei einem bestimmten Kaffeepegel. Diese beiden Querschnitte entsprechen somit den beiden Abbildungen auf Seite 111, nur dass man sich letztere als *drei*dimensionale »Querschnitte« aus einem höherdimensionalen Gebilde vorstellen muss, das alle denkbaren Eigenschaften der Kaffeetasse in sich vereinigt.

Man kommt schnell zu der Erkenntnis, dass es einer sehr großen Zahl an Dimensionen bedarf, um *alle* Variationen aller denkbaren Eigenschaften einer Kaffeetasse in einem gemeinsamen Objekt (sozusagen einer »Hypertasse«) unterzubringen: Größe der Tasse (drei Raumdimensionen), Lebensdauer der Tasse (eine Zeitdimension), Farbe der Tasse (drei Dimensionen, siehe Seite 29), Kaffeemenge, -stärke und -temperatur, Milch-, Zucker- und Säuregehalt ... Das allein sind schon 13 Dimensionen. In einem 13-dimensionalen »Kaffeetassenraum« würde jeder Punkt mit seinen 13 Koordinaten eine Kaffeetasse mit einer ganz bestimmten Kombination aller dieser Eigenschaften repräsentieren. Aber das sind natürlich noch lange nicht alle denkbaren Eigenschaften.

Eine Kaffeetasse ist zudem natürlich nur ein winziger Ausschnitt der Realität. Wie viele Dimensionen bräuchte man, um *alle* möglichen Varianten der Realität darzustellen? In der Praxis hat es wenig Sinn, hierzu Alltagseigenschaften wie die Temperatur von Kaffee zu betrachten – dies diente uns nur als anschauliches Beispiel. Machen wir uns bewusst, dass alle Eigenschaften aller Gegenstände auf den Eigenschaften der Elementarteilchen beruhen, aus denen sie bestehen. Nach den Aussagen der Quantentheorie hat ein Elementarteilchen nur eine relativ überschaubare Anzahl unterscheidbarer Eigenschaften. Aus der Kombination dieser wenigen Eigenschaften geht unsere gesamte materielle Realität hervor. Dass die Welt dennoch so unendlich vielfältig ist, liegt an der extrem großen Variationsbreite einiger Dimensionen, insbesondere der Ausdehnung von Raum und Zeit, sowie an der gigantischen Zahl von Teilchen im Universum, aus der sich eine unvorstellbare Zahl an Kombinationsmöglichkeiten ergibt.

Fred Alan Wolf gibt in seinem Buch *Parallele Universen* die geschätzte Zahl von Teilchen im Universum mit 10^{80} an (versuchen Sie gar nicht erst, sich diese Zahl vorzustellen).[50] Wenn wir den Ort jedes Elementarteilchens im Universum (also drei Raumkoordinaten pro Teilchen) angeben wollen, benötigen wir demnach etwa 3 mal 10^{80} Zahlenwerte. Und wenn wir nun einen höherdimensionalen Raum definieren wollen, der *alle* möglichen Kombinationen *aller* denkbaren Orte *aller* Elementarteilchen umfasst, benötigen wir entsprechend 3 mal 10^{80} Dimensionen. Für jede zusätzliche Eigenschaft, die ein Teilchen haben kann, kommen noch einmal 10^{80} Dimensionen hinzu. So wie im normalen Raum (oder zum Beispiel auch in dem auf Seite 29 beschriebenen Farbraum) jeder Punkt drei Koordinaten, also drei verschiedene Informationen, repräsentiert, hat in unserem ultimativen Superraum jeder Punkt mehr als 10^{80} Koordinaten, die zusammen die komplette Information eines *ganzen Universums* enthalten!

Jeder einzelne Punkt in diesem Raum repräsentiert damit eine mögliche Variante des Universums, und der gesamte Superraum enthält *alle* Zustände, die das Universum überhaupt haben kann, also alle denkbaren Realitäten – und auch alle undenkbaren, denn die beliebige Kombination von Quantenzuständen erlaubt auch Realitäten, die uns vollkommen absurd vorkommen würden. So würde man irgendwo in diesem Superraum auch Universen finden, in denen überhaupt keine Galaxien und Sterne existieren würden, sondern alle Teilchen als Staub im All schweben würden, und es gibt auch eine Realität, die mit der, die Sie gerade erleben, fast identisch ist, mit der Ausnahme, dass über Ihrem Kopf ein seltsamer

---

50 Ausgeschrieben wäre diese Zahl eine 1 mit 80 Nullen – jede Null bedeutet eine Verzehnfachung. Mir ist leider nicht bekannt, wie genau diese Angabe ist und welche Arten von Elementarteilchen (es gibt auch jede Menge instabile Exemplare) dabei berücksichtigt sind, aber darauf kommt es in diesem Zusammenhang nicht an.

grüner Glibberklumpen schwebt. Und es gibt eine, in der Sie für dieses Buch anstandslos eine Million Euro gezahlt haben (ich suche noch nach einem Schwarzen Loch, das mir den Übergang in dieses Universum ermöglicht ...).

Ich werde diesen alle möglichen Realitäten enthaltenden Raum im Folgenden als »Möglichkeitsraum« oder »Multiversum« (im Gegensatz zu »Universum«, das nur eine von vielen möglichen Realitäten darstellt) bezeichnen.

Die von uns erlebte Realität ist ein kleiner Ausschnitt aus einem gigantischen höherdimensionalen Raum, der alle möglichen Realitäten beinhaltet. Jeder denkbare und undenkbare Zustand des Universums ist in diesem Möglichkeitsraum enthalten.

Die Einführung der Möglichkeitsdimensionen liefert uns nebenbei eine interessante Interpretationsmöglichkeit für die Unschärferelation: Man kann sich zwei zueinander komplementäre Quanteneigenschaften (von denen also immer nur jeweils eine exakt beobachtet werden kann und die jeweils andere dabei unscharf wird), also zum Beispiel Ort und Impuls eines Teilchens, als rechtwinklig zueinander angeordnete Ausdehnungsrichtungen (also Dimensionen) eines kreuzartigen Gebildes im Möglichkeitsraum vorstellen, wie in der nachfolgenden Abbildung angedeutet. Je nachdem, aus welcher »Richtung« man dieses Gebilde betrachtet, präsentiert sich entweder die eine oder die andere Eigenschaft als scharf begrenzter Wert, während die andere über einen größeren Bereich verteilt, also unscharf ist. Möglicherweise stellen unsere physikalischen Messungen nichts anderes dar als Beobachtungen von »Teilchen« (wobei diese Bezeichnung dann kaum noch passt) aus verschiedenen Perspektiven des Möglichkeitsraumes.

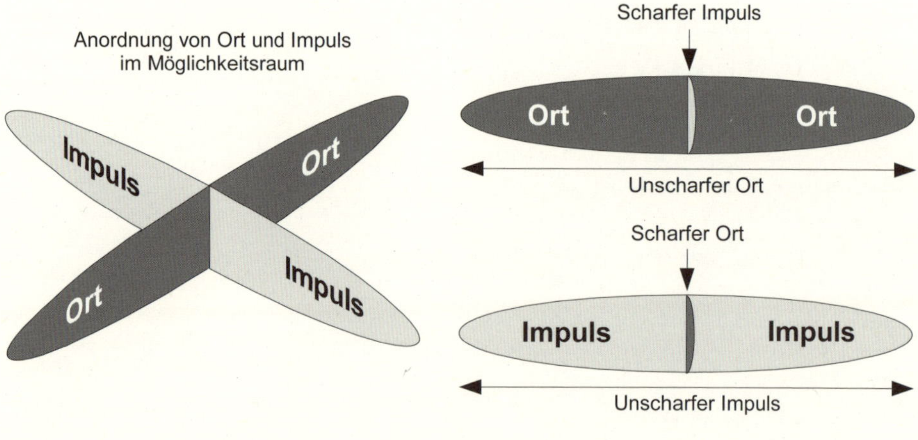

Das Konzept der parallelen Realitäten löst außerdem ganz elegant eine alte kosmologische Frage: Warum hat sich das Universum gerade so entwickelt, dass darin Leben und Bewusstsein entstehen konnten, obwohl dazu eine ziemliche Menge an »Zufällen« zusammenkommen musste? Wer für die Entstehung der Welt den willkürlichen Schöpfungsakt eines Gottes verantwortlich macht, hat mit der Beantwortung dieser Frage natürlich keine Probleme. Eine weniger religiöse Antwort, die man auch das *anthropische Prinzip*[51] nennt, besagt schlicht, dass das Universum sich nur so entwickeln konnte, weil es sonst keine bewussten Wesen gäbe, die sich diese Frage überhaupt stellen können. Für sich genommen beißt sich diese Antwort offensichtlich etwas in den Schwanz – vor dem Hintergrund des Möglichkeitsraumes wird jedoch alles ganz einfach: Darin existieren sowohl Universen, in denen Leben möglich ist und solche, in denen es nicht möglich ist. Aber nur in den ersteren kann es naturgemäß Wesen geben, die sich fragen, warum ihr Universum so ist, wie es ist.

Damit ist die Idee eines bewussten Schöpfungsaktes wohlgemerkt nicht zu den Akten gelegt – im Gegenteil: Dem Bewusstsein kommt eine zentrale Rolle in der Auswahl einer bestimmten Realität aus dem unendlichen Raum der Möglichkeiten zu. Dies wird das beherrschende Thema der folgenden Kapitel sein. Auch auf das Konzept eines übergeordneten (göttlichen) Bewusstseins werde ich dabei eingehen.

4.3 Einer für alle oder alle für einen?

Eine wichtige Frage im Zusammenhang mit den parallelen Realitäten ist: Sind alle diese Varianten der Wirklichkeit »gleich real«, oder ist nur eine davon (nämlich genau die, die wir erleben) wirklich »real«? Oder liegt die Wahrheit irgendwo dazwischen? Die Kopenhagener Deutung der Quantentheorie vertritt das eine Extrem: Real ist nur die von uns beobachtete Welt, alle anderen Varianten existieren nicht – die Quantenwellen geben lediglich rechnerische Wahrscheinlichkeiten dafür an, welche Realität im Moment einer Beobachtung entstehen kann. Die Viele-Welten-Deutung in ihrer reinen Form stellt das andere Extrem dar: Alle möglichen Realitäten existieren gleichberechtigt nebeneinander und sind alle real – ein bewusster Beobachter nimmt zwar immer nur einen Ausschnitt aller Möglichkeiten als persönliche Realität wahr, in anderen Realitäten existieren jedoch parallele Versionen desselben Beobachters, die eine andere Realitätsvariante als real erleben.

Vielleicht erkennen Sie schon, wie der Begriff »real« (der ja zunächst, wie jeder Begriff, nur eine Worthülse ist) hier überhaupt zu verstehen ist: Er bedeutet etwa so viel wie »bewusst erlebt«. Es ist in unserem neuen Weltbild so gut wie unmöglich, eine vom Bewusstsein unabhängige Definition von »Realität« zu geben. Hier deutet sich bereits die tiefgreifende Rolle des bewussten Geistes bei der Herstellung von Realität an, die uns in den nächsten Kapiteln beschäftigen wird.

Ungeachtet dessen, dass die Kopenhagener Deutung nach Ansicht vieler Physiker weniger stichhaltig ist als die Viele-Welten-Deutung, ist die Variante »Nur meine Welt ist echt!« vermutlich den meisten Menschen spontan sympathischer (was

51 Von griech. *anthropos* = Mensch

einer der Gründe für die ungebrochene Popularität der Kopenhagener Deutung sein mag). Dies hängt sicherlich nicht zuletzt mit unserem Drang nach Individualität und Einzigartigkeit und unserem Geltungsbedürfnis zusammen. Wie kann ich mich und meine Wirkung in der Welt als bedeutsam empfinden, wenn ich nur eine von unzähligen Kopien meiner selbst bin und jeder Erfolg, den ich erziele, bedeutet, dass ich in einer anderen Realität mein Ziel verfehle, da ja immer alle Möglichkeiten zugleich existieren?

In diesem Szenario – und das ist vielleicht das Schlimmste – haben wir eigentlich gar keinen freien Willen, denn egal was passiert, es passiert in einer anderen Realität immer das Gegenteil. Wir hätten nicht wirklich eine Wahl – es würde uns lediglich so erscheinen, da jede Variante unseres Selbst nur eine der Möglichkeiten erlebt und von den anderen Realitäten nichts weiß bzw. wahrnimmt. In gewisser Weise wären wir damit wieder beim deterministischen Uhrwerk-Universum angelangt, in dem der Mensch keine freie Wahlmöglichkeit hat, sondern nur Beobachter eines vorgegebenen Ablaufs ist. Der einzige wesentliche Unterschied zum klassischen mechanistischen Weltbild bestünde darin, dass in diesem Fall mehrere Varianten der Welt beobachtet werden statt nur einer einzigen – jede von einer anderen Variante desselben Beobachters.

Es gibt allerdings glücklicherweise – unabhängig von der Quantenphysik – deutliche Anzeichen dafür, dass wir durchaus eine Wahl haben und unsere erlebte Realität nach gewissen Gesetzmäßigkeiten gezielt beeinflussen können. Wie dies im Einzelnen aussieht, wird Gegenstand der nächsten Kapitel sein. Ich muss jedoch der Ehrlichkeit halber darauf hinweisen, dass dies keinen Beweis dafür darstellt, dass sich unsere erlebte Realität in irgendeiner Weise gegenüber den anderen Realitäten auszeichnet, also irgendwie »realer« wäre – denn selbst wenn wir bestimmte Gesetzmäßigkeiten beobachten, die auf einen freien Willen hinweisen, muss das nicht zwangsläufig mehr bedeuten, als dass wir »zufällig« in derjenigen Variante der Realität leben, in der sich die Welt eben diesen Gesetzmäßigkeiten entsprechend verhält. Es können dessen ungeachtet andere Realitäten existieren, in denen sich die Welt ganz anders verhält und die genauso real sein können. Im Multiversum existieren zum Beispiel naturgemäß auch Realitäten, in denen *alle* geworfenen Würfel *immer* die Sechs zeigen. Die in einer solchen Realität lebenden Beobachter könnten dies einfach als Gesetzmäßigkeit hinnehmen und würden entsprechende »Naturgesetze« erfinden, um dieses Verhalten zu erklären. Meines Erachtens gibt es derzeit (und vielleicht auch zukünftig) keine Möglichkeit, zu beweisen, dass unsere Realität die »einzig wahre« ist – zumindest nicht auf herkömmlichem Wege aus einer einzelnen Realitätsvariante heraus.

Für mich persönlich habe ich beschlossen, die Frage nach der Einzigartigkeit meiner persönlichen Realität nicht so wichtig zu nehmen, da ich sie ohnehin nicht beantworten kann. Entscheidend ist für mich, dass meine Realität (einschließlich meiner selbst) sich einzigartig *anfühlt* und offenbar gewissen Gesetzmäßigkeiten gehorcht, die ich mir zunutze machen kann, um eine angenehme Realität zu erleben.

Die anderen Realitätsvarianten betrachte ich zwar ebenfalls als »existent« (womit ich meiner eigenen Realität einen etwas weniger exklusiven Status verleihe als die Kopenhagener Deutung), aber aus meiner Perspektive sind sie »virtuelle Möglichkeiten« und keine erlebte Realität. In der überaus lesenswerten Buchreihe *Gespräche mit Gott* von Neale Donald Walsch wird der Möglichkeitsraum einmal mit einer CD-ROM verglichen, auf der ein Computerspiel gespeichert ist. Alle möglichen Handlungsstränge des Spiels sind als »Potential« auf der CD gespeichert, aber der Spieler erlebt nur diejenige Variante, die er durch seine Entscheidungen und Eingaben in den Computer auswählt. Dieses Bild finde ich persönlich überaus ansprechend.

Solange mich niemand vom Gegenteil überzeugt, gehe ich also im Interesse meines persönlichen Egoismus davon aus, dass meine erlebte Realität irgendwie »echter« ist als alle anderen und die vielen anderen Kopien von mir das Pech haben, in einer Art virtuellem Existenzzustand zu verbleiben. Inwieweit ich damit einer Illusion unterliege, ist für mich eher zweitrangig. Letztlich hat unsere erlebte Realität ohnehin weitgehend illusorischen Charakter, wie wir zum Teil bereits gesehen haben und wie im weiteren Verlauf dieses Buches noch wesentlich deutlicher werden wird.

Teil 2

Der Geist als Schöpfer

Die Rolle des Bewusstseins bei der Entstehung der Realität

5 Navigation im Möglichkeitsraum

Wie uns die Wahrnehmung durch das Multiversum steuert

5.1 Bewusste Wahrnehmung als Realitätsfilter

> *»Alle Vorstellungen, die wir über die äußere Welt entwickeln, sind letztlich nur Reflexionen unserer eigenen Wahrnehmungen. Können wir auf logische Weise gegen unsere Selbstbewusstheit eine 'Natur' etablieren, die von ihr unabhängig ist? Sind nicht alle sogenannten Naturgesetze in Wahrheit lediglich mehr oder weniger zweckdienliche Regeln, mit denen wir den Ablauf unserer Wahrnehmungen so exakt und bequem wie möglich assoziieren?«*
>
> *Max Planck*

In der klassischen Physik, deren Weltbild – allen in den letzten hundert Jahren gewonnenen wissenschaftlichen Erkenntnissen zum Trotz – immer noch in den Köpfen vieler Menschen (leider auch vieler Lehrer und Professoren) dominiert, wurde dem menschlichen Bewusstsein lediglich eine passive Beobachterrolle zugewiesen. Man ging von der Existenz einer »objektiven«, vom menschlichen Geist unabhängigen Wirklichkeit aus, deren Gesetzmäßigkeiten es zu ergründen galt. Ein direkter Einfluss des Bewusstseins auf die Realität wurde nicht angenommen.

Spätestens mit der Quantenphysik war dieses Weltbild jedoch nicht mehr haltbar. Unabhängig davon, welche Interpretation der Quantentheorie man bevorzugt, ist der Akt der bewussten Beobachtung offenbar der entscheidende Faktor beim Übergang von der quantenmechanischen Wahrscheinlichkeitsverteilung zur tatsächlich gemessenen bzw. erlebten Realität. Es ist die Beobachtung selbst, die aus der Überlagerung aller Möglichkeiten eine bestimmte Variante zur erlebten Realität macht. Dies ist wahrhaft keine passive Rolle des Geistes mehr. Ich möchte in diesem Kapitel der Frage nachgehen, wie und nach welchen Kriterien dieser Prozess funktioniert.

Wir betreten spätestens mit diesem Kapitel einen Bereich, in dem die Wissenschaft noch wenig an erprobten Theorien anzubieten hat. Das beginnt bereits damit, dass man bis heute nicht genau sagen kann, was Bewusstsein eigentlich ist, wie es entsteht und wie es funktioniert. Die einfachste Definition wäre wohl: »die Fähigkeit eines Lebewesens, sich seiner eigenen Existenz bewusst zu sein«. In dieser Definition steckt dummerweise wieder das Wort »bewusst«, ohne dass es näher erklärt wird, insofern drehen wir uns hier etwas im Kreis.

Die meisten Begriffe im Zusammenhang mit dem menschlichen Geist (wie »Bewusstsein«, »Wahrnehmung«, »Verstand«, »Gedanke«, »Geist« und »Seele«) werden in der Umgangssprache und in der Literatur in teilweise sehr unterschiedlichen Bedeutungsnuancen verwendet. Ich bitte dies bei der Beurteilung eventueller Unterschiede zwischen dieser und anderen Darstellungen im Hinterkopf zu behalten und werde mich bemühen, die hier verwendeten Begriffe möglichst klar abzugrenzen. Ich will zunächst den Begriff der »Wahrnehmung« etwas genauer erläutern, da er ein recht breites Bedeutungsspektrum hat. Er bezeichnet zum einen den gesamten biologischen Prozess vom physikalischen Signal, das unsere Sinnesorgane empfangen, über die Datenvorverarbeitung in den Sinnesorganen und im Gehirn bis hin zur verstandesmäßigen Bewertung und Speicherung der extrahierten Informationen. Die auswertende Instanz ist hier zunächst der *Verstand*, der *nicht* mit dem Bewusstsein identisch ist.[52]

Zum anderen wird »Wahrnehmung« aber auch zur Bezeichnung dessen verwendet, was unser *Bewusstsein* tut. Viele gehen davon aus, dass das Bewusstsein ebenso wie der Verstand einfach eine Funktion unseres Gehirns ist, die durch Evolution mehr oder weniger automatisch entsteht, wenn das Gehirn eine gewisse Komplexität und Leistungsfähigkeit erreicht. Aus Gründen, die im weiteren Verlauf des Buches noch deutlich werden werden, gehe ich hingegen davon aus, dass das Bewusstsein eine vom Gehirn (und auch vom Körper insgesamt) *unabhängige* Instanz ist. Unabhängig heißt hier nicht, dass keine Zusammenhänge zwischen Gehirn und Bewusstsein bestehen würden, sondern dass das Gehirn nicht »Träger« bzw. »Erzeuger« des Bewusstseins ist und dieses auch unabhängig vom Körper existieren kann. Das Bewusstsein agiert auf einer reinen *Informationsebene*.

Information ist etwas Interessantes. Norbert Wiener, einer der Begründer der Kybernetik, drückte es so aus: *»Information ist Information, nicht Materie oder Energie.«* Obwohl zur Speicherung und Weitergabe von Information in der Praxis Energie und Materie (die ja auch eine Form von Energie ist) zum Einsatz kommen, ist die Information an sich keine Form von Energie. Tatsächlich scheint es eher umgekehrt zu sein: Der Physiker Carl Friedrich von Weizsäcker stellte 1971 die »Quantentheorie der Ur-Alternativen« vor, in der Energie und Materie Erscheinungsformen von Information sind, womit die Information zur eigentlichen »Ursubstanz« des Universums und der Physik wird. Information ist einfach nur Information, Struktur, etwas mit Sinn. Das Bewusstsein nimmt reine Information wahr. Wenn unser Bewusstsein die Welt beobachtet, die wir über die Sinne wahrnehmen, beobachtet es tatsächlich nichts anderes als die von unserem Gehirn verarbeitete Information.

---

52 Der Verstand ist – gemäß der in Kapitel 1 gewählten Definition des Begriffs – ein Bestandteil unseres Gehirns und unseres Überlebensmechanismus. Einen Verstand im Sinne dieser Definition haben auch schon viele Tiere, nämlich alle, die nicht ausschließlich von Instinkten und simplen Konditionierungen gesteuert werden, sondern in der Lage sind, durch Auswertung gesammelter Informationen neue Verhaltensmuster zu entwickeln. Mehr dazu in Abschnitt 8.2.

Diese Unterscheidung der Wahrnehmungsebenen ist sehr wichtig, vor allem wenn es um Selbsterkenntnis geht. Machen Sie es sich ganz klar: Sie sind *nicht* Ihr Körper, Sie sind *nicht* Ihr Gehirn, Sie sind *nicht* Ihr Verstand. Das alles gehört zu Ihnen wie Ihr Name und Ihre Kleidung, aber *Sie* – Ihr Wesenskern – sind etwas anderes.

Zur Verdeutlichung eine kleine Anekdote: Ich habe eine Zeit lang an einer Zen-Meditationsgruppe[53] teilgenommen, die von Paul Shoju Schwerdt[54] geleitet wurde. Der für mich interessanteste Teil war dabei immer das *Mondo*, eine Art Lehrgespräch. Jeder, der wollte, durfte Paul eine Frage stellen, und erhielt eine zuweilen sehr klare, zuweilen aber auch Zen-typisch verschlüsselte Antwort. Ein Teilnehmer namens Colin fragte schlicht: »Wer bin ich?«. Paul antwortete ebenso schlicht: »Colin.« Er lieferte dann aber freundlicherweise noch eine Erläuterung nach: »Stell dir eine Flasche vor, auf der *Colin* steht. In die füllst du alles hinein, was dich ausmacht: deinen Körper, dein Wissen, deine Charakterzüge, deine Meinungen, einfach alles. Dann schaust du in diese Flasche hinein und siehst dir das alles an. Ja – und der, der da in die Flasche schaut, *das* bist du.«

Den meisten Menschen ist die Idee nicht vertraut, dass es einen Unterschied zwischen dem eigenen Bewusstsein und dem eigenen Denken gibt. Aber achten Sie doch einmal sehr bewusst auf Ihre Gedanken – dann werden Sie feststellen, dass Sie tatsächlich in der Lage sind, *sich selbst beim Denken zu beobachten*. Und dann stellt sich die Frage: *Wer beobachtet da?* Im letzten Abschnitt dieses Buches gehe ich genauer auf die Erfahrung dieser Seinsebene ein.

> *Das Bewusstsein ist der Wesenskern des Menschen – es ist das, was übrig bleibt, wenn man alle mit dem Körper und dem Gehirn verbundenen Eigenschaften und Interpretationen wegnimmt. Es ist derjenige Aspekt von uns, der sich selbst beobachtet.*

Das Bewusstsein als solches hat keine Eigenschaften im herkömmlichen Sinne. Es *beobachtet* Eigenschaften. Es beobachtet Informationen, ohne sie zu interpretieren (denn das tut nur der Verstand). Dies klingt zunächst sehr passiv. Aber im Zusammenhang mit der Quantenphysik wird klar, dass die Beobachtung ein sehr aktiver

---

53 Zen ist eine in China entstandene und vor allem in Japan kultivierte Weiterentwicklung des Buddhismus und ist meines Erachtens eine der fortschrittlichsten Philosophien im Hinblick auf die Erkenntnis der tieferen Natur unserer Existenz. Man hört oft, dass schon der Versuch, Zen zu definieren, der Natur des Zen widerspricht. Solche scheinbar widersprüchlichen Aussagen sind Zen-typisch – denn Zen überschreitet absichtlich die Grenzen unseres herkömmlichen logischen Denkens, um sich der dahinter liegenden tieferen Wahrheit zu nähern, die sich in unserer Alltagssprache nicht direkt beschreiben, sondern nur umittelbar erfahren lässt.

54 Paul Shoju Schwerdt lebt in Deutschland und ist Gestalttherapeut, Zen-Mönch und Lehrer verschiedener fernöstlicher Künste. Er ist europäischer Koordinator des Zen Peacemaker Circle (*www.zpc-europe.org*) und Direktor der Wushan International Association e. V. (*www.wushan.net*).

Prozess ist. Denn die Welt, die wir als Ergebnis der Beobachtung erleben, *entsteht* erst durch die Beobachtung! Ohne bewusste Beobachtung existiert die Welt, wie wir sie kennen, überhaupt nicht. Anders ausgedrückt: *Wir erschaffen unsere Realität selbst!*

Wenn wir bei unserer Vorstellung eines Möglichkeitsraumes bleiben, bedeutet dies, dass unser Bewusstsein aus der Vielzahl parallel existierender möglicher Realitäten eine bestimmte Variante *auswählt* und zur erlebten Wirklichkeit macht. Unsere Wahrnehmung ist also letztlich nichts anderes als ein *Filter,* der aus einem gigantischen Spektrum an Möglichkeiten eine bestimmte Realität herausfiltert.

Man kann es mit einem Fernseh- oder Radioempfänger vergleichen: Bei der Übertragung einer Sendung wird das Bild- oder Tonsignal auf eine elektromagnetische Welle einer bestimmten Frequenz – die so genannte *Trägerwelle* – aufmoduliert; das bedeutet, die Form der Trägerwelle wird leicht variiert, wobei die Variation dem Bild- oder Tonsignal entspricht. Jeder Sender verwendet eine andere Trägerfrequenz. Alle diese Frequenzen werden von den Sendern abgestrahlt und überlagern sich im Raum zu einem großen Chaos. Würde man sie alle zusammen auf den Fernsehschirm oder Lautsprecher geben, würde man nur Rauschen sehen und hören (Rauschen ist im akustischen wie im elektrischen Sinne eine Überlagerung sehr vieler verschiedener Frequenzen). Um einen bestimmten Sender zu empfangen, muss man dessen Trägerfrequenz aus dem gesamten Frequenzspektrum gezielt herausfiltern (und anschließend das Bild- bzw. Tonsignal daraus rekonstruieren). Wie schon auf Seite 97 angedeutet, macht man sich hierzu das Phänomen der *Resonanz* zu Nutze. Im Empfangsgerät gibt es einen *Schwingkreis,* das ist eine elektronische Schaltung, die für elektrische Signale einer ganz bestimmten Frequenz besonders durchlässig ist, da sie bei dieser Frequenz »mitschwingt« (wie Ihre Duschkabine, wenn Sie einen bestimmten Ton singen). Diese Resonanzfrequenz ist einstellbar und filtert dadurch immer die gewünschte Trägerfrequenz aus dem Wellensalat heraus, indem alle anderen Frequenzen »ausgeblendet« werden.

Etwas Ähnliches tut unsere Wahrnehmung (mit diesem Begriff meine ich den Akt des bewussten Beobachtens): Sie blendet den allergrößten Teil aller Möglichkeiten aus, so dass eine bestimmte Realität übrig bleibt (dass bei der Auswahl einer Realität ebenfalls – wie beim elektronischen Empfänger – das Resonanzprinzip eine wichtige Rolle spielt, werden wir später noch sehen). So entsteht aus dem Chaos der Möglichkeiten eine überschaubare und in sich schlüssige Welt. Man könnte es auch die »Kunst des kreativen Weglassens« nennen. Vielleicht kennen Sie die Geschichte von dem Bildhauer, der für seine absolut naturgetreuen Statuen berühmt war, die ihm mit Leichtigkeit gelangen. Als man ihn fragte, was das Geheimnis seiner Kunst sei, antwortete er: »Das ist doch ganz einfach: Ich schaue mir die abzubildende Person genau an und schlage dann von dem Stein alles weg, was ihr nicht ähnlich sieht!«

Haben Sie schon einmal Musik im Rauschen eines Flusses gehört? Ich habe das einmal erlebt – es klang fast wie Gesang. Mein Gehirn hat dabei offenbar bestimmte

Frequenzen aus dem Chaos der Töne so weit gedämpft bzw. seine Aufmerksamkeit auf einen bestimmten Teilbereich des Frequenzspektrums konzentriert, so dass ein vager Eindruck »sinnvoller« Klänge entstand. Ähnliches habe ich als Jugendlicher auch im visuellen Bereich erlebt: Die damals üblichen Fernsehgeräte zeigten, wenn man keinen bestimmten Sender eingestellt hatte oder nachts kein Programm mehr gesendet wurde, Rauschen auf dem Bildschirm – ein flimmerndes Chaos von Punkten unterschiedlicher Helligkeit (auch »Schnee« genannt). Ich stellte irgendwann erstaunt fest, dass ich bei längerer Betrachtung dieses Rauschens einfache Formen – Dreiecke und Quadrate – darin sehen oder vielmehr »hineinprojizieren« konnte, die sich schwach vom Hintergrund abhoben. Diese folgten in gewissen Grenzen sogar meinen Gedanken, ich konnte ein Dreieck beispielsweise rotieren lassen. Auch hier hat mein Gehirn offenbar Teilbereiche des wahrgenommenen Frequenzspektrums so abgedämpft, dass eine strukturierte Form übrig blieb. Auf ähnliche Weise filtert unser Bewusstsein sinnvolle Wahrnehmungen aus dem Chaos möglicher Realitäten heraus.

> *»Der Grundfehler aller Systeme ist das Verkennen dieser Wahrheit, dass der Intellekt und die Materie Korrelata sind, d. h. eines nur für das andere da ist, beide miteinander stehen und fallen, eines nur der Reflex des anderen ist, ja, dass sie eigentlich eines und dasselbe sind, von zwei entgegengesetzten Seiten betrachtet.«*
>
> *Arthur Schopenhauer*

Es gibt noch eine weitere Analogie zwischen unserer Wahrnehmung und einem Radio- oder Fernsehempfänger: Jeder Schwingkreis bzw. elektrische Filter (und auch jeder andere Frequenzfilter bzw. Resonator) hat eine gewisse *Bandbreite*, das bedeutet, er reagiert nicht nur auf die exakte Resonanzfrequenz, sondern auch auf deren unmittelbare Nachbarfrequenzen.[55] Ein breitbandiger Filter reagiert dabei auf einen größeren Frequenzbereich als ein schmalbandiger. Für bestimmte elektronische Anwendungen gibt es auch Filter mit einstellbarer Bandbreite.

Unsere Wahrnehmung hat offenbar ebenfalls die Fähigkeit, wahlweise einen mehr oder weniger »breiten« Bereich aus dem Spektrum aller Möglichkeiten des Multiversums herauszufiltern (erinnern wir uns noch einmal daran, dass es sich hierbei um ein kontinuierliches Spektrum und nicht um eine Ansammlung scharf voneinander abgegrenzter Einzelrealitäten handelt). Je nach eingestellter »Bandbreite« nehmen wir entweder eine Überlagerung möglicher Zustände oder einen einzelnen Zustand wahr (wobei der Übergang hier stufenlos ist, denn auch eine sehr genaue Beobachtung enthält im Normalfall immer noch einen kleinen Rest Unschärfe). Ich stelle es mir gerne wie die Scheuklappen eines Pferdes vor, nur dass

---

55 Vielleicht haben Sie es schon einmal erlebt, dass Sie im Radio zwei Sender zugleich gehört haben. In diesem Fall lagen die Trägerfrequenzen der Sender so dicht zusammen, dass sie beide in den Bandbreitenbereich des Empfangsfilters fielen.

ihr Winkel einstellbar ist, so dass wir je nach Bedarf einen mehr oder weniger breiten Ausschnitt aus dem Möglichkeitsraum wahrnehmen können.

Das entscheidende Kriterium dafür, wie sich die Bandbreite des Wahrnehmungsfilters einstellt, scheint die *Widerspruchsfreiheit* zu sein – unsere Wahrnehmung hat offenbar eine integrierte Logik, die es ihr verbietet, bestimmte Kombinationen von Zuständen gleichzeitig wahrzunehmen (eben solche, die uns widersprüchlich erscheinen, beispielsweise dass eine Münze Kopf *und* Zahl zeigt). Nach der Viele-Welten-Deutung der Quantentheorie muss, sobald eine Beobachtung stattfindet, bei der der Beobachter von der Quantenwahrscheinlichkeit her mehrere sich widersprechende Zustände beobachten könnte, zwangsläufig eine Aufspaltung seiner Realität stattfinden, so dass jede Instanz des Beobachters nur *einen* der möglichen Zustände in einem widerspruchsfreien Zusammenhang beobachten kann. (Ob jede dieser Instanzen des Beobachters »gleich real« ist oder nicht, müssen wir, wie gesagt, offen lassen.)

Wir sind die Schöpfer unserer eigenen Wirklichkeit. Die Welt, die wir erleben, entsteht erst durch unsere bewusste Wahrnehmung, die aus dem gigantischen Spektrum aller Möglichkeiten eine bestimmte, mehr oder weniger scharf abgegrenzte Realität herausfiltert. Das grundlegende Kriterium ist dabei die Widerspruchsfreiheit der erlebten Realität.

Die Anforderungen an eine widerspruchsfreie Realität und damit zur Einstellung der »Wahrnehmungsbandbreite« müssen dabei nicht zwangsläufig für jeden Beobachter dieselben sein. Die Welt wird ja nicht nur von Menschen, sondern auch von anderen, mehr oder weniger intelligenten Lebewesen beobachtet. Wo beginnt hier das »Bewusstsein« im Sinne unserer Theorie? Kann zum Beispiel eine Maus durch eine Beobachtung eine einzelne Realität aus dem Spektrum der Möglichkeiten auswählen?[56] Fred Alan Wolf gibt in seinem Buch *Parallele Universen* eine meines Erachtens sehr einleuchtende Antwort auf diese Frage: Ja, sie kann – allerdings nur in solchen Fällen, in denen sie mit ihrer begrenzten Wahrnehmungsfähigkeit und Intelligenz in der Lage ist, die verschiedenen Realitäten zu unterscheiden. Wenn ihr in einer Realität ein Stück Käse vor die Nase fällt und in einer anderen nicht, sind dies zwei für eine Maus durchaus unterscheidbare (weil überlebensrelevante) Zustände, also muss sich die Maus in mehrere Instanzen aufspalten, von denen jede in einer eigenen Realität den jeweiligen Zustand (Käse oder kein Käse) wahrnimmt. Wenn hingegen jemand eine Münze wirft und diese neben der Maus auf dem Boden landet, wird sie vermutlich kaum bewusst unterscheiden können, ob Kopf oder Zahl oben liegt. In diesem Fall nimmt die Maus lediglich wahr, was sie mit ihrem Verstand erfassen kann (vermutlich etwa: »Da hat sich etwas Kleines

56 Albert Einstein kritisierte die Kopenhagener Deutung der Quantentheorie u. a. mit der Aussage, er könne einfach nicht glauben, dass eine Maus durch bloßes Hinschauen drastische Veränderungen im Universum bewirken könne.

neben mir bewegt und ein Geräusch gemacht.«). Während ein menschlicher Beobachter sich in zwei Realitäten aufspalten würde und in der einen »Kopf« und in der anderen »Zahl« beobachten würde[57] (weil die bewusste Unterscheidung dieser Zustände für ihn möglich ist), würde die Maus sich hier nicht aufspalten, sondern eine unscharfe Überlagerung beider möglicher Zustände der Münze wahrnehmen, so wie wir in einem physikalischen Experiment eine Überlagerung aller möglichen Orte eines Elektrons beobachten, solange wir uns nicht durch bestimmte Messvorrichtungen in die Lage versetzen, den Ort eines einzelnen Elektrons zu bestimmen.

Aber auch zwischen verschiedenen Menschen könnte es durchaus große Unterschiede in der persönlichen Wahrnehmungsbandbreite geben. Unsere Kriterien für die Widerspruchsfreiheit unserer Realität sind sicherlich nicht alle biologisch determiniert, sondern in großen Teilen vom persönlichen und kulturellen Hintergrund eines Menschen sowie dem Entwicklungsstand seines Bewusstseins abhängig. Zahlreiche »abnorme« Wahrnehmungsphänomene (ein wissenschaftlicheres und weniger wertendes Attribut wäre »paranormal«), die in unserer Kultur gemeinhin entweder als erfundene Geschichten oder als Halluzinationen abgetan werden, müssen vor diesem Hintergrund neu bewertet werden.

5.2 Die Illusion von Zeit und Kausalität

> *»Die wahre Bewegung, die allem zugrunde liegt, ist die Bewegung des Denkens. Wahre Energie ist die Energie des Bewusstseins.«*
>
> *P. D. Ouspensky*

In einem bekannten Zen-Koan[58] beobachten zwei Mönche eine Fahne, die auf dem Tempeldach im Wind flattert. Einer der beiden behauptet: »Die Fahne bewegt sich.« Der andere widerspricht: »Nein, der Wind bewegt sich!« Sie diskutieren hin und her und können sich nicht einigen, bis der sechste Patriarch des Weges kommt und sagt: »Weder die Fahne noch der Wind bewegt sich – es ist der Geist, der sich bewegt!« Die beiden Mönche sind daraufhin von tiefer Ehrfurcht ergriffen.

Diese viele Jahrhunderte alte Geschichte beschreibt zwei unterschiedliche Betrachtungsweisen des Phänomens »Zeit«. Jegliche Bewegung bzw. Veränderung – hier

57 Dies ist ein vereinfachtes Szenario. Tatsächlich gibt es natürlich noch unendlich viel mehr unterscheidbare Realitäten, angefangen damit, dass die Münze z. B. etwas weiter links landen könnte, bis hin zu sehr unwahrscheinlichen, aber quantenphysikalisch möglichen Realitäten, in denen die Münze z. B. auf der Kante stehen bleibt oder gar spontan verdampft.

58 Koans sind kurze Texte (zumeist Aussprüche oder Darstellungen des Verhaltens von Zen-Meistern), die im Zen-Buddhismus verwendet werden, um Schülern den Geist des Zen zu vermitteln. Sie enthalten oft seltsame oder scheinbar widersprüchliche Aussagen, die dem Schüler, indem er (oft erst nach langer Meditation) ihren jenseits der Logik liegenden, tieferen Sinn begreift, den Sprung auf eine neue Bewusstseinsebene ermöglichen.

die Bewegung der Fahne – erfordert naturgemäß Zeit. Die beiden Mönche stecken in der konventionellen Sichtweise fest, in der sie den Eindruck haben, dass sich Dinge bewegen und verändern, während die Zeit »verstreicht«. Einer der beiden Mönche denkt dabei immerhin schon ein Stück weiter und erkennt, dass die scheinbar aktive Bewegung der Fahne bei näherer Betrachtung nur die passive Folge einer tieferen, den Augen verborgenen Ursache (nämlich des Windes) ist.

Der Patriarch denkt jedoch einen wesentlich größeren Schritt weiter und macht den Mönchen klar, dass man es auch so sehen kann, dass sich eigentlich gar nicht die Dinge selbst bewegen, sondern lediglich das Bewusstsein des Beobachters – womit er die Bewegung und Veränderung der Gegenstände als Illusion einstuft.

Erinnern wir uns noch einmal an das Konzept der »Weltlinien« (Abschnitt 2.3): Wenn wir alle Momente im Dasein eines Gegenstandes oder einer Person in der Zeitdimension »hintereinander« anordnen, entsteht ein lang gezogenes Gebilde, das die Lebensgeschichte des Objektes vollständig beschreibt. Betrachten wir nun dieses Gebilde in seiner Gesamtheit aus einer höherdimensionalen Perspektive, so bewegt es sich selbst überhaupt nicht – obwohl es sämtliche Informationen über die Bewegung des fraglichen Objektes durch Raum und Zeit beinhaltet!

Wenn sich aber eine Weltlinie als solche nicht bewegt, wie entsteht dann die Illusion einer Bewegung? Der Trick liegt darin, dass das Bewusstsein eines (herkömmlichen) Beobachters immer nur einen sehr kleinen Ausschnitt (auch »Moment« genannt) aus der Weltlinie des betrachteten Objektes wahrnimmt. Wenn wir uns nun vorstellen, dass das Bewusstsein des Beobachters sich an der Weltlinie »entlangbewegt«, sie sozusagen »abtastet« und dabei nacheinander die einzelnen »Momentaufnahmen« wahrnimmt, setzt sich aus diesen wie bei einem Daumenkino der Eindruck der Bewegung und Veränderung zusammen (vgl. Abbildung auf Seite 40).

Vielleicht haben Sie schon einmal aus dem Fenster eines Zuges, der auf einer mehrgleisigen Strecke fuhr, nach unten auf das Nachbargleis geschaut und den Eindruck gehabt, dass das Gleis sich eigentlich gar nicht bewegt – die Schwellen rasen so schnell vorbei, dass man sie nicht mehr wahrnimmt, während die Stahlschiene stillzustehen scheint, da sie sich in Fahrtrichtung kaum verändert – wenn sich jedoch der Abstand der Gleise verändert oder eine Weiche vorbeikommt, scheinen die Schienen sich plötzlich seitlich zu bewegen oder zu teilen bzw. zu vereinigen. Dies ist ein anschauliches Modell der Weltlinien-Idee: Die Fahrtrichtung des Zuges stellt die Zeitdimension dar, die Richtung quer dazu den Raum und die Gleise die Weltlinien. Durch die Bewegung des beobachtenden Bewusstseins in der Zeit werden die eigentlich stillstehenden Kurven und Verzweigungen der Weltlinien zu scheinbaren Bewegungen im Raum. Das Einzige, was sich hierbei tatsächlich bewegt, ist das Bewusstsein des Beobachters. *»Es ist der Geist, der sich bewegt«.*

Zwar widerspricht diese Vorstellung von ruhenden und unveränderlichen »Weltlinien«, die erst durch das Bewusstsein zu scheinbar veränderlichen »Dingen« werden, unserem Alltagsempfinden, jedoch liefern die aktuellen physikalischen Theorien einiges an Argumenten für diese Sichtweise. Erinnern wir uns zunächst an die Relativitätstheorie: Sie bestätigt, dass die Zeit tatsächlich den Charakter einer Dimension hat, woraus sich das Konzept der Weltlinien unmittelbar ergibt, wie bereits in Kapitel 2 gezeigt.

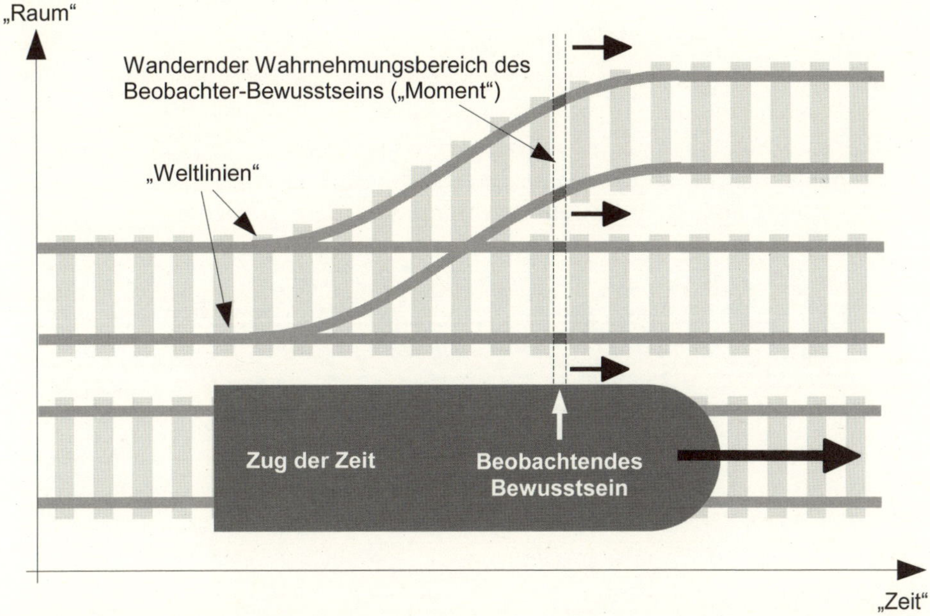

Auch wenn man dies akzeptiert, könnte man sich jedoch immer noch vorstellen, dass die Weltlinien keine unveränderlichen, fertigen Strukturen sind, sondern erst »im Laufe der Zeit« wachsen, etwa wie die Spur eines Fahrrades im Sandboden. Wir neigen zu dieser Vorstellung, weil wir einen gravierenden *Unterschied zwischen Vergangenheit und Zukunft* empfinden: Die Vergangenheit betrachten wir als »existent« und unabänderlich wie die Spur, die das Fahrrad bereits zurückgelegt hat, während die Zukunft für uns »noch nicht existiert«, da sie unbekannt (und in der Vorstellung der meisten Menschen auch mehr oder weniger unbestimmt) ist – eine leere Sandfläche vor dem Fahrrad. Der Grund für diese Vorstellung ist klar: Über die Vergangenheit haben wir relativ klare Daten im Gedächtnis, über die Zukunft nicht.

Dummerweise zerstört die Relativitätstheorie auch diese Illusion, denn wie wir in Abschnitt 2.4 gesehen haben, nimmt jeder Beobachter – je nach seinem Bewegungszustand – eine andere Struktur der Raumzeit wahr. Dabei ist auch die Beantwortung der Frage, ob zwei räumlich getrennte Ereignisse »gleichzeitig« stattfinden oder nicht, vom Beobachter abhängig (siehe Seite 59). Zeit ist also ein sehr individuelles Phänomen. Jeder Beobachter hat sein eigenes »Jetzt« und damit auch seine eigene Einteilung der von ihm beobachteten Ereignisse in »Vergangenheit«, »Gegenwart« und »Zukunft« (auch wenn sich dies in unserem Alltag aufgrund der vernachlässigbaren Geschwindigkeitsunterschiede nicht bemerkbar macht). Wenn es jedoch kein für alle Beobachter geltendes »Jetzt« und damit auch keine allgemein gültige Einteilung des Weltgeschehens in »vergangene« und »zukünftige« Ereignisse gibt, bedeutet das nichts anderes, als dass *kein physikalischer Unterschied zwischen Vergangenheit und Zukunft* besteht. Daraus können wir folgern, dass unser üblicher Eindruck, die Vergangenheit sei irgendwie »realer« als die Zukunft, rein subjektiv ist und daher illusorischen Charakter hat.

Aus der universellen (dimensionsübergreifenden) Perspektive ist die Zukunft also genauso existent wie die Vergangenheit, sie sind in keiner Weise unterscheidbar. Alle »Zeitpunkte« existieren »parallel« zueinander. Besonders in spirituellen Zusammenhängen hört und liest man gelegentlich Formulierungen wie »Zeit ist eine Illusion – Vergangenheit und Zukunft existieren im Hier und Jetzt«.

Es gibt physikalisch keinen Unterschied zwischen Vergangenheit und Zukunft. In der höherdimensionalen Struktur der Welt existieren alle Zeitpunkte parallel. Das »Verstreichen« der Zeit ist eine subjektive Wahrnehmung.

Nun stellt sich natürlich eine schwerwiegende Frage: Wenn die Zukunft nach diesem Modell sozusagen »schon jetzt« existiert,[59] ist sie dann also doch vorherbestimmt und unabänderlich? Wenn man die komplette Lebensgeschichte eines Objektes oder einer Person als statisches Gebilde aus einer »zeitlosen Perspektive« darstellen kann, gibt es ja keinerlei Variationsmöglichkeiten mehr! Gibt es also doch ein festgelegtes Schicksal des Individuums?

Die Antwort lautet natürlich »Nein«, denn wie wir wissen, hat die Quantentheorie das deterministische (vorherbestimmte) Weltbild der klassischen Physik durch ein »unscharfes«, durch Wahrscheinlichkeiten beschriebenes Weltbild ersetzt. Wie aber können wir die Vorstellung, dass die Zukunft »bereits existiert«, mit einem unbestimmten Schicksal vereinbaren?

Hierzu müssen wir das im vorigen Kapitel beschriebene Konzept des multidimensionalen Möglichkeitsraumes in unsere Betrachtung der Zeit einbeziehen. Erinnern wir uns: Jede der unzähligen Dimensionen dieses Raumes repräsentiert eine der möglichen variablen Eigenschaften eines Elementarteilchens. Hierzu zählt auch der Aufenthaltsort jedes Teilchens, der die bekannten drei Raumdimensionen für sich beansprucht. Nun wissen wir aber aus der Relativitätstheorie, dass Raum und Zeit untrennbar miteinander verbunden sind und dass es in diesem vierdimensionalen Raumzeit-Kontinuum nicht einmal einen grundsätzlichen Unterschied zwischen Raum und Zeit gibt. Von daher muss die Zeit – analog zum Raum – ebenfalls zu den Dimensionen des Möglichkeitsraumes gehören. Und tatsächlich zählt auch

59 Dies ist natürlich nur eine »Hilfsformulierung«, die zeigt, dass unser logisches Denken nicht von der Vorstellung der Zeit loskommt. Bei genauerer Betrachtung hat sie nicht mehr Sinn als die Aussage »Das Ende der Autobahn existiert schon in der Mitte der Autobahn«.

in der Quantentheorie die Zeit, ebenso wie der Ort, zu den grundlegenden Quanteneigenschaften eines Elementarteilchens (auch *Observablen* = beobachtbare Eigenschaften genannt) und muss auch von daher zwangsläufig im Möglichkeitsraum enthalten sein.

Das bedeutet, dass die vierdimensionale Raumzeit der Relativitätstheorie, also die »Ebene«[60], in der unsere Weltlinien sich schlängeln, nichts weiter als ein winziger »Ausschnitt« des Möglichkeitsraumes ist – sozusagen eine Art vierdimensionaler Wurstscheibe, die man aus einer gigantischen, multidimensionalen Hypersalami herausschneidet.

Zur Veranschaulichung habe ich in der folgenden Abbildung einmal eine sehr einfache Situation in Form eines erweiterten Weltlinien-Diagramms dargestellt:

Irgendein Objekt befindet sich im Raum, den wir wieder vereinfachend durch eine einzige Dimension darstellen. Nun hat das Objekt die Möglichkeit, entweder unbewegt an seinem Platz zu verharren oder in eine der beiden möglichen Richtungen (mehr stehen ihm im eindimensionalen Raum ja nicht zur Verfügung) zu beschleunigen. Die zweite Dimension verwenden wir in bewährter Weise für die Zeit, so dass aus dem Objekt eine Weltlinie wird. Es entsteht ein Raum-Zeit-Diagramm, wie wir es bereits kennen (siehe zum Beispiel Seite 42). Je nachdem, ob das Objekt stehen bleibt oder in eine der beiden Richtungen beschleunigt, ist die Weltlinie entweder eine Gerade in Richtung der Zeitachse (Stillstand) oder eine in die jeweilige Beschleunigungsrichtung gekrümmte Kurve. Um nun alle diese Möglichkeiten in *einer* Abbildung darzustellen, verwenden wir die dritte Dimension als *Möglichkeits-*

60 Dieser Begriff bezieht sich natürlich auf unsere vereinfachte, auf zwei Dimensionen reduzierte Darstellung der Raumzeit in Kapitel 2, in der es nur *eine* Raum- und eine Zeitdimension gibt.

dimension und ordnen die verschiedenen Varianten des Weltlinienverlaufs übereinander an, wie in der Abbildung gezeigt.

Ganz oben liegt das eine Extrem (Objekt beschleunigt stark in die eine Richtung), ganz unten das andere (starke Beschleunigung in die andere Richtung). Etwa auf halber Höhe liegt die Variante »Stillstand« (Weltlinie bleibt parallel zur Zeitachse). Aber auch alle Zwischenstufen sind vorhanden – und zwar wirklich *alle*, denn die hier gewählte »Schichtdarstellung« dient natürlich, genau wie bei unserer Flab-Szene auf Seite 40, nur der Übersicht. Tatsächlich müssen wir uns auch in vertikaler Richtung einen *kontinuierlichen* Übergang vorstellen, wodurch sich die hier sichtbaren einzelnen Weltlinien zu einem dreidimensionalen Gebilde, einer Art »Weltfläche« verbinden, die oben in die eine Richtung gekrümmt ist und unten in die andere.

Somit ist aus dem gewöhnlichen Objekt ein höherdimensionales Gebilde geworden, das durch Berücksichtigung von Zeitdimension *und* Möglichkeitsdimension nicht nur eine, sondern viele mögliche Lebensgeschichten oder »Schicksale« des Objektes beinhaltet. Und wenn wir nun die vereinfachte Darstellung hinter uns lassen und uns erinnern, dass es nicht nur eine, sondern unzählige Möglichkeitsdimensionen gibt, so wird bei logischer Fortsetzung dieses Prinzips aus jedem gewöhnlichen Objekt eine multidimensionale Struktur, die *sämtliche* möglichen Lebensgeschichten des Objektes in sich vereinigt. Und alle diese Strukturen zusammen bilden das Multiversum, das *alle möglichen Entwicklungsgeschichten der Welt* in sich vereinigt. Je nachdem, an welcher Stelle man eine (vierdimensionale) Raumzeit-Scheibe aus dieser kosmischen Salami herausschneidet, kommt jeweils ein anderes »Schicksal« des Universums zum Vorschein!

Somit existieren im Möglichkeitsraum nicht nur alle möglichen Varianten des Universums zu einem bestimmten Zeitpunkt, sondern *alle* möglichen Realitätsvarianten *aller* Zeiten parallel, also auch unsere Vergangenheit und Zukunft in all ihren möglichen Variationen. Aus der universellen Perspektive existiert *alles*, was jemals war bzw. hätte sein können und alles, was jemals sein wird oder sein könnte, in einer großen, gemeinsamen Matrix. Von »außen« betrachtet ist diese Gesamtmenge aller möglichen Ereignisse ein statisches und damit »zeitloses« Etwas.

Unsere Raumzeit ist ein kleiner Ausschnitt aus dem Möglichkeitsraum, der sämtliche möglichen Entwicklungsgeschichten des Universums und damit alle möglichen Schicksale der darin existierenden Objekte in sich vereinigt.

Nun zurück zur individuellen Perspektive und damit zur Rolle des Bewusstseins: Im vorigen Abschnitt habe ich dargestellt, dass unser Bewusstsein mittels einer Art Filterfunktion aus der Vielzahl möglicher Realitäten eine bestimmte auswählt, indem der von uns wahrgenommene Ausschnitt des Möglichkeitsraumes so »eng« gemacht wird, dass wir die verbleibende Wirklichkeit als in sich schlüssig empfinden und damit eine *widerspruchsfreie* Version der Realität erleben. Ich nenne dies auch den »Möglichkeitsfilter«.

In diesem Abschnitt nun haben wir die Vorstellung entwickelt, dass sich das Bewusstsein durch die Raumzeit »bewegt« und dabei den Eindruck einer verstreichenden Zeit entstehen lässt, indem es immer nur einen kleinen Ausschnitt seiner persönlichen Zeitachse (auch »Moment« oder »Zeitpunkt« genannt) wahrnimmt. Auch dies ist eine Filterfunktion (ich nenne sie »Zeitfilter«), denn auch hier wird unser Wahrnehmungsbereich eingeschränkt. Wenn wir nun berücksichtigen, dass die Zeit im Prinzip eine Möglichkeitsdimension wie jede andere ist, wird klar, dass der Zeitfilter eigentlich nur einen Teilaspekt – genauer gesagt eine Dimension – des Möglichkeitsfilters darstellt. Auch die Zeitfilterung gehört offenbar zu unserem Konzept der Widerspruchsfreiheit, das uns eine in sich schlüssige Realität verschafft. Es leuchtet auch unmittelbar ein, dass es für unsere Logik wenig Sinn ergeben würde, zwei zeitlich getrennte Momente unseres Lebens gleichzeitig zu erleben.

Unser Bewusstsein ist also so geartet, dass es seinen Wahrnehmungsbereich auf einen sehr kleinen Ausschnitt des Multiversums beschränkt, von dem aus es dann in nennenswertem Umfang nur noch drei Dimensionen (den herkömmlichen Raum) wahrnimmt. Zugleich ist es aber »beweglich« und kann variieren, welchen Ausschnitt es wahrnimmt – es »wandert« sozusagen durch den Möglichkeitsraum und erzeugt dadurch die Illusion der Zeit und der Veränderung der wahrgenommenen Umgebung. Ich stelle mir die einzelnen Bewusstseinsinstanzen (Individuen) gerne anschaulich wie viele kleine, leuchtende Punkte vor, die durch das Multiversum wandern und dabei eine Geschichte entstehen lassen.

Um es noch einmal ganz klar zu sagen: Was sich hier durch den Möglichkeitsraum »bewegt« und was ich manchmal auch als »Beobachter« bezeichnet habe, ist nicht eine Person mit materiellem Körper, sondern ein reines *Bewusstsein*, also etwas, das gemäß unserer Definition im vorigen Abschnitt unabhängig vom Körper und von sonstiger Materie existiert. Der Körper, mit dem Ihr Bewusstsein sich so gerne identifiziert, ist ebenso ein Teil der von diesem Bewusstsein beobachteten (und dadurch erst erschaffenen) Realität wie die Kaffeetasse auf dem Tisch vor Ihnen.[61]

Wie entsteht nun dieser »Bewegungspfad« des Bewusstseins durch den Möglichkeitsraum und damit das »Schicksal« eines Individuums? Wir erinnern uns: Nach der Viele-Welten-Deutung der Quantentheorie spaltet sich mit jeder bewussten Beobachtung das Bewusstsein des Beobachters in mehrere Instanzen auf, von denen jede *eine* mögliche Variante des beobachteten Ereignisses erlebt (wie in Abschnitt 4.3 erläutert, müssen wir dabei offen lassen, ob alle diese Instanzen »gleich real« sind oder eine davon sich als »die einzig wahre« auszeichnet). Innerhalb ihrer subjektiven Zeitwahrnehmung begibt sich also jede dieser Bewusstseinsinstanzen von

61 Falls dort *keine* Kaffeetasse steht – keine Sorge: Irgendwo im Multiversum existiert garantiert eine Variante von Ihnen, bei der die Tasse vorhanden ist.

der Gegenwart in eine andere mögliche Zukunft, die damit zu ihrer neuen Gegenwart wird. Sobald dann die nächste Beobachtung stattfindet, muss sich jede dieser Instanzen erneut aufspalten usw. Wenn man dieses Prinzip stark vereinfacht in einem zweidimensionalen Diagramm darstellt, in dem eine Dimension die Zeit und die andere eine beispielhaft ausgewählte Möglichkeitsdimension darstellt, entsteht eine Art Baumstruktur:

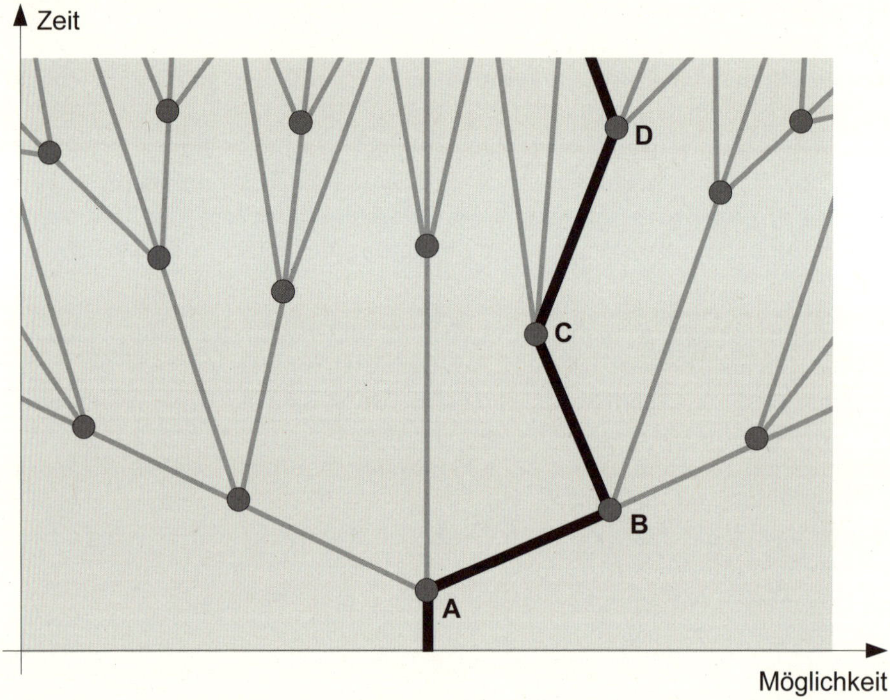

Jeder der kleinen Kreise in diesem Diagramm symbolisiert eine Beobachtung, bei der sich die vom Beobachter erlebte Realität in mehrere mögliche Varianten (hier jeweils drei) aufspaltet. Jeder der möglichen Pfade im Baum stellt ein mögliches »Schicksal« des Beobachters, das heißt eine bestimmte Verkettung von erlebten Ereignissen dar (den Pfad mit den Ereignissen A-B-C-D habe ich als Beispiel hervorgehoben). Was wir hier wiederfinden, ist im Prinzip nichts anderes als eine Weltlinie – mit dem Unterschied, dass sie sich diesmal nicht nur durch die vier Dimensionen der Raumzeit, sondern durch den gesamten multidimensionalen Möglichkeitsraum schlängelt und sich dabei ständig teilt, so dass ein »Weltbaum« entsteht. Das Individuum bemerkt hiervon allerdings nichts – es erlebt aufgrund der Filterfunktion seines Bewusstseins nur *einen* Pfad innerhalb des Baumes – nämlich seine eigene Lebensgeschichte.

Eine solche Baumstruktur ist übrigens auch in der Abbildung auf Seite 131 versteckt: Wenn wir die abgebildete (dreidimensionale) Struktur senkrecht von oben beleuchten würden, würde nach dem Prinzip der Projektion darunter als (zweidimensionaler) Schatten wieder eine verzweigte Baumstruktur entstehen – jede der dargestellten Weltlinien stellt einen Zweig des Möglichkeitsbaumes dar.

Nun müssen wir uns allerdings daran erinnern, dass die in beiden Abbildungen verwendete Darstellung mehrerer voneinander getrennter Weltlinien eine Vereinfachung darstellt und wir es eigentlich mit einer *durchgehenden* Struktur zu tun haben. In den allermeisten Fällen spaltet sich die erlebte Realität nicht in wenige, scharf getrennte Varianten auf, sondern in ein kontinuierliches Spektrum von Möglichkeiten (man erinnere sich an die Möglichkeitsdimensionen der Kaffeetasse).[62] Des Weiteren ist die Anzahl der Verzweigungspunkte in der Baum-Abbildung natürlich stark untertrieben. Solange unser Bewusstsein die Welt beobachtet, finden *permanent* Entscheidungen für bestimmte Realitätsvarianten statt. Eine realistischere Darstellung würde so viele Verzweigungen zeigen, dass man die einzelnen Weltlinien gar nicht mehr auseinander halten könnte. Insofern entpuppt sich hier auch der Begriff der Weltlinie wiederum als Hilfsvorstellung – tatsächlich ist das Multiversum keine Ansammlung von Weltlinien, sondern ein kontinuierlicher Raum von Zuständen. Die Weltlinien sind lediglich gedachte Kurven, die den Pfad einer bestimmten Bewusstseinsinstanz – das heißt eines Individuums – durch den Möglichkeitsraum beschreiben, ähnlich wie die Spur eines Elementarteilchens in einer Blasenkammer.[63]

Nun können wir auch die Frage nach der Vorherbestimmung der Zukunft beantworten: Dadurch, dass die »Bewegungsfreiheit« des Bewusstseins nicht auf eine bestimmte Raumzeit-Ebene festgelegt ist, sondern sich – resultierend aus den Aussagen der Quantentheorie – auch in andere Möglichkeitsdimensionen erstreckt, wird klar, dass die Zukunft *nicht* vorherbestimmt ist – schon deshalb nicht, weil es »*die* Zukunft« überhaupt nicht gibt, sondern beliebig viele Zukünfte, die alle parallel existieren. Genau genommen existiert im Möglichkeitsraum von Hause aus gar keine spezielle »Zeitdimension«, die sich gegenüber den anderen Möglichkeitsdimensionen auszeichnen würde – erst durch die »Bewegung« des Bewusstseins entsteht die persönliche Zeitachse des Individuums.

Unser Bewusstsein beschränkt durch Filterfunktionen seine Wahrnehmung auf einen winzigen Ausschnitt des Multiversums. Indem es sich durch den Möglichkeitsraum »bewegt«, entsteht die Illusion von Zeit und Veränderung.

62 Lediglich bei der Beobachtung bestimmter Eigenschaften einzelner Elementarteilchen (etwa des *Spins*, der nur zwei verschiedene Werte annehmen kann) kann sich die Anzahl der Möglichkeiten stark reduzieren.

63 In der Teilchenphysik wurden früher spezielle Kammern benutzt, in denen die Flugbahnen hindurchfliegender Elementarteilchen als Blasenspur (durch Ionisation und daraus resultierende Bläschenbildung des in der Kammer enthaltenen Gases) sichtbar gemacht werden konnten.

Vielleicht ist Ihnen aufgefallen, dass ich den Begriff »Bewegung« im Zusammenhang mit dem Bewusstsein zumeist in Anführungszeichen gesetzt habe. Vielleicht ahnen Sie auch schon den Grund dafür: Bewegung erfordert bekanntlich Zeit, und wenn ich die Zeit als Illusion einstufe, ist es nicht ganz konsequent, dies mit einer »Bewegung des Bewusstseins« zu begründen – denn selbst wenn wir dadurch sämtliche anderen Bewegungen im Universum als Illusion entlarven, bleibt immer noch eine übrig, nämlich die des Bewusstseins selbst. Damit haben wir das Problem eigentlich nur um eine Ebene verschoben – wir benötigen sozusagen eine »Meta-Zeit«[64], um die Bewegung des Bewusstseins zu beschreiben, durch die wiederum die »gewöhnliche« (subjektive) Zeit entsteht.

Ich habe Ihnen bisher auch verschwiegen, dass die zu Beginn zitierte Geschichte der drei Zen-Mönche noch ein »Nachspiel« hat: Der Zen-Meister Mumon Ekai (1183-1260) stellte eine Sammlung von 48 überlieferten Koans zusammen und fügte zu jedem einen Kommentar in Gedichtform hinzu, der oft nicht weniger geheimnisvoll ausfiel als das Koan selbst. Sein poetisch umkleideter Kommentar zu der Geschichte mit den Mönchen und der Fahne lautete:

»Weder der Wind noch die Fahne noch der Geist bewegen sich. Wo erkennst du das Herz des Patriarchen? Wenn du klar sehen kannst, dann wirst du wissen, dass die beiden Mönche Eisen kaufen wollten und Gold erhielten. Du wirst wissen, dass der Patriarch sein Mitleid nicht unterdrücken konnte und eine peinliche Szene machte.

Der Wind weht, die Fahne flattert, der Geist bewegt sich:
Alle verfehlten sie es.
Obwohl er es versteht, seinen Mund zu öffnen,
begreift er nicht, dass er durch Worte eingefangen wurde.«

Mumon geht also wiederum einen Schritt weiter und bezeichnet auch die Bewegung des Geistes als Illusion. In der letzten Zeile weist er zudem darauf hin, dass die Sprache unser Erkennen einschränkt (vgl. Abschnitt 1.2). Tatsächlich ist es unsere herkömmliche Denkstruktur (auf der ja auch die Sprache basiert), die es uns unmöglich macht, die Vorstellung einer verstreichenden Zeit vollständig aufzugeben. Wir werden im weiteren Verlauf dieses Buches zwangsläufig immer wieder in diese »Zeitfalle« tappen.

Wodurch nehmen wir die scheinbare »Bewegung« des Bewusstseins, das heißt das, was wir als Zeit empfinden, überhaupt wahr? Tatsächlich erleben wir immer nur den aktuellen Moment als real existent. Die Vergangenheit ist also eigentlich genauso wenig real wie die Zukunft – mit dem Unterschied, dass in unserem Ge-

---

64 »Meta« ist griechisch und bedeutet »nach«, wird aber in der wissenschaftlichen Sprache meist im Sinne von »eine Ebene höher« verwendet. Eine Metatheorie ist z. B. eine Theorie, die sich mit anderen Theorien befasst und deren Strukturen, Gemeinsamkeiten und Widersprüche beschreibt. Die Metaphysik ist der Zweig der Philosophie, der sich mit physikalischen Denkmodellen und übergeordneten Realitätsfragen befasst.

> *»Die Zeit kommt aus der Zukunft, die nicht existiert, in die Gegenwart, die keine Dauer hat, und geht in die Vergangenheit, die aufgehört hat zu bestehen.«*
>
> *Augustinus*

dächtnis über die Vergangenheit Informationen gespeichert sind und über die Zukunft nicht (oder nur sehr vage). Diese Informationen nehmen wir zusätzlich zur aktuell erlebten »Außenwelt« wahr.[65] Es ist dabei wichtig zu verstehen, dass der Gedächtnisinhalt nicht zum Bewusstsein (der aktiv wahrnehmenden Instanz) an sich gehört, sondern ein »Ding« ist, das ebenso vom Bewusstsein beobachtet wird wie die so genannte Außenwelt – er ist etwa einem Buch oder Film vergleichbar. Das Zunehmen der im Gedächtnis gespeicherten Daten interpretieren wir als Zeitablauf.

Aus der höherdimensionalen Perspektive, in der alle Zeitpunkte »gleichzeitig« existieren (hier stoßen wir wieder an die begriffliche Grenze, die dadurch bedingt ist, dass wir die Vorstellung von Zeit einfach nicht aus unserem Denken verbannen können) ist Zeit nichts weiter als eine bestimmte Art und Weise, wie unser Bewusstsein Ereignisse (die alle parallel existieren) *sortiert*. Man nehme einen gigantischen Pool möglicher Ereignisse und suche sich eine Teilmenge daraus aus, die man dann so sortiert, dass die Ereignisse eine logisch schlüssige Abfolge bilden – insbesondere so, dass die Gedächtnisinhalte »späterer« Ereignisse (mehr oder weniger genau) die wahrgenommene »Außenwelt« der als »früher« einsortierten Ereignisse widerspiegeln, so dass eine in sich schlüssige Erinnerungskette entsteht.

Nun könnten Sie zu Recht einwenden, dass ja auch der Vorgang des »Sortierens« wiederum Zeit beansprucht. Hier stoßen wir allerdings endgültig an die Grenzen unseres Denkens und unserer Sprache – es ist naturgemäß einfach nicht möglich, die zeitlose Natur des Daseins einem in der Zeit verhafteten Verstand wirklich begreiflich zu machen. Das »Sortieren« von parallel existierenden Ereignissen scheint mir im Rahmen unseres Verstandes die bestmögliche Beschreibung dessen zu sein, was unser Bewusstsein »tut« (schon wieder die Zeitfalle – auch »Tun« erfordert Zeit ...), um eine Geschichte zu erschaffen.

---

65 Es kann übrigens niemand beweisen, dass wir die in unserem Gedächtnis gespeicherten Ereignisse auch tatsächlich erlebt haben. Es existiert nur eine wahrgenommene Gegenwart, zu deren Eindrücken auch ein bestimmter Gedächtnisinhalt gehört – mehr ist nicht sicher. In dem Science-Fiction-Film *Total Recall* machen die Menschen keinen Urlaub mehr, sondern lassen sich – wesentlich preisgünstiger – einfach die komplette Erinnerung an einen wunderschönen Urlaub direkt in ihr Gehirn einprogrammieren. Wer weiß, ob unsere Vergangenheit echt ist bzw. ob der Begriff »echt« hier überhaupt einen Sinn hat?

Die Wahrnehmung von Zeit ist das Ergebnis der Eigenart unseres Bewusstseins, aus dem Möglichkeitsraum ausgewählte Ereignisse auf eine bestimmte Weise zu »sortieren«, um eine in sich schlüssige Geschichte zu erschaffen.

Die Kriterien, nach denen wir Ereignisse aus dem Möglichkeitsraum auswählen und sortieren und die dafür sorgen, dass unsere Realität für uns »logisch« bleibt, sind eine Eigenart unseres menschlichen Bewusstseins – es könnte durchaus andere Bewusstseinsformen geben, die Ereignisse ganz anders (oder gar nicht) sortieren und damit eine für uns unvorstellbare Realität erleben.

> *»Die Ordnung und Regelmäßigkeit also an den Erscheinungen, die wir Natur nennen, bringen wir selbst hinein und würden sie auch nicht darin finden können, hätten wir sie nicht oder die Natur unseres Gemüts ursprünglich hineingelegt.«*
>
> *Immanuel Kant*

Unsere Wahrnehmungsfilter führen zu einer Einschränkung der »Bewegungsfreiheit« unseres Bewusstseins im Möglichkeitsraum (ich kehre als Zugeständnis an unseren zeitabhängigen Verstand wieder zum Bild des »wandernden Bewusstseins« zurück). Der Möglichkeitsraum enthält ja *alle* denkbaren und undenkbaren Realitäten, und ein frei bewegliches Bewusstsein (von dem wir ja annehmen, dass es vom Körper unabhängig und nicht an Materie gebunden ist) könnte darin theoretisch die wildesten Kurven und Sprünge vollführen und eine völlig chaotische und unlogische Realität erleben. Möglicherweise geschieht dies sogar in gewissen Grenzen im Traum oder unter Drogeneinfluss – unser »normaler« Wachzustand scheint hingegen relativ strengen Wahrnehmungsgesetzen zu unterliegen. Diese sorgen dafür, dass unser Pfad durch den Möglichkeitsraum – das heißt, die Anordnung der erlebten Momente nacheinander – keine allzu wilden Kurven (und schon gar keine Sprünge) macht.

Insbesondere unterliegen wir der Einschränkung, dass unser Pfad in dem auf Seite 134 dargestellten Möglichkeitsbaum sich zwar aufspalten, sich aber nicht wieder mit einem anderen Zweig vereinigen kann, das heißt, die Aufspaltung in mehrere Instanzen kann nicht wieder rückgängig gemacht werden. Dies ergibt sich direkt aus dem Prinzip der Widerspruchsfreiheit, denn jeder der möglichen Pfade repräsentiert ja in sich eine in sich schlüssige mögliche »Geschichte« des Beobachters. Das Bewusstsein nimmt dabei bekanntlich immer nur einen sehr kurzen Zeitraum tatsächlich als erlebte Realität (Gegenwart) wahr. Die Vergangenheit existiert zu jedem betrachteten Zeitpunkt nur als Erinnerung im Gedächtnis des Beobachters. Was der Pfad letztlich repräsentiert, ist also die Gesamtmenge aller Ereignisse, die im Gedächtnis einer bestimmten Instanz des Beobachterbewusstseins gespeichert sind. Wenn man die Pfade in der Abbildung in die Vergangenheit zurückverfolgt, stellt man fest, dass alle Instanzen zumindest einen Teil ihrer Vergangenheit gemeinsam haben. Die Strecke A-B-C stellt zum Beispiel die gemeinsame Vergangenheit aller drei von Punkt C ausgehenden Instanzen dar, während nur einer der drei

Instanzen die Strecke C-D erlebt, die aber wiederum für alle von D ausgehenden Instanzen gemeinsame Erinnerung ist. Die gemeinsame Vergangenheit ist kein logischer Widerspruch: Da die einzelnen Instanzen nichts voneinander wissen, hat jede den Eindruck, sie sei die einzige, die den betroffenen Vergangenheitsabschnitt erlebt habe (und in gewisser Weise stimmt das auch, denn im fraglichen Zeitraum waren die verschiedenen Instanzen ja noch in einer einzigen vereint).

Ein logischer Widerspruch würde allerdings entstehen, wenn sich zwei oder mehr Pfade wieder vereinigen würden: Dann gäbe es plötzlich *eine* Instanz des Beobachters mit *mehreren* verschiedenen Vergangenheiten, also sich widersprechenden Erinnerungen! So etwas lässt unsere Wahrnehmung offensichtlich aus Gründen der Widerspruchsfreiheit nicht zu. Es wäre allerdings interessant, bestimmte »Geistesstörungen«, insbesondere gewisse Formen der Persönlichkeitsspaltung, einmal im Hinblick darauf zu untersuchen, ob hier vielleicht einfach der übliche Trennungsfilter, den unsere Wahrnehmung normalerweise zwischen die unterschiedlichen Realitätsvarianten einer Person schaltet, gewisse »Löcher« aufweist.

Es gibt im Übrigen noch weitere deutliche Anzeichen dafür, dass die hier beschriebenen »Wahrnehmungsregeln« eher eine Gewohnheit als eine unverrückbare Gesetzmäßigkeit darstellen. Insbesondere aus dem indischen Kulturkreis, wo die Menschen gegenüber »Wundern« (die man dort gar nicht unbedingt als solche bezeichnen würde) wesentlich offener sind als in der westlichen Kultur, aber auch aus anderen Teilen der Welt gibt es zahlreiche Berichte über Yogis und Heilige, die die Fähigkeit haben, zeitweise an mehreren Orten zugleich zu sein. Vielleicht haben diese Menschen »einfach« die Einschränkung überwunden, dass ein Individuum nur *eine* Vergangenheit (also eine eindeutige Weltlinie) haben darf. Auf die Natur sogenannter Wunder werde ich später noch genauer eingehen.

Eine weitere Einschränkung, die ich bereits in Kapitel 2 (Seite 44) angesprochen habe, ist die Tatsache, dass wir offenbar nicht ohne weiteres in die eigene Vergangenheit zurückreisen können. Auch dies lässt sich auf den ersten Blick mit dem Prinzip der Widerspruchsfreiheit begründen, denn offensichtlich widerspricht es unserer Logik, dass ich beispielsweise in die Vergangenheit reisen und meinen Großvater töten könnte, noch bevor er meinen Vater oder meine Mutter zeugen kann. Wenn man dennoch versucht, ein schlüssiges Zeitreise-Szenario zu entwerfen (was in der Science Fiction ein recht beliebtes Thema ist), kommt man im Normalfall nicht darum herum, mehrere *parallele Realitäten* in die Geschichte einzubeziehen. Sehr schön zeigt das zum Beispiel die Film-Trilogie *Zurück in die Zukunft*, in der der junge Marty McFly in die Vergangenheit zurückreist und versehentlich beinahe verhindert, dass seine Eltern sich ineinander verlieben, was natürlich seine eigene Existenz in Frage stellt. Es gelingt ihm zwar, dies wieder hinzubiegen, allerdings hat er dabei das Selbstbewusstsein seines zukünftigen Vaters derartig verbessert, dass er bei seiner Rückkehr in die Zukunft eine vollkommen andere Situation vorfindet als die, die er verlassen hat – sein Vater ist plötzlich ein erfolgreicher Schriftsteller, während er in der »alten« Realität zur selben Zeit ein einfacher

Angestellter (und ein Weichei) war. In den beiden Folgefilmen erlebt Marty noch andere Realitätsvarianten in verschiedenen Zeitepochen. Immer jedoch ist alles so gestaltet, dass die jeweilige Zukunft logisch auf der zuletzt erlebten Variante der Vergangenheit aufbaut – was nur dadurch möglich ist, dass Marty verschiedene Zweige des Möglichkeitsbaumes »bereist«, wobei er übrigens auch anderen Instanzen von sich selbst begegnet.

Ob solche Zeitreisen, bei denen tatsächlich eine physische Person oder ein materieller Gegenstand in der Zeit zurückreist, physikalisch möglich sind, ist nach wie vor umstritten, da dieses Thema den bereits angesprochenen Grenzbereich der aktuellen Physik berührt, in dem fleißig geforscht und spekuliert wird. Der Physiker Frank J. Tipler hat 1974 ein theoretisches Szenario entworfen, mit dem Zeitreisen möglich sein könnten: Hierzu benötigt man allerdings einen gigantischen, im Weltall schwebenden, rotierenden Zylinder aus extrem verdichteter Materie, wie sie nur in Neutronensternen vorkommt (das sind kollabierte Sterne, deren Masse nicht ganz ausreicht, um zu einem Schwarzen Loch zu werden) – ein Teelöffel dieser Materie hat eine Masse von Millionen Tonnen! Die extreme Gravitation dieses Gebildes würde die Raumzeit nach Tiplers Berechnungen so verzerren, dass ein genau im richtigen Winkel anfliegendes Raumschiff theoretisch rückwärts in der Zeit reisen könnte. Ob dieses Szenario den neuesten physikalischen Erkenntnissen standhält, ist mir allerdings nicht bekannt.

Im *subatomaren* Bereich scheinen Zeitreisen interessanterweise an der Tagesordung zu sein – zumindest gibt es Hinweise darauf, dass Elementarteilchen sich auf winzigen geschlossenen Schleifen in der Raumzeit bewegen können, was gleichbedeutend mit einer (sehr kleinen) Zeitreise wäre. Im makroskopischen Bereich werden solche geschlossenen Schleifen hingegen nicht beobachtet. Der wohl brillanteste theoretische Physiker der Gegenwart, Stephen Hawking, hat ausgerechnet, dass sich die Wahrscheinlichkeiten vieler derartiger mikroskopischen Zeitschleifen aufgrund der Quantengesetze so überlagern, dass der daraus resultierende Raumzeit-Pfad eines *großen* Objektes mit fast absoluter Wahrscheinlichkeit *nicht* in die Vergangenheit zurücklaufen kann. Die Wahrscheinlichkeit dafür, dass er es doch tut, beträgt 1 geteilt durch eine Zahl, die selbst die Anzahl der Elementarteilchen im Universum um einen gigantischen Faktor übersteigt.[66] Hawking neigt daher zu der Annahme, dass Zeitreisen großer Objekte *nicht* möglich sind – will sich damit aber nicht endgültig festlegen.

Schauen wir uns die Zeitreise-Frage einmal aus der Perspektive unseres in diesem Kapitel entwickelten Weltbildes an: Wir haben ja festgestellt, dass physikalische Körper sich eigentlich *gar nicht* bewegen (was eine Bewegung in der Zeitrichtung einschließt), sondern dass Zeit (und damit Bewegung) ein reines Bewusstseinsphänomen ist, das dadurch entsteht, dass das Bewusstsein sich durch den Möglichkeitsraum »bewegt«, indem es Ereignisse nach dem Kriterium der Wider-

---

66 Hawking gibt die Größenordnung der Wahrscheinlichkeit mit 10 hoch -10^{60} an.

spruchsfreiheit auswählt und sortiert. Wenn Sie nun in Ihre eigene Vergangenheit zurückreisen wollten (sagen wir, drei Wochen zurück), müsste Ihr Bewusstsein also irgendwie an die Position des Möglichkeitsraumes »zurückkehren«, an der Sie vor drei Wochen waren. Was aber würde es dort vorfinden? Natürlich würde es dort *exakt* dieselbe Welt beobachten, die Sie vor drei Wochen erlebt haben – denn der Möglichkeitsraum ist ja statisch und unveränderlich. Diese beobachtete Welt schließt aber *alles* Wahrgenommene ein – auch Ihren Körper und vor allem Ihren Gedächtnisinhalt! Das heißt, es gäbe *keinen* Unterschied zwischen Ihrem »damaligen« Erleben und dem »nach der Zeitreise«, Sie würden also gar nicht bemerken, dass Sie »zwischendurch« in der Zukunft waren ...

Vielleicht bemerken Sie jetzt, dass diese ganze Betrachtung auf einem Denkfehler basiert: Die »Bewegung« des Bewusstseins ist ja nur eine scheinbare – das heißt, das Bewusstsein *kann* gar nicht zweimal »nacheinander« denselben Punkt im Möglichkeitsraum besuchen, denn das würde ja eine verstreichende Zeit erfordern – auf dieser Ebene gibt es aber gar keine Zeit und damit auch kein »Nacheinander«. Die Wahrnehmung von Zeit *entsteht* ja erst durch die sinnvolle Anordnung von Ereignissen durch das Bewusstsein. Wenn Ihr Bewusstsein eine »sinnvolle« Zeitreise zustande bringen wollte, müsste es zu einem Punkt im Möglichkeitsraum »wandern«, bei dem zwar die wahrgenommene *Außenwelt* Ihrer Erfahrung vor drei Wochen entspricht, wo aber Ihr *Gedächtnisinhalt* ein anderer ist, denn Sie möchten Ihre »Erinnerungen an die Zukunft« ja mitnehmen. Damit befindet sich das Bewusstsein aber an einem *anderen* Punkt des Multiversums als vor drei Wochen. Auch dies zeigt, dass Zeitreisen, *falls* sie möglich sein sollten, in jedem Fall den Wechsel in eine parallele Realität erfordern (damit würde eine erfolgreiche Zeitreise nebenbei beweisen, dass parallele Realitäten »genauso real« sind wie die ursprüngliche und damit die ungeklärte Frage aus Abschnitt 4.3 lösen).

> *»Kausalität kann als eine Art der Wahrnehmung angesehen werden, durch die wir unsere Sinneseindrücke auf eine Ordnung reduzieren.«*
>
> *Niels Bohr*

Wie wir sehen, sorgt unser Bewusstsein auf wirklich zuverlässige Weise dafür, dass wir eine logisch aufgebaute Wirklichkeit erleben. In der von uns beobachteten makroskopischen Welt gilt ganz offensichtlich das Gesetz von Ursache und Wirkung, auch *Kausalitätsprinzip* genannt. Das erscheint uns zunächst als »naturgegeben«. Interessanterweise kommt jedoch in der Quantentheorie, die ja unserer physikalischen Realität nach derzeitigem Kenntnisstand zugrunde liegt, ein solches Prinzip gar nicht vor! Im subatomaren Bereich gibt es keine klassischen Ursache-Wirkung-Ketten, wie wir sie im Alltag erleben – es gibt nur sich überlagernde Wahrscheinlichkeiten. Da aber das Kausalitätsprinzip auf der Quantenebene nicht existiert und uns auch keine andere »äußere« Gesetzmäßigkeit bekannt ist, durch die es entstehen würde, bleibt nach jetzigem Kenntnisstand nur der Schluss, dass dieses Prinzip erst dadurch in die Welt kommt, dass unser Bewusstsein auf eine bestimmte Weise Ereignisse aus der Vielzahl der Möglichkeiten auswählt und sortiert.

Demnach ist also auch Kausalität – ebenso wie die Zeit – ein Produkt des Bewusstseins! Wir selbst sorgen dafür, dass aus einem Ereignis (»Ursache«) ein anderes (»Wirkung«) folgt und dabei ein schlüssiger Kausalzusammenhang entsteht. Eine gewisse Unschärfe bleibt dabei allerdings erhalten, so dass bestimmte Wirkungen zwar »wahrscheinlicher« sind als andere (was lediglich bedeutet, dass wir sie häufiger beobachten), es aber keine absolut festgelegte Kausalkette gibt, bei der auf eine bestimmte Ursache immer *exakt* dieselbe Wirkung folgt, denn dann wären wir ja wieder bei einem deterministischen Weltbild angelangt.

> *Das Kausalitätsprinzip ist ein Produkt unseres Bewusstseins, das durch geeignete Auswahl und Sortierung von Ereignissen aus dem Möglichkeitsraum dafür sorgt, dass auf eine »Ursache« eine passende »Wirkung« folgt.*

Was wir über das Kausalitätsprinzip gesagt haben, lässt sich auch auf andere Prinzipien ausdehnen, die wir gemeinhin als »Naturgesetze« bezeichnen. Ich betone es noch einmal, da diese Kernaussage unserer gängigen Vorstellung von der Welt massiv widerspricht: Es existiert »da draußen« keine Welt unabhängig von unserer bewussten Wahrnehmung. Wir selbst erschaffen die Welt, die wir erleben. Damit beschreiben die Regeln, die wir »Naturgesetze« nennen, letztlich auch nicht die Funktionsweise einer »äußeren«, von uns unabhängigen Welt, sondern vielmehr die Funktionsweise unseres eigenen Bewusstseins, das aus der Gesamtmenge aller möglichen Zustände eine Teilmenge so auswählt und strukturiert, dass daraus die komplexe und (mehr oder weniger) systematisch aufgebaute Welt entsteht, die wir erleben. Ohne diese Funktion des Bewusstseins hätte die Welt keine Struktur – die Gesamtmenge alles Möglichen ist wie das Rauschen eines defekten Radios, das alle Sender zugleich empfängt. Erst durch die Filter unseres Bewusstseins entsteht etwas Interessantes, das wir wahrnehmen können.

> *»Der Verstand schöpft seine Gesetze (a priori) nicht aus der Natur, sondern schreibt sie dieser vor.«*
>
> *Immanuel Kant*

> *Die sogenannten »Naturgesetze« beschreiben keine »äußere«, von uns unabhängig existierende Welt, sondern die Funktionsweise unseres eigenen Bewusstseins, das aus der formlosen Gesamtmenge alles Möglichen eine »sinnvolle« Struktur herausfiltert.*

5.3 Der Mythos vom Zufall

In den vergangenen Abschnitten war vielfach die Rede davon, dass unser Bewusstsein aus vielen möglichen Realitäten eine bestimmte »auswählt«. Wir haben auch einige Einschränkungen betrachtet, denen das Bewusstsein hierbei offenbar unterliegt, damit die entstehende Realität in sich schlüssig bleibt. Diese Einschränkungen sind letztlich gleichbedeutend mit den Wahrscheinlichkeitsverteilungen der Quantentheorie, die dafür sorgen, dass bestimmte Dinge mit höherer Wahrscheinlichkeit passieren als andere und manche Ereignisse so gut wie unmöglich sind.

Was wir dabei allerdings bisher ausgeklammert haben, ist die Frage, wovon es abhängt, *welche* der im Rahmen dieser Grenzen zulässigen Realitätsvarianten denn nun tatsächlich ausgewählt und damit zur erlebten Wirklichkeit wird. Diese Frage ist für unser praktisches Leben von großer Bedeutung, denn hiervon hängt ja letztlich ab, was tatsächlich in der von uns erlebten Realität »passiert«, das heißt, welches »Schicksal« wir erleben.

> *»Es gibt keinen Zufall; und was uns blindes Ungefähr nur dünkt, gerade das steigt aus den tiefsten Quellen.«*
>
> *Friedrich Schiller, »Wallensteins Tod«*

Die Physik hat auf diese Frage bisher keine allgemein anerkannte Antwort anzubieten. Naturwissenschaftlich orientierte Menschen schreiben die letztendliche Entscheidung, welches Ereignis aus dem Pool der möglichen Varianten sich tatsächlich ereignet, zumeist einer Instanz namens »Zufall« zu. Über die tiefere Natur dieser Instanz wird im Normalfall keine Aussage gemacht – ihre Existenz wird einfach vorausgesetzt. Etwas anderes bleibt einem auch kaum übrig, denn die etablierten physikalischen Theorien enthalten keine Definition, was Zufall eigentlich ist und wie er funktioniert. In der Fachsprache der wissenschaftlichen Theoriebildung ist die Existenz des Zufalls damit eine so genannte »starke Annahme«, das heißt eine Annahme, die sich innerhalb der betrachteten Theorie nicht begründen lässt, sondern zusätzlich getroffen wird. So etwas sehen Wissenschaftler normalerweise nicht so gern, denn eine Theorie gilt im Allgemeinen als umso eleganter und glaubwürdiger, je weniger willkürliche Annahmen sie benötigt und desto mehr Phänomene sie ohne solche Annahmen erklären kann.

In der klassischen (deterministischen) Physik brauchte man im Prinzip gar keinen Zufall, weil ja alles als exakt vorherbestimmt galt. Wenn man dennoch vom »Zufall« im Sinne einer Unvorhersagbarkeit sprach, meinte man damit eigentlich nur die *Unwissenheit* des Beobachters, denn wenn man die Anfangsbedingungen eines physikalischen Systems nicht (oder nicht genau) kennt, kann man seine weitere Entwicklung nicht exakt vorhersagen, auch wenn sie theoretisch exakt vorhersagbar wäre. In der modernen Physik hingegen ist die Vorhersagbarkeit prinzipbedingt nicht mehr gegeben. Hier gibt es also nur zwei Möglichkeiten: Entweder existiert tatsächlich eine Instanz namens Zufall, die (auf unvorhersagbare Weise) eine bestimmte Realitätsvariante Wirklichkeit werden lässt, oder es existiert ein anderer (weniger willkürlicher) »Mechanismus«, der diese Entscheidung trifft, wodurch der Zufall an sich nicht mehr erforderlich wäre und damit bestenfalls eine Umschreibung für unsere Unkenntnis des eigentlichen Entscheidungsprinzips wäre. Eine Kombination aus beiden Möglichkeiten wäre freilich ebenfalls denkbar.

Zunächst scheint es etwas weit hergeholt, die Existenz eines »unzufälligen« Ereignis-Auswahlprinzips anzunehmen, denn die Alltagserfahrung spiegelt in den meisten Fällen die Annahme eines vollkommen willkürlichen Zufalls recht genau wider. Dies äußert sich darin, dass man bei Ereignissen, die einer »breiten« Ergebnisverteilung unterliegen (etwa dem Werfen eines Würfels), zwar ziemlich genau vorhersagen kann, wie oft welches mögliche Ergebnis im statistischen Durchschnitt *vieler* Versuche auftritt, aber keinerlei Aussage darüber treffen kann, welches Ergebnis bei einem *einzelnen* Versuch eintreten wird. Wäre dies anders, würden wesentlich mehr Menschen im Lotto gewinnen.

Allerdings – und dies ist vielen Menschen überhaupt nicht bekannt – deuten zahlreiche experimentelle Ergebnisse darauf hin, dass es durchaus eine Instanz gibt, die einen »unzufälligen« Einfluss auf sogenannte Zufallsergebnisse hat – nämlich das menschliche Bewusstsein. Dies ist insofern wenig überraschend, als wir ja bereits angenommen haben, dass das Bewusstsein für die Ausfilterung einer einzelnen Realitätsvariante zuständig ist – von daher liegt es nahe, dass es auch entscheidet, *welche* Variante es auswählt.

Dieses Forschungsgebiet ist derzeit noch eher am Rand der Wissenschaft angesiedelt (man spricht auch von »Grenzwissenschaft«) und leidet daher an den üblichen Problemen solcher Versuchsfelder: Kritik von Seiten der »etablierten« Wissenschaft (das reicht in manchen Fällen bis zu inquisitorischen Zuständen), dadurch geringe Beachtung durch Fachpresse und Öffentlichkeit und dadurch geringe Forschungsgelder. Vor allem Letzteres hat natürlich einen negativen Einfluss auf die Qualität der Forschung, was wiederum der Kritik Nahrung gibt ... Selten gelingt es einem Randbereich der Wissenschaft, sich aus diesem Teufelskreis zu befreien, und viele vielversprechende Ansätze sind aus diesem Grund wieder in der Versenkung verschwunden. Natürlich darf man dabei nicht übersehen, dass sich in diesen Randgebieten tatsächlich viele unseriöse, selbst ernannte Pseudo-Wissenschaftler tummeln, insofern ist eine gewisse Vorsicht bei der Bewertung von Ergebnissen tatsächlich angebracht.

Glücklicherweise gibt es im Zusammenhang mit der Erforschung von Bewusstseinseinflüssen auf Zufallsexperimente aber auch Versuchsergebnisse, die hohen wissenschaftlichen Standards genügen. Als Beispiel möchte ich die Forschungen des 1979 an der Princeton University etablierten *Princeton Engineering Anomalies Research Program* (PEAR) anführen, deren Ergebnisse teilweise in dem lesenswerten Buch *An den Rändern des Realen* von Robert G. Jahn und Brenda J. Dunne veröffentlicht wurden. Bei diesen Versuchen wurden etwa 50 Testpersonen in Einzelsitzungen vor einem Zufallsgenerator platziert – einem Gerät, das durch digitale Abtastung des statistischen Rauschens einer Diode[67] Zufallszahlen erzeugte und

67 Wie alle elektronischen Komponenten weist eine Diode eine geringfügige, tempera-

auf einem Display anzeigte. Das Gerät war so gestaltet, dass jede der möglichen Zahlen mit derselben statistischen Wahrscheinlichkeit auftrat. Der Durchschnittswert aller seit Beginn der jeweiligen Testreihe erzeugten Zahlen wurde ebenfalls auf dem Display ausgegeben.

Die jeweilige Testperson hatte nun die Aufgabe, auf geistigem Wege die Höhe der erzeugten Zahlen zu beeinflussen. Wie sie das anstellte, blieb ihr selbst überlassen (berühren durfte sie das Gerät selbstverständlich nicht). Vorgegeben war lediglich, dass die Testperson die Absicht verfolgen sollte, den Durchschnittswert je nach Testreihe entweder höher oder niedriger als den statistisch zu erwartenden Mittelwert zu machen. Bei einigen Tests wurde interessehalber auch die Absicht vorgegeben, die Zahlen *nicht* zu beeinflussen. Die Testpersonen wandten nach eigenem Ermessen verschiedene Methoden an, zum Beispiel Konzentration, meditative Versenkung oder den Versuch, mit dem Gerät auf geistigem Wege zu »kommunizieren«. In jeder Testreihe wurde die Abweichung des Durchschnittswertes aller erzeugten Zahlen vom statistischen Mittelwert aufgezeichnet. Anschließend wurden alle bisher von der jeweiligen Testperson erzielten Abweichungen aufaddiert (kumuliert), um den Gesamterfolg zu ermitteln.

Solange die Teilnehmer nur wenige hundert Zufallszahlen »abgearbeitet« hatten, sahen die erzielten Gesamtabweichungen genauso chaotisch aus wie die Verteilung der Zufallszahlen selbst, lagen also durchaus im Rahmen dessen, was statistisch (also bei einer reinen Zufallsverteilung) zu erwarten war. Anders sah es allerdings aus, als die Ergebnisse nach Tausenden oder gar Zehntausenden von Zufallszahlen aufaddiert wurden: Hier zeigte sich bei den meisten Versuchspersonen tatsächlich eine signifikante Abweichung vom Mittelwert! Die Abweichungen einer einzelnen Testreihe waren demnach zwar so winzig, dass sie im »statistischen Rauschen« untergingen, aber wenn man die Abweichungen sehr vieler Testreihen addierte, zeigte sich, dass sie im Durchschnitt tatsächlich signifikant in eine bestimmte Richtung zeigten – und zwar bei den meisten Teilnehmern genau in die Richtung, die sie auch beabsichtigt hatten!

Die Abbildung auf der nächsten Seite (entnommen aus dem oben erwähnten Buch *An den Rändern des Realen*) zeigt die aufsummierten Abweichungen einer erfolgreichen Testperson in Abhängigkeit von der Anzahl der erzeugten Zufallszahlen. Die Kurve PK^+ bezieht sich auf die Versuche, bei denen der Teilnehmer versuchte, den Durchschnittswert zu erhöhen, bei PK^- versuchte er, ihn zu senken, und bei PK^0 hatte er nicht die Absicht, ihn zu verändern.[68] Deutlich ist erkennbar, dass mit zunehmender Anzahl von Versuchen die aufsummierte Abweichung immer stärker wird. Wäre die Abweichung zufallsgesteuert, würde die aufsummierte Ge-

turbedingte Elektronenbewegung auf, die sich als elektrisches Rauschen bemerkbar macht. Dies stellt normalerweise ein unerwünschtes Störsignal dar, wurde aber in diesem Fall als statistisch gleichmäßig verteiltes »Zufallssignal« genutzt.

68 »PK« steht für *Psychokinese* – damit wird in der Parapsychologie das Phänomen der direkten Beeinflussung von Materie durch den Geist bezeichnet.

samtabweichung niemals weit von der Nulllinie abweichen, egal wie viele Versuche man betrachten würde, weil die positiven und negativen Abweichungen sich im Mittel aufheben würden. Die Skala am rechten Bildrand gibt an, wie hoch (oder vielmehr wie gering) die Wahrscheinlichkeit ist, dass ein solches Ergebnis durch reinen Zufall zustande kommen könnte. Beispielsweise hatte dieser Teilnehmer, nachdem er 50 000 Zufallszahlen mit der Absicht »bearbeitet« hatte, den Durchschnittswert abzusenken (PK^-), eine Abweichung erzielt, die mit einer Wahrscheinlichkeit von nur 0,0001 (eins zu zehntausend) durch Zufall hätte entstehen können.

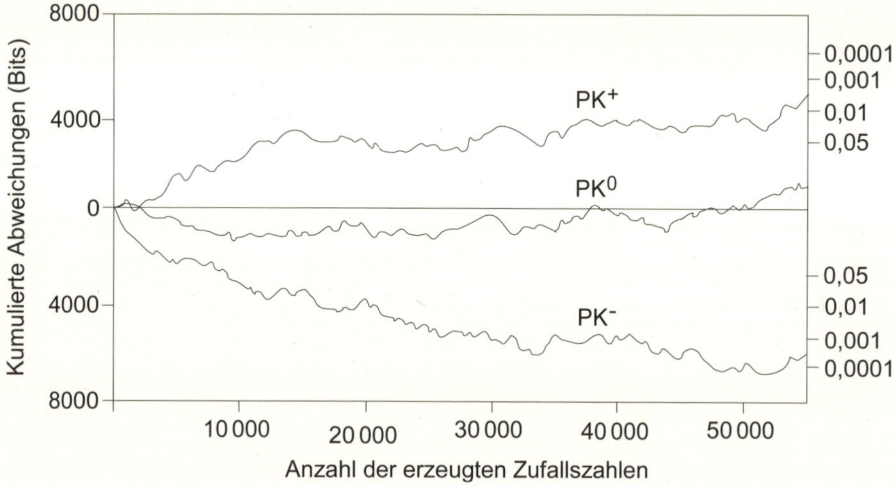

Nicht alle Versuchsteilnehmer erzielten so schöne Kurven wie oben abgebildet, aber bei vielen zeigten sich ähnliche, statistisch hochsignifikante Abweichungen vom Erwartungswert. »Hochsignifikant« bedeutet in der Sprache der Statistik, dass ein entsprechendes Ergebnis nur mit einer extrem geringen Wahrscheinlichkeit durch reinen Zufall entstehen kann. Wenn Sie zum Beispiel beim Würfeln gelegentlich zweimal hintereinander eine Sechs werfen, ist das zwar ein seltenes Ereignis, aber noch keine hochsignifikante Abweichung vom Erwartungswert. Würfeln Sie hingegen des Öfteren *zehnmal* hintereinander eine Sechs, ist das eindeutig eine hochsignifikante Abweichung, und Sie sollten sich bei einem Institut für parapsychologische Forschung als psychokinetisch hoch begabte Versuchsperson anmelden (zuvor sollten Sie allerdings Ihren Würfel einmal genauer unter die Lupe nehmen ...).

Auffällig war, dass sogar bei den PK^0-Testreihen, bei denen die Testperson gezielt *keine* Beeinflussung beabsichtigen sollte, ein Einfluss sichtbar wurde: Die Zufallszahlen schwankten nämlich bei diesen Versuchen häufig deutlich weniger stark um den Mittelwert, als es statistisch zu erwarten gewesen wäre – das heißt, die

Versuchsperson »zwang« die Zahlen irgendwie, sich nicht so weit vom Durchschnittswert zu entfernen, wie sie es »von Natur aus« getan hätten.[69]

Die beschriebenen Experimente wurden in gleicher Weise auch mit anderen Arten von Zufallsgeneratoren wiederholt, darunter auch ein rein mechanisches System, bei dem Kugeln durch ein Raster von Stiften fallen und bei jedem Stift mit statistisch gleicher Wahrscheinlichkeit entweder nach links oder nach rechts abprallen (*Galtonsches Brett*). Es stellte sich heraus, dass der Einfluss der Testpersonen auf die Ergebnisse unabhängig von der Art des gewählten Zufallsgenerators war! Dies deutet darauf hin, dass hier nicht etwa ein herkömmlicher physikalischer Einfluss (etwa eine Beeinflussung der Zufallselektronik durch elektromagnetische Ausstrahlungen des Gehirns) am Werk war, denn dieser hätte nur auf bestimmte Systeme Einfluss gehabt, aber nicht auf alle in derselben Weise. Vielmehr findet der Einfluss offenbar auf der *Informationsebene* statt – denn Information als solche ist, wie bereits ausgeführt, unabhängig von ihrem materiellen oder energetischen »Träger«. Demnach haben wir es hier offenbar tatsächlich mit einem *direkten* Einfluss des Bewusstseins auf die äußere Realität zu tun, denn das Bewusstsein agiert, wie ich beschrieben habe, auf der Informationsebene. Dass dieser Einfluss vorhanden ist, wurde durch die PEAR-Experimente – auch nach herkömmlichen wissenschaftlichen Maßstäben – zweifelsfrei nachgewiesen.[70]

Das Bewusstsein übt – ohne Umweg über physikalische Mechanismen – einen direkten Einfluss auf Ereignisse aus, die dem sogenannten Zufall unterliegen, und kann deren statistische Verteilung gezielt in eine bestimmte Richtung verschieben.

Diese Erkenntnis stellt freilich noch keinen Beweis dafür dar, dass es keinen Zufall gibt – eher deuten die Ergebnisse darauf hin, dass er durchaus existiert und durch den Bewusstseinseinfluss lediglich etwas »verzerrt« wird, denn trotz ihres offenkundigen Erfolges konnten die Versuchsteilnehmer in den Ergebnissen »nur« statistische Tendenzen verschieben, jedoch beispielsweise nicht gezielt bestimmte Zufallszahlen auswählen. Es verblieb also eine deutliche unvorhersagbare Komponente in den Ergebnissen. Wenn wir jedoch die zuvor aufgestellte These akzeptieren, dass die Naturgesetze keine »äußere Wirklichkeit«, sondern Funktionen unseres Bewusstseins beschreiben (diese These wird übrigens auch von Robert G. Jahn und Brenda J. Dunne in *An den Rändern des Realen* vertreten), müsste dies konsequenterweise auch für den sogenannten Zufall gelten, das heißt, auch die chaotische Komponente der Ergebnisse müsste sich letztlich als Eigenschaft des Bewusst-

69 Statistisch gesprochen: Der Mittelwert wurde (wie beabsichtigt) nicht verändert, aber die Standardabweichung wurde signifikant reduziert.

70 Dass die Fachwelt dennoch bis heute kaum Kenntnis davon nimmt, liegt wohl eher an der extremen Trägheit etablierter Weltbilder, die dazu führt, dass revolutionäre Erkenntnisse oftmals wahlweise übersehen, absichtlich ignoriert oder denunziert werden. Zum Thema Wissenschaftszensur empfehle ich z. B. das Buch *Die neue Inquisition* von Robert A. Wilson.

seins interpretieren lassen. Vielleicht ist der Begriff »Zufall« hier nur die Umschreibung für unsere Unkenntnis des tatsächlichen Prinzips. Ich werde im nächsten Kapitel auf diese Frage zurückkommen.

Interessant ist, dass die Ergebnisse der PEAR-Experimente stark von der jeweiligen Versuchsperson abhingen. Viele Teilnehmer wiesen in der grafischen Darstellung der aufsummierten Abweichungen typische, immer wiederkehrende persönliche Kurvenverläufe auf, die auch als »Signaturen« bezeichnet wurden. Unabhängig von der Art des verwendeten Zufallsgenerators erzielten diese Versuchspersonen immer ähnliche Ergebnisse. Einigen gelang dabei die PK^+-Beeinflussung (Erhöhung des Mittelwertes) deutlich besser als die PK^--Beeinflussung (Absenkung), und einige erzielten sogar genau das *Gegenteil* des beabsichtigten Effektes (Absenkung statt Erhöhung oder umgekehrt), dies aber konsequent bei allen Testreihen!

Offenbar waren also die von der jeweiligen Versuchsperson selbst gewählten und angewendeten Methoden zur Beeinflussung des Experimentes von unterschiedlichem Erfolg gekrönt. Leider enthalten die Ergebnisse keine detaillierten Angaben darüber, *welche* Methoden die erfolgreichsten Teilnehmer anwendeten – allerdings gibt es mittlerweile unabhängig von den PEAR-Experimenten zahlreiche Erkenntnisse darüber, auf welche Weise das Bewusstsein die Realität gestaltet. Dies wird im weiteren Verlauf dieses Buches ein zentrales Thema sein. Zur Vorbereitung möchte ich jedoch zunächst noch eine interessante Theorie vorstellen, die uns etwas mehr darüber verraten kann, wie die Realitätsauswahl durch das Bewusstsein funktioniert.

5.4 Echos aus der Zukunft – die Zeitwellen-Theorie

Im Jahr 1980 veröffentlichte der Physiker John G. Cramer eine neue Deutung der Quantentheorie. Er ging bei seinen Überlegungen von der großen ungelösten Frage der Quantenphysik aus: Wie kommt es zu dem so genannten »Kollaps der Wellenfunktion«, das heißt: Wie wird aus einer im Raum ausgebreiteten Wahrscheinlichkeitswelle ein konkretes Ereignis an einem bestimmten Ort? Cramer ging die Frage von der mathematischen Seite an: Um die Wahrscheinlichkeit eines konkreten Ereignisses aus der Wellenfunktion zu berechnen, muss man die Wellenfunktion mit einer zweiten Welle multiplizieren, die der eigentlichen Welle sehr ähnlich sieht, sich aber in einem Punkt von ihr unterscheidet: Es handelt sich um die *konjugiert komplexe* Welle (was das genau ist, ist an dieser Stelle nicht entscheidend[71]). Diese

71 Für Interessierte: Die quantenphysikalische Wellenfunktion ist eine im mathematischen Sinn *komplexe* Funktion, d. h. ihre Werte setzen sich aus einem *Realteil* und einem *Imaginärteil* zusammen, die man sich senkrecht zueinander stehend (sozusagen als »zweidimensionale Zahlen«) vorstellen kann. Die konjugiert komplexe Welle unterscheidet sich von der ursprünglichen Welle lediglich durch das Vorzeichen ihres Imaginärteils, ist also in der imaginären Richtung gespiegelt.

zweite Welle wurde damals von den meisten Physikern lediglich als notwendiges mathematisches Hilfsmittel betrachtet, das aus formalen Gründen erforderlich war – das heißt, man wies ihr keine direkte physikalische Bedeutung zu.

Damit gab sich Cramer jedoch nicht zufrieden, denn die konjugiert komplexe Welle hat eine interessante Eigenschaft: Sie ist ebenso wie die eigentliche Wahrscheinlichkeitswelle eine mathematisch gültige Lösung der Gleichungen der Quantentheorie. Dass man ihr dennoch keine physikalische Bedeutung zuschrieb, ist zunächst nicht verwerflich, denn dass eine Lösung mathematisch korrekt ist, muss noch lange nicht bedeuten, dass man damit auch irgendein reales Phänomen beschreiben kann. Zudem gibt es ein kleines Detail, das eine physikalische Interpretation zumindest erschwert: Um die konjugiert komplexe Welle als Lösung der Quantengleichungen zu erhalten, muss man in den Gleichungen das mathematische Vorzeichen der Zeitvariable umdrehen – mit anderen Worten, man muss die Zeit *rückwärts* laufen lassen! Da es, wie bereits angemerkt, in den Quantenformeln keine Kausalität (Ursache-Wirkung-Ketten) gibt, ist dies kein Bruch der physikalischen Logik – dennoch tut sich der Verstand schwer, eine physikalische Interpretation dieser Tatsache zu finden.

Cramer jedoch fand eine solche Interpretation: In seiner Deutung breiten sich die Quantenwellen nicht nur im Raum, sondern auch in der Zeit aus (*Zeitwellen*). Dabei läuft die »normale« Quantenwelle von der Vergangenheit in die Zukunft, während sich die konjugiert komplexe Welle – die Cramer als genauso real betrachtet – *von der Zukunft in die Vergangenheit* ausbreitet. Die in die Zukunft laufende Welle nennt er *Angebotswelle* und die in die Vergangenheit zurücklaufende Welle *Echowelle*. Wenn nun eine Angebotswelle auf eine Echowelle trifft, die ihr sozusagen aus der Zukunft »entgegenkommt«, *moduliert* die eine Welle die andere, was mathematisch mit einer Multiplikation gleichzusetzen ist.[72] Durch diesen Vorgang entsteht aus dem Produkt der beiden Wellen eine Ereigniswahrscheinlichkeit.

Die Wahrscheinlichkeit eines Ereignisses resultiert in dieser Deutung also aus dem Zusammentreffen einer Angebotswelle aus der Vergangenheit und einer »passenden« Echowelle aus der Zukunft (Cramer verwendet alternativ auch die Bezeichnung »Bestätigungswelle«). Den gesamten Vorgang bezeichnet Cramer auch als *Transaktion*, seine Theorie wird deshalb auch *transaktionale Deutung* der Quantentheorie genannt.

Man kann sich eine solche Transaktion ähnlich wie die Kommunikation zweier Modems oder Faxgeräte vorstellen. Wenn ein solches Gerät Daten über die Telefonleitung versenden möchte, nimmt es zunächst Kontakt mit dem Gerät am anderen Ende auf – es erfolgt ein Austausch bestimmter Prüfsignale, bis sich die beiden

72 Hier handelt es sich also nicht um eine einfache Überlagerung (Interferenz) zweier Wellen, bei der beide Wellen lediglich *addiert* werden. Modulation wird z. B. bei Rundfunkübertragungen benutzt, indem die Trägerwelle mit der Signalwelle auf technischem Wege multipliziert wird.

Geräte auf einen Übertragungsstandard geeinigt haben und eine erfolgreiche »Transaktion« (ein Datenaustausch) zustande kommt. Auf ähnliche Weise kommunizieren in der transaktionalen Deutung Vergangenheit und Zukunft miteinander und erschaffen beim Zusammentreffen passender Signale sozusagen »auf halber Strecke« ein konkretes Ereignis hoher Wahrscheinlichkeit, das heißt eine erlebte Gegenwart. Das bedeutet nichts anderes, als dass nicht nur die Vergangenheit die Zukunft beeinflusst, sondern auch die Zukunft die Vergangenheit! Dies bestätigt nebenbei unsere These, dass die Zukunft nicht weniger real als die Vergangenheit ist, sondern »irgendwo« bereits existiert, denn sonst könnte sie keine Wellen in die Vergangenheit zurückschicken.

Cramers Deutung ist in der Lage, bestimmte Paradoxien innerhalb der Quantenphysik zu erklären, die ohne die Annahme eines solchen bidirektionalen (in zwei Richtungen laufenden) Zeitflusses kaum verständlich sind, und qualifiziert sich dadurch als ernst zu nehmender Ansatz. Richtig interessant wird es aber erst, wenn wir Cramers Theorie mit der Idee der parallelen Realitäten bzw. des Möglichkeitsraumes in Verbindung bringen. Cramer selbst ging in seiner Deutung in klassischer Weise von nur einer Realität und damit auch von nur einer Zukunft aus. Fred Alan Wolf, ein bereits mehrfach erwähnter Verfechter und Weiterentwickler der Viele-Welten-Deutung, hat Cramers Hypothese in seine Überlegungen einbezogen und um das Konzept der parallelen Realitäten erweitert. In diesem Modell stellt sich das Szenario nun wie folgt dar:

Jede bewusste Beobachtung (das heißt Wahrnehmung) eines Individuums sendet sowohl eine Angebotswelle in die Zukunft als auch eine Echowelle zurück in die Vergangenheit.[73] Zukünftige Ereignisse (die ja das Ergebnis von Wahrnehmungen eines zukünftigen Bewusstseins sind) senden also Signale in unsere Gegenwart zurück. Da es aber nicht nur eine, sondern viele mögliche Zukünfte gibt, die sich aus derselben Vergangenheit entwickeln können, gibt es auch entsprechend viele Echowellen, die in die Vergangenheit zurücklaufen – *jede* mögliche Zukunft schickt ihre Signale zurück, und *alle* diese Signale treffen auf die Angebotswellen aus der Vergangenheit (und auf zahllose weitere Angebotswellen aus anderen Vergangenheiten, die im Möglichkeitsraum existieren). Nicht alle dieser »aufeinander prallenden« Wellen passen jedoch zueinander – die durch das Aufeinandertreffen der Angebots- und Echowellen bewirkte Modulation ergibt nur in solchen Fällen eine hohe Ereigniswahrscheinlichkeit, in denen die Wellenformen sich sehr ähnlich sind. Nur in diesem Fall kommt eine erfolgreiche Transaktion zustande, und es

73 Genau genommen handelt es sich sogar nur um *eine* Welle, die sich als multidimensionale Kugelwelle in alle Richtungen des Möglichkeitsraumes – und damit in die Zukunft *und* Vergangenheit – ausbreitet. Der in die Zukunft laufende Teil wird als Angebotswelle und der in die Vergangenheit laufende als Echowelle bezeichnet. In der Abbildung auf der nächsten Seite habe ich der Übersicht halber nur die relevanten Wellenausschnitte dargestellt.

wird eine starke »Verbindung« zwischen der Vergangenheit und dieser Variante der Zukunft in Gestalt einer hohen Ereigniswahrscheinlichkeit hergestellt.

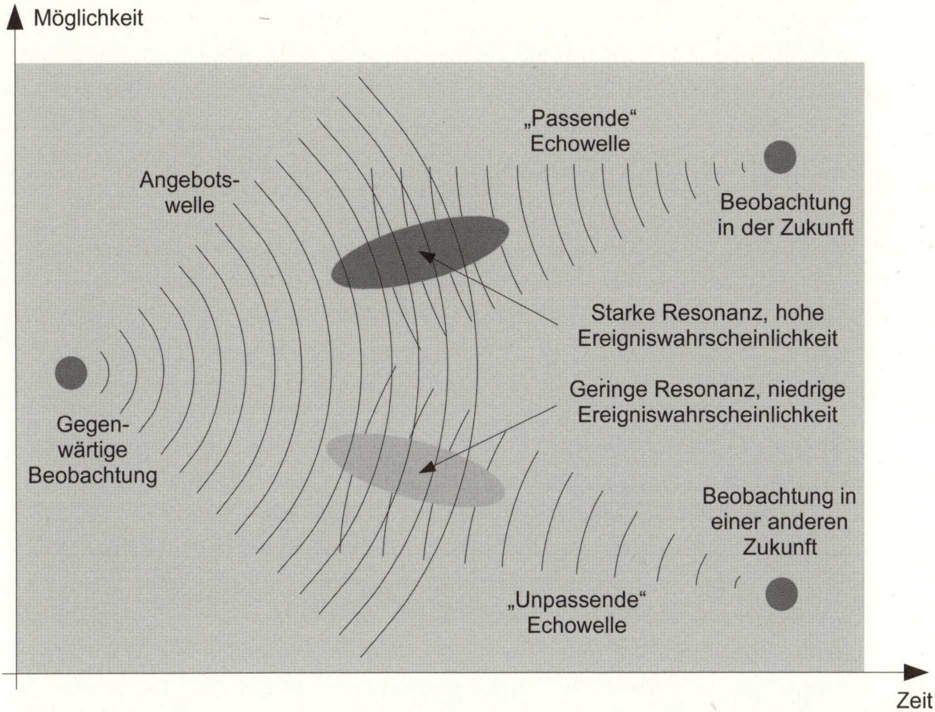

Was bedeutet das konkret? Wenn ich hier und jetzt eine bewusste Beobachtung mache, das heißt etwas wahrnehme (und das tue ich permanent), sende ich dadurch eine Angebotswelle in die Zukunft (und eine Echowelle zurück in die Vergangenheit), die den Inhalt meiner Beobachtung widerspiegelt. Die Zukunft existiert aber in zahllosen Varianten, in denen wiederum zahllose Varianten von mir leben, die ihrerseits bewusste Beobachtungen ihrer Welt anstellen und dadurch Echowellen in *ihre* Vergangenheit (das heißt meine Gegenwart) zurücksenden. Diese Echowellen treffen zwangsläufig auf meine Angebotswelle. Ich kommuniziere also quasi ständig mit mir selbst – genauer gesagt mit zahllosen Varianten meines zukünftigen Selbst (und zugleich »rückwirkend« auch mit meinem vergangenen Selbst).[74]

74 Wenn Sie genau mitgedacht haben, ist Ihnen vielleicht aufgefallen, dass dies zwingend die im vorigen Abschnitt aufgestellte Annahme voraussetzt, dass die »Bewegung« des Bewusstseins durch die Zeit bzw. durch den Möglichkeitsraum eine Illusion ist – denn um mit meinem zukünftigen bzw. vergangenen Bewusstsein kommunizieren zu können, muss mein Bewusstsein *parallel* in allen Zeitebenen existieren. Meine gesamte Existenz »besteht« (und entsteht) somit aus nichts anderem als meinem Bewusstsein, das über alle Dimensionen hinweg mit sich selbst kommuniziert.

Meine Angebotswelle »versucht« nun, mit all diesen Echowellen aus der Zukunft eine Transaktion aufzubauen, also hohe Ereigniswahrscheinlichkeiten zu erzeugen. Dies gelingt aber nur bei solchen Zukünften, deren Echowellen zu der von mir ausgesendeten Angebotswelle »passen«. Mein Bewusstseinssignal testet also sozusagen alle möglichen Zukünfte durch und tritt mit denjenigen Varianten am stärksten in Beziehung, deren Wellenformen am ehesten meiner Angebotswelle entsprechen.[75]

Im Prinzip haben wir es hier wieder mit einem *Resonanzphänomen* zu tun: So wie ein ganz bestimmter Ton ein Weinglas zum Vibrieren oder gar zum Zerspringen bringt, so »reagiert« eine ganz bestimmte Zukunft am stärksten auf meinen jetzigen Bewusstseinszustand und wird zur wahrscheinlichsten Zukunft für mich. Hier stoßen wir wieder auf die *Filterfunktion* des Bewusstseins, wobei wir nun eine etwas konkretere Vorstellung davon haben, welche Art von Resonanz hinter dieser Filterfunktion steckt.

Jede bewusste Beobachtung sendet Signale in die Zukunft und in die Vergangenheit. Konkrete Ereignisse entstehen aus dem Zusammentreffen eines Bewusstseinssignals aus der Vergangenheit mit einem Signal aus einer Zukunftsvariante, die zum Bewusstseinszustand in der Vergangeheit »passt« und damit zur wahrscheinlichsten Zukunft wird.

Wie bei jedem Resonanzfilter gibt es auch hier eine gewisse *Bandbreite*, das heißt, es gibt in jedem Augenblick eine bestimmte Zukunft, die für mich gerade die wahrscheinlichste ist, aber auch die dieser Zukunftsvariante benachbarten, also ihr einigermaßen ähnlichen Varianten haben noch eine relativ hohe Wahrscheinlichkeit. Wie »breit« dieser Bereich wahrscheinlicher Zukünfte ist, ist (unter anderem) abhängig von dem zeitlichen Abstand zwischen der Beobachtung, die die Angebotswelle aussendet, und derjenigen, die die Echowelle zurücksendet – denn eine jetzt ausgesendete Angebotswelle durchzieht ja die *gesamte* Zukunft, also sowohl die nächste Mikrosekunde als auch das übernächste Jahrtausend, und begegnet dabei Echowellen aus allen Augenblicken der Zukunft. Bei zeitlich nahen Zukünften ist die Resonanz am »schärfsten«, das heißt, je näher ein in der Zukunft von mir beobachtetes Ereignis mir zeitlich ist, umso eindeutiger fällt die Entscheidung aus, ob es stattfindet oder nicht.

Diese mit sinkendem zeitlichen Abstand zunehmende »Verengung« des verbleibenden Möglichkeitsspektrums geht so lange weiter, bis die verbleibende Restunschärfe (die gemäß der Heisenbergschen Unschärferelation nie ganz verschwindet) so gering geworden ist, dass die resultierende Situation für mich die Anforderung

---

75 Vorsicht Zeitfalle: Alle hier beschriebenen »Vorgänge« (wie das »Aufeinandertreffen« der Wellen) sind natürlich keine Vorgänge im zeitlichen Sinne, sondern zeitlose Zustände im Möglichkeitsraum, die ich hier nur unserer Denkstruktur zuliebe als Vorgänge darstelle.

der Widerspruchsfreiheit erfüllt und damit den Charakter eines konkreten, eindeutigen Einzelereignisses annimmt. Dieses Ereignis sortiert mein Bewusstsein »daraufhin« (Vorsicht Zeitfalle) als nächstes erlebtes Ereignis in meine Lebensgeschichte ein.

Vereinfacht gesagt: Der jeweils nächste (mikroskopisch kleine) Schritt auf meinem Pfad durch den Möglichkeitsraum wird durch meinen jetzigen Bewusstseinszustand eindeutig festgelegt, für den übernächsten Schritt gibt mein Bewusstseinszustand immerhin eine starke Tendenz vor, und für weiter in der Zukunft liegende Schritte wird die Tendenz zunehmend weniger eindeutig. Man kann sich dies als eine Art »Wahrscheinlichkeitskegel« vorstellen, der mit zunehmendem zeitlichen Abstand immer breiter wird, wie in der folgenden Abbildung dargestellt. Je ferner die Zukunft, desto größer ist das Spektrum wahrscheinlicher Zukunftsvarianten, die mit meiner Angebotswelle, das heißt mit meinem aktuellen Bewusstseinszustand »harmonieren« – dafür werden die erzeugten Ereigniswahrscheinlichkeiten aber auch mit zunehmendem Abstand schwächer, das heißt unverbindlicher.

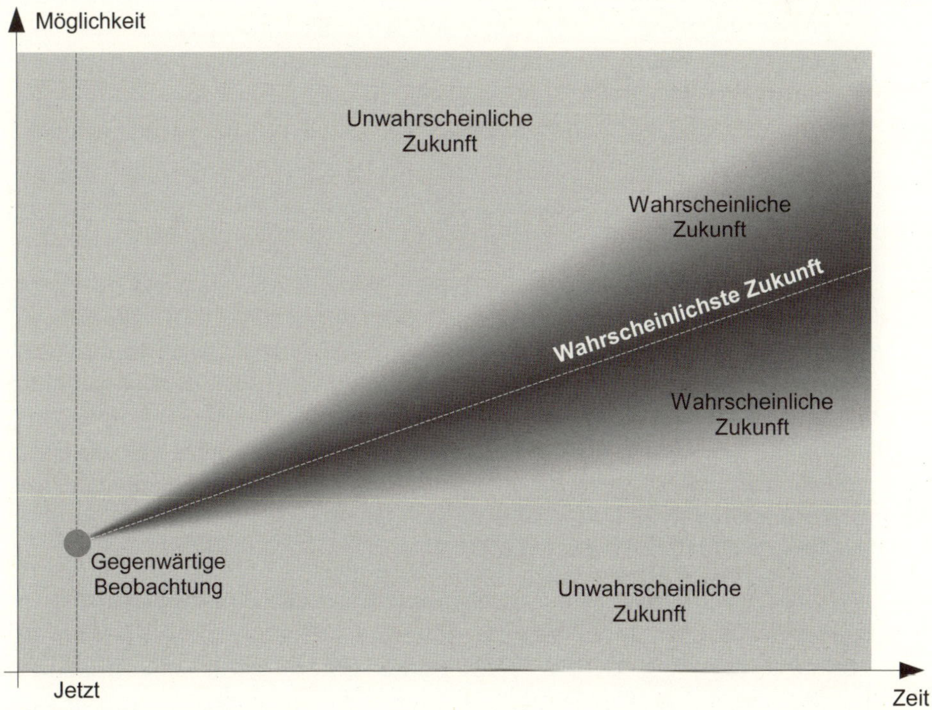

In welche Richtung innerhalb des zukünftigen Möglichkeitsraumes dieser Wahrscheinlichkeitskegel zeigt, das heißt, welches »Schicksal« am wahrscheinlichsten für uns ist, hängt also von der Ausrichtung unserer bewussten Wahrnehmung in der Gegenwart ab. Aber wie »verbindlich« ist diese Richtungsvorgabe? Wie weit kann unser tatsächliches »Schicksal« von der Linie der wahrscheinlichsten Zukunft abweichen?

Die Antwort ist beruhigend: Im Prinzip fast beliebig weit (solange der Grundsatz der Widerspruchsfreiheit erfüllt bleibt, also eine sinnvolle Geschichte entsteht). Denn der in der Abbildung dargestellte Zustand ist ja nur eine *Momentaufnahme*. Schon einen Augenblick später (innerhalb unseres subjektiven Zeitflusses) befindet sich das Bewusstsein an einer anderen Stelle auf seinem Pfad durch den Möglichkeitsraum und nimmt dort eine etwas andere Situation wahr. Damit ändert sich sein Zustand, und damit sendet es auch eine andere Angebotswelle aus – das heißt, in diesem Moment kann der Wahrscheinlichkeitskegel bereits in eine etwas andere Richtung zeigen. Die in der Abbildung eingezeichnete Linie der wahrscheinlichsten Zukunft ist also keine konstante Vorgabe, sondern wird in jedem Augenblick neu festgelegt und beschreibt letztlich nicht mehr als das theoretische Schicksal, das wir erleben *würden*, wenn sich unser Bewusstseinszustand von nun an so wenig wie möglich verändern würde.

Ich vergleiche es gerne mit einem fahrenden Auto: Der Wahrscheinlichkeitskegel ist sozusagen der Lichtkegel der Scheinwerfer. Wenn Sie durch eine Kurve fahren, markiert der Lichtkegel ziemlich genau, an welcher Stelle Sie im Graben landen würden, wenn Sie in diesem Moment das Lenkrad loslassen würden. Tun Sie dies jedoch nicht und fahren nur ein winziges Stück weiter um die Kurve, zeigt der Lichtkegel bereits in eine andere Richtung, und Sie würden an einer anderen (ebenso berechenbaren) Stelle im Graben landen. Wo bzw. ob Sie *tatsächlich* im Graben landen, ist eine andere Frage, denn es liegt in Ihrer Wahl, das Lenkrad loszulassen oder nicht bzw. eine mehr oder weniger enge Kurve zu fahren.

Die von unserem Bewusstsein vorgegebene »Schicksalsrichtung« ist also lediglich eine *Tendenz* – die jeweils wahrscheinlichste Zukunft ist nichts weiter als die hypothetische Fortsetzung unserer derzeitigen »Fahrtrichtung« (die von unserem aktuellen Bewusstseinszustand festgelegt wird) und muss nicht zwingend unser langfristiges Schicksal bestimmen. Inwieweit sie es trotzdem tut, hängt nicht zuletzt von der Flexibilität unseres Bewusstseins und damit von der individuellen Persönlichkeit ab, die natürlich einen Einfluss darauf hat, wie gradlinig oder wie kurvig man die eigene Weltlinie gestaltet.

Für unsere *nähere* Zukunft hat die Richtungsvorgabe allerdings einen durchaus verbindlicheren Charakter – denn aufgrund der im vorigen Abschnitt beschriebenen Einschränkungen unserer »Bewegungsfreiheit« im Möglichkeitsraum können wir normalerweise keine beliebig scharfen Kurven nehmen und damit in den ersten Momenten noch nicht allzu weit von unserer aktuellen Richtung abweichen (andernfalls würden wir das Prinzip der Widerspruchsfreiheit verletzen, unsere Realität würde unlogische »Sprünge« machen). Die nächsten paar Schritte auf unserer Weltlinie hängen also stark von unserem aktuellen Bewusstseinszustand ab. Konkret bedeutet das, dass sich die Wahrscheinlichkeiten der von uns in unmittelbarer Zukunft erlebten Ereignisse immer so gestalten, dass sie zu unserer aktuellen

»Fahrtrichtung« passen – mit anderen Worten: Die vielen scheinbaren »Zufälle« in unserer Realität sind durchaus keine zufälligen Ereignisse (denn die gibt es in dieser Interpretation überhaupt nicht), sondern Ergebnisse unserer aktuellen Bewusstseinsausrichtung.

Unser aktueller Bewusstseinszustand bestimmt die Wahrscheinlichkeiten der Ereignisse unserer unmittelbaren Zukunft. Die scheinbar zufälligen Ereignisse in unserer erlebten Realität sind das Ergebnis unserer Bewusstseinsausrichtung.

Quantenphysikalisch lässt sich der Einfluss des Bewusstseins auf die Realität also ziemlich konsistent begründen. Aber wie macht sich die schöpferische Rolle des Bewusstseins im alltäglichen Leben bemerkbar? Was haben wir uns ganz konkret unter einer »Bewusstseinsausrichtung« vorzustellen, und wie beeinflusst sie das, was wir erleben?

Auf diese Fragen hat die Naturwissenschaft noch nicht allzu viel an Antworten anzubieten, da sie gerade erst beginnt, die Beziehungen zwischen der subatomaren Quantenwelt und der makroskopischen Welt des Alltags unter Einbeziehung des Bewusstseins zu untersuchen. Um mehr zu erfahren, müssen wir uns dem Thema daher von der anderen Seite nähern und uns konkrete Erfahrungen und Erkenntnisse von Menschen anschauen, die sich (bewusst oder unbewusst) mit persönlicher Realitätsgestaltung beschäftigen.

5.5 Wunder auf Bestellung

»Wenn ihr nicht Zeichen und Wunder seht, glaubt ihr nicht.«

Jesus Christus (Joh 4, 48)

Wussten Sie, dass das Universum einen Versandhandel betreibt? Wenn ja, zählen Sie vermutlich zu den Lesern des Buches *Bestellungen beim Universum* von Bärbel Mohr oder haben zumindest davon gehört. Dieses und weitere Bücher derselben Autorin stehen seit Jahren auf den deutschen Bestseller-Listen für »esoterische« Literatur – dabei ist Bärbel Mohr keineswegs eine eingefleischte Esoterikerin, sondern eigentlich eine ziemlich handfeste Frau. Bevor Sie auf »ihr« großes Thema stieß, war sie sogar eine klassische Skeptikerin. Als eine Freundin, die gerade ein Buch über positives Denken gelesen hatte, ihr vorschlug, sie solle sich doch ihren Traummann »einfach beim Universum bestellen«, geriet sie mit Bärbel, die nichts von solchem Humbug hielt, in ein Streitgespräch. Es endete damit, dass Bärbel eine »Testbestellung« beim Universum aufgab – wohlgemerkt um ihrer Freundin zu beweisen, dass es *nicht* funktionieren würde. Statistisch gesehen war die Erfüllung ihres Wunsches auch so gut wie unmöglich: Sie bestellte sich (unter Anwendung eines kleinen Rituals bei Vollmond auf dem Balkon) einen Mann mit neun ganz bestimmten Eigenschaften (Vegetarier, Nichtraucher, Antialkoholiker usw.), und das auch noch mit einem auf die Woche genau festgelegten »Liefertermin« (um die Wahrscheinlichkeit einer »zufälligen« Erfüllung zu minimieren).

Vielleicht kommt Ihnen eine Liste mit neun Eigenschaften nicht sonderlich schwierig zu erfüllen vor – aber schreiben Sie einmal neun (nicht zu allgemeine) Eigenschaften auf und versuchen Sie, tatsächlich so eine Person zu finden! In einem Seminar mit über 100 Teilnehmern, an dem ich einmal teilnahm und in dem es um dieses Thema ging, fand sich kein einziger Teilnehmer, der auch nur fünf Eigenschaften von einer solchen Liste zusammenbrachte. Wenn wir einmal vereinfachend annehmen, jede dieser neun Eigenschaften hätte eine Wahrscheinlichkeit von 10 Prozent (das heißt, durchschnittlich einer unter 10 Männern würde sie erfüllen), läge die Wahrscheinlichkeit für einen Mann mit *allen* diesen Eigenschaften bei eins zu einer Milliarde, das heißt, auf der ganzen Erde gäbe es statistisch gesehen unter sechs Milliarden Menschen nur *drei* solche Männer!

Bärbel Mohr verschwendete danach nicht mehr allzu viele Gedanken an ihre Bestellung, da sie ja ohnehin nicht an einen Erfolg glaubte. Dummerweise traf sie in der besagten Woche aber tatsächlich einen Mann, der *alle* geforderten Eigenschaften hatte! Er war ihr zwar zuerst nicht sonderlich sympathisch, aber das musste wohl ihr bestellter Traummann sein ... Seither jedenfalls glaubte sie an die Methode, und wandte sie sehr erfolgreich bei den verschiedensten Themen (Job, Geld usw.) an, wobei sie das Vollmond-Ritual übrigens nicht mehr benötigte, sondern einfach überall und zu jeder Zeit Bestellungen losließ.

Insbesondere bestellte sie sich einen »verbesserten« Mann, da sie es mit dem ersten nicht lange ausgehalten hatte. Der zweite sollte sicherheitshalber 15 statt neun Eigenschaften erfüllen – und auch er wurde prompt geliefert! Nachdem jedoch auch er sich nicht als idealer Partner entpuppte, stellte Bärbel eine ultimative 25-Punkte-Liste zusammen, und – Sie ahnen es – auch diesen Mann bekam sie, obwohl statistisch gesehen seine Existenz auf diesem kleinen Planeten fast unmöglich war. Auch er war allerdings nicht »der Richtige« – erst später kam Bärbel durch einen Tipp eines Freundes auf die eigentlich nahe liegende Idee, sich einfach einen zu ihr passenden Partner zu bestellen, statt bestimmte äußerliche Eigenschaften vorzugeben.

Selbst wenn man den ersten »gelieferten« Mann noch als Zufall interpretiert, so spricht spätestens die Serie aller drei Männer allen Gesetzen der Statistik Hohn. Was die statistische Signifikanz angeht, übertrifft dieses Beispiel sämtliche Ergebnisse der PEAR-Zufallsexperimente (Abschnitt 5.3) um viele Größenordnungen. Dasselbe gilt für zahlreiche andere Bestellungen, die von Bärbel Mohr, den Lesern ihrer Bücher und vielen anderen Menschen aufgegeben wurden und werden. Thomas Klüh, ein mir persönlich bekannter Glückstrainer, erzählt in seinem Buch *Mein Weg zum Glück* von seinen ersten Bestell-Erfahrungen, zu denen ihn eine Fernsehsendung inspirierte, in der Bärbel Mohr ihr erstes Buch zum Thema Bestellungen vorstellte. Probeweise bestellte er sich zunächst freie Parkplätze (übrigens die klassische »Übungsbestellung« für »Neukunden« des Universums) und hatte damit so großen Erfolg, dass er sich bald an Größeres wagte und sich eine kostenlose Konzertgitarre mit Vollholzplatte bestellte – Lieferung in der kommenden Woche. Prompt schenkte ihm in besagter Woche eine Kollegin eine solche Gitarre, die sie nicht mehr brauchte (wohlgemerkt wusste sie nichts von seiner Bestellung). Thomas wurde ein so erfolgreicher Besteller, dass irgendwann sogar Bärbel Mohr davon Wind bekam und ihn zum Interview einlud.

Solange man nur Einzelfälle betrachtet, könnte man viele dieser »Bestellerfolge« vielleicht noch als »seltenen Zufall« deuten – aber das Prinzip funktioniert offenbar bei so vielen Menschen (wenn auch nicht bei allen – wir werden noch ergründen, warum) so gut, dass mir die Hypothese vom blinden Zufall extrem unglaubwürdig erscheint.

Natürlich – das ist auch Bärbel Mohr klar – steckt hinter diesem Phänomen nicht wirklich ein kosmischer Bestellservice in Gestalt von Engeln oder sonstigen höheren Wesen,[76] die wie am Fließband Wünsche entgegennehmen und erfüllen, sondern einfach ein Naturgesetz (und damit ein Bewusstseinsgesetz). Im Prinzip haben wir es im vorangegangenen Abschnitt bereits beschrieben: Eine »Bestellung beim Universum« ist nichts anderes als eine gezielte Ausrichtung des eigenen Bewusstseins auf einen Zustand, den man sich wünscht. Dies erzeugt eine entsprechende Angebotswelle, die mit einer dem Inhalt der Bestellung entsprechenden Zukunftsvariante in Resonanz geht und dafür sorgt, dass diese Zukunft zur erlebten Realität wird. Man legt sozusagen seine »Fahrtrichtung« innerhalb des Möglichkeitsraumes fest.

Das bedeutet aber notwendigerweise, dass wir eigentlich *ständig* etwas beim Universum bestellen – täten wir das nicht, gäbe es überhaupt keine Realität, die wir erleben könnten! *Alles*, was wir erleben, haben wir also selbst »bestellt« (sprich: geschaffen), ob es uns gefällt oder nicht.[77] Nur ist uns diese Tatsache im Normalfall nicht bewusst, während Bärbel Mohr & Co. sich bei ihren Bestellungen dieses Naturgesetz gezielt zunutze machen. Dabei ist es offensichtlich nicht entscheidend, den physikalischen Hintergrund des Phänomens zu verstehen – eine Metapher wie die vom kosmischen Bestellservice funktioniert genauso gut (ganz abgesehen davon, dass auch die physikalische Beschreibung – wie jedes Weltbild – nichts anderes ist als eine Metapher).

---

76 Damit will ich die Existenz solcher Wesen keineswegs in Abrede stellen – ich bin sogar davon überzeugt, dass es sie gibt (schon weil es im Multiversum *alles* gibt). Mehr dazu später.

77 Spätestens bei dieser Aussage werden viele der Menschen, die erstmals mit diesem Weltbild konfrontiert werden, geradezu aggressiv (»Ich soll also an all dem Mist auch noch selbst schuld sein!?«). Sollten Sie dazugehören, lesen Sie bitte trotzdem weiter – ich werde noch auf viele Fragen eingehen, die sich hieraus ergeben.

In jedem Augenblick unseres Lebens senden wir – bewusst oder unbewusst – »Bestellungen« aus, die die Wahrscheinlichkeiten bestimmter Zukunftsvarianten beeinflussen. Wer in der Lage ist, dieses Prinzip bewusst zu nutzen, kann Ereignisse bewirken, die um Größenordnungen von der statistisch zu erwartenden Wahrscheinlichkeit abweichen.

Auch andere Metaphern bzw. »Bestellmethoden« funktionieren – die Manifestation von Ereignissen, die der statistischen Erwartung oder gar den anerkannten Naturgesetzen widersprechen (auch »Wunder« genannt) kam ja nicht erst mit Bärbel Mohr in die Welt. Auch heute noch können Sie beispielsweise tiefgläubige Menschen finden, die tatsächlich erlebt haben, dass ihre Gebete auf wundersame Weise erhört wurden. Diese Menschen glauben an ihre eigene Variante des Bestellservice: an einen Gott oder eine andere höhere Instanz, die das realisiert, um was der gläubige Mensch bittet.

Dies ist eine in der Geschichte der Menschheit extrem verbreitete Sichtweise. In früheren Jahrhunderten machte das gewöhnliche Volk normalerweise für jedes sogenannte Wunder überirdische (oder unterirdische) Instanzen wie Götter, Dämonen, Naturgeister etc. verantwortlich – und auch wenn das Ereignis eindeutig von einer menschlichen Person ausging, musste diese zumindest mit solchen höheren Kräften im Bunde sein (der in unserer Kultur bekannteste historische Wundertäter dürfte Jeshua ben Joseph von Nazareth sein, der als Jesus Christus in die Geschichte einging[78]). In der Neuzeit ging man hingegen zunehmend dazu über, derartige Wunder (soweit sie sich nicht wissenschaftlich erklären und damit »entzaubern« ließen) generell zu ignorieren, zu leugnen und als Märchen abzutun, weil sie einfach nicht in das neue mechanistische Weltbild passten. Dies ist bis heute die etablierteste Sichtweise in der westlichen Kultur.

Die Mystiker und Geheimbünde vieler Kulturen jedoch wussten zum Teil schon seit Jahrtausenden, dass es sich hier einfach um kosmische Gesetzmäßigkeiten handelte, die sich jeder zunutze machen konnte, der ihre grundsätzliche Wirkungsweise verstand, und dass man dabei nicht von der Willkür eines höheren Wesens abhängig war.[79] Auch die grundsätzliche Erkenntnis, dass wir Schöpfer unserer eigenen Realität sind, ist nicht erst im 20. Jahrhundert entstanden, sondern taucht in spirituellen und mystischen Überlieferungen aller Zeitalter immer wieder auf. Die Physik nähert sich heute einer Wahrheit, die Teilen der Menschheit schon seit Ewigkeiten bekannt ist – sie wird lediglich in einer anderen Sprache neu formuliert.

---

78 Jeshua war wahrscheinlich sein tatsächlicher Name in seiner Muttersprache (Aramäisch). »Jesus« stammt von der griechischen Schreibweise »Iesous« ab.

79 Wiederum bestreite ich damit durchaus nicht die Existenz solcher »höheren Instanzen« – wir werden im nächsten Kapitel sehen, dass diese für die Schlüssigkeit des hier vorgestellten Weltbildes sogar von großer Bedeutung ist.

Wenn es so einfach ist, sich diese Gesetzmäßigkeit zunutze zu machen, warum bekommen wir dann trotzdem nicht alles, was wir uns wünschen? Warum funktioniert das (bewusste) »Bestellen« bei einigen Menschen hervorragend, bei anderen weniger gut und bei einigen überhaupt nicht? Ganz offensichtlich genügt zum Beispiel der Gedanke »Ich hätte gerne ein neues Auto« nicht, um diesen Wunsch zuverlässig zu erfüllen. Der oberflächliche Inhalt eines Gedankens ist es also offenbar nicht, der das Bewusstsein in die richtige »Fahrtrichtung« bringt, um im Möglichkeitsraum eine entsprechende Zukunftsvariante anzusteuern. Was also ist für eine erfolgreiche »Bestellung« erforderlich? Die Beantwortung dieser Frage würde nebenbei auch die stark von der jeweiligen Testperson abhängigen Ergebnisse der PEAR-Experimente (Abschnitt 5.3) erklären.

> *»Wenn euer Glaube auch nur so groß ist wie ein Senfkorn, dann werdet ihr zu diesem Berg sagen: Rück von hier nach dort!, und er wird wegrücken. Nichts wird euch unmöglich sein.«*
>
> *Jesus Christus (Mt 17, 20)*

Viele Menschen sind davon überzeugt, dass man fest an die Erfüllung seines Wunsches *glauben* müsse, damit es funktioniert. Tatsächlich ist ein starker Glaube offenbar sehr förderlich für den Erfolg. Die erstaunlichen Erfolge von Managern, die in speziellen Seminaren den Glauben an sich selbst und ihre Ziele trainieren, sprechen ebenso dafür wie die erhörten Gebete gläubiger Menschen – und auch einer derjenigen, auf die sich dieser Glaube häufig beruft, nämlich Jesus Christus, legte großen Wert auf die Feststellung, dass ein starker Glaube Wunder vollbringt. Das Bibelzitat zu Beginn dieses Absatzes deutet – ebenso wie viele andere überlieferte Aussagen – darauf hin. Im Markus-Evangelium steht eine etwas andere Variante dieses Ausspruchs, die uns noch etwas mehr Informationen darüber liefert, worauf es ankommt:

> *»Wenn jemand zu diesem Berg sagt: Heb dich empor, und stürz dich ins Meer!, und wenn er in seinem Herzen nicht zweifelt, sondern glaubt, dass geschieht, was er sagt, dann wird es geschehen. Darum sage ich euch: Alles, worum ihr betet und bittet – glaubt nur, dass ihr es schon erhalten habt, dann wird es euch zuteil.«* (Mk 11, 23-24)

Es fällt auf, dass Jesus, obwohl er seine Lehre auf dem damals in seiner Heimat etablierten Glauben an einen personifizierten Gott aufbaute (also an eine vom Menschen getrennte Instanz, die im Prinzip auch willkürlich handeln könnte), hier ganz klar macht, dass dieses Prinzip der Gebetserfüllung zuverlässig wie ein Naturgesetz funktioniert. Und er erklärt auch, was für den Erfolg wichtig ist – nämlich die Abwesenheit jeglicher Zweifel bzw. die feste Überzeugung, dass der Wunsch erfüllt wird.

Die Formulierung »*Glaubt nur, dass ihr es schon erhalten habt*« ist in mehrfacher Hinsicht interessant: Zum einen findet man sie sinngemäß in vielen Anleitungen zum positiven Denken wieder, sowohl im esoterischen und spirituellen Bereich wie auch im handfesten Manager-Training – es wird empfohlen, sich den gewünschten

Zustand möglichst so vorzustellen, als sei er bereits Realität, am besten als lebendige Visualisierung vor dem geistigen Auge. Man kann sich leicht vorstellen, dass eine solche Vision eine starke Resonanz mit einer potentiellen Zukunft herstellt, in der der visualisierte Zustand Realität ist.

Zum zweiten gilt dasselbe Prinzip auch in Bärbel Mohrs Metapher vom kosmischen Bestellservice: Nach ihren Erfahrungen funktionieren Bestellungen am besten, wenn man nach dem Absenden der Bestellung keine Zweifel mehr daran hegt, dass die »Ware« auch geliefert wird – was nichts anderes bedeutet, als dass man die Lieferung ganz selbstverständlich und ohne Bedenken in seine eigene Zukunftsvision und -planung einbezieht. Wenn Sie sich beim Quelle-Versand ein neues Kleid bestellen, werden Sie vermutlich fest mit seiner Lieferung rechnen (und es beispielsweise für eine anstehende Hochzeitsfeier einplanen), ohne jeden Tag bei Quelle anzurufen und nachzufragen, ob und wann das Kleid denn nun wirklich geliefert wird. Letzteres würde vermutlich eher zu Lieferverzögerungen führen, und der kosmische Bestellservice ist in dieser Hinsicht noch sensibler – Zweifel bringen ihn völlig durcheinander.

Zum dritten enthält die Formulierung auch einen subtilen Hinweis auf den in zwei Richtungen laufenden Zeitfluss, in dem nicht nur die Vergangenheit die Zukunft beeinflusst, sondern auch die Zukunft die Vergangenheit, sowie auf den illusorischen Charakter der Zeit überhaupt. Im herkömmlichen kausalen Denken ist die Aufforderung, daran zu glauben, dass etwas *bereits geschehen* ist, das noch in der Zukunft liegt, ziemlich sinnlos. In unserem neuen, nichtkausalen Weltbild jedoch besagt die Aussage nichts anderes, als dass die Entscheidung für eine bestimmte Zukunft *hier und jetzt* fällt – der aktuelle Bewusstseinsfokus ist wie ein Anker, den man in die Zukunft wirft und der sich an der gewählten Zukunftsvariante »festbeißt«, so dass man danach nur noch »die Ankerkette einholen« muss (was aber durch unser Zeiterleben ganz automatisch geschieht), um bequem in die Zukunft seiner Wahl zu gelangen. Wohlgemerkt haben wir aber auch die Wahl, den Anker wieder loszureißen und anderswohin zu werfen, indem wir unsere Bewusstseinsausrichtung verändern.

Jeder kennt die Überlieferung, nach der Jesus in der Lage war, über das Wasser zu gehen.[80] Nicht jeder kennt jedoch die ganze Geschichte, wie sie durch die Bibel überliefert wird (Mt 14, 22-33): Jesus überzeugte seinen Jünger Simon Kephas (lat. Petrus), über das Wasser zu ihn zu kommen, worauf dieser es vertrauensvoll versuchte und tatsächlich ebenfalls auf dem Wasser laufen konnte – bis er Angst bekam, worauf er sofort zu sinken begann. Jesus rettete ihn jedoch und sagte etwas tadelnd zu ihm: »*Du Kleingläubiger, warum hast du gezweifelt?*«. Diese Geschichte beschreibt sehr anschaulich die unmittelbaren »äußeren« Folgen eines Umschwen-

80 Die Fähigkeit, die Schwerkraft zu überwinden, nennt sich *Levitation* und wurde bzw. wird zahlreichen Berichten zufolge auch bei anderen Personen beobachtet, beispielsweise bei den christlichen Heiligen Joseph von Cupertino und Theresia von Avila sowie einer größeren Zahl indischer und asiatischer Heiliger.

kens im Bewusstsein vom Vertrauen zum Zweifel und zeigt einmal mehr, dass Jesus die Fähigkeit, Wunder zu tun, niemals für sich allein beanspruchte, sondern ganz klar machte, dass im Prinzip jeder die Wahl dazu hat.

Man mag an der Authentizität der Berichte über die von Jesus vollbrachten Wunder zweifeln, da die Geschichten immerhin fast 2000 Jahre alt sind, einer weniger rationalistischen Kultur als unserer entstammen und zudem durch mehrere Überlieferungs- und Übersetzungsschritte verzerrt sind. Was allerdings im Westen vielen nicht bekannt ist, ist die Tatsache, dass Wunder dieses Kalibers auch heutzutage in großer Zahl vorkommen. Wer sich für Beispiele interessiert und zugleich einen lebendigen Einblick in eine Kultur gewinnen möchte, in der Wunder noch einen angemessenen Platz haben, dem empfehle ich das Buch *Autobiographie eines Yogi* [81] von Paramahansa Yogananda. Yogananda (1893-1952) gilt als eine der bedeutendsten spirituellen Persönlichkeiten des 20. Jahrhunderts und trug durch seine Reisen in den Westen und sein (sehr unterhaltsam und verständlich geschriebenes) Buch wohl mehr als jeder andere dazu bei, die Spiritualität Indiens dem Abendland nahe zu bringen. Wer die in seinem Buch beschriebenen Erlebnisse nicht gleich als Hirngespinste abtut (und damit zugleich eine Jahrtausende alte Kultur für Humbug erklärt), erkennt schnell, dass Jesus' biblische Wunder weit weniger einzigartig sind, als das heutige Christentum mit seinem Absolutheitsanspruch seine Anhänger glauben machen möchte.[82]

Dass waschechte Wunder offenbar in Indien häufiger auftreten als im Westen, ist angesichts der in diesem Buch vertretenen Erklärung »kein Wunder« – in einem Glaubenssystem, in dem machtvolle göttliche Kräfte einen viel größeren Raum einnehmen als im mechanistisch geprägten Weltbild des Abendlandes, richtet sich natürlich auch das Bewusstsein vieler Individuen viel stärker auf die Möglichkeit aus, dass solche Kräfte tatsächlich im Alltag wirken. Entsprechend häufiger geschieht dies dann auch in der dadurch erzeugten Realität.

Eine der häufigsten Arten von Wundern, für die sich in Yoganandas Buch zahlreiche Beispiele finden, die aber auch außerhalb Indiens bis heute sehr verbreitet ist, sind sogenannte Wunderheilungen, bei denen Menschen plötzlich von körperli-

---

81 Ein *Yogi* ist ein Mensch, der den Weg des *Yoga* beschreitet, was so viel wie »Verbindung« oder »Vereinigung« bedeutet, also etwa dasselbe wie unser Wort *Religion* (lat. *religio* = Wiederverbindung). Gemeint ist die Wiedervereinigung des individuellen menschlichen Geistes mit dem allumfassenden göttlichen Geist, der das Universum durchdringt und hervorbringt (siehe auch Kapitel 6 und 7). Es gibt sehr viele Varianten des Yoga, von denen die im Westen als »Yoga« bekannten Körperübungen nur einen winzigen Teil darstellen.

82 Es gibt übrigens (umstrittene) Hinweise darauf, dass Jesus einen großen Teil seines Lebens (von dem ja nur ein sehr kurzer Zeitraum in den Evangelien dokumentiert ist) in Indien verbrachte und dort möglicherweise seine Fähigkeiten erlernte. Wie jedem Yogi war auch ihm klar, dass *jedem* Menschen der Weg der »Gottesverwirklichung« offen steht, den er selbst in vollendeter Form vorlebte.

chen Leiden geheilt werden, ohne dass es hierfür eine medizinische Erklärung gibt (zum Teil ist die Heilung aus biologischer Sicht sogar unmöglich). Oft finden diese Heilungen an berühmten Wallfahrtsorten statt, wo nach dem Glauben der Pilger bestimmte höhere Instanzen (zum Beispiel Jesus' Mutter Maria) Heilkräfte zur Verfügung stellen. Im französischen Wallfahrtsort Lourdes wurden von einem 25-köpfigen Medizinerkomitee 65 Fälle unerklärlicher Heilungen medizinisch überprüft und belegt. Eine andere Variante ist der Besuch eines so genannten Wunderheilers, dem man die Verantwortung für den Heilerfolg zuschreibt.

Ich behaupte jedoch – wie übrigens auch Yogananda und andere Gurus[83] – dass die Menschen sich in solchen Fällen *selbst* heilen bzw. einfach die Wirkung eines universellen Prinzips zulassen. Es funktioniert, weil sie durch ihren Glauben an die Heilkraft des Ortes oder des Heilers ihre Wahrnehmung auf eine von Gesundheit statt Krankheit geprägte Realitätsvariante richten und damit eine so scharfe »Kurve« im Möglichkeitsraum nehmen, dass es allen anerkannten Regeln widerspricht.

In dem Buch *Die Kammer des Wissens* von Bodo Deletz wird ein interessantes Experiment erwähnt, das sehr für diese These spricht: Im Rahmen dieses Experimentes wurde ein Schauspieler engagiert, der einen Wunderheiler spielte. Der angebliche Heiler wurde mit großem Medienrummel angekündigt und erhielt entsprechend viel Zulauf. Zu seinem eigenen Erstaunen ereigneten sich während seiner Show dann aber drei *echte* Wunderheilungen – ganz offensichtlich hatte hierzu der Glaube der Betroffenen an die Kräfte des Heilers genügt, die dafür gar nicht wirklich vorhanden sein mussten.

Yogananda berichtet, dass sein Guru Sri Yukteswar den Menschen, die ihn um Heilung baten, oft auftrug, ein bestimmtes Armband zu tragen – wohl wissend, dass dies für den Erfolg nicht notwendig war, aber es half den spirituell weniger bewanderten Menschen, wenn sie ein »Ding« hatten, auf das sie ihren Glauben fixieren konnten. Sri Yukteswar nutzte hier den sogenannten *Placebo-Effekt*. In der Medizin versteht man unter einem *Placebo* (lat. »Ich werde gefallen«) die Attrappe eines Medikamentes, die keinerlei Wirkstoffe enthält, sondern nur dazu dient, den Glauben des Patienten an die Heilung zu verstärken. Solche Pseudo-Pillen werden in der Medizin vielfach erfolgreich eingesetzt, wobei der Patient natürlich glaubt, er bekäme ein echtes Medikament.

Es gibt übrigens einen weiteren hochinteressanten, jedoch wenig bekannten Aspekt des Placebo-Effektes: Versuche haben gezeigt, dass ein Placebo-Medikament deutlich besser wirkt, wenn auch der *Arzt* nicht weiß, dass es sich um ein Placebo handelt! Dies ist ein Beispiel für kollektive Realitätsgestaltung, die Thema des nächsten Kapitels sein wird.

---

83 Das für einige Menschen etwas negativ besetzte Sanskrit-Wort *Guru* bedeutet einfach »spiritueller Lehrer«. Wörtlich bedeutet »gu« Dunkelheit und »ru« Licht, ein Guru ist also jemand, der Menschen aus der Dunkelheit des Unwissens zum Licht der Erkenntnis führen kann.

Der eigene Glaube hat also offenbar eine sehr machtvolle Wirkung. Ist er aber tatsächlich zwingend erforderlich für den Erfolg einer »Bestellung« oder eines Gebetes? Schon Bärbel Mohrs allererste Bestellung spricht dagegen, denn sie funktionierte bravourös, obwohl Bärbel ausdrücklich *nicht* an solche Dinge glaubte – im Gegenteil! Ganz offensichtlich genügte also bereits die einmalige Fokussierung ihres Bewusstseins auf die gewünschte Zukunft, um den »Anker« in die richtige Richtung zu werfen. Die Tatsache, dass Bärbel nicht an einen Erfolg glaubte, war sogar von *Vorteil* für das Gelingen, denn dies führte dazu, dass sie sich nach dem Absenden der Bestellung keine Gedanken mehr darüber machte, da sie ja überzeugt war, dass sich der Misserfolg sowieso einstellen und ihre Freundin »bekehren« würde und die ganze Sache für sie auch keine große Wichtigkeit hatte. So konnte der kosmische Bestellservice in Ruhe arbeiten, ohne durch Nachfragen gestört zu werden. Mit anderen Worten: Der einmal geworfene Anker blieb, wo er war, weil das Thema nach der Bestellung einfach nicht mehr berührt wurde![84]

Letztendlich ausschlaggebend für unsere »Fahrtrichtung« im Möglichkeitsraum ist also weder der oberflächliche Inhalt unserer Gedanken noch unser Glaube, sondern schlicht die *Ausrichtung unserer bewussten Wahrnehmung,* das heißt, unsere *Aufmerksamkeit*! Das deckt sich im Übrigen mit den meisten Deutungen der Quantentheorie, denn auch dort ist es der Akt der *bewussten Beobachtung,* der aus einer Wahrscheinlichkeitsverteilung eine Realität werden lässt.

Welche potentielle Zukunft wir ansteuern, wird ausschließlich davon bestimmt, worauf unsere Aufmerksamkeit, das heißt der Fokus unserer bewussten Wahrnehmung, gerichtet ist. Alle anderen Einflussfaktoren sind sekundär, das heißt, sie lenken lediglich unsere Aufmerksamkeit.

Unser Glaube hat also nur deshalb einen so starken Einfluss, weil er unsere Aufmerksamkeit auf das lenkt, an das wir glauben, und damit auch eine entsprechende Realität wahrscheinlich werden lässt. Aber unsere Wahrnehmung wird nicht nur von unserem Glauben gelenkt, sondern auch von anderen Faktoren.

Insbesondere erklärt dieses Prinzip, warum *Zweifel* – wie schon Jesus lehrte – oft fatale Auswirkungen auf den »Bestellerfolg« haben: Sie lenken unsere Aufmerksamkeit weg von der Vision des Erfolges und hin zu einem potentiellen Misserfolg – denn an was denken Sie, wenn Sie an Ihrem Erfolg in einer bestimmten Sache

84 Das Bild des Ankers, wie auch das des Autoscheinwerfers (Seite 154), hat den Nachteil, dass es auf eine einzelne Möglichkeitsdimension begrenzt ist. Tatsächlich gibt es unzählige Dimensionen – jede »Bestellung« legt aber nur für *einige* davon eine Richtung fest. Werfen Sie zum Beispiel einen Anker in Richtung »Neues Auto« und lassen ihn dort, stehen Ihnen dennoch nach wie vor unzählige alternative Zukünfte offen, die lediglich das neue Auto gemeinsam haben, sich aber in anderen Punkten (d. h. Dimensionen) völlig unterscheiden können. Mathematisch gesprochen: Es werden jeweils nur einige, aber nicht alle Komponenten des Möglichkeitsvektors festgelegt.

zweifeln? Sie haben dabei wohl kaum das gewünschte Ziel vor Augen, sondern eher unangenehme Situationen, die eintreten könnten, wenn Sie scheitern – nach dem Motto: »Ob die das Kleid auch wirklich liefern? Was ist, wenn ich auf der Hochzeit dann nichts anzuziehen habe?« Damit reißen Sie sozusagen den Anker wieder aus dem Boden und werfen ihn stattdessen in eine Richtung, in der die von Ihnen befürchtete Situation eine hohe Wahrscheinlichkeit hat.

Wenn Sie etwas »bestellen«, indem Sie einfach ihre Wahrnehmung auf die gewünschte Situation richten (sei es voller Vertrauen oder einfach nur »zum Spaß« wie bei Bärbel Mohrs erstem Versuch), lenken Sie ihr Schicksalsgefährt damit in die gewünschte Richtung – und wenn Sie danach *entweder* überhaupt nicht weiter darüber nachdenken *oder* fest davon überzeugt sind, dass alles so kommt wie bestellt, dann bleibt ihr Gefährt unbeirrbar auf diesem Kurs. Wenn Sie aber von Zweifeln befallen werden, macht Ihr Fahrzeug im Möglichkeitsraum sofort eine Kurve in Richtung Misserfolg, und wenn Sie Ihr Vertrauen nicht zurückgewinnen, bleibt es auf diesem weniger erfreulichen Kurs.

Das hat zur Folge, dass man Dinge, die einem nicht allzu wichtig sind, viel leichter »bestellen« kann als Dinge, die man unbedingt zu brauchen glaubt. Dies wird von den Erfahrungen vieler Menschen mit ihren Bestellversuchen bestätigt. Einer meiner Freunde, ein übrigens ganz unesoterischer, aber optimistischer Mensch, bestätigte mir beispielsweise, dass er entgegen allen Wahrscheinlichkeitsregeln so gut wie immer einen freien Parkplatz findet – außer wenn er gerade dringend einen braucht (zum Beispiel weil er es eilig hat). Ähnlich ergeht es vielen anderen auch: Die »kleinen« Wünsche werden anstandslos erfüllt, aber bei den »großen« klappt gar nichts. Der Grund ist klar: Bei den »wichtigen« Dingen richtet sich unsere Aufmerksamkeit viel eher auf die möglichen unangenehmen Folgen eines Misserfolges – denn meist sind uns die Dinge gerade deshalb so wichtig, weil wir irgendetwas Unangenehmes *vermeiden* wollen (zum Beispiel zu spät zu kommen). Und damit fällt es uns auch viel schwerer, auf das Funktionieren des Bestellprozesses zu vertrauen – wir verfallen schnell in Zweifel und Sorgen, die unseren Schicksalsanker bestimmt nicht in die gewünschte Richtung befördern.

> *»Die Welt ist das,*
> *was ich von ihr denke.«*
>
> *Jean E. Charon*

All diese Zusammenhänge sind in den letzten Jahren von einigen Menschen intensiv erforscht worden. Meines Erachtens hat dabei niemand die zugrunde liegenden Gesetzmäßigkeiten klarer herausgearbeitet als der Glücksforscher Bodo Deletz, der zusammen mit seinem Team (zu dem übrigens auch der zuvor erwähnte Thomas Klüh gehört) seit Jahrzehnten daran arbeitet, einen möglichst einfachen und effektiven Weg zur Gestaltung der bestmöglichen (sprich glücklichsten) persönlichen Realität zu entwickeln, der für möglichst viele Menschen nachvollziehbar sein soll. Die sich ständig weiterentwickelnden Erkenntnisse von Bodo und seinem Team werden unter dem Pseudonym *Ella Kensington* in Form von Büchern und Seminaren an Interessierte vermittelt (siehe Hinweise am Ende dieses

Buches). Viele der Informationen in diesem und den folgenden Kapiteln basieren auf diesen Arbeiten. Im dritten Teil dieses Buches, in dem es um die praktische Gestaltung der persönlichen Realität geht, werden wir die entsprechenden Zusammenhänge noch einmal genauer betrachten und sehen, dass man auch dann, wenn man von Hause aus kein eingefleischter Optimist ist, lernen kann, seinen Pfad durch den Möglichkeitsraum dauerhaft in die »richtige« Richtung zu lenken.

Ich empfehle Ihnen übrigens sehr, dieses Buch zuerst zuende zu lesen, bevor Sie versuchen, mit »Bestellungen beim Universum« Ihr ganzes Leben umzukrempeln – damit können Sie sich unter Umständen eine Menge Frust ersparen, denn der Versuch, die eigene Realität gezielt über das Bewusstsein zu beeinflussen, kann leicht nach hinten losgehen – mehr dazu im dritten Teil. Zuvor jedoch gilt es das Konzept der Realitätsschöpfung durch das Bewusstsein zu vervollständigen.

5.6 Der Realostat – wie man eine stabile Realität erzeugt

> *»Müsste, um die Welt zusammenzuhalten, nicht eigentlich immer jemand ununterbrochen auf sie schauen?«*
>
> *Harry Mulisch*

Was tun Sie, wenn es Ihnen in Ihrem Wohnzimmer zu kalt wird? Sie drehen die Heizung höher. Wird Ihnen dann zu warm, drehen Sie sie wieder ein (etwas kleineres) Stück herunter. Falls es dann wieder zu kalt wird, drehen Sie sie noch einmal ein (ganz kleines) Stück höher ... Dies wiederholen Sie so lange, bis die Temperatur stimmt. Da die Raumtemperatur aber nicht nur von der Ventilstellung der Heizung, sondern zum Beispiel auch von der Außentemperatur und der Temperatur des Heizungswassers abhängt, kann die Temperatureinstellung von Hand recht lästig werden. Daher wurde irgendwann ein Gerät erfunden, das mittels eines eingebauten Thermometers und einer Stellvorrichtung für das Heizventil dafür sorgt, dass man nur noch die gewünschte Temperatur vorgeben muss und das Gerät – der *Thermostat* – den Rest erledigt. Es tut dabei im Prinzip genau dasselbe wie Sie – es vergleicht die tatsächliche Temperatur mit dem gewünschten Wert und korrigiert die Stellung des Heizventils entsprechend so lange, bis die Wunschtemperatur erreicht ist.

Technisch nennt man dies einen *Regelungsvorgang*. Alle Regelungsvorgänge laufen nach demselben Grundprinzip ab: Eine *Eingangsgröße* (hier die tatsächliche Raumtemperatur) wird gemessen und mit einer *Sollgröße* (hier der gewünschten Temperatur) verglichen, und eine *Ausgangsgröße* (hier die Ventilstellung) wird entsprechend verändert. Dies wird in immer kleineren Schritten so lange wiederholt, bis die Eingangsgröße mit der Sollgröße hinreichend genau übereinstimmt. Etwas Ähnliches passiert zum Beispiel, wenn Sie Auto fahren: Sie vergleichen ständig Ihre Position auf der Fahrbahn (Eingangsgröße, gemessen über Ihre Augen) mit dem Idealzustand (Sollgröße: die Position genau in der Mitte des Fahrstreifens) und regeln die Lenkradstellung (Ausgangsgröße) so, dass die Abweichung möglichst klein wird. Die »Feineinstellung« erfolgt dabei unbewusst, weil der Regelungsvorgang durch Gewohnheit bald zum Automatismus wird. Beim Fahrradfahren ist er noch komplexer, denn hier muss zugleich auch noch die Balance geregelt werden – doch auch hier übernimmt nach kurzer Übung das Unterbewusstsein das Ruder (bzw. den Lenker) und erspart Ihnen damit eine Menge Stress.

Das entscheidende Prinzip bei der Regelung nennt sich *Rückkopplung* (engl. *feedback*). Gemeint ist die Tatsache, dass die bei der Regelung veränderte Ausgangsgröße (beispielsweise die Ventilstellung der Heizung) einen direkten Einfluss auf die Eingangsgröße (im Beispiel die Raumtemperatur) hat, die wiederum den Regler beeinflusst, der seinerseits wieder die Ausgangsgröße verändert usw. – es handelt sich also um eine geschlossene Schleife (auch *Regelkreis* genannt), bei der der Ausgang auf den Eingang *zurückgekoppelt* wird. Schematisch kann man das Prinzip wie folgt darstellen:

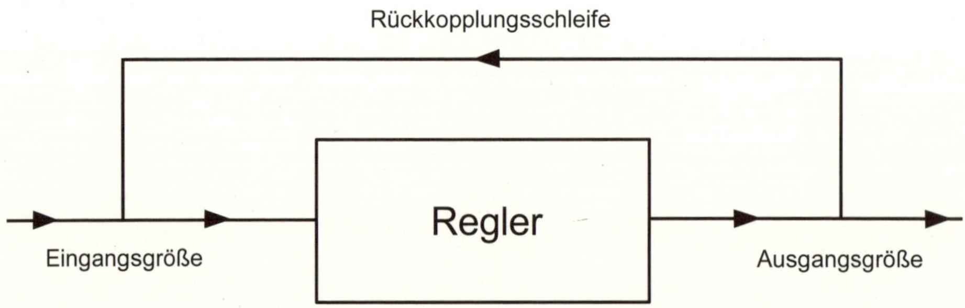

Was hat das Ganze nun mit unserem eigentlichen Thema zu tun? Hier geht es ja um die Entstehung der Realität durch unsere Wahrnehmung. Machen wir uns noch einmal klar: Wie schon Erwin Schrödinger feststellte (Seite 5), gibt es *keinen Unterschied* zwischen der sogenannten »äußeren« und der von uns wahrgenommenen Realität – beide sind ein und dasselbe! Was uns als »äußere« und »vorgegebene« Realität erscheint, ist das Produkt unseres eigenen Bewusstseins – wir *erzeugen* diese Realität selbst, indem wir sie aus dem Möglichkeitsraum herausfiltern, und zwar allein durch die Ausrichtung unserer Wahrnehmung auf eben diese Realitätsvariante.

Auch wenn wir den Eindruck haben, die Welt sei (unabhängig von uns) »einfach da« und wir würden sie lediglich passiv beobachten (und in geringem Maße durch unser Handeln verändern), ist unsere Wahrnehmung in Wirklichkeit ein Prozess, der in *beide* Richtungen wirkt: *Wir erzeugen die Welt, indem wir sie beobachten!* Wir sind Filmprojektor und Kinozuschauer in einem. Erkennen Sie, dass dies eine Rückkopplungsschleife darstellt, und zwar eine überaus mächtige? Wir erzeugen die Realität, auf die wir unsere Wahrnehmung richten, und wir nehmen die Realität wahr, die wir erzeugen!

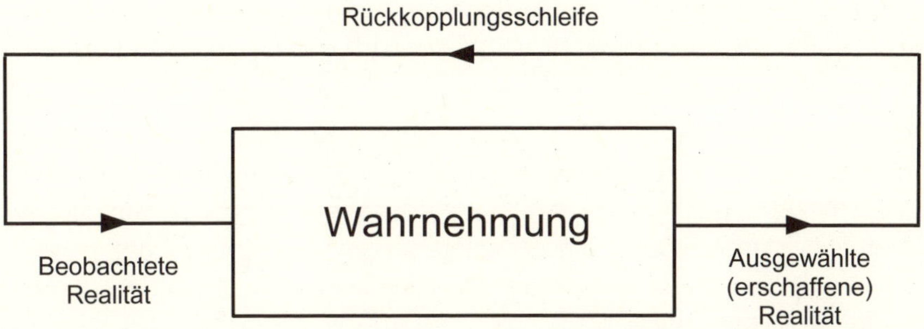

Hier gibt es keine wirkliche »Außenwelt« – die beobachtete Realität ist exakt diejenige, die wir durch Auswahl selbst erzeugen. Unser *gesamtes Erleben* spielt sich innerhalb dieser Schleife ab, denn unsere Realität existiert nur innerhalb unserer Wahrnehmung! Egal, in welchen Spiegel Sie schauen, Sie können nicht verhindern, immer sich selbst zu sehen.

Unsere Realitätsgestaltungsschleife ist ein ausgesprochen guter Regelkreis – denn ganz offensichtlich ist die Welt, die wir erleben, erstaunlich stabil.[85] Da wir diese Welt aber selbst erzeugen, sorgen wir offenbar auch selbst für diese Stabilität. Rein theoretisch könnten wir ja in jedem Moment sagen: »Das ist ja eine ganz nette Realität, die ich da gebaut habe, aber jetzt mache ich mir zur Abwechslung mal eine ganz andere!« und könnten dann durch radikales Umschwenken unserer Wahrnehmung auf eine andere Realitätsvariante eine völlig neue, aus herkömmlicher Sicht »unmögliche« Welt mit komplett anderen Gesetzmäßigkeiten erschaffen! Ganz offensichtlich tun wir das jedoch (zumindest im Wachzustand) nicht – warum?

Eine Rückkopplungsschleife allein ist noch keine Regelung. Eine gut funktionierende Regelung – egal ob durch technische oder andere Mittel – erzeugt stabile Verhältnisse (konstante Temperatur, sichere Autofahrt, stabile Währungen usw.), indem sie die Eingangsgröße möglichst *konstant* hält. Für diese stabilisierende Wirkung ist es entscheidend, dass der Regler die Ausgangsgröße in die *richtige Richtung* verändert, um der Veränderung der Eingangsgröße *entgegenzuwirken*. Würde der Thermostat die Heizung jedes Mal *höher* drehen, wenn die Raumtemperatur *steigt*, könnten Sie in Ihrem Wohnzimmer bald eine Sauna eröffnen. Bestimmt kennen Sie auch das unerträgliche Pfeifen, das durch Rückkopplung entstehen kann, wenn ein Mikrofon sich zu nah an einem Lautsprecher befindet, der just das Signal dieses Mikrofons wiedergibt. Ein winziges Geräusch (oder sogar schon das Eigenrauschen der Elektronik) genügt – wenn es genügend oft durch die endlose Rückkopplungsschleife Lautsprecher > Mikrofon > Verstärker > Lautsprecher usw. läuft,

85 Auch dieser Begriff ist natürlich relativ. »Stabilität« ist hier nicht im Sinne von z. B. politischer Stabilität gemeint. Ich beziehe mich vielmehr auf Dinge, die wir als »gegeben« hinnehmen und die konstant bleiben, etwa die sogenannten »Naturgesetze«.

schaukelt es sich auf ein Niveau hoch, das im Extremfall sogar den Lautsprecher (oder die Ohren der Zuhörer) zum Durchschmoren bringen kann – alles andere als stabile Verhältnisse also. Technisch nennt man dies *positive Rückkopplung*, weil die Rückkopplungsschleife eine Veränderung der Eingangsgröße *verstärkt*, was sich oft bis zur Katastrophe steigern kann.

Wird der Veränderung jedoch – wie bei einer Regelung gewünscht – entgegengewirkt, spricht man von *negativer Rückkopplung* (etwas »Negatives« kann also durchaus positive Wirkungen haben ...). Die Steuerung unserer Wahrnehmung und damit unserer Realitätsgestaltung stellt offensichtlich eine sehr effektive negative Rückkopplungsschleife dar. Sie funktioniert wie folgt:

Wir haben bereits gesehen, dass unser Glaube einen starken Einfluss darauf hat, worauf wir unsere Wahrnehmung richten. Es ist uns kaum möglich, unsere Wahrnehmung auf etwas zu richten, an das wir nicht glauben, ohne dass gleichzeitig Zweifel aufkommen, die unsere Wahrnehmung wieder von der entsprechenden Realitätsvariante wegziehen. Versuchen Sie einmal, sich eine Welt vorzustellen, in der alle Taxis von rosa Elefanten gelenkt werden. Auch wenn Sie genug Fantasie haben, um sich dies lebhaft auszumalen, werden sie nicht verhindern können, dass Sie zugleich irgendwo in Ihrem Hinterkopf die Überzeugung spüren: »Die Welt *ist* aber nicht so.«

Überzeugungen sind sehr mächtige Gedanken, was die Steuerung unserer Wahrnehmung angeht. Bodo Deletz definiert sie so: Eine Überzeugung ist ein Glaubenssatz, von dem man denkt, er sei kein Glaubenssatz – sondern die Wahrheit. Wenn unsere Überzeugungen aber unsere Wahrnehmung lenken, dann kann man die realitätsgestaltende Rückkopplungsschleife auch wie folgt beschreiben: *»Ich glaube, was ich sehe, und ich sehe, was ich glaube.«* Es leuchtet unmittelbar ein, dass sich die wahrgenommene Welt (und damit die Welt an sich, denn eine andere gibt es nicht) bei Anwendung dieses Prinzips nicht sonderlich stark verändern kann – denn wenn unsere Wahrnehmung einmal so stark »entgleisen« würde, dass wir eine nach unserer Überzeugung »unmögliche« Realität erleben, würde unser Glaubenssystem sofort einschreiten und das Wahrgenommene für »ungültig« erklären, so dass unsere Wahrnehmung sofort umgelenkt würde und die im nächsten Augenblick wahrgenommene Realität wieder im Rahmen des »Zulässigen« läge.

Manchmal geschieht dies tatsächlich auf diese Weise – wir sehen kurzfristig etwas »Unmögliches«, das im nächsten Moment wieder verschwindet, etwa ein Gespenst oder eine sonstige unerklärliche Erscheinung. Zumeist läuft der Regelungsvorgang allerdings unbemerkt ab. Dies hat zwei Gründe: Zum einen hat unser »Rahmen des Möglichen« einen unscharfen Randbereich, in dem die Zweifel nach »außen« hin immer stärker werden, so dass die »Umkehr« unserer Wahrnehmung normalerweise so frühzeitig erfolgt, dass wir gar nicht erst den Bereich des »total Unmöglichen« erreichen (unter Drogeneinfluss kann dies allerdings durchaus anders aussehen ...). Zum anderen wird unsere Wahrnehmung größtenteils vom Unterbewusstsein gelenkt, wodurch uns die blitzschnell ablaufenden »Korrekturmaßnahmen« meist gar nicht erst bewusst werden.

So wie ein Thermostat jede größere Abweichung von der Wunschtemperatur durch entsprechendes Gegensteuern mit der Heizung weitestmöglich kompensiert, sorgt auch unser »Realostat« – in Gestalt unserer Überzeugungen – dafür, dass jede allzu starke Abweichung unserer Wahrnehmung von der »Sollgröße« (der Welt, an die wir glauben), durch entsprechendes Gegensteuern in Gestalt von Zweifeln und Unglauben wieder »abgedämpft« werden. Unser Glaubenssystem hält uns zuverlässig auf unserer selbst definierten »Fahrbahn« durch den Möglichkeitsraum und sorgt dafür, dass wir keine allzu scharfen Kurven nehmen. Damit verändert sich die Welt, die wir erleben, immer nur im Rahmen dessen, was wir für möglich halten.

Dies funktioniert vor allem deshalb so gut, weil uns normalerweise nur der erste Teil des Rückkopplungsprinzips (also *»Ich glaube, was ich sehe«*) bewusst ist und wir die Welt »da draußen« für vorgegeben halten, statt sie als Produkt unserer Wahrnehmung (und damit unserer Überzeugungen) zu begreifen. Mit anderen Worten, eine der stärksten Überzeugungen, die in uns steckt, lautet: *»Die Welt ist, wie sie ist.«* Diese Überzeugung ist so stark, dass die Aussage vielen Menschen geradezu trivial oder überflüssig vorkommt. Jeder weiß doch, dass Gras grün ist, oder? Und Elefanten fahren nun mal nicht Taxi und sind auch nicht rosa. Und Kommunisten sind böse, und alle Araber sind Terroristen.

Wäre uns hingegen vollkommen klar, dass die Welt unsere eigene Schöpfung ist – etwa so, wie wir niemals daran zweifeln würden, dass wir ein Stück Modelliermasse mit den Händen verformen können –, dann würden wir sie auch viel radikaler verändern können. Wir wären im wahrsten Sinne des Wortes allmächtig – wie auch Jesus sagte: *»Nichts wird euch unmöglich sein.«* Die Wunder, die von Jesus und anderen Menschen vollbracht wurden und werden, sind nur eine kleine Kostprobe dessen, was theoretisch möglich wäre. Ob allerdings die uneingeschränkte Ausübung unserer Macht zur beliebigen Gestaltung unserer Realität wünschenswert wäre und zu unserem Glück beitragen würde, ist eine andere Frage. Mehr dazu im dritten Teil dieses Buches.

> *Unser Glaubenssystem sorgt dafür, dass die Realität, die wir durch unsere Wahrnehmung erzeugen, stabil bleibt. Indem wir glauben, dass die Welt, die wir erleben, die »einzig wahre« ist, richten wir unsere Wahrnehmung immer wieder auf diese Realitätsvariante und erzeugen sie dadurch – mit nur geringen Variationen – immer wieder neu. Ohne dieses Stabilisierungsprinzip könnten wir in jedem Moment jede beliebige Realität erzeugen.*

Wo ist nun dieser »Realostat«, der uns eine stabile Welt verschafft, konkret angesiedelt? Zum großen Teil schlicht in unserem Gehirn! Die vielen Überzeugungen, die unsere Wahrnehmung lenken und damit unsere Realität stets zuverlässig so gestalten, dass sie diese Überzeugungen widerspiegelt, sind ja nichts weiter als Programmierungen in unserem Denkapparat, der auf dieser Ebene wie ein komplexer Computer funktioniert. Schon im ersten Kapitel dieses Buches habe ich einige der Programmierungen behandelt, die unsere Vorstellung von der Welt gestalten (und vorrangig zur Sicherung unseres körperlichen Überlebens dienen). In Kapitel 8 werde ich noch genauer auf diese Programmierungen eingehen.

In diesem Zusammenhang kommt nun allerdings eine interessante Frage auf: Wenn ich meine *komplette* Realität erst durch meine Wahrnehmung erzeuge, dann ist doch auch mein Gehirn meine eigene Schöpfung! Das Bewusstsein an sich existiert ja unabhängig vom Körper. Habe ich mich also, indem ich meinen Körper samt Gehirn erschaffen und mich sozusagen an ihn gekettet habe, freiwillig in einen Zustand begeben, in dem ich keine beliebige Realität mehr erzeugen kann oder dies zumindest erst mühsam wieder lernen müsste? Warum sollte ich so etwas tun? Und warum kann ich mich an den Zustand »davor« (Vorsicht Zeitfalle) nicht erinnern?

Fängt man einmal an, in diese Richtung zu denken, tauchen sofort weitere Fragen auf – einige davon sind Ihnen vielleicht auch schon früher durch den Kopf geschossen: Wenn *jeder* Mensch die von ihm erlebte Realität komplett selbst erschafft, wie kann es dann sein, dass in dieser Welt Milliarden anderer Menschen leben, die offenbar – zumindest in großen Teilen – *dieselbe* oder zumindest eine sehr ähnliche Realität erleben? Begründet man dies damit, dass alle Menschen ein ähnliches Gehirn haben, verschieben wir die Frage nur auf die nächste Ebene: *Warum* haben wir alle ein ähnliches Gehirn, wenn doch auch dies unsere eigene Kreation ist? Warum hat sich Herr Müller nicht ein völlig anderes (oder gar kein) Gehirn erschaffen und gronkt stattdessen als Füngel im Schwirtz (andere Realitäten erfordern andere Begriffe ...), weil das viel mehr Spaß macht als Akten zu sortieren?

Aber selbst wenn wir eine gemeinsame »Basis-Realität« für alle Menschen als gegeben akzeptieren, stellen sich weitere Fragen – zum Beispiel: Was passiert, wenn zwei Menschen nebeneinander sitzen (so dass sie sich einen großen Teil ihrer selbst gemachten Realität »teilen« müssen), und einer von ihnen stellt sein Bewusstsein auf Regenwetter ein, der andere hingegen »bestellt« strahlenden Sonnenschein? Was für eine Realität erleben die beiden, wenn sie doch jedem von ihnen seine Bewusstseinsausrichtung widerspiegeln muss?

Kurzum, die allgemeine Frage lautet: Wie funktionieren die offensichtlich in großer Zahl vorhandenen »Querverbindungen« zwischen den individuellen Bewusstseinsinstanzen, die schon Erwin Schrödinger erwähnte (Seite 5)? Ohne solche Querverbindungen lässt sich die These, dass die Realität ausschließlich durch das Bewusstsein erzeugt wird, offenbar nicht widerspruchsfrei vertreten.

Um diese und andere Fragen zu beantworten, müssen wir die bisherigen Erkenntnisse in einen größeren Zusammenhang stellen und Bewusstseinsstrukturen betrachten, die über ein einzelnes Individuum hinausgehen.

6 Geist ohne Grenzen

Gruppenbewusstsein und kollektive Realitätsschöpfung

6.1 Die Illusion vom Individuum

> *»Die individuellen Leiber, die von Anbeginn an auf der Erde gelebt haben, sind nicht bloß eine Summe von abgesonderten Individuen, sie alle zusammen bilden eine große, durchaus wirkliche Körpergemeinschaft, einen Organismus. Einen Organismus, der sich ewig verwandelt, der sich ewig in neuen Individualgestalten manifestiert.«*
>
> *Gustav Landauer*

Stellen Sie sich einmal vor, Ihnen steht eine Horde von einigen tausend muskelbepackten Arbeitern zur Verfügung, und Sie möchten mit deren Hilfe ein gigantisches Hochhaus errichten, das all diesen Menschen Platz bietet und über eine funktionierende Infrastruktur verfügt – sozusagen eine ganze Kleinstadt in einem einzigen Bauwerk.

Es gibt nur ein kleines Problem: Ihre Arbeiter sind allesamt so dumm, dass sie nicht einmal eine Vorstellung davon haben, was überhaupt ein Gebäude ist, geschweige denn, wie es funktioniert. Und zu allem Überfluss sind Ihre Arbeiter auch noch alle blind!

Vermutlich würden Sie das Projekt direkt abblasen. Unter diesen Voraussetzungen kann das Ganze ja nicht funktionieren.

Seltsamerweise gibt es aber dennoch solche Bauwerke, die von blinden Arbeitern errichtet werden, deren Intelligenz die des dümmsten Menschen sogar noch um Größenordnungen unterschreitet: Termitenhügel! Unter allen staatenbildenden Insekten bauen die Termiten die größten und beeindruckendsten Behausungen. Besonders erstaunlich ist, dass die blinden Tiere dabei von unterschiedlichen Seiten zu bauen beginnen und sich erst später in der Mitte treffen – und zwar nicht nach dem Zufallsprinzip, sondern so, dass alles exakt zusammenpasst! Das schaffen Menschen (zum Beispiel beim Bau eines Straßentunnels, der von zwei Seiten begonnen wird) nur mit modernster Technologie.

Bis heute ist nicht abschließend geklärt, wie die Koordination des Termitenvolkes funktioniert. Die Intelligenz einer einzelnen Termite, die aus nicht viel mehr als einigen Instinkten besteht, befähigt das Tier zwar zur Sicherung seines unmittelbaren Überlebens und zur Erfüllung einfacher Aufgaben (bei den Termiten herrscht lebenslange Arbeitsteilung, man wird schon als Soldat oder Brutpfleger geboren), jedoch kann man die Komplexität des *gesamten* Termitenvolkes und seiner Bauwerke nicht als Summe der Einzelintelligenzen erklären. Ähnliches gilt für andere Insektenvölker wie Ameisen und Bienen.

Der südafrikanische Naturforscher Eugéne Marais führte in den zwanziger Jahren des letzten Jahrhunderts interessante Beobachtungen und Experimente an Termiten durch. Unter anderem entdeckte er, dass es eine zentrale, steuernde Instanz gibt, nämlich die Termitenkönigin. Allgemein bekannt war bis dahin nur, dass sie als einzige befähigt ist, Nachwuchs in die Welt zu setzen (äußerlich kümmert sie sich ansonsten um nichts – sie wird sogar von speziellen Arbeitern ständig gefüttert). Aber sie koordiniert auf irgendeine geheimnisvolle Weise auch die Tätigkeit ihres Volkes, insbesondere auch den Bau der Termitenhügel. Wenn man die Königin tötet, kommt nach Marais' Beobachtungen die Bautätigkeit sofort zum Erliegen, und aus dem koordinierten Bautrupp wird eine chaotische Horde dummer Insekten.[86] Die Termitenkönigin steuert offenbar ihr Volk in ähnlicher Weise, wie das Gehirn eines komplexeren Lebewesens dessen Körper steuert!

Beobachtungen dieser Art inspirierten einige Biologen zu einer neuen Sichtweise, bei der man das Insektenvolk in seiner Gesamtheit als ein *einziges Lebewesen* betrachtet, sozusagen ein Gruppenwesen oder »Meta-Individuum«. Die einzelnen Insekten nehmen dabei ähnliche Rollen ein wie die Zellen im Körper eines komplexeren Lebewesens wie des Menschen. So wie es im Körper unter anderem Muskelzellen, Immunzellen, Fortpflanzungszellen und Gehirnzellen gibt, gibt es in einem Insektenvolk Arbeiter, Soldaten, Brutpfleger und eine Königin. Eine einzelne Zelle hat – wie ein einzelnes Insekt – eine sehr beschränkte Intelligenz und »versteht« (zumindest nach unserer gängigen Definition dieses Begriffs) nicht den Gesamtzusammenhang, in dem sie sich befindet. Selbst eine Gehirnzelle ist nicht schlauer als jede andere Zelle auch (und mit Sicherheit dümmer als eine Ameise). Dennoch funktioniert das Gesamtsystem – ob Mensch oder Ameisenstaat – wunderbar und ist in seiner Komplexität weit mehr als nur die Summe seiner Teile.

Douglas R. Hofstadter hat in seinem Bestseller *Gödel, Escher, Bach* diese Sichtweise humorvoll dargestellt: Ein Ameisenbär erzählt beim Tee von einer Freundin namens Tante Colonia. Sie ist weder ein Mensch noch ein Tier im herkömmlichen Sinne – sondern eine Ameisenkolonie. Wohlweislich wird dabei unterschieden zwischen der Ebene der einzelnen Ameisen (für die der Ameisenbär, der sich ja von Ameisen ernährt, alles andere als ein Freund, sondern ein Todfeind ist) und der Ebene von Tante Colonia, die durchaus kein Problem damit hat, dass der Ameisenbär einige ihrer Ameisen verzehrt – sie bietet ihm sogar bereitwillig die saftigsten an. Einem menschlichen Körper schadet es schließlich auch nicht, dass einzelne Körperzellen absterben und durch neue ersetzt werden – im Gegenteil. Die einzelnen Ameisen sind auch nicht intelligent genug, um mit dem Ameisenbär zu kommunizieren – Tante Colonia führt dennoch hochgeistige Gespräche mit ihm, indem

86 Natürlich haben die Termiten ein Sicherheitssystem für diesen Fall – nach einiger Zeit übernimmt eine andere, speziell für diese Funktion vorbereitete Termite die Rolle der Königin.

sie die einfachen Bewegungsinstinkte der Ameisen nutzt, so dass diese auf bestimmten Pfaden auf dem Waldboden entlangwandern, aus deren Verlauf der Ameisenbär dann Informationen entnehmen kann. Auch wenn ein realer Ameisenstaat wohl kaum die Intelligenz von Tante Colonia erreicht, ist dies eine sehr anschauliche Illustration der Tatsache, dass ein Lebewesen (im solchermaßen erweiterten Sinne des Wortes) nicht zwingend »an einem Stück« existieren muss.

Durch diese Sichtweise verschwimmt die Grenze des Begriffs *Individuum*, der damit, wie so viele andere Begriffe zuvor, als bloßes Denkkonstrukt entlarvt wird.

Schaut man sich in der Biologie genauer um, stößt man auf immer neue Beispiele, bei denen die Grenze zwischen Individuum und Kollektiv nicht eindeutig ist. Im tropischen Regenwald gibt es zum Beispiel eine bestimmte Art von einzelligen Amöben, die sich bei einsetzender Nahrungsknappheit zu einem vielzelligen Lebewesen – einem sogenannten *Schleimpilz* – vereinigen, das dann millimeterweise über den Boden kriecht (die einzelnen Amöben könnten sich allein niemals so »schnell« bewegen), bis es einen passenden Standort findet, um Wurzeln zu schlagen. Daraufhin differenzieren sich die einzelnen Zellen in unterschiedliche Zelltypen (obwohl die einzelnen Amöben zuvor alle identisch waren): Unten entstehen Wurzelzellen für die Verankerung im Boden, und oben wächst ein Fruchtkörper, in dem Sporen (Fortpflanzungszellen) gespeichert werden. Frisst nun ein Tier diesen Fruchtkörper, so transportiert es damit die (unverdaulichen) Sporen an einen anderen Ort, wo sich aus ihnen wieder einzelne Amöben bilden.

Noch wesentlich komplexere (und größere) Gebilde sind die *Staatsquallen*, die im Gegensatz zu normalen Quallen aus Tausenden einzelner Lebewesen (Polypen) bestehen, die lebenslang zusammen bleiben und eine deutlich stärkere Aufgabenteilung aufweisen als die Zellen des Schleimpilzes: Einige Polypen fungieren als Tentakel zum Beutefang, einige übernehmen die Verdauung, andere die Fortpflanzung usw. – bei der bekanntesten Staatsqualle, der (äußerst giftigen) *Portugiesischen Galeere*, übernimmt sogar ein spezieller Polyp den Job eines aus dem Wasser herausragenden Segels für die Fortbewegung im Wind!

Wo ist hier das Individuum, wo die Gesellschaft? Verhält sich nicht auch eine menschliche Samenzelle – auch wenn sie außerhalb des Körpers nicht lange lebensfähig ist – fast wie ein eigenständiges Wesen, das sich wie eine Kaulquappe selbstständig bewegt? Verfolgt man die Entstehungsgeschichte des Lebens zurück, stellt man fest, dass sich die »modernen« Zellen offenbar aus Zweckgemeinschaften noch einfacherer Lebewesen entwickelt haben, die in einer Symbiose[87] zusammenlebten. Im Laufe der Evolution passten sich die Partner so sehr an die Gemeinschaft an, dass sie irgendwann nicht mehr unabhängig voneinander existieren

87 Im Gegensatz zum Parasitismus, bei dem ein Lebewesen das andere ausnutzt und ihm damit schadet, versteht man unter einer Symbiose eine enge Lebensgemeinschaft, in der beide Partner voneinander profitieren. Es existieren auch Zwischenstufen beider Prinzipien.

konnten. Noch heute finden wir die ehemaligen »Gäste« als feste Bestandteile von Zellen wieder – insbesondere die Mitochondrien in Tierzellen und die Chloroplasten in Pflanzenzellen. In ähnlicher Weise sind die Vielzeller vermutlich aus einer Symbiose von Einzellern – wie beim erwähnten Schleimpilz – hervorgegangen.

In Ihrem Körper, zum Beispiel im Mund und im Darm, tummeln sich (neben unerwünschten Gästen, um die sich Ihr Immunsystem kümmert) unzählige nützliche Bakterien, ohne die Ihr Organismus nicht richtig funktionieren würde und die wiederum Ihren Körper als Lebensraum brauchen – auch dies ist eine Symbiose. Sind diese Bakterien nun Teil Ihres Körpers oder nicht? Freilich gibt es auch »lockere« Symbiosen, bei denen einem die Entscheidung leicht fällt, dass man hier von getrennten Lebewesen sprechen kann – etwa Vögel, die ihre Nahrung ausgerechnet zwischen den Zähnen von Krokodilen herauspicken und zum Dank für die kostenlose Gebissreinigung nicht gefressen werden, oder die Putzerfische, die Parasiten aus dem Maul großer Raubfische entfernen. Aber es gibt auch zahlreiche Zwischenstufen – der Übergang zwischen Zweckgemeinschaft und Kollektiv-Lebewesen ist fließend.

Bei Pflanzen ist es besonders schwierig, den Begriff »Individuum« zu definieren – viele Pflanzen kann man in Stücke schneiden, und aus jedem Teil wird wieder eine komplette Pflanze.[88] Insbesondere haben Pflanzen im Gegensatz zu vielzelligen Tieren kein Gehirn, das man als Zentrum des Individuums definieren könnte.

> *Aus biologischer Sicht ist der Begriff des Individuums nicht scharf definiert – in der Natur existieren sämtliche Zwischenstufen von losen Zweckgemeinschaften vieler Einzelwesen bis hin zu komplexen Organismen, die als individuelle Einheit agieren.*

Warum ist die Vorstellung, dass Lebewesen als voneinander getrennte Individuen existieren, dennoch so stark in unserem Weltbild verankert? Ich sehe hierfür vor allem zwei Gründe: Zum einen liegt es an der Struktur unserer Wahrnehmung, die ich bereits im ersten Kapitel beschrieben habe: Wir neigen aus praktischen Gründen dazu, die Welt in individuelle »Dinge« einzuteilen und verlassen uns dabei vorrangig auf unsere visuelle Wahrnehmung. Ein sich sichtbar von seiner Umgebung abhebendes, zusammenhängendes Etwas – etwa eine Ameise – erfüllt weitaus besser unsere Anforderungen an ein »Ding« als ein Haufen räumlich voneinander getrennter Objekte, deren systematischer Zusammenhang sich erst bei längerer, genauer Beobachtung erschließt – wie eine Ameisenkolonie. Der Zusammenhalt und die Funktionen eines Gruppenwesens basieren zum großen Teil auf *unsichtbaren* Kommunikationsmedien – beispielsweise akustischen Signalen, Duftstoffen und elektromagnetischen Wellen –, und unsichtbare »Dinge« sind für unsere objektorientierte Wahrnehmung automatisch »weniger real« als sichtbare.

---

88 Bei einem Regenwurm funktioniert dies übrigens – entgegen anders lautenden Gerüchten – nicht: Nach einer Zerlegung stirbt (mindestens) der hintere Teil ab. Daher bitte ich aus wurmanitären Gründen von entsprechenden Experimenten abzusehen.

Wussten Sie zum Beispiel, dass lebende Zellen kohärentes Licht (das heißt Licht mit geordneten Wellenmustern wie bei einem Laser) speichern, abgeben und empfangen? Diese sogenannten *Biophotonen* werden erst seit wenigen Jahrzehnten genauer erforscht[89] und spielen wahrscheinlich eine wichtige Rolle bei der Koordination biologischer Vorgänge innerhalb – und möglicherweise auch außerhalb – des Körpers. Das komplexe DNS-Molekül im Zellkern, das auch Träger der Erbsubstanz ist, erfüllt dabei offenbar die Funktion einer Antenne. Vermutlich ist dies nur eine von vielen, zum Teil noch wenig erforschten Kommunikationsstrukturen innerhalb von Lebewesen und zwischen den Individuen eines Gruppenorganismus.

Auch die räumliche Ausdehnung des Körpers, den wir ja mit den Augen als abgegrenztes, von seiner Umgebung getrenntes Objekt wahrnehmen, ist eine Frage der Definition. Nur auf der sichtbaren Ebene endet der Körper an der Hautoberfläche. Im Unsichtbaren ist er umgeben von Materie- und Energiestrukturen, die ohne ihn nicht vorhanden wären und die man daher je nach Standpunkt durchaus auch als Teil des Körpers betrachten könnte. Um Sie herum befinden sich zum Beispiel eine Schicht erwärmter Luft, eine Wolke von Duftstoffen (von denen ein großer Teil nicht bewusst wahrnehmbar ist, aber dennoch unbewussten Einfluss auf andere Lebewesen hat, was einen großen Teil der Sympathie oder Antipathie zwischen Individuen ausmacht) sowie ein äußerst komplexes elektromagnetisches Feld. Zudem erzeugen Sie aufgrund der Masse Ihres Körpers eine – äußerst schwache – Raumkrümmung (Gravitation), die prinzipiell sogar unendlich weit in den Raum hinausreicht.

Begeben wir uns schließlich in die Randbereiche der Wissenschaft und werfen zugleich einen Blick in das Wissen anderer Kulturen, spiritueller Traditionen und Geheimgesellschaften, so stoßen wir auf zahlreiche Hinweise darauf, dass unser Körper auf »höheren« Ebenen (welcher Natur diese auch immer sein mögen – ich werde noch darauf zurückkommen) ebenfalls eine komplexe energetische Struktur hat, die weit über die Grenzen des physischen Körpers hinausreicht und möglicherweise sogar unbegrenzt ist.[90] Einige besonders sensitive Menschen sind in der Lage, diese Strukturen zu sehen. Der viel zitierte *Astralkörper*, der sich zahlreichen Berichten zufolge vom physischen Körper lösen und – unter Mitnahme der Wahrnehmungsfunktionen – allein durch den Raum bewegen kann,[91] ist nach den gän-

89 Führend sind hier die Forschungen von Fritz-Albert Popp, ausführlich beschrieben z. B. in dem Buch *Biophotonen* von Marco Bischof und im Internet: *www.biophotonen-online.de*

90 Wunderbare künstlerische und äußerst detailgenaue Darstellungen dieser verschiedenen physischen und energetischen Körper-Ebenen finden sich in dem Buch *Sacred Mirrors – Die visionäre Kunst des Alex Grey*.

91 Man spricht hierbei von *außerkörperlichen Erfahrungen*, *Astralwanderung* oder *Astralprojektion*. Zur Überprüfung des Phänomens wurden Experimente durchgeführt, bei denen eine Versuchsperson auf dem Wege einer Astralwanderung an (überprüfbare) Informationen gelangte, die ihrem physischen Körper nicht zugänglich waren.

gigen Theorien nur die »unterste« von mehreren Energiekörper-Ebenen. Wo ist die räumliche Grenze eines Individuums? Wo hört ein Mensch auf, wo beginnt der nächste?

Unsichtbare Substanzen, Signale und Energiestrukturen verbinden Lebewesen untereinander und lassen die räumliche Grenze des Individuums verschwimmen. Ein Lebewesen hat bei genauer Betrachtung keine definierte räumliche Ausdehnung.

Die sinnliche Wahrnehmung von Lebewesen als separate physische »Objekte« ist also einer der Gründe für unseren fest verwurzelten Glauben an getrennte Individuen. Der zweite, noch entscheidendere Grund liegt jedoch in der Natur unserer Selbstwahrnehmung. Wir *fühlen* uns einfach als individuelle Einzelwesen. Dieses Phänomen nennt man auch das *Ich* (lateinisch *Ego*). Das Ich ist uns so vertraut, dass wir es im Allgemeinen niemals in Frage stellen und uns als Person zu hundert Prozent damit identifizieren. Wir haben das Gefühl, das Ich zu *sein*. Ich bin ich – ist doch klar, oder?[92]

Die wenigsten Menschen kommen von sich aus auf die Idee, das Ich einfach nur als einen Teilaspekt ihres Geistes anzusehen, so wie die Stoßstange ein Teil Ihres Autos ist. Dennoch ist genau dies der Fall. So wie ich im Zusammenhang mit dem Bewusstsein bereits betont habe, dass Sie *nicht* Ihr Körper sind, betone ich nun, dass Sie auch *nicht* Ihr Ich sind. Das Ich ist einfach nur eine bestimmte Art unserer Wahrnehmung, uns selbst zu betrachten. Diese Art der Betrachtung ist für uns so normal, dass wir kaum auf die Idee kommen, es könnte auch andere Arten der Selbstwahrnehmung geben. Die gibt es jedoch durchaus – das Ich kann dabei sogar *verschwinden*, ohne dass die eigene Person dadurch Schaden nimmt (im Gegenteil). Ich werde darauf später genauer eingehen.

Das Ego entsteht durch die *Identifikation unseres Bewusstseins mit unserem Verstand*! Im ersten Kapitel dieses Buches habe ich ausgeführt, dass der Verstand eine innerhalb unseres Gehirns wirkende Funktion ist, die ursprünglich der Überlebenssicherung dient. Dieses System beruht auf der Einteilung der Welt in überlebensfördernde und überlebensgefährdende »Dinge«, und damit dieses System funktioniert, ist auch eine Abgrenzung und Unterscheidung zwischen unserem (zu schützenden und zu nährenden) Körper und dem Rest der Welt notwendig. Wenn unser Bewusstsein sich nun mit dem Verstand identifiziert, bekommen wir den Eindruck, der Verstand zu *sein* – und übernehmen damit auch dessen Einteilung der Welt in »Ich« und »Nicht-Ich«. Dadurch entsteht zugleich auch eine starke Identifikation mit unserem Körper, da der Verstand diesen als zu sich gehörig definiert. Durch das Ego machen wir also letztlich auch uns selbst zu einem »Ding«!

---

92 Hier stoßen wir wieder auf ein sprachliches Problem: Da der Mensch sich so stark mit seinem Ich identifiziert, bezeichnet er mit »ich« nicht nur das eigentliche Ich (als Teil des Geistes), sondern auch sich selbst in seiner *Gesamtheit* (als Lebewesen). Daher wird zur Unterscheidung gern der lateinische Begriff *Ego* verwendet.

Das Ich erzeugt eine scheinbare, künstliche Trennung zwischen uns, unseren Mitmenschen und dem Rest der Welt. Wäre das Ich in uns nicht so mächtig, so wäre uns sofort klar, dass auch wir Menschen, genau wie Amöben und Polypen, Termiten und Ameisen, Teil eines *Gruppenwesens* sind, das sich *Menschheit* nennt. Versuchen Sie sich einmal vorzustellen, jeder Mensch würde völlig unabhängig von den anderen seinem Leben nachgehen – selbst wenn dies wider Erwarten funktionieren würde, würde dabei niemals ein so komplexes und leistungsfähiges Gebilde entstehen können, wie es die menschliche Gesellschaft mit all ihren Schöpfungen darstellt. Gemeinsam bringen wir materielle und immaterielle Dinge und Strukturen hervor, die ein einzelner Mensch niemals erschaffen könnte und die wiederum das Zusammenleben verändern und immer neue Verbindungen zwischen den einzelnen »Zellen« schaffen (man denke nur an Telefon und Internet). Hier findet Evolution auf einer Ebene statt, die die Grenze der klassischen Biologie längst hinter sich gelassen hat.

Dass dabei ein großer Teil unserer Schöpfungen eher destruktiver Natur ist, verdanken wir übrigens wiederum zum großen Teil unserem Ego, das uns daran hindert, die Menschheit als Gesamtorganismus wahrzunehmen – was dazu führt, dass wir uns oft wie Krebszellen verhalten, die ohne Rücksicht auf das Gesamtsystem ihre Interessen verfolgen und damit den Organismus schädigen. Hier bewahrt uns nur die Tatsache, dass wir zugleich auch einen (ebenfalls dem Überleben dienenden) Rudelinstinkt haben, vor noch schlimmerem Übel, denn dieser sorgt zumindest auf lokaler Ebene für ein mehr oder weniger konstruktives Miteinander. Auch auf den Rudelinstinkt werde ich in Kapitel 8 noch näher eingehen.

Beginnt man einmal in Richtung kollektiver Lebewesen zu denken, so wird schnell klar, dass natürlich auch die Abgrenzung zwischen der Menschheit und dem Rest der Welt eine künstliche ist. Das Gruppenwesen Menschheit ist wiederum Teil eines umfassenderen Organismus, der die gesamte Erde umfasst, in dem jeder Teil von jedem anderen abhängig ist und alles zusammenwirkt. Sehr bekannt ist die 1979 von dem Biochemiker James Lovelock vorgestellte *Gaia-Hypothese*,[93] die die Erde als komplexen, selbstregulierenden Superorganismus beschreibt.

Es existiert sogar die Idee, dass die Erde in ihrer Gesamtheit ein Bewusstsein haben könnte. Einige Theorien gehen auch davon aus, dass wir Menschen die »Gehirnzellen« des Gaia-Organismus darstellen – die Ameisen lassen grüßen! Vielleicht kommt Ihnen die Idee abstrus vor, ich gebe jedoch zu bedenken, dass auch eine einzelne Ameise (wahrscheinlich) keinerlei Vorstellung davon hat, dass sie Teil eines »höheren Wesens« (Ameisenstaat) sein könnte. Wenn die Erde ein eigenes Bewusstsein hat, müssten wir dies nicht unbedingt bemerken, denn schließlich müsste dazu erstens ein Kommunikationsversuch zwischen uns und der Erde stattfinden und zweitens auch noch eine gemeinsame Sprache gefunden werden,

---

93 Nach der altgriechischen Erdgöttin *Gaia*. Auch in vielen anderen spirituellen Traditionen, insbesondere in den Naturreligionen, wird »Mutter Erde« in ihrer Gesamtheit als lebendiges Wesen betrachtet.

was angesichts der unterschiedlichen Ebenen nicht einfach sein dürfte – oder haben Sie schon mal ein erfolgreiches Gespräch mit Ihren Gehirnzellen geführt? Ich kann mir übrigens durchaus vorstellen, dass die Erde versucht, mit uns zu kommunizieren – nicht zuletzt angesichts ihrer »Krebsproblematik« besteht offensichtlich dringender Verständigungsbedarf.[94]

Man kann die Menschheit als Ganzes als ein kollektives Lebewesen betrachten, das wiederum Teil eines noch umfassenderen Organismus ist, der die gesamte Erde umfasst. Unser stark individualisiertes Ich-Gefühl (Ego), das durch die Identifikation des Bewusstseins mit dem Verstand entsteht, hindert uns zumeist an der Wahrnehmung dieser Ebene.

Freilich könnte man – nicht ganz zu Unrecht – einwenden, dass es ja nur eine Frage der Definition des Begriffs »Wesen« sei, ob man eine Sozialstruktur oder ein ganzes Ökosystem nun als »Gruppenwesen« bezeichnet oder nicht. Die eher materiell orientierten Betrachtungen in diesem Abschnitt waren jedoch erst der Anfang einer umfassenden Relativierung des Begriffs »Individuum«. Im Folgenden werden wir sehen, dass sich die Realität, die wir erleben, nur schlüssig erklären lässt, wenn wir die hartnäckige Illusion, wir seien getrennte Einzelwesen, auch auf der Ebene des Bewusstseins überwinden und uns tatsächlich als Aspekte eines *Gruppenbewusstseins* begreifen.

6.2 Meine Welt, deine Welt – gemeinsame Realitäten

Als ich während der Arbeit an diesem Buch einen Bekannten per E-Mail mit der in Kapitel 5 entwickelten Vorstellung konfrontierte, dass unsere Lebensgeschichte dadurch entsteht, dass unser Bewusstsein sich sozusagen durch den Möglichkeitsraum »bewegt« und durch die Fokussierung seiner Wahrnehmung bestimmte Zukunftsvarianten »ansteuert«, antwortete er mir mit einem originellen Bild:

> *»Ich stelle mir das stark vereinfacht so vor, dass sich ein (eindimensionaler) Wurm durch Kuchen frisst und dabei die Rosinen sucht. Die eindimensionale Spur wäre dann ein zeitlicher Ablauf in unserem 3D-Universum.«*

Dieses gelungene Gleichnis möchte ich als Ausgangspunkt verwenden, um den gedanklichen Übergang vom Individuum zum Gruppenbewusstsein zu vollziehen. Stellen Sie sich *mehrere* Würmer vor, die sich durch einen Kuchen fressen. Da der Kuchen völlig undurchsichtig ist und die Sinnesorgane eines Wurmes ziemlich beschränkt sind, würden die einzelnen Würmer im Normalfall überhaupt nichts voneinander bemerken. Jeder Wurm würde auf eine Reihe von Rosinen und ande-

94 Möglicherweise sind z. B. die riesigen, komplexen Piktogramme, die alljährlich über Nacht in Kornfeldern erscheinen und deren Entstehung (entgegen einem verbreiteten Glauben) nach wie vor ungeklärt ist, ein Kommunikationsversuch einer übergeordneten Bewusstseinsebene.

re Kuchenbestandteile stoßen und sich daraus eine in sich schlüssige, jedoch ziemlich einsame Lebensgeschichte basteln.

Ähnlich würde es uns ergehen, wenn wir vollkommen isolierte Einzelwesen wären – in diesem Fall könnten wir uns als einzelne Bewusstseinsinstanzen vollkommen unabhängig voneinander durch den »Hyperkuchen« bewegen:

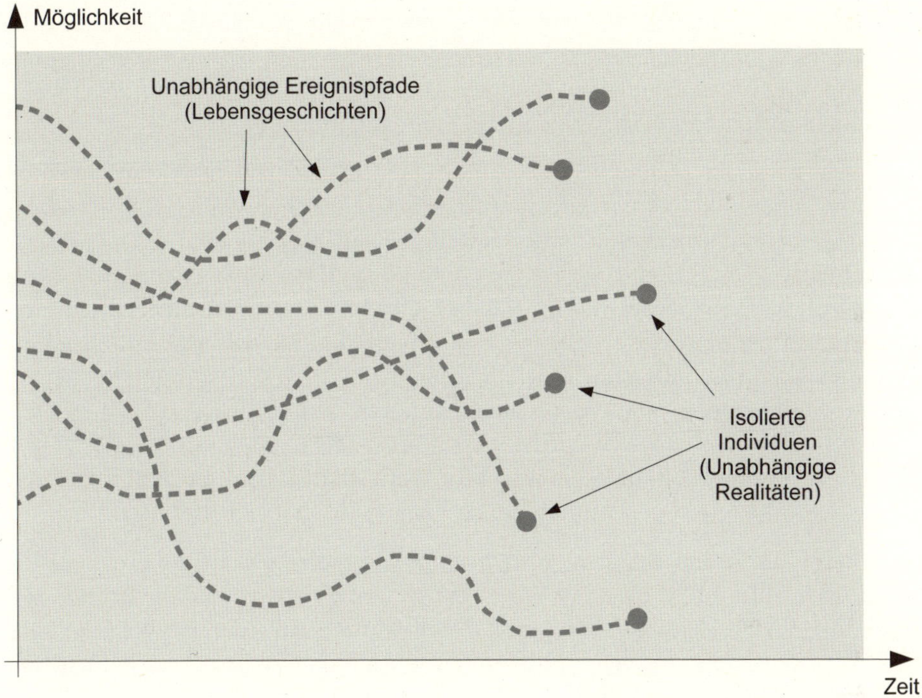

Nun ist aber unser Kuchen durchaus nicht undurchsichtig: Auch wenn unser Wahrnehmungsbereich im Normalfall relativ beschränkt ist, so verfügen wir dennoch durch unsere Sinne über eine Art »Radar«, das einen Teil des Kuchens um uns herum durchleuchtet – wir sind sozusagen umgeben von einer »Wahrnehmungsblase«, die einen Bereich umfasst, innerhalb dessen sich offenkundig auch andere Bewusstseinsinstanzen tummeln. Dabei geht es weniger um die sinnliche Wahrnehmung der *Körper* anderer Menschen – diese könnten schließlich auch als bloße Statisten in unserer persönlichen Realität agieren.[95] Entscheidend ist, dass wir mit anderen Bewusstseinsinstanzen *Informationen* austauschen. Die Informationsebene ist der eigentliche »Lebensraum« des Bewusstseins, und das Bewusst-

95 Können Sie übrigens *beweisen*, dass außer Ihrem Bewusstsein noch irgendein anderes existiert? Vielleicht sind Sie der *einzige* »Filmprojektor« weit und breit, und alle anderen Menschen sind nichts weiter als Projektionen von Ihnen, die nur so *wirken*, als hätten sie ebenfalls ein Bewusstsein? Vielleicht ist auch dieses Buch (samt seinem Autor) ausschließlich Ihre eigene Schöpfung ...? Wir werden noch sehen, dass diese Idee aus einer gewissen Perspektive tatsächlich zutrifft.

sein wiederum erzeugt das, was wir als »äußere Realität« erleben. Durch den Austausch von Information zwischen Individuen entstehen somit zwangsläufig *Überschneidungen* zwischen individuellen Realitäten.

Das bedeutet wohlgemerkt nicht, dass zwei Menschen *dieselbe* Realität erzeugen und wahrnehmen würden. Dies ist offenkundig nicht der Fall. Wenn Sie exakt dieselbe Realität erleben würden wie ich, dann *wären* Sie ich! Selbst wenn sich zwei Personen weitestgehend einig sind, in derselben Welt zu leben, erlebt doch jeder die »Dinge«, über deren Existenz und grundsätzliche Natur sich beide Individuen einig sind, aus unterschiedlichen Perspektiven – sowohl was die sinnliche Wahrnehmung betrifft als auch in Bezug auf die Interpretation.

Es ist sogar geradezu erstaunlich, wie unterschiedlich verschiedene Menschen eine Welt interpretieren können, die doch auf der rein sinnlichen Wahrnehmungsebene allen äußerst ähnlich erscheint. Dieser auffällige Kontrast ist die Grundlage unserer Unterscheidung zwischen »subjektiver« und »objektiver« Wahrnehmung. Diese Unterteilung ist keineswegs naturgegeben. »Objektiv« bedeutet nichts weiter, als dass sich eine nennenswerte Zahl von Individuen auf eine ähnliche Interpretation bestimmter Wahrnehmungsmuster *geeinigt* hat. Und alle Wahrnehmungen, die sich nicht in diese kollektiven Kategorien einsortieren lassen, gelten als »subjektiv« bzw. – bei zu starker Abweichung von der Norm – als Geistesstörung. Tatsächlich ist aber *jede* Realität vollkommen subjektiv, wenn man – ganz im üblichen Sinne des Begriffs – die jeweilige wahrnehmende Instanz als »Subjekt« definiert.

Betrachtet man nur ein einzelnes Individuum, so ist das entscheidende Kriterium für die Auswahl und Sortierung von Ereignissen aus dem Möglichkeitsraum, wie bereits zuvor dargelegt, die *Widerspruchsfreiheit* innerhalb der erlebten Realität. Jeder Wurm folgt einer in sich schlüssigen und logischen Spur durch den Kuchen. Tauschen jedoch mehrere Individuen *Informationen* aus, so erweitert sich die Anforderung der Widerspruchsfreiheit immens, denn nun muss dieses Kriterium auch für die Bereiche gelten, in denen sich die Realitäten der beteiligten Individuen überschneiden, damit wenigstens eine »halbwegs objektive« *gemeinsame Wirklichkeit* zustande kommt. Ansonsten wäre zwischen mehreren Individuen kein sinnvoller Informationsaustausch möglich.

Wie entsteht diese gemeinsame Realität, die – obgleich für jedes Individuum immer noch etwas verschieden – in sich hinreichend widerspruchsfrei ist, um darüber in einer Gruppe kommunizieren zu können? Ganz einfach: durch die Kommunikation selbst! Erinnern wir uns: Wir erleben diejenige Realität, auf die wir unsere Aufmerksamkeit, das heißt den Fokus unserer bewussten Wahrnehmung, lenken. Und unsere Aufmerksamkeit wird in erster Linie durch zwei Einflüsse gelenkt: zum einen unsere Instinkte, die uns von Geburt an mitgegeben sind, zum anderen unsere erlernten Erfahrungen, die, wenn sie nur intensiv genug erlebt wurden, zu Überzeugungen, also subjektiven »Wahrheiten« werden. Und einen großen Teil dieser Überzeugungen entnehmen wir aus Kommunikationsvorgängen mit anderen Menschen. Die meisten »Grundwahrheiten« eines Menschen werden ihm schon in der Kindheit von seinen Eltern und seinem näheren sozialen Umfeld eingeprägt. In unserer Zeit kommen auch die Massenmedien als nicht zu unterschätzender Einfluss hinzu. Der ständige Informationsaustausch zwischen Individuen führt zu gemeinsamen Wahrheiten und damit zu einer ähnlichen Ausrichtung der individuellen Bewusstseinsinstanzen – diese wiederum sorgt dafür, dass wir alle ähnliche Realitätsvarianten im Möglichkeitsraum ansteuern und damit eine Wirklichkeit erleben, die mit der unserer Mitmenschen so weit übereinstimmt, dass unser gemeinsames Weltbild hierdurch hinreichend bestätigt wird. Dies wiederum verstärkt unsere Fokussierung auf die gemeinsame Wahrheit, was uns wiederum ähnliche Realitäten erzeugen lässt usw.

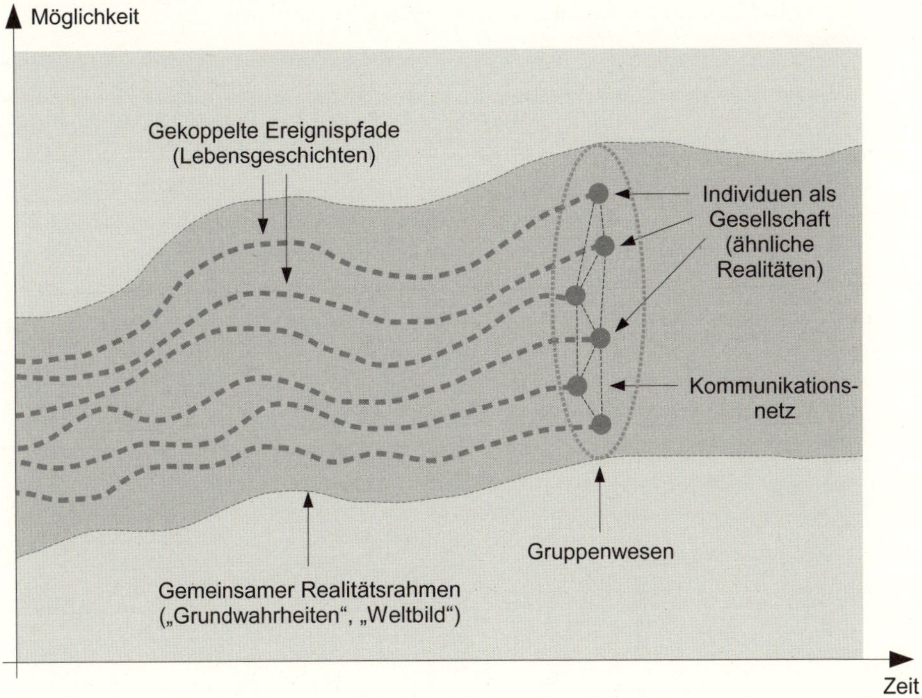

Das Prinzip, das wir hier erkennen, ist nichts anderes als die nächsthöhere Ebene des »Realostaten« (siehe Abschnitt 5.6), der uns eine stabile Wirklichkeit garantiert. Kommunikation erzeugt eine gemeinsame Realitätsebene, die gemeinsame Realität erzeugt wiederum eine gemeinsame Kommunikationsbasis – eine Rückkopplungsschleife. Die durch ein gigantisches Kommunikationsnetz an viele Individuen weitergegebenen und wie Echos immer wieder reflektierten Überzeugungen bewirken eine noch viel stärkere Bewusstseinsfokussierung als einzelne Erfahrungen von Individuen und bewirken damit eine wesentlich wirksamere Stabilisierung der Realität. Eine gigantische Horde von High-Tech-Würmern bewegt sich dank ständigen Funkkontakts auf parallelen Pfaden durch den Hyperkuchen und steuert ein

Netz aus Rosinen an, die so nahe beieinander liegen, dass sie als in sich schlüssige, gemeinsame Realität akzeptiert werden.

Man könnte es auch wie folgt interpretieren: Die sogenannte »objektive Realität« ist nichts anderes als die (subjektive!) Realität eines *Gruppenwesens* (wie in der Abbildung auf der vorigen Seite angedeutet). Dieses kann je nach betrachtetem Themenspektrum zwei, hundert oder sechs Milliarden Individuen umfassen.

Informationsaustausch zwischen Individuen führt zu gemeinsamen »Grundwahrheiten«, diese wiederum beeinflussen die Bewusstseinsausrichtung jedes Individuums so, dass es eine Realität erzeugt, die mit den Realitäten der anderen Individuen so weit übereinstimmt, dass die Kommunikationsbasis und damit die kollektive »Basis-Realität« erhalten bleibt.

Ob so viel Gemeinsamkeit immer wünschenswert ist, ist freilich eine andere Frage. Eine gemeinsame Realität hat – zumindest in unserer derzeitigen Welt – oft etwas Kompromisshaftes an sich und schränkt naturgemäß den Spielraum dessen ein, was man erleben kann.[96] Gerade spirituell orientierte Menschen suchen oft die Einsamkeit, weil sich ihr Bewusstsein fern von den Einflüssen anderer Instanzen im wahrsten Sinne des Wortes freier bewegen kann. Bewusstseinserweiternde Visionen, die ihrerseits ein Produkt eines bereits erweiterten, weil freier beweglichen Bewusstseins sind, erleben Menschen zumeist eher in der Einsamkeit als in der Masse. Interessanterweise kehren viele spirituell hochentwickelte Menschen aber wieder in die Gesellschaft zurück, um dort zu wirken und anderen zu helfen – sie können dies, weil sie gelernt haben, die Ausrichtung ihrer persönlichen Wahrnehmung nicht mehr vom Massenbewusstsein abhängig zu machen.

»In der Welt habt ihr Angst – aber seid getrost: Ich habe die Welt überwunden.«

Jesus Christus (Joh 16, 33)

Solche Menschen können Erstaunliches in der Welt bewirken und fallen oft dadurch auf, dass sie sich auch durch für andere bedrohliche oder erschütternde Situationen nicht aus der Ruhe bringen lassen. Sie leben im wahrsten Sinne des Wortes in einer anderen Welt – sie tragen ihren ganz eigenen Realostaten in sich, den sie mit vollem Bewusstsein selbst steuern – und können dennoch mit der Welt der »Massenmenschen« in Beziehung treten.

In diesem Zusammenhang ist auch ein Blick auf sogenannte »Geisteskrankheiten« interessant. Oft (aber nicht immer) durch Schäden am Gehirn hervorgerufen, kön-

96 Dies gilt zumindest für gemeinsame Realitäten von Individuen, die sich ihrer Schöpferkraft nicht bewusst sind und an eine unveränderliche, »objektive« Wahrheit glauben. Ohne diese Einschränkung könnten viele Individuen gemeinsam die erstaunlichsten Veränderungen bewirken und damit die Wirkung jedes Einzelnen potenzieren. Friedliche Revolutionen wie 1989 in Ostdeutschland sind Beispiele für die kollektive Überwindung von Bewusstseinsschranken.

nen manche Menschen nicht im vollen Umfang am üblichen menschlichen Kommunikationsnetz teilnehmen, was dazu führt, dass ihre persönliche Realität stärker als üblich von der ihrer Mitmenschen abweicht. Ihr Bewusstsein ist im wahrsten Sinne des Wortes *ver-rückt*, das heißt an eine (aus Sicht der Gesellschaft) »exotische« Position im Möglichkeitsraum verschoben. Nichtsdestotrotz ist die Realität, die sie erleben, für sie ebenso real wie unsere für uns. Teilweise erkennt man dies daran, dass so genannte »Wahnvorstellungen« durchaus sehr reale, körperlich nachweisbare Folgen für die Betroffenen haben.[97] Im Übrigen ist die Grenze zwischen spiritueller Bewusstseinserweiterung und »Geisteskrankheit« fließend und kann je nach gesellschaftlichem Umfeld sehr unterschiedlich definiert sein. Was hierzulande von vielen schon als »Wahnvorstellung« gestempelt würde, ist beispielsweise für einen Schamanen[98] alltägliches Handwerkszeug.

Einzelne Individuen können sich absichtlich (bei hinreichend flexiblem Bewusstsein) oder unabsichtlich (beispielsweise bei Hirnschädigungen) weiter als üblich aus dem kollektiven Bewusstsein ihrer Gesellschaft »ausklinken« und dadurch ein deutlich erweitertes oder abweichendes Realitätsspektrum erleben.

Damit haben wir erste Ansätze einer Erklärung dafür entwickelt, dass sich die Menschen offensichtlich eine kollektive Basis-Realität teilen. Innerhalb dieses Rahmens sind zwar nach wie vor individuelle Realitätsvariationen möglich, aber eine mehr oder weniger große gemeinsame Basis an »Grundwahrheiten« ermöglicht das Erleben einer »stabilen« gemeinsamen Welt.

Vor diesem Hintergrund möchte ich nun auf eine Frage zurückkommen, die ich bereits am Ende des vorigen Kapitels (Seite 170) gestellt habe: Was passiert, wenn Menschen, die in einem gemeinsamen Realitätsrahmen leben, durch ihre jeweilige Bewusstseinsausrichtung unterschiedliche Realitätsvarianten »ansteuern«, die einander widersprechen? Auch innerhalb des gemeinsamen Rahmens sind ja Situationen denkbar, die aufgrund des Prinzips der Widerspruchsfreiheit einfach nicht gleichzeitig am selben Ort stattfinden können. Als Beispiel hatte ich zwei Menschen angeführt, die nebeneinander sitzen und von denen einer sein Bewusstsein konsequent (das heißt nach allen Regeln für eine erfolgreiche »Bestellung beim

97 In ähnlicher Weise kann übrigens auch ein Mensch in Hypnose körperliche Symptome entwickeln, beispielweise Brandblasen, wenn ihm eine entsprechend »heiße« Realität suggeriert wird. Für ihn ist die erlebte Realität real, und niemand kann beweisen, dass sie es nicht ist, nur weil ein außenstehender Beobachter parallel dazu eine andere erlebt.

98 Als Schamanen werden die traditionellen Priester und Heiler Sibiriens bezeichnet. Mittlerweile wird der Begriff auch weltweit für ähnlich arbeitende spirituelle Lehrer und Therapeuten verwendet. Das Wort »Schamane« bedeutet übrigens u. a. tatsächlich »verrückt« bzw. »außer sich«, was sich darauf bezieht, dass Schamanen bei ihrer Arbeit routinemäßig andere Realitätsebenen bereisen und dazu auch ihren Körper vorübergehend verlassen.

Universum«) auf Sonnenschein ausgerichtet hat, der andere jedoch auf Regenwetter. Wie kann sich jede dieser angepeilten Realitätsvarianten realisieren, ohne dass es zu Widersprüchen in der gemeinsamen Realität kommt?

Wäre eine der beiden Personen spirituell extrem weit entwickelt, so dass sie sich ihrer schöpferischen Macht voll bewusst – und damit weitgehend unabhängig vom gemeinsamen Realitätsrahmen – wäre, so könnte sich das Dilemma dadurch auflösen, dass tatsächlich beide *verschiedene* Realitäten erleben – was vermutlich zur Folge hätte, dass der Mensch mit dem weniger flexiblen Bewusstsein, der gerade strömenden Regen erlebt, den anderen für verrückt halten würde, sofern dieser ihm erzählen würde, wie sehr er die wärmende Sonne genießt.

Wären hingegen *beide* sehr weit entwickelt, könnte unter Umständen tatsächlich eine von beiden gemeinsam erlebte Realität entstehen, die dann allerdings eindeutig unter die Kategorie »Wunder« fallen würde, weil sich hierfür zwei lokal sehr begrenzte Wetterzonen direkt nebeneinander bilden müssten, so dass tatsächlich einer im Regen und der andere direkt daneben in der Sonne sitzen würde.[99]

Nun sind jedoch Menschen dieser Entwicklungsstufe in unserer Kultur äußerst selten (viel seltener als beispielsweise in Indien). Dennoch habe ich behauptet, dass die von *jedem* Individuum – egal ob Yogi oder Verwaltungsangestellter – erlebte Realität in jedem Fall ein reines Produkt seines Bewusstseins ist, da andernfalls gar keine Realität zum Erleben da wäre. Was passiert also, wenn zwei »ganz normale« Menschen einander widersprechende Realitäten wie in unserem Beispiel »bestellen«?

Die Antwort mag zunächst verblüffen oder wie eine Ausflucht klingen: In so einem Fall *kommt es einfach nicht dazu*, dass die betroffenen zwei Personen direkt nebeneinander sitzen! Wenn keines der oben beschriebenen wundersamen Szenarien für die beiden im »Rahmen des Möglichen« liegt, dann kann es auch nicht entstehen. Denn wir müssen bedenken, dass ja jeder Mensch die von ihm erlebte *Gesamtsituation* durch sein Bewusstsein erschafft und nicht nur ausgewählte Aspekte wie das Wetter oder den Kontostand. Damit begegnet jeder Mensch ganz »automatisch« immer nur solchen Menschen (und Dingen), die in sein persönliches Weltbild passen! Wer nicht an Wunder glaubt, wird keinem Yogi begegnen, der ein Loch in den Regenwolken erzeugen kann – oder er wird ihm zwar begegnen, ihn aber für verrückt halten und das Wunder übersehen. Und er wird auch keinem »normalen« Menschen begegnen, dessen Weltbild so sehr von seinem eigenen abweicht, dass es zu widersprüchlichen Realitäten kommen könnte.

---

99 Ich erinnere mich, dass ich einmal an einem spirituellen Seminar im Freien teilnahm und sich über uns eine erstaunlich stabile kleine Schönwetterzone bildete, umgeben von finsteren Wolken bis zum Horizont – »Zufall«? Unser Gruppenleiter war anderer Ansicht, und ich bin geneigt, ihm zuzustimmen, schon weil ich nicht mehr an Zufälle glaube.

Ahnen Sie, wozu dies führt? Dies ist wiederum eine Variante des Realostaten, die in diesem Fall für die Bildung stabiler, lokaler »Unter-Welten« sorgt, das heißt Bereiche erzeugt, in denen sich jeweils Menschen einer bestimmten Bewusstseinsausrichtung tummeln, die ihre Welt genau so erleben, dass ihr Weltbild immer wieder bestätigt wird! Indem die »passenden« Menschen zusammenkommen, bestätigen sie sich gegenseitig ihre Überzeugungen und stabilisieren damit ihre gemeinsame Wahrheit. Hierbei können einerseits Menschen ähnlicher Überzeugungen zusammentreffen, andererseits aber auch Menschen, deren Überzeugungen auf andere Weise zueinander »passen«. So wird ein Mensch, der glaubt, dass die Welt grausam und voller Brutalität sei, ständig Menschen begegnen, die ihn brutal behandeln – was ihn natürlich in seinem Weltbild bestärkt.

> *»Wenn du beispielsweise glaubst, alle Männer wollen immer nur das eine, brauchst du dich um die Details nicht zu kümmern! Du triffst immer nur auf genau solche Männer. Sie wollen dann immer nur das eine: dein Geld.«*
>
> *Bodo Deletz*

Nach diesem Prinzip finden übrigens auch Mörder und ihre Opfer zueinander – auch wenn das Opfer die entsprechende Situation in den wenigsten Fällen bewusst »bestellt« hat, hat es aufgrund zumeist unterbewusster Prozesse und Überzeugungen seine Wahrnehmung auf eine Realität gerichtet, in der es diese Rolle spielen »muss«. (Auf die sich hieraus ergebenden ethischen Fragen werde ich in Abschnitt 8.3 zurückkommen.) Vermutlich ist Ihnen schon aufgefallen, dass manche Menschen im Leben permanent Opferrollen einnehmen und andere das krasse Gegenteil tun. Beiden Typen spiegelt die Realität zuverlässig ihre inneren Überzeugungen wider.

Freilich sind diese »Weltbild-Inseln« nicht scharf begrenzt und voller Übergänge und Schnittmengen, dennoch ist es zuweilen erstaunlich, wie sehr manche Menschen von ihren Ansichten über das Leben überzeugt sind, auch wenn es anderswo genügend Menschen gibt, die dasselbe Thema völlig anders wahrnehmen.[100] Wer nicht bereits eine gewisse Offenheit in sein Weltbild integriert hat, findet aufgrund des Realostat-Prinzips immer und überall nur »Beweise« für die *eigenen* Ansichten – alle Hinweise darauf, dass es auch andere Wahrheiten geben könnte, werden auf die eine oder andere Weise »ausgeblendet«. Dieses Ausblenden unbequemer Tatsachen findet auf verschiedenen Ebenen statt:

In vielen Fällen werden die beobachteten Wahrnehmungen einfach passend *interpretiert*. Selbst wenn sich zwei Menschen über die »äußeren« Fakten ziemlich einig sind, lassen sich daraus durch geeignete Interpretation völlig unterschiedliche Szenarien machen. Insbesondere wenn es darum geht, das Verhalten anderer Menschen zu beurteilen, bietet diese Methode einen gigantischen Spielraum. Wenn Sie

100 Lassen Sie sich das Wort »wahrnehmen« einmal auf der Zunge zergehen: Indem Sie etwas »wahr nehmen«, *nehmen* Sie sich eine Wahrheit – sie *wählen* Ihre persönliche Wahrheit aus einem unendlichen Angebot verschiedener Wahrheiten aus!

zum Beispiel davon überzeugt sind, dass jemand Sie hasst, werden Sie selbst seine größten Freundlichkeiten als Heuchelei interpretieren.

Die nächste Stufe der Weltbildsicherung ist die Kunst des gezielten Wegsehens. Was sich nicht mehr durch Interpretation geeignet »zurechtbiegen« lässt, wird einfach ignoriert. Gerade bei neuen Entdeckungen, die das bestehende Weltbild in Frage stellen, ist es eine gern verwendete Methode, sich die Fakten gar nicht genau anzusehen, sondern direkt eine vorgefasste Meinung darüberzustülpen. Ein bekanntes Beispiel ist die traurige Geschichte von Galileo Galilei, der mit dem von ihm entwickelten Teleskop unter anderem die Sonnenflecken entdeckte. Diese passten jedoch nicht in das herrschende Weltbild, in dem die Sonne eine vollkommen makellose himmlische Schöpfung Gottes war, die demnach natürlich nicht befleckt sein durfte (ebenso wenig wie der Schoß der »Mutter Gottes«). Als Galilei die Herren von der Inquisition aufforderte, sich doch durch einen Blick in das Teleskop selbst zu überzeugen, lehnten diese dies kategorisch ab. Die Wahrheit war doch bekannt, warum sollte man also durch dieses (vermutlich ohnehin teuflische) Gerät schauen?[101]

Eine weitere Steigerung besteht darin, Dinge gar nicht erst bewusst wahrzunehmen. Unser Verstand, der die Wahrnehmung der meisten Menschen im Alltag dominiert, kann nur etwa sieben Informationseinheiten auf einmal verarbeiten, so dass der größte Teil der von den Sinnesorganen erfassten Daten automatisch ausgeblendet wird. Welcher Teil dies ist, hängt wiederum (neben unseren Instinkten) von unseren erlernten Überzeugungen ab. So ist es kein Problem, bei vielen Dingen so rechtzeitig wegzusehen, dass sie unser Bewusstsein gar nicht erst erreichen.

Die bisher beschriebenen Stufen der persönlichen Realitäts- und Weltbildstabilisierung finden auf der Ebene statt, die wir gemeinhin als »subjektiv« bezeichnen, was nichts anderes bedeutet, als dass auf dieser Ebene unterschiedliche Realitäten mehrerer Individuen nebeneinander existieren können, ohne dass es zu logischen Widersprüchen kommt – weil sich die Unterschiede ausschließlich in den Köpfen der beteiligten Personen abspielen. Denn dass Menschen Dinge unterschiedlich interpretieren oder schlicht übersehen können, ist eine Tatsache, der kaum jemand widersprechen würde, so dass der gemeinsame Realitätsrahmen gewahrt bleibt. (Anders sieht es schon bei der Behauptung aus, dass all diese individuellen Wahrheiten »gleich wahr« sein könnten.)

Freilich gibt es aber auch Dinge, die schlicht nicht zu übersehen sind und dennoch unser Weltbild gefährden könnten. Wenn Sie beispielsweise – um ein Extrembeispiel zu wählen – absolut nicht daran glauben können, dass ein Mensch ohne technische Hilfsmittel die Schwerkraft überwinden und zum Beispiel über das Wasser

101 Leider geht die etablierte Wissenschaft heutzutage – entgegen ihrem eigenen Anspruch der »Objektivität« – mit manchen potentiell revolutionären Entdeckungen nicht viel besser um, auch wenn den »Ketzern« heute nicht mehr mit dem Scheiterhaufen gedroht wird.

laufen kann (es sei denn, er lebte vor 2000 Jahren und verfügte über eine exklusive, göttliche Lizenz zum Schweben), würde die direkte Konfrontation mit einem solchen Ereignis an den Grundfesten Ihrer Überzeugungen rütteln.[102] An dieser Stelle greift dann die bereits angedeutete nächste Stufe der Weltbildrettung: Sie werden eine solche Situation schlicht *nicht erleben* – Ihr Leben wird sich so arrangieren, dass es einfach nicht dazu kommt!

Natürlich erleben viele Menschen durchaus Ereignisse, die starke Veränderungen in Ihrem Weltbild bewirken. Auch dies ist jedoch eine Widerspiegelung des eigenen Bewusstseins – das heißt, diese Menschen halten derartige Weltbild-Veränderungen für *möglich*! Eine gewisse Flexibilität beinhaltet jedes Weltbild, andernfalls würde sich die Menschheit nicht weiterentwickeln und wäre vermutlich längst ausgestorben. Wie schnell und wie stark solche Veränderungen jedoch in Ihr Leben eingreifen, hängt davon ab, wie fest bestimmte Überzeugungen in Ihnen verwurzelt sind. Manche Menschen können im Möglichkeitsraum rasant scharfe Kurven nehmen, während andere eher einem Sattelschlepper gleichen.

In jedem Fall werden die (oft scheinbar zufälligen) Ereignisse in Ihrem Leben sich stets so gestalten, dass Ihr Weltbild weitestgehend bestätigt wird und sich nur in dem Maße verändert, das Sie durch Ihre Überzeugungen zulassen. Diese Ebene der Realitätsgestaltung findet also auf der (sogenannten) »*objektiven*« Ebene statt – auf der Ebene der »äußeren« Ereignisse! Wie diese Auswahl »passender« Realitäten prinzipiell funktioniert, haben wir bereits zur Genüge behandelt (Abschnitte 5.4 und 5.5). Wir erkennen nun, dass sich dieses Prinzip aus Gründen der Widerspruchsfreiheit auch darauf auswirken muss, welchen Menschen Sie begegnen und welche »Zufälle« Ihnen zustoßen, damit jeder genau die Welt erleben kann, an die er glaubt.

Während das Prinzip der »subjektiven Realitätsgestaltung« (durch geeignete Interpretation und gezielte Ignoranz) den meisten Menschen direkt einleuchtet – weil es unserem herrschenden Weltbild nicht widerspricht –, hakt es bei den meisten in dem Moment aus, in dem man sie mit der Idee der »objektiven Realitätsgestaltung« konfrontiert. »Die äußeren Ereignisse sollen *alle* ein Produkt meines Bewusstseins sein? Ich habe mir meine *ganze* Realität selbst eingebrockt? Wunder sind etwas ganz Normales, wenn man daran glaubt?«

Aus verschiedenen Gründen wollen die meisten Menschen diese Idee nicht wahrhaben. Ein Grund ist sicherlich, dass damit eines der beliebtesten Spiele in unserer Gesellschaft nicht mehr funktioniert: das Spiel der *Schuldzuweisung* bzw. *Projektion*.

---

102 Yogananda berichtet in seiner Autobiographie von einem erleuchteten Meister, den man des Öfteren auf den Wellen des Ganges sitzend vorübertreiben sah. Er verschwand zudem mehrfach aus einer Gefängniszelle, in die man ihn ob seiner sittenwidrigen Nacktheit gesperrt hatte, indem er einfach durch die massive Zellendecke emporstieg und daraufhin auf dem Gefängnisdach umherspazierte. Die Polizei verlegte sich daher schließlich auf die bereits erwähnte Kunst des gezielten Wegsehens ...

Wenn ich meine Realität selbst erschaffe, kann ich wohl kaum jemand anderem die Schuld an den unangenehmen Dingen in meinem Leben geben. Auf diesen Aspekt werde ich in Abschnitt 8.3 genauer eingehen.

Ein weiterer Grund ist, dass echte Wunder – also Ereignisse, die eindeutig dem herrschenden Weltbild widersprechen – für die meisten Menschen nicht zu ihrem (bewussten) Erfahrungsschatz gehören: »Wenn man die Realität beliebig formen kann, müsste es doch eigentlich jede Menge Wunder geben – warum erlebe ich dann keine?« Die Antwort hierauf habe ich schon gegeben: Wunder werden aufgrund des Realostat-Prinzips genau von denjenigen Menschen erlebt, deren Weltbild dafür Raum bietet – alle anderen manövrieren sich unbewusst um solche Ereignisse herum (oder interpretieren sie als »Zufall«). Somit ist die Abwesenheit von Wundern im Leben skeptischer Menschen kein Argument gegen unsere These, sondern bestätigt sie sogar.

Subjektive Wahrheiten (Überzeugungen) sorgen durch entsprechende Steuerung unserer Wahrnehmung dafür, dass jeder Mensch eine Realität erlebt, die seine Überzeugungen genau widerspiegelt. Dadurch begegnet jedes Individuum nur solchen Menschen und Ereignissen, die im Einklang mit seinem Weltbild stehen.

Dennoch ist unser Erklärungsmodell nach wie vor nicht ganz vollständig. Die Existenz einer gemeinsamen »Alltagsrealität« konnten wir weitgehend mit biologischen und sozialen Einflüssen begründen: Durch Instinkte und Kommunikation entstehen gemeinsame Grundwahrheiten. Des Weiteren haben wir festgestellt, dass sich viele Widersprüche zwischen persönlichen Wahrheiten schon auf der subjektiven Ebene der Interpretation ausräumen lassen. Auf der Ebene der »äußeren« Ereignisse hingegen reichen diese Faktoren allein nicht aus, um die Welt zu erklären, die wir erleben.

Zum einen fällt es schwer zu glauben, dass auch die ganz grundlegenden Gesetzmäßigkeiten unserer Realität – die physikalischen Basisgesetze – durch reine Konvention zwischen Individuen zustande kommen. Zwar zeigt sich in Gestalt von »Wundern« (die letztlich nur ungewöhnlich starke Abweichungen von einem »Mittelwert« sind, um den herum die Quantenphysik einen großen Spielraum erlaubt), dass auch diese Gesetze keine unverrückbaren Wahrheiten sind, dennoch ist ihre Stabilität so beeindruckend, dass hier ein grundlegenderer und mächtigerer Realostat am Werk zu sein scheint als derjenige, der durch Kommunikation innerhalb einer losen Sozialgemeinschaft entsteht.

Zum anderen erfordert das Kriterium der Widerspruchsfreiheit eine stärkere Koordination zwischen individuellen Realitäten, als sie durch konventionelle Kommunikation möglich ist. Wenn tatsächlich *sämtliche* scheinbar zufälligen Ereignisse Produkte des Bewusstseins sind, müssen sich die Ereignisse in meinem Leben stets genau so arrangieren, dass meine Bewusstseinsausrichtung perfekt widergespiegelt wird – zugleich muss dies aber auch für *alle anderen* Menschen gelten, die mein

Leben berühren! Wie funktioniert dieses permanente, offenbar äußerst komplexe Arrangement von Lebenssituationen, ohne dass es ständig zu logischen Widersprüchen kommt?

Wenn mein Bewusstsein beispielsweise dafür sorgt, dass mir heute ein bestimmter Mensch begegnet, der für die Erfüllung eines »bestellten« Zustandes eine Rolle spielt (wie die »Traummänner« von Bärbel Mohr oder die Kollegin, die Thomas Klüh plötzlich eine Gitarre schenkte, siehe Abschnitt 5.5), dann muss zugleich etwas dafür sorgen, dass umgekehrt auch ich im Leben dieses anderen Menschen irgendeine Rolle spiele, die mit seiner Bewusstseinsausrichtung konform ist. Hierfür ist anscheinend irgendeine Form von »Absprache« notwendig, auch wenn wir uns dessen nicht bewusst sind!

Wir müssen zudem bedenken, dass unser Erleben der Wirklichkeit auf dem Prinzip der *Kausalität* beruht. Zwar haben wir die Kausalität bereits als Konstrukt des Bewusstseins erkannt (Abschnitt 5.2), nichtsdestotrotz spielt dieses Prinzip eine entscheidende Rolle dabei, wie wir uns eine widerspruchsfreie Realität erschaffen. Ereignisse, die sich nicht in nachvollziehbare Ursache-Wirkung-Ketten einordnen lassen, passen nicht in unser übliches Weltbild – dies wären wiederum »Wunder«. Wir sind umgeben von Ereignissen, die alle dem Kausalitätsprinzip genügen. So wird ein anderer Mensch normalerweise nicht aus dem Nichts in mein Leben »gebeamt«, sondern gelangt aufgrund einer für ihn und andere ganz normal erscheinenden Kette von Ursachen und Wirkungen in die »Zielsituation«. Zum Beispiel steigt ein Mann (aus für ihn ganz harmlosen Gründen) in einen Zug, der dann aufgrund eines »zufälligen« technischen Defekts mehrere Stunden zu spät ankommt, so dass der Mann ungeplant eine Nacht in einem Hotel verbringen muss, wo ihm dann »zufällig« jemand begegnet, der ihm den neuen Job anbietet, den er einige Zeit zuvor (ob bewusst oder unbewusst) »bestellt« hatte! Woher »wusste« der Mann (wenn auch unbewusst), dass er zu einem bestimmten Zeitpunkt in einen bestimmten Zug steigen »musste«? Und woher »wusste« der Arbeitgeber, dass er just dieses Hotel auswählen »musste«?

Auf irgendeiner Ebene, die wir normalerweise nicht bewusst erleben, findet offenbar eine Art Kommunikation zwischen individuellen Bewusstseinsinstanzen statt, die permanent solche »Arrangements« organisiert. Diese Kommunikationsebene scheint unabhängig von räumlichen Entfernungen zu funktionieren. Mehr noch – sie muss anscheinend sogar unabhängig von der *Zeit* sein. Es könnte ja sein, dass der Arbeitgeber in unserem Beispiel erst kurz vor der schicksalhaften Begegnung in einem Anflug von Optimismus sein Bewusstsein auf die Vision »Ich finde heute Abend den richtigen Mann für den Job!« programmiert hat – zu einem Zeitpunkt, als der künftige Mitarbeiter schon längst die Entscheidung getroffen hatte, in den »richtigen« Zug zu steigen.

Auf einer zumeist unbewussten Ebene findet zwischen einzelnen Bewusstseinsinstanzen eine permanente Kommunikation statt, die durch eine Art »Absprache« dafür sorgt, dass sich die Lebenssituationen einzelner Personen stets so miteinander arrangieren, dass jedes an einer gemeinsamen Situation beteiligte Individuum genau die Realität erlebt, die es durch seinen Bewusstseinsfokus ausgewählt hat.

Die Idee einer solchen raum- und zeitübergreifenden Kommunikationsebene mag einigen Lesern als ein wenig an den Haaren herbeigezogenes Argument zur Rettung des in diesem Buch vorgestellten Weltbildes erscheinen. Sie kommt jedoch nicht aus dem Nichts – es gibt deutliche Hinweise darauf, dass eine solche Kommunikationsebene tatsächlich existiert.

6.3 Das Hypernet – online im Bewusstseinsnetzwerk

Ist es Ihnen schon einmal passiert, dass Sie an eine bestimmte Person gedacht haben, und im selben Moment klingelte das Telefon und genau diese Person rief an? Wissen Sie manchmal im Voraus, was eine andere Person sagen wird, oder haben Vorahnungen anderer Art, die sich erfüllen? Wissen Sie manchmal plötzlich Dinge, die sich als wahr und zutreffend erweisen, auch wenn Sie die für diese Erkenntnis notwendigen Informationen nie bewusst erhalten haben?

»The secret messages
are calling to me endlessly,
they call to me across the air.
The messages across the atmosphere,
they whisper in your ear,
they're calling everywhere.«

Electric Light Orchestra

Fast jeder Mensch macht derartige Erfahrungen in mehr oder weniger großem Umfang. Eine konventionelle Erklärung für viele Fälle dieser Art ist natürlich der oft bemühte »Zufall«. In anderen Fällen wird angenommen, dass die plötzlich ins Bewusstsein gelangenden Informationen aus dem Unterbewusstsein der betreffenden Person stammen. Unser Gehirn ist ein äußerst komplexes System (mehr dazu in Kapitel 8), das den weitaus größten Teil der von unseren Sinnen empfangenen Informationen verarbeitet, ohne dass diese jemals unser normales Ich-Bewusstsein passieren. Somit kann es auch Informationen liefern, die scheinbar aus dem Nichts ins Bewusstsein gelangen. Dies bezeichnet man auch als *Intuition*.

Nichtdestotrotz lassen sich bei Weitem nicht alle Fälle, in denen Informationen plötzlich im Bewusstsein auftauchen, mit diesen Erklärungen begründen. Zum einen gibt es auch hier Phänomene, die massiv von der statistischen Zufallserwartung abweichen, zum anderen handelt es sich zum Teil um detaillierte Informationen, an die die betroffene Person nachweislich nicht auf konventionellen Wegen gelangen konnte. Hierzu werden in der Literatur unzählige Beispiele beschrieben. Je nach Art der empfangenen Informationen wird das Phänomen in der Parapsychologie mit unterschiedlichen Namen belegt:

- Das Empfangen von Informationen über räumlich entfernte Ereignisse bezeichnet man als *Fernwahrnehmung,* umgangssprachlich auch »Hellsehen« genannt.
- Die Wahrnehmung von Informationen über *zukünftige* Ereignisse nennt man *Präkognition,* im Volksmund auch »Wahrsagen«.
- Umgekehrt spricht man von *Retrokognition,* wenn jemand Informationen über *vergangene* Ereignisse empfängt, über die er zuvor nichts wusste.
- Stammt die Information augenscheinlich von einer anderen (lebenden) Person, spricht man von *Telepathie* oder Gedankenübertragung.
- Wenn jemand offensichtlich Informationen von einer anderen Bewusstseinsinstanz empfängt, die jedoch keiner lebenden Person zuzuordnen ist (beispielsweise von einer verstorbenen Person oder einem »höheren Wesen«), so wird dies als *Channeling* bezeichnet. Hierbei verschwindet das normale Ich-Bewusstsein der empfangenden Person in einigen Fällen fast komplett – ihr Körper dient sozusagen einem anderen Wesen vorübergehend als »Sprachrohr« und wird dann auch *Medium* oder *Kanal* (engl. *channel*) genannt.
- Schließlich gibt es noch die Wahrnehmung komplett anderer Realitätsebenen. Hier spricht man meist von einer *Vision* (oder – bei anderer Interpretation – von Halluzinationen oder Wahnvorstellungen). Eine andere Variante sind die *außerkörperlichen Erfahrungen* oder *Astralreisen,* bei denen das Bewusstsein den physischen Körper vorübergehend verlässt und entweder die »normale« oder eine andere Realitätsebene bereist.

Die Echtheit derartiger Phänomene – soweit es tatsächlich um das Empfangen von Informationen aus außersinnlichen (also von den Sinnesorganen unabhängigen) Quellen geht – wird begreiflicherweise von vielen Skeptikern bestritten. Die Masse an »Beweismaterial«, die sich in der Literatur und in den Erfahrungen vieler »eigentlich ganz normaler« Menschen findet, ist allerdings nicht wegzudiskutieren. Und obwohl man in diesem Bereich naturgemäß auch viel Scharlatanerie und unseriöse »Forschung« vorfindet, gibt es auch ernst zu nehmende Forschungsergebnisse:

Im Rahmen des bereits im Zusammenhang mit den Experimenten zur Zufallsbeeinflussung erwähnten PEAR-Projektes (Seite 144 ff.) wurden auch Untersuchungen zum Phänomen der Fernwahrnehmung, Telepathie und Präkognition durchgeführt,[103] wobei sich die Forscher der nicht trivialen Aufgabe stellten, die Ergebnisse dieser Experimente exakt quantifizierbar zu machen, das heißt, die von den Versuchspersonen empfangenen Informationen nach genauen Vorschriften auf eine numerische Werteskala zu übertragen, so dass sich die Ergebnisse in statistische Wahrscheinlichkeiten umrechnen ließen – eine unabdingbare Voraussetzung für eine ernsthafte Einschätzung der Echtheit des Phänomens. Viele Forscher neh-

103 Beschrieben in dem bereits erwähnten Buch *An den Rändern des Realen.*

men auf dem Gebiet der außersinnlichen Wahrnehmung (ASW) leider nur qualitative Untersuchungen vor, was zwar interessante Daten zu Tage fördern kann, aber zumeist keine Beweisqualität hat.

Die PEAR-Experimente liefen so ab, dass jeweils einer der Versuchsteilnehmer, der »Agent« (»Handelnder«) genannt wurde, sich zu einem (oft weit entfernten) Ziel auf den Weg machte, das entweder von ihm selbst gewählt wurde oder ihm anhand eines nach dem Zufallsprinzip gezogenen Briefumschlags bekannt gemacht wurde. Am Ziel fertigte er eine schriftliche Beschreibung des Ortes an und machte nach Möglichkeit auch Fotos. Insbesondere aber füllte er einen speziell entwickelten Fragebogen aus, der 30 Fragen beinhaltete wie »Befindet sich ein wesentlicher Teil der Szene im Inneren von Gebäuden?«, »Ist die unmittelbare Umgebung vorwiegend natürlich, also nicht von Menschenhand geschaffen?« oder »Fallen in der Szene Tiere oder Abbildungen von diesen auf?«. Der Fragenkatalog war so gestaltet, dass er für sehr verschiedene Orte verwendet werden konnte und sich jede Frage präzise (das heißt weitestgehend ohne subjektive Interpretation) mit »Ja« oder »Nein« beantworten ließ, so dass jeder ausgewählte Zielort sich durch ein bestimmtes Muster aus Ja- und Nein-Antworten[104] charakterisieren ließ.

Zu einem bestimmten Zeitpunkt wurde nun ein am Ausgangsort zurückgebliebener zweiter Versuchsteilnehmer, der so genannte »Perzipient« (»Wahrnehmender«), aufgefordert, sich auf eine von ihm beliebig zu wählende Art und Weise auf den Agenten zu konzentrieren und den Ort zu beschreiben, an dem der Agent sich aufhielt (wohlgemerkt war der Ort weder dem Perzipienten noch den anderen zurückgebliebenen Personen bekannt). Dabei musste der Perzipient – neben seinen qualitativen Beschreibungen – auch genau den gleichen Fragebogen ausfüllen wie der Agent. Aufgrund der identischen Fragebögen ließ sich anschließend sehr einfach und exakt numerisch bestimmen, wie groß die Übereinstimmung zwischen der sinnlichen Wahrnehmung des Agenten und der Fernwahrnehmung des Perzipienten war.

Insgesamt wurden 334 Versuche mit etwa 40 Perzipienten durchgeführt und anschließend die Gesamtabweichung der ermittelten Daten von einer reinen Zufallsverteilung bestimmt. Das Ergebnis ist nicht minder beeindruckend als das der zuvor beschriebenen Zufallsexperimente: Für das Gesamtresultat ergab sich eine Wahrscheinlichkeit von $1{,}8 \times 10^{-11}$ für ein Zufallsergebnis – das heißt, man hätte die gesamte Versuchsreihe statistisch gesehen etwa *50 Milliarden Mal* durchführen müssen (was Millionen Jahre gedauert hätte), um auch nur ein einziges Mal eine so große Gesamtübereinstimmung durch reinen Zufall (wenn es ihn denn gäbe) zu erzielen!

Neben der statistischen Auswertung wurde auch eine Anzahl faszinierender Einzelfälle dokumentiert, die gewichtige qualitative Argumente für die Echtheit des

104 Technisch gesprochen: ein Bitmuster. Ein Bit ist die kleinste Einheit der Information und kann nur zwei Werte (1 oder 0, ja oder nein, wahr oder falsch) annehmen.

Phänomens lieferten. Gerade einige »Pannen« waren dabei besonders interessant: In einem Fall etwa hatte der Agent als Zielort eine als Museumsstück ausgestellte Mondrakete ausgewählt und besucht – der Perzipient beschrieb hingegen eine Szene, in der der Agent mit jungen Hunden spielte! Die Übereinstimmung gemäß den Versuchsvorgaben war also gleich null. Es stellte sich jedoch anschließend heraus, dass der Agent nach Erfüllung seines Auftrags abends noch einen Freund besucht und dort tatsächlich mit jungen Hunden gespielt hatte! Dies geschah wohlgemerkt, bevor Agent und Perzipient wieder zusammentrafen und irgendetwas voneinander (auf herkömmliche Weise) erfahren konnten.

»Der Mensch besitzt auch eine Fähigkeit, durch die er seine Freunde und die momentanen Gegebenheiten, denen diese gerade unterliegen, erkennen kann, obwohl sie zum betreffenden Zeitpunkt tausend Meilen entfernt sein können.«

Paracelsus

Ganz offensichtlich bestand also bei einem Großteil der Versuche tatsächlich eine irgendwie geartete Kommunikationsverbindung zwischen Agent und Perzipient. Wie gut die »Übertragungsqualität« war, hing dabei stark vom jeweiligen Perzipienten ab, das heißt, es gab auch hier (ähnlich wie bei den Experimenten zur Zufallsbeeinflussung) »Talente« und »Versager« mit reproduzierbaren individuellen »Signaturen« in den Versuchsergebnissen.

Von der klassischen Naturwissenschaft ausgehend, würde man vielleicht zunächst vermuten, dass es sich bei der Kommunikationsverbindung um eine elektromagnetische Übertragung, also eine Art biologischen Funkkontakt, handeln könnte – immerhin spielen elektrische Ströme eine zentrale Rolle bei der Funktion des Gehirns, und elektromagnetische Gehirnwellen werden nachweislich auch nach außen abgestrahlt. Bei einer weitergehenden Analyse der PEAR-Ergebnisse traten jedoch zwei Tatsachen zutage, die gegen diese Möglichkeit sprechen:

Zum einen war die Genauigkeit der vom Perzipienten empfangenen Informationen offenbar vollkommen *unabhängig von der räumlichen Entfernung* zwischen Perzipient und Agent! Die von den Agenten aufgesuchten Orte waren über die ganze Welt verteilt, einige waren viele tausend Kilometer vom Rezipienten entfernt. Die statistische Verteilung von guten und weniger guten Übereinstimmungen zwischen den Angaben von Agent und Perzipient fiel bei den weit entfernten Orten jedoch nicht schlechter aus als bei nahe gelegenen Orten. Bei einer elektromagnetischen Informationsübertragung (Radio) würde hingegen die Empfangsleistung mit zunehmender Entfernung vom Sender rapide abfallen.[105]

---

105 Bei einer gleichmäßigen elektromagnetischen Energieabstrahlung nach allen Seiten nimmt die Empfangsleistung quadratisch mit der Entfernung ab, das heißt, bei einer Verdopplung der Entfernung zum Sender kommt im Empfänger nur noch ein Viertel der Leistung an.

Freilich kann man durch geeignete Resonanztechniken sogar über Millionen Kilometer noch bestimmte elektromagnetische Signale aus dem allgemeinen Rauschen herausfiltern. Das beste Beispiel sind Weltraumsonden, deren (mit Leistungen von nur wenigen Watt abgestrahlte) Signale wir sogar noch von außerhalb des Sonnensystems empfangen können. Die Unabhängigkeit von der Entfernung allein wäre also noch kein schlagendes Argument gegen die elektromagnetische Hypothese.

Noch deutlicher sprach jedoch eine zweite Erkenntnis, die sich aus der Auswertung der PEAR-Daten ergab, gegen eine herkömmliche »Funkverbindung«: Die Genauigkeit der Übereinstimmungen war nicht nur vom räumlichen, sondern auch vom *zeitlichen* Abstand unabhängig. Der Perzipient machte seine Fernbeobachtung nämlich durchaus nicht immer zu der Zeit, zu der der Agent sich tatsächlich am Zielort aufhielt, sondern in vielen Fällen entweder später oder *früher*! Selbst bei einem zeitlichen Abstand von mehreren Tagen (egal ob früher oder später) wurden die Übereinstimmungsquoten nicht schlechter. Die erfolgreichen Perzipienten waren also offenbar in der Lage, nicht nur in die Ferne, sondern auch zurück in die (ihnen zuvor unbekannte) Vergangenheit zu blicken und sogar Informationen aus der *Zukunft* abzurufen.

Unabhängig von den PEAR-Untersuchungen wurden in anderen Laboratorien auch erfolgreiche Fernwahrnehmungsexperimente durchgeführt, bei denen überhaupt kein »Agent« beteiligt war. Die Fähigkeit zum Empfang von Informationen über räumliche und zeitliche Entfernungen hinweg scheint also nicht einmal zwingend eine zweite Person als »Sender« der Information zu erfordern.

Menschen sind prinzipiell in der Lage, Informationen über Ereignisse zu empfangen, die weit außerhalb ihres sinnlichen Wahrnehmungsbereiches und sogar in der Vergangenheit oder Zukunft liegen können. Die räumliche und zeitliche Entfernung ist dabei für die Präzision der empfangenen Informationen nicht entscheidend.

Mit diesen Informationen sind wir nun in der Lage, die Natur des Phänomens genauer einzugrenzen.

Die offenkundige Unabhängigkeit von der räumlichen und zeitlichen Entfernung lässt mich annehmen, dass die Unterscheidung zwischen »Fernwahrnehmung« bzw. »Telepathie« (räumlich entfernte Ereignisse mit oder ohne Einbeziehung einer zweiten Person), »Präkognition« (zukünftige Ereignisse) und »Retrokognition« (vergangene Ereignisse) eher künstlich ist und wir es hier in allen Fällen mit ein und demselben Phänomen zu tun haben. Erinnern wir uns daran, dass Raum und Zeit sich nicht prinzipiell unterscheiden, sondern jeweils Dimensionen innerhalb des Möglichkeitsraumes darstellen, die erst durch die Struktur unserer persönlichen Realitätsfilter den Charakter von Raum und Zeit erhalten. Ein gängiger Oberbegriff für alle Phänomene, bei denen jemand Informationen empfängt, die außerhalb des Wahrnehmungsbereiches seiner herkömmlichen Sinnesorgane liegen, ist »außersinnliche Wahrnehmung« (ASW). Ein anderer Begriff, der von den Realitätsforschern Grażyna Fosar und Franz Bludorf verwendet wird, ist *Hyperkommunikation.*[106] Ich finde ihn recht passend, weil er den Begriff der Kommunikation, also des Informationsaustausches, in ähnlicher Weise erweitert wie der Begriff *Hyperraum* (im Sinne von »höherdimensionaler Raum«) den klassischen Raumbegriff erweitert.

In ihrem Buch *Vernetzte Intelligenz* stellen Fosar und Bludorf auch eine interessante Theorie des finnischen Physikers Matti Pitkänen vor, nach der die Hyperkommunikation möglicherweise über *Wurmlöcher* (hypothetische, mikroskopisch kleine Tunnel in der Raumzeit, ähnlich der Struktur eines Schwarzen Loches, siehe Seite 109) funktioniert, die sich direkt an die DNS-Moleküle in unseren Zellen anlagern, die somit als eine Art Hyperraum-Antenne fungieren würden. Ich kann nicht beurteilen, wie fundiert diese Theorie ist. Ich tendiere eher zu der Annahme, dass bei der Hyperkommunikation überhaupt keine physikalischen Vermittlerstrukturen im üblichen Sinne beteiligt sind, sondern das Bewusstsein des Perzipienten *direkt* auf die fragliche Information zugreift, ähnlich wie ja auch die Beeinflussung der PEAR-Zufallsexperimente (Abschnitt 5.3) offenbar ohne »physikalischen Umweg« direkt auf der Informationsebene stattfand. Was das bedeutet, möchte ich im Folgenden genauer erläutern.

Wie bereits zuvor erwähnt, agiert das Bewusstsein direkt auf der Informationsebene (siehe auch Seite 122) und erschafft Realität, indem es bestimmte Informationen *beobachtet*. Information ist der »Urstoff«, aus dem alle anderen Erscheinungen (wie Energie und Materie) hervorgehen – somit können wir den Möglichkeitsraum, der alle möglichen Zustände des Universums in sich vereinigt, auch als eine gigantische *Informationsmatrix*[107] interpretieren. Durch die Beobachtung einzelner, nach bestimmten Kriterien aus dem Möglichkeitsraum herausgefilterter Informationen erzeugt das Bewusstsein das, was wir als Wirklichkeit erleben (Kapitel 5).

Was beobachtet unser Bewusstsein in unserem normalen Alltags-Bewusstseinszustand? Spontan denken Sie vielleicht etwas wie: »Die unmittelbare Umgebung!« –

---

106 Anmerkung: Dieser Begriff wird auch in der Informationstechnologie verwendet, bezieht sich dort jedoch auf etwas anderes, nämlich auf die nichtlineare Struktur bestimmter elektronischer Textdokumente (*Hypertexte*, z. B. Webseiten), die durch *Hyperlinks* (Direktverweise auf andere Dokumente) miteinander verknüpft sind.

107 Im mathematischen Sinne ist eine Matrix ein n-dimensionales Raster aus Zahlenwerten (eine zweidimensionale Matrix könnte z. B. 12 Zahlen in 4 Zeilen und 3 Spalten enthalten), das man u. a. für Koordinatentransformationen oder für Projektionen höherdimensionaler Strukturen in Räume geringerer Dimension (wie die Würfelabbildungen in Abschnitt 2.1) verwenden kann. Die Anzahl der möglichen Dimensionen und der Zahlenwerte pro Dimension ist im Prinzip unbegrenzt, daher lässt sich der Begriff durchaus auf den multidimensionalen Möglichkeitsraum übertragen, wenn man Zahlen als Symbole für Information versteht. Interessanterweise bedeutet das lateinische Wort *matrix* ursprünglich *Gebärmutter* (von *mater* = Mutter). Insofern ist der Begriff hier sogar doppelt passend, da man den Möglichkeitsraum als Ursprung aller Dinge auffassen kann.

das ist jedoch nicht ganz korrekt. Tatsächlich beschränkt sich seine Beobachtung auf einen noch sehr viel engeren Bereich, nämlich einen kleinen Ausschnitt der *Informationsstruktur unseres Gehirns*. Wenn Sie vor sich auf dem Tisch eine Kaffeetasse sehen, beobachten Sie eigentlich keine Kaffeetasse – Sie beobachten sogar überhaupt nichts »außerhalb« Ihrer selbst, sondern lediglich eine Datenstruktur in Ihrem Gehirn, die von ebendiesem aus physikalischen Signalen konstruiert wurde, die über Ihre Augen »hereingekommen« sind. Wenn Ihnen jemand das Bild einer Kaffeetasse in der richtigen Perspektive direkt auf die Netzhaut projizieren würde, würden Sie keinen Unterschied bemerken und die Tasse für real halten![108] Mit etwas modernerer Technologie könnte man Ihnen das Bild sogar direkt ins Gehirn einspeisen!

Vielleicht haben Sie die *Matrix*-Trilogie im Kino gesehen – die Handlung dieser faszinierenden Filme spielt in einer düsteren Zukunft, in der die Menschheit von intelligenten Maschinen (Abkömmlingen ihrer eigenen technologischen Schöpfungen) versklavt wurde und als biologische Energiequelle missbraucht wird. Dazu liegen die Menschen ihr ganzes Leben lang in speziellen Tanks. Hiervon merken sie jedoch nichts, weil die Maschinen ein gigantisches Software-Programm – die »Matrix« – entwickelt haben, das eine komplette Welt simuliert (und zwar die »normale«, noch von Menschen beherrschte Welt des späten 20. Jahrhunderts). Die Matrix erzeugt simulierte Sinneseindrücke (Bilder, Töne, Gerüche usw.), die über spezielle Anschlüsse direkt in die Gehirne der in den Tanks liegenden Menschen eingespeist werden, so dass diese die simulierte Welt als »äußere« Realität wahrnehmen. Die Antwortsignale des Gehirns (mit denen die Menschen eigentlich ihre realen Muskeln steuern würden) werden abgefangen und wieder in die Simulation eingespeist, wo für jeden Menschen ein simulierter Körper existiert, der von den Signalen gesteuert wird. Dadurch hat jeder Mensch den Eindruck, als ganz normale Person in der simulierten Welt zu agieren (die er natürlich für real hält).

Die *Matrix*-Filme handeln von einigen Menschen, die das Spiel durchschaut und sich aus den Tanks (und damit aus der Simulation) befreit haben, dann jedoch durch selbst programmierte »Hintertüren« wieder in die simulierte Welt eindringen, um die Menschheit zu befreien, indem sie die Matrix »von innen« bekämpfen. Interessant ist nun, dass die Helden innerhalb der Simulation, je mehr sie sich den irrealen Charakter der sie umgebenden Scheinwelt bewusst machen, Fähigkeiten entwickeln, die in der realen Welt als »übernatürlich« gelten würden. Indem sie begreifen, dass die Welt um sie herum, einschließlich ihrer eigenen (simulierten) Körper, nichts weiter als *reine Informationen* in einem Computerprogramm sind (im Film sehr schön symbolisiert, indem die Welt gelegentlich als flirrende Struktur aus endlosen Zahlenkolonnen erscheint), lernen sie, mittels ihres Bewusstseins diese

---

108 Es gibt bereits erste erfolgreiche Versuche mit derartigen Systemen, bei denen die Grafik einer im Computer simulierten dreidimensionalen Szene direkt in die Augen des Betrachters projiziert wird, der sich dadurch »mitten im Geschehen« fühlt.

Informationen auch über die Grenzen ihres simulierten Körpers hinaus gezielt zu beeinflussen und damit die simulierte Realität zu ihrem Vorteil zu verändern.

Sie ahnen wahrscheinlich, worauf ich hinauswill: Der Unterschied zwischen der simulierten Welt der *Matrix*-Filme und unserer »realen« Welt ist geringer, als man spontan denken würde. Ich gehe natürlich nicht davon aus, dass wir in einem gigantischen Computerprogramm leben (beweisen kann ich es allerdings nicht ...[109]), aber auch wir beobachten ein Leben lang nichts weiter als Informationsmuster, die aus einer gigantischen Informationsmatrix in unser Bewusstsein gelangen. Im »Normalzustand« nehmen wir dabei, wie gesagt, nur die Informationen bewusst wahr, die unser Gehirn aus den von den Sinnesorganen gelieferten Signalen ableitet. Nun habe ich aber das Bewusstsein als eine rein beobachtende Instanz definiert, die (zumindest prinzipiell) nicht an Materie gebunden ist, insofern ist es durchaus denkbar, dass es auch Informationen, die außerhalb des Gehirns liegen, beobachten kann.

Mit »Gehirn« ist hier und im Folgenden weniger das Organ als vielmehr dessen »hauseigene« Informationsstruktur gemeint. Ob die vom Gehirn wahrgenommenen und erinnerten Informationen tatsächlich auch räumlich innerhalb des Gehirns abgespeichert sind, kann die Wissenschaft meines Wissens bisher nicht sagen. Möglicherweise hat das Gehirn mehr die Funktion einer Antenne, die Informationen aus einer außerhalb lokalisierten Feldstruktur (etwa innerhalb der Aura des Menschen) empfängt und dorthin zurücksendet. Es gibt mehrere Theorien, die in diese Richtung gehen.

In jedem Fall ist unser Gehirn samt den von ihm gespeicherten Informationen, wie jedes andere materielle oder energetische »Ding« auch, eine Struktur innerhalb des Multiversums. Offenbar stellt es den bevorzugten »Aufenthaltsort« (das heißt eigentlich: das bevorzugte Beobachtungsziel) unseres Bewusstseins im Möglichkeitsraum dar, eine Art Ausgangsbasis. Im normalen Wachbewusstsein folgt das Bewusstsein offenbar stur der Weltlinie des Gehirns durch den Möglichkeitsraum und beschränkt sich in seiner Wahrnehmung auf einen kleinen Teil der dort verarbeiteten Daten (den Rest bezeichnet man als »Unterbewusstsein«). Diese Fixierung auf das Gehirn ist auch wichtig, um eine einigermaßen stabile Realität zu erleben, denn wie wir festgestellt haben, beruht unser »Realostat« (Abschnitt 5.6) ganz wesentlich auf Funktionen des Gehirns.

---

109 Etwa zeitgleich mit *Matrix* kam der Film *Die 13. Etage* in die Kinos, der leider im Erfolg von *Matrix* etwas unterging. In diesem Film (basierend auf dem Roman *Simulacron 3* von Daniel F. Galouye, der auch bereits 1973 von Rainer Werner Fassbinder unter dem Titel *Welt am Draht* verfilmt worden war) entwickeln Wissenschaftler eine simulierte Realität im Computer, in der sie sich auch selbst bewegen können und in der außerdem simulierte Figuren agieren, die ein eigenes Bewusstsein haben und nicht ahnen, dass ihre Welt aus reiner Software besteht. Gegen Ende des Films stellt einer der Wissenschaftler dann jedoch schockiert fest, dass auch seine eigene, »wirkliche« Welt (und damit auch er selbst) nur eine Simulation ist ...

In Ausnahmefällen jedoch erlangt das Bewusstsein Zugang zu Informationen, die an anderen Stellen innerhalb des Möglichkeitsraumes angesiedelt sind, etwa an einem weit entfernten Ort (Fernwahrnehmung), in einer zukünftigen Realitätsvariante (Präkognition) oder auch im Gehirn einer anderen Person (Telepathie). Die Einbeziehung einer zweiten Person ist nicht zwingend erforderlich, hat aber vermutlich eine unterstützende Wirkung, um das eigene Bewusstsein auf eine »externe« Information zu fokussieren – vielleicht fällt es dem Bewusstsein leichter, ein fremdes Gehirn »anzupeilen« als irgendeine andere Struktur, weil es mit Gehirnstrukturen vertraut ist (die persönliche Beziehung zu der jeweiligen Person spielt ebenfalls eine Rolle – dazu mehr im nächsten Abschnitt).

Hyperkommunikation kann also als eine *Erweiterung des vom Bewusstsein erfassten Ausschnitts aus dem Möglichkeitsraum* aufgefasst werden. Wie groß dieser Ausschnitt ist, legt das Bewusstsein selbst durch seine Filterfunktionen fest. Normalerweise ist er auf die normalen Sinneswahrnehmungen und Gedanken innerhalb des eigenen Gehirns beschränkt, aber bei einer Fernwahrnehmung bildet das Bewusstsein sozusagen »externe Wahrnehmungsinseln«, die in weiter entfernten Bereichen des Multiversums liegen. Wir können dies in einem stark vereinfachten (weil auf drei Dimensionen reduzierten) Raum-Zeit-Möglichkeits-Diagramm (vgl. Seite 131) wie in der folgenden Abbildung darstellen:

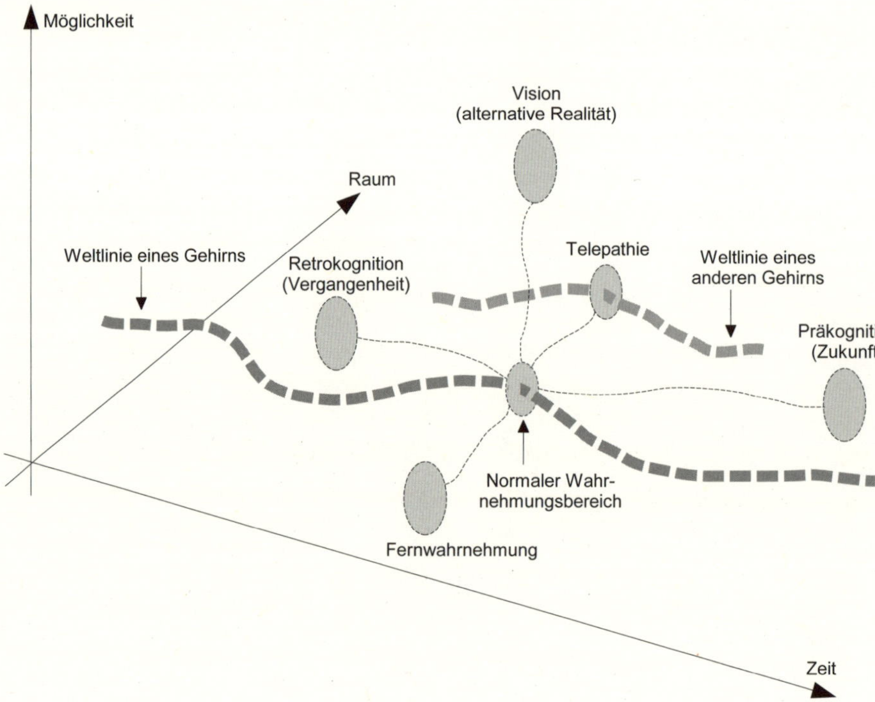

Die runden Bereiche stellen jeweils Informationsbereiche innerhalb des Möglichkeitsraumes dar, die das Bewusstsein wahrnimmt. Direkt an das Gehirn gekoppelt ist der »normale« Bereich der sinnlichen Wahrnehmung. Die anderen fünf Bereiche sind Beispiele für verschiedene Varianten der Hyperkommunikation (außersinnliche Wahrnehmung).

Das menschliche Bewusstsein beschränkt seine Wahrnehmung normalerweise auf einen Teil der vom Gehirn verarbeiteten Sinneseindrücke. In Ausnahmefällen bildet es jedoch »externe Wahrnehmungsinseln«, indem es Informationen beobachtet, die in anderen, teilweise weit entfernten Regionen des Möglichkeitsraumes liegen.

An dieser Stelle ein kleiner Exkurs zum Thema Präkognition (Blick in die Zukunft): Wie auch in der Abbildung angedeutet, beobachtet das Bewusstsein hierbei nur eine *mögliche* Zukunft und nicht unbedingt die, die das Individuum später tatsächlich erlebt. Es gibt Menschen, die die Fähigkeit der Präkognition zu ihrem Beruf gemacht haben. Natürlich gibt es unter diesen sogenannten »Wahrsagern« eine Menge Scharlatane – einige können jedoch offenbar wirklich recht präzise Blicke in die Zukunft ihres Klienten werfen, und zwar in diejenige Zukunftsvariante, die nach der aktuellen Bewusstseinsausrichtung des Klienten gerade am *wahrscheinlichsten* ist (siehe auch Abbildung auf Seite 153).

Hierzu eine kleine Begebenheit aus dem Leben des bereits erwähnten Glücksforschers Bodo Deletz: Er ließ sich einmal von dem Wahrsager Frank Becker (beide sind mir persönlich bekannt) die Karten legen.[110] Bodo war mit seinem Ziel einer optimalen positiven Wahrnehmungsausrichtung (und damit Realitätsgestaltung) schon sehr weit gediehen und war daher überrascht, dass die Karten in einem bestimmten Lebensbereich (Partnerschaft) ein größeres Problem anzeigten, das ihn in fernerer Zukunft ereilen würde. Zur Sicherheit ließ er sich die Karten noch *zweimal* legen, und jedes Mal erschienen *exakt* dieselben Karten (was statistisch so gut wie unmöglich ist und damit schon einen recht guten »Beweis« für Franks Fähigkeiten darstellt).

Daraufhin führte Bodo einige mentale Übungen durch,[111] die ihm erstens die genaue Natur des zukünftigen Problems offenbarten und zweitens eine Umprogrammierung innerhalb seines Gehirns bewirkten, so dass die dem potentiellen Problem

110 Informationen im Internet unter *www.kartenlegen-bei-frank.de*. Karten (oder andere Hilfsmittel) erleichtern vielen Wahrsagern die Fokussierung auf die gewünschten Informationen. Im Gegensatz zur klassischen Fernwahrnehmung tauchen die Informationen hierbei nicht direkt im Bewusstsein auf, sondern in Gestalt einer intuitiven Eingebung, die dem Wahrsager mitteilt, welche Karten er ziehen soll. Aus diesen kann er anhand einer vorgegebenen Symbolik dann Aussagen über die potentielle Zukunft des Klienten ableiten.

111 Bodo Deletz beherrscht ebenfalls eine Variante der Hyperkommunikation: Er kommuniziert mit einer Bewusstseinsinstanz namens »Ella«, die als gedankliche Stimme in seinem Kopf erscheint und ihm im Dialog hilft, auf Ideen zu kommen, die sich ihm sonst nicht direkt erschließen würden. Mehr über die Natur solcher »Kommunikationspartner« in Abschnitt 7.1.

zugrunde liegende Angst verschwand. Danach ließ er sich erneut die Karten legen, und diesmal erschienen die *bestmöglichen* Karten für den fraglichen Lebensbereich! Auch dieser Test wurde vorsichtshalber wiederholt, wieder mit exakt demselben Ergebnis. Dieses Ereignis bewirkte bei beiden Beteiligten Beachtliches: Bodo erkannte, dass er sein Ziel erreicht hatte, seine Wahrnehmung innerhalb kürzester Zeit dauerhaft von Unglück auf Glück umprogrammieren zu können, und Frank erkannte, dass – im Gegensatz zu seinem bisherigen Weltbild – die Zukunft nicht feststand, so dass er künftig seinen Klienten auch gleich Tipps zur Veränderung unerfreulicher Zukunftsvarianten mitgeben konnte.

Diese Begebenheit deutet für mich zum einen klar darauf hin, dass es tatsächlich einen direkten Zusammenhang zwischen dem gegenwärtigen Bewusstseinszustand und der angesteuerten Zukunft gibt, und liefert zum anderen ein weiteres Argument dafür, dass Hyperkommunikation tatsächlich funktioniert und offenbar auch weit in die Zukunft hineinreichen kann (hier ging es immerhin um mehrere Jahrzehnte). Offenbar kann ein guter Wahrsager »sehen«, wohin der aktuelle »Zukunftsscheinwerfer« seines Klienten zeigt (vgl. Seite 154).

Werfen wir nun noch einmal einen Blick auf die grafische Darstellung des Hyperkommunikationsprinzips (Seite 198): Ich habe zwischen dem an das Gehirn gebundenen »normalen« Wahrnehmungsbereich und den »externen« Wahrnehmungsbereichen der Hyperkommunikation Verbindungslinien eingezeichnet – diese sind allerdings nicht als physikalische »Kommunikationskanäle« zu verstehen, sondern sollen lediglich symbolisch andeuten, dass alle diese Informationen von *einer* zentralen Bewusstseinsinstanz beobachtet (und normalerweise auch im Gedächtnis des betroffenen Individuums gespeichert) werden. Worin besteht nun aber die *tatsächliche* Verbindung zwischen den in der Abbildung dargestellten einzelnen »Wahrnehmungsinseln«? Wie kann es sein, dass ein Individuum Informationen aus unterschiedlichen, offenbar nicht einmal miteinander verbundenen Regionen des Möglichkeitsraumes parallel beobachten kann?

Bisher haben wir nur das Bewusstsein im herkömmlichen Sinne berücksichtigt, also den Teil unseres Selbst, der die bewussten Beobachtungen unseres Alltags anstellt. Nun wissen wir aber bereits aus der klassischen Psychologie – auch ohne Berücksichtigung der Hyperkommunikation –, dass der allergrößte Teil der Informationen, die uns erreichen, gar nicht erst ins Bewusstsein gelangt, jedoch von unserem Gehirn unterbewusst sehr wohl registriert und nach Bedarf verarbeitet wird. Würden alle Sinnesreize ungefiltert das Bewusstsein erreichen, würden wir eine totale Reizüberflutung erleben und nichts mehr sortiert bekommen (bestimmte bewusstseinserweiternde Drogen bewirken genau dies). Somit liegt der Gedanke nahe, dass auch bei der Hyperkommunikation der allergrößte Teil des Geschehens auf der *unbewussten* Ebene stattfindet – nur dass es in diesem Fall um Informationsbereiche geht, die *außerhalb* des Gehirns liegen.

Damit bietet sich ein modifiziertes Erklärungsmodell an: Grundsätzlich findet *ständig* Hyperkommunikation statt, dem Bewusstsein steht also eigentlich permanent eine Unmenge von Informationen aus dem Möglichkeitsraum zur Verfügung – es wählt aus diesen allerdings nur sehr wenige für die bewusste Wahrnehmung aus. Das Bewusstsein tut hier also eigentlich dasselbe wie beim Ausfiltern einer bestimmten Variante der äußeren Realität aus der unendlichen Vielzahl paralleler Realitäten im Multiversum (Seite 123 ff.). Somit werden die scheinbar separaten Wahrnehmungsbereiche in unserer Abbildung zu »Inseln bewusster Wahrnehmung« innerhalb eines umfassenderen (aus individueller Sicht größtenteils unbewussten) »Ozeans« abrufbarer Information, wie in der folgenden Abbildung angedeutet:

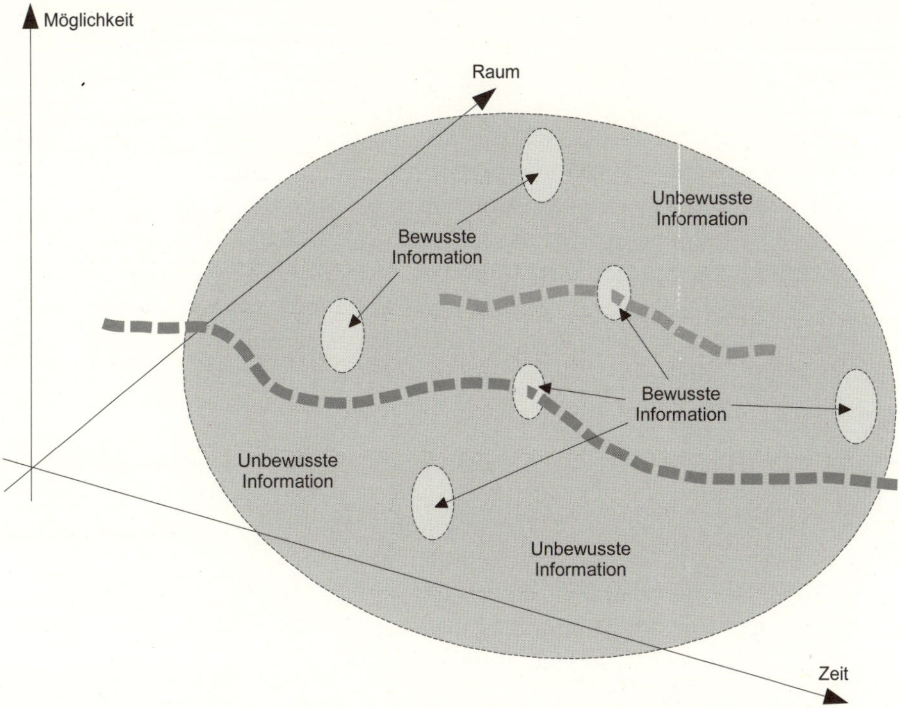

Grażyna Fosar und Franz Bludorf vergleichen diesen normalerweise unbewussten Informationspool mit dem Internet: So wie ich meinen Computer bei Bedarf mit dem Internet verbinden kann und daraufhin Zugriff auf eine gigantische Menge abrufbarer Informationen habe, von denen ich dann durch meine Eingaben gezielt einzelne auswähle, kann sich auch ein individuelles Bewusstsein mit dem »Hypernet« verbinden und in diesem »Online-Zustand« gezielt (oder auch versehentlich) Informationen empfangen, die ihm im normalen »Offline«-Bewusstseinszustand nicht zugänglich sind.[112]

---

112 *Online* (»auf Leitung«) bedeutet in der Computerwelt, dass eine Datenverbindung zu einem oder mehreren anderen Computern existiert. Besteht keine Netzverbindung, ist der Computer *offline*.

Diese Unterscheidung bezieht sich jedoch nur auf *bewusste* Wahrnehmung – unbewusst sind wir *permanent* »online«. Und über dieses normalerweise unbewusste, raum- und zeitübergreifende Informationsnetz kann demnach auch eine ständige Kommunikation zwischen verschiedenen Bewusstseinsinstanzen stattfinden (in unserer Abbildung sind beispielsweise zwei Individuen dargestellt, die sich beide innerhalb der »Hypernet-Informationsblase« befinden). Auf diesem Wege funktionieren meines Erachtens auch die unbewussten »Absprachen«, die erforderlich sind, um gemeinsame Realitäten ohne logische Widersprüche zu erschaffen.[113] Hier greift also dasselbe Grundprinzip der kollektiven Realitätsstabilisierung wie im vorigen Abschnitt beschrieben (siehe Abbildung auf Seite 181), nur dass es dort um »normale« (über bekannte physikalische Prozesse ablaufende) Kommunikation zwischen Individuen ging, während die Hyperkommunikation einen wesentlich tiefer gehenden und umfassenderen Informationsaustausch ermöglicht.

Das Hypernet ist also eine Ebene, die uns als Individuen normalerweise nicht bewusst ist, auf der aber ein koordinierter Informationsaustausch stattfindet, also *definierte Strukturen* existieren. Nun lautet aber die Grundthese des hier vorgestellten Weltbildes, dass definierte Strukturen erst durch *bewusste Beobachtung* aus dem Möglichkeitsraum herausgefiltert werden und dadurch real werden. Also muss auch das Hypernet selbst eine *Bewusstseinsstruktur* sein. »Etwas« oder »jemand« beobachtet und erschafft hier Realität auf einer Ebene, die jenseits unseres individuellen Alltagsbewusstseins liegt, und vernetzt damit unsere individuellen Bewusstseinsinstanzen zu einer umfassenderen Struktur.

Im vorigen Abschnitt habe ich die durch Kommunikation ermöglichte kollektive Realitätsschöpfung bereits als Akt eines *Gruppenwesens* definiert. Somit repräsentiert das »Hypernet« – in der letzten Abbildung dargestellt durch die große »Informationsblase«, die die bewusst wahrgenommenen »Informationsinseln« einschließt – offenbar nichts anderes als das *Gruppenbewusstsein* aller beteiligten Individuen! Anders als in der Abbildung kann es dabei eine beliebig große Zahl von Individuen umfassen. So wie eine individuelle Bewusstseinsinstanz im Möglichkeitsraum stets eine Realität ansteuert, die seiner aktuellen Wahrnehmung entspricht, steuert das Gruppenbewusstsein stets eine Realität an, die die jeweilige Wahrnehmung *aller beteiligten Individuen* widerspiegelt! Die einzelnen Individuen sind durch Hyperkommunikation (sowie durch herkömmliche Kommunikation) so weit aneinander gekoppelt, dass die gemeinsam geschaffene Gesamtrealität stets widerspruchsfrei bleibt.

---

113 Wenn es um die tiefere Natur des Phänomens geht, sind Alltagsbegriffe wie »Kommunikation« oder »Absprachen« möglicherweise etwas irreführend, denn sie erwecken die Vorstellung von »Prozessen«, die in der Zeit ablaufen. Hyperkommunikation ist jedoch ein *zeitloses* Phänomen – die Information ist »einfach da«. Erst dadurch, wie wir den bewusst wahrgenommenen Teil der abrufbaren Information im Verstand verarbeiten, entsteht der Eindruck eines »Kommunikationsprozesses«. Wir erleben die Illusion der Zeit hier genauso wie bei der Erschaffung aller anderen zeitlichen Vorgänge in unserer Realität (siehe Abschnitt 5.2).

Machen Sie sich bitte klar, was dies bedeutet: Weder auf der physikalisch-biologischen Ebene (siehe Abschnitt 6.1) noch auf der Ebene des Bewusstseins gibt es eine echte Trennung zwischen einzelnen Individuen! Wir sind absolut nicht die isolierten Wesen, als die wir uns zumeist fühlen. (Diese Erkenntnis findet man übrigens mehr oder weniger versteckt in fast allen religiösen Traditionen wieder – mehr dazu im nächsten Kapitel.)

Unser Ego (Ich-Gefühl), das dafür sorgt, dass wir uns als getrennte Einzelwesen empfinden, ist also ein ziemlich »oberflächliches« Phänomen. Es funktioniert nur dadurch, dass wir uns der darunter liegenden kollektiven Bewusstseinsebene normalerweise nicht bewusst sind.

Vielleicht fällt es Ihnen spontan schwer, sich unter einer »Bewusstseinsebene, derer man sich nicht bewusst ist« etwas vorzustellen. Nun, Sie erleben jede Nacht selbst eine andere Bewusstseinebene: in Ihren *Träumen*. In der Traumwelt sind Sie normalerweise eine voll bewusste und handlungsfähige Person – nur ist diese Bewusstseinsebene weitgehend getrennt vom Tagesbewusstsein. Zwischen Traum und Erwachen durchlaufen Sie eine Art Filter, durch den Sie normalerweise fast alles vergessen, was Sie im Traum erlebt haben. Bewusstsein kann also selbst innerhalb eines Individuums auf verschiedenen Ebenen stattfinden.

Es gibt allerdings auch Fälle, in denen eine träumende Person sich der Tatsache, dass sie träumt, bewusst wird, ohne dabei die Traumwelt zu verlassen – man spielt sozusagen bei vollem Wachbewusstsein in einem selbst gemachten 3D-Kinofilm mit! Einige Menschen können dieses Phänomen des *luziden Träumens* auch gezielt herbeiführen.

Aus der Perspektive höherer Bewusstseinsebenen hat auch unser Alltagsbewusstsein den Charakter eines Traums, und auch aus diesem kann man erwachen – auch hier entweder durch endgültiges Verlassen der »Traumwelt« (auch »Tod« genannt) oder durch Erwachen innerhalb der Traumwelt (dies nennt man »Erleuchtung«) – mehr dazu im nächsten Kapitel. Auch hier gibt es einen Filter des Vergessens, der normalerweise unser Alltagsbewusstsein von den höheren Ebenen trennt.

Dieser Filter ist nichts anderes als unser Ego, das unser individuelles Bewusstsein vom kollektiven Bewusstsein abschottet. Es funktioniert sozusagen wie eine Art *Firewall;* das ist ein Computerprogramm oder ein Gerät, das einen Computer (oder ein ganzes Netzwerk) vor Hacker-Angriffen aus dem Internet schützt, indem es dafür sorgt, dass nur ganz bestimmte, »zulässige« Informationen durch die virtuelle Schutzmauer (*firewall* = Brandschutzwand) hindurchgelassen werden – alles andere wird ausgefiltert. Somit bleibt uns die Illusion vom separaten Individuum erhalten, obwohl auf der Ebene des Gruppenbewusstseins keine definierte Trennung zwischen einzelnen Individuen mehr existiert.

Wir alle sind Teil eines kollektiven Bewusstseins, das eine gemeinsame Realität erzeugt, die unsere individuellen Realitäten widerspruchsfrei miteinander verbindet. Die bewusst von uns wahrgenommenen Informationen sind ein winziger Ausschnitt aus einer umfassenderen Menge abrufbarer Informationen, die dem Gruppenbewusstsein zur Verfügung stehen. Unser Ich-Gefühl (Ego) filtert den allergrößten Teil dieser Informationen aus und erzeugt dadurch die Illusion getrennter Einzelwesen.

In unserer menschlichen Welt wirkt also eine große Menge von Individuen bei ihrer Realitätsschöpfung zusammen, die sich aber mehrheitlich weder der Tatsache bewusst sind, Teil einer kollektiven Bewusstseinsstruktur zu sein, noch der Tatsache, dass die komplette Wirklichkeit ihr eigenes Produkt ist. Dies wirkt sich zwangsläufig auf die Struktur der erzeugten Realität aus – es entsteht sozusagen eine »dreischichtige« Realität:

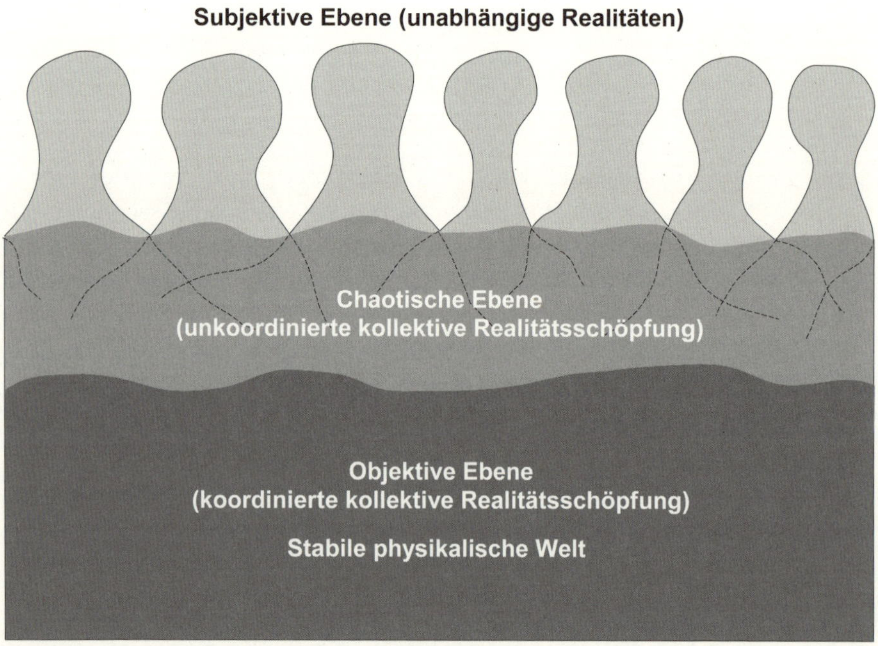

Die »unterste« Ebene wird vom kollektiven Bewusstsein erschaffen – sie repräsentiert das, über das sich alle Individuen einig sind – die »objektive« Welt – und ist daher sehr stabil. In Unkenntnis unserer schöpferischen kollektiven Bewusstseinsstruktur nehmen wir diese Ebene einfach als »gegeben« an. Hierzu zählen insbesondere die »berechenbaren« Naturgesetze (auch wenn diese individuell unterschiedlich formuliert werden können) und damit auch die Existenz sämtlicher Strukturen, die auf diesen beruhen, darunter auch unser Gehirn mit seinen Funktionen.

Die »oberste« Ebene betrifft die ganz persönlichen Realitäten der einzelnen Individuen, also alles, was wir als »subjektiv« empfinden und beispielsweise unter »Interpretation« oder »Fantasie« einordnen. Auf dieser Ebene sind wir relativ unabhängig voneinander, jedes Individuum kreiert seine eigene Variante der Wirklichkeit – schlimmstenfalls gilt man als Spinner, stellt aber die gemeinsame Basis-Realität normalerweise nicht in Frage.

Dazwischen jedoch gibt es eine dritte Ebene, eine Art »Grauzone«. Sie umfasst Dinge, die sich zwar in der »äußeren«, also aus unserer Sicht »objektiven« Realität abspielen, aber nicht fest genug im Gruppenbewusstsein verankert sind, um völlig stabil und berechenbar zu sein – dies sind Dinge, über die verschiedene Individuen unterschiedliche und vor allem *ungenaue Erwartungen* haben. *Feste* Erwartungen (und ich meine *wirklich* feste wie »Morgen geht wieder die Sonne auf«!) erzeugen einfach exakt die erwartete Realität. Ungenaue Erwartungen entstehen hingegen, wenn ein Individuum (in Unkenntnis seiner eigenen Schöpfertätigkeit) davon ausgeht, dass die Dinge, die es gerade beobachtet, von unkontrollierbaren »äußeren« Instanzen, wie zum Beispiel dem »Zufall«, gesteuert würden.

Zu dieser Ebene zählen beispielsweise das lokale Wetter und andere *chaotische Systeme* – das sind Systeme, die zwar physikalischen Gesetzen gehorchen, die aber so sensibel sind, dass schon kleinste Veränderungen der Anfangsbedingungen zu großen Veränderungen im Ergebnis führen können.[114] So ist zum Beispiel die Anzahl und Form der Scherben einer zerbrechenden Kaffeetasse eigentlich hauptsächlich von berechenbaren mechanischen Gesetzen abhängig, aber die Anfangsbedingungen (in welchem Winkel wird die Tasse vom Tisch gestoßen, wie sind die Luftströmungen usw.) haben einen so starken Einfluss auf das Ergebnis, dass dieses im Detail vollkommen unvorhersagbar ist.

In vielen solcher hochempfindlichen Systeme kann sich nun auch die mikroskopische Quantenunschärfe spürbar auf die makroskopischen (sichtbaren) Ereignisse auswirken. Da es aber das Bewusstsein ist, das aus der Quantenunschärfe konkrete Ereignisse herausfiltert, steuert es damit indirekt auch den Verlauf der makroskopischen Realität.

Wenn ich zum Beispiel meine Wahrnehmung auf »Vielleicht hört der Regen gleich auf« ausrichte, erzeuge ich damit eine Realität, in der genau dies passiert: Der Regen hört *vielleicht* auf – das heißt, er lässt ein kleines bisschen nach und bestätigt damit mein »Vielleicht«. Aber wenn ich mich als Opfer eines äußeren »Schicksals« fühle, wird zumeist schon der nächste Regentropfen, der meine Nase trifft, meine Wahrnehmung wieder eher in Richtung »Es regnet« lenken, und meine Realität verändert sich wieder ein kleines Stück in die andere Richtung. Dieses scheinbar wahllose Hin und Her bestätigt natürlich meine Überzeugung, die Situation nicht

---

114 Sehr bekannt ist ein Standard-Beispiel aus der Literatur, nach dem ein Flügelschlag eines Schmetterlings in Europa dazu führen kann, dass in China ein Sack Reis umfällt.

selbst steuern zu können, und stabilisiert meinen Glauben an den Zufall oder das Schicksal.

Hierdurch bleiben die direkten Veränderungen der Außenwelt durch das Bewusstsein eines einzelnen Individuums zumeist so gering, dass es seinen eigenen Einfluss nicht als solchen erkennt. Das gilt für (fast) alle Individuen – jedes übt einen kleinen, aber im wahrsten Sinne des Wortes »nicht bemerkenswerten«, schwankenden Einfluss auf die äußere Realität aus, der noch dazu weitgehend unabhängig von den Einflüssen anderer Individuen ist, die sich ja ihrer Verbindung untereinander nicht bewusst sind.

So kommt es zu der in der Abbildung symbolisch angedeuteten dreischichtigen Realität (tatsächlich ist die Grenze zwischen den »Schichten« allerdings – wie sollte es anders sein – unscharf), in der die »objektive« physikalische Welt sich zwar im Groben vorhersehbar verhält, im Detail jedoch chaotische Fluktuationen aufweist, die zwar von allen betroffenen Individuen gemeinsam erlebt werden, jedoch aus Sicht des einzelnen Individuums unvorhersehbar sind – und hier haben wir meines Erachtens die eigentliche Quelle dessen, was wir als »Zufall« erleben! Das statistische »Rauschen«, das wir in der Welt als Chaos wahrnehmen, ist einfach das Produkt einer Unzahl von relativ unkoordinierten Bewusstseinsinstanzen, die sich ihres Einflusses auf die Wirklichkeit nicht bewusst sind.

Obwohl diese Ebene aus Sicht eines einzelnen Individuums vollkommen chaotisch erscheint, finden genau hier die subtilen Realitätsverschiebungen und Querverbindungen statt, die notwendig sind, um die Realitäten der einzelnen Individuen zu einem widerspruchsfreien Gesamtgefüge zu verbinden. Wir bemerken diese Wirkungsebene deshalb nicht, weil dazu – dank der Sensibilität chaotischer Systeme – im Allgemeinen so unmerkliche Schwankungen in der Zufallstendenz ausreichen, dass überhaupt keine »Wunder« notwendig sind. So entstehen aus unmerklichen, direkt vom individuellen Bewusstsein erzeugten Realitätsverschiebungen auf dem Umweg über das »ganz gewöhnliche« Prinzip von Ursache und Wirkung (das letztlich auch nur ein Bewusstseinsprodukt ist, jedoch auf der kollektiven Ebene) immer genau die Situationen, die die beteiligten Individuen bewusst oder unbewusst »bestellt« haben.

Aus Sicht des Individuums findet Realitätsgestaltung also normalerweise auf *indirektem* Wege statt – was der Hauptgrund dafür ist, dass wir sie nicht als solche erkennen. In einer Welt, in der die Individuen nicht wissen, dass sie diese Welt gemeinsam erzeugen, ist die chaotische Ebene also eine notwendige Übergangsschicht zwischen der kollektiven, stabilen Basis-Realität und den individuellen Teil-Realitäten – andernfalls wären diese nicht »unter einen Hut« zu bringen.

Der *direkte* Einfluss des Bewusstseins auf die Realität wird deshalb normalerweise erst dann als nennenswerte Tendenz im statistischen Rauschen sichtbar, wenn man, wie bei den PEAR-Zufallsexperimenten (Abschnitt 5.3), eine sehr große Zahl dieser winzigen Bewusstseinseinflüsse addiert, die zudem von einem Bewusstsein ausgehen, das über längere Zeit eine konstante Absicht (zum Beispiel »Zufallszahlen vergrößern«) verfolgt.

Wie jede Realität spiegeln im Übrigen auch die Ergebnisse der PEAR-Experimente exakt die Überzeugungen der Testpersonen wider: »*Vielleicht* lässt sich der Zufall ja tatsächlich beeinflussen.« Es ist dieses *Vielleicht*, das den Einfluss so gering bleiben lässt! Der Erfolg jeder einzelnen Testperson hängt davon ab, wie weit die Möglichkeit eines Erfolges mit ihren Überzeugungen vereinbar ist. Mit anderen Worten: Der Zufall hat immer genau so viel Macht über uns, wie wir ihm zugestehen – denn auch er ist unsere eigene Schöpfung; er ist nichts als die äußere Widerspiegelung unserer Illusion, dass wir isolierte und machtlose Wesen seien.

Wenn der Zufall das Produkt einer großen Zahl unkoordinierter Bewusstseinsinstanzen ist, müsste sich demnach eine Veränderung in der Struktur zufälliger Ereignisse zeigen, sobald eine genügend große Zahl von Individuen ihre Wahrnehmung auf dasselbe Ziel ausrichtet und damit von einem unkoordinierten in einen koordinierteren Zustand übergeht. Tatsächlich gibt es experimentelle Hinweise darauf, dass dies der Fall sein könnte:

Seit 1998 betreibt das *Global Consciousness Project* (*consciousness* = Bewusstsein) an der Princeton University ein weltweites Netz von Zufallszahlen-Generatoren, die ihre Daten per Internet an eine zentrale Sammelstelle senden, wo sie ausgewertet werden. Im Normalfall folgen die Daten der Zufallserwartung. Bei einigen bedeutenden Ereignissen jedoch, die weltweit von einer sehr großen Zahl von Menschen über die Medien verfolgt wurden, zeigten sich messbare Abweichungen der Daten von der normalen Zufallsverteilung – beispielsweise bei den Terroranschlägen auf das World Trade Center und das Pentagon am 11. September 2001. An diesem Morgen, der die Welt erschütterte, zeigte die *Varianz* der Zufallszahlen, das heißt, ihre durchschnittliche Abweichung vom Mittelwert, einen plötzlichen signifikanten Anstieg, der über mehrere Stunden anhielt. Besonders auffällig war, dass dieser Effekt bei *allen* Messstationen auftrat – man konnte eine deutliche *Korrelation*[115] zwischen den einzelnen, in der Welt verteilten Geräten feststellen, obwohl diese technisch gesehen völlig unabhängig voneinander arbeiteten und im Normalfall keine nennenswerte Korrelation aufwiesen. Die Vermutung liegt nahe, dass die simultane Konzentration von mehreren Millionen Menschen auf dasselbe Thema (oder der kollektive Anstieg der emotionalen Aktivität) diese Abweichung bewirkt haben könnte.

Noch interessanter aber ist die Tatsache, dass der Anstieg der Varianzkurven bereits einige Stunden *vor* dem Beginn der Anschläge begann! Es erscheint mir unwahrscheinlich, dass die wenigen Menschen, die zu diesem Zeitpunkt bereits von den geplanten Anschlägen wussten, allein für den Effekt verantwortlich sein könn-

---

115 Man spricht von einer *Korrelation*, wenn die Kurvenverläufe mehrerer Signale eine signifikante Ähnlichkeit untereinander aufweisen. Durch mathematische Verfahren kann man die Ähnlichkeit quantitativ ermitteln.

ten. Vielmehr scheint mir hier ein Beispiel für einen nichtkausalen Effekt vorzuliegen, bei dem die Zukunft in die Vergangenheit zurückwirkt. Erinnern wir uns an das Zeitwellen-Modell (Abschnitt 5.4): Es erscheint mir plausibel, dass die Beobachtung eines so massiven Ereignisses durch eine so große Zahl von Menschen auch eine entsprechend starke Echowelle in die Vergangenheit zurücksendet, die von sensiblen Menschen wahrgenommen werden kann, noch bevor das Ereignis eintritt. Immer wieder wird berichtet, dass Menschen durch Vorahnungen vor nahenden Katastrophen gewarnt oder gerettet wurden. Vielleicht haben wir es hier mit einer kollektiven Vorahnung bzw. einer unbewussten Präkognition zu tun – nach dem bekannten Motto »Große Ereignisse werfen ihre Schatten voraus«.

Eindeutig beweisen lässt sich die Hypothese, dass das kollektive Bewusstsein für die Zufallsabweichungen verantwortlich ist, bisher nicht – aber der Effekt ist zweifelsohne vorhanden und untermauert einmal mehr die These, dass der Zufall nicht so zufällig ist, wie die meisten Menschen glauben.

Wären wir uns unserer schöpferischen Macht und unserer Verbindung durch das kollektive Bewusstsein wirklich bewusst, könnten wir vermutlich auch in den bisher chaotischen Realitätsbereichen auf direktem Wege koordinierte Veränderungen bewirken. Im Extremfall gäbe es in unserer Realität dann wahrscheinlich überhaupt keine »chaotische Zone« mehr. Die gezielte Steuerung des Wetters beispielsweise wäre dann vermutlich kein Problem mehr.

> *»Naturgesetze sind Spielregeln für das aufgespaltene Universalbewusstsein.«*
>
> *Kurt Diedrich*

Umgekehrt könnten wir auch die scheinbar so stabile Basis-Realität, also die physikalischen »Gesetze«, nach Belieben »aufweichen« und verändern. Das mögliche Spektrum reicht bis zu Realitätsveränderungen, die wir uns in unserer derzeitigen Rolle als isolierte, machtlose Wesen nicht einmal vorstellen können. Wie die Helden in den *Matrix*-Filmen würden wir erkennen, dass die Welt um uns nichts als *reine Information* ist, die erst durch unsere eigene Wahrnehmung strukturiert wird und die wir daher auch nach Belieben verändern können! Die gelegentlich von einzelnen Menschen vollbrachten psychokinetischen Kunststücke, bei denen sich die äußere Realität ohne physikalische Ursache sichtbar verändert, weisen darauf hin, dass die reale Welt tatsächlich eine derartige »Matrix« ist. Zu den bekanntesten Beispielen (die übrigens alle auch in der *Matrix*-Trilogie auftauchen) gehören das Verbiegen von Metallgegenständen durch reine Bewusstseinseinwirkung, Levitation (Überwindung der Schwerkraft) und Wunderheilungen.

Wer weiß, was passieren würde, wenn *alle* Menschen sich ihrer Verbindung untereinander voll bewusst würden und damit eine neue Ebene des Zusammenwirkens erreichen würden? Vielleicht würde dann das Bewusstseins des »Superwesens Menschheit« Dominanz über die vielen kleinen Ichs der einzelnen Menschen erlangen, und wir würden mit vollem Bewusstsein als Gruppenwesen handeln, so dass es keinen Unterschied zwischen individuellem und kollektivem Bewusstsein mehr gäbe – womit wir uns auf eine kaum vorstellbare Entwicklungsstufe und in eine ebenso wenig vorstellbare Realität befördern würden. Es gibt Theorien, die dies als logische Fortsetzung des Evolutionsprozesses betrachten.

Mir persönlich würde es allerdings bis auf weiteres genügen, das Chaos und das Ego-bedingte Gegeneinander in der Welt so weit zu reduzieren, dass die Menschheit endlich konstruktiv ein lebenswertes Leben für alle gestalten könnte. Hierzu bedarf es keiner Wunder – Näheres in Kapitel 9.

Was wir als »Zufall« erleben, ist das Produkt einer großen Zahl von Individuen, die sich ihres Einflusses auf die Realität nicht bewusst sind und daher nur geringe und unkoordinierte Veränderungen in der Welt bewirken. Wären wir uns unserer Macht und unserer Verbindung untereinander voll bewusst, könnten wir koordinierte, grundlegende Veränderungen der Realität bewirken.

Nunmehr verfügen wir über ein recht vollständiges Erklärungsmodell dafür, wie das Bewusstsein unsere Realität erschafft und für ihre Widerspruchsfreiheit sorgt. Es verbleiben jedoch noch einige interessante Fragen – zum Beispiel: Wie flexibel sind eigentlich die Grenzen zwischen individuellem und kollektivem Bewusstsein? Wie groß können die »Wahrnehmungsinseln« eines Individuums (Abbildung auf Seite 201) werden, das heißt, wie viele Informationen kann es »gleichzeitig« aus dem Möglichkeitsraum abrufen und bewusst wahrnehmen, und wie groß wird damit seine Macht über die Wirklichkeit? Und: Wie groß kann die »Blase« des Kollektivbewusstseins innerhalb des Möglichkeitsraumes werden? Gibt es überhaupt eine äußere »Grenze« des Gruppenbewusstseins wie in der Abbildung dargestellt?

Damit stellen wir implizit die Frage nach der Bewusstseinsstruktur des gesamten Multiversums. Ich werde im Folgenden den Versuch einer Antwort wagen und damit das in diesem Buch vorgestellte Weltbild abrunden.

7 Gott auf Entdeckungsreise

Das Multiversum als Bewusstseinsstruktur

7.1 Die Seelenmatrix – kosmische Bewusstseinshierarchie

> *»Das Individuum ist das Aufblitzen des Seelenstromes, den man je nachdem Menschengeschlecht, Art, Weltall nennt.«*
>
> *Gustav Landauer*

Wenn Sie zu den wenigen Menschen in der westlichen Zivilisation gehören, die sich zutiefst und ohne Angst auf die eigenen Gefühle einlassen können, haben Sie vielleicht schon einmal das beglückende Erlebnis gehabt, mit einer geliebten Person gefühlsmäßig vollkommen zu »verschmelzen«. Im Extremfall kann dabei das eigene Ich-Gefühl fast vollkommen verschwinden – man befindet sich in einem Zustand tiefster Verbundenheit und spürt keinerlei Trennung mehr zwischen sich und der anderen Person. Dieses Gefühl ist schwer zu beschreiben (zumal ich es selbst bisher auch nur in Ansätzen erlebt habe) – man ist irgendwie »weg« und spürt sich selbst dennoch intensiver als je zuvor. Es ist tatsächlich ein anderer Bewusstseinszustand. Manche Menschen sprechen in so einem Fall davon, dass »zwei Seelen miteinander verschmelzen«.

Der Begriff »Seele« ist einer der schwierigsten überhaupt, wenn es um klare Definitionen geht, daher habe ich ihn bisher absichtlich vermieden. Er wird für sehr viele, sehr unterschiedliche »Dinge« und Vorstellungen verwendet. Manchmal wird damit einfach das Gefühlsleben eines Menschen in Abgrenzung zu seinem nüchtern-logischen Verstand bezeichnet.[116] Ich möchte hier jedoch auf den spirituellen Aspekt des Begriffs eingehen, der meines Wissens auch näher an der Wurzel des Wortes liegt. In den meisten spirituellen Traditionen wird davon ausgegangen, dass es einen nicht materiellen Teil des Menschen gibt, der den physischen Körper überdauert und nach dessen Tod in eine andere Existenzebene übergeht. In unserem Sprachgebrauch hat sich hierfür das Wort *Seele* eingebürgert, und meist geht in der westlichen Welt – sofern man überhaupt die Existenz einer Seele annimmt – die Vorstellung dahin, dass die Seele irgendwie im Körper »wohnt« und ihn nach dem Tod verlässt.

Ich weiß nicht, wie es Ihnen geht, aber bei mir entsteht angesichts dieser Vorstellung ein Bild, in dem die Seele ein »Ding« wie jedes andere ist, das im Körper sitzt, nur etwas weniger materiell als etwa Lunge oder Magen – irgendein nebulöses,

116 Diese Abgrenzung ist übrigens eine zweifelhafte Angelegenheit: Wie wir im nächsten Kapitel sehen werden, wird unser Verstand *ausschließlich* von Gefühlen gesteuert!

leuchtendes Gebilde. Wie jeder Begriff erzeugt auch der Begriff »Seele« natürlich spontan wieder die Vorstellung eines abgegrenzten Etwas. Damit ist die klassische Seelenvorstellung eng mit dem Glauben an die Existenz individueller Einzelwesen gekoppelt. Nun habe ich diesen Glauben aber im vorigen Kapitel massiv in Frage gestellt. Wie können wir jedem Individuum eine einzelne Seele zuordnen, wenn das Individuum als solches gar nicht klar definierbar ist?

In Bezug auf den Menschen wird diese Frage selten gestellt, weil die Vorstellung, dass der Mensch einerseits (auf körperlicher Ebene) ein Kollektivwesen aus einzelnen Zellen und andererseits zugleich (auf sozialer Ebene und auf Bewusstseinsebene) Teil eines übergeordneten Kollektivwesens ist, sich in unseren Köpfen aus verschiedenen bereits genannten Gründen noch kaum durchgesetzt hat. In Bezug auf Tiere und Pflanzen hingegen wurde und wird – nicht zuletzt in theologischen Kreisen – immer wieder diskutiert, ob und wie der Seelenbegriff hier anzuwenden sei. Wenn eine Pflanze eine Seele hat und ich aus einer Pflanze durch Zerschneiden zwei mache, teilt sich dann auch ihre Seele? Oder kommt eine neue Seele aus dem »Jenseits« (wo immer das sein mag) und besetzt das neu entstandene Individuum? Hat eine Ameisenkolonie eine Seele? Wenn ja, hat jede einzelne Ameise dann auch eine?

Vor allem in früheren Jahrhunderten wurde in der westlichen Welt vielfach angenommen, dass Tiere und Pflanzen überhaupt keine Seelen hätten, also als seelenlose Automaten vor sich hin existierten. Die Seele galt als ein gottgegebenes Geschenk, das den Menschen von der »niederen Natur« abhob und zu einer Persönlichkeit werden ließ. Später spalteten sich die Ansichten: Die eingefleischten Materialisten glaubten (und glauben bis heute), dass der Seelenbegriff insgesamt überflüssig sei, und erklären damit auch die Menschen zu (wenn auch komplexen) Automaten. Die entgegengesetzte Denkrichtung hingegen dehnte den Seelenbegriff auf die gesamte Natur aus. In der von Rudolf Steiner (1861-1925) begründeten Anthroposophie – die übrigens bereits vor der Entdeckung der Quantentheorie die Sichtweise vertrat, dass Geist und Materie zwei Wahrnehmungsaspekte derselben Grundwirklichkeit sind – gibt es beispielsweise die Vorstellung, dass in der Natur diverse Intelligenzen – so genannte *Devas*[117] – aktiv sind, die jeweils für bestimmte Gruppen einfacher Lebewesen wie Pflanzen oder Insekten als eine Art *Kollektivseele* »zuständig« sind. Sogar Mineralien (Steinen und Kristallen) werden in vielen spirituellen Denkrichtungen solche »nichtindividuellen« Seelen zugeschrieben. »Einzelne« Seelen werden in dieser Vorstellung zumeist nur Lebewesen mit einer stärkeren Individualität, also vor allem höheren Säugetieren und Menschen, zugeordnet.

117 Das in der indischen Spiritualität häufig verwendete Sanskrit-Wort *deva* bedeutet wörtlich etwa »leuchtendes Wesen«. Gemeint ist ein nichtmaterielles, »höheres« Wesen, das der göttlichen Ebene näher ist als die Materie an sich. Wie die lateinischen Wörter *deus* (Gott) und *divinus* (göttlich) stammt es von der indogermanischen Wortwurzel *div* (leuchten) ab.

Dieser flexiblere Seelenbegriff ist offensichtlich mit dem klassischen Konzept einer »im Körper wohnenden« Seele nicht mehr vereinbar. Statt der westlichen Vorstellung, dass der Mensch ein körperliches Wesen *ist*, das (möglicherweise) eine Seele *hat*, scheint eher die in den östlichen Religionen etablierte Sichtweise zuzutreffen, nach der der Mensch eine Seele *ist* und einen Körper *hat*, den er wie ein Kleidungsstück anlegt und mit dem Tod wieder ablegt. Eine Seele ist hier einfach eine Bewusstseinsstruktur, die sich einer biologischen (oder sonstigen materiellen) Struktur zuordnet, wobei letztere einen mehr oder weniger stark individualisierten Charakter haben kann.

Dieser Seelenbegriff lässt sich nun durchaus mit den in diesem Buch vorgestellten Erkenntnissen in Einklang bringen. Ich schlage folgende, noch stärker verallgemeinerte Definition vor:

> *Eine Seele ist eine Bewusstseinsstruktur innerhalb des Möglichkeitsraumes, die sich selbst als eine vom Rest des Multiversums mehr oder weniger abgegrenzte Einheit betrachtet.*

»Mehr oder weniger abgegrenzt« bedeutet wohlgemerkt nicht zwingend »getrennt« oder »isoliert«. Hierzu eine Analogie: Ein Tornado (Wirbelsturm) ist eine von seiner Umgebung sichtbar abgegrenzte Struktur, dennoch besteht er primär aus Luft wie seine Umgebung, und es gibt auch keine scharfe Grenze zwischen beiden. Der Wirbel ist Teil der Atmosphäre und doch eine eigenständige, »individuelle« Struktur. Zudem existieren zwischen gewöhnlichem Wind und einem Wirbelsturm zahllose Zwischenstufen mit unterschiedlich starker »Individualität«. Ähnlich flexibel können wir uns die Informationsstruktur des Multiversums vorstellen.

Ein Mensch in seinem alltäglichen Bewusstseinszustand empfindet sich als sehr individuelles oder gar isoliertes Wesen. Wie wir gesehen haben, ist dies jedoch lediglich eine Auswirkung seiner persönlichen Wahrnehmungsfilter (allen voran das Ego oder Ich-Gefühl), die seine Wahrnehmung vom größten Teil des kollektiven Bewusstseins abschotten. In bestimmten Situationen jedoch bekommt diese »Firewall« Löcher – dann erweitert sich die Wahrnehmung auf Dinge, die außerhalb der üblichen Grenzen des Selbst liegen (Hyperkommunikation). Mit unserer neuen Definition könnten wir es auch so ausdrücken: *Die Grenzen der Seele verschieben sich.*

Wir müssen hierbei zwischen *zwei* Grenzen unterscheiden, die eine »Persönlichkeit« (Seele) innerhalb des Multiversums ausmachen: zum einen die Grenze zwischen dem Teil des Möglichkeitsraumes, der wahrgenommen wird, und dem Teil, der ausgeblendet wird – durch diese *Wahrnehmungsgrenze* entsteht überhaupt erst eine Realität, in der es wahrnehmbare Eigenschaften gibt (Abschnitt 5.1). Innerhalb dieser Realität definiert die Seele jedoch noch eine zweite Grenze, die den Teil der von ihr wahrgenommenen Informationen, den sie als ihr »Selbst« betrachtet, abgrenzt von dem Teil, den sie als »außerhalb ihrer selbst« wahrnimmt (die so genannte »Umwelt«). Diese Unterscheidung ist eine reine Definition und unterliegt der freien Wahl. Sie empfinden beispielsweise Ihren Körper normalerweise als Teil Ihrer selbst, die viel zitierte Kaffeetasse vor Ihnen jedoch normalerweise nicht. Natürlich haben Sie (bzw. Ihr Verstand, der ja die Abgrenzung vornimmt) gute Gründe, diese *Identifikationsgrenze* zwischen sich und dem Rest der Welt genau hier anzusetzen, dennoch ist das Wahrnehmungsmuster, das dieser Unterscheidung zugrunde liegt, Ihre eigene Wahl, auch wenn Sie sich dessen nicht bewusst sind.

Diese beiden Grenzen definieren den Wirklichkeitsrahmen einer Seele. Und beide Grenzen sind offensichtlich flexibel und »verschiebbar«. Ändert sich die Wahrnehmungsgrenze, so gelangen neue Informationen und Realitätsbereiche in Reichweite, und man spricht von außersinnlicher Wahrnehmung oder Hyperkommunikation. Aber auch die Identifikationsgrenze – die Grenze des als »Selbst« empfundenen Bereiches – kann sich verschieben. Dies geschieht zum Beispiel bei der zu Beginn dieses Abschnitts beschriebenen »Seelenverschmelzung«. Sie ist sozusagen die Intensiv-Variante der Telepathie. Während bei »normaler« Gedankenübertragung nur ein geringer Teil der von der anderen Person wahrgenommenen Informationen das eigene Bewusstsein erreicht und zumeist als von »außen« kommend interpretiert wird, verschwimmen bei der Verschmelzung (die in dieser vollständigen Form allerdings selten erlebt wird) die Grenzen zwischen den Individuen völlig – es *gibt* eigentlich gar keine zwei Individuen mehr, sondern nur noch ein einziges »Doppelwesen«. Dadurch ändert sich natürlich auch der Gesamtrahmen der wahrgenommenen Realität, denn auch die zuvor getrennten »subjektiven« Realitätsanteile der beiden Personen werden (je nach Intensität teilweise oder vollständig) gemeinsam erlebt.

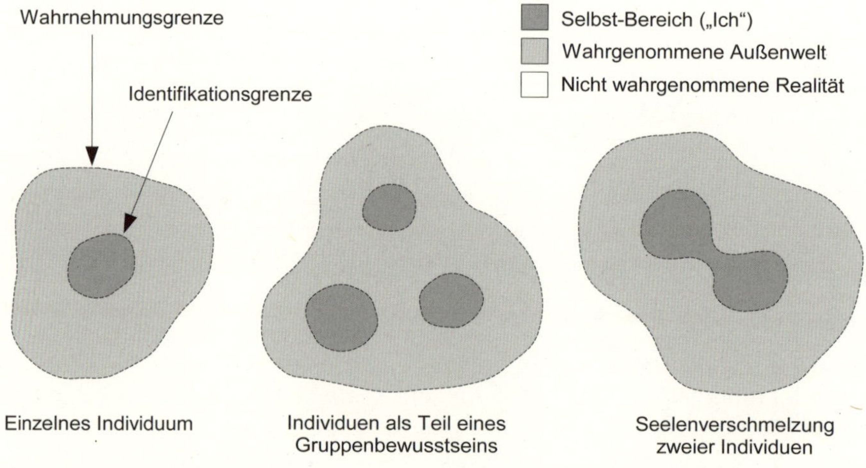

In diesen Zusammenhängen fällt häufig das Wort »Einssein«. Gemeint ist das Gegenteil der scheinbaren Trennung zwischen einzelnen Individuen bzw. Seelen – die Wahrnehmung intensiver *Verbundenheit*. Sie ist offenbar ein entscheidender Faktor bei der Erweiterung des Bewusstseins. Verbundenheit und Bewusstseinserweiterung bedingen sich gegenseitig. Ich halte es für wenig sinnvoll, dabei zwischen »Ursache« und »Wirkung« zu unterscheiden – wie wir wissen, ist Kausalität ohnehin ein Konstrukt unserer Wahrnehmungsstruktur.

> *»Wir haben gesehen, dass Materie und Körperlichkeit nur sehr ungemäße und schon beinahe veraltete Ausdrücke für das unendlich differenzierte Seelenfluten sind, das man Welt nennt.«*
>
> *Gustav Landauer*

Verbundenheit muss sich übrigens nicht unbedingt immer auf andere Personen beziehen, sondern funktioniert auch bei »leblosen« Dingen. Die Unterscheidung zwischen »lebendig« und »leblos« verschwimmt ohnehin mit den Grenzen des Bewusstseins. Wenn die vor mir stehende Kaffeetasse eigentlich »nur« in meinem Bewusstsein »stattfindet«, ist sie dann nicht ein Teil von mir und damit Teil eines lebenden Systems?

Es zeigt sich, dass auch bei der direkten Beeinflussung der äußeren Realität durch das Bewusstsein (Psychokinese) Verbundenheit eine Rolle spielt. Wenn jemand einen vor ihm liegenden Gegenstand *uneingeschränkt* (hier liegt natürlich der Haken) als *Teil seiner selbst* empfinden würde – also seine Identifikationsgrenze so ausdehnen würde, dass sie den Gegenstand einschließt –, könnte er ihn genauso willkürlich bewegen wie seine eigene Hand (ohne ihn körperlich zu berühren)! Er könnte sogar seine Struktur verändern, sofern er von dieser Möglichkeit hinreichend überzeugt wäre. Auch dies wird in dem Film *Matrix* wiederum sehr schön dargestellt – die Hauptfigur Neo begegnet innerhalb der Matrix (der simulierten Realität) einem Kind, das ohne körperliche Einwirkung einen Löffel verbiegt. Daraufhin reicht es Neo den Löffel und sagt in fast Zen-verdächtiger Sprache:

> *»Versuch nicht, den Löffel zu verbiegen – das ist nicht möglich. Versuch stattdessen, die Wahrheit zu erkennen: Es gibt keinen Löffel! Dann wirst du sehen, dass es nicht der Löffel ist, der sich biegt, sondern nur du selbst!«*

Auch bei Wunderheilungen – einer anderen Form der Psychokinese – spielt Verbundenheit eine große Rolle. Thomas Klüh hat einen derartigen Fall am eigenen Leib durchexerziert. Er hatte kurz zuvor erkannt, dass das Bewusstsein einen direkten Einfluss auf die Realität hat, was bei ihm die Angst auslöste, durch »falsche Gedanken« negative Realitäten zu erzeugen (ihm war damals noch nicht klar, dass es nicht auf den Gedanken an sich, sondern auf die Ausrichtung seiner Wahrnehmung ankam). Natürlich spiegelte die Realität ihm seine neue Überzeugung »Gedanken schaffen Realität« zuverlässig wider – sie reagierte plötzlich viel sensibler auf seine Gedanken als bei »normalen« Menschen (dieser Effekt verschwand später in dem Moment, als Thomas ihn durchschaute). Auf einer Skipiste wurde dann sein besorgter Gedanke »Hoffentlich fährt mir jetzt niemand ins Kreuz!« (bei dem seine Wahrnehmung natürlich auf das potentielle Unglück gerichtet war) schon Sekunden später umgesetzt – ihm fuhr tatsächlich jemand in den Rücken und brach ihm einen Wirbel, was durch eine Röntgenaufnahme bestätigt wurde. Was dann geschah, lasse ich Thomas selbst berichten (entnommen aus seinem Buch *Mein Weg zum Glück*):

Einige Zeit später, ich lag gerade mit Schmerzen daheim, dachte ich mir:

»Wenn doch ein einziger Gedanke meinen Wirbel gebrochen hat, kann ihn doch auch ein einziger Gedanke wieder heilen. Wer eine Wunderkaputtmachung hinbekommt, für den kann doch eine Wunderheilung kein Problem sein.«

Ich musste nur eine Methode finden, die mir glaubhaft erschien. Ich versetzte mich erst einmal gedanklich in diesen Wirbel hinein. Ich sah und spürte die zerstörte Struktur. Ich ging immer tiefer in dieses Gefühl. Ich war auf einmal dieser Wirbel. Dann streckte ich mich – natürlich nur in Gedanken als Wirbel.

Dabei geschah das wirklich Verblüffende: Der Wirbel knirschte so laut, dass auch Bodo, der mir dabei gegenüber saß, dies hörte. Er sah mich verblüfft an.

»Was hast du denn jetzt schon wieder gemacht?«, fragte er besorgt.

Ich kam aus meiner Trance, reckte und streckte mich – schmerzfrei.

»Was soll ich schon gemacht haben? Natürlich meinen Wirbel geheilt!«, verblüffte ich Bodo, den ansonsten nichts so schnell beeindruckt.

Die Heilung wurde durch eine erneute Röntgenaufnahme bestätigt (was den Arzt allerdings zur Abwanderung in eine andere persönliche Realität veranlasste, in der eindeutig die Röntgenbilder verwechselt worden sein mussten).

Thomas gelang die direkte Veränderung einer materiellen Struktur, indem er sich so stark in sie hineinversetzte, dass sie zu einem *Teil seiner selbst* wurde. Mehr noch: Er verlagerte die Identifikationsgrenze seiner Seele so, dass sein Wirbelknochen sogar zum *Zentrum* seines Selbst wurde (eine Position, die sonst fast immer vom Ego eingenommen wird): »*Ich war auf einmal dieser Wirbel.*« In diesem Zustand totaler Verbundenheit mit dem Wirbelknochen war die Veränderung von dessen materieller Struktur kein Problem mehr.

Erfahrene Schamanen und andere spirituelle Meister können das Zentrum ihrer Selbstwahrnehmung sogar komplett aus ihrem Körper auslagern und bei Bedarf auch in einen anderen Menschen oder ein Tier projizieren und die Welt dann durch dessen Sinnesorgane wahrnehmen (daher stammt vermutlich das bekannte mythische Motiv, dass ein Zauberer sich in ein Tier verwandelt). Solche Verlagerungen des Bewusstseinsfokus entstehen durch intensive Konzentration auf die jeweilige »Zielstruktur« (ob Person oder Gegenstand), wodurch die unbewusst ohnehin immer vorhandene Verbundenheit zwischen dem sogenannten »Ich« und dem so genannten »Außen« in den Bereich der bewussten Wahrnehmung gebracht wird, so dass die scheinbare Trennung verschwindet. Die Zielstruktur kann dabei sogar außerhalb der normalen Wahrnehmungsgrenze liegen, es kann zum Beispiel ein Mensch in einem fernen Land sein. Mit der Verlagerung der Identifikationsgrenze verschiebt oder erweitert sich dann auch die Wahrnehmungsgrenze.

Auf ähnlichem Wege funktioniert auch das Phänomen des *Channeling*, nur dass sich die »Zielstruktur«[118] dabei außerhalb des gewohnten Realitätsrahmens befindet und sich in Form eines unsichtbaren Wesens präsentiert (das heißt, einer Bewusstseinsstruktur, die in unserer Welt über keinen materiellen Körper verfügt), das sich sozusagen den Körper eines Menschen »ausleiht«, um auf diesem Weg mit anderen Menschen kommunizieren zu können. Unzählige Beispiele sind dokumentiert, bei denen der als »Medium« (Kommunikationskanal) dienende Mensch teilweise die erstaunlichsten Informationen von sich gab, die er auf herkömmliche Weise niemals erhalten haben konnte.

Sehr bekannt sind zum Beispiel die von der Amerikanerin Jane Roberts in den Jahren 1963 bis 1984 gechannelten Botschaften eines Wesens namens *Seth* über die tiefere Natur unserer Existenz, die in Form zahlreicher Bücher erschienen sind (und sich übrigens zum großen Teil mit dem hier vorgestellten Weltbild im Einklang befinden). Beim Channeling verschwindet das normale Ich des Mediums manchmal so vollständig, dass es sich anschließend an gar nichts erinnern kann und dann mit Erstaunen die Tonbandaufnahmen mit seiner eigenen Stimme hört (die übrigens oft stark verändert und von der gechannelten Persönlichkeit geprägt ist).

Hier scheint es sich um einen Hypnose-ähnlichen Zustand zu handeln – auch unter Hypnose kann sich die Persönlichkeit stark verändern (das reicht bis zu äußeren Merkmalen wie der Handschrift!) und erhält Zugang zu verborgenen Informationen. In beiden Fällen verschiebt sich offenbar der größte Teil des Bewusstseins innerhalb des Möglichkeitsraumes weg vom eigenen (an das Gehirn gekoppelten) Ich und hin zu einem anderen Persönlichkeitskern. Dennoch bleibt eine Verbindung zum eigenen Körper erhalten, denn dieser gibt ja die empfangenen Informationen (in vielen Fällen auch schriftlich) von sich. Es gibt übrigens auch andere Formen des Channelings, bei denen das Ich-Bewusstsein der empfangenden Person weitgehend erhalten bleibt (ein Beispiel werde ich später noch behandeln).

Es gibt aber auch weitaus weniger spektakuläre Hinweise auf den direkten Zusammenhang zwischen Verbundenheit und Bewusstseinserweiterung: Vielleicht ist Ihnen schon einmal aufgefallen, dass Ihre kreativen Ideen am besten fließen, wenn Sie sich zutiefst mit der Sache verbunden fühlen, mit der Sie sich gerade beschäftigen. Wenn ich an einer Sache wirklich Freude habe und an nichts anderes (oder besser noch: an gar nichts) denke, also in das, was ich tue, richtig »eintauche«, dann sprudelt die Quelle der Inspiration ohne Ende. Besonders Künstler haben

118 Der Begriff ist nicht im Sinne einer »einseitigen« Verbindung zu verstehen. Sofern zwei bewusste Persönlichkeiten beteiligt sind, müssen beide für die Verbindung offen sein, damit sie funktioniert. Somit ist jede Zielstruktur zugleich auch Quellstruktur.

dabei oft das Gefühl, dass ihre Ideen von »irgendwoher« kommen und in sie einströmen (daher die mythische Vorstellung der Musen, die den Künstler küssen).

Zwar sind diese scheinbar aus dem Nichts kommenden Informationen zumeist einfach Produkte der eigenen Intuition, die sich unbewusst innerhalb des Gehirns abspielt, und haben vermutlich eher selten mit echter Hyperkommunikation zu tun – dennoch handelt es sich auch hier um einen Zustand erweiterten Bewusstseins. Denn im »Normalzustand« ist das Bewusstsein der meisten Menschen fast ausschließlich mit dem *Verstand* identifiziert, der völlig anders arbeitet als die Intuition. Sobald sich unsere Wahrnehmung aber in Richtung einer Sache verlagert, mit der wir uns wirklich verbunden fühlen, muss sie sich zugleich von ihrem üblichen Identifikationszentrum – dem Verstand – wegbewegen, so dass sich die Wirkung unseres Ego-Filters automatisch zugunsten eines freien Informationsflusses reduziert.

Die Grenzen der Seele sind flexibel und lassen sich auf andere Personen oder sonstige Strukturen innerhalb des Möglichkeitsraumes ausdehnen oder verlagern, indem das Bewusstsein seine Wahrnehmung auf die (unbewusst immer vorhandene) Verbundenheit mit diesen scheinbar »äußeren« Strukturen richtet, die dadurch zu einem Bestandteil des eigenen Selbst werden.

Offenbar ist das Bewusstsein, wenn es sich ein wenig aus dem Griff des Egos löst, tatsächlich im Möglichkeitsraum äußerst beweglich, und die »Grenzen der Seele« sind in weiten Bereichen verschiebbar. Damit komme ich auf die am Ende des vorigen Abschnitts gestellte Frage zurück, ob es für derartige Bewusstsseinserweiterungen überhaupt eine Grenze gibt.

Glaubt man den Aussagen des Hinduismus und Buddhismus, die sich weit intensiver und detaillierter mit derartigen Fragen befassen als westliche Religionen, und den Berichten der wenigen Menschen, die in dieser Hinsicht über im wahrsten Sinne des Wortes weitreichende Erfahrungen verfügen, so gibt es keine (unüberwindliche) Grenze. Mit anderen Worten: Das eigene Bewusstsein lässt sich im Prinzip auf die *gesamte Existenz* ausdehnen!

Dieser Zustand ultimativer Verbundenheit, in der keinerlei Unterscheidung mehr zwischen dem eigenen Selbst und dem Kosmos besteht, wird im Hinduismus als *Samadhi* bezeichnet.[119] Im Westen spricht man auch von »Erleuchtung« oder »Erweckung«. Dieser Zustand des Einsseins mit allem, die vollständige *religio* (Wiederverbindung) ist das letztendliche Ziel des Yoga und aller Meditationsübungen.

---

119 Die Sprache der indischen Spiritualität ist sehr komplex; so gibt es diverse Stufen und Varianten des *Samadhi* mit jeweils eigenen Bezeichnungen. Aus Gründen der Übersicht und der Begrenztheit meiner eigenen Kenntnisse auf diesem Gebiet beschränke ich mich hier auf den Grundbegriff.

Paramahansa Yogananda beschreibt in seiner *Autobiographie eines Yogi* sein erstes, recht spektakuläres Erlebnis dieser Art, zu dem ihm sein Guru Sri Yukteswar (wohlgemerkt ohne Zuhilfenahme von Drogen oder ähnlichen Hilfsmitteln) verhalf, sehr detailliert:

Schlagartig spürte Yogananda, wie sein üblicher Wahrnehmungsfilter gesprengt wurde und sich seine Wahrnehmung auf die Bereiche außerhalb seiner normalen Sinne ausdehnte. Er entwickelte eine Art 360-Grad-Rundumsicht und sah auch Dinge, die sich hinter ihm oder in der weiteren Umgebung des Hauses abspielten, in dem er sich befand. Er nahm auch die inneren Strukturen der Dinge wahr, wie die Saftströme innerhalb der Bäume und ihre Wurzeln im Boden. Schließlich begannen die sichtbaren Strukturen heftig zu fluktuieren und sich schließlich in einem Meer von Licht aufzulösen. Aus diesem Licht bildeten sich wieder neue Formen, die sich wiederum auflösten, wobei sich die Wahrnehmungssphäre immer weiter ausdehnte und schließlich Planeten, Sterne, Galaxien, ätherische Urnebel und schwebende Universen umfasste, die aus dem endlosen Licht hervorgingen und wieder verschwanden. Nach wie vor jedoch empfand sich Yogananda – von höchster Glückseligkeit durchströmt – als Zentrum dieses kosmischen Erlebnisses, das getragen wurde vom Vibrieren des Urlautes *OM*, des Klanges der Schöpfung.[120]

Sehr plötzlich war das Erlebnis dann zuende, und der alltägliche Wahrnehmungsfilter rastete wieder ein. Im ersten Moment fühlte sich Yogananda danach wie eingesperrt in seinem begrenzten irdischen Körper; das glückselige Gefühl der Endlosigkeit war verschwunden.

Offenbar dehnt sich hier der Wahrnehmungsbereich – und damit die Seele – eines Individuums tatsächlich nach und nach so weit aus, dass er schließlich sogar über die Grenzen unseres Universums hinauswächst und in Dimensionen vorstößt, in denen sich Realitäten zu *überlagern* beginnen, so dass die Strukturen unscharf werden und sich schließlich in Licht auflösen. Von der Wahrnehmung eines intensiven (meist goldenen oder weißen) Lichtes ist bei Erleuchtungserfahrungen (daher vielleicht auch dieser Name) sehr oft die Rede. Physikalisch entsteht weißes Licht durch die Überlagerung aller sichtbaren Lichtfrequenzen (Farben). Möglicherweise nimmt ein Mensch bei manchen Samadhi-Erfahrungen demnach tatsächlich die *Gesamtmenge aller überlagerten Realitäten*, also den *gesamten Möglichkeitsraum* (oder zumindest einen sehr großen Ausschnitt daraus) auf einmal wahr. Aus dieser strukturlosen Gesamtmenge aller Möglichkeiten entstehen durch Ausblendung von Teilbereichen (das Prinzip der Realitätsschöpfung) wahrnehmbare Strukturen, die bei erneuter Ausdehnung des Bewusstsein wieder im Rauschen verschwinden.

---

120 Geschrieben sieht »OM« – das ursprünglichste und mächtigste Mantra – eher unspektakulär aus, aber wenn man es so hört, wie es beispielsweise tibetische Mönche durch tiefe Körperresonanzen erzeugen (wobei der Ton sehr lange gehalten wird und mehr wie »Aaaoooouuuummm« klingt), ist es ein beeindruckendes Erlebnis.

Das Bewusstsein eines Individuums lässt sich prinzipiell beliebig weit ausdehnen, bis es den Zustand der Vereinigung mit dem gesamten Kosmos erreicht und den Möglichkeitsraum in seiner Gesamtheit umfasst, der strukturlos ist und dennoch alle Realitäten beinhaltet.

Erleuchtungserfahrungen müssen allerdings keineswegs immer so bombastisch sein wie von Yogananda beschrieben – tatsächlich sind derartige *visuelle* Erlebnisse der Vereinigung mit dem gesamten Kosmos eher die Ausnahme. Worauf es eigentlich ankommt, ist das *Bewusstsein* der Verbundenheit mit allem, was existiert. Die höchste Stufe des Samadhi hat ein Yogi in der indischen Tradition erst erreicht, wenn er einerseits eine dauerhafte Verbundenheit mit dem kosmischen Bewusstsein erlangt, andererseits aber seine Wahrnehmung bewusst und nach Belieben ausdehnen oder konzentrieren kann, so dass er trotz seiner überirdischen Dimension zugleich in seinem irdischen Körper seinem Alltag nachgehen kann, statt nur in völliger Entrückung unbeweglich dazusitzen.

Manche Heilige dieser Entwicklungsstufe fallen daher gar nicht als solche auf. In Yoganandas Buch finden sich allerdings auch unzählige Beispiele für Wunder aller Art, zu denen solche erleuchteten Meister in der Lage sind – es scheint hier tatsächlich keine Grenzen zu geben. Zumeist dienen diese Wunder jedoch ausschließlich dazu, andere Menschen zu lehren oder ihnen zu helfen, und nicht etwa um Eindruck zu machen, denn das kosmische Bewusstsein unterliegt keinerlei Wünschen im menschlichen Sinne (wie dem Wunsch nach Anerkennung). Ein Wunsch oder Bedürfnis bezieht sich naturgemäß immer auf etwas, das nicht vorhanden ist – im kosmischen Bewusstsein ist jedoch *alles* vorhanden. Daher ist die Überwindung irdischer Bedürfnisse auch in vielen spirituellen Ausbildungswegen ein wichtiger Schritt zur Befreiung des Geistes, denn solange sich die Wahrnehmung – gesteuert durch Bedürfnisse – auf die *Abwesenheit* einer Sache (also einen *Mangel*) richtet, kann sie nicht einen Zustand erfassen, in dem es keinerlei Abwesenheit und Mangel gibt. Mehr dazu in Kapitel 8.

Nun können wir ein – wenn auch stark vereinfachtes – Modell der Bewusstseinsstruktur des Multiversums aufstellen, die ich in der nachfolgenden Abbildung darzustellen versuche – eine Art »Seelenhierarchie«, wie auf der nächsten Seite symbolisch dargestellt.

Die Grundidee für diese Darstellung (die auch bereits in die Abbildung auf Seite 204 eingeflossen ist) kam mir bereits vor vielen Jahren, als ich irgendwo den treffenden Vergleich las, man könne sich das Bewusstsein eines Individuums wie eine Insel vorstellen, die aus dem Meer ragt. Scheinbar ist sie von den benachbarten Inseln getrennt – denn der Meeresspiegel verdeckt die Tatsache, dass die Inseln unterhalb der Wasseroberfläche verbunden sind und eine gemeinsame Struktur – ein Unterwassergebirge – bilden. In der Abbildung sind unterschiedliche »Wasserspiegel« durch die mit *A*, *B* und *C* bezeichneten gestrichelten Linien dargestellt.

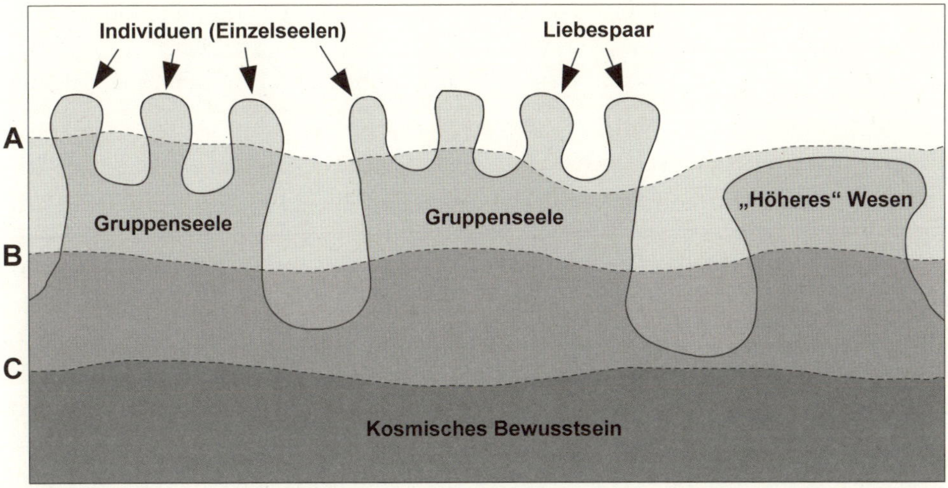

Das »Wasser« symbolisiert hier nichts anderes als unsere Realitätsfilter, die dafür sorgen, dass wir nur einen Ausschnitt der gesamten Existenz wahrnehmen. Je tiefer der »Wasserspiegel« sinkt, desto mehr wird sich die Seele ihrer Verbindung mit dem Rest der Welt bewusst.[121]

Das Niveau A in der Abbildung entspricht unserem Alltagsbewusstsein, in dem wir uns als getrennte Wesen empfinden. Beachten Sie jedoch das in der Abbildung gekennzeichnete Liebespaar: Durch ihre starke Verbundenheit haben diese beiden Individuen den lokalen »Filterpegel« um sich herum so stark abgesenkt, dass sie sich ihrer Seelenverbindung bewusst geworden sind und sich (im Idealfall) als *ein* Wesen empfinden.

Bei weiterer Absenkung des »Wasserspiegels« (Niveau B) erweitert sich das Bewusstsein auf eine kollektive Bewusstseinsebene, wo es keine Trennung mehr zwischen den individuellen Seelen einer Gruppe gibt. Wird der Realitätsfilter schließlich bis auf das Niveau C abgesenkt (und damit komplett außer Kraft gesetzt), erfolgt das Erlebnis des kosmischen Bewusstseins, des Einsseins mit allem, was existiert (Samadhi).

In der Abbildung habe ich der Übersicht halber nur eine einzige Gruppenseelen-Ebene dargestellt, tatsächlich sprechen aber viele Quellen dafür, dass es hier eine mehrstufige Hierarchie gibt, das heißt, die Gruppenseelen sind wiederum Teil von umfassenderen Gruppenseelen usw. So könnte es innerhalb der Kollektivseele der

121 Ich hätte die Abbildung auch auf dem Kopf darstellen können, um die »höheren« Bewusstseinsstufen auch tatsächlich oben anzuordnen, aber dann hätte das Bild des Wasserspiegels nicht mehr funktioniert. Zudem ist die Bezeichnung »höher« recht willkürlich (»breiter« würde eher den Kern der Sache treffen) und führt leicht zu einer Wertung (»höher ist besser«), die bei manchen esoterisch orientierten Menschen zu einer gewissen Arroganz oder zu einem »Weiterentwicklungszwang« führt, was dem Ziel einer echten Bewusstseinserweiterung eher zuwiderläuft.

gesamten Menschheit auch Gruppenseelen geben, die jeweils nur eine kleine Zahl von Menschen umfassen. Dies könnte erklären, warum manche Menschen spontan eine Art »Seelenverwandtschaft« zueinander empfinden, auch wenn sie sich nie zuvor getroffen haben.

Genauso ist es möglich, dass sich die Hierarchie auch unterhalb (bzw. in der Abbildung oberhalb) der Ebene des einzelnen Menschen noch weiter fortsetzt – möglicherweise hat zum Beispiel jede unserer Zellen (und vielleicht sogar jedes Atom und jedes Elementarteilchen) eine »Seele«, die allerdings weniger stark individualisiert sein dürfte als die eines Menschen. Letztlich ist es nur eine Frage der Definition, ab welchem Grad von Individualisierung (Abgrenzung einer Bewusstseinsstruktur zwischen sich selbst und dem Rest der Welt) man von einer »Seele« spricht.

Die in der Abbildung dargestellten Individuen müssen übrigens keineswegs ausschließlich Menschen (oder höher entwickelte Tiere) sein. Abgesehen davon, dass es mit hoher Wahrscheinlichkeit auch auf anderen Planeten in diesem Universum (und anderen Universen sowieso) materielles Leben gibt, kann eine Seele, da es sich um eine reine Bewusstseinsstruktur handelt, auch ohne einen materiellen Körper existieren. Nach fast allen spirituellen Weltbildern ist die Welt voll mit derartigen, für uns normalerweise unsichtbaren Wesen, die auf anderen Realitätsebenen leben, mit denen Menschen aber teilweise über Hyperkommunikation Kontakt aufnehmen können (wie im Fall von Jane Roberts und Seth, siehe Seite 217).

Weder meine Kenntnisse in diesem Bereich noch der Platz in diesem Buch reichen aus, um im Detail auf die unzähligen Arten von Wesenheiten einzugehen, von denen in überlieferten Quellen und konkreten spirituellen Erfahrungen vieler Menschen die Rede ist (die populärsten dürften die Engel sein). Offenbar enthält der Kosmos eine unendliche Vielfalt von mehr oder weniger »personalisierten« Bewusstseinsstrukturen, die auf allen Ebenen in der Hierarchie zwischen Individuum und kosmischem Gesamtbewusstsein existieren. In der Abbildung (Seite 221) habe ich beispielhaft ein derartiges »höheres Wesen« dargestellt, das auf derselben Ebene wie die Gruppenseelen lebt, im Gegensatz zu diesen jedoch keine Individuen »betreut«. Möglicherweise sind hier zum Beispiel die *Devas* der Anthroposophie anzusiedeln, die den (nicht individualisierten) einfachen Pflanzen und Tieren zugeordnet sind, aber es sind auch Wesen denkbar, die überhaupt nicht direkt mit der materiellen Welt zu tun haben (in gechannelten Informationen ist von vielerlei derartigen Wesen die Rede).

Bei dieser Vorstellung von »Wesen« aller Art dürfen wir uns allerdings nicht wieder zu sehr von unserem gewohnten Denken gefangen nehmen lassen, das von einer aus separaten »Dingen« bestehenden Welt ausgeht. Selbst wenn ich immer wieder betont habe, dass es keine wirkliche Trennung zwischen einzelnen Bewusstseinsinstanzen und -ebenen gibt, merke ich doch selbst beim Schreiben dieses Textes, dass die Vorstellung von einzelnen, fest definierten »Persönlichkeiten«, die irgendwo durch das Multiversum schwirren, sich nur schwer überwinden lässt. Diese Vorstellung ist jedoch vorrangig unser eigenes Konstrukt.

Nehmen wir einmal an, in Ihren Gedanken taucht plötzlich eine Stimme auf, die Ihnen die erstaunlichsten Dinge erzählt und mit der Sie vielleicht sogar ein intelligentes Gespräch über völlig neue Erkenntnisse führen können, so dass Sie sicher sind, dass es sich hier nicht um einen Kurzschluss in Ihrem Gehirn handelt, sondern um eine echte Channeling-Erfahrung – allerdings eine, bei der Ihr Ich-Gefühl nicht verschwindet, sondern Sie einen echten Dialog führen können. Nun *könnte* es natürlich sein, dass Sie hier mit einem Wesen in Verbindung stehen, das sich genau wie Sie als eine ziemlich eigenständige Persönlichkeit empfindet (also klar unterscheidet zwischen sich selbst und dem Rest der Welt) und deshalb auch ähnlich mit Ihnen kommuniziert, wie ein Mensch es tun würde.

Bedenken Sie jedoch, das auch hier das Grundprinzip der Realitätsgestaltung gilt: Die Auswahl und Strukturierung der von Ihnen wahrgenommenen Informationen erfolgt letztlich immer durch *Sie selbst*! Was Ihnen wie ein Dialog mit einem »anderen Wesen« erscheint, ist also von Ihnen selbst in diese Form gebracht worden und lässt wenig Rückschlüsse auf die eigentliche Struktur der Informationsquelle zu – tatsächlich gibt es gar keine »eigentliche« Struktur, denn Struktur entsteht ja erst durch bewusste Wahrnehmung. Letztlich haben Sie sich Ihren geheimnisvollen »Gesprächspartner«, genau wie den Rest Ihrer Wirklichkeit, selbst erschaffen – die Frage ist nur, auf welcher Bewusstseinsebene. Auch die berühmte Kaffeetasse auf Ihrem Tisch ist ja Ihre eigene Schöpfung, sie wird aber auf einer Bewusstseinsebene stabilisiert, die Ihr individuelles Ich überschreitet (sonst würde außer Ihnen niemand die Tasse wahrnehmen können). Genauso kann das »Wesen«, mit dem Sie sich unterhalten, Ihre ganz individuelle Schöpfung sein oder eine von einer »höheren« Bewusstseinsebene geschaffene Struktur, die damit auch anderen Individuen in ähnlicher Form erscheinen könnte. Die Tatsache allein, dass sich das unsichtbare Gegenüber wie ein zweites Individuum *anfühlt*, sagt hierüber nichts aus.

Vielleicht denken Sie jetzt: »Aber wenn etwas vom kollektiven Bewusstsein geschaffen wird, dann ist es doch *dessen* Schöpfung und nicht meine!« Das ist aber wieder dieselbe Denkfalle wie so oft: Es gibt keine wirkliche Trennung zwischen Ihnen und dem kollektiven Bewusstsein – wenn Sie Ihren Bewusstseinsradius nur weit genug ausdehnen, *sind* Sie das kollektive Bewusstsein, und wenn Sie ihn noch weiter ausdehnen, *sind* Sie sogar das kosmische Bewusstsein! Die Schöpfungen der höheren Bewusstseinsebenen sind immer im Einklang mit Ihren individuellen Schöpfungen und umgekehrt. Die Schwierigkeit, dieses Prinzip angemessen auszudrücken, hängt auch damit zusammen, dass unsere Sprache von einer *festen* Grenze zwischen Subjekt und Objekt, zwischen »Ich« und »Außen« ausgeht und nicht von einer beliebig verschiebbaren.

Wahrscheinlich wird dieser für das hier dargestellte Weltbild zentrale Zusammenhang etwas transparenter, wenn ich ihn einmal von einem sogenannten »höheren Wesen« erklären lasse. Bodo Deletz hat nämlich genau das erlebt, was ich zuvor beschrieben habe: Er vernahm in sich plötzlich die gedankliche Stimme einer scheinbar fremden Intelligenz, der er den Namen *Ella* gab. Er nahm an, ein Wesen aus einer anderen Existenzebene habe mit ihm Kontakt aufgenommen, und fragte es nach dem Grund hierfür. Die darauf folgende Erklärung zitiert Bodo selbst wie folgt:

»Du unterliegst da einem kleinen Denkfehler«, antwortete Ella. »Wir sind keine getrennten Wesen. Auf Seelenebene gibt es diese Art der Trennung nicht, wie du das auf der menschlichen Ebene kennst.«

»Du bist also meine eigene Seele?«, fragte ich.

»Ich bin genauso deine Seele, wie ich das auch für andere Menschen bin. Ich bin keine Identität. Ich bin eher so etwas wie ein offenes System. Ich kann demnach alles für dich sein. Deine ureigenste, alleinige Seele, die gesamte Menschheitsseele oder die Seele einer bestimmten Gruppe von Menschen. Es liegt bei dir, wie du mich sehen willst. Du bestimmst, was ich für dich bin. Anders ausgedrückt kannst du dir eine Ebene meiner Existenz aussuchen, die du wahrnehmen willst. Alles Weitere, was ich dann auch noch bin, bleibt dir verborgen.«

»Ich möchte dich gerne in deiner Gesamtheit wahrnehmen«, erwiderte ich.

»Das ist dir leider nicht möglich«, entgegnete Ella. »Dein menschlicher Bewusstseinsradius ist nicht groß genug dafür, mich in meiner Gesamtheit zu erfassen. Deshalb macht es einen Sinn, immer die Ebene von mir wahrzunehmen, die dir gerade am nützlichsten ist. Du kannst diesen Ebenen verschiedene Namen geben, wenn du willst. Für mich ist das gleich. Viele Menschen nennen mich ihr höheres Selbst oder ihre Seele, wenn sie die Ebene von mir wahrnehmen, die nur ganz persönlich mit ihnen zu tun hat. Manche nennen mich das kollektive Bewusstsein, wenn sie mich als Gesamtseele der Menschheit wahrnehmen. Wieder andere nennen mich Gott oder All-das-was-ist. Die Namen, die du mir geben willst, sind nicht wichtig. Es ist mehr für dich, damit du deine Wahrnehmung leichter fokussieren kannst. Im Übrigen nennst du mich Bodo, wenn du mich auf der physischen Ebene wahrnimmst.«

»Ich bin also du auf der physischen Ebene?«, fragte ich beeindruckt.

»Du bist ich und ich bin du. Wir sprechen hier lediglich von einem unterschiedlichen Wahrnehmungsrahmen. Um scheinbar mit mir zu reden, musst du in deinem Wahrnehmungsradius ständig hin und her springen. Mal verdichtest du deine Wahrnehmung auf eine höhere Daseinsebene und nimmst mich wahr. Genauer gesagt nimmst du eigentlich dich selbst auf dieser höheren Ebene wahr, denn ich bin du. Dann wechselst du in deiner Wahrnehmung wieder auf die physische Ebene und empfindest dich als Bodo. Wir sind nicht wirklich voneinander getrennt. Es ist nur eine spezielle Form der Wahrnehmung, die das so aussehen lässt«, erklärte Ella.

Kommunikation findet also offenbar über sämtliche Bewusstseinsebenen hinweg statt – vom normalen Dialog zwischen Individuen bis hin zum Informationsaustausch mit der höchsten Bewusstseinsebene, die alles umfasst, was existiert.

Jede Seele ist ein Teilaspekt einer übergeordneten Gruppenseele, diese wiederum ist Teil einer noch umfassenderen Bewusstseinsstruktur usw. – bis zur höchsten Bewusstseinsebene, die alles umfasst, was existiert. Jede mehr oder weniger abgegrenzte Struktur innerhalb dieser Bewusstseinshierarchie lässt sich als »Wesen« betrachten, mit dem eine Kommunikation möglich ist.

Wenn sich tatsächlich *jede* Bewusstseinsstruktur als »Wesen« interpretieren lässt, müsste dies konsequenterweise auch für das allumfassende kosmische Bewusstsein gelten. Damit stoßen wir zwangsläufig auf die seit Ewigkeiten immer wieder neu gestellte Frage nach der Existenz bzw. Natur Gottes.

7.2 Gott ist leer

»Es ist auffällig, dass die meisten Wissenschaftler, die in die tiefsten Geheimnisse der Natur eindringen, nach einiger Zeit entweder zu Zynikern werden oder anfangen, an Gott zu glauben.«

Amohi Raphael Bastan

Im 6. Jahrhundert fragte der chinesische Kaiser Wu-ti den ersten chinesischen Zen-Patriarchen Bodhidharma, was das höchste und heiligste Prinzip sei. Bodhidharma antwortete: *»Endlose Leere – und nichts Heiliges darin.«*

Das Konzept der »Leere« ist im Zen-Buddhismus von zentraler Bedeutung. Das japanische Wort hierfür ist *Ku* (in Sanskrit: *Sunyata*). Der Begriff ist jedoch anders zu verstehen als in unserer westlichen Denkweise, in der »Leere« einfach die Abwesenheit von allem bedeutet. In unserem herkömmlichen Denken ist etwas entweder da, oder es ist nicht da. Im Zen geht es um eine umfassendere Ebene, die »hinter« dieser dualistischen Ja-Nein-Unterscheidung liegt – eine Wirklichkeit, die Sein und Nichtsein in sich vereinigt und von unserem unterteilenden Verstand nicht vollständig erfasst werden kann.

Eine der typischen, scheinbar widersprüchlichen Zen-Aussagen lautet *»Alles Sein ist Leere«*. Dies bezieht sich – soweit ich es verstehe – darauf, dass die Struktur der Welt, die wir erleben, erst durch unsere Wahrnehmung hineingebracht wird, während das ursprüngliche Sein von sich aus keine Struktur hat, sondern eine Art »Nichts« ist – aber eben ein Nichts, das *alle Möglichkeiten* beinhaltet, womit die Leere zugleich auch Fülle ist. Auch deshalb geht es in der Zen-Meditation (wie auch in jeder anderen Meditation) darum, »den Geist zu leeren« und von jeglicher Interpretation und Bewertung loszulassen, um Raum zu schaffen für *Satori* (die Zen-Bezeichnung für den Erleuchtungszustand) – das Aufgehen des Selbst in dieser umfassendsten Ebene, die Leere und unendliche Fülle zugleich ist.

> *»Alle Formen und Kräfte im Universum werden allein vom Geist Gottes belebt und aufrechterhalten; dennoch befindet Er sich in der glückseligen, unerschaffenen Leere jenseits der vibrierenden Welt der Erscheinungen, wo er uns fern und transzendent scheint.«*
>
> *Sri Yukteswar*

Dasselbe Urprinzip wird im chinesischen Taoismus mit dem Wort *Tao* bezeichnet. Auch in vielen Strömungen des Hinduismus wird angenommen, dass jenseits der von zahllosen Göttern, Göttinnen und anderen Wesen bevölkerten Sphären ein alles umfassendes Prinzip existiert, das selbst keine Gestalt hat, aus dem aber alle Wesen und Formen der Schöpfung hervorgehen. Diese Ebene erlebt der Yogi, wenn er den *Samadhi*-Zustand erreicht, der oft auch als »Gottesverwirklichung« bezeichnet wird.

In Anlehnung an die westliche Begriffswelt wird in vielen Texten über indische Spiritualität diese höchste Ebene als »Gott« bezeichnet, was ein wenig verwirrend sein kann, da derselbe Begriff ja auch für die verschiedenen »Götter« wie Brahma, Shiva usw. verwendet wird, die sich »diesseits« der allumfassenden »Leere« tummeln. Auch diese werden jedoch weniger als isolierte Persönlichkeiten betrachtet, sondern vielmehr als unterschiedliche *Aspekte* des höchsten Prinzips, die lediglich geeignet personifiziert werden, um den Menschen ein »Gegenüber« anzubieten. So stehen zum Beispiel Brahma, Vishnu und Shiva für die Aspekte der Erschaffung, der Erhaltung und der Transformation (Umwandlung), die drei Grundprinzipien der Schöpfung. Alle drei zusammen sind wiederum nur verschiedene »Gesichter« des namenlosen, allumfassenden Prinzips, das jenseits dieses Schöpfungsprozesses liegt.

Wir erkennen hier das Konzept der »Seelenhierarchie« aus dem vorigen Abschnitt wieder, bei dem jede Seele einen Teilaspekt einer umfassenderen Bewusstseinsstruktur darstellt, die wiederum zu einer noch umfassenderen Struktur gehört usw., bis schließlich jegliche Unterscheidung verschwindet und alles in der strukturlosen Unendlichkeit jenseits aller Formen aufgeht.

Die Ähnlichkeit zwischen dem spirituellen Konzept der »Leere«, aus der durch den göttlichen Geist alle Formen hervorgehen, und dem aus der modernen Physik abgeleiteten Konzept des strukturlosen Möglichkeitsraumes, aus dem das Bewusstsein wahrnehmbare Realitäten herausfiltert, ist frappierend. Ich gehe daher davon aus, dass wir hier auf eine universelle Wahrheit gestoßen sind (mit der Einschränkung, dass unser Verstand und unsere Sprache natürlich auch hier wieder nur ein Denkmodell liefern und keine »Wahrheit an sich«).

Kann man diese »höchste Wirklichkeit« nun ohne weiteres mit *Gott* – der ja in den westlichen Religionen das höchste Prinzip darstellt – gleichsetzen? Spontan würden vermutlich die wenigsten Menschen mit Gott die Vorstellung einer allumfassenden, formlosen »Leere« verbinden ...

Der Begriff »Gott« ist aus mancherlei Gründen problematisch und vorbelastet – angefangen damit, dass er in unserer Sprache für alle möglichen Arten von »höchsten Wesen« verschiedener Religionen verwendet wurde und wird, darunter auch äußerst stark personifizierte Gestalten wie die Götter der alten Römer oder Germanen, die dazu noch in Gruppen auftreten, was mit der Idee eines allumfassenden, höchsten Prinzips kaum vereinbar ist. Im komplexen System des Hinduismus, wo sowohl das höchste Prinzip als auch dessen personifizierte Aspekte wichtig sind, wird diese Mehrdeutigkeit besonders deutlich.

Ein weiteres Problem ist die Tatsache, dass »Gott« als Begriff nicht einmal geschlechtsneutral ist. In polytheistischen[122] Weltbildern, wo es neben den Göttern zumeist auch Göttinnen gibt, ist das weniger problematisch, aber wenn man denselben Begriff auf ein monotheistisches Weltbild zu übertragen versucht, entsteht ein Ungleichgewicht, von dem man sich nur schwer lösen kann. Versuchen Sie einmal, sich Gott als weibliches Wesen vorzustellen, ohne dabei den Begriff in »Göttin« zu ändern – es dürfte kaum jemandem gelingen. Die Vorstellung eines männlichen Wesens hingegen – selbst wenn man sie selbst als unrealistisch einstuft – fällt deutlich leichter. Die »Vermännlichung« Gottes hat natürlich auch mit unserer Gesellschaftsstruktur zu tun, in der das männliche Geschlecht leider immer noch die Machtstrukturen dominiert – mit Folgen, die für die Gesellschaft alles andere als erfreulich sind. Ich muss hier unweigerlich an einen schönen Spruch aus der Frauenbewegung denken: *»Als Gott den Mann erschuf, übte sie noch.«* ...

> *»Der Gottesbegriff ist zu vernichten. Aber nicht Gott ist der Erzfeind, sondern der Begriff.«*
>
> *Max Stirner*

Das elementarste Problem aber, das ich bereits im ersten Kapitel dieses Buches angedeutet habe, besteht in der Verwendung eines Begriffs an sich. Allein schon dadurch, dass wir Gott einen *Namen* geben (selbst wenn es ein so allgemeiner wie »Gott« ist), machen wir ihn zu einer abgegrenzten Struktur – einem »Ding« oder einer »Person«. Zwar wird in der modernen (akademischen und auch privaten) Theologie zunehmend versucht, eine allzu starke Personifizierung Gottes zu vermeiden, aber unser Verstand – der Baumeister unserer theoretischen Weltbilder – ist letztlich nicht in der Lage, sich vollständig von der Vorstellung zu befreien, dass Gott ein »abgegrenztes Etwas« ist, so sehr wir dieser Vorstellung auch widersprechen mögen.

---

122 *Theos* ist das griechische Wort für »Gott«. In polytheistischen Traditionen (griech. *poly* = viele) gibt es mehrere, mehr oder weniger gleichberechtigte »Götter«, monotheistische Religionen (*monos* = einer) gehen von der Existenz eines einzigen, umfassenden Gotteswesens aus.

Die Personifizierung Gottes geht zwangsläufig auch mit einer gedanklichen *Trennung zwischen Gott und seiner Schöpfung* einher, die sich in den religiösen Vorstellungen des Abendlandes festgesetzt hat. Gott ist in unserer gängigen Vorstellung ein »Jemand«, der etwas »tut«: Zunächst schuf er demnach die Welt aus dem Nichts (hier finden wir immerhin ein Überbleibsel des Konzeptes der »Schöpfung aus der Leere«), um dann über diese Welt zu wachen und in ihr zu wirken. Damit wird klar zwischen Gott und seiner Schöpfung unterschieden. Zu Zeiten des mechanistischen Weltbildes wurde Gott (der »Uhrmacher«) sogar komplett außerhalb seiner Schöpfung (des »Uhrwerks«) angesiedelt.

Setzen wir Gott jedoch mit dem Möglichkeitsraum bzw. der »Leere« – der umfassendsten Ebene des Seins – gleich, lässt sich die Vorstellung einer von Gott getrennten Schöpfung nicht mehr aufrechterhalten. Denn alle Formen, die das Bewusstsein auf den verschiedenen Ebenen der Seelenhierarchie als Realität erschafft, sind ja im Möglichkeitsraum *enthalten*. Damit umfasst Gott alles, was existiert! Gott ist also nicht nur *in* der Schöpfung und auch nicht nur außerhalb von ihr – er *ist* die Schöpfung! Und er ist ebenso die Leere »hinter« der Schöpfung. In der jüngeren spirituellen Literatur wird daher auch die Bezeichnung *Alles-Was-Ist* immer populärer als Ersatz für den vorbelasteten Begriff »Gott«.

> *»Materie an sich gibt es nicht,*
> *es gibt nur den belebenden,*
> *unsichtbaren, unsterblichen*
> *Geist als Urgrund der*
> *Materie [...]*
> *mit dem geheimnisvollen*
> *Schöpfer, den ich mich nicht*
> *scheue, Gott zu nennen.«*
>
> *Max Planck*

Das klassische, personifizierte Gottesbild ist mit dieser Vorstellung schwer übereinzubringen. Nicht ohne Grund wird die »Leere« in den östlichen Religionen nicht personifiziert. Von daher bleibt es jedem selbst überlassen, ob er den Begriff »Gott« innerhalb dieses Denkmodells überhaupt verwenden möchte. Ich persönlich habe ihn nicht komplett verworfen, denn da Gott die gesamte Schöpfung und damit auch die gesamte Seelenhierarchie – einschließlich Ihrer und meiner Seele – in sich vereinigt, hat er durchaus auch einen sehr persönlichen Aspekt, den ich begrifflich leichter mit »Gott« als mit abstrakten Konzepten wie der »Leere« verbinden kann. Im Gegensatz zum umfassendsten Aspekt Gottes, der für Menschen nur im Zustand der »Erleuchtung« ansatzweise erfahrbar ist, ist uns der persönliche Aspekt auch im Alltagsbewusstsein nahe – ja, man kann offenbar sogar mit Gott *reden*!

1992 schrieb der Amerikaner Neale Donald Walsch, um seinen damals sehr aufgewühlten Gefühlen Luft zu machen, einen bitterbösen Brief an Gott, in dem er sich über sein missratenes Leben beklagte und Gott fragte, warum alles schief laufe und womit er das verdient habe. Zu seinem Erstaunen tauchte nach Beendigung des Briefes plötzlich in seiner Hand ein Impuls zum Weiterschreiben auf, und in seinen Gedanken erschien wie aus dem Nichts eine Frage: *»Willst du wirklich eine Antwort auf all diese Fragen oder nur Dampf ablassen?«*

Dies war der Beginn eines schriftlichen Dialogs, der mehrere Jahre andauerte und in Gestalt einer der erfolgreichsten Buchserien aller Zeiten erschienen ist: *Gespräche mit Gott* – meiner Ansicht nach fast eine Pflichtlektüre für alle, die mit dem Begriff »Gott« überhaupt etwas anfangen können. Nebenbei ist dieser Dialog ein interessantes Beispiel für eine Channeling-Erfahrung, bei der das Ich des Empfängers völlig intakt bleibt und ein echter Austausch statt einer einseitigen Informationsübermittlung stattfindet. Das Buch, das Sie gerade lesen, wurde übrigens stark von den *Gesprächen mit Gott* inspiriert.

> *»Wir sind eins mit dem Bewusstsein Gottes selbst. Alles ist eins, alles leuchtet, und das Eine ist das Viele. In diesem Bewusstsein gibt es endlose Dimensionen, und jede Dimension ist eine Vollkommenheit in sich, eine Unendlichkeit in sich.«*
>
> *Omkarananda Saraswati*

Hat Neale Donald Walsch nun *tatsächlich* mit Gott kommuniziert? Ein Zen-Meister würde diese Frage wahrscheinlich mit »*Mu*« beantworten. Dieses japanische Wort bedeutet eigentlich »nichts«, allerdings ist dieser Begriff – ähnlich wie *Ku*, die »Leere« – nicht im Sinne von »Abwesenheit von allem« zu verstehen, sondern bedeutet so etwas wie »Ja und nein und beides und keines von beidem«. *Mu* dient im Zen als Hinweis darauf, dass eine Frage nicht beantwortbar ist, weil ihr Kontext für eine sinnvolle Antwort zu eng ist.

Die Frage, ob Neale mit Gott kommuniziert hat, kann weder mit »Ja« noch mit »Nein« beantwortet werden – denn sie impliziert eine Trennung zwischen Gott und einem Menschen, der mit ihm kommuniziert. Da Gott aber die gesamte Schöpfung umfasst, umfasst er auch jeden Menschen und jede andere Struktur. Somit ist in gewisser Weise *jeder* Informationsfluss in der Welt – ob Channeling-Erfahrung, Gespräch zwischen Menschen, Lesen eines Buches oder genaues Betrachten einer Mülltonne – ein »Gespräch mit Gott«. Man könnte auch sagen: Die gesamte Schöpfung ist ein einziges »Selbstgespräch Gottes«! Eine meiner Lieblingsstellen im ersten Band der *Gespräche mit Gott* ist folgende:

Ich habe mein ganzes Leben lang nach dem Weg zu Gott gesucht ...

DAS WEISS ICH ...

... und nun habe ich ihn gefunden und kann es nicht glauben. Ich habe das Gefühl, hier zu sitzen und an mich selbst zu schreiben.

DAS TUST DU.

Ich empfinde es nicht so, wie ich eine Kommunikation mit Gott empfinden sollte.

DU MÖCHTEST GLOCKENGELÄUT UND SCHALMEIENKLANG? ICH WILL SEHEN, WAS SICH ARRANGIEREN LÄSST.

Jeder Mensch kommuniziert *immer* mit Gott – die Frage ist nur, wie weit er sich für die einströmende Information öffnet. Je stärker das Bewusstsein sich der Einheit mit allem bewusst wird, umso umfassender und klarer fließt die Information. Neale Donald Walsch war vielleicht nicht gerade in einem absoluten Erleuchtungszustand, als er seine Bücher schrieb, und in seinen Büchern wird auch explizit darauf hingewiesen, dass die Informationen zwangsläufig durch seinen menschlichen Erfahrungsrahmen gefiltert werden (sonst würde ein Mensch sie auch gar nicht mit dem Verstand erfassen können), aber er *glaubte* daran, mit der »höchsten Quelle« zu kommunizieren – und das allein öffnete ihn für Informationen, deren Qualität und Tragweite nach meiner Ansicht (und der von Millionen anderen Leserinnen und Lesern in aller Welt) absolut herausragend ist. Daher finde ich den Titel seiner Bücher durchaus nicht unangemessen.

Bei einer Kommunikationserfahrung wie dieser erleben wir Gott als das »offene Bewusstseinssystem«, das von »Ella« auf Seite 224 beschrieben wurde. Dadurch ist es uns möglich, Gott – auch wenn er an sich keine Person *ist* – als eine Art Person zu *erleben,* indem wir mit Hilfe unseres schöpferischen Bewusstseins eine Art »personifizierten Kommunikationskanal« erschaffen, über den wir an Informationen gelangen können, die uns etwas über die »höheren Wahrheiten« des Daseins mitteilen können. Diesen Informationsfluss erleben manche Menschen dann tatsächlich als Dialog, ähnlich dem zwischen Bodo Deletz und »Ella«. Je nachdem, wie umfassend die empfangenen Informationen sind, ist es dabei meines Erachtens durchaus nicht verwerflich, den Kommunikationspartner mit »Gott« zu bezeichnen, solange man sich der Tatsache bewusst bleibt, dass man bei einer solchen Erfahrung immer »nur« einen Teilaspekt des Ganzen wahrnehmen kann – würde man das Ganze wahrnehmen, gäbe es keine getrennten Bewusstseinsinstanzen mehr und damit auch keinen Dialog, sondern nur noch ein allumfassendes »Wissen«, das mit Gott identisch ist.

> *»Die Summe allen Bewusstseins ist eins.«*
>
> *Erwin Schrödinger*

Die umfassende Wahrheit jenseits der künstlichen Trennung zwischen Mensch und Gott ist eigentlich ganz einfach: *Wir sind alle eins!* Oder, wie Gott es im Dialog (oder besser Monolog?) mit Neale Donald Walsch immer wieder betont: *»Es gibt nur einen von uns!«* Das ist meines Erachtens die eigentliche Bedeutung der bekannten Bibelstelle: *»Was ihr für einen meiner geringsten Brüder getan habt, das habt ihr mir getan.«* (Mat 25, 40)

> *Alles, was existiert, ist eine einzige, gigantische, vielschichtige Bewusstseinsstruktur. Wir alle sind Aspekte dieser Struktur, die auf allen Ebenen immer neue Realitäten aus der Leere des Möglichkeitsraumes erschafft, der wiederum in seiner Gesamtheit mit dem kosmischen Bewusstsein identisch ist.*

Nachdem wir nun, soweit es uns im Rahmen unseres Verstandes möglich ist, eine Art »Definition des Undefinierbaren« geschaffen haben, will ich zum Abschluss dieses Kapitels noch einen weiteren gewagten Versuch unternehmen: Betrachten wir den Schöpfungsprozess nun einmal von »oben« statt von »unten« – aus der Perspektive Gottes, soweit wir diese begreifen können. Vergessen Sie aber bitte niemals: Erklärungsmodelle sind immer Konstrukte des Verstandes. Es beginnt schon damit, dass wir Schöpfung als »Prozess« betrachten, also etwas, das in der Zeit abläuft. Tatsächlich ist aber Zeit, wie bereits erläutert, nur unsere Art, Wahrgenommenes innerhalb des Verstandes »sinnvoll« anzuordnen. Behalten Sie also bitte im Hinterkopf: Alles, was ich im Folgenden als »Prozess« darstelle, findet tatsächlich *parallel* statt – nein, es findet überhaupt nicht statt: Es *ist*.

7.3 Das Spiel der Schöpfung

> *»Mister Gott hat keine Ahnung, dass er gut oder freundlich ist, Mister Gott ist ganz ... leer.«*
>
> *Aus »Hallo, Mister Gott, hier spricht Anna«*

Stellen Sie sich bitte einmal vor, Sie wären die Gesamtmenge all dessen, was existiert oder existieren *könnte* (in gewisser Weise *sind* Sie das sogar, Sie haben es nur vergessen – mehr dazu in Kürze). Was würden Sie aus dieser Perspektive wahrnehmen? Nichts! Nicht einmal das »weiße Licht« oder »Rauschen«, als das ich die Überlagerung aller Realitäten gelegentlich vereinfachend beschrieben habe, würden Sie wahrnehmen. Denn Wahrnehmung bedeutet *Beobachtung*, und damit eine Beobachtung stattfinden kann, muss es einen Beobachter geben und etwas, das er beobachten kann, also zwei *getrennte Instanzen*. Wenn Sie aber *alles* sind und es keine Trennung gibt, wer soll dann noch etwas beobachten, und was soll er beobachten?

Beobachten heißt Wahrnehmen von *Information*, aber – es klingt ein wenig paradox – die Gesamtmenge aller Informationen hat keinerlei Informationsgehalt! Jeder Nachrichtentechniker kann das bestätigen: Ein reines Rauschsignal kann keine Information übertragen, weil Information immer eine definierte *Form* haben muss, die Überlagerung aller Formen ist jedoch formlos. Auf dieser Ebene gibt es keine Unterscheidung zwischen Bewusstsein (der beobachtenden Instanz) und Information (dem, was beobachtet wird). Sie sind beides und keines von beidem – Begriffe funktionieren auf dieser Ebene nicht. Wenn Sie *alles* sind, was ist, sind Sie zugleich nichts. Sie sind *Ku*, die große Leere.

Damit könnte die Geschichte scheinbar schon zuende sein – jedoch haben wir eine Kleinigkeit übersehen: Wenn Sie *alles* sind, enthalten Sie alle Konzepte, die überhaupt denkbar sind (und auch alle, die undenkbar sind). Also muss irgendwo in Ihnen auch die *Idee der Beobachtung* existieren – die Vorstellung, dass es etwas gibt, was Sie *nicht* sind, das »außerhalb« von Ihnen liegt und deshalb von Ihnen beobachtet werden kann. Aus einer etwas menschlicheren Perspektive könnte man es als die »Neugier« Gottes beschreiben, *sich selbst zu erleben*, was nur möglich ist, wenn er sich selbst irgendwie von »außen« wahrnehmen kann.

> *»Es gibt nichts, was ich nicht bin. Deshalb bin ich, was ich bin, und ich bin, was ich nicht bin.«*
>
> *»Gespräche mit Gott« Band 3*

Die Idee der Beobachtung beinhaltet zwangsläufig auch die Idee der Trennung. Aus der Perspektive des ungeteilten »Alles-Was-Ist« ist es klar, dass diese Idee in gewisser Weise eine Illusion ist – aber sie existiert. Und sie manifestiert sich als Realität, denn die Existenz einer Idee *ist* bereits die Manifestation. *Alles*, was existiert und wahrnehmbar ist, ist die unmittelbare Manifestation der entsprechenden Idee. Und die erste Idee der Beobachtung ist der Beginn der uns vertrauten Schöpfung. Diese Idee durchbricht die Leere des »Alles-Was-Ist« und trennt das Allumfassende in eine beobachtende und eine beobachtete Instanz. Dies ist die Geburt der *Information*.

Sehen Sie sich das Wort genau an: *In-form-ation* – etwas wird *in Form* gebracht, die Form entsteht aus dem Nichts, indem das Bewusstsein bei seinem Akt der Beobachtung bestimmte Teile des Ganzen »ausblendet«. Reine Information, das »Wort Gottes«, ist der Beginn und der Motor der Schöpfung, wie im berühmten Anfang des Johannes-Evangeliums beschrieben:

> *»Im Anfang war das Wort, und das Wort war bei Gott, und das Wort war Gott. Im Anfang war es bei Gott. Alles ist durch das Wort geworden, und ohne das Wort wurde nichts, was geworden ist.« (Joh 1, 1-3)*

Durch die Idee der Beobachtung spaltet sich also das Sein in den formlosen Beobachter – das *Subjekt* – und das in Form gebrachte Beobachtete – das *Objekt*, das damit erst zu *existieren* beginnt, das heißt aus der formlosen Leere hervortritt (das lateinische Wort *existere* bedeutet »heraustreten«).

> *»Aus der Leere kommen tausend Dinge.«*
>
> *Laotse*

Hiermit ist jedoch nicht gemeint, dass sich das große Ganze irgendwie in zwei »Hälften« spalten würde, die dann jeweils *kleiner* wären als das Ganze – diese Vorstellung stammt aus der »Dingwelt« unseres alles zerlegenden Verstandes. Das Bewusstsein wählt lediglich innerhalb des Ganzen eine bestimmte Perspektive aus, um Teilaspekte seiner selbst wahrzunehmen. In jedem Teilaspekt ist jedoch das Ganze nach wie vor enthalten, damit kann er auch nicht »kleiner« als das Ganze sein.

Dieser Punkt ist für den Verstand sehr schwer zu begreifen. Die Attribute »groß« und »klein« sind ein reines Produkt unserer dinglichen Wahrnehmung. Werfen Sie noch einmal einen Blick auf die Würfelabbildungen auf Seite 31 und 33, besonders auf die jeweils linke Bildhälfte. Scheinbar ist jeweils ein Quadrat bzw. ein Würfel kleiner und in einem anderen enthalten, dieser Eindruck entsteht jedoch nur durch die perspektivische Verzerrung, bedingt durch eine reduzierte Anzahl wahrgenommener Dimensionen. Aus einer anderen Perspektive würden die beiden Quadrate bzw. Würfel sogar ihre Rollen tauschen! Sie sind lediglich zwei gegenüberliegende Seiten derselben Struktur. »Innen« und »außen«, ebenso wie »groß« und »klein« sind relative Effekte und eine Frage der Wahrnehmung. Tatsächlich »enthalten« sich alle Dinge *gegenseitig*. Auch Sie selbst sind einerseits in der »Außenwelt« enthalten, andererseits erschaffen Sie die Außenwelt in Ihrem Bewusstsein, sie ist also *in Ihnen* enthalten! Wo ist innen und wo außen?[123]

Man kann es vielleicht mit einem Hologramm vergleichen, einem dreidimensionalen Foto, das in Form eines Interferenzmusters auf einer Glasscheibe gespeichert ist und durch eingestrahltes Laser-Licht sichtbar wird. Wenn man die Scheibe zerbricht, zeigt jede Scherbe nach wie vor das ganze Bild (nur ein wenig unschärfer als zuvor). Vielleicht kennen Sie auch die *Mandelbrot-Menge*, eine aus einer einfachen mathematischen Vorschrift gebildete, zweidimensionale Zahlenmenge, die – grafisch dargestellt – komplexe und wunderschöne Muster bildet und sich dadurch auszeichnet, dass man dieselben Formen (allen voran das sogenannte »Apfelmännchen«) immer wieder vorfindet, egal wie stark man die Struktur vergrößert:

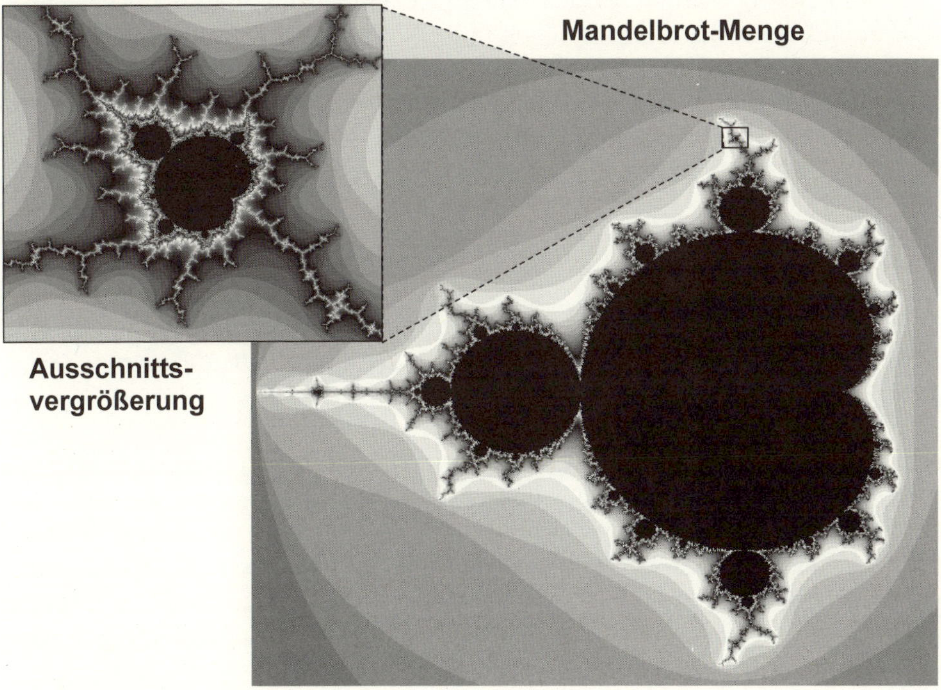

123 Wissen Sie, wie ein Mathematiker einen Löwen fängt? Er stellt einen Käfig auf, setzt sich hinein und definiert: »Hier ist außen!« Damit ist der Rest der Welt, einschließlich des Löwen, automatisch im Inneren des Käfigs. Mathematisch kann man durch eine *konforme Abbildung* einen Innenraum nach außen stülpen und umgekehrt. Am Informationsgehalt des Raumes ändert sich dabei nichts, man ändert nur die Perspektive.

Solche Strukturen, die sich im Großen wie im Kleinen immer wieder wiederholen, nennt man *Fraktale*. Sie scheinen bei der Entstehung von Formen in der Natur eine große Rolle zu spielen. Wir finden sie zum Beispiel in Bäumen, die sich vom Stamm bis in die feinsten Adern ihrer Blätter immer weiter verzweigen, aber auch in »zufälligeren« Strukturen wie Wolken.[124] Von daher ist es durchaus nahe liegend, auch in der kosmischen Bewusstseinshierarchie eine fraktale Struktur zu vermuten.

Die Trennung des kosmischen Bewusstseins in »Subjekt« und »Objekt« führt daher nicht dazu, dass das »Objekt«, das Beobachtete, plötzlich zu einem seelenlosen, toten Etwas würde. In seiner Essenz ist es immer noch das Ganze, nämlich das allumfassende Bewusstsein – und damit enthält es auch nach wie vor die Idee der Beobachtung! Es spaltet sich daher *erneut* in eine beobachtende und eine beobachtete Instanz auf – und dieser »Prozess« (Vorsicht Zeitfalle) setzt sich immer weiter fort. Mit jedem Schritt erfolgt eine feinere Differenzierung, jeder neu erschaffene Beobachter nimmt einen kleineren Ausschnitt aller Möglichkeiten wahr und erschafft diesen dadurch als Realität.[125] So entsteht die Seelenhierarchie, eine unendliche Vielfalt von »Wesen«, die die Welt beobachten und dadurch erst erschaffen. Die umfassenderen Ebenen dieser Bewusstseinspyramide erschaffen die grundlegenderen (und damit stabileren) Strukturen der Realität, während ihre stärker differenzierten Teilaspekte die individuelleren (variableren) Komponenten des Erlebten hervorbringen. *Gott betrachtet sich selbst durch unzählige Augen* – zwei davon lesen gerade diesen Satz.

Die Aussage, dass wir unsere Realität selbst erschaffen, ist daher in keiner Weise blasphemisch – im Gegenteil: Wir sind damit ein elementarer Teil des göttlichen Schöpfungsprozesses.

> *Die Schöpfung ist eine unendlich differenzierte Aufspaltung des kosmischen Bewusstseins in einzelne Bewusstseinsinstanzen, die sich gegenseitig wahrnehmen und dadurch die Vielfalt dessen, was existiert, erschaffen und erleben.*

In der Abbildung auf Seite 221 habe ich diese Hierarchie von Bewusstseinsinstanzen (stark vereinfacht, da auf nur drei Ebenen reduziert) als eine sich von unten

---

124 Im Computer kann man mittels fraktaler Formeln erstaunlich naturgetreue Nachbildungen von Pflanzen, Wolken, Gebirgen usw. erzeugen.

125 In diesem Zusammenhang ist mir eine interessante Eigenschaft des auf Seite 219 erwähnten Schöpfungsklanges »OM« aufgefallen: Sein Frequenzspektrum wird im Verlauf der einzelnen Laute (»Aaaoouuummm«) immer schmaler, d. h. ein immer kleinerer Teil aller möglichen Klangschwingungen (Obertöne) bleibt hörbar. Dies könnte man tatsächlich als Symbol für den Schöpfungsprozess deuten, bei dem das wahrgenommene Realitätsspektrum immer stärker reduziert wird.

nach oben immer feiner verzweigende (fraktale) Struktur dargestellt. Es gibt jedoch noch eine andere Darstellungsmöglichkeit, in der die wichtige Tatsache, dass jede Bewusstseinsebene in der jeweils »nächsthöheren« Ebene *enthalten* ist, noch deutlicher herausgestellt wird. Sie werden dieses Symbol kennen – es ist vermutlich mehrere tausend Jahre alt und stammt aus der chinesischen Naturphilosophie, wird aber auch im Westen immer häufiger als Symbol für Ganzheitlichkeit verwendet. Für mich ist es die beste Visualisierung des Schöpfungsprinzips überhaupt:

Dieses Symbol stellt *Yin* und *Yang* dar – die beiden Urkräfte der Welt im traditionellen chinesischen Weltbild. In jedem Ding und in jedem Prozess finden sich diese beiden Uraspekte in irgendeiner Form wieder. Wichtig ist, dass das eine nicht ohne das andere existieren kann und beide eine untrennbare Einheit bilden, symbolisiert durch den Kreis, in dem Yin und Yang – symbolisiert durch Schwarz und Weiß – sich umeinander schlingen. Das eine geht aus dem anderen hervor, und – ebenso wichtig – das eine ist im anderen enthalten, dargestellt durch die kleinen Kreise im Zentrum von Yin und Yang. Zumeist werden die kleineren Kreise der Einfachheit halber nur schwarz bzw. weiß dargestellt, aber genau genommen wiederholt sich in jedem Teilaspekt das ganze Prinzip, daher habe ich in der Abbildung das komplette Symbol im Kleinen wiederholt (denken Sie dabei an meine Anmerkungen zu »groß« und »klein«) – theoretisch setzt sich diese Wiederholung beliebig oft fort, und die Kette hat weder Anfang noch Ende.

Das Yin-Yang-Symbol symbolisiert den grundlegendsten Aspekt der wahrnehmbaren Welt: den *Dualismus* (lat. *duus* = zwei), auch *Polaritätsprinzip* genannt. Dieses Prinzip besagt, dass in der Welt der wahrnehmbaren Formen kein »Ding« ohne sein Gegenteil existieren kann – nur wenn beide existieren, existiert überhaupt etwas. Ein einfaches Beispiel: Stellen Sie sich vor, sie hätten Ihr ganzes Leben lang immer genau dieselbe Lufttemperatur um sich gehabt. Sie würden die Temperatur nicht wahrnehmen. Sie hätte keine Bedeutung für Sie, und Begriffe wie »Hitze« oder »Kälte« würden für Sie keinen Sinn haben. Selbst wenn es permanent sehr heiß wäre, würden Sie höchstens feststellen, dass Sie die ganze Zeit schwitzen (worauf Sie vermutlich genauso wenig achten würden wie auf Ihren Herzschlag), aber ohne die Erfahrung von Kälte kämen Sie nicht auf die Idee, der Hitze einen Namen zu geben und sie als ein »Ding« wahrzunehmen.

Ebenso hat der Begriff »Licht« keinen Sinn, wenn es nicht auch Dunkelheit gibt. Das bezieht sich wohlgemerkt nicht nur auf die sprachliche Ebene: Wenn Sie *nur* Licht ohne Dunkelheit (oder umgekehrt) erleben würden, könnten Sie *nichts* sehen, denn sichtbare Strukturen entstehen ja erst durch die *Kombination* aus der *Anwesenheit* und der *Abwesenheit* von Licht bzw. bestimmten Lichtfrequenzen (Farben).

Noch ein Beispiel: Die Vorstellung von Materie hat keinen Sinn ohne den leeren Raum dazwischen, und Raum wiederum definiert sich erst über Größe und Abstand der materiellen Dinge in ihm (siehe Abschnitt 2.1). Ein Ding namens »X« kann nur dann wahrgenommen und sinnvoll definiert werden, wenn es zugleich auch etwas gibt, das »nicht X« ist. Um aus dem Möglichkeitsraum etwas Wahrnehmbares herauszufiltern, muss die Gesamtheit des Seins also in *Gegensatzpaare* zerlegt werden. *»Gott schied das Licht von der Finsternis.«* (Genesis 1, 4)

Yin und Yang stehen für die grundlegenden Gegensatzpaare der dinglichen Welt. Yin steht beispielsweise für »weiblich«, »passiv«, »unten«, »Kälte«, »Dunkelheit«, »Wasser«, »Erde«, »Kontraktion« und »absinken«, Yang steht für deren Gegenpole »männlich«, »aktiv«, »Hitze«, »Licht«, »Feuer«, »Sonne«, »oben«, »Expansion« und »aufsteigen«.

Vielleicht haben einige Leser(innen) den Eindruck, dass dem weiblichen Aspekt hier unfairerweise eher negative Attribute zugeordnet werden (»oben«, »aktiv« und »Licht« klingen irgendwie besser als »unten«, »passiv« und »Dunkelheit«, oder?). Das ist jedoch lediglich ein Effekt unseres männlich dominierten Wertesystems. Wenn man die Attribute wertfrei betrachtet, wird sofort klar, dass sie alle gleich »gut« oder »schlecht« sind und keines ohne sein Gegenstück Sinn haben würde. Yin und Yang sind *wertfreie* Prinzipien – wertenden Gegensatzpaaren wie »gut« und »schlecht« oder »richtig« und »falsch« kann man sie nicht zuordnen.

Zudem ist die Unterteilung in »weiblich« und »männlich« natürlich nicht absolut zu verstehen. Auch hier gilt, dass das eine im anderen enthalten ist – so trägt jeder Mensch »Männliches« und »Weibliches« in sich, auch wenn viele Männer in unserer Gesellschaft dazu tendieren, ihre weibliche Seite zu unterdrücken, weil diese im klassischen männlichen Wertesystem niedriger angesiedelt ist.

Die Urkräfte, die in spirituellen Zusammenhängen so oft mit »weiblich« und »männlich« bezeichnet werden, gehen im Übrigen weit über die menschliche Ebene hinaus. Tatsächlich tauchen sie schon sehr »früh« (Vorsicht Zeitfalle) in der Schöpfung auf, stellen also eine der »ersten« Aufspaltungen des kosmischen Ganzen in Gegensatzpole dar. Bereits Sekundenbruchteile nach dem Urknall (der allerersten Aufspaltung der Leere) »kondensiert« ein Teil der vorhandenen Energie zu Materie. Hierzu sind Kontraktion und Abkühlung erforderlich, also Yin, der »weibliche« Aspekt der Schöpfung (in dem Wort *Materie* steckt übrigens *mater*, das lateinische Wort für Mutter).

Die Kontraktion setzt sich fort, indem die Materie sich durch die Gravitation zu immer größeren Strukturen zusammenballt. Viele werden so groß, dass durch den enormen Druck in ihrem Inneren die Atomkerne zu verschmelzen beginnen und gigantische Fusionsreaktoren entstehen – die Sterne (Sonnen). Damit erwacht im Inneren der »weiblichen« Energie (der Materie) und von ihr genährt, erneut die »männliche«, ungeformte Energie – das »Feuer«. Dieses »Feuer« verlässt seinen Geburtsort in Gestalt von elektromagnetischer Strahlung (Licht). Diese Strahlung wiederum führt den kleineren Materiekugeln, die nicht zu Sternen geworden sind (Planeten), Energie zu, die die Entstehung von materiellem Leben ermöglicht.

Und wohin wir auch schauen, sind die Natur und das Leben im Großen wie im Kleinen ein ewiger Kreislauf der »weiblichen« und »männlichen« Kräfte, die sich ineinander umwandeln, sich gegenseitig bedingen und unterstützen. Der »weibliche« Aspekt ist das Erhaltende, Nährende, personifiziert in »Mutter Erde« oder »Mutter Natur«. Der »männliche« Aspekt ist das Erschaffende und Zerstörende, die Transformation – die Kräfte, die für Veränderung sorgen (im Hinduismus personifiziert als Shiva). Das eine kann ohne das andere nicht funktionieren – andernfalls wäre die Welt entweder kalt und tot oder ein brodelndes Energie-Chaos ohne Struktur.

Wir sehen am Zustand unseres eigenen Planeten, dass ein Ungleichgewicht zwischen diesen beiden Polen zerstörerische Folgen hat. In unserer Gesellschaft überwiegt dank männlicher Dominanz das Erschaffen und Zerstören (vor allem in Gestalt von Technologie und Krieg), das Bewahren und Ernähren kommt dabei zu kurz (Umweltzerstörung und Hunger). Damit will ich wohlgemerkt nicht sagen, dass die Männer allein »an allem schuld« sind – Schuld ist ohnehin nur eine menschliche Erfindung, die ich im nächsten Kapitel demontieren werde.

Die Erschaffung wahrnehmbarer Realitäten erfordert die Aufspaltung des ungeteilten, formlosen Ganzen in Gegensatzpaare, die eine Unterscheidung zwischen dem, was ist, und dem, was nicht ist, ermöglichen. Kein »Ding« kann ohne sein Gegenteil existieren. Die Natur und das Leben sind ewige Kreisläufe von Gegensatzpaaren, die sich ineinander umwandeln.

Diese duale Welt, die sich aus Gegensätzen zusammensetzt und dadurch erst wahrnehmbar wird, ist die Grundlage unseres Erlebens. Sie erscheint uns überaus »real«. Aus der »göttlichen« Perspektive des ungeteilten Ganzen ist die duale Welt jedoch eine Illusion, die nur dadurch entsteht, dass das Bewusstsein die Tatsache, dass in Wirklichkeit alles eins ist, zumindest teilweise ausblendet. Sie ist eine Art Bühne, die Gott sich geschaffen hat (Vorsicht Zeitfalle), um sich selbst wahrnehmen zu können, indem er sich selbst durch die Augen der »Darsteller« sieht, die auf der Bühne herumlaufen.

»Wir sind irgendwie Gott, gefangen im Morast der Materiehaftigkeit, weil wir etwas haben wollten, das wir anschauen konnten.«

Fred Alan Wolf

In der indischen Spiritualität wird die duale Welt der Erscheinungen als *Maya* bezeichnet, was üblicherweise mit »Illusion« übersetzt wird. Wörtlich bedeutet Maya »die Messende«, was sich wohl darauf bezieht, dass die Welt der Formen durch das (scheinbare) Zerteilen des Formlosen und Unermesslichen in messbare, begrenzte Dinge und Eigenschaften entsteht.

Oft wird *Maya*, unsere »normale« Realität, auch als eine Art Traum beschrieben, um ihre unwirkliche Natur herauszustellen. Wer ohne Unterbrechung träumt, weiß nicht, dass er einen Traum erlebt, ähnlich wie die Menschen in den *Matrix*-Filmen, die in der simulierten Welt der Matrix leben, ohne es jemals zu bemerken. Vielen spirituellen Quellen zufolge »schläft« dabei kaum ein Wesen so tief und fest wie wir Menschen. Den meisten Bewusstseinsinstanzen, die in der Seelenhierarchie leben, ist ihre Verbindung untereinander sowie die Verbindung mit der von ihnen wahrgenommenen »äußeren« Realität und mit dem allumfassenden kosmischen Bewusstsein zumindest teilweise bewusst. Wir »normalen« Menschen haben sie hingegen fast vollständig verdrängt. Das Erleben der »Erleuchtung« ist das »Erwachen« aus diesem Traum, aus der Illusion des Getrenntseins. Zwar bleibt die Illusion auch im »erwachten« Zustand insofern funktionsfähig, als man nach wie vor eine Welt aus wahrnehmbaren Strukturen erlebt, aber das Bewusstsein ist ein völlig anderes. Mehr dazu im letzten Abschnitt des Buches.

Wie sind wir in diesen Zustand der »totalen Illusion« geraten? Da jegliche Realität vom Bewusstsein erschaffen wird, ist auch unser heutiger Zustand unsere eigene Schöpfung, vermutlich haben wir ihn sogar mit voller Absicht erschaffen! Nachdem ich im Laufe der Jahre diverse spirituelle und esoterische Quellen zu diesem Thema studiert habe – ich weiß nicht mehr im Einzelnen, welche und wie viele es waren –, kristallisiert sich für mich etwa folgende Geschichte heraus (Änderungen vorbehalten):

Offenbar haben wir (als Seelen, nicht als Menschen) unseren Planeten schon lange vor der Entstehung des *Homo sapiens* in seiner Entwicklung begleitet und waren auch damals schon relativ stark individualisierte Wesen, allerdings noch nicht mit einem materiellen Körper ausgestattet und noch im Bewusstsein unserer schöpferischen Macht. Vermutlich waren wir sogar selbst einige der »Götter«, die später in diversen Mythologien der Menschen auftauchten.

Auf der Erde tummelten sich damals Tiere, die dank des schöpferischen Bewusstseins der Seelen, die die Erde beobachteten und dadurch erschufen, immer komplexer und anpassungsfähiger wurden (ich gehe davon aus, dass die biologische Evolution tatsächlich etwa so abgelaufen ist wie sie heute von der Wissenschaft rekonstruiert wird, nur müssen wir den »Zufall« als steuernde Instanz durch komplexe, kollektive Bewusstseinsprozesse ersetzen).

Schließlich kamen einige der Seelen, die sich in den irdischen Sphären tummelten, auf eine wahnwitzige Idee: Wie würde die Welt wohl aus der Perspektive eines dieser hochentwickelten Tiere aussehen, wenn das Bewusstsein dieses Wesens *nicht weiß*, dass es Teil eines allumfassenden kosmischen Bewusstseins ist?

> *»Wir sind keine menschlichen Wesen, die eine spirituelle Erfahrung machen, wir sind spirituelle Wesen, die eine menschliche Erfahrung machen.«*
>
> *Willigis Jäger*

Daraufhin koppelten sich zahllose Bewusstseinsinstanzen in weit engerer Weise als zuvor an körperliche Individuen einer bestimmten, fortgeschrittenen Primatenart[126] und reduzierten ihre Wahrnehmung weitgehend auf die Informationsmuster des physischen Gehirns. Wir verwendeten den Körper sozusagen als »Vehikel«, um die Welt durch seine Augen zu erleben. Dadurch verlor unser Bewusstsein (möglicherweise auch erst nach und nach im Laufe der Geschichte) alle anderen Kommunikationskanäle aus den Augen und nahm die Welt nur noch auf dem Umweg über die Sinne des Körpers wahr. Dadurch ging auch jegliche Erinnerung an die Zeit *vor* der Ankopplung an den Körper verloren – denn auf der Ebene der Seelen ist »Erinnerung« (wenn man den Begriff hier überhaupt benutzen möchte) einfach der Direktzugriff auf Informationen aus der »Vergangenheit«, also eine Variante der Hyperkommunikation. Auf körperlicher Ebene ist

126 Viele Quellen sprechen davon, dass der Evolutionsschritt vom Vormenschen zum Menschen sprunghaft erfolgte und gezielt durchgeführt wurde (wobei hier auch oft über Eingriffe durch Außerirdische spekuliert wird). Für die These eines Evolutionssprungs spricht u. a. die Tatsache, dass es aus archäologischer Sicht eine Lücke in der Entwicklungsgeschichte des Menschen gibt: Der moderne Mensch (*Homo sapiens sapiens*) tauchte vor etwa 40 000 Jahren offenbar plötzlich aus dem Nichts auf und lebte parallel zu den Neandertalern, die schon länger existierten und vor ca. 27 000 Jahren ausstarben.

Erinnerung dagegen der Zugriff auf Informationsmuster des Gehirns, und diese reichen naturgemäß nur bis in die Entstehungsphase des jeweiligen Gehirns (irgendwann zwischen Zeugung und Geburt) zurück.

Man kann sich dieses gewagte Schöpfungsexperiment etwa so vorstellen, als würden Sie sich freiwillig eine Ritterrüstung anziehen, die Ihre Bewegungen einschränkt und nur den Blick durch das enge Visier erlaubt, und sich noch dazu direkt nach dem Anlegen der Rüstung eine Gehirnwäsche verpassen, so dass Sie vergessen, dass sie jemals ohne Rüstung herumgelaufen sind. Danach stapfen Sie mühsam als halb blinde Blechfigur durch die Welt und halten das für vollkommen normal.

> *»Der Mensch ist das wunderbarste Geschöpf der Natur. Er kann nicht begreifen, was Körper ist, weniger noch, was Geist ist, und am wenigsten, wie ein Geist mit einem Körper verbunden sein kann; es ist dies der Gipfel der Schwierigkeit; und doch besteht eben darin sein Wesen.«*
>
> *Blaise Pascal*

Man mag sich fragen, ob wir damals weise genug waren, um uns die Konsequenzen dieses Experimentes wirklich klar zu machen ... Aber vielleicht ist dies auch eine viel zu menschliche Frage, die man nur stellt, solange man noch in der Rüstung steckt. Aus göttlicher Sicht *muss* dieses Experiment vermutlich stattfinden, denn es ist die logische Fortsetzung des Prinzips, die Realität aus immer stärker differenzierten Blickwinkeln wahrzunehmen – sozusagen die Krönung der Trennungsillusion, die aller Schöpfung zugrunde liegt. Auch wenn ich unseren Daseinszustand oben etwas karikiert habe, ermöglicht er uns doch ein einzigartiges Erleben der Welt, eine dramatische Dimension, die nicht möglich wäre, wenn wir *wüssten*, dass wir eigentlich nur ein Rollenspiel auf einer selbst erschaffenen Traumbühne spielen.

Die Schattenseite ist, dass uns das Drama dadurch über den Kopf wachsen kann und es zumeist auch tut. Stellen Sie sich vor, Sie spielen ein Computerspiel aus dem ebenso populären wie fragwürdigen Genre der *Ego-Shooter* (eine unfreiwillig tiefsinnige Bezeichnung), wo Sie als »Held« in einer simulierten 3D-Umgebung alle möglichen Gegner niedermetzeln müssen, um nicht selbst zerlegt zu werden – und dann *vergessen* Sie, dass Sie nur ein Spiel spielen! Ich glaube, Sie würden gehörig in Panik geraten, wenn die digitalen Monster und Raketenwerfer vor Ihnen auftauchen würden. Die von Ihnen gesteuerte Spielfigur würde Ihnen als Ihre gesamte und einzige Identität erscheinen, und die überall lauernde »Lebensgefahr« für diese Figur würde scheinbar Ihre gesamte Existenz bedrohen, weil Sie vergessen haben, dass Ihr eigentliches Selbst mit einem Joystick in der Hand am sicheren Schreibtisch sitzt und nach dem Tod der Spielfigur einfach auf »Neues Spiel« klickt.

Wenn wir *sicher* wären, dass das Ende unseres Körpers nicht das Ende unserer Existenz bedeutet, würde sich unser Leben dramatisch ändern. Bewusstsein als solches ist unzerstörbar, es verschiebt lediglich gelegentlich seine Identifikations- und Wahrnehmungsgrenzen. Wir können also gar nicht wirklich »sterben« – wir geben nur irgendwann unsere irdische Hülle auf, die aus erleuchteter Sicht weitaus weniger real ist als unser Bewusstsein.

> *»Der Moment des Todes ist der, wo die Seele die regierende Zentralkraft entlässt, aber nur, um wieder neue Verhältnisse einzugehen, weil sie von Natur unvergänglich ist.«*
>
> *J. W. von Goethe*

Die Mehrzahl der mir bekannten spirituellen Quellen deutet darauf hin, dass die meisten menschlichen Seelen auch nach dem Tod ihres Körpers in einem stark individualisierten Zustand bleiben und die Wahrnehmungsgewohnheiten aus ihrem irdischen Leben – einschließlich des Zeitempfindens – zum großen Teil beibehalten. Die so genannte *Astralebene*, auf der sich diese Seelen dann aufhalten, hat daher auch große Ähnlichkeit mit der materiellen Ebene, ist aber insgesamt variabler (dort finden auch viele Träume und einige »außerkörperliche Erfahrungen« statt). Die meisten menschlichen Seelen verweilen dort allerdings nicht lange, sondern binden sich alsbald erneut an einen irdischen Körper.

Diese Vorstellung der Wiedergeburt oder *Reinkarnation*[127] ist ein fester Bestandteil des hinduistischen und buddhistischen Glaubens und auch aus den neueren, esoterisch geprägten Weltbildern des Westens nicht wegzudenken. Auch in einigen Strömungen des frühen Christentums war der Glaube an die Reinkarnation durchaus noch etabliert. Er wurde dann allerdings auf dem zweiten Konzil von Konstantinopel im Jahr 553 offiziell zum Irrglauben erklärt – unter Ignoranz der Tatsache, dass diverse Bibelstellen eindeutig von der Wiedergeburt bestimmter Propheten sprechen.

Es gibt deutliche Hinweise darauf, dass das Phänomen der Wiedergeburt real ist. In Hypnose oder anderen Trance-Zuständen kann ein Therapeut Menschen in »frühere Leben« zurückversetzen, wobei diese teilweise erstaunlich detaillierte Situationen beschreiben, von denen sich einige sogar historisch nachprüfen lassen. Sehr bekannt sind zum Beispiel die Forschungen von Thorwald Dethlefsen, der mehrere Bücher zum Thema Wiedergeburt – insbesondere unter dem therapeutischen Aspekt – verfasst hat.

> *»Es ist nicht erstaunlicher, zweimal geboren zu werden als einmal. Alles in der Natur ist Auferstehung.«*
>
> *Voltaire*

127 Wörtlich »Wiedereinfleischung« (Re-in-karnation), vom lateinischen *carnis* = Fleisch

Menschen sind Seelen, die sich an einen physischen Körper gebunden und ihre Wahrnehmung so stark eingeschränkt haben, dass sie ihre Verbindung mit dem kosmischen Bewusstsein vergessen haben und den Körper als ihre einzige Identität wahrnehmen. Nach dem Tod des Körpers verbindet sich die Seele zumeist mit einem anderen Körper und wird so vielfach »wiedergeboren«.

Nun stellt sich natürlich die Frage, *warum* wir uns immer wieder aufs Neue in die irdische Illusion des totalen Getrenntseins stürzen, obwohl sie so viel Leid mit sich bringt. Den meisten spirituellen Quellen zufolge geschieht die Wiedergeburt normalerweise nicht freiwillig, sondern aufgrund unseres unerleuchteten Zustandes. Wir identifizieren uns so stark mit unserer irdischen Existenz, dass wir die Angst vor deren Auslöschung sogar über den Tod hinaus mitnehmen – denn auch nach dem Verlust des Körpers bleiben wir zumeist in unseren alten Wahrnehmungsmustern stecken.

Menschen mit so genannten Nahtod-Erlebnissen, bei denen ein klinisch bereits toter Mensch ins Leben zurückgeholt wird, berichten oft von einem »Tunnel« und einem strahlend hellen Licht, das offenbar eine Aufstiegsmöglichkeit in eine andere Bewusstseinssphäre signalisiert, aber zugleich von einem »Sog«, der sie auf die irdische Ebene zurückzieht. In das Licht zu gehen, würde das endgültige Ende der isolierten Existenzform bedeuten, mit dem wir uns so gerne identifizieren, und unsere Angststrukturen kämpfen dagegen an. Selbst nach dem Tod haben wir noch Todesangst.

Der Sog, der uns auf die Erde zurückzieht, scheint ähnlich einer Sucht zu sein. Da uns in unserem unerleuchteten Zustand die Einheit mit allem, was ist, nicht bewusst ist, leben wir in einem Gefühl der Unvollständigkeit, wodurch *Bedürfnisse* entstehen, die wir glauben befriedigen zu müssen. Nach der spirituellen Lehre des Buddhismus und Hinduismus ermöglicht uns erst die Befreiung von allen irdischen Wünschen und die Erfahrung der Einheit allen Seins – also die Erleuchtung –, das Rad der ewigen Wiedergeburt zu überwinden und dauerhaft auf eine höhere Bewusstseinsebene aufzusteigen. In dieser sehr populären Sichtweise verfolgt eine individuelle Seele also eine Art »spiritueller Karriere«, die sich über Tausende von Leben hinziehen kann.

Die Vorstellung einer »Karriere« setzt natürlich das Verstreichen von Zeit voraus. Auf der Ebene der individuellen Seelen existiert die Illusion der Zeit (Abschnitt 5.2). Wie sieht das Ganze aber nun aus einer höheren Perspektive aus? Ab einem bestimmten Grad der Bewusstseinserweiterung verschwindet das Zeitempfinden und wird ersetzt durch eine Art »gleichzeitige« (besser: parallele) Wahrnehmung der Ereignisse. Auf dieser Ebene existieren *alle* Inkarnationen einer Seele, die jemals gelebt haben oder leben werden, parallel und bilden eine Gesamtstruktur – eine *Überseele*. Dies ist eine Erweiterung der Idee der *Gruppenseelen*, die das kollektive Bewusstsein einer Anzahl von Individuen darstellen (Seite 221). Die einzelnen

Individuen einer Gruppenseele können demnach zu ganz verschiedenen Zeiten leben. Aus der Perspektive der verstreichenden Zeit sind die »späteren« Leben Reinkarnationen der »früheren«. Aus Sicht der Gruppenseele existieren sie alle parallel.

Jane Roberts hat – inspiriert durch die von ihr gechannelten Seth-Botschaften – einen unterhaltsamen Roman mit dem Titel *Überseele Sieben* geschrieben, in dem eine solche Gruppenseele die Hauptrolle spielt. Sie »betreut« mehrere Individuen (Menschen), die natürlich nichts davon wissen, dass sie zu einer Überseele gehören, und in verschiedenen Zeitepochen auf der Erde leben. Die Überseele versucht unter Anleitung ihres Lehrers (einer noch weiter fortgeschrittenen Seele), ihre »Schäfchen« so zu koordinieren, dass sie sich optimal entwickeln können.

Im Roman verfolgt also auch die Überseele eine Art »Karriere«. Natürlich ist das Buch so geschrieben, als würde auch in der Welt der Überseelen eine Art »Zeit« ablaufen, sonst wäre die Geschichte weder für uns verständlich noch überhaupt sprachlich formulierbar. Was tatsächlich in einer Überseele oder gar in noch umfassenderen Bewusstseinsebenen »vor sich geht« (schon wieder in die Zeitfalle getappt), können wir uns mit dem Verstand nicht vorstellen, insofern ist es auch sehr schwierig, über den »höheren« Grund unseres Daseins zu spekulieren.

Allerdings deutet tatsächlich einiges darauf hin, dass höhere Bewusstseinsebenen bestrebt sind, die spirituelle Evolution auf der Erde voranzubringen. Immer wieder im Laufe der Geschichte tauchen Menschen auf der Erde auf, bei denen es sich offenbar um äußerst »umfassende« Bewusstseinsinstanzen handelt, die nur ausnahmsweise einen irdischen Körper annehmen, um den Menschen zu einem Sprung in ihrer Bewusstseinsevolution zu verhelfen. Ein solcher Mensch wird im Hinduismus *Avatar* genannt, das bedeutet etwa »Hinabgestiegener« und bezeichnet ein göttliches Wesen, das sich in einen Körper inkarniert.[128] Zu den bekanntesten Avataren gehören Christus, Krishna, Rama und Buddha, aber es gab und gibt noch einige mehr, die sich offensichtlich auf einem ähnlichen »Niveau« befinden. Es ist tragisch, dass nur die wenigsten Menschen die zentrale Botschaft der Avatare verstanden haben. Einer der wenigen war der christliche Mystiker Meister Eckhardt (1260-1328), der Christus folgende Worte zuschrieb: *»Ich bin euch Mensch gewesen – wenn ihr mir nicht Götter seid, so tut ihr mir Unrecht.«*

Welcher Plan wirklich hinter der Schöpfung und hinter dem verworrenen Drama in deren »Erdgeschoss« steckt, bleibt – zumindest für mich – Spekulation. Ob auf höheren Bewusstseinsebenen menschliche Begriffe wie »Plan«, »Sinn«, »Zweck« oder »Motivation« überhaupt irgendeinen Sinn haben, ist sehr fraglich. Im näch-

---

128 Der Begriff *Avatar* hat auch in die Computerwelt Einzug gehalten und bezeichnet dort eine grafisch dargestellte Figur, die einen realen menschlichen Benutzer repräsentiert, der sich mit anderen Benutzern in einer im Computer erzeugten Umgebung (virtuelle Realität) trifft, etwa im Rahmen eines Spiels oder einer Unterhaltung (Chat). Die Figur ist sozusagen eine »digitale Inkarnation« des Benutzers.

sten Kapitel werde ich genau beleuchten, woher unsere Motivationen kommen und warum sie überaus »irdisch« sind.

> *»Das Leben ist die Suche des Nichts nach dem Etwas.«*
>
> *Christian Morgenstern*

Wenn überhaupt, scheinen mir »kindliche« Motivationen wie Neugier und Spieltrieb noch am ehesten geeignet, um den Antriebsfaktor des kosmischen Schöpfungsspiels zu charakterisieren. Dies sind die einzigen Motivationen, die übrig bleiben, wenn man die irdischen Illusionen des Mangels und des daraus resultierenden Leides wegnimmt.

Viele spirituelle Denkrichtungen betrachten unser irdisches Leben als Spiel, das wir uns selbst geschaffen haben, um interessante Erfahrungen zu machen. Die materielle Welt ist das Spielbrett, und die Naturgesetze sind die Spielregeln – beides wurde von der umfassenden Bewusstseinsebene, deren Aspekte wir sind, geschaffen, und wir haben vergessen, dass es lediglich Spielregeln sind. Wahrscheinlich gehört dieses Vergessen mit zum Konzept – es stellt sicher, dass die Regeln eingehalten werden, weil wir gar nicht auf die Idee kommen, sie zu umgehen. Es würde ja auch wenig Spaß machen, »Mensch-ärgere-dich-nicht« zu spielen, wenn jeder ständig die Regeln ignorieren und seine Spielfiguren direkt ins Ziel setzen würde! Damit würde das Spiel seinen Sinn verlieren, den wir selbst ihm gegeben haben.

Mir persönlich gefällt die Idee, das Leben als kosmisches Spiel zu betrachten, ausgesprochen gut. Aber vielleicht ist auch diese Idee nur ein menschliches Konstrukt. Vielleicht braucht die Schöpfung gar keinen Grund. Vielleicht existiert jede Erfahrung, die irgendjemand macht, einfach weil sie existieren *muss* – weil *alles* existiert im großen Nichts. In den *Gesprächen mit Gott* weist Gott darauf hin, dass ein Kind auf die Frage nach dem »Warum« oftmals die einzig sinnvolle Antwort gibt – den einzig wahren Grund, irgendetwas zu tun: »*Darum.*«

Einige wenige Menschen bewahren sich diese Weisheit auch als Erwachsene. Der legendäre Bergsteiger George Leigh Mallory antwortete auf die Frage, warum er den Mount Everest besteigen wolle: »*Weil er da ist.*«

Teil 3

Wirklichkeit nach Wahl

Die Gestaltung der persönlichen Realität

8 Planet der Affen

Die Ursachen des menschlichen Leidens

8.1 Die Problemspirale

> *»Unsere tiefgreifendste Angst ist nicht, dass wir unzureichend sind. Unsere tiefgreifendste Angst ist, unermesslich mächtig zu sein.«*
>
> *Marianne Williamson*

Sofern Sie mit der in diesem Buch vorgestellten Idee, dass wir die Schöpfer unserer eigenen Realität sind, etwas anfangen können, ist Ihnen vielleicht folgender Gedanke gekommen: »Na prima, dann muss ich ja nur lernen, wie man gezielt eine bestimmte Realität gestaltet, und kann damit dann alle meine Probleme lösen!«

Sie können es gerne versuchen, aber ich sage Ihnen direkt: Mit diesem Ansatz wird es ziemlich sicher nicht funktionieren. Viel wahrscheinlicher ist es, dass Sie mit dieser »Problemlösungsstrategie« das glatte Gegenteil erreichen: noch mehr Probleme als zuvor.

Wie ich bereits in Abschnitt 5.5 im Zusammenhang mit den »Bestellungen beim Universum« erläutert habe, fällt es vielen Menschen zwar recht leicht, sich auf dem Wege der direkten Realitätsgestaltung spielerisch kleine Wünsche zu erfüllen, aber sobald es an die »großen« Themen geht, wird es extrem schwierig. Der Grund liegt darin, dass wir immer die Realität erleben, auf die wir unsere Wahrnehmung richten. Das Fatale ist nun, dass wir bei den »wichtigen« Wünschen unsere Wahrnehmung normalerweise stärker auf etwas richten, das wir *nicht* wollen – etwa auf die möglichen negativen Folgen eines Fehlschlags oder auf einen Zustand, der uns nicht gefällt und den wir mit unserem Wunsch ändern wollen – als auf das Ziel, das wir eigentlich mit unserem Wunsch formulieren. Damit steuern wir im Möglichkeitsraum dann auch eher auf die befürchteten (oder bereits herrschenden) unangenehmen Umstände zu als auf die Erfüllung unseres Wunsches.

Nun werden Sie vielleicht fragen: »Wieso? Wenn ich sage, dass ich gerne zehn Millionen Euro hätte, ist meine Wahrnehmung doch ganz klar auf das Geld gerichtet, oder nicht?«

Sind Sie sicher? Achten Sie einmal genau auf das *Gefühl*, das Sie empfinden, wenn Sie an den Wunsch »Ich möchte zehn Millionen Euro haben!« denken. Empfinden Sie Vorfreude, Lust oder sonst etwas wirklich Angenehmes? Wenn ja, sollten Sie schleunigst einen Lottoschein ausfüllen! Viel wahrscheinlicher ist es aber, dass Sie ein eher *unangenehmes* Gefühl verspüren, auch wenn es vielleicht recht subtil ist.

Das zeigt, dass Ihre Wahrnehmung nicht primär auf die Erfüllung Ihres Wunsches ausgerichtet ist, sondern auf irgendetwas, das Sie *nicht* wollen! In diesem konkreten Beispiel lässt sich relativ leicht erraten, was das ist – in den meisten Fällen wünschen wir uns viel Geld, weil wir entweder einen Geldmangel empfinden oder die Arbeit nicht mögen, mit der wir unseren Lebensunterhalt verdienen. Beides sind Dinge, die wir nicht wollen. Unter diesen Voraussetzungen werden wir mit dem Wunsch nach Geld eher eine Realität manifestieren, die weiterhin von Geldmangel und unangenehmer Arbeit geprägt ist, als einen Lottogewinn.

Was wirklich hinter einem Gedanken steckt, lässt sich nur selten an dessen oberflächlichem Inhalt – in diesem Fall dem Wunsch nach Geld – ablesen. Unsere Wahrnehmung wird primär nicht von unseren bewussten Gedanken gesteuert, sondern von der *Motivation*, die diesen zugrunde liegt. Motivationen sind Antriebsimpulse, die uns dazu bringen, etwas zu tun (zum Tun gehören auch Denken und Reden). Es gibt nur zwei Grundmotivationen: Die eine bringt uns dazu, etwas *haben* zu wollen, die andere sorgt dafür, dass wir etwas *vermeiden* oder bekämpfen, also *nicht* haben wollen. Man könnte sie »positive« und »negative« Motivation nennen.

Motivationen laufen auf einer Ebene ab, die weit unterhalb des Denkens angesiedelt ist. Sie funktionieren über *Gefühle* (biochemisch betrachtet: über Botenstoffe), die uns signalisieren, ob etwas erstrebenswert ist bzw. vermieden oder bekämpft werden sollte. Daher ist das Gefühl, das unser Körper bei einem Gedanken produziert, ein absolut sicherer Indikator dafür, ob hinter dem Gedanken eine positive oder negative Motivation steckt. Das Gefühl kann sehr subtil sein, ist aber immer vorhanden. Die meisten Menschen spüren es am ehesten im Bauchbereich – im unangenehmen Fall ist es meist eine Art eingeschnürtes Ziehen oder ein Druck, im angenehmen Fall eine »Öffnung« und Entspannung oder ein lustvolles Kribbeln.

Anhand dieser Gefühle können Sie jeden Wunsch, den Sie haben, überprüfen. Wenn er sich angenehm anfühlt, geht es Ihnen wirklich darum, das haben zu wollen, was der Wunsch beinhaltet – Sie haben einfach *Lust* darauf. Das ist normalerweise nur dann der Fall, wenn Sie entweder *sicher* sind, dass der Wunsch erfüllt wird – etwa wenn Sie Lust auf ein Bier haben und wissen, dass noch eins im Kühlschrank ist –, oder es Ihnen *nichts ausmacht*, wenn er nicht erfüllt wird, nach dem Motto: »Wäre nett, ist aber nicht so wichtig.« Genau dies sind die Wünsche, die sich normalerweise sehr leicht »beim Universum bestellen« lassen.

Fühlt sich der Wunsch dagegen eher unangenehm an, geht es nicht wirklich um das, was Sie glauben haben zu wollen, sondern um etwas anderes, das Sie auf diesem Wege *vermeiden* oder *loswerden* wollen. Wenn Sie zum Beispiel kein Geld haben, um sich etwas zu essen zu kaufen, wird sich der Wunsch nach Essen unangenehm anfühlen, weil es Ihnen nicht primär um das Essen geht, sondern um die Bekämpfung des Hungers! Damit bekommt der Wunsch etwas Zwanghaftes. Sie *wollen* dann nicht mehr nur etwas haben, sondern Sie glauben, es haben zu *müssen*, um damit ein *Problem* zu lösen.

Was genau ist eigentlich ein Problem? Ein Problem ist eine Situation, die wir so nicht haben wollen, die wir also *ablehnen*. Ohne diese Ablehnung wäre die Situation einfach nur eine Situation – vielleicht würden wir sie als Aufgabe oder Herausforderung betrachten, aber nicht als Problem.[129] Ein Problem ist gleichbedeutend mit der Überzeugung, eine Situation ändern zu *müssen*, ohne eine direkte Lösung an der Hand zu haben.

Das hat fatale Auswirkungen. Wenn wir etwas *ablehnen* – was wir bei einem Problem definitionsgemäß tun –, richten wir nämlich automatisch unsere Wahrnehmung auf das, was wir ablehnen. Und da unsere Wahrnehmung unsere Realität gestaltet, erschaffen wir das, was wir eigentlich loswerden wollen, immer wieder neu! Solange wir ein Problem als Problem empfinden, wird es niemals verschwinden! Das kann übrigens auch jeder Psychotherapeut bestätigen: Etwas abzulehnen ist eine unschlagbare Methode, es *festzuhalten* und nicht mehr loszuwerden.

Damit erschafft und stabilisiert sich ein Problem quasi von selbst immer wieder neu. Das ist die unangenehme Seite des »Realostaten«, der Rückkopplungsschleife zwischen Wahrnehmung und Realität, die dafür sorgt, dass unsere Realität einigermaßen konstant bleibt (Abschnitt 5.6).

Dieses Prinzip wirkt sich natürlich auch stark auf den Erfolg der Methoden aus, die wir anwenden, um Probleme zu lösen. Wenn ich ein Problem lösen will, richte ich meine Wahrnehmung naturgemäß zunächst auf die vorhandene Situation. Nun gibt es zwei Möglichkeiten: Wenn es mir gelingt, die Situation *nicht* als Problem zu betrachten, sondern einfach als Situation oder – noch besser – als »sportliche« Herausforderung, dann habe ich eine reelle Chance, sie erfolgreich zu verändern. Ich habe dann nicht das Gefühl, eine Lösung finden zu *müssen*, sondern eine finden zu *wollen* – im Idealfall habe ich richtig Lust darauf! Dieser Vorgang hat etwas Spielerisches, was meine Wahrnehmung frei beweglich macht, so dass ich sie leicht von der aktuellen Situation lösen und auf die Vision einer Lösung – einer veränderten Situation – lenken kann. Damit steuere ich im Möglichkeitsraum automatisch die Lösung an. Bei kleineren Problemen gelingt es uns meist früher oder später, auf diese Sichtweise umzuschwenken.

Betrachte ich die Situation hingegen als »echtes« Problem, das ich unbedingt lösen *muss*, bleibt der größte Teil meiner Wahrnehmung auf diesen Zwang und damit auf den *unangenehmen* Aspekt der Situation gerichtet, also genau auf das, was ich mit der Lösung loszuwerden hoffe. Damit erschaffe ich diesen Aspekt und damit das Problem immer wieder neu – auf diesem Weg kann die Lösung nicht gelingen. Leider schaffen es Menschen, die »in einem Problem stecken«, oft lange Zeit nicht,

---

129 Natürlich wird der Begriff »Problem« auch häufig wertfrei, also im Sinne von »Aufgabe« benutzt. Ich verwende ihn hier im Sinne von »unerwünschter Situation«.

aus dieser Schleife zu entkommen (das ist einer der Gründe dafür, warum es so viele Psychotherapeuten und Unternehmensberater gibt).

Ein Beispiel: Nehmen wir an, mein Bankkonto ist überzogen (so etwas soll ja vorkommen). Daraus schließe ich, dass ich über meine Verhältnisse gelebt habe und sparen sollte, um solche Situationen in Zukunft zu vermeiden. Mein Lösungsansatz besteht also in der Idee »Ich sollte sparen«. Damit richte ich meine Aufmerksamkeit automatisch auf alle möglichen Gelegenheiten zum Sparen, ich achte also darauf, nicht mehr so viel auszugeben, frage mich bei jedem materiellen Wunsch, ob ich mir das wirklich leisten kann usw. Worauf ist meine Wahrnehmung also gerichtet? Auf Einschränkung und Mangel! Die Angebotswelle, die mein Bewusstsein in die Zukunft sendet (siehe Abschnitt 5.4) enthält damit genau diese Information und wird mit einer dazu passenden Zukunftsvariante in Resonanz gehen – ich erlebe also eine Realität, in der sich Einschränkung und Mangel manifestieren!

Einfacher ausgedrückt: Mit der Idee »Ich sollte sparen« erschaffe ich eine Realität, in der ich genau das erlebe – also eine, in der ich sparen sollte! Praktisch heißt das, dass durch »dumme Zufälle« Dinge passieren werden, durch die ich trotz all meiner Sparbemühungen weiterhin sparen muss, zum Beispiel eine unerwartete, teure Autoreparatur oder andere unvermeidliche Geldausgaben. Statt das Problem zu beseitigen, habe ich es erneut erzeugt und damit stabilisiert.

Besonders fatal wird es, wenn ich die erneute Manifestation der Problemsituation als *Verschlimmerung* des Problems empfinde. Solange ich das hier beschriebene Rückkopplungsprinzip nicht durchschaue, wird das dazu führen, dass ich meine Bemühungen zur Problemlösung *verstärke* – in unserem Beispiel würde ich vielleicht denken: »Ach du meine Güte, auch das noch! Ich muss wirklich mehr sparen, damit mich so etwas nicht überrollt!« Damit ist aus dem »Ich *sollte* sparen« ein »Ich *muss* sparen« geworden. Das verstärkt die Ausrichtung meiner Wahrnehmung auf den Sparzwang und damit auf den Geldmangel. Sie können sich denken, was für eine Realität ich damit erzeuge: Ich *sollte* jetzt nicht mehr nur sparen, sondern ich *muss*! Es kommen also noch größere finanzielle Rückschläge auf mich zu.

Wenn ich aus dieser Spirale nicht aussteige, kann sich das bis zur Katastrophe steigern – mein Realostat läuft (zumindest in diesem Teilbereich des Lebens) aus dem Ruder, und die Rückkopplungsschleife lässt mein letztes Geld verpuffen, so wie eine akustische Rückkopplung einen Lautsprecher zum Durchschmoren bringen kann (Seite 167 f.).

Dies ist natürlich ein Extrembeispiel. In den meisten Fällen wird es nicht zu einer solchen ultimativen »Resonanzkatastrophe« kommen. Ob und wie häufig so etwas im Leben eines Menschen geschieht, hängt stark von seiner Lebenseinstellung ab. Ein Mensch, der bei Problemen schnell in Panik gerät (in der Sprache der Regelungstechnik würde man sagen: ein schwach gedämpfter Realostat) rutscht eher in eine solche Pechspirale als ein Mensch mit stabilerem Gemüt. Aber auch im Kleinen finden solche Rückkopplungsschleifen ständig statt und sorgen dafür, dass wir oft länger als nötig in unerwünschten Situationen verbleiben.

Eine Anmerkung: Einige Leser werden sich wahrscheinlich nach wie vor schwer tun mit der Vorstellung, dass ihr Bewusstsein tatsächlich auch ihre »objektive«, »äußere« Realität gestaltet, indem es dafür sorgt, dass immer die richtigen »Zufälle« in ihrem Leben passieren. Für die meisten Ausführungen in diesem Kapitel ist es aber auch nicht erforderlich, daran zu glauben. Selbst wenn man ganz konventionell davon ausgeht, dass wir unsere Realität ausschließlich im Rahmen der anerkannten Gesetzmäßigkeiten des Alltags beeinflussen, gelten die hier beschriebenen Prinzipien grundsätzlich weiterhin. Einen »dummen Zufall« wie den erwähnten unerwarteten Autoschaden kann man dann zwar nicht mehr so einfach als Folge der eigenen Wahrnehmung erklären, aber schon der Bereich der *subjektiven* Realitätsgestaltung, den wohl niemand in Frage stellen wird, ist für sich allein vollkommen ausreichend, um bei gleichen Ausgangsbedingungen vollkommen unterschiedliche Realitäten zu erzeugen.

Stellen Sie sich vor, Sie leben in einem Bewusstseinszustand, der permanent von Mangel-Gedanken wie »Ich muss sparen« oder »Ich brauche einen Job, um leben zu können« beherrscht wird. Würden Sie sich in diesem Zustand wohl fühlen? Natürlich nicht. Glauben Sie, dass Sie in diesem Zustand ständigen Unwohlseins kreativ sein könnten, um intelligente Lösungen für Ihre Lebenssituation zu entwickeln? Glauben Sie, dass Sie eine positive Ausstrahlung hätten, die Ihnen vielleicht einen besser bezahlten Job verschaffen könnte? Der *allergrößte* Teil unseres »Schicksals« wird von der eigenen Lebenseinstellung bestimmt – das wird jeder Psychologe oder Therapeut bestätigen, auch wenn er nicht an die (direkte) Erzeugung äußerer Ereignisse durch das Bewusstsein glaubt.

Alle Probleme beruhen darauf, dass wir eine Situation ablehnen. Ein Wunsch oder ein Lösungsansatz, der (ausschließlich) auf der Ablehnung der Situation basiert, führt niemals zum Ziel – er lenkt unsere Wahrnehmung auf das, was wir ablehnen, und erzeugt es damit immer wieder neu oder verstärkt es sogar.

Es ist sehr schwierig, aus dieser Problemspirale auszusteigen, wenn man sie nicht *vollständig* durchschaut hat. Gerade Menschen, die das Prinzip zu begreifen beginnen, es aber nicht komplett durchschauen, geraten häufig in trügerische Denkmuster, die die Gesamtsituation zwar verändern, aber nicht unbedingt verbessern.

Viele Menschen kommen beispielsweise irgendwann zu der (richtigen) Erkenntnis, dass die üblichen Problemlösungsmethoden nicht funktionieren, weil sie unsere Wahrnehmung auf etwas *Negatives* lenken. Wer das erkannt hat, kommt fast zwangsläufig auf die (ebenfalls richtige) Idee, dass die einzige Lösung darin bestehen kann, die Wahrnehmung stattdessen auf etwas *Positives* zu richten. Hierauf basieren die Methoden des »positiven Denkens«, zu denen auch die *Autosuggestion* gehört, bei der man sich selbst positive Aussagen vorspricht. Diese Methoden können Erstaunliches bewirken und das Leben massiv verbessern. Allerdings lauern hier einige Fallstricke:

Der erste Fallstrick ist der Ausdruck »positiv *denken*«. Viele Menschen glauben, dass es die Gedankeninhalte als solche seien, die die Realität gestalten, und dass eine Aussage wie »Ich bin ein wunderschönes, strahlendes Wesen!«, die man sich immer wieder vorspricht oder sich von einer Aufnahme vorspielen lässt, irgendwann die eigene Wahrnehmung und Lebenseinstellung zum Positiven verändern wird. Das funktioniert jedoch nur dann, wenn man die Aussage von vornherein als *wahr* empfindet, was man daran erkennt, dass sie beim Hören ein gutes Gefühl auslöst. Bewertet man die Aussage jedoch als unwahr, löst sie einen (manchmal auch nur unbewussten) Widerstand aus, der sich als unangenehmes Gefühl bemerkbar macht. In diesem Fall ist die eigene Wahrnehmung auf den unerwünschten aktuellen Zustand gerichtet.

Wenn Sie sich hässlich fühlen, wird die ständige Wiederholung von »Ich bin schön!« dieses Gefühl nur verstärken und schlimmstenfalls sogar eine reale Verschlechterung (zum Beispiel Pickel) auslösen. Die Kunst bei der Autosuggestion liegt darin, positive Aussagen zu finden, die man von vornherein als wahr (also angenehm) empfindet, die aber trotzdem geeignet sind, die eigene Wahrnehmung stärker als bisher auf das Positive zu lenken – etwa Tatsachen, die einem im Alltag nur selten bewusst werden, zum Beispiel »Ich habe jede Menge Freunde, die mich mögen.«

Der zweite Fallstrick besteht darin, einen subtilen *Zwang* in die Methode einzubauen. Wer mit positivem Denken erste Erfolge erlebt, kommt leicht zu dem Schluss: »Aha, ich muss also positiv denken, wenn ich meine Probleme lösen will!« Die Aussage »Ich muss positiv denken!« ist aber ein Widerspruch in sich, denn sie ist kein positiver Gedanke, sondern ein negativer! Das »ich *muss*« ist ein Zeichen dafür, dass man wieder in einen Zwang gerutscht ist, der auf der Überzeugung basiert, dass man Probleme bekämpfen muss. Wie wir bereits wissen, steuert eine Überzeugung unsere Wahrnehmung so, dass die Realität uns die Überzeugung exakt widerspiegelt. Wenn Sie glauben, etwas zu *müssen*, erleben Sie eine Realität, in der sie es (nach Ihren Maßstäben) *tatsächlich* müssen!

Was für eine Realität wäre geeignet, Ihnen die Überzeugung »Ich muss positiv denken!« zu bestätigen? Eine Realität *voller Probleme*, die Ihnen ein wunderbares »Übungsfeld« für positives Denken liefert! Hinzu kommt der Trugschluss, dass es der Inhalt unserer Gedanken (und nicht unsere Wahrnehmung) sei, die unsere Realität gestaltet. Das kann leicht dazu führen, dass man Angst vor den eigenen negativen Gedanken bekommt! Diese Angst wiederum lenkt die eigene Wahrnehmung auf jeden auch nur ansatzweise negativen Gedanken, der aufkommen könnte, und verstärkt dadurch natürlich genau diese Gedanken (die sich gemäß der Überzeugung zudem auch noch alle realisieren, wie beim Skiunfall von Thomas Klüh)! Das funktioniert nach dem bekannten Prinzip: »Denken Sie jetzt bitte *nicht* an einen rosa Elefanten!« Versuchen Sie das einmal.

Einige Menschen durchschauen diese Falle und wählen daher einen anderen Ansatz: Statt krampfhaft zu versuchen, alles positiv zu sehen, versuchen sie, jede unangenehme Situation so zu akzeptieren, wie sie kommt, oder alle negativen Gefühle sofort »loszulassen«, das heißt, sich nicht darauf zu konzentrieren. Auch dies sind wiederum sehr kluge Ansätze – doch auch sie gehen in der Praxis oft nach hinten los, weil man sich auch hier wieder sehr leicht eine zwanghafte Überzeugung daraus strickt. Worauf richte ich meine Wahrnehmung mit dem Grundsatz »Ich muss alles Unangenehme akzeptieren!« oder »Ich muss alle negativen Gefühle loslassen!«? Auf unangenehme Situationen und negative Gefühle! Wer akzeptieren und loslassen *muss*, findet an jeder Ecke neues »Material« zum Akzeptieren und Loslassen.

Auch diese Methode kann nicht wirklich funktionieren, solange die Motivation des Akzeptierens und Loslassens darin besteht, Probleme zu lösen, also etwas *loszuwerden*. Denn solange ich etwas loswerden will, habe ich es ganz offensichtlich weder akzeptiert noch losgelassen! Loswerden will ich nur *unangenehme* Dinge. »Unangenehm« bedeutet aber, wie das Wort schon sagt, *unannehmbar.* »Akzeptieren« bedeutet hingegen »annehmen«. Ich kann etwas nicht als unangenehm empfinden und es dennoch voll annehmen. Auch diese Methode widerspricht sich also selbst.

Oberflächliche Probleme können wir zwar tatsächlich oft mit einer der beschriebenen Methoden (oder auf noch trivialere Weise) lösen – sonst würde ja auch niemand an die Wirksamkeit dieser Methoden glauben. Die eigentliche Ursache aller Probleme liegt jedoch tiefer – es sind tief verwurzelte Denkmuster und Überzeugungen, die unsere Aufmerksamkeit immer wieder in dieselbe Richtung lenken und dadurch immer wieder ähnliche Probleme entstehen lassen.

Auch hier greift natürlich wieder das Realostat-Prinzip: Die grundlegenden Denkmuster eines Menschen werden von seiner Realität so häufig widergespiegelt und damit bestätigt, dass die meisten Menschen ihre negativen Überzeugungen gar nicht als Problem erkennen, sondern sie als »normal« empfinden und denken: »Die Welt *ist* eben so.« Hierzu gehören Grundsätze wie: »Man muss hart arbeiten, wenn man etwas erreichen will«, »Man darf nicht zu gutmütig sein, sonst wird man ausgenutzt«, »Ohne Geld kann man nicht leben«, »Man wird halt öfter mal krank« oder »Alle Männer sind Schweine«. Vor allem Pauschalisierungen mit Wörtern wie »man« oder »alle« sind häufig solche selbsterfüllenden Prophezeiungen, die ein ganzes Leben durchziehen (und ruinieren) können. Sie basieren wiederum auf noch grundlegenderen Überzeugungen, die sich normalerweise vollkommen im Unterbewusstsein verbergen.

In seltenen Fällen kann es zwar vorkommen, dass sich durch eine erfolgreiche Problemlösung die eigene Bewusstseinsausrichtung so sehr zum Positiven verändert, dass das dem Problem zugrunde liegende negative Denkmuster sich auflöst – das gelingt normalerweise jedoch nur bei weniger bedeutenden Problemen. Die Überzeugungen, die den größeren Problemen zugrunde liegen, sind zumeist so mächtig, dass sie sich nach Beseitigung eines »Symptoms« (der Lösung eines oberflächlichen Problems) einfach ein neues suchen.

Das ist der Hauptgrund, warum die meisten Menschen bestimmte Probleme mit geringen Variationen immer wieder und wieder erleben. Beobachten Sie einmal andere Menschen im Hinblick darauf, welche Grundsätze sie vertreten und wie ihr Leben sich gestaltet – bei anderen erkennt man den Zusammenhang zwischen Überzeugung und Realität meist leichter als bei sich selbst (sofern deren Überzeugungen von den eigenen abweichen). Angesichts der Problemserien mancher Menschen kann man nur den Kopf schütteln und sagen: »Das ist doch nicht normal!« Aber für den anderen *ist* es normal, genau wie Ihre eigenen Probleme für Sie »normal« sind.

Der bereits mehrfach erwähnte Glückstrainer Thomas Klüh hat dies in seinem Leben auf eindrucksvolle Weise erlebt. Aufgrund traumatischer Kindheitserfahrungen war in ihm die Überzeugung entstanden: »Ich muss mich schützen.« Worauf lenkt eine solche Überzeugung die eigene Wahrnehmung? Auf Gefahren und Angriffe! Wie ein Soldat im Buschkrieg sucht man die Umwelt ständig nach potentiellen Angreifern ab. Damit erzeugt man natürlich eine Realität voller Gefahren und Angreifer – eine Welt, in der man sich *tatsächlich* schützen muss. Zuerst wurde Thomas ständig von den Kindern aus der Nachbarschaft verprügelt. Dies war das *sichtbare* Problem, das »Symptom« – die eigentliche Ursache war jedoch die Überzeugung, sich schützen zu müssen, die durch das Symptom natürlich erneut bestätigt und stabilisiert wurde.

Thomas erkannte den Zusammenhang damals noch nicht und versuchte, das Problem auf der *sichtbaren* Ebene zu lösen, indem er Judo lernte und später auf Karate umstieg. Damit konnte er viele Angriffe abwehren – aber seine Überzeugung arbeitete weiter: Die Angriffe hörten nicht auf – je besser seine Kampfkünste wurden, desto stärker wurden die Gegner! Schließlich lernte er Kung Fu und legte damit problemlos einen Skinhead flach. Seitdem fühlte er sich *körperlich* unbesiegbar. Diese neue Überzeugung gestaltete natürlich Realität – Thomas wurde von diesem Tag an nie wieder *körperlich* bedroht.

Seine Grundüberzeugung, sich schützen zu müssen, war jedoch immer noch vorhanden und suchte sich eine neue Ausdrucksform: Thomas erfuhr von einem esoterisch »geschulten« Bekannten, dass es Menschen gebe, die einem die Lebensenergie absaugen könnten wie Vampire. Obwohl er dies zunächst nicht so recht glauben wollte, rastete seine Grundüberzeugung, sich schützen zu müssen, sofort wieder ein und ließ ihn »vorsichtshalber« annehmen, es *könnte* ja doch stimmen. Das genügte bereits, um die nächste Stufe der Spirale in Gang zu setzen: Thomas begegnete plötzlich tatsächlich Menschen, in deren Gegenwart er seine Energie schwinden spürte, was seinen Glauben an die Energievampire verstärkte, was wiederum eine entsprechende Realität erzeugte, in der schließlich immer stärkere Energiesauger auftauchten.

Irgendwann löste Thomas mit geeigneten esoterischen Schutztechniken auch diese Ebene des Problems, jedoch wiederum ohne seine grundlegende Überzeugung zu verändern. Daher stieg er erneut – wie er selbst es formuliert – »in die nächste Liga auf« und wurde nunmehr auf der rein psychischen Ebene angegriffen: Ein Geist wollte von ihm Besitz ergreifen (welcher Natur dieser Geist war, sei dahingestellt – wir haben ja gesehen, dass »Wesen« auf sehr unterschiedlichen Bewusstseinsebenen geschaffen werden können). Erst auf dieser Ebene gelang es Thomas, die ewige Serie von Angriffen endgültig zu stoppen, da er inzwischen erkannt hatte, dass seine Überzeugungen die eigentliche Ursache der äußeren Probleme waren.

Es gibt ziemlich kuriose Realitäten, die sich durch solche Problemspiralen stabilisieren können. Ich habe einmal einen Mann getroffen, in dessen unmittelbarer Nähe schon mehrfach Blitze eingeschlagen waren und der auch mehrere andere Menschen kannte, denen es ähnlich ging. Entsprechend groß war seine Angst vor Blitzen, die er mit dieser Bewusstseinsausrichtung natürlich magisch anzog ...

Auch noch exotischere Phänomene, die man im Volksmund als *Spuk* bezeichnet, beispielsweise Geistererscheinungen oder »Poltergeister« (scheinbar eigenständige Bewegung von Gegenständen), stehen Untersuchungen zufolge sehr häufig im Zusammenhang mit bestimmten Menschen, die unter massiven Problemen leiden. Diese sind in solchen Fällen meist so schwerwiegend, dass der Betroffene sie ins Unterbewusstein verdrängt hat. Nichtsdestotrotz – oder gerade deshalb – haben sie massive Wirkungen auf die »Außenwelt«, die oft (aber nicht immer) auch von anderen Individuen registriert werden. Offenbar handelt es sich um eine Art unbewusster Hyperkommunikation bzw. Psychokinese.

> *Oberflächlich sichtbare Probleme sind zumeist Ausdruck von Grundüberzeugungen, die wir in der Kindheit angenommen haben und für »die Wahrheit« halten. Solange sich eine negative Überzeugung nicht verändert, manifestiert sie sich in immer neuen Problemen und bestätigt sich dadurch selbst.*

Da wir festgestellt haben, dass negative Überzeugungen die Ursache aller chronischen Probleme sind, könnte man nun auf die Idee kommen, die Probleme dadurch zu lösen, dass man die zugrunde liegenden Überzeugungen ausfindig macht und verändert. Viele Therapiemethoden haben genau das zum Ziel.

Wie die anderen bereits besprochenen Problemlösungsmethoden geht jedoch auch diese sehr häufig nach hinten los. Falls Ihnen eine Ihrer negativen Überzeugungen plötzlich von selbst klar wird, können Sie die Chance natürlich nutzen und schauen, ob Sie sie nicht durch eine positive ersetzen können. Aber fangen Sie nicht an, gezielt nach Ihren negativen Überzeugungen zu *suchen*! Denn damit erschaffen Sie eine *neue* Überzeugung, die lautet: »Ich muss meine negativen Überzeugungen finden!« – und damit erschaffen Sie eine Realität, die Ihnen genau das widerspiegelt: Sie *müssen* Ihre Überzeugungen finden – sprich: Ihnen werden noch massivere Probleme als zuvor begegnen, die Ihnen bestätigen, dass Sie möglichst schnell Ihre

Überzeugungen entlarven *müssen*. Es ist dasselbe Dilemma wie bei der Überzeugung »Ich muss sparen«: Sie programmieren Ihre »Wahrnehmungs-Suchmaschine« auf alles, was Ihnen die Notwendigkeit Ihrer Überzeugung bestätigt, Sie finden also mehr und mehr »Beweise« für die Überzeugung.

Einige Menschen, die in diese Spirale geraten sind, kommen irgendwann zu dem Schluss, dass alle ihre negativen Überzeugungen wiederum nur Ausdrucksformen einer noch tiefer liegenden »Kernüberzeugung« sind. Das ist tatsächlich korrekt. Wer nun allerdings meint, er könne die Nebenwirkungen der Suche nach allen möglichen Überzeugungen dadurch umgehen, dass er direkt nach seiner Kernüberzeugung sucht, um das Übel an der Wurzel auszureißen, wird erst recht in der Katastrophe landen. Die Überzeugung »Ich muss die Wurzel allen Übels finden!« erzeugt natürlich eine Realität, in der Ihnen das Übel in *allen* denkbaren Ausprägungen entgegenlacht und Ihnen damit bestätigt, dass Sie seine Wurzel finden *müssen*, um all diese Probleme loszuwerden – nur tatsächlich *finden* werden Sie sie nicht, denn das würde ja Ihrer Überzeugung zuwiderlaufen, sie finden zu *müssen*! (Im Übrigen können Sie sich die Suche ohnehin sparen, denn ich kann Ihnen Ihre negative Kernüberzeugung nennen – sie ist nämlich bei allen Menschen dieselbe. Mehr dazu in Abschnitt 9.1.)

Bodo Deletz, auf dessen Arbeit ein großer Teil dieses Kapitels aufbaut, beschreibt im Anhang einiger seiner Bücher sehr lebendig seine eigenen Erfahrungen auf dem Weg durch das Labyrinth der Heilsmethoden. Jede neue Methode, die er ausprobierte, führte zunächst zu großen Erfolgen, was ihn dazu bewog, sie als *den* Lösungsweg für seine Probleme zu betrachten – worauf sich die Methode regelmäßig verselbständigte und sich ständig neues »Futter« suchte, um ihre eigene Wirksamkeit, von der Bodo ja überzeugt war, immer wieder beweisen zu können. Die Methode »Ich muss alles und jeden lieben« führte zum Beispiel dazu, dass Bodo fast nur noch unsympathische Menschen traf, bei denen das Lieben wirklich zum Müssen wurde. Jede Methode funktionierte zwar im Prinzip, aber statt wie gewünscht nach und nach alle Probleme zu beseitigen, erzeugte sie ständig neue, bis Bodo sich auf die nächste Methode stürzte, mit der aber genau dasselbe passierte – nur die Art der Probleme veränderte sich je nach Methode.

Selbst die tiefgründigsten esoterischen Methoden können keine substantielle Verbesserung bewirken, solange sie ein *Müssen*, also einen Zwang beinhalten: Ich muss sparen, ich muss positiv denken, ich muss loslassen ... Wenn ich glaube, dass ich etwas tun *muss*, erschaffe ich eine Realität, die mir genau dies bestätigt – ich *muss* dann tatsächlich permanent sparen, positiv denken, loslassen ...

Halten Sie sich aber bitte nicht allzu sehr an dem Wort »müssen« als solchem fest: Wenn Sie im Wohnzimmer sitzen und Durst bekommen, »müssen« Sie in die Küche gehen und sich etwas zu trinken holen, aber das betrachten Sie normalerweise nicht als Problem. Mit der Überzeugung »Ich muss in die Küche gehen, um etwas zu trinken zu bekommen« erschaffen Sie zwar eine Realität, die genau dies widerspiegelt (hätten Sie die Überzeugung nicht, könnten Sie sich ein Getränk aus dem

Nichts manifestieren[130]), aber diese Realität *macht Ihnen nichts aus*, weil Ihnen das Holen des Getränks nicht *unangenehm* ist. Darum richten Sie Ihre Wahrnehmung nicht auf den Zwang, in die Küche gehen zu müssen, sondern auf das kühle Bier! Dabei hilft Ihnen natürlich die Gewissheit, dass das Bier tatsächlich im Kühlschrank steht und der geringe Aufwand, es zu holen, bei Weitem durch den zu erwartenden Genuss aufgewogen wird. Darum manifestiert sich das »Problem« (der Gang in die Küche) nur ein einziges Mal und wird zudem gar nicht als Problem empfunden. Sie beachten es nicht weiter, und es ist sofort erledigt.

Würden Sie die Wahrnehmung dagegen auf den *Zwang* richten, würde sich dies als massiver Widerwille gegenüber dem lästigen Gang in die Küche bemerkbar machen. Sie würden dann *nicht* in die Küche gehen, sondern sitzen bleiben und das »Müssen« so richtig spüren – in Gestalt Ihres Widerwillens und Ihres wachsenden Durstes. Sie würden in Ihrem Problem so lange stecken bleiben und es verstärken, bis Sie entweder verdurstet wären oder der Leidensdruck so unerträglich würde, dass Sie sich entschließen würden, Ihre Wahrnehmung stattdessen auf das eigentliche Ziel zu richten und sich das Bier endlich zu holen. Es gibt Menschen, die tatsächlich die einfachsten Dinge (bewusst oder unbewusst) so sehr ablehnen, dass sie ständig in solche Lähmungssituationen rutschen.

Wenn also das *Müssen* die eigentliche Wurzel allen Übels ist, könnte man daraus die kuriose Schlussfolgerung ziehen: »Um meine Probleme zu lösen, *muss ich aufhören zu müssen*!« In dieser absurden Formulierung steckt eine tiefe, geradezu Zen-verdächtige Wahrheit. Um meine Probleme *wirklich* loszuwerden, muss (*muss?*) es mir gelingen, die Überzeugung loszuwerden, dass ich die Probleme loswerden muss! Dazu darf ich diese Überzeugung aber nicht als Problem betrachten, denn sonst würde ich ja wieder den Zwang empfinden, sie loswerden zu müssen, womit ich sie niemals loswerde ...

Die Zwickmühle scheint unauflösbar. Was können wir gegen unsere Probleme tun, wenn alle Methoden versagen oder ständig neue Probleme erzeugen? Wir können gar nichts *dagegen* tun, denn das »Dagegen« ist das eigentliche Problem! Und gegen das »Dagegen« kann man nichts tun, ohne ein neues »Dagegen« zu erzeugen! Das ist die Problemspirale, in der sich die meisten Menschen fast ständig drehen – ob sie es merken oder nicht.

Der *einzige* Ausweg aus dem Dilemma besteht darin, die *Probleme nicht mehr als Probleme zu betrachten*! Dann wäre unsere Wahrnehmung nicht mehr auf den Zwang, sie lösen zu müssen, gerichtet, und wir könnten ganz spielerisch die Situation verändern und verbessern. Damit würden wir ganz nebenbei dafür sorgen, dass die allermeisten Probleme gar nicht erst entstehen würden, denn unser Realo-

130 Von Christus wird berichtet, dass er Nahrung für Tausende von Menschen manifestieren und Wasser in Wein verwandeln konnte. In heutiger Zeit ist vor allem der indische Guru Sai Baba berühmt für seine Fähigkeit, Gegenstände aus dem Nichts zu materialisieren (seine Fähigkeiten sind allerdings sehr umstritten).

stat würde komplett von »Problem« auf »Lösung« umprogrammiert und würde Lösungen manifestieren, noch bevor eine Situation zum Problem werden kann!

Warum tun wir das nicht? Warum ist es so schwer, eine unangenehme Situation nicht als Problem, sondern nur als Aufgabe zu empfinden? Warum schaffen wir uns ein Leben voller Probleme, wenn wir doch eigentlich über grenzenlose Macht verfügen, um unser Leben beliebig zu gestalten? Im Prinzip ist das die individualisierte Variante der häufig gestellten Frage »Wie kann Gott, wenn er doch allmächtig ist, so viel Leid in der Welt zulassen?«.

Um die Antwort zu finden, müssen wir wieder zu den zu Beginn dieses Abschnitts erwähnten Grundmotivationen zurückkehren. Wir empfinden eine Situation dann als Problem, wenn sie ein unangenehmes Gefühl in uns auslöst. Hier wirkt unsere negative Grundmotivation, die uns dazu bringen will, die Situation zu verändern oder zu verlassen. Diese Motivation ist nichts anderes als *Angst*! *Alle* unsere negativen Überzeugungen, die sich als Probleme in unserem Leben manifestieren, basieren letztlich auf Angst, auch wenn wir diese auf der bewussten Ebene oft nur als subtil unangenehmes Gefühl wahrnehmen. Dieses Angstgefühl ist es, das uns den Zwang einimpft, das Problem lösen zu *müssen*.

> *Jede Problemlösungsmethode, die einen Zwang beinhaltet, also die Überzeugung, das Problem lösen zu MÜSSEN, kann nicht zu einer dauerhaften Lösung führen, denn ein Zwangsgefühl entsteht nur, wenn die Motivation, das Problem zu lösen, auf ANGST beruht, und Angst lenkt unsere Wahrnehmung immer wieder auf Probleme.*

Warum tritt diese Angst auf, und warum lässt sie sich nicht ohne weiteres vertreiben? Wie bereits erwähnt, sind Motivationen die Grundlage unseres Handelns und Denkens. Ohne Motivation würden wir überhaupt nichts tun – wir würden nur herumliegen und alsbald verdursten, wenn uns nicht schon vorher ein wildes Tier gefressen hätte. Wir würden weder für Nahrung sorgen noch uns vor Gefahren schützen. Motivationen sind also entscheidend für unser körperliches Überleben – sie sind ein entscheidender Teil unseres komplexen *Überlebenssystems*, auf das ich bereits zu Beginn dieses Buches kurz eingegangen bin. Um zu verdeutlichen, wie dieses System funktioniert und wie es uns in die Problemspirale befördert, möchte ich Sie einladen auf eine kleine Reise durch die Evolution und die Funktionen des Gehirns.

8.2 Ein Überlebenscomputer auf Abwegen

Warum fliegt eine Stubenfliege bis zur Erschöpfung immer wieder gegen eine Fensterscheibe, obwohl sie keine Chance hat, jemals hindurchzugelangen? Sie kann einfach nicht anders. Ihr einfaches Gehirn erlaubt es ihr nicht, zu verstehen, dass das unsichtbare Glas ein Hindernis darstellt. Einfache Tiere werden fast ausschließlich von angeborenen, fest vorgegebenen Verhaltensprogrammen gesteuert, die entweder ständig ablaufen (etwa die Steuerung von Herzschlag und Atmung) oder nach Bedarf von bestimmten körperlichen Reizen ausgelöst werden. Wenn eine Fliege zum Beispiel nass wird, registriert ihr Körper dies und startet das Flügelreinigungs- und -trocknungsprogramm, das Sie sicher schon einmal beobachtet haben. Man kann es mit einer Waschmaschine vergleichen: Je nachdem, welcher Knopf gedrückt wird, wird das Kochwäscheprogramm oder das Schonprogramm gestartet. Die Bewegungsabläufe von Insekten sind natürlich komplexer als die einer Waschmaschine, aber die *Steuerungsintelligenz* beider Systeme ist durchaus vergleichbar.

Diese automatischen Verhaltensprogramme sind perfekt darauf abgestimmt, das Überleben der jeweiligen Tierart sicherzustellen. Wenn nun allerdings ein solches Programm auf eine Situation trifft, auf die es nicht vorbereitet ist, kann dies zu unsinnigen Verhaltensweisen führen. Als das Insektenhirn entstand, gab es noch keine Fensterscheiben – sie sind im Programm einer Fliege schlicht nicht vorgesehen. Aus einem ähnlichen Grund fliegen Motten in eine Kerzenflamme: Sie verwechseln sie mit dem Mondlicht, das sie zur Orientierung nutzen. Solche fehlgeleiteten Programme fördern dann nicht mehr unbedingt das Überleben.

Anpassungsfähigkeit an möglichst viele unterschiedliche Situationen ist daher ein wichtiger Faktor für die Überlebensfähigkeit eines Lebewesens. Aus diesem Grund wurden die Verhaltensprogramme im Laufe der Evolution immer komplexer und vielfältiger. Je komplexer das Verhaltensrepertoire eines Tieres ist, desto mehr *Informationsverarbeitung* ist zwischen dem auslösenden Reiz und dem ausgelösten Verhaltensprogramm erforderlich.

Die einfachsten Verhaltensmuster – auch *Reflexe* genannt – werden direkt durch bestimmte körperliche Reize ausgelöst. Wenn zum Beispiel ein Fremdkörper in Nase oder Hals gelangt, wird das automatische Auswurfprogramm – der Nies- bzw. Hustenreflex – gestartet. Ein neugeborenes Affen- oder Menschenbaby greift automatisch zu, wenn es etwas in der Handfläche spürt (das ermöglicht dem Affenbaby, sich im Fell der Mutter festzuhalten, um sich von ihr tragen zu lassen). Auf der logischen Ebene sind Reflexe einfache *Wenn-dann*-Beziehungen: *Wenn Reiz A, dann starte Aktion X*. Dieses Muster ist so einfach, dass das Gehirn dafür gar nicht benötigt wird – die Nervenschaltungen laufen direkt im betroffenen Organ oder über das Rückenmark (den entwicklungsgeschichtlichen Vorläufer des Gehirns) ab, was den Vorgang zudem erheblich beschleunigt. Wenn Sie sich den Finger verbrennen, ziehen Sie ihn schon zurück, ehe Ihr Gehirn überhaupt den Schmerz und die Situation registriert.

Bei komplexeren Verhaltensmustern muss hingegen zunächst die *Gesamtsituation* analysiert werden, bevor das passende Programm gestartet werden kann – mehrere Sinnesreize müssen logisch verknüpft werden, um eine *Entscheidung* zu treffen, welches Verhalten am sinnvollsten ist. Ein brütendes Huhn etwa verteidigt sein Nest gegen Räuber, indem es jedes Tier attackiert, das sich dem Nest nähert – außer wenn es sich um ein Hühnerküken handelt! Das Küken wird hierzu anhand seiner typischen Piepstöne identifiziert. Das Huhn verknüpft also mehrere Informationen nach der Vorschrift: *Wenn* das Brutprogramm läuft *und* sich etwas nähert *und* es *nicht* piepst, *dann* greife es an! Man kann das leicht überprüfen: Wenn man dem Huhn die Ohren verstopft, attackiert es gnadenlos die eigenen Küken! Hier ist also keine Mutterliebe am Werk, sondern nur eine etwas verbesserte programmierte Steuerung, die statt der einfachen *Wenn-dann*-Beziehung eine logische Verknüpfung nach folgendem Muster beinhaltet: *Wenn A und B und nicht C, dann starte Aktion X.* Diese Stufe der Logik erfordert bereits eine zentrale Verarbeitungseinheit – das Gehirn.

Solche komplexeren angeborenen Verhaltensmuster bezeichnet man als *Instinkte* – dazu gehören etwa das Balzverhalten vieler Tiere, der Bau von Nestern oder der Aufbruch von Zugvögeln in den Süden, wenn ihr Körper den nahenden Winter registriert. Die Tiere tun dies ganz von selbst, sie müssen (und können) darüber nicht »nachdenken« und keine bewussten Entscheidungen treffen. Die Entscheidungen, was wann zu tun ist, trifft der biologische Computer in ihrem Kopf ganz automatisch.

Die Kommunikation zwischen Gehirn und Körper erfolgt dabei auf zwei Wegen: zum einen über Nervensignale, die dem Gehirn bestimmte Zustände melden (insbesondere körperliche Verletzungen in Form von Schmerz), zum anderen über chemische Botenstoffe (Hormone und Neurotransmitter), die in bestimmten Situationen ausgeschüttet werden, um den Körper in einen der Situation angemessenen Zustand zu versetzen. Umgekehrt wirken Botenstoffe auch neurochemisch auf das Gehirn zurück. Der wohl bekannteste Botenstoff ist das *Adrenalin,* das vor allem in Gefahrensituationen ausgeschüttet wird und die Körpersysteme schlagartig in einen erhöhten Spannungszustand (Stress) versetzt. Dies setzt die benötigte Energie frei, die dem Tier bei Gefahr die Flucht oder nötigenfalls den Kampf ums Überleben ermöglicht. Das wichtigste Gegenstück ist das *Dopamin,* das Euphorie erzeugt und die Kreativität ankurbelt. Andere Botenstoffe sind für Hunger, sexuelle Lust, Müdigkeit etc. zuständig.

Dieses komplexe biochemische Regelungssystem ist der Ursprung der *Gefühle.* Auf körperlicher Ebene ist ein Gefühl tatsächlich nichts anderes als ein vom Gehirn registrierter biochemischer Zustand des Körpers. Diese Signale lassen sich dabei grob in drei Kategorien unterteilen: *Lust- und Triebgefühle* – diese bringen ein Lebewesen dazu, etwas haben oder erreichen zu wollen (dies ist die im vorigen Abschnitt erwähnte positive Motivation), *Angst- und Ablehnungsgefühle* – diese lassen uns etwas vermeiden oder bekämpfen (negative Motivation), sowie *Befriedigungs- und Genussgefühle* – diese signalisieren, dass die aktuelle Situation als positiv zu bewerten und damit wiederholungswürdig ist (was wiederum zu Lustgefühlen führt). Auch beim Menschen basieren *alle* Motivationen letztendlich auf dem biochemischen Überlebenssystem des Körpers (dies mag im Augenblick unglaubwürdig klingen, wird aber später noch deutlicher werden).

> *»Von der Natur aus gibt es weder Gutes noch Böses. Diesen Unterschied hat die menschliche Meinung gemacht.«*
>
> *Setus Empiricus*

Die hier verwendete biochemische Definition von »Gefühl« ist sorgfältig zu unterscheiden von unserer gängigen Verwendung des Begriffs, bei der eine Vermischung von Körperempfindung und den damit einhergehenden *Gedanken* stattfindet. Für ein einfaches Tier sind Gefühle tatsächlich einfach nur Körpersignale, die dem Tier signalisieren, welches Verhalten angesagt ist. Sie werden nicht als »angenehm« oder »unangenehm« bewertet, denn dazu ist ein Tier auf dieser niedrigen Entwicklungsstufe gar nicht in der Lage. Auf dieser Ebene gibt es kein »gut« und »schlecht«, außer in dem Sinne, dass der Computer im Gehirn in gewissen Grenzen »weiß«, was dem Überleben dient und was nicht. Er weiß es jedoch nicht bewusst, genauso wenig wie Ihr Taschenrechner weiß, was eine Addition ist – er führt sie einfach auf Knopfdruck aus.

> *Gefühle sind auf körperlicher Ebene nichts anderes als biochemische Signale, die dem Informationsaustausch zwischen Körper und Gehirn dienen, um das der Situation angemessene Verhaltensprogramm auszuführen. Auf diesem Regelungssystem basieren unsere Motivationen, etwas erreichen oder vermeiden zu wollen.*

Nun werden höhere Tiere natürlich nicht nur von angeborenen Verhaltensprogrammen gesteuert. Schon bei Reptilien und Vögeln finden sich erste Ansätze einer Fähigkeit, die dann bei den Säugetieren zur vollen Blüte gelangte: die Entwicklung neuer Verhaltensprogramme anhand erlebter Erfahrungen – mit anderen Worten: die Fähigkeit zu *lernen*. Dies ermöglichte eine weitaus flexiblere Anpassung an neue Umgebungsbedingungen und Situationen als vererbte Verhaltensmuster.

Hierzu musste ein Informationsspeicher ins Gehirn integriert werden, der Erfahrungen für die Zukunft aufbewahren konnte – ein *Gedächtnis*. Dieses darf man sich allerdings nicht so vorstellen wie das, was wir Menschen als bewusste Erinnerung an vergangene Situationen erleben. Die ursprüngliche Version des Gedächtnisses ist wesentlich einfacher gestrickt und tut eigentlich nur eines: Sie registriert Kombinationen von Sinneseindrücken und Gefühlen und speichert diese als zusammengehörig ab. Man spricht daher auch vom *emotionalen Gedächtnis*. Nach aktuellem Kenntnisstand spielt hierbei die *Amygdala* (»Mandelkern«), ein Teilbereich des limbischen Systems im Zwischenhirn, eine zentrale Rolle, insbesondere im Zusammenhang mit Angst und Aggression.

Wann immer ein Säugetier eine Situation erlebt, die ein starkes Gefühl auslöst (was im Normalfall bedeutet, dass die Situation für das Überleben relevant ist), speichert das emotionale Gedächtnis alle nennenswerten Sinneseindrücke der Situation und verknüpft sie dabei mit dem erlebten Gefühl, was eine Art (unbewusster) *Bewertung* ermöglicht – wird zum Beispiel körperlicher Schmerz oder Angst (die auch von angeborenen Programmen ausgelöst werden kann) erlebt, so wird die entsprechende Situation als »gefährlich« und »zu vermeiden« gespeichert. Erlebt das Tier dann in der Zukunft eine hinreichend ähnliche Kombination an Sinneseindrücken, so werden anhand der im emotionalen Gedächtnis gespeicherten Bewertung die »passenden« Gefühle ausgelöst, die es dem Tier ermöglichen, so früh wie möglich angemessen auf die Situation zu reagieren. Ist die Situation beispielsweise als »gefährlich« gespeichert, so wird Angst ausgelöst, was dem Tier im Idealfall ermöglicht, so frühzeitig zu flüchten, dass es eine Wiederholung des schmerzhaften Erlebnisses aus der Vergangenheit vermeiden kann.

Diese Art des Lernens wird auch als *Prägung* oder *Konditionierung* bezeichnet (lat. *conditio* = Bedingung), weil sie festlegt, unter welchen Bedingungen bestimmte Verhaltensmuster ausgelöst werden. Sehr bekannt ist ein Experiment des russischen Mediziners und Verhaltensforschers Iwan Pawlow (1849-1936), der das Prinzip der Konditionierung entdeckte: Er erfand eine Vorrichtung, die den Speichelfluss eines Hundes messen konnte. Dieser erhöht sich normalerweise, wenn ein Hund frisst oder Futter riecht. Pawlow läutete nun jedes Mal, wenn der Hund Futter bekam, eine Glocke. Nach einer Weile stellte er fest, dass der Hund bereits beim Klang der Glocke seine Speichelproduktion erhöhte, selbst wenn er das Futter noch gar nicht riechen oder sehen konnte. Das emotionale Gedächtnis des Hundes hatte den akustischen Sinneseindruck der Glocke mit der Wahrnehmung des Futters gekoppelt und löste die entsprechenden Körperreaktionen später auch dann aus, wenn nur noch ein Teil des ursprünglichen Reizspektrums (nämlich der Glockenklang ohne die Wahrnehmung des Futters) auftrat.

Das Konditionierungssystem wird auch bei der *Dressur* von Tieren ausgenutzt: Indem man das gewünschte Verhalten *belohnt* (meist mit Futter) und das unerwünschte *bestraft* (mit Schmerz oder Angst auslösenden Reizen), wird gezielt ein bestimmtes Verhaltensprogramm im Gehirn des Tieres verankert. Einfache Tiere ohne emotionales Gedächtnis lassen sich kaum oder gar nicht dressieren.

Damit eine Konditionierung funktioniert, muss erstens die Kopplung der Reize eindeutig sein (würde der Hund zu allen möglichen Gelegenheiten Glockenklänge hören, würde er sie nicht speziell mit Futter in Verbindung bringen), zweitens muss die Reizkopplung einige Male *wiederholt* werden, bevor sie als relevant erkannt wird. Hierdurch wird sichergestellt, dass nur solche Konditionierungen gespeichert werden, die tatsächlich auf systematischen Zusammenhängen basieren und nicht auf einmaligen Zufallsereignissen. Dadurch werden Fehlprogrammierungen weitgehend ausgeschlossen – zumindest in der *natürlichen* Umgebung des Tieres, für die das Konditionierungssystem entwickelt wurde und die sich durch eine gewisse Konstanz auszeichnet. In einer *künstlichen* (oder stark veränderlichen) Umgebung kann es ganz anders aussehen – ob Pawlows Glocke dem Hund auch nach Beendigung der Versuchsreihe noch zuverlässig signalisiert hat, dass es gleich Futter gibt, darf bezweifelt werden. Wir werden noch sehen, dass es fatale Folgen haben kann, wenn das Konditionierungssystem auf Umstände trifft, für die es nicht gedacht war – das Ergebnis ist nicht viel erfreulicher als bei der Fliege und der Fensterscheibe.

Das emotionale Gedächtnis speichert Sinnesreize zusammen mit den in der jeweiligen Situation erlebten Gefühlen ab und bewertet später ähnliche Situationen entsprechend entweder als »erstrebenswert« oder als »gefährlich«.

Auch das Konditionierungssystem hat also seine Grenzen. Daher entwickelte die Natur im nächsten Evolutionsschritt des Gehirns ein noch weit komplexeres und genialeres System zur Entwicklung neuer Verhaltensweisen. Dieses in der Großhirnrinde (Neocortex) lokalisierte System beinhaltet eine verbesserte Art von Gedächtnis,[131] das Sinneseindrücke wesentlich umfassender und detaillierter abspeichert als das emotionale Gedächtnis – nämlich so detailliert, dass Bilder, Klänge usw. in fast derselben Qualität wieder aus dem Gedächtnis abgerufen werden können, in der sie ursprünglich »live« vom Gehirn empfangen wurden. Vor allem aber ist dieses System in der Lage, die so gespeicherten Daten auf vielfältigste Weise neu zu verknüpfen und Gesetzmäßigkeiten darin zu erkennen.

Auf diese Weise entwickelt das Großhirn im Laufe der Zeit ein theoretisches *Modell der Wirklichkeit*. Dadurch können real erlebte Situationen im Nachhinein weitaus detaillierter analysiert und in ihrem Wirkungszusammenhang durchschaut werden als durch das Konditionierungssystem. Die gewonnenen Erkenntnise tragen wiederum zur Verfeinerung des Wirklichkeitsmodells bei.

Anhand dieses Wirklichkeitsmodells kann das System nun eine *simulierte Realität* – auch *Fantasie* genannt – vor einer Art innerem Auge erzeugen. Dadurch können Situationen, die *noch gar nicht stattgefunden haben*, im Gehirn theoretisch durchgespielt werden, um intelligente Lösungen zu finden, bevor sie tatsächlich benötigt werden, was besonders in zeitkritischen Situationen lebensrettend sein kann. So wie ein angehender Pilot zunächst gefahrlos im Flugsimulator trainiert, ermöglicht der Realitätssimulator im Gehirn das gefahrlose »Üben« von potentiell überlebensrelevanten Situationen und das Planen von Lösungen, die in Echtzeit (ohne Vorbereitung) nicht realisierbar wären.

Dieses System ist das, was wir im engeren Sinne als *Denken* bezeichnen. Es ergänzt die einfachen *Wenn-dann*-Beziehungen der angeborenen oder durch Konditionierung erlernten Verhaltensmuster um wesentlich komplexere Strukturen wie *Das ist so, weil ...* oder *Was wäre, wenn ...*, die sich zudem mit zunehmender Leistungsfähigkeit der Großhirnrinde zu immer längeren logischen Ketten verknüpfen lassen, aus denen immer komplexere Gedankenwelten und entsprechende Manifestationen in der Außenwelt hervorgehen. Das reicht von der Erkenntnis, dass Früchte

131 Wie bereits in Abschnitt 6.3 erwähnt, ist nicht abschließend geklärt, ob unser Gedächtnis tatsächlich physikalisch im Gehirn lokalisiert ist – in jedem Fall steht es in einer engen Wechselbeziehung mit den Funktionen der Großhirnrinde.

besser schmecken, wenn man sie vor dem Essen wäscht (dies kann bereits ein Affe lernen) bis zur Entwicklung einer Weltraumsonde, die zum Jupiter fliegt (dies schafft nur der Mensch – es waren zwar bereits Affen im All, jedoch nicht freiwillig ...).

> *Das Denksystem in der Großhirnrinde ist das modernste und komplexeste der verschiedenen Überlebenssysteme im Gehirn. Es erschafft ein theoretisches Modell der Wirklichkeit, das es uns ermöglicht, vergangene Situationen systematisch zu verstehen und zukünftige Situationen theoretisch durchzuspielen und zu planen.*

Unser Denkapparat unterteilt sich dabei in zwei sehr unterschiedlich funktionierende Teilsysteme, die sich perfekt ergänzen:

Die rechte Hälfte der Großhirnrinde arbeitet *assoziativ* und *parallel,* das heißt, sie kann in kürzester Zeit unglaublich viele Informationen miteinander in Beziehung setzen und neue Informationen daraus ableiten. Das geschieht so schnell, dass wir einen großen Teil dieser Prozesse gar nicht bewusst registrieren. Man spricht daher auch von *Intuition* (Eingebung), wenn dieses System scheinbar aus dem Nichts Ergebnisse hervorbringt, die in unser Bewusstein gelangen. Die intuitive Gehirnhälfte steht außerdem in engem Kontakt zum Emotionssystem und bezieht unsere Gefühle stark in die Vernetzung und Bewertung von Informationen ein.

Der Vorteil dieser massiven Parallelverarbeitung ist ihre unglaubliche Geschwindigkeit – diese kann lebensrettend sein. Der Nachteil dieses Systems ist, dass es sich seine Geschwindigkeit mit einer gewissen Ungenauigkeit erkaufen muss. Es neigt zu Verallgemeinerungen, die manchmal zu weit gehen, und kommt daher manchmal zu falschen Ergebnissen. Was es einmal als »Wahrheit« erkannt zu haben glaubt, hinterfragt es von sich aus nicht mehr – auch nach Jahren nicht, denn für die rechte Gehirnhälfte hat Zeit so gut wie keine Bedeutung.

Glücklicherweise arbeitet die linke Gehirnhälfte genau umgekehrt: Sie analysiert Informationen *sequentiell* (das heißt schrittweise nacheinander) und *logisch.* Dieses System nennen wir *Verstand* oder *Intellekt.* Sein großer Vorteil ist seine extreme Genauigkeit. Hat der Verstand einmal eine Gesetzmäßigkeit korrekt erkannt, kann er sie – sofern er nicht durch andere Gehirnzentren gestört oder blockiert wird – mit höchster Präzision und fast ohne Fehler anwenden, um Situationen zu verstehen oder Ergebnisse vorherzusagen. Der Nachteil ist, dass dieses System wesentlich langsamer arbeitet als die Intuition und leicht den Gesamtzusammenhang aus den »Augen« verliert.

Der Verstand kann höchstens sieben Informationseinheiten zugleich im Überblick behalten (die Zahl 15 703 zum Beispiel können Sie wahrscheinlich noch als eine Einheit erfassen, die Zahl 4 790 576 311 aber sicherlich nicht mehr). Er muss daher zeitlich gekoppelte Verarbeitungsketten bilden. Diesem System entspringt unser Verständnis von *Kausalität,* also Ursache und Wirkung und deren zeitlichem Zusammenhang. Tatsächlich ist es der Verstand, der uns überhaupt erst eine *Vorstellung von Zeit* vermittelt, da er diese für seine Arbeitsweise zwingend benötigt. Die intuitive Gehirnhälfte denkt dagegen in *Beziehungen*, nicht in zeitlichen Abläufen.

Beide Gehirnhälften ergänzen sich also in idealer Weise gegenseitig. Die rechte Hälfte verarbeitet in kürzester Zeit extreme Datenmengen und schafft einen umfassenden Wahrnehmungshintergrund, und die linke Hälfte kümmert sich um die Details und korrigiert eventuelle Fehlurteile ihres Gegenstücks.

Im Alltag unserer Zivilisation ist bei Erwachsenen meist die linke Gehirnhälfte dominant – bei Männern noch stärker als bei Frauen, weshalb man das logische, prozessorientierte Denken eher als »männlich« (Yang) und das intuitive, beziehungsorientierte Denken eher als »weiblich« (Yin) einstuft. Unser Bewusstsein identifiziert sich normalerweise vorrangig mit dem Verstand und konzentriert sich in seiner Beobachterrolle auf ihn. Der Verstand wiederum ist es, der die Welt in »Dinge« zerlegt (siehe auch Kapitel 1), und der daher auch uns selbst zu einem »Ding« – einer Person, einem Individuum – macht. Es ist die Identifikation des (an sich frei beweglichen) Bewusstseins mit dem Verstand, die das *Ego*, das individuelle Selbst-Bewusstsein, hervorbringt (siehe auch Abschnitt 6.1).

Unser Großhirn teilt sich in zwei Hälften auf, von denen die rechte intuitiv und beziehungsorientiert arbeitet, während die linke logisch und in zeitlichen Zusammenhängen denkt. Das Bewusstsein identifiziert sich im Alltag meist mit der linken Gehirnhälfte (dem Verstand) und erzeugt damit unser Ich-Empfinden – das Ego.

Delphine und Menschen verfügen über die mit Abstand größten Großhirnrinden aller irdischen Lebewesen. Was die Delphine damit machen, ist bisher nur in Ansätzen erforscht (sie verfügen über ausgeprägte Sozialstrukturen und Kommunikationsfähigkeiten). Beim Menschen bringt das Denken – das Zusammenspiel von Verstand und Intuition – Dinge wie Sprache, Wissenschaft und Technik, Philosophie, Literatur, Kunst und Musik, aber auch Krieg und Umweltzerstörung hervor.

Unser Denken ist allerdings – und das ist nur wenigen Menschen klar – nicht der eigentliche *Motivator* für das Hervorbringen all dieser erstaunlichen Dinge, sondern lediglich ein *Werkzeug* zu deren Umsetzung. Es erfüllt damit im Prinzip genau die Aufgabe, für die es die Natur geschaffen hat: die Entwicklung intelligenter Lösungen für vorgegebene Aufgaben. Die eigentliche Motivation für unser Handeln und Streben entsteht *nicht* im Denken, sondern dort, wo auch die Motivationen einfacherer Lebewesen entstehen: im *Emotionssystem*, das von angeborenen oder durch Konditionierung erlernten Reaktionsmustern bestimmt wird.

Vielleicht erscheint Ihnen diese Behauptung spontan als zu starke Vereinfachung – immerhin sind es ja im Alltag meist keine rein gefühlsmäßigen Impulse, die uns dazu bringen, bestimmte Dinge zu tun, anzustreben oder zu meiden, sondern ganz klare *Gedanken*. Diese Gedanken sind zumeist das Ergebnis vorhergehender, ebenso rationaler Überlegungen und rational analysierter Erfahrungen, diese wiederum beruhen auf noch früheren Gedanken usw. Auf den ersten Blick erscheint es also wenig glaubwürdig, dass wir, die wir gigantische logische Konstrukte und materielle Werke mit Hilfe des Denkens hervorbringen, im Grunde ausschließlich gefühls- und triebgesteuerte Wesen sein sollen.

Ergebnisse der jüngeren Gehirnforschung deuten jedoch stark darauf hin, dass das Großhirn gar keine wirklich sinnvollen rationalen Entscheidungen treffen könnte, wenn es nicht ständig mit emotional motivierten Vorentscheidungen aus dem Zwischenhirn versorgt würde. Der Neurologe Antonio R. Damasio präsentierte 1997 die Theorie der *somatischen Marker* – damit sind Wahrnehmungen bestimmter emotionaler Körperzustände gemeint, die vom Stirnlappen des Gehirns registriert werden und den Verstand dazu bringen, »in eine bestimmte Richtung« zu denken, um sinnvolle Entscheidungen zu treffen.

Patienten, bei denen der Stirnlappen des Gehirns zerstört ist, können zwar durchaus noch logisch denken und schneiden bei Intelligenztests oft ganz normal ab, aber sie sind nicht mehr in der Lage, vorausschauende, vernünftige Entscheidungen zu treffen, und setzen den Verstand nur noch in sehr kurzsichtiger Weise ein, wodurch eine sinnvolle Lebensplanung kaum noch möglich ist (ein Patient, von dem Damasio berichtet, ließ sich plötzlich auf zweifelhafte Geschäfte ein, verlor dadurch sein Vermögen, trennte sich von seiner Frau und ließ sich schließlich nur noch ziellos durchs Leben treiben). Zugleich zeigte sich, dass solche Patienten den direkten Bezug zu ihren Gefühlen verlieren – so lösen etwa schockierende Bilder keine entsprechende emotionale Reaktion mehr aus, obwohl der Patient den Bildinhalt rein sachlich völlig korrekt einstuft.

Offenbar funktioniert also das, was wir »Vernunft« nennen, nicht allein auf Basis des Denkens, sondern hängt entscheidend davon ab, dass unser Großhirn ständig den emotionalen Zustand des Körpers auswertet, selbst bei Gedankengängen, die wir bewusst als vollkommen gefühlsneutral empfinden. Ohne diesen ständigen »Input« aus dem Gefühlssystem ist das Großhirn fast wie ein Computer ohne sinnvolle Software – die Logik funktioniert einwandfrei, kleine Aufgaben werden auch problemlos bewältigt, aber sie werden nicht in einen größeren Zusammenhang gestellt. Es fehlt ein übergeordnetes Ziel, das auf der *Gefühlsebene* als »sinnvoll« bewertet wird. Das Denksystem für sich allein kann nichts bewerten, weil ihm ohne die emotionale Rückkopplung die Grundlage für sein Wertesystem fehlt.

> *Unser Denksystem kann Informationen nur analysieren und verknüpfen, aber nicht von sich aus als »gut« oder »schlecht« bewerten. Für eine »sinnvolle« Lebensgestaltung ist es auf ein von den Instinkten und vom emotionalen Gedächtnis vorgegebenes Wertesystem angewiesen.*

Worin bestehen nun die übergeordneten, also die »eigentlichen« Ziele bei einem Menschen, dessen Gehirn intakt ist? Was ist es wirklich, das uns zum Denken und Handeln motiviert?

Sie können das sehr einfach selbst herausfinden: Suchen Sie sich einmal ein beliebiges Ziel aus, das Sie anstreben oder als erstrebenswert betrachten, und hinterfragen Sie, warum sie es erreichen möchten. Sie werden feststellen, dass das Ziel ein Mittel zum Zweck ist, um ein weiteres Ziel zu erreichen. Hinterfragen Sie dann dieses weitere Ziel erneut, und setzen Sie dies so lange fort wie möglich. Sollten Sie in der Kette einmal auf eine Antwort stoßen, die ein *Vermeiden* beinhaltet (»Ich möchte *X* erreichen, damit *Y nicht* passiert.«), fragen Sie sich, was das eigentliche Ziel ist (»Wenn ich *Y* vermeiden will, was will ich dann *stattdessen* erreichen?«).

Ein Beispiel: Ich wünsche mir einen gut bezahlten Job. *Warum*? Weil ich dann viel Geld bekomme. *Warum* will ich viel Geld? Weil ich mir dann keine Sorgen um meine Existenzsicherung machen muss. *Dies ist ein Vermeidungsgedanke, also:* Was will ich, *statt* mir Existenzsorgen zu machen? Mir alles Mögliche leisten können. *Warum* will ich das? Weil ich mir dann endlich die tollen Sachen kaufen kann, die ich schon immer haben wollte. *Das ist sehr allgemein – was zum Beispiel?* Ich hätte gern ein Wohnmobil. *Warum* will ich das? Weil ich dann durch ganz Europa fahren könnte. *Warum* will ich das? Weil ich mich dann frei und ungebunden fühle. *Warum* will ich das? Weil ... ja, weil sich das *einfach gut anfühlt!*

An dieser Stelle ist die Kette zuende – und auch wenn sie je nach Fragestellung und Persönlichkeit sehr unterschiedlich aussehen und auch wesentlich länger sein kann, kommt am Ende immer dasselbe heraus: *Es fühlt sich einfach gut an!* Probieren Sie es aus – Sie werden keinen Wunsch finden, den Sie nicht letztendlich darauf zurückführen können, dass Sie ein angenehmes Gefühl damit erreichen wollen! Dass es dabei wirklich vorrangig um das Gefühl geht, können Sie leicht überprüfen, indem Sie das Gefühl gedanklich von der Sache entkoppeln – in diesem Fall: »Was hätte ich lieber – das Wohnmobil ohne das schöne Gefühl oder das schöne Gefühl ohne das Wohnmobil?«

Nach dem gleichen Prinzip können Sie sich umgekehrt nun auch Ihre Vermeidungsmotivationen ansehen. Suchen Sie sich etwas aus, das Ihnen unangenehm ist, das Sie also *nicht* haben möchten. Fragen Sie sich: Warum will ich das vermeiden? Was ist schlimm daran?

Nehmen wir als Beispiel die Existenzsorgen, auf die wir schon in unserem obigen Beispiel für eine Wunschkette gestoßen sind – diesmal fragen wir jedoch nicht, was wir *stattdessen* wollen, sondern verfolgen die Motivation in umgekehrter, negativer Richtung: Was will ich vermeiden, wenn ich Existenzsorgen habe? Dass ich zu wenig Geld habe. *Was wäre schlimm daran?* Ich müsste meine Wohnung aufgeben und könnte mir nichts mehr leisten. *Was wäre schlimm daran?* Ich müsste in einer Sozialwohnung leben. *Was wäre schlimm* daran? Dann gehöre ich zum Abschaum der Gesellschaft. *Was wäre schlimm daran?* Dann will keiner mehr etwas mit mir zu tun haben. *Was wäre schlimm daran?* Dann bin ich ganz allein! *Was wäre schlimm daran?* Nun ... das *ist* einfach schlimm! Das fühlt sich schrecklich an!

Wie fast zu erwarten war, endet auch diese Kette – ebenso wie (fast) jede andere Kette von Vermeidungsmotivationen, bei einem simplen Gefühl, nur diesmal bei einem unangenehmen: *Es fühlt sich einfach schrecklich an!* Die einzige Ausnahme: In einigen Fällen stößt man bei Vemeidungsketten auch auf die etwas härtere Variante: *Dann muss ich sterben.*

Alle unsere Wünsche und Ängste, alles Erstrebenswerte und Vermeidenswerte in unserem Leben sind motiviert von nur zwei letztendlichen Zielen: Wir versuchen, angenehme Gefühle zu erreichen und unangenehme Gefühle (oder unmittelbare Lebensgefahr) zu vermeiden. Ohne diesen ursprünglichen Anstoß aus unserem Emotionssystem würde die gesamte Motivationskette zusammenbrechen.

> *Die einzigen Motivationen, die Menschen zum Handeln bewegen, sind das Erreichenwollen von angenehmen Gefühlen und das Vermeidenwollen von unangenehmen Gefühlen (und direkter Lebensgefahr). Alle anderen Ziele sind sekundär und lassen sich auf diese Primärmotivationen zurückführen.*

Nun habe ich in diesem Abschnitt (Seite 260 ff.) bereits ausgeführt, dass Gefühle ein direktes Produkt von angeborenen oder durch Konditionierung antrainierten Verhaltensprogrammen sind und den Zweck haben, das jeweilige Lebewesen zu einem Verhalten zu bewegen, das seinem eigenen Überleben und dem Überleben seiner Art dient. Ähnlich wie bei einer Tierdressur angenehme und unangenehme Gefühle gezielt eingesetzt werden, um das »richtige« Verhalten zu belohnen und das »falsche« zu bestrafen, »dressiert« sich ein Lebewesen in der Natur über seine Gefühle sozusagen selbst dazu, sich überlebensfördernd zu verhalten. Dies tut es selbstverständlich nicht bewusst – vielmehr gibt es eingebaute »Dompteure«, nämlich die angeborenen Verhaltensprogramme (Instinkte), die dem Lebewesen erste Vorgaben darüber vermitteln, was »gut« und was »schlecht« (im Sinne des Überlebensziels) ist, und je nach erlebter Situation entsprechende Belohnungsgefühle oder Vermeidungsgefühle produzieren.

Ausgehend von dieser sehr einfachen Informationsbasis werden dann bei höheren Lebewesen auf dem Wege der Konditionierung weitere Verhaltensprogramme hinzugefügt, die wiederum zur Entwicklung weiterer Programme führen usw. Verfügt das Lebewesen außerdem noch über ein ausgeprägtes Großhirn, können aus den vom emotionalen Gedächtnis vorgegebenen Verhaltensmustern noch weitaus komplexere Verhaltensregeln abgeleitet werden, bei denen teilweise nur noch schwer nachzuvollziehen ist, dass auch diese letztlich auf die von den Instinkten ausgehenden Grundmotivatonen zurückzuführen sind. Aber genau das ist der Fall: *Alles*, was Lebewesen tun, dient letztlich dazu, die von ihren Instinkten vorgegebenen Grundmotivationen zu erfüllen.

Der Mensch ist hier keine Ausnahme. Das bedeutet nichts anderes, als dass all unser Fühlen, Denken und Handeln letztlich einzig dem Überleben dient – oder sagen wir besser, dienen *sollte*, denn ganz offensichtlich bringen gerade Menschen so einiges hervor, was kaum geeignet ist, den Fortbestand ihrer eigenen Rasse zu sichern – etwa Krieg und Umweltzerstörung. Dennoch ist das Ziel des Überlebens die dahinter steckende Urmotivation. Ganz offensichtlich ist unser Überlebenssystem also irgendwie auf Abwege geraten und verfehlt stellenweise seinen eigentlichen Zweck ganz massiv. In bester Absicht lässt uns der Computer in unserem Kopf immer wieder wie die Fliegen gegen die Fensterscheibe oder wie die Motten in die Kerzenflamme fliegen.

Dieser Vergleich ist gar nicht so weit hergeholt – tatsächlich liegt der Hauptgrund für das so oft destruktive Verhalten von Menschen darin, dass unser Überlebenssystem auf Situationen trifft, auf die es schlicht nicht vorbereitet ist. Unsere Zivilisation ist wenige tausend Jahre alt – nach dem Zeitmaßstab der biologischen Evolution ist das ein verschwindend kurzer Zeitraum, der für grundlegende Veränderungen im Körper und Gehirn bei Weitem nicht ausreicht. Biologisch gesehen gibt es zwischen uns und den ersten Vertretern unserer Art vor 40 000 Jahren keinen nennenswerten Unterschied. Und was unsere Instinkte betrifft, ist selbst der Unterschied zu einem Schimpansen nur minimal. Wir agieren in unserer hochtechnisierten Zivilisation also auf Basis eines Gehirns, das für das Leben in der wilden Natur der Vorsteinzeit entwickelt wurde!

Auf welche Weise versuchen nun unsere Instinkte, unser Überleben zu sichern? Erinnern wir uns noch einmal an die vorhin besprochenen Motivationsketten: Der letzte Schritt jeder Kette ist entweder eine positive Emotion, die wir anstreben, oder eine negative Emotion bzw. eine unmittelbare Lebensgefahr, die wir vermeiden wollen. Fast noch interessanter ist jedoch der *vorletzte* Schritt jeder Kette – er deutet darauf hin, welcher unserer Instinkte unsere Motivation vorrangig auslöst. Hier finden wir positive Aussagen wie: »Dann werde ich geliebt«, »Dann kann ich machen, was ich will«, »Das kann ich so richtig genießen« oder »Dann bin ich sicher«, auf der anderen Seite negative Aussagen wie »Dann bin ich ganz allein« (dies ist die häufigste Aussage – sie würden überrascht sein, wie viele alltägliche Probleme sich auf diese eigentlich äußerst realitätsfremde Angst zurückführen lassen), »Dann muss ich verhungern und erfrieren«, »Dann fühle ich mich total unter Zwang« oder »Dann kann ich nie wieder Spaß haben«.

Probieren Sie es aus – sie werden kurz vor Ende jeder Kette immer wieder auf dieselben oder sehr ähnliche Aussagen stoßen; ihre Zahl ist sehr überschaubar. Diese elementaren Ziele bzw. Ängste werden unmittelbar von unseren Instinkten erzeugt. Nachfolgend habe ich die für den Menschen relevanten Grundinstinkte zusammengestellt. Sie entsprechen in etwa dem Repertoire, über das alle Primaten verfügen:

1. Der Überlebenstrieb

Im Grunde sind alle Instinkte Überlebenstriebe. Hier ist jedoch derjenige gemeint, der uns vor *unmittelbarer* Lebensgefahr schützt. Dies ist der dominanteste unserer Grundinstinkte – wenn er angesprochen wird, drängt er alle anderen Motivationen in den Hintergrund, denn deren Erfüllung nützt wenig, wenn man tot ist. Der Überlebenstrieb hat zwei Hauptaspekte:

1.a) Der direkte Überlebenstrieb

Zum einen sorgt der Überlebenstrieb dafür, dass wir Vermeidungsgefühle wie Hunger, Durst und körperliche Schmerzen verspüren, die uns signalisieren, dass unser Körper in Gefahr ist, und uns zu entsprechenden Gegenmaßnahmen (Nahrungssuche, Schutzsuche, Wundenpflege usw.) motivieren.

1.b) Der Sicherheitsinstinkt

Zum anderen hat der Überlebenstrieb auch einen vorbeugenden Aspekt, den *Sicherheitsinstinkt*. Er kann Gefahren identifizieren, *bevor* sie den Körper tatsächlich schädigen, und aktiviert daraufhin mittels Adrenalin das Flucht- und Kampfprogramm. Er bringt zu diesem Zweck einige angeborene Urängste mit, etwa die Angst vor großer Höhe, Feuer, Dunkelheit, sehr lauten Geräuschen, Kriechtieren und Unbekanntem – Dinge, die in der freien Natur sehr oft Gefahr bedeuten. Zusätzliche Angstprogramme werden auf Basis dieser Urängste durch Konditionierung erworben. Der Sicherheitsinstinkt erzeugt umgekehrt Belohnungsgefühle, wenn er keine Gefahr wahrnimmt – man fühlt sich sicher und beruhigt.

Der Sicherheitsinstinkt ist bei Menschen besonders ausgeprägt: Primaten zählen zu den *Fluchttieren*, die bei Gefahr eher weglaufen als angreifen. Bei ihnen ist der Sicherheitsinstinkt daher noch dominanter als bei Raubtieren. Jede neue Situation wird zunächst auf mögliche Gefahren untersucht, bevor andere Motivationen ausgelebt werden dürfen. Ob Sie es glauben oder nicht: Dies ist der Hauptgrund, warum Menschen dazu neigen, erst alle Probleme lösen zu wollen, bevor sie das Leben genießen können!

2. Der Rudelinstinkt

Dies ist bei Menschen, die wie die meisten Primaten zu den Rudeltieren gehören, der zweitwichtigste Instinkt, der zur Zeit seiner Entstehung ebenfalls äußerst überlebensrelevant war. In der freien Natur voller Raubtiere konnten Menschen nur in Gruppen überleben – wer sein Rudel verlor oder ausgestoßen wurde, war so gut wie tot. Auch der Rudelinstinkt hat zwei Komponenten:

2.a) Der Gemeinschaftsinstinkt

Dieser Instinkt motiviert uns dazu, die Gemeinschaft von Artgenossen zu suchen, die uns wohl gesonnen sind. Er lässt uns zum einen nach Menschen suchen, die uns charakterlich ähnlich sind, denn mit diesen ist ein harmonisches Rudelleben am wahrscheinlichsten und die Gefahr, ausgestoßen zu werden, am geringsten. Die Wahrnehmung von Ähnlichkeiten bei anderen Menschen löst daher automatisch Belohnungsgefühle aus und erzeugt Sympathie und Geborgenheit.

Zum anderen führt der Gemeinschaftsinstinkt aber auch dazu, dass wir unser Verhalten an die im Rudel herrschenden Regeln anpassen, um der Gefahr des Ausschlusses zu entgehen. Je größer die empfundene Ausschlussgefahr, desto stärker »verbiegt« ein Mensch seine Persönlichkeit, um »dazuzugehören«. Zu diesem Zweck löst der Gemeinschaftsinstinkt Vermeidungsgefühle aus, wenn er Anzeichen dafür erkennt, dass wir uns nicht an die Regeln halten oder von Rudelmitgliedern abgelehnt werden. Hier liegt die Hauptursache für Schuldgefühle.

Eine spezielle Ausprägung des Gemeinschaftsinstinktes ist die Mutter-Kind-Bindung, auf die ich später noch eingehen werde.

2.b) Der Rangordnungsinstinkt

Auch dieser Instinkt hat mit dem Leben im Rudel zu tun. Er dient dem Überleben der Art, indem er dafür sorgt, dass die gesündesten und stärksten Rudelmitglieder bei der Nahrungsverteilung und bei der Paarung bevorzugt werden, wodurch sichergestellt ist, dass sie erstens gesund bleiben und das Rudel beschützen können und zweitens ihre bewährten Gene weitervererben können. Zu diesem Zweck wird im Rudel eine Rangordnung festgelegt, indem sich die Individuen (bei Primaten in erster Linie die Männchen) untereinander in ihrer körperlichen Stärke messen.

Diesem Instinkt entstammt die Motivation, andere Menschen unterordnen zu wollen und sich selbst nicht unterordnen zu lassen. Hier liegt also die Hauptursache für Kämpfe und Konkurrenz von Artgenossen untereinander (und der Grund, warum Kriege fast nur von Männern angezettelt und geführt werden).

Das dominierende Belohnungsgefühl dieses Instinktes ist ein Gefühl von Freiheit und Macht (im positiven Sinne) – »Ich kann machen, was ich will!« Dem gegenüber steht das Vermeidungsgefühl der Machtlosigkeit und Minderwertigkeit.

3. Der Vergnügungstrieb

Wenn der Überlebenstrieb und der Rudelinstinkt gerade keinen Alarm schlagen, kommt unsere dritte Grundmotivation zum Tragen, deren Bezug zum Grundziel des Überlebens erst auf den zweiten Blick erkennbar wird: der Vergnügungstrieb. Auch er hat wiederum zwei Aspekte:

3.a) Der Genusstrieb

Hierunter fasse ich alle Motivationen zusammen, bei denen wir Dinge anstreben, die unmittelbare körperbezogene Belohungsgefühle (Genuss) erzeugen. Diese Gefühle sind so angelegt, dass sie uns Dinge genießen lassen, die für das Überleben wichtig oder nützlich sind. So empfinden wir zum Beispiel gesunde Nahrung als schmackhaft.[132] Je nach Witterung suchen wir nach Wärme oder Abkühlung, weil es sich gut anfühlt – eine wichtige Schutzfunktion für den Körper. Umgekehrt empfinden wir als Vermeidungsgefühle Ekel oder Unwohlsein bei Dingen, die uns schaden, etwa giftigen Speisen, starker Hitze und Kälte usw.

Die Motivation durch den zu erwartenden Genuss hat den Vorteil, dass wir nützliche Dinge auch dann bereits anstreben, wenn noch kein akuter Mangel herrscht – einfach weil es schön ist. Dadurch wird gefährlichen Extremzuständen (wie akutem Nahrungsmangel) weitgehend vorgebeugt. Treten sie dennoch auf, greift irgendwann der pure Überlebenstrieb ein und schaltet auf das Notprogramm um, wo es dann nicht mehr um den Genuss geht und wir weniger wählerisch werden.

Genuss wird auch durch körperliche Nähe und Zärtlichkeit ausgelöst – sie schafft Sicherheit, Wärme (im durchaus wörtlichen Sinne – schlafen Sie einmal im Winter allein und ohne Thermoschlafsack im Freien ...) und persönliche Bindungen innerhalb des Rudels. Hier gibt es also starke Querverbindungen zwischen Genusstrieb, Sicherheitsinstinkt und Rudelinstinkt. Bei Affen stellt das Lausen (das gegenseitige Entfernen von Ungeziefer aus dem Fell) neben dem gesundheitlichen Effekt auch einen wichtigen Kommunikationsvorgang dar, der die Sozialstruktur (einschließlich der Rangordnung im Rudel) festigt. Beim Menschen wurde es teilweise durch verbales »Plaudern« ersetzt, aber körperliche Zärtlichkeit ist nach wie vor wichtig als Zeichen der Zuneigung und Anerkennung.

Den Sexualtrieb können wir ebenfalls als Genussinstinkt auffassen, denn Primaten (und andere Tiere) paaren sich nicht um der Fortpflanzung willen, sondern weil es sich gut anfühlt. Ohne diese Genussmotivation würde kein Affe auf die Idee kommen, sich zu paaren, da ihm der Zusammenhang zwischen Paarung und Fortpflanzung und deren Wichtigkeit für das Überleben der Art nicht bewusst ist. Der Sexualtrieb nimmt allerdings eine gewisse Sonderrolle ein, da er über ein eigenes System gesteuert wird und nicht dem Überleben des Individu-

132 Dies bezieht sich auf die *natürliche* Nahrung des Menschen. In der Zivilisation tricksen wir diesen Instinkt ständig aus, indem wir ihm künstliche Nahrung vorsetzen, die oft von zweifelhafter Qualität ist, aber trotzdem gut schmeckt. Zudem wird das Urteilsvermögen des Genusstriebes durch übermäßigen Konsum von psychoaktiven Genussdrogen wie Kaffee und Zucker stark beeinträchtigt.

ums, sondern dem der Art dient. Zudem gibt es hier natürlich Querverbindungen zum Gemeinschaftstrieb, denn Sex kann auch starke Zusammengehörigkeitsgefühle erzeugen oder ausdrücken.

3.b) Der Spieltrieb

Während es beim Genuss um deutlich körperbezogene Empfindungen geht, regt der Spieltrieb uns zu bestimmten Tätigkeiten an, die einfach *Spaß* machen – was natürlich ebenfalls eine Körperempfindung in Gestalt von Glückshormonen (Endorphinen) ist, die wir aber eher mental empfinden.

Diesen Instinkt findet man bei Lebewesen, die lernfähig sind – denn Spielen ist (wertfrei betrachtet) gleichbedeutend mit Lernen und Trainieren. Indem man aus Neugier und Vergnügen etwas Neues ausprobiert, lassen sich viele nützliche Erfahrungen machen, die später der Überlebenssicherung dienen können. Bereits erlernte Fähigkeiten wiederum lassen sich im Spiel trainieren und perfektionieren. Dies ist der Grund, warum Tätigkeiten, die auf den ersten Blick keinen sinnvollen Zweck erfüllen, durchaus überlebensrelevant sind – zumindest wenn man das Leben von Tieren und Frühmenschen betrachtet.

In der Zivilisation hat sich der Spieltrieb etwas verselbständigt, da einfach nicht mehr so viel Trainingsbedarf für die Überlebenssicherung besteht wie in der wilden Natur. Zudem wird eine künstliche Unterscheidung zwischen »Spielen« und »Lernen« bzw. »Üben« getroffen, die erst in jüngerer Zeit im Rahmen moderner pädagogischer Konzepte wieder ein wenig aufgelöst wird. Es zeigt sich immer wieder, dass Menschen am effektivsten lernen, wenn sie dabei das Gefühl haben, ihrem Vergnügen nachzugehen – sprich: zu spielen.

Auch beim Spieltrieb gibt es wieder starke Querverbindungen zum Gemeinschaftstrieb, denn gemeinsames Spielen schafft Verbundenheit. Es gibt beim Menschen kaum einen Instinkt, der nicht in irgendeiner Weise auch zur Pflege sozialer Bindungen mitgenutzt wird.

Die hier vorgenommene Einteilung der Grundinstinkte ist nur eine von mehreren möglichen Klassifizierungen. Auch die Bezeichnungen können variieren. Unabhängig davon gilt: Wann immer Sie ein angenehmes Gefühle erleben, geht mindestens einer Ihrer Instinkte davon aus, dass Ihre aktuelle Situation Ihrem Überleben dienlich ist. Und wenn Sie ein unangenehmes Gefühl empfinden, glaubt mindestens einer Ihrer Instinkte, dass Sie (oder Ihr Rudel) sich in direkter oder indirekter Lebensgefahr befinden! Ihr bewusster Verstand, der mit unserer Zivilisation vertraut ist, weiß zwar in den meisten Fällen, dass Sie nicht wirklich in Lebensgefahr sind, aber Ihr Instinkt weiß es nicht, denn er hat im Gegensatz zum Großhirn keine Vorstellung von den Zusammenhängen in der Außenwelt – er reagiert nur auf die einfachen Signale, auf die er programmiert ist.

Hinter allen unseren Motivationen stecken letztlich unsere Instinkte, die uns für überlebensförderndes Verhalten mit angenehmen Gefühlen »belohnen« und bei befürchteter Lebensgefahr unangenehme Gefühle erzeugen. Dabei reagieren die Instinkte ausschließlich auf bestimmte einfache Reize und können die Situation nicht logisch hinterfragen.

Es ist tatsächlich so – wenn Ihr Chef seinen »gefürchteten Blick« aufsetzt und Sie ein ungutes Gefühl verspüren, glaubt Ihr Überlebenssystem, dass Ihr Überleben gefährdet ist! Es könnte zum Beispiel Ihr Rudelinstinkt sein, der befürchtet, vom Chef abgelehnt und aus dem Rudel ausgestoßen zu werden (für den Instinkt gibt es keine komplexen Sozialstrukturen – alle Menschen, mit denen Sie näher zu tun haben, zählen für ihn zu Ihrem »Rudel«). Dies wäre eine relativ direkte Reaktion – Instinkte und emotionales Gedächtnis können unabhängig vom Verstand Gesichtsausdrücke interpretieren und Zuneigung bzw. Ablehnung darin erkennen.

Genauso gut könnte es aber sein, dass sich Ihr Großhirn dazwischengeschaltet hat – es könnte aus dem ablehnenden Gesichtsausdruck des Chefs etwa ableiten, dass Ihnen die Entlassung droht (ein solcher Gedankengang wäre ohne das Großhirn nicht möglich). Dadurch kommt eine Assoziationskette in Gang, die im Prinzip genauso strukturiert ist wie die Ketten von Vermeidungsmotivationen, die wir bereits besprochen haben: Entlassung bedeutet Arbeitslosigkeit, Arbeitslosigkeit bedeutet Geldmangel usw. – bis am Ende wieder etwas auftaucht, das einer Ihrer Instinkte als Lebensgefahr interpretiert, etwa Hunger oder soziale Ausgrenzung. Erst dann erzeugt der angesprochene Instinkt das unangenehme Gefühl, das Sie erleben! Solche Assoziationsketten laufen jedoch meist unbewusst ab, und dies geschieht so schnell, dass das Gefühl schon Sekundenbruchteile nach dem ursprünglichen Sinnesreiz (hier der Gesichtsausdruck des Chefs) auftaucht.

Da die Assoziationskette unbewusst und extrem schnell abläuft, wird sie vom Verstand nicht hinterfragt – dadurch führt die Kette oft zu einem unsinnigen Ergebnis (die befürchtete Lebensgefahr ist in den seltensten Fällen real), obwohl jeder Schritt für sich allein logisch nachvollziehbar ist. Es kommt tatsächlich vor, dass jemand aus dem Gesichtsausdruck seines Chefs unbewusst die Gefahr ableitet, zu verhungern, weil sein Gehirn nur die einfache Assoziationskette *Entlassung > arbeitslos > kein Geld > kein Essen > Hunger > Tod* abspult und die Tatsache, dass man in unserem Land auch als Arbeitsloser kaum verhungern kann, ignoriert.

Über solche Assoziationsketten multipliziert unser Großhirn die Zahl der potentiellen Probleme, die wir aus einem einfachen Sinneszreiz ableiten, um ein Vielfaches, denn dank seiner komplexen Informationsverknüpfungen und seiner Fähigkeit, weit in die Zukunft vorauszudenken, kann es sich – ob bewusst oder unbewusst – alle möglichen Risiken ausmalen, die unserem emotionalen Gedächtnis allein niemals einfallen würden. Dabei beschränkt es sich nicht nur auf unmittelbar lebensbedrohliche Szenarien: Sieht es zum Beispiel eine Situation voraus, in der wir seiner Ansicht nach nie wieder Spaß oder Genuss erleben könnten, schlägt unser Vergnügungstrieb Alarm – diesem geht es ja nicht um das direkte Überleben, sondern um Spaß und Genuss (die freilich indirekt ebenfalls überlebensrelevant sind).

Eine weitere Verkomplizierung kommt dadurch ins Spiel, dass verschiedene Instinkte in unterschiedlichen Gehirnregionen angesiedelt sind und unabhängig voneinander ausgelöst werden können, so dass es durchaus zu Interessenkonflikten zwischen verschiedenen Motivationen kommen kann. Bei einem Tier führt dies nur selten zu Problemen – normalerweile setzt sich einfach der dominanteste Instinkt durch (wenn ein Angreifer naht, lässt ein Fluchttier auch die leckerste Nahrung sausen). Kommt allerdings das komplexe Gehirn des Menschen mit ins Spiel, so kann es durchaus passieren, dass echte Kämpfe zwischen den Instinkten entstehen, die sich regelrecht im Kreis drehen können und über lange Zeit zu keiner Lösung führen. Denn das Großhirn wird von den Instinkten nicht nur einseitig gesteuert, sondern wirkt auch auf sie zurück, da die von ihm erzeugte simulierte Realität (Fantasie), genau wie reale Sinneseindrücke, Ängste oder Bedürfnisse auslösen kann. So können komplexe Wechselwirkungen und sogar »Endlosschleifen« (auch »Teufelskreis« oder »Dilemma« genannt) entstehen.

Zum Beispiel könnte Ihr Vergnügungstrieb verlangen, dass Sie Ihren unangenehmen Job kündigen, weil Sie sonst nie wieder Freude an der Arbeit hätten, aber Ihr Rudelinstinkt und Ihr Überlebenstrieb fürchten den Verlust des Rudels bzw. die Gefahr des Verhungerns und kämpfen gegen den Vergnügungstrieb an. Manche Menschen quälen sich ein Leben lang mit solchen inneren Kämpfen und finden nie eine Lösung.

Unser fantastischer Denkapparat ist also eine zweischneidige Sache – einerseits ist er in der Lage, Situationen kritisch zu hinterfragen und uns dadurch viele Ängste zu nehmen, andererseits erzeugt er durch seine in die Zukunft vorausschauende Logik jede Menge neuer Ängste vor potentiellen Gefahren, die noch gar nicht real präsent sind – mit fatalen Folgen für unsere persönliche Realitätsgestaltung: Wir sind zwar dank unseres Großhirns heute sicherer vor (unmittelbarer) Lebensgefahr als je zuvor, aber wir haben auch wesentlich komplexere Angststrukturen.

Unser Großhirn sorgt durch Assoziationsketten und in die Zukunft reichende Risiko-Prognosen dafür, dass ein Sinnesreiz weitaus mehr Ängste und kompliziertere Problemstrukturen auslösen kann, als wenn Instinkte und emotionales Gedächtnis allein darauf reagieren würden.

Vielleicht fragen Sie sich, warum unser Denksystem, obwohl es doch die Fähigkeit hat, sehr vernünftige Urteile zu treffen, sich in der Praxis oft so »angstfixiert« verhält und dabei oft Fehlurteile trifft, die weit unter seinem eigentlichen Intelligenzniveau liegen.

Letzteres hat einen einfachen Grund: Angst reduziert die Leistungsfähigkeit unseres Großhirns ganz erheblich und kann es im Extremfall sogar fast komplett abschalten. Dies hatte ursprünglich durchaus seinen Sinn: In der wilden Natur der Vorzeit konnte es sich in einer akuten Gefahrensituation niemand leisten, die Situation erst logisch zu analysieren – er musste flüchten! Der Instinkt, der die Angst auslöst, weiß jedoch dummerweise nicht, ob die Gefahr real ist – so schaltet zum Beispiel auch die Prüfungsangst eines Studenten dessen Verstand herunter, was sich sicherlich kontraproduktiv auswirkt.

Der Grund für die übertriebene Angstfixierung fast aller Menschen liegt darin, dass unser Großhirn seine »Vernunft« auf Basis dessen aufbaut, was ihm die Instinkte und das emotionale Gedächtnis an Erfahrungen vorsetzen (siehe Seite 266). Und die grundlegendsten dieser Erfahrungen entstehen in einer Zeit, in der es noch gar keinen kritischen Verstand gibt, der die Situationen »vernünftig« hinterfragen und relativieren könnte: in der frühesten Kindheit und zum Teil sogar schon vor der Geburt. Und in dieser Zeit passieren in unserer Zivilisation, für deren Komplexität weder unsere Instinkte noch das Konditionierungssystem ausgelegt sind, massive Fehler, die im emotionalen Gedächtnis des Kindes gespeichert werden und die Basis seiner späteren »Problemprogramme« bilden.

Die grundlegende »Verdrahtung« des Großhirns ist beim Menschen erst ungefähr mit dem fünften Lebensjahr abgeschlossen – bei der Geburt ist unser Denkapparat noch ein fast unbeschriebenes Blatt.[133] Ein neugeborener Mensch ist also auf seine Instinkte angewiesen, um mit den auf ihn einprasselnden Sinneseindrücken zurechtzukommen und sie geeignet zu interpretieren. Zugleich beginnt das Konditionierungssystem zu arbeiten und stellt auf Basis der instinktiven Vorgaben weitere Verknüpfungen zwischen Sinneseindrücken und Emotionen her – und schafft hiermit die Grundlage des späteren Glaubens- und Wertesystems des jungen Menschen.[134] Auf diesem baut dann wiederum das Großhirn sein Weltbild auf. Dabei ist in den ersten Lebensjahren die rechte Gehirnhälfte dominant, die zunächst einmal eine große Menge an Daten sammeln und verknüpfen muss, damit der kleine Mensch eine halbwegs komplette Grundvorstellung von den Zusammenhängen in der »äußeren« Realität erhält. Erst im Schulalter beginnt der logische Verstand die Führung zu übernehmen und das Weltbild des Kindes durch intellektuelles Verständnis zu erweitern und zu verfeinern. In den ersten Jahren jedoch ist der Ver-

---

133 Man hat beispielsweise festgestellt, dass ein Mensch, der in seinen ersten Lebensmonaten nur senkrechte Linien zu sehen bekommen hat, ein Leben lang Probleme hat, waagerechte Linien wahrzunehmen und dadurch z. B. große Schwierigkeiten beim Treppensteigen hat.

134 Auch vorgeburtliche Erfahrungen können das spätere Wahrheitssystem eines Kindes schon entscheidend prägen. Unser Gedächtnis speichert nachweislich *alle* Sinneseindrücke – auch vor und während der Geburt (und übrigens auch unter Vollnarkose). Diese unbewussten, aber höchst präzisen Erinnerungen lassen sich durch geeignete psychologische Techniken abrufen.

stand noch wenig aktiv, was ein weiterer Grund dafür ist, warum unsere frühen Angstprogramme meist unhinterfragt gespeichert werden.

Wird beispielsweise ein Säugling in den ersten Lebensmonaten von seinen Eltern allein gelassen – und sei es nur für eine halbe Stunde –, kommt dies für seinen Überlebenstrieb einem Todesurteil gleich. Man stelle sich vor, eine Affen- oder Urmenschenmutter verliert ihr Kind mitten in der Wildnis – es hat allein keine Chance, und dieses Wissen ist in den Instinkten gespeichert. Der Instinkt kann nicht ahnen, dass sich das Kind nicht im Dschungel befindet und die Eltern bald zurückkommen werden, denn er kann weder Sinneseindrücke direkt interpretieren, noch hat er eine Vorstellung von zeitlichen Zusammenhängen. Daher löst er in dieser Situation einen akuten Alarmzustand aus – das Kind beginnt zu schreien, um seine Notlage und seine Position zu signalisieren.

Reagieren die Eltern rechtzeitig und kümmern sich um das Kind, entschärft sich die Situation. Tun sie es allerdings nicht, gibt das Kind irgendwann auf, um seine Energievorräte zu schonen. Es überlebt zwar (da die Eltern hoffentlich doch irgendwann zurückkommen), aber falls die Situation sich einige Male wiederholt (und dadurch vom Konditionierungssystem als relevant erkannt wird[135]), speichert das emotionale Gedächtnis des Kindes seinen ersten massiven Irrtum ab: *»Ich kann mich nicht darauf verlassen, dass jemand sich um mich kümmert, also bin ich ständig in Lebensgefahr.«*

Natürlich ist diese Erkenntnis nicht in dieser Form verbalisiert – sie äußerst sich in einer mehr oder weniger subtilen Angst, verlassen zu sein oder zu werden, die das ganze Leben eines Menschen durchziehen kann. Die Angst vor Einsamkeit ist die häufigste Urangst, die in unserer Zivilisation auftritt. Fatalerweise gibt es sogar heute noch Menschen (und entsprechende Bücher), die es als sinnvolle Erziehungsmethode ansehen, ein Kind mutterseelenallein so lange schreien zu lassen, bis es sich »beruhigt« (tatsächlich resigniert es). Das ist nicht viel sinnvoller als das Ignorieren der Schreie eines Ertrinkenden.

Die ersten Erlebnisse dieser Art sind entscheidend dafür, ob der spätere Charakter eines Menschen von Urvertrauen und Optimismus oder von Angst und übertriebenem Sicherheitsbedürfnis geprägt ist – was wiederum einen entscheidenden Einfluss auf das Maß an Glück hat, das ein Mensch erlebt, denn aufgrund der hohen Priorität unseres Sicherheitsinstinktes können wir nur dann glücklich sein (sprich: angenehme Gefühle erleben), wenn wir uns sicher fühlen.

135 Bei einem besonders schockierenden Ereignis – einem so genannten *Trauma* – genügt schon ein einziges Auftreten zur Speicherung eines entsprechenden Vermeidungsprogramms. Der Verstand wird dabei – auch wenn er bereits ausgebildet ist – oft so stark heruntergefahren, dass er keine bewusste Erinnerung an das Ereignis speichert, sondern es verdrängt und nötigenfalls sogar später eine Ersatzerinnerung erfindet, um die Symptome zu erklären.

Noch in den sechziger Jahren des 20. Jahrhunderts galt es in Deutschland als »sinnvoll«, Säuglinge direkt nach der Geburt der Mutter wegzunehmen und sie mit den anderen Neugeborenen (in getrennten Betten) in einem separaten Raum zu lagern. Die Mutter sah ihr Kind nur wenige Male am Tag, oftmals wurde das Kind nicht einmal gestillt, sondern mit Flaschenmilch versorgt. Die entscheidende Bedeutung des *Bonding* – des Körperkontaktes zwischen Mutter und Kind direkt nach der Geburt – für das Gefühlsleben des Kindes und sein Vertrauensverhältnis zur Mutter und zur Welt insgesamt wurde erst später erkannt.

Die Amerikanerin Jean Liedloff hat in diesem Zusammenhang bahnbrechende Beobachtungen angestellt und in ihrem Buch *Auf der Suche nach dem verlorenen Glück* beschrieben. Sie lebte mehrere Jahre im Dschungel von Venezuela bei den Yequana-Indianern und stellte fest, dass dieses Volk trotz seines anstrengenden Lebens mitten in der gefährlichen Wildnis eine unglaubliches Maß an Glück und Lebensfreude aufwies. Schlechte Laune, Streit und Konflikte gab es so gut wie nie, und selbst bei schwerster »Arbeit« (ein entsprechendes Wort gibt es in der Sprache der Yequana überhaupt nicht) zeichneten sich die Yequana durch große Fröhlichkeit aus. Das naturverbundene Leben allein konnte nicht der Grund sein, denn viele andere Naturvölker sind weniger glücklich (wenn auch lange nicht so unglücklich wie die meisten »zivilisierten« Menschen).

Jean Liedloff entdeckte bald den wichtigsten Grund: Die Yequana erfüllten schlicht die instinktiven Bedürfnisse ihrer Kinder! Insbesondere wurden alle Kinder nach der Geburt *ständig* am Körper eines Erwachsenen getragen, bis sie später von sich aus signalisierten, die Welt nun auf eigene Faust erkunden zu wollen – wobei sie jedoch jederzeit in den Schutz der elterlichen Geborgenheit zurückkehren konnten. Interessanterweise wurden die Kinder dadurch keineswegs zu unselbständigen »Mamakindchen«, sondern entwickelten im Gegenteil sehr früh Eigenverantwortung und betreuten im Alter von wenigen Jahren schon zuverlässig ihre jüngeren Geschwister. Sicherheitsvorkehrungen gab es nicht, und trotz der gefährlichen Umgebung kam es nur äußerst selten zu Unfällen. Der Körperkontakt und das Erleben der Welt aus der instinktiv als sicher empfundenen Position des Getragenwerdens sind für ein kleines Kind entscheidend, um Vertrauen und Mut für das Leben zu entwickeln und keine unnatürlichen Ängste aufzubauen, die sein Lebensglück behindern würden.[136]

Leider war dies in der »zivilisierten« Welt lange Zeit unbekannt und gelangt erst langsam wieder ins Bewusstsein der Menschen. Allein durch die falsche Behandlung von Kindern wird meines Erachtens der allergrößte Teil des Leides in die Welt gebracht, das Menschen erleben. Denn ist das Urvertrauen eines Kindes einmal gebrochen, kommt eine Kettenreaktion destruktiver Verhaltensmuster in Gang, die

136 In diesem Zusammenhang wurde die interessante These aufgestellt, dass die Fernsehsucht vieler Menschen mit dem Bedürfnis zusammenhängen könnte, das in der Kindheit vermisste Erleben der Welt aus einer sicheren, geborgenen Position heraus nachzuholen – der Fernsehsessel ersetzt den Arm der Mutter ...

sich letztlich dann auch wieder auf die nächste Generation auswirken. Denn auf Basis seiner ersten konditionierten Programme entwickelt das Kind Verhaltensweisen, die seine Instinkte unter den aus ihrer Sicht gegebenen Voraussetzungen (also zum Beispiel: *»Ich bin oft allein und ungeschützt«*) als »sinnvoll« einstufen.

So stellt ein Kind vielleicht (sei es bewusst oder unbewusst) fest, dass es deutlich mehr Zuwendung von seinen Eltern bekommt, wenn es krank ist. Sein Sicherheitsinstinkt koppelt damit den Zustand der Krankheit mit dem Gefühl der Geborgenheit. Dieses Programm wird dann dafür sorgen, dass das Kind möglichst oft krank wird, da sein Instinkt dies kurioserweise als überlebensfördernd ansieht.

Dieses System kann sogar noch weit seltsamere Blüten treiben: Wird ein Kind zum Beispiel von seinen Eltern des Öfteren verprügelt, ansonsten aber komplett vernachlässigt, kann unter Umständen die Verlassensangst die Oberhand über die Schmerzvermeidungsmotivation gewinnen und die Prügel – als einzige Art von »Zuwendung« und Aufmerksamkeit, die das Kind bekommt – als »erstrebenswert« einstufen, so dass das Kind Verhaltensprogramme entwickelt, die die Eltern immer wieder zu dieser Maßnahme provozieren. So kann ein Charakter entstehen, der auch im späteren Erwachsenenleben als äußerst unsympathisch empfunden wird, so dass die Instinkte letztlich das glatte Gegenteil von dem erreichen, was sie eigentlich wollten, nämlich Zuwendung und Geborgenheit.

Die Grundlagen destruktiver Verhaltensmuster entstehen zumeist in frühester Kindheit, da unsere Instinkte Situationen, die dank unserer Zivilisation eigentlich nicht mehr gefährlich sind, als akute Lebensgefahr einstufen und daher im späteren Leben um jeden Preis vermeiden wollen.

Der Verstand kann freilich im späteren Leben eines Menschen einige dieser Fehlprogrammierungen erkennen und korrigieren. So begreift ein Kind irgendwann, wenn sein Verstand eine Vorstellung von Zeit entwickelt hat, dass es *nicht* bis in alle Ewigkeit allein sein wird, nur weil die Eltern für einige Zeit verschwinden, und reduziert entsprechend sein Angstpotential.

»Domestizierte Primaten (Menschen) scheinen ebenfalls aufgrund von Prägungen und Konditionierungen zu funktionieren; vor allem teilen sie die Unfähigkeit der Säugetiere, ihre neurologischen Programme kritisch zu durchleuchten oder zu analysieren.«

Robert A. Wilson

Leider ändern diese Korrekturmaßnahmen jedoch normalerweise nicht allzu viel an der *Grundlage* des Glaubenssystems, auf dem der Verstand aufbaut. Der erwachsene Verstand findet zwar vielfach intelligentere und sinnvollere Lösungen als ein kleines Kind, diese beruhen jedoch nach wie vor auf der Grundlage der Annahmen, die das Kind lange vor der Ausbildung seines Verstandes getroffen hat. Denn diese Annahmen sind zum großen Teil im emotionalen Gedächtnis und damit im Unterbewusstsein gespeichert und dem

Verstand nur in Gestalt von Gefühlen zugänglich. Ohne triftigen Grund stellt er diese Grundlage nicht in Frage, er hält sie einfach für »die Wahrheit«. So entstehen unsere negativen Grundüberzeugungen, die ich im vorigen Abschnitt erwähnt habe und die sich massiv auf unsere erlebte Realität auswirken.

Um derart tief verborgene negative Überzeugungen zu korrigieren, müsste unser grundlegendes Glaubenssystem umprogrammiert werden, indem man ihm alternative, positive Verhaltensmuster genügend oft als erfolgreich und sinnvoll »vor Augen« führt, so dass neue Kopplungen zwischen auslösender Situation und erzeugtem Gefühl abgespeichert werden. Leider geschieht dies im Alltag so gut wie niemals von selbst, zumindest nicht bei den grundlegenden negativen Überzeugungen.

Glücklicherweise gibt es jedoch Möglichkeiten, eine solche Umprogrammierung gezielt anzugehen. In Kapitel 9 werde ich ausführlich darauf eingehen. Zuvor möchte ich jedoch noch einige grundlegende Vorstellungen unter die Lupe nehmen, die sich – nicht zuletzt aufgrund der in diesem Kapitel beschriebenen Irrwege unseres Überlebenscomputers – in unseren Köpfen festgesetzt haben.

8.3 Dinge, die keine sind

Wenn Sie sich anschauen, mit welchen Problemen sich Menschen vorrangig herumschlagen, werden Sie feststellen, dass sich letztlich fast alles um einige wenige »große Themen« dreht. Ich möchte in diesem Abschnitt vier zentrale Begriffe, die in diesem Zusammenhang immer wieder auftauchen, vor dem Hintergund des hier vorgestellten Weltbildes hinterfragen und dabei einige grundlegende Missverständnisse ausräumen.

1. Krankheiten[137]

Unter einer »Krankheit« wird in der westlichen Welt zumeist eine Fehlfunktion oder eine unerwünschte Veränderung des Körpers verstanden. Irgendein Organ funktioniert nicht mehr richtig oder wird durch Krankheitserreger (Bakterien, Viren oder – im Fall von Krebs – außer Kontrolle geratene eigene Körperzellen) angegriffen. Diese oberflächlich korrekte Sichtweise führt leicht zu der simplen Vorstellung: »Da ist etwas im Körper, das dort nicht hineingehört, also muss es raus!« Die Krankheit wird dadurch zu einem lokalisierbaren »Ding« erklärt, das man entfernen oder bekämpfen muss.

Diese Vorstellung führt zu mehreren Problemen. Zum einen wissen wir ja bereits, dass das »Bekämpfen« einer Sache leicht nach hinten losgehen kann, weil es zumeist mit Ablehnung verbunden ist und unsere Wahrnehmung umso stärker auf

137 Aus haftungsrechtlichen Gründen weise ich darauf hin, dass dieser Abschnitt nicht als medizinische Empfehlung zu verstehen ist und den Rat eines Arztes oder Heilpraktikers im Krankheitsfall nicht ersetzen kann und soll.

das »Problem« konzentriert – mit entsprechenden Folgen für die Realitätsgestaltung. Dadurch wird die Heilung in vielen Fällen eher behindert als vorangetrieben.

Hierzu muss man übrigens nicht an objektive Realitätsgestaltung (also einen direkten Einfluss des Bewusstseins auf die materielle Realität) glauben – es ist heute selbst unter konservativen Medizinern fast unstrittig, dass eine negative, problemorientierte Einstellung bzw. die damit einhergehenden Gefühle einen nachweisbaren negativen Einfluss auf die Selbstheilungskräfte des Körpers haben. Wer ständig Angst vor Krankheiten hat, wird viel öfter krank, was natürlich seine Angst bestätigt – der Realostat wirkt auch hier.

> *»Die Kunst der Medizin besteht darin, den Patienten zu unterhalten, während die Natur die Krankheit heilt.«*
>
> *Voltaire*

Das andere große Problem des gängigen Ansatzes zur Krankheitsbekämpfung ist, dass sich diese Heilungsversuche auf oberflächliche Symptome beschränken. Die eigentliche Ursache *jeder* Krankheit liegt jedoch in der Bewusstseinsausrichtung des Betroffenen und kann auf der materiellen Ebene allein nicht verändert werden. Die Psychosomatik[138] hat festgestellt, dass es für fast jede Art von unbewusster Problemstruktur typische körperliche Krankheitssymptome gibt. Der Körper ist der zuverlässigste Anzeiger dafür, was tatsächlich in einem Menschen vorgeht. Auf Verstandesebene werden viele Probleme mit Denkmustern kaschiert, mit denen man sich und andere täuschen kann, aber der Körper bringt sie an den Tag. Ein seelisch völlig gesunder Mensch (eine leider fast ausgestorbene Spezies) wird normalerweise so gut wie *niemals* ernsthaft krank, vor allem entwickelt er keine chronischen Krankheiten – einschließlich Übergewicht und anderer Zivilisationskrankheiten.

Insbesondere schwere oder chronische Krankheiten sind zumeist der materielle Ausdruck unbewusster (häufig auch verdrängter) Probleme. Oft erfüllen Krankheiten auch aus Sicht der Instinkte ganz praktische Zwecke, indem sie einem Menschen etwa Ruhe, Zuwendung, Schutz vor Kritik oder sonstige Vorteile verschaffen, die er unbewusst nur auf diese Weise für realisierbar hält. Oft sind die Ursachen aber auch tiefer vergraben und können nach Ansicht vieler spirituell orientierter Psychosomatiker sogar in frühere Leben der betroffenen Seele zurückreichen.

In der westlichen Medizin wird noch immer zwischen psychosomatischen und »normalen« Krankheiten unterschieden – letztere sind solche, bei denen sich eine körperliche Ursache identifizieren lässt, die das sichtbare Symptom über einen nachvollziehbaren Mechanismus auslöst. Diese »Ursache« ist jedoch selbst bereits eine Wirkung einer tieferen Ursache, die in der Psyche zu finden ist – tatsächlich ist also *jede* Krankheit psychosomatisch. Solange nicht die *eigentliche* Ursache einer

---

138 Die Lehre vom Einfluss der Psyche (griech. für »Geist« oder »Seele«) auf den Körper (griech. *soma*)

Krankheit verändert wird, kehrt die Krankheit entweder immer wieder zurück, oder das zugrunde liegende Problem sucht sich eine andere Ausdrucksform.

Unbewusste Ängste und Verhaltensmuster äußern sich häufig auf der sichtbaren Ebene als körperliche Krankheiten. Jede Krankheit hat ihre eigentliche Ursache in der Psyche und kann auch nur auf dieser Ebene wirklich geheilt werden.

Freilich ist die Krankheitsbekämpfung auf Symptomebene manchmal durchaus sinnvoll, insbesondere wenn die Symptome bereits so massiv sind, dass sie den Körper akut gefährden. Dazu sollte es zwar bei einem Menschen, der über ein ganzheitliches Gesundheitsbewusstsein verfügt, nur selten oder nie kommen, jedoch erkennen viele Menschen die Zusammenhänge erst, wenn ihr Körper schon stark geschädigt und der Einsatz massiver Mittel kaum noch vermeidbar ist.

Aber auch in weniger gefährlichen Situationen kann die Symptombekämpfung ein sinnvoller Schritt sein – sie kann nämlich helfen, die eigene Aufmerksamkeit von der Krankheit abzulenken. Wenn ich höllische Kopfschmerzen habe, nützt mir das Wissen, dass dies lediglich ein Ausdruck meines Bewusstseins ist, herzlich wenig – die Schmerzen halten meine Wahrnehmung fest, was sicherlich weder aus medizinischer Sicht noch aus Sicht der Realitätsgestaltung eine Linderung fördert. Also hilft es hier durchaus, eine erprobte herkömmliche Methode der Schmerzbekämpfung einzusetzen.

Eine *dauerhafte* Beseitigung der »Krankheit« ist auf diesem Wege jedoch meist nicht möglich (es sei denn, sie war lediglich Audruck eines momentanen Bewusstseinszustandes ohne tiefere Ursachen). Angesichts der Nebenwirkungen herkömmlicher Medikamente ist es also kein optimaler Weg, ein Leben lang nur auf diese zu vertrauen. Ebenso wenig sinnvoll ist allerdings eine überzogene *Angst* vor diesen Nebenwirkungen – auch hier wirkt natürlich die Realitätsgestaltung. Wer ruhigen Gewissens eine Kopfschmerztablette nimmt, hat sicher weniger unangenehme Folgen zu befürchten als jemand, der dabei ein schlechtes Gewissen hat und glaubt, seinen Körper zu vergiften.

Alternative Heilmethoden können eine sinnvolle Zwischenstufe zwischen der isolierten Symptombekämpfung und der Veränderung auf Bewusstseinsebene sein. Diese Methoden vertreten zumeist ein ganzheitliches Verständnis von Krankheit und Gesundheit. In der asiatischen Medizin, aus der viele dieser Methoden stammen (etwa die Traditionelle Chinesische Medizin oder die Ayurveda-Medizin aus Indien), wird seit jeher die Auffassung vertreten, dass der Mensch als energetisches *Gesamtsystem* zu verstehen und auch nur als solches zu heilen ist. Krankheit wird dort als Störung des energetischen Gleichgewichtes im Gesamtsystem interpretiert, das durch geeignete Methoden wiederhergestellt werden kann.

Ein solches Ungleichgewicht lässt sich bereits an wesentlich harmloseren Symptomen erkennen als denen, deretwegen man einen traditionellen westlichen Arzt bemühen würde. Wird das Gleichgewicht rechtzeitig wiederhergestellt, treten massivere Symptome gar nicht erst auf. Aus Sicht der chinesischen Medizin setzt die westliche Medizin oft viel zu spät ein.

Freilich wirken auch die meisten alternativen Heilmethoden nicht unmittelbar auf die eigentliche Krankheitsursache – nämlich die Grundüberzeugungen eines Menschen – ein und sind insofern auch »nur« Symptombehandlungen. Dennoch haben sie aufgrund ihres ganzheitlichen Ansatzes meist auch eine positive Rückwirkung auf die Psyche und können so helfen, eine positive Rückkopplungsschleife in Richtung Heilung in Gang zu setzen.

Das Wichtigste für eine erfolgreiche Heilung ist, dass die gewählten Methoden sich gut und richtig anfühlen. Sofern Sie *Angst* vor einer Krankheit oder deren Folgen spüren, sollten Sie alles tun, was Sie können, um diese Angst zu beruhigen. Verlassen Sie sich zum Beispiel nicht auf Alternativmedizin allein, wenn Sie auch nur den leisesten Zweifel daran spüren, dass dies ausreicht – denn die Angst, nicht alles Menschenmögliche getan zu haben, wirkt normalerweise schwerwiegender auf Ihre Realität (und damit auf Ihre Gesundheit) als die Nachteile einer konventionellen Behandlung. Und selbst wenn Sie an Wunderheilungen glauben, sollten Sie von sich selbst keine verlangen, wenn Sie kein Heiliger oder routinierter Wunderheiler sind – was nicht heißt, dass Sie nicht in diese Richtung experimentieren können, solange Sie sich nicht unter Erfolgszwang setzen.

Sehr hilfreich ist auch ein gesundes Vertrauen in die Selbstheilungskräfte des eigenen Körpers. Diese Kräfte werden oft unterschätzt – bei gesunder Ernährung wirkt das Immunsystem Wunder. Wussten Sie, dass es im Körper – neben unzähligen Bakterien, Viren und Fremdkörpern – täglich bis zu mehreren tausend Krebszellen vernichtet?

Sehr sinnvoll ist es natürlich auch, die Krankheit nicht abzulehnen (das macht sie nur schlimmer), sondern sie als Chance zu begreifen, etwas über sich selbst zu lernen und sein Leben zu verändern. Das heißt wohlgemerkt nicht, dass Sie sich daraus wieder eine Zwangsmaßnahme stricken sollen, etwa »Ich muss meine Krankheit lieben und ihre tieferen Ursachen ergründen!«, aber wenn es sich für Sie gut anfühlt, holen Sie ruhig einmal den Rat eines Menschen oder eines Buches über die mögliche Bedeutung Ihrer Symptome ein. Krankheiten können wertvolle Hinweise auf die eigene Bewusstseinsausrichtung liefern. Dies ist ein Grund mehr, sie nicht abzulehnen, sondern sie als Helfer auf dem Weg zu *wirklicher* Gesundheit willkommen zu heißen.

Die wichtigste Empfehlung jedoch – ganz unabhängig von konkreten Krankheitsfällen – lautet: Sorgen Sie dafür, dass Sie *glücklich* sind (Tipps hierzu folgen in Abschnitt 9.1). Krankheiten sind Ausdruck von Problemen. Wer aus tiefstem Herzen glücklich ist, wird daher selten oder nie krank, denn er hat keinen Grund dazu – und niemand wird ohne Grund krank.

Viele Menschen resignieren vor ihren Krankheiten, vor allem wenn es chronische sind – »Das ist nun mal so, damit muss ich leben.« Unser Körper ist jedoch kein unveränderliches, materielles »Ding« – unsere Körperzellen erneuern sich ständig selbst! Damit ist der Körper mehr die Idee einer Form, die von ständig neuem Material durchströmt und in jedem Moment neu erschaffen wird – ähnlich wie ein Fluss oder eine Kerzenflamme. Eine Krankheit ist nicht mehr als ein Flackern der Flamme im Wind oder eine kurzfristige Trockenheit oder Überschwemmung des Flusses. Dieses Bild hilft mir selbst sehr, in die Veränderungsfähigkeit meines Körpers zu vertrauen. Krankheit ist kein Schicksal – sondern nur ein momentaner Ausdruck des Bewusstseins.

2. Sicherheit

Sicherheit ist ein Top-Thema für unsere Instinkte, was aus Sicht eines Vormenschen in einer Welt voller Säbelzahntiger sicherlich verständlich ist. Leider haben unsere Instinkte noch nicht bemerkt, dass die Zahl der Säbelzahntiger in unserer unmittelbaren Umgebung inzwischen spürbar abgenommen hat. Nach wie vor widmen viele Menschen einen Großteil ihrer Lebenszeit und Energie dem Erhalt ihrer »Sicherheit«, was immer sie darunter verstehen. Da werden Unmengen teurer Versicherungen abgeschlossen, Geld wird »für alle Fälle« gespart, viele Tätigkeiten und Vergnügungen werden mit der Begründung vermieden, sie seien »zu gefährlich«. Die persönlichen Maßstäbe, welche Risiken vertretbar sind und welche nicht, sind dabei sehr unterschiedlich. So gibt es Menschen, die sich um nichts in der Welt in ein Flugzeug setzen würden, aber kein Problem haben, Auto zu fahren, obwohl aus statistischer Sicht die Gefahr eines schweren oder tödlichen Unfalls beim Autofahren um Größenordnungen höher ist als beim Fliegen. Und es gibt noch wesentlich kuriosere Phobien, die mit einer realistischen Gefahreneinschätzung nichts zu tun haben.

> *»Sicherheit ist größtenteils Aberglaube. Sie existiert weder in der Natur, noch wird sie von den Menschenkindern insgesamt erfahren. Gefahr zu meiden ist auf Dauer nicht sicherer als sich ihr uneingeschränkt auszusetzen. Das Leben ist entweder ein tollkühnes Abenteuer oder gar nichts.«*
>
> *Helen Keller*

Aber auch bei ganz unscheinbaren Dingen zeigen sich solche seltsamen Widersprüche. Viele Eltern etwa haben aus Angst vor Krankheitserregern ein Problem damit, wenn ihr kleines Kind einen auf den Boden gefallenen Gegenstand aufhebt und in den Mund steckt – was im Normalfall überhaupt nicht schadet, sondern eher das Immunsystem verbessert. Dieselben Menschen stopfen aber oft bedenkenlos Weißmehl- und Zuckerprodukte in ihre Kinder (und in sich selbst) hinein, die nach heutigen Maßstäben alles andere als gesundheitsförderlich sind. Nicht minder erstaunlich ist beispielsweise, wie viele Ärzte Raucher sind.

Freilich hat die individuelle Realitätsgestaltung einen großen Einfluss auf das tatsächliche Risiko des jeweiligen Individuums. Wenn jemand zum Beispiel *sicher* wäre, dass ihm das Rauchen nicht schadet (eine Sichtweise, die in unser Gesellschaft wohl nur schwer durchzuhalten wäre), dürfte das sein Krebsrisiko durchaus verringern. Aber auch Menschen, die nicht an derartige Einflüsse glauben, sondern an eine »objektive« Realität, ziehen oft alles andere als »objektive« Maßstäbe für Ihr Sicherheitsdenken heran.

Der Grund für diese sehr selektive und oft verzerrte Gefahrenwahrnehmung liegt natürlich auch hier wieder in den unterschiedlichen Angststrukturen, die Menschen – meist in frühester Kindheit – in ihrem emotionalen Gedächtnis gespeichert haben und die nicht rational begründet sind, sondern auf einzelnen, aus Sicht der Instinkte lebensbedrohlichen Erfahrungen beruhen. Angst schafft jedoch nicht wirklich Sicherheit – im Gegenteil: Sie reduziert die Leistungsfähigkeit unseres Großhirns, das uns in in den allermeisten Fällen weit besser beraten kann als unsere Instinkte.

Ich will hier natürlich niemanden ermutigen, sich blind in jede auch noch so gefährliche Situation zu stürzen. Dennoch kann es sehr sinnvoll sein, das eigene Sicherheitsdenken einmal grundlegend zu hinterfragen. Moderate Sicherheitsmaßnahmen, die in erster Linie den Effekt haben, Ihnen ein beruhigendes Gefühl zu verschaffen, sind meines Erachtens absolut sinnvoll. Die Frage sollte immer sein, inwieweit diese Maßnahmen das eigene Lebensglück einschränken. Wir erinnern uns: Unser eigentliches Lebensziel – neben der direkten Überlebenssicherung – besteht darin, möglichst viele angenehme Gefühle zu erleben! Wenn eine Sicherheitsmaßnahme insgesamt mehr angenehme Gefühle verhindert als sie erzeugt, ist sie demnach nicht sinnvoll. Und vor allem diejenigen Sicherheitsmaßnahmen, die primär auf Angst basieren, sind eher geeignet, unsere Wahrnehmung auf mögliche Gefahren zu richten als auf schöne Dinge und damit auch eher unangenehme Gefühle zu erzeugen (ganz abgesehen von ihrem Einfluss auf die persönliche Realitätsgestaltung).

So macht es mir beispielsweise nichts aus, im Auto den Sicherheitsgurt anzulegen – diese minimale »Freiheitsberaubung« wird für mich bei Weitem aufgewogen durch das beruhigende Gefühl, bei einem Unfall oder einer Verkehrskontrolle besser vor unangenehmen Folgen geschützt zu sein als ohne Gurt (mein Vertrauen in die schöpferische Kraft meines Bewusstseins reicht derzeit nicht aus, um die Möglichkeit eines Unfalls auszuschließen).

> *»Es kommt nicht darauf an, dem Leben mehr Jahre zu geben, sondern den Jahren mehr Leben.«*
>
> *Alexis Carrel*

Hingegen würde ich niemals auf eine schöne Bergtour verzichten, nur weil die Wege möglicherweise etwas unsicher sind und ein gewisses Absturzrisiko besteht. Und ich würde nicht für Versicherungen große Geldsummen ausgeben, die ich für schönere Dinge im Leben gebrauchen könnte. Denn was nützt mir ein »sicheres« Leben, wenn es keinen Spaß macht? Unter den glücklichsten Menschen der Welt finden sich auffallend viele, die in ihrem Leben viele Risiken eingehen, Experimente machen und außergewöhnliche, wenig »abgesicherte« Wege gehen. Natürlich kommt es vor, dass solche Menschen – manchmal auch schon in jungen Jahren – bei Ereignissen sterben, die ein weniger risikofreudiger Mensch niemals erleben würde. Die Frage ist jedoch, wer dann im Endeffekt ein erfüllteres Leben hatte. Sterben müssen wir (auf körperlicher Ebene) ohnehin, was nützt es also, dies so weit wie möglich hinauszuzögern, wenn das Leben dafür jeglichen Reiz verliert? Hier gilt es individuell abzuwägen zwischen Sicherheit und Lebensfreude – und letztere sollte meines Erachtens Priorität haben.

Diese Abwägung ist auch auf sozialer und politischer Ebene wichtig. Die aktuelle Angst vor dem »internationalen Terrorismus« (ebenfalls ein »Ding«, das keines ist – ein künstlich aufgebautes Feindbild) seit den Anschlägen vom 11. September 2001 ist ein gutes Beispiel. Es ist äußerst fragwürdig, ob die Mehrzahl der weltweit hektisch eingeleiteten Sicherheitsmaßnahmen einen beruhigenden Einfluss auf die Bevölkerung hat oder vielleicht doch eher die Angst schürt – und Angst erhöht immer das Risiko, dass sich tatsächlich schreckliche Dinge ereignen. Ich jedenfalls würde mich – solange die Situation nicht wirklich akut ist – *nicht* beruhigt fühlen, wenn plötzlich an jeder Ecke »zu meinem Schutz« ein Soldat mit Maschinenpistole stehen würde, alle meine Telefonate abgehört würden und in den Nachrichten ständig Terrorwarnungen verbreitet würden – ganz zu schweigen von militärischen Aktionen gegen »den Terrorismus«, die zwar vielleicht kurzfristig Erfolge zeigen, mittelfristig aber Hass und Angst – die eigentliche Ursache sowohl des Terrorismus als auch der »Gegenschläge« – nur neue Nahrung geben. Auf diese Weise kann das Problem niemals gelöst werden.

Im Übrigen ist absolute Sicherheit – zumindest auf der Ebene, auf der wir sie üblicherweise suchen – ohnehin nicht erreichbar. Wie man immer wieder liest und hört, sterben Menschen an den trivialsten Ursachen – schon mancher hat sich beim Stolpern über eine Teppichkante das Genick gebrochen. Eine Rentenversicherung funktioniert auch nur so lange wie die ihr zugrunde liegende Volkswirtschaft, Geld kann seinen Wert verlieren, Häuser können zerstört werden ... Wussten Sie übrigens, dass im erdnahen Weltall Tausende von Asteroiden herumschweben, von denen eine erhebliche Zahl groß genug ist, um bei einem Aufprall auf die Erde die gesamte Zivilisation oder zumindest ganze Landstriche auszulöschen? Die Wahrscheinlichkeit ist zwar sehr gering – dennoch wäre ich in so einem Fall froh, wenn ich mein Geld vorher in einen schönen Urlaub und nicht in eine Lebensversicherung investiert hätte.

> *»Wer die Freiheit aufgibt, um Sicherheit zu gewinnen, wird am Ende beides verlieren.«*
>
> *Benjamin Franklin*

Jedes äußerliche Sicherheitssystem kann zusammenbrechen, und dann stehen wir recht übel da, wenn wir uns zu sehr darauf verlassen haben. Echte Sicherheit können wir nur in uns selbst finden, indem wir Vertrauen in uns selbst, in unsere schöpferische Kraft und in das allumfassende Bewusstsein entwickeln, dessen Aspekte wir sind. Ich persönlich versuche seit einiger Zeit mit recht gutem Erfolg, zu einer Lebenseinstellung zu finden, in der äußere Ereignisse – oder auch nur die Angst davor – mich nicht allzu sehr aus der Bahn werfen und mein Lebensglück nicht in Frage stellen. Tatsächlich ist die scheinbare Abhängigheit unseres Glücks von äußeren Umständen eine Illusion (mehr dazu in Abschnitt 9.1).

Sicherheit ist ein subjektives Empfinden – absolute (äußere) Sicherheit gibt es nicht. Alle »Sicherheitsmaßnahmen«, die insgesamt mehr Lebensfreude verhindern als sie erzeugen, sind ein Irrweg unseres Überlebenssystems, das damit seine eigene Zielsetzung sabotiert.

3. Schuld

»Der Weise findet niemanden schuldig, weder sich noch andere.«

Epiklet

Nehmen Sie bitte einmal einen Kugelschreiber zur Hand und schreiben Sie den Satz »Ich hasse dich!« auf ein Blatt Papier.

Wer ist nun »schuld« daran, dass diese unschönen Worte auf dem Papier stehen? Der Kugelschreiber, weil er die Linien auf dem Papier hinterlassen hat? Ihre Hand, weil sie den Stift geführt hat? Ihr Gehirn, weil es die Hand gesteuert hat? Ich, weil ich Sie dazu aufgefordert habe? Ihre Eltern oder Ihr soziales Umfeld, weil sie Sie so erzogen haben, dass Sie einer solchen Aufforderung folgen?

In dem Weltbild, das ich in diesem Buch vorstelle, entspricht unsere bewusste Wahrnehmung dem Kugelschreiber. Was unser Bewusstsein wahrnimmt, wird unmittelbar Realität. Deshalb aber zu behaupten, dass jeder Mensch an seinem Schicksal »selbst schuld« sei (eine Sichtweise, die unter Vertretern dieses Weltbildes leider vorkommt), ist ähnlich unsinnig wie dem Kugelschreiber die »Schuld« an den Worten auf dem Papier zu geben. Unsere Wahrnehmung wird von zahllosen Faktoren gelenkt, von denen normalerweise nur die wenigsten unserem freien Willen unterliegen. Sie reichen von individuellen (bewussten und unbewussten) Gedanken bis hin zu Einflüssen, die weit über das Individuum hinausreichen. So lassen sich etwa die meisten Leidensmuster, die uns im Alltag das Leben schwer machen und entsprechenden Einfluss auf unsere Realitätsgestaltung haben, über mehrere Generationen gestörter Eltern-Kind-Beziehungen zurückverfolgen. Wer trägt die »Schuld« daran?

Noch interessanter wird es bei der im Zusammenhang mit der individuellen Realitätsgestaltung häufig gestellten Frage, warum viele Menschen bereits in äußerst unerfreuliche Verhältnisse *hineingeboren* werden. Einem Neugeborenen kann man wohl kaum unterstellen, dass es die »Schuld« an seiner Situation trägt. Wenn man die Existenz eines blinden Zufalls abstreitet, lassen sich solche Schicksalsfügungen wohl nur mit Einflüssen aus früheren Leben der betroffenen Seele oder aus kollektiven Bewusstseinsstrukturen erklären. In esoterischen Kreisen ist es eine gängige Annahme, dass Kinder sich auf Seelenebene ihre Eltern gezielt aussuchen, um im Leben bestimmte Erfahrungen zu machen. Für ebenso denkbar halte ich es, dass wir bei der Reinkarnation mehr oder weniger unfreiwillig in einer Region des Möglichkeitsraumes (und damit bei entsprechenden Eltern) landen, die unserem in früheren Leben aufgebauten Wahrheitssystem entspricht. Möglicherweise gibt es beide Varianten, je nach dem »Bewusstseinsradius« einer Seele. Ein Avatar kommt sicher nicht unfreiwillig in unsere Welt.

Auch bei Massenkatastrophen, denen viele Individuen zum Opfer fallen, halte ich es für denkbar, dass hier »höhere« Bewusstseinsebenen involviert sind, die möglicherweise mit solchen Ereignissen bestimmte Absichten verfolgen (Katastrophen können durchaus positive Auswirkungen auf die Entwicklung des kollektiven Bewusstseins einer Gesellschaft haben), wobei die betroffenen Individuen natürlich Aspekte dieser höheren Strukturen sind, aber auf individueller Ebene davon zumeist nichts wissen oder spüren. Allerdings kann ich mir ebenso gut vorstellen, dass solche Ereignisse schlicht das Ergebnis von Rückkopplungsschleifen unseres chaotischen Kollektivbewusstseins sind, die auf keiner Bewusstseinsebene gezielt geplant wurden. Auch hier mögen je nach konkretem Fall beide Varianten zutreffen. Ich wage es hier nicht, allzu weit zu spekulieren.

All diese Beispiele zeigen, dass der Begriff »Schuld« – im Sinne einer individuellen Verantwortung für eine unerfreuliche Situation – in dem hier vorgestellten Weltbild kaum sinnvoll angewendet werden kann, schon weil sich das Individuum gar nicht genau abgrenzen lässt. Auch die üblicherweise vorgenommene klare Unterscheidung zwischen »Täter« und »Opfer« ist in diesem Weltbild nicht haltbar. Jede Situation wird von *allen* daran beteiligten Individuen *gemeinsam* erschaffen – man könnte auch sagen, sie ist die Schöpfung eines *Gruppenwesens*, das alle Beteiligten umfasst. Freilich nehmen diese dabei sehr unterschiedliche Rollen ein, aber es ist meines Erachtens nicht sinnvoll, die Verantwortung für das Ergebnis nur einem der Beteiligten zuzuschieben. Beide sind eingebunden in das zuvor beschriebene individuumsüberschreitende Netz von Einflüssen.

Ganz abgesehen von den begrifflichen Schwierigkeiten wirkt sich der Schuldgedanke äußerst destruktiv auf das menschliche Miteinander aus. Das Problem liegt fast immer darin, dass *unterschiedliche Wahrheitssysteme* aufeinander prallen.

In persönlichen Konflikten, etwa in Partnerbeziehungen, ist es oft so, dass jeder dem anderen die Schuld für das Problem zuschiebt – und jeder hat aus seiner Sicht auch gute Gründe dafür, denn beide versuchen letztlich nur (auf mehr oder weniger kuriosen Wegen), die Grundmotive ihrer Instinkte zu erfüllen, und deren Legitimität lässt sich nicht in Frage stellen. Mit der Schuldzuweisung macht man letztlich die andere Person für seine eigenen *Gefühle* verantwortlich.

Es ist klar, dass sich der Konflikt auf diese Weise niemals lösen lässt – es ist ein Teufelskreis, denn jede Schuldzuweisung bewirkt beim anderen das Gefühl, zu Unrecht angeklagt und dadurch emotional verletzt zu werden, wofür er dann wieder dem anderen die Schuld gibt. Diese Rückkopplungsschleife kann nur durchbrochen werden, wenn mindestens einer der Beteiligten die Verantwortung für seine Gefühle und sein Handeln selbst übernimmt. Damit bricht das »Schuldspiel« zusammen, und eine Lösung kann gefunden werden.

Auf persönlicher Ebene sehen Menschen, die ernsthaft an einer Lösung interessiert sind, dieses Prinzip meist früher oder später ein. Auch therapeutische Ansätze zur Konfliktlösung basieren zumeist auf dem Prinzip der Eigenverantwortung.[139] Hier stimmt die herrschende Lehrmeinung also mit dem Weltbild dieses Buches weitgehend überein.

Schwieriger wird es, wenn es um »echte« Verbrechen geht, also Taten, die großen körperlichen, emotionalen oder materiellen Schaden verursachen, erst recht, wenn es gar um Völkermord und vergleichbare Gräueltaten geht. Hier trennen die meisten Menschen ganz klar zwischen »Tätern« und »Opfern« und halten Bestrafungen der Täter für gerechtfertigt. Erzählt man diesen Menschen dann, dass jeder seine Realität selbst erzeugt, erntet man zumeist Unverständnis oder aggressive Entrüstung – die unschuldigen Opfer kann man doch nicht für ihr grausames Schicksal verantwortlich machen! Wo bleibt da die Gerechtigkeit?!

Diese Reaktion ist verständlich – schließlich erzeugt normalerweise niemand in bewusster Absicht eine Situation, die ihm selbst Schaden und Leid zufügt. Hier ist es wichtig zu erkennen, dass es eben *nicht* darum geht, dem Opfer einen Teil der »Schuld« zuzuschieben, denn dieser Begriff hat in dieser Sichtweise der Welt wie gesagt gar keinen Sinn. Für die Opfer geht es lediglich darum, zu erkennen, dass sie dem Leben nicht so machtlos gegenüber stehen wie sie bisher – bewusst oder unbewusst – angenommen haben, wodurch ihr Pfad durch den Möglichkeitsraum sie zwangsläufig in eine Opferrolle führte. Hilft man diesen Menschen (soweit sie das Unglück überlebt haben), ihre Überzeugungen zum Positiven zu verändern, so hilft man ihnen damit auch, zukünftiges Unglück dieses Kalibers zu verhindern.

Das heißt selbstverständlich nicht, dass es nicht sinnvoll wäre, den Schaden auf der »äußeren« Ebene so weit wie möglich wieder gutzumachen und hierfür auch den Täter – soweit er im Sinne der Kausalität ermittelt werden kann – zur Verantwortung zu ziehen, indem er beispielsweise verpflichtet wird, materiellen Schaden zu ersetzen oder die Folgen durch Geld oder andere Maßnahmen zu lindern. Ebenso kann es in vielen Fällen sinnvoll sein, den Täter für eine gewisse Zeit in Gewahrsam zu nehmen, um andere Menschen vor weiteren Taten zu schützen. Es geht also keinesfalls darum, Übeltäter unbehelligt zu lassen – es können bei uneinsichtigen

139 Wenn Sie den ultimativen Leitfaden zur Eigenverantwortung suchen, empfehle ich Ihnen das Buch *Drehbuch für Meisterschaft im Leben* von Ron Smothermon – es ist allerdings keine leichte Kost für das Ego des Lesers!

Menschen durchaus Zwangsmaßnahmen angebracht sein, um die Gesamtsituation zu verbessern. Nicht zuletzt hat die Androhung solcher Maßnahmen einen wirkungsvollen Abschreckungseffekt, ohne den unsere Gesellschaft sicherlich nicht von heute auf morgen auskommen würde, ohne instabil zu werden. Ich halte es dennoch für wichtig, dass die Maßnahmen einen direkten Bezug zur begangenen Tat haben sollten und deren Folgen zum einen lindern und zum anderen dem Täter bewusst machen sollten.

Fragwürdig ist hingegen meines Erachtens das herkömmliche Konzept der »Strafe« im Sinne eines »moralischen« Ausgleichs – dabei handelt es sich letztlich um nichts anderes als das Prinzip, einem Menschen, der einem anderen Schmerz zugefügt hat, zum Ausgleich ebenfalls Schmerz zuzufügen (dies schließt seelischen Schmerz ein). Dieses Muster muss sich zwangsläufig endlos fortsetzen und bringt nur neue Untaten und neue Täter hervor.

Ein Täter braucht ebenso Hilfe wie seine Opfer, denn er ist ebenso wie sie (wenn auch auf andere Weise) in destruktive Verhaltensmuster verstrickt, die ihn (zumeist unbewusst) annehmen lassen, er habe zur Erfüllung seiner instinktiven Grundmotive keine andere Wahl, als anderen Menschen Leid anzutun. *Jeder* Mensch versucht bei *allem,* was er tut, die Grundbedürfnisse seiner Instinkte zu befriedigen und nichts anderes. Dies ist zunächst einmal nicht verwerflich. Nur glauben manche Menschen aufgrund entsprechender leidvoller Erfahrungen, dass sie diese Bedürfnisse nur auf Kosten anderer Menschen befriedigen können.

Solche Menschen »böse« zu nennen und sie in schlimmeren Fällen jahrelang in Gefängnisse zu stecken, in denen oft so üble soziale Verhältnisse herrschen, dass die Insassen kaum eine Chance zu echter Veränderung haben, ist auf Dauer schädlicher (und teurer!) für die Gesellschaft als der ernsthafte Versuch, diesen Menschen die Betreuung zukommen zu lassen, die Sie brauchen, um sich aus ihrem *inneren* Gefängnis zu befreien, das die Ursache ihrer äußeren Taten ist.

Glücklicherweise wandelt sich in unserer Justiz das Verständnis langsam vom Konzept der reinen Strafe in Richtung Hilfe und Verantwortung – so gibt es teilweise psychologische Betreuung für Täter, außerdem werden in einigen Fällen Täter-Opfer-Gespräche durchgeführt, die dem Täter die menschlichen Folgen seiner Tat vor Augen führen und zu einer Wahrnehmungsveränderung führen können.

Im Bewusstsein der Allgemeinheit ist jedoch größtenteils nach wie vor eine »Strafmoral« nach dem Motto »Auge um Auge, Zahn um Zahn« verankert. In vielen anderen Ländern ist die Entwicklung sogar noch weit weniger fortgeschritten – selbst in »zivilisierten« Staaten wie Japan und den USA werden bis heute Todesurteile vollstreckt, von religiös-fundamentalistischen Staaten ganz zu schweigen. Der nicht enden wollende Konflikt zwischen Israelis und Palästinensern etwa beweist seit Jahrzehnten, dass eine auf Strafe und Vergeltung beruhende Moral in einen Teufelskreis führt, wenn zwei rivalisierende Gruppen sich jeweils im Recht wähnen. Umso erschreckender ist es, dass selbst die Regierung der USA noch in allerjüngster Vergangenheit den Begriff »Vergeltung« ohne Bedenken zur Rechtfertigung militärischer Gewalt verwendet hat.

Viele Menschen nehmen an, dass es so etwas wie eine allgemein gültige Ethik oder Moral gebe (sei es eine von Gott vorgegebene oder eine von Natur aus existierende), die zu erkennen und einzuhalten unsere Aufgabe sei. Diese Überzeugung ist einer der Hauptgründe für Konflikte zwischen Menschen und ganzen Völkern, denn jeder versucht, den anderen – notfalls mit Gewalt – von seinem persönlichen Moral- und Wertesystem zu überzeugen (oder ihn aus dem Weg zu räumen, wenn er sich offensichtlich nicht überzeugen lässt).

Vor dem Hintergrund unserer Erkenntnisse über die Rolle unseres Überlebenssystems wird jedoch ziemlich schnell klar, dass verschiedene Moralsysteme schlicht auf unterschiedlichen antrainierten Reaktionsmustern (und deren Weitergabe an andere durch sozialen Druck) beruhen, von denen keines gültiger ist als das andere. Allerdings – dies ist wichtig – haben alle diese Systeme eine gemeinsame Basis, die durch unsere Instinkte bedingt ist, denn diese sind bei allen Menschen gleich. Sie – bzw. die von ihnen ausgelösten Gefühle – sind der einzige universelle Maßstab für »gut« und »böse«, den es gibt. Welche Verhaltensregeln daraus abgeleitet werden, ist hingegen sehr unterschiedlich und hängt von persönlichen Erfahrungen und sozialen Einflüssen ab.

Wenn es also überhaupt so etwas wie eine allgemein gültige »Moral« geben kann, dann müsste sie als *einzige* Werte die Grundbedürfnisse unserer Instinkte vertreten und Verhaltensregeln enthalten, durch die möglichst allen Menschen die Erfüllung dieser Bedürfnisse ermöglicht werden kann. Jede andere Form von Moral kann auf Dauer nicht funktionieren, schon gar nicht in einer Welt ohne Grenzen, wo es keine isolierten sozialen Gruppen mehr gibt und alle Wertesysteme früher oder später aufeinander prallen werden.

Eine »Strafmoral« ist im Übrigen schon deshalb überflüssig, weil jeder Mensch, der anderen Leid antut, sich damit nur ins eigene Fleisch schneidet und sich quasi selbst bestraft. Denn zum einen werden die wenigsten Taten, die anderen Menschen Leid zufügen, aus einem positiven Gefühl heraus begangen. Es ist so gut wie immer *Angst* im Spiel, die sich entweder direkt oder indirekt – etwa als Hass oder Verzweiflung – äußert. Dem Täter ist außerdem meist durchaus klar, dass er Leid hervorruft. Sein Bewusstsein ist also auf Angst und Leid ausgerichtet, und er ist in den meisten Fällen auch von (bewussten oder unbewussten) Schuldgefühlen geplagt. Es ist klar, dass eine solche Bewusstseinsausrichtung eine Realität erzeugt, die von ebendiesen Elementen geprägt ist, und diese Realität bekommt der Täter früher oder später zu spüren – ob er nun direkt und gezielt für seine Tat bestraft wird oder nicht!

In der indischen Spiritualität wird dieses Prinzip – das kosmische Gesetz von Ursache und Wirkung – als *Karma* bezeichnet. Es besagt, dass alles, was ein Mensch denkt und tut, irgendwann auf ihn zurückfällt – sowohl die angenehmen als auch die unangenehmen Dinge. Dies ist nichts anderes als das in den Abschnitten 5.4 und 5.5 beschriebene Prinzip der Realitätsgestaltung durch entsprechende Ausrichtung der eigenen Wahrnehmung. Dies stellt damit eine Art natürliches »Belohnungs- und Bestrafungssystem« dar, durch das jeder Mensch automatisch »erntet, was er sät«, ohne dass dazu irgendeine äußere moralische Instanz notwendig wäre.

Viele Menschen, die der indischen Spiritualität zugetan sind, stellen sich das Karma allerdings als eine Art »Konto« vor, wo alle »guten« und »bösen« Taten verzeichnet werden, und eine Seele, die einen Berg an Übeltaten angehäuft hat, muss diesen zunächst im Laufe vieler Erdenleben wieder abtragen, bevor ihr der Aufstieg in höhere Bewusstseinssphären offen steht. Ähnliche Vorstellungen gibt es in konservativen Strömungen des Christentums, nur geht man dort davon aus, dass es nur *ein* Erdenleben gibt, in dem man sich zu bewähren hat – tut man dies nicht, landet man zwecks Bestrafung (auch »Läuterung« genannt) in der Hölle, statt in die Seligkeit des Himmelreiches einzugehen.[140]

Beide Vorstellungen übersehen etwas sehr Wichtiges, das Christus und viele andere Meister den Menschen zu vermitteln versucht haben: *Jeder* Mensch kann *jederzeit* umkehren und auf einen Schlag seine Realität dauerhaft zum Positiven verändern (und zwar hier und jetzt und nicht erst im »Jenseits«), indem er sich einfach dazu *entscheidet*. Dann gibt es keinen Berg von »schlechtem Karma« mehr, der mühselig gesühnt werden muss. Das ist gemeint mit der »Vergebung aller Sünden« für alle, die sich Gott zuwenden und darum bitten. Hierzu bedarf es aber – im Gegensatz zur gängigen christlichen Vorstellung – keiner äußeren, »vergebenden« Moralinstanz, sondern nur der Anwendung eines Naturgesetzes: Wer sein Bewusstsein auf (echtes) Glück ausrichtet, wird Glück erleben und Glück verbreiten, egal wie schrecklich und »schuldbeladen« sein Leben vorher war.

Diese Umkehr ist also *eigentlich* ganz einfach – in der Praxis wird sie allerdings durch den Realostaten in Gestalt unserer antrainierten Glaubenssysteme massiv erschwert. Vielen Menschen gelingt die Umkehr deshalb erst dann, wenn ihr altes System bereits so weit in die Katastrophe geschlittert ist, dass es zusammenbricht. In solchen Situationen erleben selbst »normale« Menschen manchmal mystische Erfahrungen und Visionen, die ihrem Leben eine völlig neue Richtung geben.

Ein solcher Kollaps ist allerdings nicht notwendig. Um eine positive Veränderung zu erzielen, muss ein Mensch lediglich bewusst erkennen, dass sein destruktives Verhalten auf *Denkfehlern* basiert. Sind diese aufgelöst, erkennt man plötzlich, dass es durchaus möglich ist, seine Grundbedürfnisse zu befriedigen, ohne dass man selbst und andere darunter leiden müssen. Mehr dazu in Abschnitt 9.1.

---

140 Besonders fragwürdig ist dabei, dass gängige theologische Auslegungen des Christentums dem Menschen auch noch eine »angeborene Schuld« (»Erbsünde«) andichten, die man nur durch »Gottes Gnade« wieder loswerden kann. Viele Christen haben deshalb massive Schuldkomplexe.

Schuld und Moral sind menschliche Konstrukte. Das einzige universelle menschliche Wertesystem sind die Grundmotivationen unserer Instinkte. Es gibt weder ein universelles »Schuldenkonto« noch eine »höhere Bestrafungsinstanz«. Jeder Mensch steuert sein Schicksal selbst und kann sich jederzeit für einen anderen Kurs entscheiden.

Zum Schluss noch eine wichtige Anmerkung: Wenn man sich das hier vorgestellte Weltbild aneignen möchte, ist es wichtig, den Schuldgedanken möglichst *vollständig* aufzugeben – besonders in Bezug auf sich selbst. Ich kann aus eigener Erfahrung sagen, dass es fatal sein kann, sich den Gedanken anzueignen, dass man seine Realität komplett selbst erzeugt, ohne dabei jedoch die Idee der Schuld loszulassen. Das kann sehr leicht zu Selbstvorwürfen führen – ich fühlte mich eine Zeit lang als »Versager«, weil ich es nicht geschafft hatte, mir eine angenehme Realität zu kreieren. Solche Gefühle sind natürlich eine massive Bremse für jegliche positive Realitätsgestaltung.

Bei mir führte diese Einstellung zeitweise dazu, dass ich meine eigenen negativen Gefühle abzulehnen begann, weil ich diese für meine missratene Realitätsschöpfung verantwortlich machte. Indem ich meine Gefühle zum Feind erklärte, entwickelte ich weitere aggressive Gefühle gegen sie, was den Effekt natürlich nur verstärkte – das war ein Teufelskreis, der sich bis zu depressiven Zuständen auswachsen konnte. Hier hilft es sehr, sich klar zu machen, dass negative Gefühle am schnellsten wieder verschwinden, wenn man ihre Gegenwart zunächst einmal akzeptiert (das heißt nicht, dass Sie sie lieben müssen!) bzw. ihnen keine besondere Aufmerksamkeit schenkt. Die eigenen gegenwärtigen Gefühle abzulehnen, ist etwa so sinnvoll wie Wut über eine Wolke, die sich vor die Sonne schiebt. In Abschnitt 9.1 werde ich beschreiben, wie sich das eigene Gehirn so umprogrammieren lässt, dass es ganz von selbst immer weniger negative Gefühle erzeugt.

4. Liebe

»Nur in der Liebe sind Einheit und Zweiheit nicht im Widerstreit.«

Novalis

Es dürfte in der menschlichen Sprache wohl kaum einen Begriff geben, unter dem so widersprüchliche Dinge zusammengewürfelt werden wie unter dem Begriff »Liebe«. Das Erstaunliche ist, dass dies vielen Menschen überhaupt nicht bewusst ist – sie sprechen von »der Liebe«, als sei sie ein völlig klar definiertes Etwas. Und dieses »Ding« scheint eine geradezu magische Macht über die Menschen zu haben. In Zeiten, in denen die materielle Existenz weitgehend gesichert ist, beschäftigt zumindest die jüngeren Menschen offenbar nichts anderes so sehr wie »die Liebe« in ihren vielfältigen Ausprägungen. Nicht umsonst ist sie das Thema von wahrscheinlich mehr als 90 Prozent aller Popsongs. Der folgende Schlagertext aus dem Jahr 1960 (gesungen von Connie Francis) drückt diese seltsame Vorstellung von der Liebe als einer schicksalhaften Instanz perfekt aus:

»Die Liebe ist ein seltsames Spiel,
sie kommt und geht von einem zum andern,
sie nimmt uns alles, doch sie gibt auch viel zu viel,
die Liebe ist ein seltsames Spiel.«

Dieses »Ding« ist ein sehr fragwürdiges Konstrukt. Was Menschen unter »Liebe« zusammenfassen, hat etwa so viel miteinander zu tun wie ein Flötenduett mit einer Schlägerei. Ich möchte hier nicht alle denkbaren Aspekte des Begriffs behandeln (etwa »Liebe« als Synonym für Geschlechtsverkehr), sondern mich auf die wesentlichen beschränken.

Viele Menschen würden sagen, dass Liebe ein *Gefühl* ist – und zwar ein überaus angenehmes. Hier stellt sich natürlich die Frage, warum dann im Zusammenhang mit der Liebe so oft von tiefstem Schmerz gesprochen wird, bis hin zu Aussagen wie »Liebe tut weh«. Tatsächlich sind es also mehrere sehr unterschiedliche Gefühle, die der Liebe zugeschrieben werden, darunter auch sehr unangenehme. Es scheint, als sei die Liebe ein Etwas, das in zwei Richtungen losschlagen kann.

Dieser zweischneidige Aspekt der »Liebe« hat mit dem, was die meisten spontan unter Liebe verstehen würden, herzlich wenig zu tun. Vielmehr handelt es sich dabei schlicht um eine *Suchtstruktur.* So wie Menschen von einer bestimmten Droge abhängig werden können, können sie auch von einem anderen Menschen abhängig werden – es wurde bereits vor mehreren Jahrzehnten nachgewiesen, dass die biochemischen Vorgänge im Körper in beiden Fällen sehr ähnlich ablaufen. Die Wahrnehmung des begehrten Menschen und seine Zuwendung lösen die Ausschüttung körpereigener Drogen aus, die massive Glücksgefühle verursachen – dies nennt man auch »Verliebtsein«.

Dieser Zustand ist natürlich für sich genommen kein Problem. Im Gegenteil – es ist einer der schönsten Zustände, die Menschen erleben können. Problematisch wird es, wenn man dem Irrtum verfällt, der betreffende Mensch sei der *einzige*, der einem diese schönen Gefühle verschaffen kann. In Abwesenheit des anderen Menschen können dann nach einiger Zeit regelrechte Entzugserscheinungen entstehen. Diese gestalten sich natürlich besonders schlimm und treten viel eher auf, wenn der andere Mensch die Zuneigung nicht (oder nicht ausreichend) erwidert, denn dann kommen massive Ängste hinzu, nicht genügend »Stoff« zu bekommen.

Auf gedanklicher Ebene äußert sich die Abhängigkeit in der Überzeugung, dass der angebetete Mensch der »einzig Wahre« ist, ohne den man nie wieder glücklich sein kann. Achten Sie einmal darauf, in wie vielen sogenannten »Liebesliedern« Sätze wie »Ich brauche dich« (*»I need you«*) oder »Ich kann ohne dich nicht leben« (*»I can't live without you«*) vorkommen. Das sind keine Liebeslieder, sondern Abhängigkeitshymnen.

Auch wenn aus der Verliebtheitsphase heraus eine Beziehung zustande kommt, bleibt die Abhängigkeit meist bestehen. Die meisten Menschen haben – bewusst oder unbewusst – mehr oder weniger starke Ängste, ihren Partner zu verlieren, und stellen sich dies sehr schlimm vor. Das hat fatale Folgen für die Qualität der Partnerschaft, denn es führt nicht nur zu Eifersucht und ähnlich destruktiven Gefühlen, sondern kann beim weniger dominanten Partner zu einer regelrechten »Verbiegung« der eigenen Persönlichkeit, also einer übertriebenen Anpassung an das Wertesystem des dominanten Partners, führen, um damit dessen Zuneigung »abzusichern« – unabhängig davon, ob der Partner eine solche Anpassung offen einfordert oder nicht. Ein solches Verhalten erzeugt jedoch zwangsläufig auf einer anderen (oft unbewussten) Ebene eine innere Rebellion gegen den Partner, da man sich durch ihn eingeschränkt fühlt. Dieser Konflikt – ob offen oder unbewusst ausgetragen – dürfte für den größten Teil der gescheiterten Partnerschaften verantwortlich sein. Dennoch lautet die »offizielle« Begründung dafür, dass Menschen sich ihrem Partner zuliebe selbst verleugnen, sehr oft: »Aber ich liebe ihn/sie doch!«

Ich halte es für sinnvoll, den Begriff »Liebe« aus diesem Zusammenhang komplett herauszunehmen. Damit will ich wohlgemerkt nicht das Verliebtsein als »Sucht« verdammen – ich habe natürlich absolut nichts gegen körpereigene Glücksdrogen, auf denen ja letztlich *jedes* angenehme Gefühl basiert! Es ist auch kein Problem, wenn ein Mensch sein eigenes Verhalten, inspiriert durch einen anderen Menschen, verändert, solange er sich auf allen Ebenen *gut* damit fühlt und es damit auch für sich selbst als Gewinn ansieht. Oft ist jedoch *Angst* im Spiel, das heißt, man fühlt sich unter *Zwang*, bestimmte Dinge zu tun oder zu lassen, um die Partnerschaft nicht zu gefährden. Und dies kann eine Beziehung auf Dauer nur schädigen. In Abschnitt 9.1 werde ich erläutern, wie diese Angst zustande kommt und warum sie vollkommen überflüssig ist.

> *Ein Großteil dessen, was Menschen als »Liebe« bezeichnen, ist eine Abhängigkeitsstruktur, bei der ein Mensch glaubt, ohne einen bestimmten anderen Menschen nicht glücklich sein zu können, was ihn bis zur Selbstaufgabe treiben kann und eine Partnerschaft eher gefährdet als sichert.*

Ich möchte den Begriff »Liebe« für einen Aspekt reservieren, für den ich ihn als weitaus passender erachte. Ich meine den Zustand, den ein Mensch beispielsweise wahrnimmt, wenn er sich intensiv mit einem anderen Menschen *verbunden* fühlt. Dieser andere Mensch kann ein Partner, aber auch ein Freund, das eigene Kind oder sogar ein Fremder sein. Es muss nicht einmal um einen Menschen gehen: Wenn jemand etwa aus tiefstem Herzen sagt »Ich liebe meinen Job«, meint er auch hier letztlich dasselbe – nämlich das Bewusstsein tiefer Verbundenheit. Diese kann sich im Prinzip auf alles beziehen, nur fällt es den meisten Menschen am leichtesten, sie in Bezug auf nahe stehende Menschen wahrzunehmen.

> *»Eines Tages, nachdem wir Wind, Wellen, Gezeiten und Gravitation gemeistert haben, werden wir uns die Energien der Liebe nutzbar machen, und dann, zum zweiten Mal in seiner Geschichte, wird der Mensch das Feuer entdecken.«*
>
> *Teilhard de Chardin*

Es ist oft die Sehnsucht nach diesem Zustand, die Menschen in die oben beschriebenen Abhängigkeitsstrukturen treibt – doch fatalerweise schließen sich diese beiden Zustände gegenseitig aus. Denn die Liebe, die hier gemeint ist, ist grundsätzlich *bedingungslos*. In einer Abhängigkeitsstruktur jedoch stellt mindestens ein Partner Bedingungen an den anderen, die dieser zu erfüllen hat, andernfalls droht ihm die »Kündigung«. Wenn der andere glaubt, seinen Partner für sein Glück zu *brauchen*, lässt er sich auf dieses Spiel ein und gibt damit ein Stück von sich selbst auf. Liebe im Sinne einer ohne Zwang empfundenen Verbundenheit ist in diesem Zustand kaum möglich. Die Annahme, dass es zusammengehöre, jemanden zu lieben und ihn zu brauchen, ist das wohl größte und folgenschwerste Missverständnis in Bezug auf die Liebe, das unendlich viel Leid erzeugt. Tatsächlich sind Liebe und (psychische) Abhängigkeit nicht miteinander vereinbar!

Natürlich treten in realen zwischenmenschlichen Beziehungen dennoch meist beide Aspekte auf – aber niemals gleichzeitig! In dem Moment, in dem Sie sich zutiefst mit jemandem verbunden fühlen, fühlen Sie sich weder von ihm abhängig, noch stellen Sie Bedingungen an ihn – Sie nehmen ihn so an, wie er ist. Im Alltag der meisten Menschen ist dieser Zustand leider äußerst selten – meist tritt er nur auf, wenn ausnahmsweise gerade einmal alle Bedingungen erfüllt sind, die man zuvor an den anderen gestellt hat, so dass man nicht mehr darüber nachdenkt – und plötzlich geschieht das Wunder echter Verbundenheit, die den Namen »Liebe« wirklich verdient. Je mehr es Ihnen gelingt, Ihre Liebe von scheinbaren Zwängen und Bedingungen zu entkoppeln, umso öfter werden Sie sie erleben – so einfach ist das.

> *»Gott ist Liebe, und wer in der Liebe bleibt, bleibt in Gott, und Gott bleibt in ihm.«*
>
> *Joh 4, 16*

Dieser Aspekt wird auch in den meisten spirituellen Zusammenhängen unter »Liebe« verstanden. Er bezeichnet weniger ein Gefühl als vielmehr einen *Bewusstseinszustand*, der als Sekundärerscheinung allerdings durchaus Gefühle – und zwar äußerst angenehme – hervorruft. Letztlich ist Liebe in diesem Sinne nichts anderes als das Bewusstsein des *Einsseins* in mehr oder weniger starker Ausprägung. Damit ist Liebe ab einer gewissen Stufe eigentlich gleichbedeutend mit Erleuchtung. Tatsächlich zeichnen sich erleuchtete Meister durch eine tiefe, bedingungslose Liebe zu allen Wesen und Dingen aus. Und die höchste Stufe der Verbundenheit aller Dinge ist zugleich die höchste Stufe der Liebe – man könnte auch sagen: Gott ist reine Liebe!

Liebe ist also der *ursprüngliche Bewusstseinszustand* aller Wesen und damit weit mehr als nur ein menschlicher Gefühlszustand unter vielen. Dieser Zustand muss daher auch nicht »geschaffen« werden – er ist einfach da, sobald die Wahrnehmungsfilter abgeschaltet werden, die ihn so oft überdecken und uns das Gefühl der Isolation geben. Man kann es mit dem Sonnenlicht vergleichen: Auch wenn es durch Wolken oder durch die Erde selbst verdeckt ist, ist es doch immer da. Dies ist für mich eine weitaus schönere Vorstellung als die weit verbreitete Annahme, Liebe sei etwas überaus Seltenes, das man suchen und für das man kämpfen müsse. Liebe hängt nicht von bestimmten Personen oder Bedingungen ab. Sie steht jedem Menschen überall und jederzeit zur Verfügung.

Liebe im spirituellen Sinne ist gleichbedeutend mit Verbundenheit und ist damit der ursprüngliche Bewusstseinszustand aller Wesen, die im kosmischen Bewusstsein verbunden sind. Diese Liebe stellt keine Bedingungen und ist – jenseits unserer Wahrnehmungsfilter – immer vorhanden.

9 Glück ist machbar

Die Erzeugung einer positiven Realität

9.1 Neue Programme für den Überlebenscomputer

> *»Das Glück deines Lebens hängt von der Beschaffenheit deiner Gedanken ab.«*
>
> *Marcus Aurelius*

Am 13. Oktober 1972 stürzte in den schneebedeckten Anden ein Flugzeug ab – an Bord war eine Rugby-Mannschaft aus Uruguay auf dem Weg zu einem Spiel in Chile. 27 von 45 Insassen überlebten zunächst den Aufprall, 11 von ihnen starben später an Verletzungen, an Erschöpfung oder durch Lawinen. Die verbleibenden 16 Männer überlebten in der Eishölle, indem sie sich notdürftig mit Material aus dem Flugzeugwrack versorgten und sich notgedrungen von dem Fleisch ihrer verstorbenen Gefährten ernährten. Nach 10 Wochen wurden sie endlich gefunden und gerettet. Ihre Geschichte ging um die Welt und wurde sogar verfilmt.

Gustavo Zerbino, einer der Überlebenden, sagte 30 Jahre später in einem Interview: *»Die Wochen damals waren, auch wenn es sich komisch anhört, die intensivsten und glücklichsten meines Lebens.«*

Eines der fatalsten Missverständnisse im menschlichen Denken ist die Überzeugung, dass unser Glück wesentlich von den äußeren Umständen abhinge. Große Sozialstudien beweisen das Gegenteil: Statistisch gesehen sind Millionäre nicht glücklicher als Obdachlose, und selbst Menschen mit chronischen Schmerzen sind im Durchschnitt etwa genauso häufig oder selten glücklich wie körperlich gesunde Menschen. Natürlich gibt es Menschen, die weitaus öfter glücklich sind als andere – aber die Verteilung zwischen glücklicheren und weniger glücklichen Menschen hängt nicht nennenswert von deren äußerer Lebenssituation ab. Der wesentliche Unterschied zwischen einem glücklichen und einem unglücklichen Menschen besteht vielmehr darin, wie er seine Situation *bewertet* und wie viele Aspekte er dabei als Problem betrachtet. Dabei bewertet ein unglücklicher Millionär sicherlich andere Faktoren als Probleme als ein unglücklicher Obdachloser, aber beide glauben, aufgrund bestimmter äußerer Gegebenheiten nicht glücklich sein zu können.

Stellen Sie sich einmal vor, Sie sitzen früh morgens allein an einem Strand und sehen zu, wie über dem Meer die Sonne aufgeht. Wie fühlt sich diese Vorstellung für Sie an?

Thomas Klüh hat diese Frage einmal in einem Seminar gestellt. Die Antworten reichten (sinngemäß) von »Wunderschön und romantisch« oder »Totale Verbundenheit mit der Natur« bis hin zu »Schreckliche Einsamkeit« oder gar »Oh Gott, schon wieder ein neuer Tag, den ich überstehen muss!«

Man kann so gut wie *jede* Situation positiv oder negativ interpretieren. Selbst die widrigsten Umstände lassen sich als Chance für eine positive Veränderung begreifen. Gustavo Zerbino hat aus seinen Erfahrungen nach dem Flugzeugabsturz viel gelernt – heute gibt er mit großem Erfolg Management-Seminare mit dem Thema »Wie man aus einem Problem eine Chance macht«.

Wie viel Zeit pro Tag verbringen Sie damit, sich mit Problemen und unerfüllten Wünschen zu beschäftigen? Beobachten Sie es einmal bewusst – Sie werden vermutlich erschüttert sein. Die meisten Menschen beschäftigen sich weit öfter mit Problemen als mit angenehmen Dingen. Das gilt interessanterweise sogar für die Menschen, die den größten Teil ihres Lebens als »in Ordnung« einstufen und nur einige wenige Dinge als Problem betrachten. Aber diese wenigen Dinge ziehen einen extrem großen Teil unserer Aufmerksamkeit auf sich. Die meisten Menschen können das Leben erst dann richtig genießen, wenn sie das Gefühl haben, dass alle nennenswerten Probleme »erledigt« sind. Dummerweise ist dieser Zustand naturgemäß selten von langer Dauer. Alsbald tauchen die nächsten Probleme und Wünsche auf, und das Spiel beginnt von vorn.

> *»Wonach Du sehnlichst ausgeschaut,*
> *es wurde Dir beschieden.*
> *Du triumphierst und jubelst laut:*
> *Jetzt hab' ich endlich Frieden.*
> *Ach, Freundchen, werde nicht so wild.*
> *Bezähme Deine Zunge.*
> *Ein jeder Wunsch, wenn er erfüllt,*
> *kriegt augenblicklich Junge.«*
>
> *Wilhelm Busch*

Die Annahme, wir müssten zuerst alle Probleme lösen, um glücklich sein zu können, ist einer der grundlegendsten Denkfehler des Menschen. Wie bereits in Abschnitt 8.2 erwähnt, hat dies mit unserem genetischen Ursprung zu tun, denn wie bei allen Fluchttieren haben auch beim Menschen Angst und Sicherheitsinstinkt Vorrang gegenüber Lust und Genuss. So wie eine Antilope immer zuerst sicherstellt, dass keine Löwen in der Nähe sind, bevor sie es wagt, in Ruhe aus dem Wasserloch zu trinken, so suchen wir Menschen instinktiv ständig nach eventuellen ungelösten Problemen, und erst wenn wir keine nennenswerten mehr finden, erlauben wir uns Dinge, die glückliche Gefühle auslösen.

Die Instinkte lassen sich nicht einfach abschalten. Wir können also nicht verhindern, unangenehme Gefühle zu empfinden, wenn wir ein Problem wahrnehmen (tatsächlich *definieren* wir eine Situation ja erst über das Gefühl als Problem). Was wir aber sehr wohl ändern können, ist die Anzahl und Schwere der empfundenen Probleme, und zwar *ohne* dafür zuerst die äußere Situation ändern zu müssen!

Hierzu ist es wichtig, sich klar zu machen, dass *jeder Mensch seine Gefühle ausschließlich selbst erzeugt*. Weder ein anderer Mensch noch sonst eine äußere Situation kann das tun. Die wahrgenommenen Sinneseindrücke werden von unserem Gehirn interpretiert, anhand einer Kombination aus erlernten und angeborenen Maßstäben bewertet und in eine innere Vorstellung transformiert. Diese wiederum wird von unseren Instinkten ausgewertet, und je nachdem, ob sie als überlebensfördernd oder -gefährdend angesehen wird, werden die entsprechenden Botenstoffe für angenehme oder unangenehme Gefühle ausgeschüttet.

> *»Nicht was die Dinge objektiv und wirklich sind, sondern was sie für uns, in unserer Auffassung sind, macht uns glücklich oder unglücklich.«*
>
> *Arthur Schopenhauer*

Dies läuft meist so schnell und unbewusst ab, dass wir den *Eindruck* gewinnen, das äußere Ereignis sei *direkt* für unser Gefühl verantwortlich. Tatsächlich aber liegt in fast allen Fällen eine mehr oder weniger komplexe – und äußerst subjektiv geprägte – Bewertungskette dazwischen, wie ich in Abschnitt 8.2 erläutert habe. Eine Veränderung dieser Bewertung kann dazu führen, dass die gleiche Situation plötzlich ein ganz anderes Gefühl auslöst!

Würde unser Großhirn die aufgenommenen Sinneseindrücke *unbewertet* an die Instinkte weiterreichen, dann gäbe es nur sehr wenige Situationen, die geeignet wären, die Instinkte zur Erzeugung unangenehmer Gefühle zu veranlassen – nämlich ausschließlich Situationen, die von den Instinkten selbst anhand ihrer angeborenen Bewertungsmuster als lebensbedrohlich eingestuft werden. So würden eine körperliche Verletzung, akuter Nahrungsmangel oder totale Isolation auch dann unangenehme Gefühle auslösen, wenn das Großhirn sich nicht bewertend einschalten würde.

Nun sind allerdings solche Situationen, die von unseren Instinkten *unmittelbar* als Problem interpretiert würden, in unserer heutigen Zivilisation – im Gegensatz zum gefährlichen Leben eines Frühmenschen in der Wildnis – extrem selten. Unser Leben ist in fast keiner Alltagssituation real bedroht. Dass wir dennoch im Alltag sehr oft unangenehme Gefühle empfinden, liegt daran, dass unsere Instinkte dummerweise nicht unterscheiden können, ob sie eine ungefilterte Sinneswahrnehmung oder eine Phantasie aus dem Realitätssimulator des Großhirns präsentiert bekommen. Es ist in mehr als 99 % aller Fälle ausschließlich unsere subjektive Bewertung der jeweiligen Situation, die unsere Instinkte *glauben* lässt, wir seien in Gefahr.

Und genau dies ist die negative Kernüberzeugung aller Menschen, die zu verraten ich Ihnen bereits in Abschnitt 8.1 versprochen habe: Sie ist Millionen Jahre alt und hat sich seither nicht verändert – nur ist sie heute einfach nicht mehr wahr. Sie lautet schlicht: *»Mein Leben ist ständig in Gefahr!«*

Was uns unglücklich macht, ist also allein die (fast immer irrige) Annahme unserer Instinkte, dass deren *Grundmotivationen* nicht erfüllt seien. Denn sobald unsere Instinkte ihre Grundmotivationen als erfüllt, das heißt, unser Überleben in jeder Hinsicht als gesichert ansehen, haben sie keinen Anlass mehr, Problemgefühle zu erzeugen, und erzeugen stattdessen Belohnungsgefühle! Mit anderen Worten: Ein Mensch, dessen Instinkte ihre Grundbedürfnisse als befriedigt betrachten, ist *automatisch glücklich*! Und das ist das einzige Ziel, das Menschen (auf der irdischen Ebene) letztlich verfolgen, auch wenn sie dabei die kuriosesten Umwege machen.

Das Unglück der heutigen Menschheit basiert zu mehr als 99 % auf Denkfehlern. Unsere (bewusste oder unbewusste) subjektive Bewertung äußerer Situationen lässt unsere Instinkte glauben, dass unser Leben bedroht sei, was unangenehme Gefühle auslöst. Tatsächlich besteht jedoch so gut wie nie eine derartige Gefahr. Erkennen unsere Instinkte dies, sind wir automatisch glücklich.

Nun könnte man auf die Idee kommen, man müsse all diese bewussten und unbewussten Denkfehler einzeln entlarven, um sich durch äußere Umstände nicht mehr unnötig unglücklich machen zu lassen. In Einzelfällen mag es tatsächlich sinnvoll sein, bestimmte Denkmuster gezielt anzugehen und zu verändern – vor allem, wenn sie so mächtig sind, dass sie jegliche Veränderung der eigenen Sichtweise durch massive Angst oder Verdrängung blockieren. In solchen Fällen kann kompetente therapeutische Hilfe den Prozess erheblich beschleunigen. Allerdings sollten Sie keinesfalls versuchen, *alle* Ihre Denkfehler aufzuspüren und einzeln zu verändern – wozu das führt, habe ich in Abschnitt 8.1 (*Die Problemspirale*) zur Genüge behandelt.

Es ist aber glücklicherweise auch gar nicht nötig, dies zu tun. Unserem Gehirn fällt es nämlich viel leichter, sich neue Sichtweisen anzugewöhnen, als sich alte (gezielt) abzugewöhnen. Und wenn eine neue Sichtweise vom Gehirn als *sinnvoller* in Bezug auf das Ziel des Überlebens angesehen wird als die alte, wird sie nach relativ kurzer Zeit die Oberhand gewinnen, und das alte Denkmuster verschwindet von allein (dies ist eine ganz natürliche Funktion des Gehirns, um Verhaltensweisen an veränderte Lebensbedingungen anpassen zu können).

Dass unser Gehirn dazu in der Lage ist, beweist beispielsweise die Tatsache, dass Sie seelenruhig am Rand einer Straße stehen können, während Autos in nächster Nähe an Ihnen vorbeirasen. Rein instinktiv würden Sie jedes Mal fürchterlich erschrecken und flüchten, wenn etwas so Großes sich sehr schnell nähert – eine natürliche Schutzfunktion gegen Raubtiere. Aus Erfahrung weiß Ihr Großhirn jedoch, dass Autos nicht gefährlich sind (wenn man nicht mitten auf der Straße steht), und bewertet die Situation entsprechend als harmlos. Da die Instinkte nur die *bewertete* Situation vorgesetzt bekommen, lösen sie entsprechend auch keine Vermeidungsgefühle aus.

Eine solche Umbewertung lässt sich nun auch auf die vielen Situationen anwenden, die noch (unnötigerweise) unangenehme Gefühle auslösen. Um dies zu erreichen, müssen wir unserem Gehirn eine neue Sichtweise präsentieren, die schlicht überzeugender ist als die alte und im Gegensatz zu ihr positive statt negativer Gefühle auslöst. Allerdings lässt sich unser Gehirn nichts vormachen: Wie bei Autosuggestionen (vgl. Seite 251 f.) akzeptiert es auch hier nur Vorstellungen, die es tatsächlich als *Wahrheit* ansieht. Zudem ist es wichtig, dass die jeweilige Vorstellung *wiederholt* als wahr und sinnvoll erkannt wird, denn unser Gehirn akzeptiert eine neue Wahrheit – insbesondere wenn dadurch eine alte in Frage gestellt wird – erst, wenn sie sich hinreichend oft »aufgedrängt« hat (auch das ist eine natürliche Funktion des Gehirns, um zu verhindern, dass wir unausgegorene und damit womöglich gefährliche Vorstellungen ohne weiteres übernehmen).

Glücklicherweise ist es nicht notwendig, alle (scheinbaren) Problemsituationen *einzeln* umzubewerten – damit wären wir lange beschäftigt! Vielmehr lässt sich jedes »Problem« einer oder mehreren der *Grundmotivationen* zuordnen, die zu erfüllen das Ziel unserer Instinkte ist – und deren Anzahl ist sehr überschaubar. Wenn wir unserem Gehirn klar machen, dass die jeweilige Grundmotivation erfüllt ist, verschwinden alle damit im Zusammenhang stehenden Problemgefühle von selbst und werden durch Belohnungsgefühle ersetzt.

> *»Wenn du einen Menschen glücklich machen willst, dann füge nichts seinen Reichtümern hinzu, sondern nimm ihm einige von seinen Wünschen.«*
>
> *Epikur*

Im Folgenden werde ich daher die Grundmotivationen unserer Instinkte nacheinander durchgehen und aufzeigen, dass sie in Wirklichkeit so gut wie immer erfüllt (oder sehr einfach zu erfüllen) sind und daher kein Anlass zu Problemgefühlen besteht. Wenn Sie sich die nachfolgenden Erkenntnisse wiederholt bewusst machen und sie als wahr empfinden, wird sich Ihre gesamte Sichtweise der Welt schrittweise und zuverlässig in Richtung Glück verändern.

Wenn Sie diese Methode der Umbewertung vertiefen möchten, empfehle ich Ihnen wärmstens das Buch *Die Glückstrainer* von Ella Kensington (Bodo Deletz), auf dem auch meine Ausführungen zum großen Teil basieren. Dieses Buch dringt noch weit tiefer in die Einzelheiten ein, beinhaltet einen automatischen Wiederholungseffekt und enthält auch eine Anleitung, wie Sie mit dieser Methode zum Glücksberater für andere Menschen werden können.

Noch eine wichtige Anmerkung: Im Folgenden spreche ich des Öfteren Aufforderungen nach dem Muster »*Tun Sie dies, tun Sie jenes*« aus. Dies sind natürlich nur Empfehlungen. Behalten Sie bitte im Hinterkopf, dass jegliche »Glücksmethode« nur funktionieren kann, wenn sie sich zwanglos und »richtig« anfühlt. Wenn Sie sich mit einigen der präsentierten Gedanken nicht anfreunden können, lassen Sie sie einfach beiseite. Möglicherweise können Sie später etwas damit anfangen, oder Sie finden einen anderen Weg.

1. Schutz vor Hunger, Durst und Kälte

Dies sind die Hauptziele unseres direkten Überlebenstriebes, der das unmittelbare Überleben des Körpers durch Sicherstellung seiner Grundversorgung mit Nahrung und Wärme gewährleisten soll.

Diesen Punkt können wir sehr schnell abhaken – es ist ganz offensichtlich, dass diese Grundbedürfnisse in unserer Zivilisation permanent erfüllt sind. Selbst für Obdachlose ohne Einkommen ist die Wahrscheinlichkeit, in Europa oder vergleichbaren Ländern zu verhungern, zu verdursten oder zu erfrieren, geringer als die Wahrscheinlichkeit, vom Blitz getroffen zu werden. Wenn Sie also vor Letzterem keine Angst haben, müssen Sie sich um Ihre Grundversorgung mit dem Lebensnotwendigsten erst recht keine Sorgen machen.[141]

Dennoch gibt es Menschen, die Angst vor dem Tod durch Verhungern oder Erfrieren haben. Meist entstehen die entsprechenden Denkmuster in frühester Kindheit, wenn der Verstand die Situation noch nicht sachlich analysieren kann, und laufen vollkommen unbewusst ab – sie äußern sich im Alltag meist nur als ungutes Gefühl in bestimmten Situationen (die nicht unbedingt direkt mit Hunger oder Kälte zu tun haben müssen; die Assoziationskette kann auch komplexer sein).

Es ist normalerweise nicht notwendig, diese Denkmuster ans Tageslicht zu holen. Machen Sie sich einfach so oft wie möglich klar, dass keine reale Gefahr des Verhungerns oder Erfrierens besteht. Ihr erwachsener Verstand wird nicht umhinkommen, dies als Wahrheit anzuerkennen, und je öfter Sie es sich gezielt bewusst machen, desto öfter wird Ihr Verstand Ihre Instinkte mit dieser (aus deren Sicht) »neuen« Wahrheit konfrontieren, die daraufhin statt der bisherigen Ängste ein angenehmes Gefühl erzeugen werden.

In absehbarer Zeit werden Sie feststellen, dass Sie den Gedanken, dass die Erfüllung Ihrer Grundbedürfnisse gesichert ist, gar nicht mehr bewusst denken müssen – Ihr Gehirn hat die neue Assoziation abgespeichert und löst ganz automatisch in den entsprechenden Situationen statt der früheren Ängste das angenehme Gefühl aus, das Ihre Instinkte aufgrund der Erkenntnis »Versorgung gesichert« erzeugen.

Besonders gute Gelegenheiten, um sich diese Wahrheit bewusst zu machen, sind Situationen, in denen das jeweilige Grundbedürfnis gerade ganz offensichtlich erfüllt wird, also etwa bei einem leckeren Essen oder wenn Sie aus der Kälte in Ihre warme Wohnung kommen. Selbst wenn Sie keine unbewussten Ängste vor dem Verhungern oder Erfrieren haben, ist dies eine schöne Übung, denn sie verstärkt die angenehmen Gefühle, die Ihre Instinkte in diesen Situationen erzeugen. Man kann lernen, auch aus diesen einfachen Dingen ein Gefühl von Fülle und »Luxus« zu entwickeln und sie intensiv zu genießen. Stellen Sie sich zum Vergleich die Situ-

---

141 Dass der Gedanke an sozialen Abstieg und Obdachlosigkeit dennoch unangenehme Gefühle auslöst, hat meist mehr mit dem Rudelinstinkt als mit dem direkten Überlebenstrieb zu tun – darauf werde ich später eingehen.

ation eines Urmenschen vor, für den das, was Ihnen wie selbstverständlich zur Verfügung steht, ein reines Paradies sein muss!

Natürlich kommt es durchaus vor, dass wir *zeitweise* Hunger oder Durst bekommen oder frieren, was sich zunächst einmal unangenehm anfühlt. Das Bewusstsein, dass dennoch keine Lebensgefahr besteht und das jeweilige Bedürfnis in absehbarer Zeit wieder erfüllt sein wird, sorgt jedoch dafür, dass sich das unangenehme Gefühl in Grenzen hält und uns nicht unglücklich machen muss. Durch geschickte Lenkung der eigenen Wahrnehmung kann man das unangenehme Gefühl sogar in Vorfreude auf die Erfüllung des Bedürfnisses umwandeln! Wenn Sie das nächste Mal frieren, denken Sie an Ihre warme Wohnung und freuen Sie sich darauf! Und ein leckeres Essen schmeckt mit ordentlichem Hunger gleich noch viel besser!

Die Versorgung mit den lebensnotwendigsten Dingen – Nahrung und Wärme – ist in unserer Gesellschaft permanent gewährleistet. Unser unmittelbares Überleben ist daher gesichert, und diesbezügliche Ängste sind unnötig.

2. Schutz vor Gewalt und Verletzungen

Dies ist das primäre Ziel unseres Sicherheitsinstinktes – ursprünglich diente er vorrangig dem Schutz vor Raubtieren, später kam zunehmend die Bedrohung durch eigene Artgenossen hinzu.

Auch hier können wir feststellen, dass unsere Zivilisation das Risiko, durch Gewalteinwirkung zu Schaden zu kommen, weitestgehend minimiert hat. Sich dies bewusst zu machen, kann schon viele unangenehme Gefühle beseitigen. Vergleichen Sie auch hier wieder Ihre Situation mit dem gefährliche Leben eines Urmenschen in der Savanne, und genießen Sie den »Sicherheitsluxus«, den unsere heutige Zeit bietet. Wir haben uns angewöhnt, den permanenten Schutz durch die Gesellschaft und ihre Regeln als selbstverständlich anzusehen, aber schon ein Blick in die Nachrichten aus anderen Teilen der Welt genügt, um sich davon zu überzeugen, dass es uns in dieser Hinsicht extrem gut geht. Mitten in einer Fußgängerzone erschossen oder zusammengeschlagen zu werden, ist im Normalfall kaum denkbar.

Im Gegensatz zum direkten Überlebenstrieb lässt sich der Sicherheitsinstinkt allerdings durch diese Erkenntnis allein noch nicht vollständig beruhigen, denn das Risiko von Gewalttaten ist in unserer Gesellschaft immer noch deutlich höher als das Risiko zu verhungern. Trotz aller Schutzsysteme gibt es immer noch – wenn auch selten – Situationen, in denen ein reales Gewaltpotential besteht, etwa wenn Ihnen mitten in der Nacht in einem einsamen Parkhaus drei angetrunkene Skinheads mit Baseball-Schlägern entgegenkommen.

Solche Situationen bzw. der Gedanke, dass sie eintreten könnten, lösen bei den meisten Menschen mehr oder weniger starke Angstgefühle aus. Dies ist zunächst einmal ganz natürlich, denn unser Gehirn ist aus gutem Grund nicht bereit, solche

Situationen als harmlos zu bewerten. Daher nützt es auch wenig, es zu einer solchen Umbewertung zwingen zu wollen – im Gegenteil, es wäre sogar gefährlich und würde uns womöglich blind ins Messer laufen lassen.

Dennoch – und das ist der entscheidende Punkt – ist es möglich, auf die *Angst* zu verzichten, *ohne* gefährliche Situationen zu verharmlosen! Hierzu ist es erforderlich, einen weiteren grundlegenden Denkfehler zu durchschauen: Die meisten Menschen nehmen an, dass Angst in bestimmten Situationen *notwendig* und sinnvoll sei, um uns vor Gefahren zu schützen. Für Tiere und für (unbeaufsichtigte) kleine Kinder trifft dies tatsächlich zu, denn deren Großhirn ist noch nicht leistungsfähig genug, um potentiell gefährliche Situationen stets realistisch einschätzen zu können, daher müssen die Instinkte eingreifen, um schnell reagieren und den Körper schützen zu können. Ein erwachsener und geistig gesunder Mensch jedoch ist aufgrund seines voll ausgebildeten Großhirns normalerweise in der Lage, auf *jede* Situation angemessen – und nötigenfalls auch schnell – zu reagieren, ohne dass dazu Angst erforderlich wäre. Im Gegenteil – unser Großhirn ist sogar weitaus leistungsfähiger, wenn es nicht durch Angsthormone »heruntergefahren« wird.

Genau diese Erkenntnis gilt es unserem Sicherheitsinstinkt zu vermitteln. Denn wenn unser Gehirn erkennt, dass wir tatsächlich – auch in gefährlichen Situationen – *sicherer* sind, wenn wir *keine* Angst haben, wird der Sicherheitsinstinkt in Erfüllung seiner ureigensten Aufgabe damit aufhören, Angstgefühle zu erzeugen, und stattdessen durch positive Gefühle dafür sorgen, dass unser Großhirn so leistungsfähig wie möglich ist, um auf die Situation geeignet reagieren zu können. Somit haben wir den Sicherheitsinstinkt keineswegs ausgehebelt, sondern lassen ihn sogar weit effektiver für uns arbeiten als durch die alten Angststrukturen.

Womöglich klang dies bisher etwas theoretisch – tatsächlich überzeugen lässt sich Ihr Gehirn von der neuen Sichtweise nur durch konkrete Beispiele. Denken Sie einmal an typische Situationen, in denen Sie Angst hatten oder haben würden. Und dann fragen Sie sich bei jeder Situation, ob Sie sinnvoller damit umgehen könnten, wenn Sie keine Angst hätten. Ich wette, dass Sie keine Alltagssituation finden werden, in der die Angst Ihnen tatsächlich Vorteile verschafft. Ohne Angst sind Sie ruhiger und können Situationen klarer beurteilen, kreativer denken, schneller überlegen und Lösungen finden, Ihren Körper besser kontrollieren, besser argumentieren, sensibler auf Menschen eingehen oder was auch immer die Situation gerade erfordert. Vor allem aber haben Sie ohne Angst eine selbstbewusstere Ausstrahlung, was einen entscheidenden Vorteil bei tatsächlicher Bedrohung durch gewaltbereite Menschen darstellt – denn andere Menschen spüren instinktiv, ob Sie Angst vor ihnen haben oder nicht. Machen Sie sich all dies immer wieder klar, insbesondere wenn Sie tatsächlich Angst verspüren oder gerade eine angstbeladene Situation durchgestanden haben.

Möglicherweise glauben Sie trotz dieser Erkenntnisse, dass es zumindest in bestimmten Extremsituationen nach wie vor sinnvoll sein könnte, Angst zu bekommen – etwa wenn man urplötzlich angegriffen wird, so dass nur blitzartige Flucht oder Selbstverteidigung (die urspünglichen Einsatzzwecke der Angst) unser Leben retten können, oder wenn man eine völlig neuartige und möglicherweise gefährliche Situation überhaupt nicht einschätzen kann und daher besser flüchtet. Diese Annahme beruht jedoch auf einer Unterschätzung des menschlichen Großhirns. Tatsächlich kann es – wenn es nicht durch Angst blockiert ist – auch in akuten Gefahrensituationen blitzartig sinnvolle Entscheidungen treffen (einschließlich der Entscheidung, schnellstmöglich zu flüchten, wenn die Situation unbeherrschbar oder undurchschaubar erscheint).

Bodo Deletz beschreibt in *Die Glückstrainer* ein eindrucksvolles Erlebnis, bei dem ihm sein Gehirn das Leben rettete: Er fuhr mit 180 Stundenkilometern auf der Autobahn, als vor ihm plötzlich ein anderer Wagen wendete. Noch während er nach einer reflexartigen Vollbremsung mit blockierten Reifen auf das andere Fahrzeug zurutschte, rechnete Bodo (ein studierter Fahrzeugtechniker) die zu erwartende Aufprallgeschwindigkeit aus (etwa 100 km/h, also tödlich) und überlegte, ob er links durch den sehr engen Zwischenraum zwischen dem Wagen und der Leitplanke rasen sollte oder noch per Ausweichmanöver rechts vorbeifahren könnte. Er kam zu dem Schluss, dass Letzteres nicht mehr möglich war, und fuhr durch die Lücke, die wider Erwarten gerade so breit war, dass sein eigenes Auto sogar ohne Kratzer blieb. Dieser gesamte Vorgang dauerte nur etwa *eine Sekunde*, die Bodo wie zwei Minuten vorkam. In dieser Zeit arbeitete sein Gehirn auf Hochtouren – Verstand, Intuition und Instinkte arbeiteten perfekt zusammen. Hätte Bodos Sicherheitsinstinkt in klassischer Manier Panik ausgelöst, wäre ein solcher koordinierter Vorgang vollkommen unmöglich gewesen.

All dies bedeutet natürlich nicht, dass Angst etwas Schlimmes ist, das es zu bekämpfen gilt – eine solche Einstellung verstärkt nur die unangenehmen Gefühle. Angst ist eher wie ein schlechter Rat eines guten Freundes. Wenn Sie spüren, dass Sie Angst bekommen, versuchen Sie vielleicht einmal, sie einfach als willkommenen Beweis dafür zu sehen, dass Ihre Instinkte ständig zuverlässig auf Sie aufpassen und versuchen, Sie vor Gefahren zu beschützen – und dann machen Sie Ihren Instinkten freundlich und ohne Selbstvorwürfe klar, dass sie dieses Ziel ohne Angst viel besser erreichen können.

Auch diese Erkenntnis rutscht nach einigen bewussten Wiederholungen ins Unterbewusstsein und wird auf Dauer dafür sorgen, dass Ihre Instinkte in jeder Situation dafür sorgen werden, dass Sie in optimaler Weise auf schwierige Situationen reagieren können, was den schönen Nebeneffekt hat, dass solche Situationen an Stelle von Angst oft sogar angenehme Gefühle auslösen, etwa das Gefühl der Motivation aufgrund einer Herausforderung.

> *Angst vor Gewalt und körperlichen Verletzungen ist vollkommen unnötig – zum einen besteht in unserer Zivilisation selten ein reales Risiko, zum anderen kann unser Gehirn auch in tatsächlich gefährlichen Situationen viel besser reagieren, wenn es nicht durch Angst blockiert ist.*

Hier noch eine Anmerkung für Leser, die sich bereits die Vorstellung zu eigen gemacht haben, ihre Realität selbst zu erzeugen: Haben Sie keine Angst vor Ihrer Angst! Angst als solche erzeugt zunächst keine wirklich gefährliche Realität – sondern eine Realität, die lediglich gefährlich *aussieht* (womit Ihre Angst natürlich bestätigt wird). Um tatsächlich gefährliche Ereignisse zu manifestieren, müssen Sie sich schon gewaltig in Ihre Angst hineinsteigern oder massive »Meta-Angst« entwickeln, also Angst davor, dass Ihre Angst das Befürchtete zur Realität werden lassen könnte.

Wenn Sie Ihre Angst dagegen einfach so stehen lassen, wie sie ist, wird sie Ihnen bestenfalls einige Adrenalinschübe in Gestalt »brenzliger« Situationen verpassen – und die allein schaden nicht. Wenn Sie Ihre Angst nicht allzu ernst nehmen, können diese »Kicks« sogar ganz angenehm sein – jeder Achterbahn-Fan kann das bestätigen.

3. Gemeinschaft und Geborgenheit

Die bisher behandelten Grundmotivationen (Grundversorgung und Sicherheit) sind in unserer Gesellschaft so weitgehend erfüllt, dass sie bei den meisten Menschen nur geringfügig zu den empfundenen Problemen beitragen. Die mit Abstand meisten Probleme basieren dagegen auf dem Rudelinstinkt. Betrachten wir zunächst seinen grundlegendsten Aspekt: den Gemeinschaftsinstinkt.

Die Grundmotivation des Gemeinschaftsinstinktes ist es, eine Gruppe von Menschen – ein »Rudel« – zu finden, die zu uns passen und bei denen wir akzeptiert sind. Ist diese Grundmotivation erfüllt, empfinden wir ein Gefühl von Geborgenheit. Empfinden wir hingegen einen Mangel an »Rudelmitgliedern« oder einen Mangel an Bestätigung, dass wir im »Rudel« erwünscht sind, empfinden wir Angst vor Einsamkeit – was letztlich eine Todesangst ist, denn kein Rudel zu haben, kam in der Frühzeit des Menschen einem Todesurteil gleich.

> *»All unser Übel kommt daher, daß wir nicht allein sein können.«*
>
> *Arthur Schopenhauer*

Die Angst vor Einsamkeit ist eines der häufigsten Problemgefühle überhaupt – was nicht immer offensichtlich ist, denn oft versteckt sie sich hinter anderen Themen. Mit Hilfe der in Abschnitt 8.2 beschriebenen Fragenkette (*»Was ist schlimm daran?«*) lässt sie sich aber zumeist entlarven. Wenn jemand beispielsweise befürchtet, aufgrund eines finanziellen Zusammenbruchs zum Sozialfall zu werden, steckt dahinter in den allermeisten Fällen nicht die Angst, nicht mehr genug zu essen oder kein Dach über dem Kopf zu haben, sondern die Angst vor dem Ausschluss aus dem vertrauten sozialen Umfeld – man fürchtet, dann zum Abschaum der Gesellschaft zu gehören und nicht mehr akzeptiert zu sein. Ebenso ist die Angst vor Einsamkeit Ursache zahlloser Beziehungsprobleme, denn wie schon im Abschnitt zum Thema »Liebe« beschrieben, führen Verlassensängste zu Abhängigkeit, Eifersucht und anderen destruktiven Verhaltensmustern.

Auch bei dieser Grundmotivation lässt sich jedoch wiederum feststellen, dass die damit zusammenhängenden Problemgefühle fast allesamt auf Denkfehlern basieren. Der grundlegendste dieser Denkfehler ist so trivial, dass es geradezu tragisch ist, dass er dennoch so unendlich viel Leiden verursacht: Es handelt sich dabei schlicht um die Annahme, dass unser Rudel *zahlenmäßig äußerst begrenzt* sei. In grauer Vorzeit traf dies tatsächlich zu, denn damals war die Zahl der Menschen sehr viel geringer als heute, und unsere Vorfahren lebten in kleinen Gruppen zusammen, die untereinander nur sehr wenig Kontakt hatten. Jeder Mensch war darauf angewiesen, in seinem kleinen Rudel akzeptiert zu werden, andernfalls drohte ihm der Tod – ein anderes Rudel war meist nicht in Reichweite, und wenn doch, war es nicht selbstverständlich, dort Aufnahme zu finden.

Unser Instinkt hat noch nicht begriffen, dass die Verhältnisse heute vollkommen anders aussehen. In unserer Gesellschaft hat *jeder* Mensch – selbst wenn er ein absoluter Sonderling ist – die Möglichkeit, irgendwo Menschen zu finden, die zu ihm passen und bei denen er akzeptiert ist. Die Zahl der verfügbaren Mitmenschen ist im Vergleich zur Urzeit heute nahezu unbegrenzt, und die Zivilisation bietet endlose Möglichkeiten (beispielsweise Kommunikationsmedien und Verkehrsmittel), um mit diesen Menschen in Kontakt zu kommen. Mit anderen Worten: Wir leben in einem quasi unbegrenzt großen »Rudel«, daher sind Einsamkeitsgefühle absolut realitätsfremd, ganz egal in welcher Lebenssituation wir uns befinden! Neale Donald Walsch berichtet in *Gespräche mit Gott*, dass er einige seiner beglückendsten Erlebnisse von Menschlichkeit, Zusammengehörigkeit und gegenseitiger Unterstützung in einer Zeit erfahren hat, als er nach einem finanziellen Zusammenbruch als Obdachloser auf den Straßen leben musste.

Die einzige – jedoch leider reichlich genutzte – Möglichkeit, sich heutzutage einsam zu fühlen, ist eine künstliche Selbstisolierung, indem man sich entweder zuhause einigelt oder seine eigene Wahrnehmung so stark auf Einsamkeit ausrichtet, dass man blind wird für die zahllosen Kontaktmöglichkeiten, die das Leben bietet.

Glauben Sie mir: Egal, für wie wenig liebenswert Sie sich halten – es gibt jede Menge Menschen, die sich genau jemanden wie *Sie* in ihrem Leben wünschen! Die beste Methode, diese Menschen zu finden, ist, einfach das zu tun, was Ihnen wirklich Freude macht (sei es als Beruf oder als Hobby) – denn unser Gemeinschaftsinstinkt reagiert auf nichts positiver als auf Gemeinsamkeiten! Vergessen Sie alle Gedanken, sie müssten anders sein, um interessant oder beliebt zu sein – kein Mensch wünscht sich einen Schauspieler, der ihm etwas vorgaukelt. Selbst wenn

Sie andere eine Weile täuschen können, gewinnen Sie damit höchstens Menschen, die an der vorgetäuschten Persönlichkeit und nicht an Ihnen selbst interessiert sind. Das ist einer der Gründe, warum viele Menschen, die sich selbst nicht mögen und daher versuchen, anders zu sein, immer den »falschen« (oder gar keinen) Partner finden. Wenn Sie dagegen einfach »sich selbst spielen«, werden Sie automatisch interessant für genau diejenigen Menschen, die auch Sie selbst sich wirklich als Freunde wünschen.

> *»Glück ist wie ein Maßanzug. Unglücklich sind meistens die, die den Maßanzug eines anderen tragen möchten.«*
>
> *Karl Böhm*

Stellen Sie sich einmal eine bunt gemischte Gruppe von 100 Menschen vor – wie viele davon wären Ihnen sympathisch? Selbst wenn es nur *ein einziger* wäre, und dieser Ihre Sympathie auch erwidern würde (was wahrscheinlich ist, da echte Sympathie meist auf Gegenseitigkeit beruht), stünden Ihnen statistisch gesehen im deutschsprachigen Raum immer noch etwa eine Million potentielle Freunde zur Verfügung! Das würde ich nicht gerade als kleines Rudel bezeichnen.

Machen Sie sich so oft wie möglich bewusst, dass es *immer* genügend Menschen gibt, die zu Ihnen passen und bei denen Sie auch erwünscht sind. Denken Sie vor allem oft an die Menschen, die tatsächlich bereits in Ihrem Leben sind und Ihnen auf die eine oder andere Weise immer wieder bestätigen, dass Sie ihnen etwas bedeuten. Die »Beweise« dafür sind bei näherem Hinsehen zahllos – jemand ruft Sie an, jemand wartet auf Sie, jemand besucht Sie, jemand lächelt Sie an oder fragt, wie es Ihnen geht – nicht alles davon mag auf eine »tief schürfende« Beziehung hindeuten, aber jeder dieser Menschen ist auf die eine oder andere Weise mit Ihnen verbunden.

Damit komme ich zu einem wichtigen Punkt: Die für uns wichtigen Menschen nehmen in unserem Leben ganz unterschiedliche *Rollen* ein. Für eine funktionierende Sozialstruktur wünschen wir uns beispielsweise Freunde, Gesprächspartner, Spielgefährten, gute Kollegen, Helfer, Menschen zum Austausch von Zärtlichkeiten, Lebenspartner, Sexualpartner usw. Kein Mensch kann alle diese Rollen auf einmal erfüllen, und das ist auch gar nicht notwenig. Jemand kann zum Beispiel für Sie ein hervorragender Arbeitskollege sein, aber als Freund wäre er vielleicht vollkommen ungeeignet – das ist so lange kein Problem, wie Sie von ihm nicht erwarten, eine andere Rolle zu erfüllen als die, die er selbst für Sie erfüllen möchte.

Die Versuchung, jemandem eine unpassende Rolle aufzudrücken, ist – ebenso wie die generelle Angst vor Einsamkeit – umso größer, je kleiner wir in Gedanken unser »Rudel« definieren! Wenn Sie beispielsweise glauben, zu wenig Freunde zu haben, neigen Sie möglicherweise dazu, sich von jedem auch nur halbwegs symphatischen Menschen in Ihrem Umfeld eine Freundschaft zu wünschen, was diesen natürlich unter Druck setzt und meist eher das Gegenteil bewirken dürfte.

Bei vielen Menschen geht das sogar so weit, dass sie ihr »Rudel« weitestgehend auf eine Zweierbeziehung reduzieren und von ihrem Partner verlangen, alles Mögliche für sie zu sein, was in den meisten Fällen schnell zu Überforderung und damit zu Frustration oder Minderwertigkeitskomplexen führt. Kein Mensch kann alles können, und für eine funktionierende Partnerschaft ist es absolut unnötig, dass alles, was man sich an Positivem von anderen Menschen wünscht, vom eigenen Partner kommen muss. Hierzu ist allerdings das Bewusstsein notwendig, dass es genügend andere Menschen in unserem Leben gibt, die einen Teil dieser Funktionen erfüllen können.

Je größer Sie Ihr »Rudel« definieren, umso weniger Druck lastet auf den Beziehungen, die Sie bereits haben. Es ist dann auch nicht wirklich schlimm, wenn einmal ein lieb gewonnener Mensch aus Ihrem Leben verschwindet – es gibt genügend andere, um seinen Platz einzunehmen.

Bei diesem Thema regt sich meist spontaner Widerspruch – schließlich ist doch jeder Mensch (allen voran der eigene Partner in einer Zweierbeziehung) eine einzigartige Persönlichkeit und nicht einfach austauschbar! Das ist selbstverständlich richtig – kein Mensch kann einen anderen vollständig ersetzen, und jeder Verlust eines wichtigen Menschen ist ein realer Verlust, der verarbeitet werden muss.[142] Wie schwer oder leicht uns dies jedoch fällt, hängt entscheidend davon ab, wie groß unser gedankliches »Rudel« ist und wie weit wir gelernt haben, zwischen einem Menschen und der von ihm ausgefüllten *Rolle* zu unterscheiden – denn der größte Teil der unangenehmen Gefühle, die Menschen mit dem realen oder drohenden Verlust eines anderen Menschen verbinden, hat mehr mit der Rolle zu tun als mit dem Menschen selbst. Wir glauben lediglich, niemand sonst könne diese Rolle ausfüllen. Das ist natürlich Unsinn – die meisten Menschen, die bereits mehrere Partnerschaften hinter sich haben, können bestätigen, dass jeder Partner jeweils zu seiner Zeit der »einzig wahre« war, den man für unersetzlich hielt. Und doch gab es danach einen neuen Partner, der zumeist auch – oh Wunder – noch »besser« als der vorherige war.

Ganz egal, wie viele Partner Sie schon hatten – es gibt theoretisch immer noch einen »besseren«. Es ist also sowohl sinnlos, den jetzigen Partner als den »einzig wahren« anzusehen, als auch, sich auf keinen Partner richtig einzulassen, weil ja noch der »einzig wahre« kommen könnte. Tatsächlich kommt es viel weniger auf die Eigenschaften Ihres Partners an als auf die Qualität der Beziehung – sie kann aus *jedem* Partner den besten der Welt machen! Und die Qualität der Beziehung ist umso besser, je mehr Ihnen bewusst wird, dass Ihr Partner eben *nicht* der »einzig wahre« ist, den Sie unbedingt brauchen, sondern derjenige, für den Sie sich aus

142 Hierzu hat die Natur das Gefühl der *Trauer* geschaffen, das uns hilft, eine für die Gegenwart nicht mehr relevante Situation oder Person innerlich loszulassen. Trauer ist ein sehr gesundes Gefühl, das sogar als schön empfunden werden kann, sofern es uns gelingt, es von häufig damit einhergehenden Vermeidungsgefühlen wie Verzweiflung, Wut, Schmerz und Schuldgefühlen zu trennen.

freien Stücken *entschieden* haben! Würden Sie sich nicht umgekehrt auch weit mehr geliebt fühlen, wenn jemand sich freiwillig für Sie (und niemanden sonst!) entscheidet, statt von dem Zwang getrieben zu sein, ohne Sie nicht leben zu können?

Diese Sichtweise schließt freilich auch ein, Ihrem Partner jederzeit gedanklich die Freiheit zu geben, die Partnerschaft zu beenden. Das fällt den meisten Menschen aufgrund der bereits beschriebenen Angststrukturen sehr schwer. Auch hier ist die Angst jedoch wieder kontraproduktiv – denn das mit ihr verfolgte Ziel, die Beziehung zu sichern, erreichen Sie viel eher, indem Sie Ihrem Partner innerlich die Freiheit schenken, denn dann hat er im Normalfall gar keine Veranlassung mehr zur »Flucht«.

Es ist wie bei dem klassischen Bild des Vogels im Käfig: Würden Sie eher zu jemandem zurückfliegen, der Ihnen die Freiheit schenkt, oder zu jemandem, der Sie in einen Käfig sperrt? Wer viel Freiheit hat, tauscht gerne einen Teil davon gegen die Geborgenheit eines Zuhause ein – wer dagegen keine Freiheit hat, wird bis aufs Messer darum kämpfen (das hat mit einem weiteren Aspekt des Rudelinstinktes zu tun, um den es in Punkt 4 gehen wird).

Es wird Ihnen leicht fallen, Ihrem Partner diese Freiheit zuzugestehen, wenn Sie sich bewusst machen, dass es kein Weltuntergang wäre, wenn er aus Ihrem Leben verschwände. Auch wenn kein Mensch der Welt ihn hundertprozentig ersetzen kann, würden Sie dennoch wieder einen Partner finden, der diese Rolle in Ihrem Leben genauso gut oder besser erfüllen kann und auf seine Weise ebenfalls einzigartig wäre. Je deutlicher Ihnen dies klar ist, umso größer sind Ihre Chancen, dass Ihr Partner niemals eine Veranlassung sehen wird, Sie zu verlassen!

Ich habe selbst die Erfahrung gemacht, dass eine solche Einstellung sich extrem positiv auf meine bestehende Beziehung auswirkt – das Gefühl, vielleicht doch nicht die »bestmögliche« Partnerin gefunden zu haben, das mich früher fast ständig verfolgte (und zu entsprechenden Problemen in den Beziehungen führte), ist komplett verschwunden, obwohl meine jetzige Lebensgefährtin ebensowenig eine übermenschliche Superfrau ist wie meine früheren Partnerinnen. Ich habe sie übrigens kennengelernt, nachdem ich endlich aufgehört hatte, mich mit dem Gedanken zu quälen, unbedingt eine Freundin zu brauchen (Sie können sich vorstellen, wie bei dieser zwanghaften Lebenseinstellung und der zugehörigen Ausstrahlung meine Chancen bei den Frauen waren ...). Irgendwann gelangte ich zu der Einstellung, dass eine Partnerschaft zwar schön, aber nicht entscheidend für mein Glück wäre. Es stellte sich der zwanglose Gedanke ein, dass ich mir keinen Stress mehr mit diesem Thema machen müsste und die passende Frau wahrscheinlich einfach irgendwann vor mir stehen würde. Es dauerte nur wenige Monate, bis diese Einstellung sich als Realität manifestierte!

Ein weiterer Aspekt ist in diesem Zusammenhang wichtig: Unser Gemeinschaftsinstinkt lässt sich nicht nur durch die Verbundenheit zu anderen Menschen befriedigen, sondern zu einem großen Teil auch durch jegliche andere Art von Verbundenheit. Je mehr Sie sich zum Beispiel mit Ihrem Beruf, Ihrem Hobby, Ihrem Zuhause, der Natur oder beliebigen anderen Dingen verbunden fühlen, desto weniger Einsamkeitsgefühle machen sich in Ihrem Leben breit.

Wer zu wenig Verbundenheit hat (bzw. zu haben glaubt), klammert sich oft an bestimmte, einzelne Dinge, die sogar zur Droge werden können – vom »lebenswichtigen« Lieblingsteddy eines Kindes bis hin zu Fernsehen, Kaffee oder auch Ritualen und Marotten, die man sich nicht abgewöhnen will, weil sie ein wenig Geborgenheit geben. Je mehr Dinge es gibt, mit denen Sie sich verbunden fühlen, desto weniger wichtig werden solche Alltagsdrogen.

Pflegen und genießen Sie daher alle Ihre Verbundenheitsgefühle und gewöhnen Sie sich an, sie im Alltag bewusst – auch bei Kleinigkeiten – wahrzunehmen. Oftmals werden uns Verbundenheitsgefühle erst bewusst, wenn die entsprechenden vertrauten Dinge nicht mehr da sind, etwa in einem fremden Land oder nach einem Umzug oder Berufswechsel. Stellen Sie sich einfach einmal vor, dieses oder jenes wäre nicht mehr da, und Sie werden bemerken, wie viele Kleinigkeiten zu Ihrem »Zuhause-Gefühl« beitragen. Genießen Sie sie!

Ganz ohne soziale Kontakte gelingt es freilich kaum jemandem, glücklich zu sein – ein erleuchteter Meister, der sich zutiefst mit dem gesamten Universum verbunden fühlt, kann auch als Einsiedler im Himalaya ein glückliches Leben führen, für alle »normalen« Menschen empfiehlt sich jedoch eher ein gesunder Mix an sozialen und anderen Verbundenheiten. Je mehr Verbundenheit Sie auf allen Ebenen erleben, desto eher können Sie einzelne Dinge oder Menschen nötigenfalls loslassen, ohne dadurch unglücklich zu werden – was den schönen Effekt hat, dass Sie viel bessere Chancen haben, andere Menschen in Ihrem Leben zu halten und neue hinzuzugewinnen, denn ein ausgeglichener Mensch, der mit sich und seinem Leben zufrieden ist, ist wesentlich attraktiver für andere Menschen als jemand, der in ständiger Verlustangst lebt und daher zum »Klammern« neigt. Machen Sie Ihrem Gemeinschaftsinstinkt dies immer wieder klar (auch hier natürlich wieder ohne Selbstvorwürfe) – es gibt kaum etwas, das Ihr Leben mehr erleichtern kann!

Jedem Menschen steht heute ein quasi unbegrenztes »Rudel« an Mitmenschen zur Verfügung, die ihm das Gefühl von Gemeinschaft und Geborgenheit geben können. Angst vor Einsamkeit ist absolut unnötig, zumal sie andere Menschen eher abschreckt als anzieht. Der beste Weg zu stabilen Beziehungen besteht im unverfälschten Ausleben der eigenen Persönlichkeit und dem Bewusstsein, dass nicht bestimmte Menschen oder Dinge für das eigene Glück notwendig sind, sondern nur Verbundenheit an sich, die sich auf einer Vielzahl von Wegen erreichen lässt.

4. Macht und Entscheidungsfreiheit

Der zweite Aspekt des Rudelinstinktes, der Rangordnungsinstinkt, ist ebenfalls verantwortlich für einen sehr großen Anteil unserer Alltagsprobleme – insbesondere solcher, die mit Zwang, Ablehnung und Aggression zu tun haben. In der Natur dient Aggression nicht nur zum Angriff (etwa zum Erlegen von Jagdbeute) und zur Selbstverteidigung gegen Raubtiere, sondern bei Rudeltieren auch zur Etablierung einer Rangordnung innerhalb des Rudels. In Rudelkämpfen geht es nicht um die Tötung oder Verletzung des Gegners, sondern darum, wer der Stärkere ist und daher einen höheren Rang einnehmen darf. Die Stärksten genießen die meisten Privilegien, vor allem bei der Futterverteilung und bei der Paarung, damit sie das Rudel bestmöglich beschützen und ihre »qualitativ hochwertigen« Gene weitervererben können.

Rudelkämpfe finden auch zwischen Menschen täglich statt. Unter Erwachsenen wird dazu heute meist keine körperliche Gewalt mehr angewendet, die Mittel sind subtiler und decken das gesamte Spektrum menschlicher Fähigkeiten ab. Jedes Bestreben, auf irgendeinem Gebiet (sei es körperlich oder intellektuell) »besser« zu sein als andere, jegliches Konkurrenzdenken, jeder Versuch, andere Menschen auszustechen, unterzuordnen, einzuschüchtern oder zu manipulieren, und natürlich auch jede Verteidigungsmaßnahme gegen entsprechende Versuche anderer Menschen entstammen der instinktiven Motivation, eine gute Position im »Rudel« zu erzielen. Diese Kämpfe gibt es überall – von der Zweierbeziehung über Gruppenkonflikte und Wirtschaftskonkurrenz bis hin zu politischen Konflikten und Kriegen.

Der Rangordnungsinstinkt ist die Ursache für den Freiheitsdrang und das Machtmotiv des Menschen. Jeder Mensch strebt zum einen danach, möglichst wenigen Zwängen zu unterliegen, also maximale Entscheidungsfreiheit zu erreichen. Zum anderen versucht jeder Mensch (auch wenn viele das bei sich selbst nicht bewusst wahrnehmen), andere dazu zu bringen, sich seinen Regeln und Maßstäben anzupassen, also Macht über sie auszuüben. Beides entspricht einem hohen Rang im »Rudel«.

Ein wichtiges Machtinstrument zum Erreichen bzw. Aufrechterhalten eines hohen Ranges sind *Drohgebärden*. Sie dienen dazu, andere Rudelmitglieder einzuschüchtern und auf ihren Platz in der Hierarchie zu verweisen. Wie bereits erwähnt, ist es für eine stabile Sozialstruktur wichtig, dass die Mitglieder eines Rudels zueinander passen und sich gemeinsamen Regeln unterwerfen. In der instinktgesteuerten Welt der Rudeltiere werden die Regeln von den Ranghöheren festgelegt, die Rangniedrigeren haben sie zu befolgen und werden dazu nötigenfalls mit Gewalt bzw. der Androhung derselben genötigt – nach dem Motto: Wer nicht passt, wird passend gemacht!

Die ultimative Maßnahme ist dabei der Ausschluss aus dem Rudel – dieser ist allerdings nur dann sinnvoll, wenn sich ein Rudelmitglied absolut nicht mehr in die Sozialstruktur eingliedern lässt und damit das Rudel gefährdet – andernfalls ist eine Wiedereingliederung immer die bessere Lösung, damit das Rudel nicht an Zahl verliert. In den meisten Fällen genügt die *Androhung* des Ausschlusses, um aufmüpfige Artgenossen gefügig zu machen. Hier wird die bereits unter Punkt 3 erwähnte Verlassensangst gezielt ausgenutzt, um die Sozialstruktur des Rudels zu stabilisieren, denn sich den Regeln zu fügen, ist für ein Rudeltier fast immer besser als verstoßen zu werden.

Jegliche Art von Drohung oder gezielter Ablehnung anderer Menschen ist eine Maßnahme unseres Rangordnungsinstinktes, um die eigene Machtposition zu sichern und andere dazu zu bewegen, sich unseren Regeln anzupassen. Solche Drohgebärden müssen dabei nicht zwingend mit offener Aggression einhergehen – hier haben Menschen wesentlich subtilere Manipulationsmaßnahmen entwickelt, zum Beispiel gezielte Ignoranz oder Beleidigtsein. Sogar scheinbare Schwäche kann als Druckmittel eingesetzt werden, etwa unübersehbares Leiden oder sogar Krankheiten, durch die andere Menschen dazu gebracht werden sollen, sich auf eine bestimmte Weise zu verhalten. Jeder Psychotherapeut kann bestätigen, dass solche Manipulationsmethoden gang und gäbe sind, um zum Beispiel in der Familie oder in der Partnerschaft Macht über andere auszuüben – was denjenigen, die diese Methoden anwenden, in den seltensten Fällen bewusst ist. Sie sehen sich zumeist als Opfer, während ihr Rangordnungsinstinkt auf unbewusster Ebene seine Ziele verfolgt.

Kurioserweise richten Menschen ihre Drohgebärden sogar gegen Artgenossen, die gar nicht in Reichweite sind. Haben Sie schon einmal auf der Autobahn Aggressionen gegen andere Autofahrer entwickelt? Viele Menschen tun dies, selbst wenn der andere Fahrer so weit weg ist, dass er gar nichts davon mitbekommen kann. Dennoch handelt es sich um den instinktiven Versuch, den anderen Fahrer durch Drohung zu einem anderen Verhalten zu »erziehen«. Unser Instinkt, der zu einer Zeit entstand, als Primaten noch keinerlei Werkzeuge benutzten, kann nicht ahnen, dass dank der Technik heutzutage Menschen auf uns Einfluss nehmen können, ohne in direkter Reichweite unserer Drohgebärden zu sein. Mehr noch: Unser Instinkt betrachtet sogar unbelebte Gegenstände als »Rudelmitglieder« – Computer sind das beste Beispiel. Haben Sie Ihren PC schon einmal angeschnauzt, wenn er nicht tat, was Sie wollten? Selbst wenn Sie sich nur ein klein wenig über ihn geärgert haben, sind Sie bereits auf Ihren Rangordnungsinstinkt hereingefallen.

Ihr PC wird sich ebensowenig wie der fremde Autofahrer von Ihrer Wut beeindrucken lassen (es sei denn auf dem Weg der direkten Realitätsgestaltung, aber dadurch erreichen Sie höchstens das glatte Gegenteil des gewünschten Effektes, nämlich eine Verstärkung des unerwünschten Verhaltens). Der einzige, der diese sinnlose Aggression ausbaden muss, sind Sie selbst. In solchen Fällen ist leicht einzusehen, dass wir viel mehr davon haben, ruhig zu bleiben – erstens geht es uns dann besser, zweitens lassen sich eventuelle Schwierigkeiten (etwa Computerprobleme) dann viel leichter lösen.

Aber auch wenn Ihre Drohgebärde tatsächlich einen anderen Menschen erreicht, bringt sie in den seltensten Fällen den gewünschten Effekt, nämlich ein Einlenken des anderen und eine Anpassung an Ihr persönliches Wertesystem. In vielen Fällen wird es vielmehr zum offenen Kampf auf der einen oder anderen Ebene kommen. Und selbst wenn Ihr Gegenüber klein beigibt, bleibt bei ihm eine latente Unzufriedenheit zurück, die sich früher oder später negativ auf Ihre Beziehung auswirken wird.

Mit anderen Worten: Rudelkämpfe sind heute nicht mehr zeitgemäß. Unsere Gesellschaft ist zu komplex, als dass die von der Natur vorgesehenen einfachen Sozialstrukturen noch funktionieren könnten. Die Angst vor dem Ausschluss aus dem Rudel ist aufgrund der unter Punkt 3 genannten Gründe heute nicht mehr so groß, dass sich jeder Mensch ohne weiteres in eine Hierarchie zwingen ließe. Es gibt außerdem kein einheitliches Wertesystem mehr – bei Affen zählen nur wenige Kriterien für die Rangordnung, etwa wer am stärksten ist oder wer den buntesten Hintern hat. Bei Menschen lässt sich keine einfache Rangordnung mehr etablieren, weil jeder auf ganz verschiedenen Gebieten Stärken und Schwächen hat.

Aus ebendiesem Grund *braucht* unsere Gesellschaft aber auch gar keine soziale Hierarchie mehr. Vielmehr nützt es der Gesellschaft insgesamt am meisten, wenn jeder Mensch dieselbe Anerkennung bekommt und mit seinen persönlichen Stärken an geeigneter Stelle zum Wohl des Ganzen beiträgt. Dies zeigt sich in der Praxis überall dort, wo solche Strukturen bereits gelebt werden. Wir brauchen zwar in vielen Fällen *organisatorische* Hierarchien, um die Komplexität unseres Gesellschaftssystems zu bewältigen, nicht jedoch eine soziale Rangordnung, in der die »Stärkeren« die »Schwächeren« beherrschen und nach Belieben mit ihnen umspringen. Auch hier gilt wieder, dass unser Großhirn uns weitaus bessere Lösungen ermöglicht als ein primär instinktgesteuertes Verhaltenssystem.

Man mag sich freilich fragen, ob unser Rangordnungsinstinkt dann nicht unbefriedigt bleibt und ob er ein solches, auf Gleichberechtigung basierendes Gesellschaftssystem überhaupt akzeptieren kann. Nun, er kann es durchaus, denn seine primären Ziele – Macht und Entscheidungsfreiheit – lassen sich in einer Sozialstruktur ohne Rudelkämpfe sogar weit besser erfüllen. Es gilt lediglich, dies zu erkennen und sich wiederholt klar zu machen.

Betrachten wir zunächst die Entscheidungsfreiheit. Viele Menschen glauben, sie hätten davon zu wenig, und fühlen sich unter Zwang – so könnte ich etwa annehmen, ich hätte nicht die Wahl, meinen unbefriedigenden Job zu kündigen, weil ich auf das Geld angewiesen bin. Hinterfrage ich aber diesen scheinbaren Zwang, so stelle ich schnell fest, dass dahinter nur wieder die üblichen Phantom-Ängste stecken, die wir bereits demontiert haben, etwa die Angst zu verhungern oder die Angst vor dem Ausschluss aus meinem »Rudel«. Tatsächlich würde mit allerhöchster Wahrscheinlichkeit *nichts* wirklich Schlimmes passieren, wenn ich meinen Job kündige. Vielleicht würde ich eine Weile arbeitslos sein, vielleicht die Wohnung wechseln müssen, im schlimmsten Fall würden sich womöglich einige »Freunde«

von mir abwenden (wobei sich dann allerdings fragt, ob diese »Freundschaft« ihren Namen verdient hätte). Weder mein Überleben noch meine Sicherheit noch meine soziale Geborgenheit wären gefährdet (und auch nicht meine weiteren Grundmotivationen, die ich noch behandeln werde).

Mir ist bewusst, dass dies für Sie wahrscheinlich nicht allzu überzeugend klingt – Ihre Instinkte schlagen bei solchen Aussagen vermutlich Alarm. Es braucht einige Zeit, bis sich die Erkenntnis, dass tatsächlich keine der befürchteten Situationen wirklich schlimm wäre, so weit durchgesetzt hat, dass keine Angst mehr ausgelöst wird. Tatsache ist, dass Sie in so gut wie *jeder* Lebenssituation die Wahl zwischen mehreren Optionen haben, also haben Sie Entscheidungsfreiheit! Solange Sie nicht gerade in die Hände eines gewalttätigen Schwerverbrechers fallen, kann Sie in unserer Gesellschaft niemand so sehr bedrohen, dass Sie *gezwungen* wären, ihm zu gehorchen.

Man könnte also sagen, dass in unserer Gesellschaft *jeder* den »höchsten Rang« im Rudel innehat! Machen Sie sich diese Tatsache so oft wie möglich klar, und achten Sie auf Situationen, die Ihnen dies bestätigen. Wann immer Sie glauben, keine Wahl zu haben und unter Zwang zu stehen, überlegen Sie einmal ohne Tabus, ob Sie nicht doch eine Wahl haben. *Müssen* Sie arbeiten gehen? *Müssen* Sie in diesem Land leben? *Müssen* Sie sich von jemandem Vorwürfe anhören und sich dagegen verteidigen? Fast alle scheinbaren Zwänge, denen Sie unterliegen, sind das Ergebnis Ihrer eigenen Entscheidungen!

Freilich hat jede Entscheidung, die Sie treffen, *Konsequenzen*, und diese müssen Sie natürlich gegeneinander abwägen. Viele Menschen haben dabei das Problem, dass Ihnen keine der verfügbaren Wahlmöglichkeiten akzeptabel erscheint. Dieser Eindruck basiert aber wiederum fast ausschließlich auf den bereits genannten Denkfehlern, die für unsere irrationalen Ängste verantwortlich sind. Wenn Sie die Konsequenzen einer potentiellen Entscheidung genau durchdenken, werden Sie wiederum feststellen, dass in den allermeisten Fällen nichts wirklich Schlimmes passieren kann. Selbst wenn Sie sehr unkonventionelle Entscheidungen treffen, wird Sie normalerweise niemand deswegen töten, verletzen, in die Wüste schicken oder sonstwie ernsthaft gefährden (und falls doch, hätte es mit Sicherheit eine bessere Wahlmöglichkeit gegeben, bei der das nicht passiert wäre).

Auch hier ist wiederum der schlimmste denkbare Fall, dass jemand nichts mehr mit Ihnen zu tun haben möchte – aber wenn Sie tatsächlich unter den verfügbaren Wahlmöglichkeiten diejenige gewählt haben, die Ihnen am meisten entspricht, ist es bei genauer Betrachtung doch nur gut, dass Menschen, die damit nichts anfangen können, aus Ihrem Leben verschwinden und Platz für andere machen. Vergessen Sie nicht: Ihnen steht ein gigantisches Rudel zur Verfügung!

Die Illusion, keine akzeptablen Wahlmöglichkeiten zu haben, hat mich selbst zeitweise extrem gequält. Ich fühlte mich zum Teil sogar durch die Naturgesetze (an denen ich mangels einer fundierten Ausbildung als Yogi derzeit nicht viel ändern kann) in meiner Freiheit eingeschränkt! In einem Gespräch mit Bodo Deletz wurde mir dann schnell klar, dass gar nicht die Entscheidungsfreiheit an sich mein Problem war, sondern mein Machtmotiv! Ich wollte, dass sich die Welt gefälligst nach mir richtet. Selbst verknotete Elektrokabel wurden von mir in bester Rudelkampf-Manier abgelehnt und misshandelt, damit sie sich meinem Willen fügten – was sie allerdings nicht taten.

Jeder Mensch strebt nach Macht, das ist ganz natürlich. Der Begriff »Macht« wird allerdings oft mit *Machtmissbrauch* verwechselt und daher negativ gewertet. Neutral betrachtet bedeutet Macht nichts weiter als aus eigenem Impuls heraus erwünschte Veränderungen in der Welt und bei anderen Menschen bewirken zu können, also das Gegenteil von Machtlosigkeit.

Das Schöne ist nun, dass wir Macht in der heutigen Zeit ganz ohne Rudelkämpfe erreichen können. Wir haben nämlich so viele potentielle »Rudelmitglieder« zur Verfügung, dass es immer genügend Menschen gibt, die *von sich aus* dasselbe wollen wie wir. Mit diesen können wir uns zusammentun und ganz ohne Kampf ein gemeinsames Ziel verfolgen (zum Beispiel ein Hobby, ein Projekt oder eine Familie). Und sobald unser Rangordnungsinstinkt registriert, dass unsere Impulse und Entscheidungen tatsächlich etwas Nennenswertes in der Außenwelt und bei anderen Menschen bewirken und verändern, ist er zufrieden gestellt – ganz unabhängig davon, ob dies durch Zwang oder durch freiwillige Kooperation geschieht.

Vergleichen Sie einmal einen Regierungspolitiker mit einem erfolgreichen Musiker. Wer hat mehr Macht? Der Politiker lebt von Geld, das vom Volk meist eher unwillig gezahlt wird, ist oft eher unbeliebt und muss ständig um seine Wiederwahl fürchten. Dem Musiker geben viele Leute *freiwillig* viel Geld für CDs und Konzerte, und er übt durch seine Musik und seine Beliebtheit einen extrem starken Einfluss auf seine Fans aus – er kann im wahrsten Sinne des Wortes Menschen *bewegen*! Um diese Macht muss er nicht kämpfen! Macht, die auf positiven Gefühlen und Freiwilligkeit basiert, macht nicht nur mehr Spaß, sondern ist auch *sicherer* als Macht, die durch Zwang erkauft wird.

Wenn Sie sich das oft genug klar machen, verschwindet das Bedürfnis, andere manipulieren zu wollen, immer mehr. Letztlich ist das Ziel unseres Machtimpulses das Erreichen angenehmer Gefühle, und das geht naturgemäß viel leichter, wenn Sie nicht ständig um Ihren »Rang« kämpfen und Angst um ihn haben müssen, sondern Teil einer freiwilligen Gemeinschaft von gleichberechtigten Menschen sind. Ihren Kampfgeist müssen Sie dabei übrigens dennoch nicht aufgeben – er lässt sich auch im »sportlichen Wettbewerb« und bei der Meisterung großer Herausforderungen hervorragend einsetzen, ohne damit andere Menschen zu schädigen.

Genau genommen verfolgen sogar *alle* Menschen dasselbe Ziel, nämlich zum einen zu überleben, und zum anderen glücklich zu sein. Daher ist es sogar möglich, *alle* Menschen als Mitglieder der eigenen Interessengemeinschaft zu betrachten, so dass niemand mehr übrig bleibt, der »bekämpft« werden müsste. Freilich gibt es viele Menschen, die das nicht so sehen und sich daher destruktiv gegenüber der globalen Gemeinschaft verhalten – aber je mehr Gemeinschaften es in der Welt gibt, die ohne Konkurrenzkampf auskommen und gerade dadurch Großes bewirken können, desto eher wird auch der Rest der Menschheit aus der Illusion erwachen, dass Rudelkämpfe heute noch nötig wären.

Die Größe und Struktur unserer Gesellschaft sorgt dafür, dass heute jeder Mensch weitestgehende Entscheidungsfreiheit bezüglich seiner Lebensgestaltung sowie die Möglichkeit hat, zusammen mit anderen Menschen gemeinsame Ziele zu verfolgen und dabei spürbare Veränderungen in der Welt zu bewirken. »Rudelkämpfe« und Manipulation zur Aufrechterhaltung der eigenen Freiheit und Macht sind daher überflüssig und sogar kontraproduktiv.

5. Spaß und Genuss

Dieser Punkt lässt sich wiederum recht schnell abhandeln. Die beiden Grundmotivationen unseres Vergnügungstriebes – Spaß durch das Ausleben unseres Spieltriebes und sinnlicher Genuss – lassen sich heutzutage leichter erfüllen als jemals zuvor.

Für Spaßmöglichkeiten ist in unserer Zeit reichlich gesorgt. Zum einen haben wir im Vergleich zu den Zeiten, in denen man den größten Teil seiner Zeit mit reiner Überlebenssicherung verbringen musste, unglaublich viel Freizeit und dazu zahllose Möglichkeiten für Spiel und Spaß (darunter auch unendlich viele kostenlose, die wirklich jedem offen stehen), zum anderen haben wir auch eine sehr große Auswahl an beruflichen Tätigkeiten, so dass auch die Arbeit Spaß machen kann. Dass sie es oft dennoch nicht tut, hat in den meisten Fällen nicht direkt mit dem Vergnügungstrieb, sondern mit anderen Instinkten zu tun. So könnte etwa der Gemeinschaftsinstinkt uns nötigen, einen unangenehmen Job zu behalten, weil wir andernfalls den sozialen Abstieg und damit den Verlust unseres »Rudels« befürchten, oder der Rangordnungsinstinkt wähnt unsere Freiheit gefährdet und erzeugt daher Problemgefühle, die den Spaß blockieren.

Die Erfahrung zeigt, dass das *ganze Leben* anfängt, Spaß zu machen, wenn der Überlebenstrieb, der Sicherheitsinstinkt und der Rudelinstinkt befriedigt sind und keine Ängste mehr auslösen. Schauen Sie sich Kinder an – sie schaffen es, auch unter widrigen Umständen und ohne Hilfsmittel, aus fast allem ein Spiel zu machen. Die einzige Voraussetzung ist, dass keine elementaren Ängste vorhanden sind. Machen Sie sich also um Ihren Spaß keine Sorgen – er kommt von allein, wenn Sie die Denkfehler in Ihrem Kopf nach und nach auflösen.

Auch der Genuss ist gesichert, da wir in Bezug auf Nahrung und Schutz mit weit mehr als nur dem Notwendigsten ausgestattet sind und daher unzählige Möglichkeiten haben, zu wählen und zu genießen. Auch andere Menschen zum Genießen körperlicher Zuwendung sind in unserem gigantischen Rudel reichlich vorhanden.

Was dem Auskosten dieser Fülle an Spaß- und Genussmöglichkeiten allerdings oft entgegensteht, sind Tabus und eingebildete Grundsätze nach dem Muster »So etwas tut man nicht!« oder »Das ist nichts für mich.« Auch solche selbst geschaffenen Regeln entstammen natürlich auf die eine oder andere Weise unserem teilweise fehlgeleiteten Überlebenssystem und erfüllen in den wenigsten Fällen einen sinnvollen Zweck.

Wenn Sie viele solcher Tabus im Kopf haben, kann ich Ihnen nur empfehlen, einfach einmal etwas Neues auszuprobieren und probeweise die eigenen Regeln ein klein wenig zu übertreten. Es sind *Ihre* Regeln, daher dürfen Sie sie auch verändern. Dadurch können völlig neue und schöne Erfahrungen in Ihr Leben kommen, und nach einer Weile werden Sie auch immer mehr andere Menschen treffen, die Ihr erweitertes Spektrum an Spaß- und Genussmöglichkeiten mit Ihnen auskosten und Sie darin bestärken werden. Schlafen Sie doch einmal im Freien, nehmen Sie an einem Massage-Workshop teil, erzählen Sie Freunden etwas mehr von Ihren Gefühlen, gehen Sie nachts im See schwimmen, umarmen Sie jemanden, bei dem Sie dies bisher nicht gewagt haben ... Allein schon das kribbelige Gefühl, die eigenen Tabus zu übertreten, kann ein Genuss sein – wie das Kirschenklauen in Nachbars Garten.

Bei genauer Betrachtung werden Sie feststellen, dass so gut wie *keine* Situation, die Ihnen in unserer Gesellschaft blühen könnte, Ihnen alle Möglichkeiten rauben würde, Spaß und Genuss zu erleben. Machen Sie sich ruhig immer wieder bewusst, wie viele und welche Möglichkeiten Sie haben bzw. hätten, das Leben zu genießen, selbst wenn die äußeren Umstände nicht Ihren Idealvorstellungen entsprechen. Ich bin sicher, Sie werden mit etwas Fantasie jede Menge Möglichkeiten finden.

> *Unser heutiges Leben bietet unendliche Möglichkeiten, Spaß und Genuss zu erleben. Wer nicht durch selbst geschaffene Tabus oder irrationale Ängste blockiert ist, wird unabhängig von seiner äußeren Situation immer Möglichkeiten finden, das Leben zu genießen.*

6. Sexuelle Befriedigung

Obwohl das Bedürfnis nach sexueller Befriedigung im weiteren Sinne ebenfalls dem Genusstrieb zugeordnet werden kann, möchte ich es hier separat behandeln, da es sowohl biologisch als auch in der Wahrnehmung der meisten Menschen eine Sonderrolle einnimmt. Viele Menschen, die ansonsten keine Schwierigkeiten haben, Dinge zu genießen, haben dennoch Probleme im Zusammenhang mit Sex.

Hier gilt es, ein weit verbreitetes Missverständnis aufzuklären: Die wenigsten Probleme, die im Zusammenhang mit Sex auftauchen, haben tatsächlich unmittelbar mit dem Sexualtrieb zu tun. Diesen zu befriedigen, ist eigentlich extrem einfach – man braucht dazu weder einen anderen Menschen noch irgendwelche Hilfsmittel außer den eigenen Händen. Dem Sexualtrieb an sich reicht diese simple Art der Befriedigung vollkommen aus – er kann gar nicht unterscheiden, wer oder was ihn befriedigt hat.

Fast alle sogenannten »Sexprobleme« sind vielmehr auf den Rudelinstinkt zurückzuführen. Er ist für die meisten der angenehmen Gefühle verantwortlich, die den Unterschied zwischen gutem Sex mit einem Partner und reiner sexueller Befriedigung ausmachen. Auf der anderen Seite kann er das erotische Erlebnis jedoch auch auf vielfältige Weise ruinieren. So kann er etwa ein »zu geringes« sexuelles Verlangen als Ablehnung interpretieren, was Verlassensängste und Beziehungskrisen auslösen kann. Zudem wird Sex auch oft als Manipulationsmaßnahme zur Machtausübung benutzt, etwa indem man den Sexualtrieb des Partners ausnutzt (sei es durch gezielte Verführung oder durch Entzug), um ihn zu einem bestimmten Verhalten zu bewegen.

Solche Verhaltensmuster können im Extremfall dazu führen, dass der Sexualtrieb tatsächlich blockiert wird und zum Beispiel beim eigenen Partner dann nicht mehr anspricht. Dies ist eine Sicherheitsmaßnahme des Rudelinstinktes, denn wenn ein Instinkt ein starkes Problem wahrnimmt, blockiert er zur Sicherheit alle Genusstriebe, damit wir zunächst einmal das Problem aus der Welt schaffen. Der Sexualtrieb ist also eigentlich vollkommen intakt, er wird nur vorübergehend deaktiviert. In manchen Fällen ist der Sexualtrieb auch von vornherein blockiert oder reduziert, etwa wenn man schon als Kind extrem starke Verbote oder Tabus in Bezug auf sexuelles Verlangen eingeimpft bekommen hat. Hier hilft oft wiederum ein vorsichtiges Übertreten der eigenen Tabus oder, wenn die Blockade zu stark ist, eine Therapiemaßnahme.

Entkoppeln Sie also Ihre Beziehungsprobleme vom Thema Sex, selbst wenn sie in diesem Zusammenhang besonders offenkundig werden. Wenn Sie sich klar machen, dass Ihre sexuelle Befriedigung nicht von einem Partner abhängt, müssen Sie weder Ihren Partner (sofern Sie einen haben) noch sich selbst diesbezüglich unter Druck setzen. Und je weniger Sie dies tun, desto größer ist die Chance, dass Sie Ihre sexuelle Lust so oft wie möglich zusammen mit Ihrem Partner ausleben können. Und wenn es gerade einmal nicht passt oder Sie gerade keinen Partner haben, können Sie Ihrer Lust immer noch eigenhändig abhelfen – und auch diese Form der Befriedigung können und dürfen Sie guten Gewissens genießen.

Die Befriedigung unseres Sexualtriebes an sich ist normalerweise kein Problem – sie erfordert nicht einmal einen Partner. Fast alle Probleme im Zusammenhang mit Sex basieren vielmehr auf dem Rudelinstinkt. Ist dieser befriedigt, verschwinden die »Sexprobleme« normalerweise von ganz allein.

Fassen wir noch einmal zusammen:

- Ihre Grundversorgung mit dem Lebensnotwendigen ist gesichert.
- Gegen Gewalt und Verletzungen sind Sie weitestgehend geschützt. Die wenigen verbleibenden Gefahren meistern Sie am besten ohne Angst.
- Ihnen steht eine quasi unbegrenzte Zahl von Menschen zur Verfügung, die zu Ihnen passen und bei denen Sie erwünscht sind. Wenn Sie ohne Angst das tun, was Ihnen entspricht, kommen diese Menschen von selbst in Ihr Leben.
- Sie haben die volle Entscheidungsfreiheit über Ihr Leben – im Normalfall kann Sie niemand wirklich zu etwas zwingen, sie haben immer eine Wahl.
- Sie können in der Welt und bei anderen Menschen etwas bewegen – und dies funktioniert am besten auf Basis gemeinsamer Interessen, ohne Konkurrenzkampf, Druck und Manipulation.
- Ganz egal, wie sich Ihre Situation verändert – Sie werden immer Möglichkeiten haben, Spaß und Genuss zu erleben.
- Die Befriedigung Ihrer sexuellen Lust ist ganz einfach, Sie sind dabei von niemandem abhängig.

> *»Kommt zu einem schmerzlosen Zustand noch die Abwesenheit der Langeweile, so ist das irdische Glück im Wesentlichen erreicht; denn das Übrige ist Chimäre.«*
>
> *Arthur Schopenhauer*

Das bedeutet nichts anderes, als dass sämtliche Grundbedürfnisse Ihrer Instinkte permanent erfüllt sind oder sich problemlos erfüllen lassen! Wenn Sie diese Erkenntnisse als Wahrheit erkennen und sich so oft wie möglich bewusst machen, werden Ihre Instinkte keine Veranlassung mehr sehen, Vermeidungsgefühle auszulösen, und Sie werden ganz automatisch immer mehr glückliche Gefühle erleben.

Am besten funktioniert dies, wenn Sie im Alltag versuchen, so oft wie möglich auf die vielen großen und kleinen Hinweise zu achten, die Ihnen bestätigen, dass Ihre Grundmotivationen tatsächlich erfüllt sind! Dazu müssen Sie sich nichts einreden (das würde das Gegenteil bewirken!), sondern lediglich Ihre Wahrnehmung stärker auf Dinge richten, die Sie bisher vielleicht kaum bewusst wahrgenommen haben oder die Ihnen selbstverständlich erschienen sind – etwa leckeres Essen, Ihre Wohnung, den Schutz durch Gesetze und Polizei, Freundlichkeiten Ihrer Mitmenschen, Verbundenheit jeder Art oder die vielen Momente, in denen Sie freie Entscheidungen treffen. Wichtig ist dabei, dass Sie diese Dinge wirklich als positiv wahrnehmen und entsprechend angenehme Gefühle empfinden. Wenn das bei einigen Dingen nicht klappt, konzentrieren Sie sich auf andere, bei denen es funktioniert.

Wenn Sie wollen, stellen Sie sich auch öfter einmal das gefährliche Leben eines Urmenschen vor, und nehmen Sie dann wahr, wie Ihr Leben im Vergleich dazu aussieht. Machen Sie sich klar, dass Sie von einem gigantischen »Rudel« Schutz und Geborgenheit bekommen und in diesem Rudel zudem (zusammen mit allen anderen Rudelmitgliedern) den »höchsten Rang« einnehmen und daher weitestgehende Freiheit genießen, Ihr Leben nach Ihren Wünschen zu gestalten. Es gibt wirklich keinen ernsthaften Grund, Angst zu haben oder sich einsam oder machtlos zu fühlen. Entscheiden Sie sich bewusst dazu, die Welt wie ein moderner Mensch zu sehen und nicht wie ein Neandertaler.

Je stärker Sie Ihre Wahrnehmung auf Bestätigungen für die ständige Erfüllung Ihrer Grundmotivationen richten, desto seltener richten Sie sie naturgemäß auf »Probleme« (bzw. das, was Ihr Gehirn bisher dafür hielt).

Wenn wir uns im Alltag so oft wie möglich klar machen, dass unsere Grundmotivationen allesamt erfüllt sind bzw. sich sehr einfach erfüllen lassen, und auf konkrete Bestätigungen hierfür achten, erzeugen unsere Instinkte immer öfter Glücksgefühle statt unangenehmer Gefühle, und unsere Wahrnehmung stellt sich von Problemen auf Glücksgefühle um.

Für den Fall, dass in bestimmten Situationen dennoch unangenehme Gefühle aufkommen – was zu Beginn noch sehr häufig vorkommen wird – möchte ich Ihnen nun noch eine weitere »Umprogrammierungstechnik« vorstellen, die ebenfalls von Bodo Deletz und dem Ella-Kensington-Team stammt. Diese Technik kann die bisher beschriebene Methode ergänzen, kann aber auch für sich allein eingesetzt werden – manchen Menschen liegt sie einfach mehr.

Wann immer ein ungutes Gefühl aufkommt, machen Sie sich Folgendes klar: Dieses Gefühl kommt nicht von außen – Sie erzeugen es selbst, und zwar mit einer ganz bestimmten (wenn auch oft unbewussten) Absicht: Sie wollen damit jemanden *beeinflussen*, damit er sich so verhält, wie Sie es für richtig halten. Dieser Jemand können dabei auch Sie selbst sein – in diesem Fall treten Sie sich mit dem unangenehmen Gefühl sozusagen selbst in den Hintern, um sich zu motivieren, etwas an der unerwünschten Situation zu verändern. In beiden Fällen ist das Ziel eine Veränderung der Außenwelt. Diese wiederum wollen Sie erreichen, damit Sie glücklich sein können, denn Sie machen Ihr Glück von der äußeren Situation abhängig.

Mit anderen Worten: *Sie machen sich selbst unglücklich, damit Sie glücklich sein können!* Dies ist zum einen natürlich ein absurder Umweg, denn da Sie selbst Ihre Gefühle erzeugen, könnten Sie statt der unangenehmen Gefühle auch *direkt* angenehme Gefühle erzeugen! Zum anderen ist die Manipulation anderer Menschen (oder von sich selbst) mittels unangenehmer Gefühle eine denkbar schlechte Methode, um Ziele zu erreichen, wie ich in diesem Abschnitt bereits ausführlich erläutert habe. Denn eine Veränderung der Außenwelt (einschließlich anderer Menschen) in

Ihrem Sinne erreichen Sie mit angenehmen Gefühlen viel leichter. Oft ist diese Veränderung im Übrigen nicht einmal mehr notwendig, denn Ihr eigentliches Ziel – die angenehmen Gefühle – haben Sie ja ohnehin schon erreicht! Sie müssen weder sich noch andere Menschen »verbiegen«, um glücklich sein zu können.

Stellen Sie sich daher beim Aufkommen eines unangenehmen Gefühls nacheinander folgende vier Fragen (oder noch besser: lassen Sie sie sich von jemand anderem stellen), und durchdenken Sie die zugehörigen Antworten so lange, bis Sie Ihnen wirklich als Wahrheit einleuchten (das ist wichtig):

- *Warum mache ich mir jetzt ein schlechtes Gefühl?*
  Weil ich eigentlich glücklich sein will.
- *Ist das sinnvoll?*
  Nein.
- *Was wäre sinnvoller?*
  Sofort angenehme Gefühle zu erzeugen.
- *Warum wäre das sinnvoller?*
  1. Weil ich mein eigentliches Ziel dann schon erreicht hätte.
  2. Weil ich die Situation mit angenehmen Gefühlen leichter verändern kann.

Den letzten Punkt sollten Sie je nach der konkreten Situation ausformulieren – in welcher Weise würden Ihnen angenehme Gefühle helfen, die Situation zu verbessern? Wenn es etwa um zwischenmenschliche Konflikte geht, kommen Sie mit Ruhe und Freundlichkeit eher zu einer Lösung als mit Aggression, schwierige Aufgaben lösen Sie besser mit kreativer Motivation als mit Angst, einen Partner finden Sie eher mit positiver Ausstrahlung als mit Einsamkeitsgefühlen, gefährliche Situationen meistern Sie eher mit Ruhe als in Panik usw. Und wenn Sie zudem an die direkte Realitätsgestaltung glauben, ist auch hier klar, dass die Ausrichtung Ihrer Wahrnehmung auf Angenehmes auch eine angenehme Realität erzeugt!

Gehen Sie diesen sogenannten *Fragenkreis* in jedem konkreten Fall mindestens dreimal hintereinander durch – die Wiederholung ist wichtig, damit nicht nur Ihr Verstand, sondern auch Ihr Unterbewusstsein die neue Wahrheit anerkennt. Nach einiger Zeit wird dieselbe Situation, die zuvor jedes Mal Problemgefühle auslöste, plötzlich angenehme Gefühle auslösen! Ihr Unterbewusstsein hat erkannt, dass dies der sinnvollere Weg zum Ziel ist, und gibt Ihren Instinkten entsprechend andere Befehle.[143]

143 Dass eine solche Umprogrammierung möglich ist, beweisen die großen Erfolge des Neuro-Linguistischen Programmierens (NLP). Wer diese Therapiemethode beherrscht, kann ihre Techniken (etwa das »Ankern« und die Arbeit mit Submodalitäten) durchaus zur Beschleunigung des hier beschriebenen Umbewertungsprozesses einsetzen.

Als dritte und letzte Methode zur Umbewertung von »Problemsituationen« möchte ich Ihnen noch kurz eine sehr populäre Technik vorstellen, die von der Amerikanerin Byron Katie entwickelt wurde und sich schlicht *The Work* nennt. Der Platz reicht hier nicht aus, um auf alle Facetten dieser Methode einzugehen, daher stelle ich nur das Grundprinzip vor, das glücklicherweise ganz einfach ist. Wenn Ihnen die Methode gefällt, empfehle ich zur Vertiefung Byron Katies Buch *Lieben was ist*.

Nehmen Sie sich ein beliebiges Problem vor und formulieren Sie es als Aussage, ohne dabei schon zu interpretieren oder irgendetwas abzuschwächen – zum Beispiel: *»Mein Mann beachtet mich zu wenig«* oder *»Mein Job bringt mich um«*. Probleme, die mit anderen Menschen zu tun haben, sind für den Anfang erfahrungsgemäß am besten geeignet. Stellen Sie sich dann nacheinander folgende vier Fragen (auch hier ist es wiederum noch besser, wenn jemand anders Ihnen die Fragen stellt):

- *Ist das wahr?*
  Spüren Sie in aller Ruhe in sich hinein und erforschen Sie, ob Sie die Aussage wirklich als wahr empfinden. Dies kann Ihre Wahrnehmung bereits verändern.
- *Kann ich absolut sicher sein, dass das wahr ist?*
  Damit dringen Sie noch tiefer in Ihr Inneres ein. Wenn Sie nach eingehender Überprüfung die ursprüngliche Aussage immer noch als wahr empfinden, gehen Sie zur dritten Frage über. Erkennen Sie dagegen, dass die Aussage für Sie doch nicht ganz stimmt, suchen Sie nach einer neuen Formulierung, die Ihnen stimmig erscheint. Hierbei relativiert sich das Problem häufig, oder Sie stoßen auf ganz neue Wahrheiten über sich selbst.
- *Wie reagiere ich auf diesen Gedanken?*
  Ihre Problemaussage ist zunächst einmal einfach ein Gedanke, den Sie für wahr halten. Notieren Sie nun schriftlich, wie Sie sich in der entsprechenden Situation verhalten, wenn Sie diesen Gedanken denken – was tun und sagen Sie, wie behandeln Sie ggf. andere Personen, was empfinden Sie körperlich, welche weiteren Gedanken werden ausgelöst? Halten Sie alles fest, was Ihnen einfällt.
- *Wer wäre ich ohne diesen Gedanken?*
  Schließen Sie die Augen und stellen Sie sich vor, Sie wären in der betreffenden Situation nicht in der Lage, den fraglichen Gedanken zu denken. Wie nehmen Sie die Situation dann wahr? Was verändert sich? Wie würden Sie ohne den Gedanken handeln? Wie fühlt sich das an? Am besten schreiben Sie auch hier Ihre Ergebnisse auf.
- In einem letzten Schritt geht es um die *Umkehrung* der ursprünglichen Aussage. Schreiben Sie dazu die Aussage auf, aber ersetzen Sie andere Personen dabei durch sich selbst (und umgekehrt), oder negieren Sie die Aussage, indem Sie ein »nicht« einfügen oder streichen. Je nach Aussage kann es eine oder mehrere mögliche Umkehrungen geben – schreiben Sie alle auf. Überlegen Sie dann, ob

einige dieser umgekehrten Aussagen nicht genauso wahr oder sogar wahrer sein könnten als die ursprüngliche Aussage. Das muss nicht bei allen der Fall sein, aber sehr häufig entdecken Sie auf diese Weise neue Wahrheiten, die oft geeignet sind, die alte Wahrheit zu ersetzen oder zu verändern.

Mit der Umkehrungsmethode entlarven Sie Ihre *Projektionen* – das sind Denkmuster, durch die wir bei anderen wahrnehmen, was wir eigentlich bei uns selbst wahrnehmen sollten (etwa Eigenschaften, die wir ablehnen) und durch die wir die Verantwortung für unser Leben an andere abgeben. Aus *»Mein Mann beachtet mich zu wenig«* könnten etwa folgende Umkehrungen entstehen, die jeweils Hinweise auf interessante Wahrheiten enthalten können (aber nicht müssen):

»Ich beachte meinen Mann zu wenig« – ist das möglicherweise wahr? Könnte es sein, dass er sich genauso ignoriert fühlt und resigniert hat? Oder übersehen Sie seine Gründe, in sich gekehrt zu sein? Vielleicht würde etwas mehr Einfühlungsvermögen ihn motivieren, wieder in Kontakt mit Ihnen zu gehen?

»Ich beachte mich zu wenig« – vielleicht erwarten Sie etwas von Ihrem Mann, das Sie sich eigentlich selbst geben sollten oder könnten? Erwarten Sie von ihm, Sie glücklich zu machen, weil Sie sich selbst dazu nicht in der Lage fühlen? Was fehlt Ihnen wirklich?

»Mein Mann beachtet mich nicht zu wenig« – übersehen Sie möglicherweise die Situationen, in denen er Sie durchaus beachtet? Und würde es Sie wirklich glücklich machen, wenn er Sie nur Ihnen zuliebe mehr beachtete, als er es von sich aus tun würde?

Es geht hier wohlgemerkt nicht darum, »Schuld« hin und her zu schieben. Es geht darum, neue Wahrheiten zu entdecken, die geeignet sind, sowohl an Ihrem Gefühl als auch an der äußeren Situation etwas zum Besseren zu verändern. Bei dieser Methode, wie auch bei den zuvor beschriebenen, gibt es kein »Müssen« – es geht nur darum, das Spektrum möglicher Wahrheiten zu erweitern und dann diejenige zu wählen, die sich am besten anfühlt. Dies bewirkt automatisch eine Veränderung Ihrer Wahrnehmung und damit Ihrer Realität.

Die in diesem Abschnitt beschriebenen Erkenntnisse und Methoden können nützliche Werkzeuge sein, um die vielen überflüssigen Hindernisse aus dem Weg zu räumen, die Ihren natürlichen, von Glück geprägten Seinszustand blockieren. Je mehr sich die Denkfehler in Ihrem Gehirn auflösen, desto mehr Zeit und Energie können Sie wieder der einzigen Sache widmen, die uns *wirklich* glücklich machen kann: dem Glücklichsein!

9.2 Die Glücksspirale

> *»Es gibt keinen Weg zum Glück. Glück ist der Weg.«*
>
> *Buddha*

Zu Beginn dieses Kapitels habe ich erläutert, warum viele Menschen, die durchaus daran glauben, Schöpfer Ihrer eigenen Realität zu sein, es dennoch nicht schaffen, sich gezielt die Wirklichkeit zu schaffen, die sie sich wünschen. Es funktioniert genau dann nicht, wenn der Zweck der beabsichtigten Realitätsgestaltung vor allem darin besteht, Probleme – also unerwünschte Zustände – zu beseitigen, das heißt, wenn die Motivation auf Vermeidungsgefühlen und nicht auf Lustgefühlen basiert.

Aus diesem Grund besteht der beste Weg zur Gestaltung einer schönen Realität *nicht* darin, gezielt bestimmte Dinge oder Ereignisse »beim Universum zu bestellen«, sondern darin, die eigenen Probleme als Denkfehler zu entlarven und zu erkennen, dass dem eigenen Glück eigentlich schon jetzt gar nichts Reales im Weg steht und dass alle äußeren Verhältnisse, die man sich möglicherweise wünscht, lediglich nette »Sahnehäubchen« wären, die zum Glücklichsein jedoch nicht erforderlich sind. Die im vorigen Abschnitt beschriebenen Umbewertungsmethoden dienen dazu, genau diese Sichtweise zu erreichen.

Wenn Ihre Instinkte erst einmal erkannt haben, dass zum einen fast nie eine wirkliche Lebensgefahr besteht und Sie zum anderen sämtliche Grundmotivationen weitaus besser erfüllen können, wenn Sie keine Angst, sondern positive Gefühle wie Freude, Lust und Begeisterung haben, passiert etwas Erstaunliches: Ihre instinktive »Problemsuchmaschine«, die bisher dafür sorgte, dass Sie kaum etwas genießen konnten, weil sie immer erst sicherstellen wollte, dass zuerst alle Probleme gelöst werden, wird nach und nach durch eine »Glückssuchmaschine« ersetzt, die Ihre Wahrnehmung ganz automatisch auf Bestätigungen für das Erfülltsein Ihrer Grundmotivationen und auf alles Schöne in Ihrem Leben richtet (und zwar aufgrund derselben Grundmotivation wie bisher, nämlich Ihr Überleben bestmöglich zu sichern).

Diesen Prozess können Sie noch zusätzlich unterstützen, indem Sie ganz bewusst versuchen, möglichst oft Ihre Wahrnehmung auf schöne Dinge zu richten. Wahrscheinlich wird Ihnen erst dann wirklich auffallen, wie wenig Zeit Sie früher darauf verwendet haben, bewusst Schönes wahrzunehmen, weil Sie die meiste Zeit Ihres Lebens mit dem Wälzen und Lösen von Problemen verbracht haben. Da Sie nun aber erkannt haben, dass dies Sie nicht weiterbringt, haben Sie plötzlich ganz viel Zeit für die schönen Dinge im Leben.

Nutzen Sie also die Momente, in denen Sie tatsächlich etwas Schönes wahrnehmen, auch wenn das zunächst recht wenige sein mögen. Schenken Sie diesen Momenten besondere Aufmerksamkeit, und genießen Sie sie so intensiv wie möglich. Durch die gezielte Wahrnehmung des Schönen programmieren Sie Ihren Realostaten automatisch darauf, noch mehr von dieser positiven Energie in Ihrer Realität zu manifestieren.

Wenn Sie ein so notorischer Verstandesmensch sind wie ich, fällt es Ihnen vielleicht schwer, daraus nicht direkt wieder eine Problemlösungsstrategie zu machen, nach dem Motto: »Ich *muss* diesen Moment genießen!« Damit würden Sie wieder einen Zwang erschaffen und erneut in die Problemspirale rutschen. Sie können sehr leicht feststellen, ob das der Fall ist, denn das angenehme, entspannte Gefühl der Situation wird sofort verschwinden, selbst wenn Sie sich in Gedanken immer wieder sagen: »Was für ein schöner Sonntagmorgen!«. Wenn Sie das feststellen, lassen Sie es für den Moment gut sein und tun einfach, was Sie sonst auch getan hätten, ohne sich über das eigene »Versagen« zu ärgern. Die nächste Chance kommt bestimmt.

Wenn Sie nicht sicher sind, ob Ihre Wahrnehmung auf etwas Positives oder etwas Negatives gerichtet ist, achten Sie auf Ihren Körper. Er ist ein absolut zuverlässiger Indikator für unsere Bewusstseinsausrichtung. Achten Sie nur auf das *reine* Körpergefühl, nicht auf die Interpretationen und Gedanken Ihres Verstandes. Ist das Gefühl im Bauch angenehm oder unangenehm? Vielleicht müssen Sie etwas üben, um es richtig wahrzunehmen, aber die Antwort ist immer da. Ihr Bauchgefühl können Sie übrigens auch nutzen, wenn Sie eine Entscheidung treffen müssen. Wählen Sie die Möglichkeit, die sich »gut anfühlt«, selbst wenn Sie nicht verstehen, warum, und Ihr Verstand Ihnen etwas anderes erzählt. Vergessen Sie nicht: Sie sind mehr als nur Ihr oberflächliches Denken, und Ihre Weisheit zeigt sich oft eher im Körper als im Verstand.

Je öfter es Ihnen gelingt, etwas Schönes zu genießen – auch wenn es zunächst nur Sekunden sind –, desto mehr Schönes werden Sie in Ihrem Leben entdecken. Das Meiste davon war von Anfang an da – vor lauter Problemwälzerei haben Sie es lediglich übersehen. Darüber hinaus sorgt aber die Veränderung Ihres Realostaten dafür, dass auch ganz neue schöne Dinge in Ihr Leben kommen werden.

Neben der bewussteren Wahrnehmung schöner Momente und Stimmungen können Sie auch Phasen, in denen Sie in eher neutraler Stimmung sind und nichts Wichtiges zu tun haben, nutzen, um Ihre Gedanken gezielt auf schöne Dinge zu lenken. Das sind nämlich genau die Momente, in denen wir sonst aus reiner Gewohnheit nach dem nächstbesten Problem greifen, um uns damit zu beschäftigen. Eine gute Übung ist es zum Beispiel, morgens im Bett direkt nach dem Aufwachen kurz zu überlegen, was der Tag wohl Schönes bringen könnte. Das können ganz triviale Dinge sein – vielleicht freuen Sie sich auf eine heiße Tasse Tee beim Frühstück oder darauf, im Büro Ihre nette Kollegin wiederzusehen, während Sie sonst immer nur an die lästige Arbeit und an die drei anderen Kollegen gedacht haben, die lange nicht so nett sind. (Diese Übung hat den schönen Nebeneffekt, dass das Aufstehen mit einer positiven Motivation viel leichter fällt, während man sich beim Gedanken an drohende Probleme eher die Decke über den Kopf ziehen möchte.)

Es geht wohlgemerkt nicht darum, die negativen Gedanken zu verdrängen. Lassen Sie sie kommen und gehen, aber schenken Sie ihnen nicht mehr Aufmerksamkeit als nötig. Nutzen Sie lediglich möglichst viele Gelegenheiten für angenehme Gedanken. Machen Sie kein »Ich muss positiv denken!« daraus – tun Sie nur, was sich leicht und gut anfühlt! Es geht nur um eine sanfte, zwanglose Sensibilisierung für die Vielfalt schöner Dinge im Leben.

> *»Das Glück kommt zu denen, die lachen.«*
>
> *Japanische Weisheit*

Wenn Sie Ihre Wahrnehmung immer wieder gezielt auf schöne Dinge richten, werden Sie nach einiger Zeit feststellen, wie Ihr Gehirn daraus eine neue Angewohnheit entwickelt und anfängt, *automatisch* nach schönen Dingen statt wie bisher nach potentiellen Problemen Ausschau zu halten. Sobald dieser Automatismus einmal in Gang gesetzt ist, ist er kaum noch aufzuhalten, und Sie müssen nichts mehr dafür tun! Ihr Realostat gerät in eine *positive Rückkopplungsschleife* – jede positive Wahrnehmung erzeugt eine positive Realität, die Sie als Verbesserung Ihrer Situation empfinden werden, was wiederum Ihre Ausrichtung auf das Schöne verstärkt usw.

Die positive Realitätsgestaltung wirkt dabei sowohl auf der subjektiven als auch auf der ojektiven Ebene – einerseits werden Sie viele Dinge, die schon immer da waren, mit ganz anderen Augen sehen und viel positiver bewerten, andererseits werden sich aber auch immer mehr äußere Ereignisse manifestieren, die Sie als schön bewerten werden.

Hierzu ist es übrigens durchaus nicht erforderlich, vom Prinzip der objektiven Realitätsgestaltung überzeugt zu sein! Es genügt, wenn Sie die Annahme treffen, es könnte *vielleicht* tatsächlich so sein, dass Ihr Bewusstsein einen Einfluss auf Ihre Realität hat. Ich nehme an, dies ist bereits geschehen, sonst hätten Sie dieses Buch vermutlich nicht bis hierher gelesen. Das »Vielleicht« wird dazu führen, dass sich zunächst nur solche Situationen manifestieren, die Sie zwar als positiv bewerten, bei denen Sie aber nicht sicher sind, ob sie nicht auch durch »Zufall« entstanden sein könnten. Wenn jedoch immer mehr dieser »Indizien« auftreten, wird sich Ihre Einschätzung langsam verändern – aus dem »Vielleicht« wird zunächst ein »Wahrscheinlich«, das sich natürlich in stärkeren Indizien in der Außenwelt widerspiegelt, so dass irgendwann ein »Offenbar tatsächlich« daraus wird und schließlich dann die Überzeugung wächst, dass Sie Ihre Realität *tatsächlich* selbst gestalten können. Mit der Zeit wird es immer wahrscheinlicher, dass »unglaubliche Zufälle« oder gar waschechte Wunder in Ihrem Leben passieren. Und wenn nicht – egal, denn ganz unabhängig davon wird sich Ihr Lebensglück immer weiter steigern.

Es gibt nur zwei Dinge, die diese »Glücksspirale« aufhalten können: Ungeduld und Erwartungsdruck. Beides entsteht, wenn Sie sozusagen durch die Hintertür wieder in die Vorstellung hineinrutschen, Sie wären auf diesen Prozess *angewiesen*, um Ihre Probleme aus Ihrem Leben zu entfernen und glücklich zu werden. Verlassen Sie sich also niemals auf die Realitätsgestaltung allein, wenn Sie noch einen

Rest von Problemgefühlen in sich spüren. In so einem Fall sorgen Sie zunächst einmal dafür, dass Sie das Problem nicht mehr als solches empfinden – etwa mit den im vorigen Abschnitt beschriebenen Methoden oder, wenn das nicht funktioniert, mit herkömmlichen Problemlösungsansätzen, soweit sich diese gut für Sie anfühlen.

> *»Viele Menschen versäumen das kleine Glück, weil sie auf das große vergeblich warten.«*
>
> *Pearl S. Buck*

Tatsächlich zeigt sich, dass viele Menschen weniger Probleme haben, solange Sie *nicht* wissen (bzw. annehmen), dass sie theoretisch unbegrenzte Macht über ihr Leben haben – denn die fatalistische Einstellung »Das ist nun mal so« sorgt zumindest für eine recht stabile Realität, während der Gedanke »Ich bin für meine Probleme voll verantwortlich und muss sie durch positive Realitätsgestaltung lösen« sehr schnell in eine verschärfte Problemspirale führen kann. Insofern ist das Wissen um unsere schöpferische Macht ein zweischneidiges Schwert, solange wir nicht zugleich auch die Denkfehler unseres Überlebenscomputers durchschauen.

Ich selbst hing längere Zeit in der Denkfalle fest, dass mir die Fähigkeit, meine Realität zu beeinflussen, viel zu wichtig war – ich wollte unbedingt möglichst schnell möglichst eindeutige »Beweise« dafür haben, dass ich tatsächlich meine Realität selbst gestalten kann, weil ich immer noch glaubte, ich könnte durch gezielte Realitätsgestaltung die Außenwelt so verändern, dass sie mich glücklich machen würde. Es funktioniert jedoch nur umgekehrt: Nur durch die Wahrnehmung von Glück können wir glücklich sein – die Außenwelt verändern wir dabei »ganz nebenbei«, so dass sie unser Glück widerspiegelt, stabilisiert und verstärkt.

Ich habe den Unterschied selbst erlebt: Ich habe bis heute immer noch keine eindeutigen »Beweise« dafür erlebt, dass ich der Schöpfer meiner Wirklichkeit bin – aber es ist auch nicht mehr wirklich wichtig, denn glücklich kann ich auch ohne »Wunder« sein, und seit dieser Zwang verschwunden ist, entwickelt sich auch meine äußere Realität weitaus rasanter in eine positive Richtung als zuvor – was auch einige durchaus erstaunliche »Zufälle« und »unglaubliche« Entwicklungen einschließt.

Machen Sie sich also keine Sorgen, wenn Sie nicht so recht an Ihre unbegrenzte schöpferische Macht glauben können oder wollen. Die Macht, Ihre Aufmerksamkeit auf Dinge zu richten, die angenehme Gefühle in Ihnen auslösen, haben Sie auf jeden Fall – und mehr brauchen Sie nicht, um glücklich zu sein!

Man könnte es fast als ironisch bezeichnen, dass sich eine äußere Realität, die reich an »schönen« (also positiv bewerteten) Dingen ist, am leichtesten durch eine Einstellung erzeugen lässt, bei der einem diese äußeren Dinge nicht wirklich wichtig sind. Wenn Sie dieses Prinzip aber erst einmal verinnerlicht haben, werden Sie nach und nach feststellen, dass sich eine wunderbare Leichtigkeit einstellt – eine Art *»Alles egal«*-Gefühl, das aber nichts mit Langeweile oder Resignation zu tun hat, sondern eher mit »*Gleich-Gültigkeit*«: Egal, was passiert, es ist alles *gleich gültig* und wirft Sie nicht aus der Bahn. Sie beginnen, in *jeder* Situation das Positive zu sehen. Und Sie werden feststellen, dass Sie immer weniger konkrete Wünsche und Erwartungen an das Leben haben, je mehr Sie feststellen, dass aufgrund Ihrer Gelassenheit und positiven Grundeinstellung ganz von allein schöne Dinge am laufenden Band in Ihr Leben kommen – darunter viele schöne Überraschungen, mit denen Sie gar nicht gerechnet haben. Ist ein gelungenes Überraschungsgeschenk nicht viel schöner als die Erfüllung eines bekannten Wunsches?

Statt gezielt eine bestimmte Realität gestalten zu wollen, »bestellen« Sie mit Ihrer positiven Grundeinstellung einfach direkt das, was ohnehin als Endziel hinter allen Wünschen steckt – Glücksgefühle! Thomas Klüh drückte es in einem Seminar so aus: *»Ich bestelle schon lange nichts Bestimmtes mehr beim Universum. Der liebe Gott weiß doch viel besser als ich, was ich brauche, um glücklich zu sein!«*

Das bedeutet übrigens durchaus nicht, dass Sie dann keine Ziele mehr verfolgen und nur noch in den Tag hineinleben würden – im Gegenteil, Sie werden Ihre Ziele viel leichter und schneller erreichen als früher, und zwar, weil Sie nicht mehr das Gefühl haben, sie erreichen zu *müssen*! Ihre Ziele sind keine Bedürfnisse oder Zwänge mehr, sondern kreative Ideen, die Sie aus reiner Lust zu erreichen versuchen, ohne dass es furchtbar wichtig wäre, ob Sie es schaffen oder nicht. Sie erleben das Leben als Spiel und nähern sich damit ein Stück weit der »göttlichen« Perspektive.

Eine positive äußere Realität lässt sich nur durch Wahrnehmung von Glück erzeugen – umgekehrt funktioniert es nicht. Wenn wir unsere Wahrnehmung gezielt auf angenehme Dinge statt auf Probleme richten, setzen wir eine positive Rückkopplungsschleife in Gang, bei der sich jede positive Wahrnehmung in der äußeren Realität widerspiegelt, wodurch unsere Aufmerksamkeit noch stärker auf schöne Dinge gelenkt wird, was wiederum den positiven Effekt auf die Außenwelt verstärkt usw.

Einen wichtigen Punkt möchte ich in diesem Zusammenhang noch erwähnen: Viele Menschen glauben, es sei prinzipiell gar nicht möglich, immer nur glücklich zu sein. Viele glauben auch, man könne Glück nur dann richtig wertschätzen, wenn man als Kontrast auch Unglück erlebt. Esoterisch orientierte Menschen begründen dies häufig mit dem Polaritätsprinzip (siehe Seite 236 ff.) und behaupten, Glück und Unglück seien zwei Pole eines Ganzen, die sich gegenseitig bedingen – eines könne ohne das andere nicht existieren.

Tatsächlich sind Glück und Unglück (genauer gesagt: Belohnungsgefühle und Vermeidungsgefühle) *keine* Gegenpole – ebensowenig wie ein Apfel das Gegenteil einer Zitrone ist, nur weil uns das eine schmeckt und das andere nicht. Wir können sogar durchaus angenehme und unangenehme Gefühle gleichzeitig im Körper spüren, da sie auf unterschiedlichen Botenstoffen basieren, die sich zwar zum Teil gegenseitig beeinflussen, aber nicht ausschließen.

»Glück« und »Unglück« sind nichts weiter als Sammelbegriffe für eine große Zahl verschiedener Belohnungs- bzw. Vermeidungsgefühle. Das Polaritätsprinzip gilt durchaus auch hier – nur muss dabei jedes Gefühl für sich betrachtet werden. Ebenso wie ich Hitze nur wahrnehmen kann, wenn ich auch Kälte (also einen Zustand ohne Hitze) kenne, kann ich zum Beispiel Euphorie nur erleben, wenn ich auch Zustände ohne Euphorie kenne. Dazu muss ich aber noch lange nicht unglücklich werden, da mir neben der Euphorie noch viele andere Glücksgefühle zur Verfügung stehen. Um diese alle bewusst zu erleben, brauche ich kein Unglück, sondern lediglich eine gewisse Abwechslung zwischen unterschiedlichen Glücksgefühlen. Diese ergibt sich aber normalerweise ganz automatisch: Es gibt eine Art natürlichen Zyklus von Glücksgefühlen, der sich grob in die drei Phasen *Lust – Euphorie – Befriedigung* einteilen lässt. Dieser Zyklus findet sich in ganz unterschiedlichen Rhythmen überall im Leben glücklicher Menschen wieder.

Zudem ergibt sich schon aus wechselnden Lebenssituationen eine Abwechslung im Gefühlsspektrum. Es gibt für *jede* Situation angemessene Glücksgefühle, sogar für Situationen, die man üblicherweise als »Unglück« einstufen würde. Wenn ein nahe stehender Mensch gestorben ist, ist Euphorie sicher nicht das angemessene Gefühl, aber Sie können dennoch Liebe zu dem Verstorbenen empfinden, Dankbarkeit für das gemeinsame Leben und Verbundenheit mit anderen Hinterbliebenen. Ein Leben ohne Unglück ist weder unmöglich noch einseitig oder langweilig.

Man mag freilich dennoch die Frage stellen, ob man nicht Glück intensiver oder bewusster erlebt, wenn man als Kontrast auch Unglück kennengelernt hat, statt immer »nur« zwischen verschiedenen Glücksgefühlen zu pendeln. Die Frage ist schwer zu beantworten, da man wohl sagen kann, dass in unserer Zeit und Kultur noch so gut wie niemand es geschafft hat, immer nur glücklich zu sein, so dass es hierfür wahrscheinlich keine lebenden Beispiele gibt. Ich persönlich gehe jedenfalls davon aus, dass das Unglück meiner Vergangenheit mehr als ausreicht, um mein heutiges Glück hinreichend würdigen zu können, und habe beschlossen, meine Zukunft – soweit es mir gelingt – nur noch mit Glücksgefühlen zu gestalten.

Glück und Unglück stellen keine Gegenpole dar, die sich gegenseitig bedingen würden. Es ist durchaus möglich, ausschließlich Glücksgefühle zu erleben, solange eine gewisse Abwechslung zwischen unterschiedlichen Glücksgefühlen gegeben ist.

Einigen spirituell orientierten Lesern mag es auch etwas zu trivial vorkommen, dass mit der simplen Befriedigung unserer biologischen Instinkte das »höchste« irdische Ziel erreicht sein soll. Für mich widerspricht das Streben nach irdischem Glück jedoch in keiner Weise einem eventuellen »höheren Daseinszweck«, den wir möglicherweise auf einer übergeordneten Bewusstseinsebene verfolgen. Denn das Streben nach Befriedigung unserer Instinkte ist eine notwendige Begleiterscheinung unserer irdischen Existenz. Wir können gar nicht verhindern, nach Glück zu streben – *jeder* tut das (auf mehr oder weniger kuriosen Umwegen). Von daher muss dieses Streben auch in einen möglichen höheren Daseinszweck »einkalkuliert« sein.

Mit anderen Worten: Wenn ein wie auch immer gearteter höherer Aspekt Ihrer selbst (Ihre Überseele, Gott oder sonst »jemand«) für Sie eine bestimmte Aufgabe in diesem Erdenleben vorgesehen hat, dann gehört es zu diesem Konzept, dass Sie genau *Ihren* einzigartigen Weg zum Glück beschreiten, der nicht zuletzt entscheidend davon abhängt, in welche Familie Sie hineingeboren wurden und welches Glaubenssystem Sie dadurch als Kind angenommen haben. Ihre Geschichte ist kein Zufall (und es ist auch kein Zufall, dass Ihnen dieses Buch in die Hände gefallen ist und möglicherweise Einfluss auf Ihren weiteren Lebensweg nimmt).

Machen Sie sich also keine Sorgen darüber, mit dem profanen Streben nach Glück irgendeine göttliche Mission zu sabotieren, denn das ist gar nicht möglich. Was immer Sie tun, es entspricht immer *allen* Aspekten Ihres Seins, von der individuellen Ebene bis zum allumfassenden kosmischen Bewusstsein.

9.3 Jenseits des Denkens

> *»Just on the border*
> *of your waking mind,*
> *there lies another time,*
> *where darkness and light*
> *are one.«*
>
> *Electric Light Orchestra*

Seit meiner frühesten Kindheit war ich wasserscheu. Ich liebte zwar einerseits das Wasser, sah und hörte es gern und spielte auch gern damit, aber Schwimmen lernte ich erst mit 12 Jahren, denn in tieferem oder bewegtem Wasser bekam ich sehr leicht Angst, die Kontrolle zu verlieren und unter Wasser zu geraten. Auch die Kälte machte mir zu schaffen. Zwar baute ich diese Angst im Laufe der Jahre immer weiter ab und begann nach und nach, das Schwimmen genießen zu lernen, aber auch als Erwachsener fühlte ich mich bei stärkerem, unberechenbarem Wellengang im Wasser noch nicht wirklich wohl.

Im Sommer 2003 nahm ich an einem Seminar-Urlaub in Spanien mit dem Lebenskünstler, Glücksforscher und Musiker B. M. Tang teil.[144] Er vertritt die Ideen des *Nondualismus,* die unter anderem besagen, dass die Trennung zwischen dem Individuum und der von ihm wahrgenommenen Realität eine Illusion ist und dass wir tatsächlich mit der gesamten Existenz nicht nur zutiefst verbunden, sondern sogar *identisch* sind (siehe Kapitel 7). Eine Idee, die Tang öfter anführt, ist: »Wenn du mal wieder mit dem Auto durch die Landschaft fährst, nimm es doch einmal so wahr, dass du *durch dich selbst* fährst!« – eine interessante Übung!

Als ich mich auf einem Badeausflug bei recht bewegter Brandung im Mittelmeer befand und wie üblich leichte Angst vor den Wellen verspürte, kam mir – inspiriert durch die Gespräche mit Tang – plötzlich folgender Gedanke: »Moment mal –

144 Informationen im Internet unter *www.tangsworld.de*

wenn *ich* doch eigentlich *selbst* das Meer bin, dann brauche ich doch davor keine Angst zu haben!«

In diesem Moment wurde plötzlich alles ganz still. Zwar hörte ich weiterhin – sogar viel klarer und bewusster als zuvor – die Geräusche der Wellen und der Menschen um mich herum, aber dennoch herrschte eine seltsame Ruhe, so als sei irgendeine permanente Geräuschquelle plötzlich verstummt. Wenn Sie einen Computer mit Lüfter haben, der im Betrieb ein ständiges Rauschen von sich gibt, kennen Sie vielleicht das Erlebnis der plötzlichen Stille, wenn Sie ihn ausschalten – vorher haben Sie das Geräusch kaum bewusst wahrgenommen, aber wenn es verstummt, ist es ein Unterschied wie Tag und Nacht.

Was hier plötzlich verstummt war, war nichts anderes als mein Verstand. Möglicherweise hatte die etwas seltsame Logik meines spontanen Gedankens seinen Konzeptrahmen gesprengt, so dass er einfach anhielt und nichts mehr tat, wie ein abgestürzter Computer. Dies hatte zur Folge, dass ich für einige Momente zum *reinen Beobachter* wurde – es fand keinerlei Interpretation mehr statt, keine bewussten Gedanken ratterten im Hintergrund, meine Angst vor den Wellen war verschwunden – ich nahm nur noch den reinen Augenblick wahr, in einer außergewöhnlichen Klarheit.

Es dauerte nur wenige Sekunden, bis sich mein Verstand wieder gefangen hatte und wieder mit seiner üblichen Tätigkeit begann – dem ständigen Interpretieren, Katalogisieren und Bewerten der Situation. Er lieferte mir auch direkt eine Erklärung für das, was geschehen war: Ich hatte offenbar den Anflug eines Erleuchtungserlebnisses gehabt. Jedenfalls entsprach es in etwa den mir bekannten Schilderungen entsprechender Erlebnisse.

Im Gegensatz zu Yoganandas bombastischer Samadhi-Erfahrung, die ich beschrieben habe (Seite 219) sind die meisten Erleuchtungserlebnisse eher »unspektakulär«. Die sinnliche Wahrnehmung muss sich dabei im Grunde nicht großartig verändern – sie wird allerdings automatisch intensiver, da sie sich vollkommen auf das *Jetzt* konzentriert. Obwohl nach wie vor Bewegung wahrgenommen wird, verschwindet das herkömmliche Zeitgefühl und wird durch das Empfinden zeitloser Gegenwart ersetzt. Da unsere Zeitwahrnehmung in erster Linie vom Verstand geschaffen wird, muss sie konsequenterweise verschwinden, wenn der Verstand sich ausschaltet oder aus dem Fokus des Bewusstseins verschwindet.

Wenn der Verstand aufhört, die Welt in einzelne »Dinge« einzuteilen und damit auch zwischen »Ich« und »Nicht-Ich« zu unterscheiden, verschwindet zwangsläufig auch das *Ego* – unsere übliche Ich-Wahrnehmung, durch die wir uns selbst als vom Rest der Schöpfung getrenntes, körperliches Wesen erleben. Im Idealfall eines vollständigen Erleuchtungszustandes verschwindet die übliche Identität des Individuums vollkommen und schafft Raum für das Erleben des Einsseins mit der gesamten erlebten Wirklichkeit – Mensch, Welt und Gott verschmelzen wieder zu der Einheit, aus der alles hervorgeht.

Dieses Erleben des Einsseins hat den angenehmen Nebeneffekt, dass auf körperlicher Ebene ein Gefühl grenzenloser Verbundenheit entsteht – sozusagen ein Schlaraffenland für den Rudelinstinkt. Einsamkeitsgefühle sind in diesem Zustand unmöglich.

Auch jegliche andere Art von Problemen hat hier keinen Raum – aus einem ganz einfachen Grund: Wie wir bereits gesehen haben, beruhen fast alle Probleme (genauer: *Problemgefühle*) nicht auf der gegenwärtigen Situation als solcher, sondern auf deren Interpretation durch den Verstand, der aus der Situation mögliche Zukunftsszenarien ableitet, wobei er wiederum auf Erfahrungen der Vergangenheit zurückgreift.

Soweit unsere körperliche Existenz im gegenwärtigen Moment nicht akut bedroht ist (was bei den meisten Menschen eher selten vorkommen dürfte), können wir also nur dadurch Probleme empfinden, dass wir uns gedanklich in *Vergangenheit und Zukunft* bewegen! Genau dies ist aber nicht mehr möglich, wenn unser Verstand schweigt – denn er allein ist es, der uns aus der Gegenwart reißt, da er für seine logischen Konstrukte zwingend die Wahrnehmung zeitlicher Abläufe und Zusammenhänge benötigt. Die Zeit, wie wir sie erleben, ist ein Konstrukt des Verstandes. Jenseits des Denkens herrscht eine zeitlose Gegenwart, in der es so etwas wie Probleme nicht gibt.

> *»Momentan ist richtig,*
> *momentan ist gut,*
> *nichts ist wirklich wichtig,*
> *nach der Ebbe*
> *kommt die Flut.*
>
> *Am Strand des Lebens,*
> *ohne Grund, ohne Verstand,*
> *ist nichts vergebens,*
> *ich bau die Träume*
> *auf den Sand.«*
>
> *Herbert Grönemeyer*

Versuchen Sie einmal, einen Gegenstand – etwa eine Blume – oder eine Landschaft einfach *nur* zu beobachten, ohne über sie nachzudenken. Wenn es Ihnen gelingt, erleben Sie den Zustand der absoluten Gegenwärtigkeit, in dem der Verstand schweigt und Raum für die volle Entfaltung der beobachteten Realität gibt.

Den Verstand zum Schweigen zu bringen ist ein wichtiges Ziel vieler spiritueller Praktiken, denn das Erleben umfassenderer Bewusstseinsebenen – man könnte es auch als unmittelbares Erleben göttlicher Präsenz bezeichnen – ist nur jenseits der Grenzen des Verstandes und damit jenseits des Egos möglich. Zahllose Meditationstechniken wurden entwickelt, um genau dies zu erreichen. Hierbei gibt es zwei Hauptansätze:

Entweder man lässt den Verstand tun, was er will, versucht aber, ihm keine besondere Beachtung zu schenken – man hört hier oft Anleitungen wie: »Wenn ein Gedanke kommt, lass ihn vorüberziehen wie eine Wolke.« Ohne bewusste Aufmerksamkeit gelingt es dem Verstand kaum noch, längere Assoziationsketten aufzubauen und damit »Probleme« zu erschaffen. Auf Dauer merkt der Verstand, dass er nicht gebraucht wird, weil es keine Probleme bzw. Aufgaben zu lösen gibt (denn nichts anderes ist sein Zweck) – und er schaltet sich mehr und mehr ab.

Die andere Möglichkeit besteht darin, dem Verstand eine ganz bestimmte, nicht zu schwere Aufgabe zu geben, auf die er sich konzentrieren muss, etwa das Zählen der eigenen Atemzüge oder die Einhaltung eines genau vorgeschriebenen Rituals. Dadurch ist der Verstand mit der Gegenwart beschäftigt und kann nicht in Zukunft oder Vergangenheit abdriften. Das Bewusstsein muss sich dabei nicht voll auf ihn konzentrieren, es beobachtet ihn lediglich als einen von vielen Teilen einer umfassenderen Realität.

Ein ähnlicher Effekt ergibt sich bei Tätigkeiten, die aus ganz praktischen Gründen die volle Konzentration des Verstandes auf die Gegenwart erfordern – etwa schwierige körperliche Aufgaben wie Bergsteigen, wo jedes Abschweifen der eigenen Gedanken tödlich enden kann. Viele sportliche Tätigkeiten haben daher einen sehr »meditativen« Charakter und bewirken manchmal stark erweiterte Bewusstseinszustände.

Aber auch die volle Konzentration auf ganz »harmlose« Tätigkeiten – sei es irgendein Hobby oder eine Alltagstätigkeit wie Kochen – kann ganz ähnliche Wirkungen haben. Das Ego verschwindet weitgehend, und das Selbst verschmilzt vollkommen mit dem, was man gerade tut. Buddhistische Mönche etwa lernen sehr vieles anhand alltäglicher Aufgaben. Mein Lieblings-Koan ist ein Dialog mit dem Zen-Meister Joshu Jushin (778-897), den einer seiner Schüler fragte: *»Was ist die Essenz des Zen?«* Joshu antwortete: *»Hast du deine Reissuppe gegessen?«* Schüler: *»Ja, Meister.«* Darauf Joshu: *»Dann geh deine Schale abwaschen.«*

> *»Das Glück besteht nicht darin, dass du tun kannst, was du willst, sondern darin, dass du immer willst, was du tust.«*
>
> *Lew Tolstoi*

Mit solchen Antworten werden die Zen-Schüler auch von möglicherweise vorhandenen Allüren des »edlen Gottsuchers« befreit, indem sie lernen, dass das Ausspülen einer Suppenschale nicht weniger »göttlich« ist als das jahrelange Meditieren auf einem Berggipfel. Wichtig ist allein, wirklich nur das zu tun, was man gerade tut, und zwar mit voller Aufmerksamkeit. Dies ist eine Kunst, die in der westlichen Zivilisation, wo viele Menschen beim Frühstück Zeitung lesen, sich unterhalten und dabei noch Radio hören, wenig verbreitet ist. Wer es schafft, Kartoffeln zu schälen, ohne dabei irgendetwas anderes zu tun oder zu denken, ist erleuchtet.

> *Wenn der Verstand schweigt oder sich voll und ganz auf eine gegenwärtige Aufgabe konzentriert, erreicht das Bewusstsein einen erweiterten Zustand, in dem Ego und Zeitempfinden verschwinden, das Selbst mit der wahrgenommenen Realität zu einer Einheit verschmilzt und in dem keine Problemgefühle mehr möglich sind. In seiner reinsten Form nennt man diesen Zustand Erleuchtung.*

Viele Menschen, die sich auf einen spirituellen oder therapeutischen Weg begeben, machen den Fehler, das Ego oder den eigenen Verstand als »Feind« zu betrachten, als Hindernis auf dem Weg zur Befreiung des Selbst. Diese Ablehnung eines Teils von sich selbst bewirkt natürlich das glatte Gegenteil des Gewünschten – der Verstand macht sich umso intensiver bemerkbar, und es kann zu regelrechten inneren Kämpfen kommen.

Betrachten Sie den Verstand als das, was er ist – ein äußerst nützliches Werkzeug zum Lösen praktischer Aufgaben, das man als solches wertschätzen sollte und das man genau dann (und *nur* dann) benutzen sollte, wenn es auch tatsächlich eine entsprechende Aufgabe gibt. Genau dies ist die Schwierigkeit. Die meisten Menschen haben ihren Verstand *ständig* eingeschaltet und lassen ihn auf vollen Touren laufen. Hat er aktuell keine konkrete Aufgabe, beschäftigt er sich mit Vergangenheit und Zukunft und bastelt ein virtuelles Szenario nach dem anderen. Das ist etwa so, als würden Sie die ganze Zeit mit einer laufenden Kreissäge in der Hand herumlaufen, die fürchterlichen Krach macht, aber in 99 % der Zeit nur leere Luft zersägt. Das Bemerkenswerte dabei ist, dass wir das ständige Kreischen der Kreissäge kaum noch bewusst wahrnehmen, da es so »normal« für uns ist.

Der Nondualist Arjuna Nick Ardagh vergleicht in seinem Buch *Warum nicht jetzt?* den Verstand mit einem »verrückten Onkel«. Stellen Sie sich vor, Sie haben Ihren Onkel übers Wochenende aus der psychiatrischen Anstalt abgeholt, um ihm ein wenig die Welt zu zeigen, und gehen mit ihm zum Beispiel in einen Supermarkt. Der Onkel hat nun die Eigenart, auf alles zu reagieren, was er wahrnimmt, und Kommentare dazu abzugeben, die – seinem Geisteszustand entsprechend – zum großen Teil ziemlich abstrus sind. Er brabbelt die ganze Zeit vor sich hin, vor vielen Dingen hat er Angst, andere will er unbedingt haben, viele interpretiert er völlig falsch und setzt sie in die verrücktesten Beziehungen zueinander. Nun könnten Sie als Begleiter des Onkels natürlich versuchen, auf jeden seiner verrückten Einfälle einzugehen oder ihn davon abzubringen, aber dann hätten Sie sich bald hoffnungslos in seiner zusammengesponnenen Welt verstrickt. Sinnvoller ist es, den größten Teil dessen, was der Onkel von sich gibt, einfach so stehen zu lassen und nur auf das einzugehen, was tatsächlich nützlich und sinnvoll ist. Dann besteht vielleicht sogar eine Chance, dass der Onkel sich einige seiner verrückten Ticks auf Dauer wieder abgewöhnt.

Achten Sie einmal darauf, was der Onkel in Ihrem Kopf Ihnen so alles erzählt. Haben Sie zum Beispiel Lust auf ein Eis, sagt er womöglich »Du hattest aber diese Woche schon eins, denk an deine Kilos!«. Oder Sie sitzen gemütlich im Sessel, und der Onkel mahnt plötzlich: »Du solltest mal wieder deine Mutter anrufen, sonst ist sie enttäuscht von dir.« Jegliche Gedanken, die mit *virtuellen Realitäten* (also etwa Erinnerungen, Zukunftsvisionen, Wünschen, Befürchtungen, Sorgen, Bedenken usw.) und nicht mit der gegenwärtigen Situation zu tun haben, sind Sprüche des verrückten Onkels. Natürlich sind nicht alle seine Aussagen völliger Blödsinn, aber ich empfehle Ihnen, jede dieser Aussagen einmal daraufhin zu überprüfen, was sie

Ihnen wirklich bringt. Gibt sie Ihnen positive Impulse, um etwas anzugehen, das Sie tatsächlich wollen? Oder erzeugt sie in erster Linie unangenehme Gefühle und hält sie womöglich von schönen Dingen ab? Lassen Sie den Onkel reden – aber lassen Sie sich von ihm nicht mehr *hereinreden*, als Sie das möchten.

Vielleicht ist Ihnen aufgefallen, dass ich hier deutlich zwischen »Ihnen« und dem »Onkel« getrennt habe – tatsächlich ist der Onkel (also der Verstand) natürlich ein Teil von Ihnen. Solche bildlichen Trennungen sind gelegentlich nützlich, um die unterschiedlichen Instanzen des Selbst auseinanderhalten zu lernen. Man sollte sie allerdings nicht zu weit treiben, denn das birgt die Gefahr, dass der Verstand sich das Bild zu eigen macht und sich selbst in mehrere Instanzen zerlegt, die dann möglicherweise in noch stärkere Konflikte als zuvor geraten. Nicht selten höre ich in esoterisch oder therapeutisch orientierten Kreisen frustrierte Aussagen wie »Ich kriege mein Ego echt nicht in den Griff« oder »Ich habe mein inneres Kind wieder total vernachlässigt«. Hier kämpft der Verstand gegen sich selbst und verstärkt seine inneren Kämpfe, indem er Pseudo-Personen mit Interessenkonflikten erschafft, statt nach einer für das Selbst *insgesamt* optimalen Lösung zu suchen.

Wenn Sie also bemerken, dass Ihr verrückter Onkel Ihnen wieder einmal dazwischenfunkt, ärgern Sie sich nicht über ihn, sondern denken Sie daran, dass Ihr Verstand eigentlich ein sehr nützliches Werkzeug ist, das lediglich aufgrund vergangener schmerzlicher Erfahrungen ein wenig aus dem Ruder gelaufen ist und nun meint, Ihnen zu Ihrer eigenen Sicherheit ständig Ratschläge geben zu müssen.

Es geht also nicht darum, sich vom eigenen Verstand komplett zu distanzieren, sondern darum, sich nicht mit ihm zu *identifizieren*. Da unser Verstand fast ständig aktiv ist und versucht, unsere bewusste Aufmerksamkeit auf sich zu ziehen, identifizieren wir uns leicht mit ihm und erzeugen dadurch unser isoliertes Ego. Diese Dominanz des Verstandes blockiert sowohl andere Potentiale unseres Gehirns, besonders die Intuition, als auch das Erleben von Bewusstseinsebenen, die über das Individuum hinausgehen. Vor allem aber erzeugt der Verstand ständig Pseudo-Probleme, die uns das (Gefühls-)Leben schwer machen, sofern es uns nicht gelingt, die entsprechenden Denkfehler zu entlarven und den Verstand entsprechend umzuprogrammieren (siehe Abschnitt 9.1).

Um sich aus der Identifikation mit dem Verstand zu befreien, ist es nützlich, sich bewusst zu machen, dass die denkende Instanz und die beobachtende Instanz nicht identisch sind. Mit anderen Worten: Lernen Sie, bewusst den Denker in Ihnen zu beobachten.

Der Ausdruck »den Denker beobachten« stammt von Eckhart Tolle, einem zur Zeit sehr populären spirituellen Lehrer, der in einer tiefen Lebenskrise plötzlich und ungeplant einen dauerhaften Erleuchtungszustand erlangte. Auslöser war sein Gedanke *»Ich kann mit mir selbst nicht weiterleben.«* Seinem Verstand wurde irgendwann klar, wie seltsam dieser Gedanke war, da er offenbar die Existenz von *zwei* Instanzen des Selbst voraussetzte. Indem er daraufhin zu spekulieren begann, ob vielleicht nur einer dieser beiden Aspekte »wirklich« sei, entzog sich sein Verstand offenbar selbst die Basis und schaltete sich einfach ab. Seither lebt Eckhart Tolle in einem Zustand ständiger Gegenwärtigkeit, in dem sich sein Verstand nur noch auf minimaler Basis einschaltet, um praktische Aufgaben zu erledigen.[145] In seinem Buch *Jetzt! Die Kraft der Gegenwart* beschreibt Eckhart Tolle, wie der Verstand die meisten Menschen in seinen Konstrukten gefangen hält und wie es möglich ist, sich daraus zu befreien. Das Beobachten des eigenen Denkens ist dabei ein erster, wichtiger Schritt.

Wenn Sie feststellen, dass Gedanken in Ihnen auftauchen, versuchen Sie einmal, diesen Vorgang »von außen« zu beobachten, etwa so, als würden Sie Daten auf einem Computerbildschirm beobachten, die auftauchen, sich verändern und wieder verschwinden. Sie werden früher oder später feststellen, dass dies möglich ist. Sie können sich tatsächlich beim Denken ebenso beobachten wie beim Kartoffelschälen. Und das, was da beobachtet, ist *nicht* das, was denkt. Es sind zwei sehr unterschiedliche Aspekte. Der Denker ist Ihr *Verstand,* der Beobachter ist Ihr *Bewusstsein,* der eigentliche Kern Ihres Selbst – erinnern Sie sich an das Gleichnis mit der Flasche von Paul Shoju Schwerdt (Seite 123).

Je besser es Ihnen gelingt, diese beiden Ebenen bewusst zu unterscheiden, desto eher haben Sie die Möglichkeit, frei zu entscheiden, ob und wie Sie auf die Gedanken Ihres Verstandes reagieren wollen. Deshalb ist der Ausstieg aus der Welt des verrückten Onkels nicht nur nützlich, um Erleuchtung zu erlangen, sondern auch für das viel weltlichere Ziel, das eigene Leben selbst zu gestalten und nicht von einem fehlprogrammierten Überlebenscomputer bestimmen zu lassen.

> *Der Aspekt des Menschen, der bewusst beobachtet (das Bewusstsein), ist nicht identisch mit dem Teil, der denkt (dem Verstand). Je mehr wir lernen, den denkenden Verstand zu beobachten, statt uns mit ihm zu identifizieren, desto mehr können wir unser Leben nach freiem Willen gestalten.*

Falls es auf einer höheren spirituellen Ebene so etwas wie ein »Evolutionsziel« der Menschheit gibt, so nehme ich an, dass der nächste größere Schritt, den zur Zeit die ersten Individuen zu verwirklichen beginnen, darin besteht, die Abhängigkeit von der biologisch bedingten Programmierung unserer irdischen Hüllen so weit zu überwinden, dass wir aus freier Kreativität heraus und ohne scheinbare Zwänge die nächste Stufe der menschlichen Gesellschaft auf diesem Planeten gestalten können.

Ob nun tatsächlich irgendeine »Überseele« der Menschheit dies bewusst anstrebt oder nicht, sei dahingestellt – ich halte es in jedem Fall für ein erstrebenswertes

145 Ein sehr ähnliches Erlebnis hatte übrigens auch Byron Katie, die Autorin des in Abschnitt 9.1 erwähnten Buches *Lieben was ist*. Auch bei ihr führte eine tiefe Krise schlagartig zu einem dauerhaften Ausstieg aus der Pseudowelt Ihres Verstandes.

> *»An dem Tag, an dem sich jeder um sein eigenes Glück kümmert, ist die Welt in Ordnung.«*
>
> *Thomas Klüh*

Ziel, denn in einer auf freien Entscheidungen und nicht auf Zwängen beruhenden Gesellschaft haben alle Menschen bessere Chancen, die angenehmen Seiten des Überlebenscomputers – nämlich Glücksgefühle – zu erleben und zu genießen, solange wir diese materielle Existenzform noch für uns wählen. Ich persönlich habe bis auf weiteres keine Eile damit, sie aufzugeben und in höhere Bewusstseinssphären aufzusteigen, denn ich glaube, es gibt auf unserer selbst geschaffenen vierdimensionalen Bühne noch viele spannende Abenteuer zu erleben.

***

Immer wieder und wieder
steigst Du hernieder
in der Erde wechselnden Schoß,

bis Du gelernt hast, im Licht zu lesen,
dass Leben und Sterben EINS *gewesen*
und alle Zeiten zeitenlos.

Bis die mühsame Kette der Dinge
zum immer ruhenden Ringe
in Dir sich reiht,

in Deinem Willen ist Weltenwille,
Stille ist in Dir,
–
Stille
–
und Ewigkeit.

Manfred Kyber

Nachwort

Als ich mit der Arbeit an diesem Buch begann, war ich der Ansicht, mein über Jahrzehnte entwickeltes Weltbild sei nun in sich rund, schlüssig und widerspruchsfrei – so dass ich es nun der Welt präsentieren könnte.

Nun, nachdem ich dies getan habe, habe ich ein weitaus differenzierteres Bild dessen gewonnen, was ich damals für mehr oder weniger »fertig« hielt. Je genauer ich meine Konzepte erläuterte, desto mehr Unklarheiten und Unstimmigkeiten tauchten aus dem Nebel auf, den ich zuvor unbewusst über die schwierigen Details gelegt hatte. Viele Änderungen, Verfeinerungen und Ergänzungen waren die Folge, und manchen Punkt musste ich auch für mich selbst als im Rahmen meines aktuellen Weltbildes »nicht zu klären« einstufen.

Das nun vorliegende Buch sieht deutlich anders aus als die Vorstellung, die ich zu Beginn von ihm hatte. Insbesondere war ich damals noch der Ansicht, es sei für eine positive Gestaltung des eigenen Lebens überaus nützlich – um nicht zu sagen: wichtig, das Prinzip der Realitätsschöpfung durch bewusste Wahrnehmung zu kennen, zu verstehen und bewusst anzuwenden. Ich hatte das Buch als eine Art »Anleitung zum Glücklichwerden durch gezielte Realitätsgestaltung« geplant.

Glücklicherweise blieb jedoch weder die Entwicklung der Glücksforschung noch meine eigene stehen, und ich begriff noch während der Entstehungszeit des Buches, dass die äußeren Umstände, die sich möglicherweise durch gezielte Realitätsgestaltung beeinflussen lassen, weit weniger bedeutsam für unser Glück sind als die Bewertungsmuster unseres Gehirns, die zu verstehen und zu verändern keinerlei Kenntnisse des im Mittelteil des Buches vorgestellten Realitätsgestaltungsprinzips voraussetzt. Im Gegenteil – ich erkannte, dass der Gedanke, für die eigene Realität komplett selbst »verantwortlich« zu sein, die Gesamtsituation oft sogar eher verschlimmert als verbessert, vor allem im Zusammenspiel mit Selbstvorwürfen. Mir wurde klar, dass man nicht krampfhaft die Realität zu verbiegen braucht, um glücklich zu werden – zumal man sie dabei meist in die falsche Richtung biegt.

Es gab daher durchaus Momente, in denen ich das Buch in der bestehenden Form in Frage stellte. Auch wenn ich aus »wissenschaftlicher« Sicht von dem hier präsentierten Weltbild heute ebenso überzeugt bin wie damals, hat sich meine Einstellung zur bewussten Realitätsgestaltung doch deutlich verändert. Ob Realität nun »einfach da« ist oder ob (und wie) sie von uns in jedem Moment neu geschaffen wird, ist für mich heute nicht mehr von so großer Bedeutung wie noch vor drei Jahren. Es würde mich daher nicht wundern, wenn die Bedeutung dessen, was ich in diesem sehr verstandesbetonten Werk zusammengetragen habe, in meinem Bewusstsein immer mehr schwinden wird und es mir irgendwann womöglich gehen wird wie dem mittelalterlichen Theologen Thomas von Aquin, der – offenbar nach einem Erleuchtungserlebnis – die Arbeit an seinem umfassenden Werk *Summa Theologiae* mit der Begründung abbrach, dass ihm alles, was er je über Gott geschrieben habe, nun wie leeres Stroh vorkomme. Aber an diesem Punkt bin ich heute genauso wenig wie wahrscheinlich die meisten meiner Leser.

Ich glaube, dass das Buch gerade in der vorliegenden Form und Vollständigkeit vielen Menschen nützen kann – besonders solchen, die sich womöglich etwas zu sehr in der Idee verstrickt haben, sie müssten ihr Leben durch positives Denken und Einhaltung aller möglichen »Schöpfungsregeln« in bestimmte Richtungen steuern, statt sich einfach vom Fluss des Lebens tragen zu lassen. Zudem dürfte das vorgestellte Weltbild für viele Leser einfach interessant und faszinierend sein – ganz unabhängig von praktischen Anwendungsmöglichkeiten. Durch die möglichst vollständige Darstellung der Zusammenhänge möchte ich jedem Leser die Möglichkeit geben, sich aus dem Buch das herauszugreifen, was ihm für sein persönliches Weltbild oder für seine Lebensgestaltung sinnvoll erscheinen mag. Letztlich ist es nicht mehr und nicht weniger als eine von vielen möglichen persönlichen Wahrheiten, die für andere Wahrheiten nur als Anregung dienen kann. Ich kann nicht wissen, was in Ihrem Kopf vorgeht – vielleicht enthält dieses Buch ja »zufällig« genau das Puzzlestück, das Ihnen fehlte, um einige Fragmente Ihres Weltbildes zu verbinden – so wie andere Bücher dies für mich (und damit für dieses Buch) ermöglicht haben.

Ich hege die leise Hoffnung, dass dieses Buch Ihnen – unabhängig davon, ob Sie sich mit allen darin vorgestellten Theorien anfreunden konnten oder nicht – den einen oder anderen Impuls gegeben hat, aus dem Sie etwas für sich machen können. Ich würde mich jedenfalls freuen, wenn es Ihnen die Möglichkeit gegeben hat, ein wenig über den Tellerrand des herkömmlichen Weltbildes zu schauen und einen Blick in eine größere Welt zu werfen.

Literatur und Informationen

Nachfolgend finden Sie – thematisch sortiert nach Kapiteln – Angaben zu den im Text erwähnten Büchern und weiteren Büchern, die ich empfehlen kann bzw. beim Schreiben dieses Buches herangezogen habe, sowie weitere Hinweise auf interessante Informationen. Einige der aufgeführten Bücher sind leider nur noch gebraucht zu bekommen, einige gibt es inzwischen auch als Taschenbuchausgabe.

Ergänzende Informationen zu diesem Buch und eine Bestellmöglichkeit für weitere Exemplare finden Sie auch im Internet: **www.schoepfungsprinzip.de**

Kapitel 1 – Bauklötze für das Gehirn

- **Das Vaterunser** von Neil Douglas-Klotz
  Droemer Knaur, 2000

Kapitel 2 – Die Bühne der Welt

- Auf der Website zu diesem Buch unter **www.schoepfungsprinzip.de** finden Sie im Bereich »Dies & das« eine bewegliche Darstellung eines vierdimensionalen Würfels (Hyperkubus) den Sie mit der Maus im drei- *und* vierdimensionalen Raum drehen und wenden und mittels einer Rot-Grün-Brille sogar dreidimensional (leider nicht vierdimensional) sehen können.

Kapitel 3 – Auf der Suche nach der Substanz

Zwei empfehlenswerte Bücher zum Einstieg in die Quantenphysik:

- **Quantenrealität** von Nick Herbert
  Goldmann, 1990

- **Der Quantensprung ist keine Hexerei** von Fred Alan Wolf
  Fischer, 1990

Kapitel 4 – Das Multiversum

- **Gödel, Escher, Bach** von Douglas R. Hofstadter
  Klett-Cotta, 2001

- **Parallele Universen** von Fred Alan Wolf
  Insel, 1998

Kapitel 5 – Navigation im Möglichkeitsraum

- **Das Universum in der Nußschale** von Stephen Hawking
  Hoffmann und Campe, 2002
- **An der Rändern des Realen** von Robert G. Jahn und Brenda J. Dunne
  Zweitausendeins, 1999
- **Die neue Inquisition** von Robert A. Wilson
  Zweitausendeins, 1992
- Die »Universum«-Reihe von **Bärbel Mohr**, erschienen im Omega Verlag:

Bestellungen beim Universum	1998
Der kosmische Bestellservice	1999
Universum & Co.	2000
Reklamationen beim Universum	2001

  Bärbel Mohr hat darüber hinaus noch weitere Bücher zum Thema der positiven Realitätsgestaltung geschrieben. Infos im Internet: **www.baerbelmohr.de**
- **Mein Weg zum Glück** von Thomas Klüh
  Rotblatt, 2004

  Dieses kleine und sehr kurzweilige Buch beschreibt anhand der wahren Lebensgeschichte des Autors, wie man von einem Leben voller Ausgrenzung und Ablehnung zu einem Leben voller Liebe und Glücksgefühle kommen kann.
- **Autobiographie eines Yogi** von Paramahansa Yogananda
  Self-Realization Fellowship, 2001

Kapitel 6 – Geist ohne Grenzen

- **Biophotonen – Das Licht in unseren Zellen** von Marco Bischof
  Zweitausendeins, 1995

  Mehr zu diesem Thema im Internet: **www.biophotonen-online.de**
- **Sacred Mirrors – Die visionäre Kunst des Alex Grey**
  Zweitausendeins, 1996
- **Vernetzte Intelligenz** von Grażyna Fosar und Franz Bludorf
  Omega Verlag, 2001

Kapitel 7 – Gott auf Entdeckungsreise

- Von Jane Roberts sind zahlreiche Bücher erschienen. Hier eine Auswahl:

Gespräche mit Seth	Goldmann, 2001
Das Seth-Material	Hugendubel, 2000
Überseele Sieben	Goldmann, 1992

- Die Trilogie **Gespräche mit Gott** von Neale Donald Walsch, erschienen im Goldmann Verlag:

  Band 1: **Ein ungewöhnlicher Dialog** 1997
  Band 2: **Gesellschaft und Bewusstseinswandel** 1998
  Band 3: **Kosmische Weisheit** 1999

  Zur gleichen Thematik sind noch diverse weitere Bücher vom selben Autor erschienen, die ich hier nicht alle aufführen kann. Die Original-Trilogie ist in jedem Fall absolut lesenswert und inhaltlich sehr umfassend.

- Bücher von Thorwald Dethlefsen zum Thema Reinkarnation, erschienen im Goldmann Verlag:

  Das Erlebnis der Wiedergeburt 2000
  Das Leben nach dem Leben 2000

Kapitel 8 – Planet der Affen

- **Auf der Suche nach dem verlorenen Glück** von Jean Liedloff
  C. H. Beck (Becksche Reihe), 1999

  Wenn ich werdenden Eltern nur *ein* Buch empfehlen sollte, wäre es dieses. Wenn alle Eltern mit ihren Kindern so umgehen würden, wie die Natur es vorgesehen hat, würde der größte Teil der Probleme in der Welt vermutlich ganz von allein verschwinden.

- **Drehbuch für Meisterschaft im Leben** von Ron Smothermon
  J. Kamphausen Verlag, 2001

  Dieses Buch ist ein wahrer Crash-Kurs in Bewusstheit und Eigenverantwortung – entsprechend provozierend ist es teilweise geschrieben. Kenner empfehlen, jeden Tag nur eines der kurzen Kapitel zu lesen und zu verinnerlichen.

Kapitel 9 – Glück ist machbar

- Bücher von **Ella Kensington** (Pseudonym von Bodo Deletz)

  Hier zunächst die vier »Klassiker«, erschienen im Ernst Lenz Musikverlag:

  Mary 2004
  Die Kammer des Wissens 2001
  Mysterio 2001
  Die 7 Botschaften unserer Seele 2001

  Mary ist nicht ohne Grund das beliebteste der vier »klassischen« Ella-Bücher – eine Liebesgeschichte, verwoben mit der Geschichte eines Wesens, das auf die Erde kommt und versucht, Mensch zu werden, dabei aber auf ein gravierendes Problem stößt: Es weiß nicht, wie man Probleme erzeugt!

Die neuesten Ella-Bücher sind im Ella Kensington Verlag erschienen:

Die Glückstrainer	2004
Glücksgefühle bis zum Abwinken	2004
Glücksmomente	2005

Diese drei Bücher sind im Gegensatz zu den vier obigen nicht als Geschichten, sondern als Ratgeber geschrieben. *Die Glückstrainer* enthält ausführliche Anleitungen, um sich und andere Menschen dauerhaft auf Glück zu »programmieren«. Im Gegensatz dazu ist *Glücksgefühle bis zum Abwinken* ein kleines, unterhaltsames Buch für alle, die sich nicht mit der Theorie herumschlagen wollen, sondern einfach einige schnelle und wirksame Glücksmethoden suchen. Das neueste Buch, *Glücksmomente,* stellt die Grundregeln des Glücks etwas kompakter dar als *Die Glückstrainer* und berücksichtigt auch die neuesten Erkenntnisse.

Ein Tipp: Versuchen Sie bei allen Ella-Büchern, möglichst die neueste Auflage zu bekommen, da der Inhalt ständig an die neuesten Erkenntnisse des Ella-Kensington-Glückstrainer-Teams angepasst wird.

Informationen zu Ella Kensington (Inhalte, Bücher, Seminare, Kontakt) finden Sie auch im Internet: **www.ella.org**

- **Erfolgsgefühle – Die emotionalen Grundlagen des Erfolges** von Thomas Klüh
  Rotblatt, 2006

  Basierend auf den neuesten Erkenntnissen der Gehirnforschung geht Thomas in diesem sehr kurzweiligen Buch auf die emotionalen Grundlagen ein, die man für ein erfolgreiches (und glückliches) Leben benötigt.

- **Lieben was ist** von Byron Katie
  Goldmann, 2002

- **Jetzt! Die Kraft der Gegenwart** von Eckhart Tolle
  J. Kamphausen Verlag, 2003

- **Warum nicht Jetzt?** von Arjuna Nick Ardagh
  Alf Lüchow Verlag, 2001

- **Zen – Praxis und Lehre, Geschichte und Perspektiven**
  von Michel Bovay, Laurent Kaltenbach und Evelyn de Smedt
  Kösel-Verlag, 1996

- **Momoko – von der Kunst, wunschlos glücklich zu sein** von B. M. Tang
  Tangsworld Publishing, 2006

  Tang hat seine Erkenntnisse und Empfehlungen für Glückssuchende in die manchmal märchenhafte Geschichte des ungewöhnlichen Mädchens Momoko eingewoben, die mit ihren Freunden dem vollkommene Glück auf die Erde verhelfen will. Mehr Infos und Bestellmöglichkeit: **www.tangsworld.de**